KB238929

사회복지법제

SOCIAL WELFARE LAW

내일을여는지식 법 2

사회보장기본법, 사회보험법, 공공부조법, 사회복지서비스법, 사회복지관련법

사회복지법제

SOCIAL WELFARE LAW

한만봉 지음

한국학술정보㈜

|머리말

  법은 우리가 살고 있는 사회에서 끊임없이 만들어지고, 없어지고, 조정되고 사회환경과 여건에 따라 바뀌어 가고 있다. 이것은 우리가 살아가는 동안에 삶을 통하여 피력되는 하나의 움직임이다. 법을 제대로 이해하지 못하고 살아간다는 것은 질서와 규칙을 모르고 살아가는 것이다. 특히 사회복지법은 복지사회에 살고 있는 우리로서는 가장 중요하게 인식하고 알아야 한다. 이에 이 책을 저술하게 되었다. 이 책은 사회복지학, 교육학, 행정학, 정책학, 경영학, 심리학 등 다양한 시각과 관점을 가지고 있는 사람들에게 판단력과 분석력을 길러 주고, 법을 이해하게 함으로써 모든 문제를 제대로 해결하게 하고자 집필되었다.

  한 권의 책을 만들고 난 후의 느낌은 좀 더 잘 만들 걸 하는 후회함이 조금 있게 된다. 그러나 미흡한 부분들은 앞으로 계속 보완해 나가 세계에 두루 사용되는 책으로서 손색이 없도록 만들겠다. 끝으로 이 책이 출판되기까지 물심양면으로 도움을 주신 분들께 감사를 표한다. 특히 세밀하게 출판관계의 모든 면을 챙겨 주신 강태우 선생님과 한국학술정보 사장님께 감사를 표한다. 또한 이론적 근거를 찾아 준 혜전대학교 장석숙 선생님, 신화수산의 박명순 사장님, 홍성농업 인연합회 사무장 조복화 선생님, 이론적 정보를 항상 자세히 알려 주신 한국폴리텍대학 학장님이셨던 민영오 학장님, 고려대학교 은사님이신 김동규 학장님, 고려대학교 표시열 부총장님, 박사과정 은사님이신 정덕희 교수님께도 감사를 표한다. 아무쪼록 본 책을 통하여 국민 모두가 하나가 되어 복지문제를 해결하고 재미있고, 활기찬 삶을 영위하며 크게 배우는 효과적인 국민교육의 좋은 결실이 사회복지법제를 통하여 이룩되었으면 하는 바이다.

2009년 3월 고려대학교 중앙도서관에서 저자 씀

|차례

I

사회복지법제에 대한 이론

1. 사회복지법의 개념

사회복지법은 사회복지 지원을 위한 법을 말하는 것인데, 이 속에는 운영과 기술적인 면도 포함되어 있다. 한마디로 복지에 대한 전반적인 법을 사회복지법 이라고 할 수 있다. 우리나라의 사회복지법 체계는 크게 사회보장기본법, 사회보 험법, 공공부조법, 사회복지서비스법, 사회복지 관련법 등으로 구분이 된다. 여기 서 사회보험법은 다시 국민연금법, 국민건강보험법, 고용보험법, 산업재해보상보 험법으로 나뉘고 공공부조법은 국민기초생활보장법, 의료급여법(보호법), 재해구 호법, 의사상자예우에관한법률, 북한이탈주민의보호와정착지원에관한법률 등으로 구분이 된다. 사회복지서비스법(사회복지사업법)은 아동복지법, 모자복지법, 영유 아보육법, 장애인복지법, 노인복지법 등 각 분야별 복지법으로 나뉜다.

사회복지 관련법에는 윤락행위등방지법, 성폭력범죄의처벌및피해자보호등에관 한법률, 가정폭력방지및피해자보호등에관한법률, 정신보건법, 보호관찰등에대한 법률 등이 있다.

사회복지법은 한마디로 복지에 대한 법을 말한다. 인간이 인간답게 살 수 있 도록 법의 테두리에서 보호하고 관리해 주는 법을 말한다. 그런데 아무리 좋은 법이라고 하더라도 법의 효율성을 높이지 못하거나 삶에 있어서 불편하거나, 장 애가 되는 제도라면 잘못된 것이다. 즉 실효성을 높일 수 있느냐가 중요한 관건 이 된다. 통상적으로 법의 실효성을 높일 수 있는 방법은 세 가지 정도로 축약 된다. 우선 법을 집행할 수 있는 기구가 있느냐이다. 그리고 두 번째는 집행할 수 있는 예산이 있느냐, 그리고 마지막으로는 강제력이 있느냐이다. 이 세 가지 가 모두 갖추어져야 하는데, 대체적으로 사회복지법 혹은 사회복지와 관련된 것 은 집행기구는 있는데 예산이 없는 경우가 많다. 그리고 대부분은 '~해야 한 다.'라는 식보다는 '~할 수 있다.'라는 식으로 구속력이나 강제력을 갖지 못하 기도 한다. 이러한 것들이 결국에는 사회복지, 사회복지법의 실효성을 떨어뜨리 는 중요한 요인이 되기도 한다. 실효성을 높일 수 있는 방법을 계속 강구하여야 할 것이다. 예전에 중요하게 여겼던 법들은 엘리자베스구빈법(일할 의지가 있는 자와 없는 자를 구별하여 구제 시작, 사회복지 즉 구빈에 대한 법적 제도의 시 작으로 최초) 정주법(노동력 확보를 위한 이동제한법 – 가난한 자는 이사 못 오게 하는 악법) 공장법(일할 수 있는 빈자를 공장에 취직시키는 법, 현재의 공공 근로와 같은 개념) 등이 존재했었다.

사회복지법은 인간이 사회 속에서 살아가면서 인간답게 살기 위한 기본적인 보호장치를 법으로 규정하여 놓은 것이다.

II

부문별 사회복지법 법령

1. 사회보장기본법

사회보장기본법

[시행 2008.2.29][법률 제8852호, 2008.2.29, 타 법 개정]

제1장 총칙

제1조(목적) 이 법은 사회보장에 관한 국민의 권리와 국가 및 지방자치단체의 책임을 정하고 사회보장제도에 관한 기본적인 사항을 규정함으로써 국민의 복지증진에 기여함을 목적으로 한다.

제2조(기본이념) 사회보장은 모든 국민이 인간다운 생활을 할 수 있도록 최저생활을 보장하고 국민 개개인이 생활의 수준을 향상시킬 수 있도록 제도와 여건을 조성하여, 그 시행에 있어 형평과 효율의 조화를 기함으로써 복지사회를 실현하는 것을 기본이념으로 한다.

제3조(정의) 이 법에서 사용하는 용어의 정의는 다음과 같다.

1. '사회보장'이라 함은 질병·장애·노령·실업·사망 등의 사회적 위험으로부터 모든 국민을 보호하고 빈곤을 해소하며 국민생활의 질을 향상시키기 위하여 제공되는 사회보험·공공부조·사회복지서비스 및 관련 복지제도를 말한다.

2. '사회보험'이라 함은 국민에게 발생하는 사회적 위험을 보험방식에 의하여 대처함으로써 국민건강과 소득을 보장하는 제도를 말한다.

3. '공공부조'라 함은 국가 및 지방자치단체의 책임하에 생활유지능력이 없거나 생활이 어려운 국민의 최저생활을 보장하고 자립을 지원하는 제도를 말한다.

4. '사회복지서비스'라 함은 국가·지방자치단체 및 민간부문의 도움을 필요로 하는 모든 국민에게 상담·재활·직업소개 및 지도·사회복지시설 이용 등을 제공하여 정상적인 사회생활이 가능하도록 지원하는 제도를 말한다.

5. '관련 복지제도'라 함은 보건·주거·교육·고용 등의 분야에서 인간다운

생활이 보장될 수 있도록 지원하는 각종 복지제도를 말한다.

제4조(다른 법률과의 관계) 사회보장에 관한 다른 법률을 제정 또는 개정하는 경우에는 이 법에 부합되도록 하여야 한다.

제5조(국가 및 지방자치단체의 책임) 국가 및 지방자치단체는 국가발전의 수준에 부응하는 사회보장제도를 확립하고 매년 이에 필요한 재원을 조달하여야 한다.

제6조(국가 등과 가정) ① 국가와 지방자치단체는 가정이 건전하게 유지되고 그 기능이 향상되도록 노력하여야 한다.

② 국가와 지방자치단체는 사회보장제도를 시행함에 있어 가정과 지역공동체의 자발적 복지활동을 촉진하여야 한다.

제7조(국민의 책임) 모든 국민은 자신의 능력을 최대한 발휘하여 자립·자활할 수 있도록 노력하고 국가의 사회보장정책에 협력하여야 한다.

제8조(외국인에의 적용) 국내에 거주하는 외국인에 대한 사회보장제도의 적용은 상호주의의 원칙에 의하되, 관계 법령이 정하는 바에 따른다.

제2장 사회보장을 받을 권리 등

제9조(사회보장을 받을 권리) 모든 국민은 사회보장에 관한 관계 법령이 정하는 바에 의하여 사회보장의 급여를 받을 권리(이하 '사회보장수급권'이라 한다.)를 가진다.

제10조(사회보장급여의 수준) ① 국가는 모든 국민이 건강하고 문화적인 생활을 유지할 수 있도록 사회보장급여 수준의 향상에 노력하여야 한다.

② 국가는 관계 법령이 정하는 바에 의하여 최저생계비를 매년 공표하여야 한다.

③ 국가 또는 지방자치단체는 제2항의 규정에 의한 최저생계비와 최저임금법에 의한 최저임금을 참작하여 사회보장급여의 수준을 결정하여야 한다.

제11조(사회보장급여의 신청) ① 사회보장의 급여를 받고자 하는 자는 관계 법령이 정하는 바에 의하여 국가 또는 지방자치단체에 신청하여야 한다.

② 사회보장의 급여를 신청하는 자가 다른 기관에 신청한 경우에는 당해 기관은 지체 없이 이를 정당한 권한이 있는 기관에 이송하여야 한다. 이 경우 사회보장급여의 신청은 정당한 권한이 있는 기관에 이송된 날에 신청된 것

으로 본다.

제12조(사회보장수급권의 보호) 사회보장수급권은 관계 법령이 정하는 바에 따라 타인에게 양도하거나 담보로 제공할 수 없으며, 이를 압류할 수 없다.

제13조(사회보장수급권의 제한 등) ① 사회보장수급권은 제한되거나 정지될 수 없다. 다만, 관계 법령이 따로 정하고 있는 경우에는 그러하지 아니하다.

② 제1항 단서의 규정에 의하여 사회보장수급권이 제한 또는 정지되는 경우에는 그 제한 또는 정지의 목적에 필요한 최소한에 그쳐야 한다.

제14조(사회보장수급권의 포기) ① 사회보장수급권은 정당한 권한이 있는 기관에 서면으로 통지하여 이를 포기할 수 있다.

② 사회보장수급권의 포기는 이를 취소할 수 있다.

③ 사회보장수급권의 포기가 타인에게 피해를 주거나 사회보장에 관한 관계 법령에 위반되는 경우에는 이를 포기할 수 없다.

제15조(불법행위에 대한 구상) 제3자의 불법행위에 의하여 피해를 입은 국민이 그로 인하여 사회보장수급권을 가지게 된 경우 사회보장제도를 운영하는 자는 불법행위의 책임이 있는 자에 대하여 관계 법령이 정하는 바에 의하여 구상권을 행사할 수 있다.

제3장 사회보장심의위원회 등

제16조(사회보장심의위원회) 사회보장에 관한 주요 시책을 심의하기 위하여 국무총리 소속하에 사회보장심의위원회(이하 '위원회'라 한다.)를 둔다. <개정 2005.1.27.>

제17조(위원회의 구성) ① 위원회는 위원장 1인과 부위원장 3인을 포함한 위원 30인 이내로 한다. <개정 2005.1.27>

② 위원장은 국무총리가 되고 부위원장은 기획재정부장관·교육과학기술부장관 및 보건복지가족부장관이 된다. <개정 2005.1.27, 2008.2.29>

③ 위원은 다음 각 호의 자로 한다. <개정 2005.1.27>

　1. 대통령령이 정하는 관계 중앙행정기관의 장

　2. 다음 각 목의 자 중에서 대통령이 위촉하는 자

　　가. 근로자를 대표하는 자

나. 사용자를 대표하는 자

　　다. 사회보장에 관한 학식과 경험이 있는 자

　　라. 변호사의 자격이 있는 자

　④ 위원의 임기는 2년으로 한다. 다만, 공무원인 위원의 임기는 그 재임기간으로 한다.

　⑤ 보궐위원의 임기는 전임자의 잔임기간으로 한다.

　⑥ 위원회를 효율적으로 운영하고 위원회의 심의사항을 보다 전문적으로 검토하기 위하여 위원회에 사회보장 분야별 실무위원회를 둔다.

　⑦ 이 법에 규정한 것 외에 위원회와 실무위원회의 구성·조직 기타 운영에 관하여 필요한 사항은 대통령령으로 정한다.

제18조(위원회의 직무) 위원회는 다음 각 호의 사항을 심의한다.

　1. 사회보장의 증진을 위한 사회보장 장기발전방향

　2. 사회보장제도의 개선

　3. 사회보장제도의 도입 또는 확대에 따른 우선순위의 조정

　4. 2 이상의 부처에 관련되는 주요 사회보장정책

　5. 사회보장급여 및 비용 부담의 조정

　6. 국가 및 지방자치단체의 역할 및 비용 분담

　7. 기타 위원장이 심의에 부치는 사항

제19조(관계 행정기관의 협력) ① 위원회는 관계 행정기관에 대하여 사회보장에 관한 자료의 제출과 위원회의 업무에 관하여 필요한 협력을 요청할 수 있다.

　② 관계 행정기관은 위원회로부터 제1항의 규정에 의한 요청을 받은 때에는 이에 응하여야 한다.

제20조(사회보장 장기발전방향의 수립) ① 보건복지가족부장관은 관계 중앙행정기관의 장과 협의하여 제16조의 규정에 의한 사회보장심의위원회의 심의를 거쳐 사회보장 증진을 위한 장기발전방향(이하 '장기발전방향'이라 한다.)을 5년마다 수립하여야 한다. <개정 2008.2.29>

　② 장기발전방향에는 다음 각 호의 사항이 포함되어야 한다.

　　1. 사회보장에 관한 기본목표 및 추진방향

　　2. 주요 추진과제 및 추진방법

　　3. 재원조달방안

　　4. 사회보장의 전달체계

5. 사회보장 관련 기금운용방안

　　6. 기타 사회보장을 위하여 특히 필요하다고 인정되는 사항

　③ 장기발전방향은 국무회의의 심의를 거쳐 확정한다.

제21조(공청회) 보건복지가족부장관은 장기발전방향을 수립하고자 하는 경우에는 공청회를 열어 국민 및 관계전문가 등으로부터 의견을 들을 수 있다. <개정 2008.2.29>

제22조(주요 시책 추진방안의 수립 및 평가 〈개정 2005.1.27〉) ① 보건복지가족부장관·관계 중앙행정기관의 장 및 특별시장·광역시장·도지사(이하 '시·도지사'라 한다.)는 장기발전방향을 기초로 하여 사회보장과 관련된 소관 주요 시책의 추진방안을 매년 수립·시행하여야 한다. <개정 2008.2.29>

　② 관계 중앙행정기관의 장 및 시·도지사는 제1항의 규정에 의하여 수립한 소관 주요 시책의 추진방안 및 전년도 추진실적을 대통령령이 정하는 바에 따라 보건복지가족부장관에게 제출하여야 한다. <신설 2005.1.27, 2008.2.29>

　③ 보건복지가족부장관은 제2항의 규정에 의하여 제출받은 관계 중앙행정기관 및 특별시·광역시·도의 추진실적과 보건복지가족부 소관의 추진실적을 종합하여 성과를 평가하고, 그 결과를 위원회에 보고하여야 한다. <신설 2005.1.27, 2008.2.29>

　④ 보건복지가족부장관은 제3항의 규정에 의한 평가를 효율적으로 시행하기 위하여 이에 필요한 조사·분석 등을 전문기관에 의뢰할 수 있다. <신설 2005.1.27, 2008.2.29>

제23조() ① 보건복지가족부장관·관계 중앙행정기관의 장 및 시·도지사는 장계획수립 등의 협조 〈개정 2005.1.27〉기발전방향과 제22조의 규정에 의한 주요 시책 추진방안의 수립·시행 및 평가를 위하여 필요한 때에는 관계 공공기관, 사회단체 기타 민간기업체의 장에게 협조를 요청할 수 있다. <개정 2005.1.27, 2008.2.29>

　② 제1항의 규정에 의한 협조요청을 받은 자는 특별한 사유가 없는 한 이에 응하여야 한다.

제4장 사회보장제도의 운영

제24조(운영원칙) ① 국가 및 지방자치단체는 사회보장제도를 운영함에 있어 이를 필요로 하는 모든 국민에게 적용하여야 한다.

② 국가 및 지방자치단체는 사회보장제도의 급여 수준 및 비용 부담 등에 있어서 형평성을 유지하여야 한다.

③ 국가 및 지방자치단체는 사회보장제도의 정책결정 및 시행과정에 공익의 대표자 및 이해관계인 등을 참여시켜 민주성을 확보하여야 한다.

④ 국가 및 지방자치단체는 사회보장제도를 운영함에 있어서 국민의 다양한 복지욕구를 효율적으로 충족시키기 위하여 연계성·전문성을 높여야 한다.

제25조(역할의 조정) ① 국가는 지방자치단체와 사회보장에 관한 책임과 역할을 합리적으로 조정하여야 한다.

② 사회보험은 국가의 책임으로 행함을 원칙으로 하며, 공공부조 및 사회복지서비스는 국가 및 지방자치단체의 책임으로 행함을 원칙으로 하되, 국가 및 지방자치단체의 재정형편 등을 감안하여 이를 조정할 수 있다.

제26조(민간의 참여) ① 국가 및 지방자치단체는 사회보장에 대한 민간부문의 참여를 조장할 수 있도록 정책을 개발·시행하고 그 여건을 조성하여야 한다.

② 국가 및 지방자치단체는 사회보장에 대한 민간부문의 참여를 조장할 수 있도록 다음 각 호의 사업이 포함된 시책을 수립·시행하여야 한다. <신설 2005.1.27>

    1. 국가 또는 지방자치단체의 사회보장행정에 필요한 자원봉사인력의 활용 사업

    2. 사회보장에 관련된 민간의 자원봉사 활성화를 위한 각종 지원사업

    3. 그 밖에 사회보장에 관련된 민간의 참여를 조장하는 데 필요한 사업

③ 국가 및 지방자치단체는 개인·법인 또는 단체의 사회보장에 대한 참여에 소요되는 경비의 전부 또는 일부를 지원하거나 그 업무수행에 필요한 지원을 할 수 있다.

제27조(비용의 부담) ① 사회보장비용의 부담은 각각의 사회보장제도에 대한 역할 분담에 따라 국가·지방자치단체 및 민간부문 간에 합리적으로 조정되어야 한다.

② 사회보험에 소요되는 비용은 사용자·피용자 및 자영자가 부담하는 것을

원칙으로 하되 관계 법령이 정하는 바에 따라 국가가 그 비용의 일부를 부담할 수 있다.

③ 공공부조 및 관계 법령이 정하는 일정 소득수준 이하의 국민에 대한 사회복지서비스에 소요되는 비용의 전부 또는 일부는 국가 및 지방자치단체가 이를 부담한다.

④ 부담능력이 있는 국민에 대한 사회복지서비스에 소요되는 비용은 그 수익자가 부담함을 원칙으로 하되, 관계 법령이 정하는 바에 따라 국가 및 지방자치단체가 그 비용의 일부를 부담할 수 있다.

제28조(사회보장 전달체계) ① 국가 또는 지방자치단체는 지역적으로 고루 분포되고 기능에 따라 균형이 이루어지도록 사회보장 전달체계를 마련하여야 한다.

② 국가 또는 지방자치단체는 사회보장 관련 업무를 수행함에 있어 관계 기관과 관계자 간의 조정이 원활하게 이루어지도록 사회보장 전달체계를 갖추어야 한다.

③ 국가 또는 지방자치단체는 모든 국민이 쉽게 이용할 수 있도록 사회보장 전달체계를 마련하여야 한다.

제29조(전문인력의 양성 등) 국가 및 지방자치단체는 사회보장제도의 발전을 위하여 전문인력의 양성, 학술조사 및 연구, 국제교류의 증진 등에 노력하여야 한다.

제30조(정보의 공개) ① 국가 및 지방자치단체는 국민이 사회보장제도에 관하여 필요로 하는 정보를 관계 법령이 정하는 바에 의하여 공개하고, 이를 홍보하여야 한다.

② 국가 및 지방자치단체는 사회보장제도를 효율적으로 운영하기 위하여 사회보장에 관한 정보를 관리하는 체계를 확립하여야 한다.

제31조(비밀의 보호) 사회보장의 업무에 종사하는 자는 사회보장과 관련하여 알게 된 개인·법인 또는 단체의 비밀을 관계 법령이 정하는 바에 의하여 보호하여야 한다.

제32조(사회보장에 관한 설명) 국가와 지방자치단체는 사회보장에 관한 관계 법령에 규정된 권리나 의무를 해당 국민에게 설명하도록 노력하여야 한다.

제33조(사회보장에 관한 상담) 국가와 지방자치단체는 사회보장에 관한 관계 법령에 따라 사회보장에 관한 상담에 응하여야 한다.

제34조(사회보장에 관한 통지) 국가와 지방자치단체는 사회보장에 관한 관계 법령이 정하는 바에 따라 사회보장에 관한 사항을 해당 국민에게 통지하여야 한다.

제35조(권리구제) 위법 또는 부당한 처분을 받거나 필요한 처분을 받지 못함으로 써 권리 또는 이익의 침해를 받은 국민은 행정심판법 또는 행정소송법의 규정에 의한 심판청구 또는 행정소송을 제기하여 그 처분의 취소 또는 변경 등을 청구할 수 있다. <개정 2005.1.27>

부칙 〈제5134호, 1995.12.30〉

① (시행일) 이 법은 공포 후 6개월이 경과한 날부터 시행한다.
② (폐지법률) 사회보장에 관한 법률은 이를 폐지한다.

부칙 〈제7378호, 2005.1.27〉

이 법은 공포한 날부터 시행한다. 다만, 제17조 제3항의 개정규정은 공포 후 3개월이 경과한 날부터 시행하고, 제22조 제3항·제4항 및 제23조 제1항의 개정규정은 공포 후 1년이 경과한 날부터 시행한다.

부칙(정부조직법) 〈제8852호, 2008.2.29〉

제1조(시행일) 이 법은 공포한 날부터 시행한다. 다만, ……<생략>……, 부칙 제6조에 따라 개정되는 법률 중 이 법의 시행 전에 공포되었으나 시행일이 도래하지 아니한 법률을 개정한 부분은 각각 해당 법률의 시행일부터 시행한다.
제2조부터 제5조까지 생략
제6조(다른 법률의 개정) ①부터 <465>까지 생략
  <466> 사회보장기본법 일부를 다음과 같이 개정한다.
  제17조 제2항 중 '재정경제부장관·교육인적자원부장관 및 보건복지부장관'을 '기획재정부장관·교육과학기술부장관 및 보건복지가족부장관'으로 한다.
  제20조 제1항, 제21조, 제22조 제1항 및 제23조 제1항 중 '보건복지부장관'을 각각 '보건복지가족부장관'으로 한다.
  제22조 제2항부터 제4항까지 중 '보건복지부장관'을 각각 '보건복지가족부장관'으로 한다.
  제22조 제3항 중 '보건복지부'를 '보건복지가족부'로 한다.
  <467>부터 <760>까지 생략
제7조 생략

2. 사회복지공동모금회법

사회복지공동모금회법
[시행 2008. 3.21][법률 제8938호, 2008.3.21, 일부개정]

제1조(목적) 이 법은 사회복지공동모금회의 공동모금을 통하여 사회복지에 대한 국민의 이해와 참여를 제고함과 아울러 국민의 자발적인 성금으로 조성된 재원을 효율적이고 공정하게 관리·운용함으로써 사회복지 증진에 이바지함을 목적으로 한다.

제2조(정의) 이 법에서 사용하는 용어의 정의는 다음과 같다. <개정 2008.3.21>

1. '사회복지사업'이라 함은 사회복지사업법 제2조 제1호에 따른 사회복지사업을 말한다.

2. '사회복지공동모금'이라 함은 사회복지사업 기타 사회복지활동의 지원에 필요한 재원을 조성하기 위하여 이 법에 의하여 기부금품을 모집하는 것을 말한다.

제3조(기본원칙) ① 기부금품은 기부하는 자의 의사에 반하여 모집하여서는 아니된다.

② 제17조의 규정에 의하여 조성된 재원(이하 '공동모금재원'이라 한다.)은 지역·단체·대상자 및 사업별로 복지수요가 공정하게 충족되도록 배분하여야 하고, 제1조의 목적 및 제25조의 용도에 맞도록 공정하게 관리·운용하여야 한다.

③ 공동모금재원의 배분은 객관적인 기준에 따라 효율적으로 이루어지도록 하고, 그 결과를 공개하여야 한다.

제4조(사회복지공동모금회의 설립) ① 사회복지공동모금사업을 관장하기 위하여 사회복지공동모금회(이하 '모금회'라 한다.)를 둔다.

② 모금회는 사회복지사업법 제2조 제2호에 따른 사회복지법인으로 한다. <개정 2008.3.21>

③ 모금회는 정관을 작성하여 보건복지가족부장관의 인가를 받아 등기함으

로써 설립된다. <개정 2008.2.29>

제5조(사업) 모금회는 다음 각 호의 사업을 수행한다.

1. 사회복지공동모금사업
2. 공동모금재원의 배분
3. 공동모금재원의 운용 및 관리
4. 사회복지공동모금에 관한 조사·연구·홍보 및 교육훈련
5. 지회의 운영
6. 사회복지공동모금과 관련된 국제교류 및 협력증진사업
7. 다른 기부금품모집자와의 협력사업
8. 기타 모금회의 목적 달성에 필요한 사업

제6조(정관) 모금회의 정관에는 다음 각 호의 사항을 기재하여야 한다.

1. 목적
2. 명칭
3. 주된 사무소의 소재지
4. 사업에 관한 사항
5. 임원 및 직원에 관한 사항
6. 이사회에 관한 사항
7. 지회의 구성 및 운영 등에 관한 사항
8. 재산 및 회계에 관한 사항
9. 공고에 관한 사항
10. 정관의 변경에 관한 사항

제7조(임원) ① 모금회는 다음 각 호의 임원을 둔다. <개정 2008.3.21>

1. 회장 1인
2. 부회장 3인
3. 이사(회장·부회장 및 사무총장을 포함한다.) 15인 이상 20인 이하
4. 감사 2인

② 임원의 임기는 3년으로 하되, 1회에 한하여 연임할 수 있다. <개정 2008.3.21>

③ 부득이한 사유로 후임임원이 선임되지 못하여 모금회의 업무수행에 지장이 있는 경우에는 후임임원이 선임될 때까지 임기가 만료된 임원이 그 업무를 수행한다.

제8조(이사회) ① 모금회는 정관에서 정하는 중요 사항을 의결하기 위하여 제7조 제1항 제3호의 이사로 구성된 이사회를 둔다.

② 이사회는 회장이 소집하고 그 의장이 된다.

제9조(임원의 선임) ① 이사회는 다음 각 호의 어느 하나에 해당하는 자 중에서 이사를 선임하여야 한다. 이 경우 제1호부터 제3호까지의 규정에 해당하는 자가 각각 4인 이상 포함되어야 한다. <개정 2008.3.21>

1. 경제계·언론계·법조계·의료계에 종사하는 자

2. 노동계·종교계·시민단체에 종사하는 자

3. 사회복지 관련 학계에 종사하는 자 등 사회복지전문가

4. 그 밖에 학식과 덕망이 있는 자

② 임원의 선임방법 및 그 자격요건에 관하여 필요한 사항은 모금회의 정관으로 정한다.

제10조(임원의 직무) ① 회장은 모금회를 대표하고, 소관 업무를 통할하며, 소속 직원을 지휘·감독한다.

② 감사는 모금회의 업무집행상황·재산상황·회계 등 업무 전반을 감사한다. <개정 2008.3.21>

③ 제2항에 따라 실시하는 감사의 종류·방법·시기 등에 관하여 필요한 사항은 정관으로 정한다. <신설 2008.3.21>

제11조(임원의 결격 사유) 다음 각 호의 1에 해당하는 자는 모금회의 임원이 될 수 없다.

1. 사회복지사업법 제7조 제3항 각 호의 1에 해당하는 자

2. 이 법에 의하여 임원에서 해임된 날부터 5년이 경과되지 아니한 자

제12조(사무조직) 모금회의 업무를 처리하기 위하여 사무총장 1인과 필요한 직원 및 기구를 둔다.

제13조(분과실행위원회) ① 모금회의 기획, 홍보, 모금, 배분업무에 관한 사항을 심의하기 위하여 해당 분야의 전문가와 시민대표 등으로 구성되는 기획분과실행위원회, 홍보분과실행위원회, 모금분과실행위원회 및 배분분과실행위원회를 둔다. <개정 2002.12.5>

② 분과실행위원회의 위원장은 1인 이상의 이사로부터 추천을 받은 이사 중에서 이사회의 의결을 거쳐 회장이 위촉하며, 그 위원은 당해 위원장의 제청과 이사회의 의결로 회장이 위촉한다. <개정 2008.3.21>

③ 분과실행위원회는 위원장 1인을 포함하여 20인 이내의 위원으로 구성한다. 다만, 모금분과실행위원회 및 배분분과실행위원회는 각각 20인 이상의 위원으로 구성한다. <개정 2008.3.21>

④ 분과실행위원회 위원의 임기는 2년으로 하되, 연임할 수 있다. 다만, 배분분과실행위원은 1회에 한하여 연임할 수 있다.

⑤ 분과실행위원회가 심의한 사항을 이사회가 변경하고자 할 때에는 당해 분과실행위원회 위원장의 의견을 청취하여야 하며, 이사회의 회의록에 이를 기재하여야 한다.

⑥ 분과실행위원회의 운영에 관하여 필요한 사항은 정관으로 정한다.

제14조(지회) ① 모금회에 지역단위의 사회복지공동모금사업을 관장하기 위하여 특별시·광역시·도(이하 '시·도'라 한다.)에 사회복지공동모금지회(이하 '지회'라 한다.)를 둔다.

② 지회에는 지회장을 두고 모금회에 준하는 필요한 조직을 둘 수 있다.

③ 지회장은 이사회의 의결을 거쳐 회장이 임명한다.

④ 지회의 구성 및 운영 등에 관하여 필요한 사항은 모금회의 정관으로 정한다.

제15조(지회의 관리) ① 모금회의 회장은 지회의 운영개선을 위하여 지도·감독하며, 지회가 지역의 특성에 맞게 자율적으로 운영될 수 있도록 노력하여야 한다. <개정 2008.3.21>

② 모금회의 회장은 지회의 운영이 현저히 부당하다고 인정하는 경우 그 시정을 명할 수 있다. <신설 2008.3.21>

③ 지회에서 조성한 공동모금재원은 당해 시·도의 배분대상자에게 배분하는 것을 원칙으로 한다.

④ 모금회의 회장은 각 회계연도 개시 2월 전에 각 지회로부터 사업계획서를 제출받아 이를 종합·조정하여 보건복지가족부장관에게 보고하여야 한다. <개정 2008.2.29, 2008.3.21>

제16조(조직·운영 등) 모금회의 조직·운영 등에 관하여 이 법에서 규정하고 있는 사항 외에 필요한 사항은 정관으로 정한다.

제16조의 2(기본재산의 취득 허가) 모금회는 '사회복지사업법' 제23조 제2항에 따른 기본재산을 취득하고자 하는 경우 같은 법 제24조에도 불구하고 보건복지가족부장관의 허가를 받아야 한다.

[본 조 신설 2008.3.21]

제17조(재원) 모금회의 사업에 필요한 경비는 다음 각 호의 재원으로 조성한다. <개정 2001.5.24, 2002.12.5, 2004.1.29>

1. 사회복지공동모금에 의한 기부금품

2. 법인 또는 단체가 출연하는 현금·물품·그 밖의 재산

3. 복권및복권기금법 제23조 제1항의 규정에 의하여 배분받은 복권수익금

4. 기타 수입금

제18조(기부금품의 모집) ① 모금회는 사회복지사업 기타 사회복지활동의 지원을 위하여 연중 기부금품을 모집·접수할 수 있다.

② 모금회는 제1항에 따라 기부금품을 모집·접수한 경우 기부금품의 접수 사실을 장부에 기재하고, 그 기부자에게 영수증을 교부하여야 한다. 다만, 기부자가 성명을 밝히지 아니한 경우 등 기부자를 알 수 없는 경우에는 모금회에 영수증을 보관하여야 한다. <신설 2008.3.21>

③ 모금회는 제2항에 따른 영수증에 기부금품의 금액, 그 금액에 대하여 세금혜택이 된다는 문언과 일련번호를 표시하여야 한다. <신설 2008.3.21>

④ 모금회는 효율적인 모금을 위하여 일정한 기간을 정하여 집중모금을 실시할 수 있다. <개정 2008.3.21>

⑤ 모금회가 집중모금을 하고자 할 경우에는 그 모집일부터 15일 전에 그 내용을 보건복지가족부장관에게 보고하여야 하며, 그 모집을 종료한 때에는 모집종료일부터 1개월 이내에 그 결과를 보건복지가족부장관에게 보고하여야 한다. <개정 2008.2.29, 2008.3.21>

제18조의 2(복권의 발행) ① 모금회는 사회복지사업 그 밖의 사회복지활동 등을 지원하기 위한 재원의 조성을 위하여 복권을 발행할 수 있다.

② 제1항의 규정에 의한 복권을 발행하고자 할 때에는 그 종류·조건·금액 및 방법 등에 관하여 미리 보건복지가족부장관의 승인을 얻어야 한다. <개정 2008.2.29>

③ 제1항의 규정에 의한 복권의 당첨금을 받을 권리는 그 지급일부터 3개월간 행사하지 아니하면 소멸시효가 완성되며, 소멸시효가 완성된 당첨금은 공동모금재원에 귀속된다.

④ 제1항의 규정에 의한 복권의 발행에 관해서는 사행행위등규제및처벌특례법을 적용하지 아니한다.

[본 조 신설 2001.5.24]

제19조(모금창구의 지정) 모금회는 기부금품의 접수를 효율적이고 공정하게 하기 위하여 언론기관을 모금창구로 지정하고, 지정된 언론기관의 명의로 모금계좌를 개설할 수 있다.

제20조(배분 기준) ① 모금회는 매년 8월 31일까지 다음 각 호의 사항이 포함된 다음 회계연도의 공동모금재원의 배분 기준을 정하여 이를 공고하여야 한다. <개정 2008.3.21>

　　1. 공동모금재원의 배분대상

　　2. 배분한도액

　　3. 배분신청기간 및 배분신청서 제출 장소

　　4. 배분심사기준

　　5. 배분재원의 과부족 시 조정방법

　　6. 배분신청 시 제출할 서류

　　7. 기타 공동모금재원의 배분에 관하여 필요한 사항

② 모금회는 재난구호 및 긴급구호 등 긴급히 지원해야 할 필요가 있는 경우에는 제1항의 규정에 준하여 별도의 배분 기준에 따라 지원할 수 있다. <개정 2002.12.5>

제20조의 2(국제보건의료지원사업에 대한 배분) 모금회는 제27조 제1항에 따라 지정되지 아니한 기부금품의 100분의 10의 범위 안에서 이사회 의결로 정하는 비율을 '한국국제보건의료재단법' 제7조 제1호에 따라 행하는 개발도상국가를 비롯한 외국 및 군사분계선 이북지역의 보건의료지원사업에 사용되도록 배분할 수 있다.

[본 조 신설 2008.3.21]

제20조의 3(배분자의 표시) 모금회는 공동모금재원을 배분하는 경우 모금회가 배분하는 것임을 표시하여야 한다.

[본 조 신설 2008.3.21]

제21조(배분신청) ① 모금회에 배분신청을 하고자 하는 자는 제20조의 규정에 의한 공고에 따라 배분신청서를 제출하여야 한다.

② 제20조의 2에 따른 국제보건의료지원사업을 하는 자는 제1항에 따른 배분신청서를 제출할 때 정관으로 정하는 바에 따라 사업계획서를 작성하여 함께 제출하여야 한다. <신설 2008.3.21>

③ 제1항의 규정에 의하여 제출된 배분신청서는 당해 회계연도에 한하여 효력이 있다. <개정 2008.3.21>

제22조(배분신청의 심사 등) ① 모금회는 제21조의 규정에 의하여 접수한 배분신청서를 배분분과실행위원회에 회부하여 배분금액·배분순위 및 배분시기 등을 심의하도록 하여야 한다.

② 모금회는 제1항의 규정에 의한 심의결과에 기초하여 배분계획을 수립하여야 한다.

③ 제2항의 규정에 의한 배분계획은 공동모금재원이 분기별로 균형 있게 배분되도록 하여야 한다. 다만, 사업의 성격이 일시에 지원할 필요가 있는 경우에는 그러하지 아니하다.

제23조(배분에 따른 자료요구 등) 모금회는 공동모금재원을 배분받은 자 또는 배분신청을 한 자에 대하여 필요한 서류의 제출을 요구하거나 필요한 조사를 할 수 있다.

제23조의 2(배분사업의 평가) ① 모금회(지회를 포함한다.)는 매년 공동모금재원의 배분결과를 평가하고 그 평가결과를 이사회에 보고하여야 한다.

② 제1항에 따른 평가의 기준 및 세부사항은 정관으로 정한다.

[본 조 신설 2008.3.21]

제24조(배분결과의 공고 등) ① 모금회는 각 회계연도의 공동모금재원의 배분을 종료한 날부터 3개월 이내에 전국적으로 배포되는 1개 이상의 일간신문에 그 배분결과를 공고하여야 한다. <개정 2008.3.21>

② 모금회는 제1항의 규정에 의한 공고 외에 다양한 방법과 매체를 통하여 그 배분결과를 알려야 한다.

제25조(재원의 사용 등) ① 공동모금재원은 사회복지사업 기타 사회복지활동에 사용한다.

② 각 회계연도에 조성된 공동모금재원은 당해 회계연도에 지출하는 것을 원칙으로 한다. 다만, 재난구호 및 긴급구호 등 긴급히 지원할 필요가 있는 때를 대비하여 각 회계연도의 공동모금재원의 일부를 적립하는 경우에는 그러하지 아니하다. <개정 2002.12.5>

③ 제2항 본문의 규정에 불구하고 다음 각 호의 1에 해당하는 경우에는 각 회계연도에 조성된 공동모금재원의 일부를 이사회의 의결을 거쳐 다음 회계연도에 이월하여 지출할 수 있다. <신설 2002.12.5>

1. 제27조 제1항의 규정에 의하여 사용용도 등이 지정되어 기부된 모금재원으로서 모금목적사업의 특성상 당해 회계연도에 지출을 완료하기 어려운 경우.

2. 공동모금재원의 배분에 대한 계획이 2회계연도 이상에 걸치는 경우로서 사업의 성격상 다음 회계연도에 이월하여 지출하는 것이 필요하다고 인정되는 경우.

3. 당해 회계연도 말에 집중 조성된 모금재원으로서 부득이한 사유로 인하여 당해 회계연도에 지출이 어려운 경

④ 기부금품모집과 모금회의 관리·운영에 필요한 비용은 직전 회계연도 모금총액의 100분의 10 범위 내에서 이사회의 의결을 거쳐 사용할 수 있다. <개정 2002.12.5>

⑤ 공동모금재원의 관리·운용방법 및 예산·회계 등에 관하여 필요한 사항은 정관으로 정한다.

제26조(사업계획의 제출 등) ① 모금회는 각 회계연도의 사업계획 및 예산안을 회계연도 개시 1개월 전에 보건복지가족부장관에게 제출하여야 한다. <개정 2008.2.29>

② 모금회가 예산안을 작성할 때에는 제22조 제2항의 규정에 의한 배분계획과 모금경비 및 모금회의 운영비 등을 포함하여야 한다.

③ 모금회는 각 회계연도 종료 후 3개월 이내에 세입·세출결산서를 작성하여 보건복지가족부장관에게 제출하여야 한다. 이 경우 '공인회계사법'에 따른 회계법인의 감사보고서를 붙여야 한다. <개정 2008.2.29, 2008.3.21>

제27조(기부금품의 지정사용) ① 기부금품의 기부자는 배분지역·배분대상자 또는 사용용도를 지정할 수 있다. <개정 2002.12.5>

② 모금회는 제1항에 따른 지정 취지가 이 법의 목적·취지나 '공직선거법'을 위반하는 경우 그 사실을 기부자에게 설명하고 이 법의 목적·취지와 '공직선거법'을 위반하지 아니하게 지정하도록 요구하거나 그 지정을 철회하도록 요구하여야 한다. 기부자가 이에 응하지 아니하는 경우에는 기부금품을 접수하지 아니하여야 한다. <개정 2008.3.21>

③ 모금회는 제1항 및 제2항에 따른 지정이 있는 경우 그 지정 취지에 따라 기부금품을 사용하여야 한다. <신설 2008.3.21>

④ 모금회는 이사회의 의결을 거쳐 제1항의 규정에 의한 지정 및 그 사용방

법에 관하여 필요한 사항을 정할 수 있다. <개정 2008.3.21>

제28조(회계연도) 모금회의 회계연도는 1월 1일부터 12월 31일까지로 한다. <개정 2002.12.5>

제29조(유사명칭 사용금지) 모금회가 아닌 자는 사회복지공동모금 또는 이와 유사한 명칭을 사용하지 못한다.

제30조(모금회 임·직원 등의 신분) 모금회의 임·직원 및 이 법에 의한 기부금품모집업무에 종사하는 자는 형법 제129조 내지 제132조의 적용에 있어서 이를 공무원으로 본다.

제31조(지도·감독 등) ① 보건복지가족부장관은 모금회의 업무에 관하여 지도·감독을 하며, 필요하다고 인정할 경우에는 관계 서류의 제출을 명하거나 소속 공무원으로 하여금 그 운영상황을 조사하게 하거나 장부 기타 서류를 검사하게 할 수 있다. <개정 2008.2.29>

② 제1항의 규정에 의한 조사 또는 검사를 행하는 관계 공무원은 그 권한을 표시하는 증표를 관계인에게 내보여야 한다.

제32조(시정명령 등) 보건복지가족부장관은 모금회의 운영이 이 법 또는 정관에 위반된다고 인정되는 경우에는 사회복지사업법 제22조 및 동법 제26조를 준용하여 필요한 조치를 할 수 있다. <개정 2008.2.29>

제33조(보조금 등) ① 국가 또는 지방자치단체는 모금회에 대하여 기부금품의 모집에 필요한 비용과 모금회의 관리·운영에 필요한 비용을 보조할 수 있다.

② 제1항의 규정에 의한 보조금은 그 목적 외의 용도에 사용할 수 없다.

③ 국가 또는 지방자치단체는 모금회가 다음 각 호의 1에 해당하는 때에는 이미 교부한 보조금의 전부 또는 일부의 반환을 명할 수 있다.

　　1. 사업목적 외의 용도에 보조금을 사용한 때

　　2. 사위 기타 부정한 방법으로 보조금의 교부를 받은 때

　　3. 이 법 또는 이 법에 의한 명령에 위반한 때

제34조(다른 법률과의 관계) 이 법 또는 모금회의 정관에 규정되지 아니한 사항은 민법 중 재단법인에 관한 규정을 준용한다.

제35조(벌칙) ① 다음 각 호의 어느 하나에 해당하는 자는 3년 이하의 징역 또는 3천만 원 이하의 벌금에 처한다.

　　1. 제3조 제1항을 위반하여 강제 모집한 자

　　2. 제16조의 2를 위반하여 보건복지가족부장관의 허가를 받지 아니하고

기본재산을 취득한 자

② 다음 각 호의 어느 하나에 해당하는 자는 2년 이하의 징역 또는 2천만 원 이하의 벌금에 처한다.

1. 제25조 제4항에 따라 이사회가 의결한 비율을 초과하여 기부금품모집 과 모금회의 관리·운영에 필요한 비용을 사용한 자

2. 제26조 제1항을 위반하여 사업계획이나 예산안을 제출하지 아니한 자

3. 제26조 제3항을 위반하여 세입·세출결산서나 회계법인의 감사보고서 를 제출하지 아니한 자

4. 제29조를 위반하여 사회복지공동모금회 또는 이와 유사한 명칭을 사용 한 자

③ 다음 각 호의 어느 하나에 해당하는 자는 1년 이하의 징역 또는 1천만 원 이하의 벌금에 처한다.

1. 제3조 제3항을 위반하여 배분결과를 공개하지 아니하거나 거짓으로 공 개한 자

2. 제18조 제2항을 위반하여 장부에 기부금품의 접수 사실을 기재하지 아 니하거나 거짓으로 기재한 자

3. 제18조 제2항을 위반하여 영수증을 기부자에게 교부하지 아니한 자

4. 제20조의 3을 위반하여 모금회가 배분하는 것임을 표시하지 아니하고 공동모금재원을 배분한 자

[전문개정 2008.3.21]

제36조(양벌규정) 법인의 대표자, 법인 또는 개인의 대리인·사용인 기타 종업원 이 그 법인 또는 개인의 업무에 관하여 제35조의 위반행위를 한 때에는 행 위자를 벌하는 외에 그 법인 또는 개인에 대해서도 해당 조의 벌금형을 과 한다.

제37조(과태료) ① 제31조 제1항에 따라 행하는 관계 서류의 제출명령을 따르지 아니하거나 관계 공무원의 조사·검사를 거부·기피 또는 방해한 자에게는 500만 원 이하의 과태료를 부과한다.

② 제1항에 따른 과태료의 부과·징수 등에 관해서는 '사회복지사업법' 제58 조 제2항부터 제5항까지의 규정을 준용한다.

[본 조 신설 2008.3.21]

부칙 〈제5960호, 1999.3.31〉

제1조(시행일) 이 법은 1999년 4월 1일부터 시행한다.

제2조(전국공동모금회에 대한 경과조치) ① 이 법 시행 당시 종전의 규정에 의하여 설립된 전국공동모금회는 이 법에 의한 사회복지공동모금회로 본다.

② 이 법 시행 당시 전국공동모금회의 임원은 이 법에 의한 사회복지공동모금회의 임원으로 본다.

③ 사회복지공동모금회는 이 법 시행일부터 1개월 이내에 이 법에 의한 정관을 작성하여 보건복지부장관의 인가를 받아 이를 등기하여야 한다.

제3조(지역공동모금회에 대한 경과조치) ① 이 법 시행 당시 종전의 규정에 의하여 설립된 지역공동모금회의 조직, 자산, 사업 등 일체의 권리와 의무는 이 법 시행일부터 이 법에 의한 사회복지공동모금회가 이를 승계한다. 이 경우 그 자산은 정관이 정하는 바에 따라 각 지회가 관리・운용한다.

② 지역공동모금회는 이 법 시행일부터 1개월 이내에 이 법에 의한 지회로 전환하여야 한다.

제4조(회계연도 변경에 따른 경과조치) 사회복지공동모금회의 1999회계연도는 제28조의 개정규정에 불구하고 1999년 9월 30일까지로 한다.

제5조(다른 법률의 개정) ① 장애인복지법 중 다음과 같이 개정한다.

제47조 중 '또는 사회복지공동모금법에 의한 공동모금으로 조성된 재원'을 삭제한다.

② 조세특례제한법 중 다음과 같이 개정한다.

제73조 제1항 제9호를 다음과 같이 한다.

9. 사회복지공동모금회법에 의한 사회복지공동모금회에 지출하는 기부금

③ 이 법 시행 당시 다른 법령에서 사회복지공동모금법 및 그 규정을 인용하고 있는 경우 이 법 중 그에 해당하는 규정이 있는 때에는 이에 갈음하여 이 법 또는 이 법의 규정을 인용한 것으로 본다.

부칙 〈제6486호, 2001.5.24〉

이 법은 2001년 7월 1일부터 시행한다.부칙 〈제6757호, 2002.12.5〉

① (시행일) 이 법은 공포한 날부터 시행한다. 다만, 제28조의 개정규정은 2003년 1월 1일부터 시행한다.

② (회계연도 변경에 관한 경과조치) 이 법 시행 당시 진행 중인 사회복지공

동모금회의 회계연도는 2002년 12월 31일에 종료한다.

부칙(복권및복권기금법) 〈제7159호, 2004.1.29〉

제1조(시행일) 이 법은 2004년 4월 1일부터 시행한다. <단서 생략>
　제2조 내지 제4조 생략
제5조(다른 법률의 개정) ① 내지 ⑪ 생략
　⑫ 사회복지공동모금회법 중 다음과 같이 개정한다.
　제17조 제3호를 다음과 같이 한다.
　3. 복권및복권기금법 제23조 제1항의 규정에 의하여 배분받은 복권수익금
　⑬ 생략

부칙(정부조직법) 〈제8852호, 2008.2.29〉

제1조(시행일) 이 법은 공포한 날부터 시행한다. 다만, ……<생략>……, 부칙 제
　6조에 따라 개정되는 법률 중 이 법의 시행 전에 공포되었으나 시행일이 도
　래하지 아니한 법률을 개정한 부분은 각각 해당 법률의 시행일부터 시행한다.
　제2조부터 제5조까지 생략
제6조(다른 법률의 개정) ①부터 <466>까지 생략
　<467> 사회복지공동모금회법 일부를 다음과 같이 개정한다.
　제4조 제3항, 제15조 제2항, 제18조 제3항, 제18조의 2 제2항, 제26조 제1항
　및 제3항, 제31조 제1항 및 제32조 중 '보건복지부장관'을 각각 '보건복지가
　족부장관'으로 한다.<468>부터 <760>까지 생략
제7조 생략

부칙 〈제8938호, 2008.3.21〉

　① (시행일) 이 법은 공포한 날부터 시행한다.
　② (종전의 임원에 대한 경과조치) 이 법 시행 당시 종전의 규정에 따라 선
　임된 임원은 제9조의 개정규정에 따라 선임된 것으로 본다. 이 경우 임원의
　임기는 제7조 제2항의 개정규정에도 불구하고 종전의 규정을 적용한다.
　③ (재직 중인 사무총장의 이사 선임에 관한 경과조치) 이 법 시행 당시 재
　직 중인 사무총장은 제9조 제1항의 개정규정에 따라 선임된 이사로 본다. 이

경우 임기는 사무총장으로 임명된 날부터 기산한다.

3. 사회복지법인 재무회계규칙

사회복지법인 재무회계규칙
[시행 2008.3.3][보건복지가족부령 제1호, 2008.3.3, 타 법 개정]

제1장 총칙

제1조(목적) 이 규칙은 '사회복지사업법' 제23조 제4항 및 제45조 제2항의 규정에 의하여 사회복지법인의 재무·회계 및 후원금 관리에 관한 사항을 규정하여 재무회계 및 후원금 관리의 명확성·공정성·투명성을 기함으로써 사회복지법인의 합리적인 운영에 기여함을 목적으로 한다.
[전문개정 2005.7.15]

제2조(재무·회계운영의 기본원칙) 사회복지법인(이하 '법인'이라 한다.)의 재무·회계는 그 설립목적에 따라 건전하게 운영되어야 한다.

제3조(회계연도) 법인의 회계연도는 정부의 회계연도에 의한다.

제4조(회계연도 소속 구분) 법인의 수입 및 지출의 발생과 자산 및 부채의 증감·변동에 관해서는 그 원인이 되는 사실이 발생한 날을 기준으로 하여 연도 소속을 구분한다. 다만, 그 사실이 발생한 날을 정할 수 없는 경우에는 그 사실을 확인한 날을 기준으로 하여 연도 소속을 구분한다.

제5조(출납기한 〈개정 1998.1.7〉) 1회계연도에 속하는 법인의 세입·세출의 출납에 관한 사무는 다음 연도 2월 말일까지 완결하여야 한다. <개정 1993.12.27>

제6조(회계의 구분) 법인의 회계는 당해 법인의 업무 전반에 관한 회계(이하 '법인회계'라 한다.), 당해 법인이 설치·운영하는 사회복지시설(이하 '시설'이라 한다.)에 관한 회계(이하 '시설회계'라 한다.)와 법인이 수행하는 수익사업에

관한 회계(이하 '수익사업회계'라 한다.)로 구분한다.

제6조의 2(정보통신매체에 의한 재무·회계처리) ① 법인의 재무·회계는 컴퓨터 회계 프로그램으로 처리할 수 있다.

② 제1항의 규정에 의한 컴퓨터 회계 프로그램에 의하여 전자장부를 사용하는 경우에는 그 출력물을 보관하는 것으로 각종 장부 등의 비치를 갈음할 수 있다.

[본 조 신설 2005.7.15]

제2장 예산과 결산

제1절 예산

제7조(세입·세출의 정의) 1회계연도의 모든 수입을 세입으로 하고, 모든 지출을 세출로 한다.

제8조(예산총계주의원칙) 세입과 세출은 모두 예산에 계상하여야 한다.

　　[전문개정 1998.1.7]

제9조(예산편성 요령) ① 법인의 대표이사는 제2조의 취지에 따라 매 회계연도 개시 1개월 전까지 그 법인과 시설의 예산편성 요령을 정하여야 한다. <개정 1998.1.7>

② 법인 또는 시설의 소재지를 관할하는 시장·군수·구청장(자치구의 구청장을 말한다. 이하 같다.)은 특히 필요하다고 인정되는 사항에 관해서는 예산편성 요령을 정하여 매 회계연도 개시 2개월 전까지 법인에게 통보할 수 있다. <개정 1998.1.7>

제10조(예산의 편성 및 결정절차) ① 법인의 대표이사는 제6조의 규정에 의한 회계별 예산을 편성하여 이사회의 의결을 거쳐 확정하고, 이를 매 회계연도 개시 5일 전까지 관할 시장·군수·구청장에게 제출하여야 한다.

② 제1항의 규정에 의하여 예산을 편성할 경우 법인회계와 시설회계의 예산은 별표 1 내지 별표 4에 의한 세입·세출예산과목 구분에 따라 편성하여야 한다.

③ 시장·군수·구청장은 제1항의 규정에 의하여 예산을 제출받은 때에는

20일 이내에 법인과 시설의 회계별 세입·세출 예산개요를 시·군·구의 게시판에 20일 이상 공고하고, 법인의 대표이사로 하여금 당해 법인과 시설의 게시판에 20일 이상 공고하도록 하여야 한다.

④ 제3항 후단의 규정에 의한 공고는 일간신문 또는 정기간행물의등록등에관한법률 제2조 제1호의 규정에 의한 정기간행물에의 게재로 갈음할 수 있다. [전문개정 1998.1.7]

제11조(예산에 첨부하여야 할 서류) ① 예산에는 다음 각 호의 서류가 첨부되어야 한다. 다만, 단식부기로 회계를 처리하는 경우에는 제1호·제2호·제5호 및 제6호의 서류만을 첨부할 수 있다. <개정 1993.12.27>

1. 예산총칙
2. 세입·세출명세서
3. 추정대차대조표
4. 추정수지계산서
5. 임·직원 보수일람표
6. 당해 예산을 의결한 이사회 회의록 사본

② 제1항 제2호 내지 제5호의 서류의 서식은 별지 제1호 서식 내지 별지 제4호 서식에 의한다.

제12조(준예산) 회계연도 개시 전까지 법인의 예산이 성립되지 아니한 때에는 대표이사가 시장·군수·구청장에게 그 사유를 보고하고 예산이 성립될 때까지 다음의 경비를 전년도 예산에 준하여 집행할 수 있다.

1. 임·직원의 보수
2. 법인 및 시설운영에 직접 사용되는 필수적인 경비
3. 법령상 지급의무가 있는 경비

제13조(추가경정예산) ① 법인의 대표이사는 예산성립 후에 생긴 사유로 인하여 이미 성립된 예산에 변경을 가할 필요가 있을 때에는 제10조 및 제11조의 규정에 의한 절차에 준하여 추가경정예산을 편성·확정할 수 있다.

② 대표이사는 추가경정예산이 확정된 날로부터 7일 이내에 이를 시장·군수·구청장에게 제출하여야 한다.

제14조(예비비) 법인의 대표이사는 예측할 수 없는 예산 외의 지출 또는 예산의 초과지출에 충당하기 위하여 예비비를 세출예산에 계상할 수 있다.

[전문개정 1999.3.11]

제15조(예산의 목적 외 사용금지) 법인회계 및 시설회계의 예산은 세출예산이 정한 목적 외에 이를 사용하지 못한다.

제16조(예산의 전용) ① 법인의 대표이사는 관·항·목 간의 예산을 전용할 수 있다. 다만, 관 간의 전용은 이사회의 의결을 거쳐 관할 시장·군수·구청장의 승인을 얻어야 하고, 동일 관 내의 항 간의 전용은 이사회의 의결을 거쳐야 하며, 예산총칙에서 전용을 제한하고 있거나 예산성립과정에서 이사회에서 삭감한 관·항·목으로는 전용하지 못한다. <개정 1998.1.7>

② 대표이사는 제1항의 규정에 의하여 예산을 전용한 때에는 관할 시장·군수·구청장에게 즉시 보고하여야 한다. <개정 1998.1.7>

제17조(세출예산의 이월) 법인회계와 시설회계의 세출예산 중 경비의 성질상 당해 회계연도 안에 지출을 마치지 못할 것으로 예측되는 경비와 연도 내에 지출원인행위를 하고 불가피한 사유로 인하여 연도 내에 지출하지 못한 경비는 이사회의 의결을 거쳐 다음 연도에 이월하여 사용할 수 있다. <개정 1998.1.7>

제18조(특정목적사업 예산) 완성에 수년을 요하는 공사나 제조 그 밖의 특수한 사업을 위하여 2회계연도 이상에 걸쳐서 그 재원을 조달할 필요가 있는 때에는 회계연도마다 일정액을 예산에 계상하여 특정목적사업을 위한 적립금으로 적립할 수 있다.

제2절 결산

제19조(결산서의 작성 제출) ① 법인의 대표이사는 법인회계와 시설회계의 세입·세출 결산보고서를 작성하여 이사회의 의결을 거친 후 다음 연도 3월 31일까지 시장·군수·구청장에게 제출하여야 한다.

② 시장·군수·구청장은 제1항의 규정에 의하여 결산보고서를 제출받은 때에는 20일 이내에 다음 각 호의 사항을 시·군·구의 게시판에 20일 이상 공고하고, 법인의 대표이사로 하여금 당해 법인과 시설의 게시판에 20일 이상 공고하도록 하여야 한다. <신설 1998.1.7>

　1. 법인과 시설의 세입·세출 결산 개요

　2. 후원금품의 수입 및 사용내역 개요

③ 제2항의 규정에 의한 공고는 일간신문 또는 정기간행물의등록등에관한법

률 제2조 제1호의 규정에 의한 정기간행물에의 게재로 갈음할 수 있다. <신설 1998.1.7>

제20조(결산보고서에 첨부하여야 할 서류) ① 결산보고서에는 다음 각 호의 서류가 첨부되어야 한다. 다만, 단식부기로 회계를 처리하는 경우에는 제1호 내지 제3호, 제14호 내지 제22호의 서류만을 첨부할 수 있다. <개정 1993.12.27, 1998.1.7>

    1. 세입·세출결산서

    2. 과목 전용조서

    3. 예비비 사용조서

    4. 대차대조표

    5. 수지계산서

    6. 현금 및 예금명세서

    7. 유가증권명세서

    8. 미수금명세서

    9. 재고자산명세서

    10. 기타 유동자산명세서(제6호 내지 제9호의 유동자산 외의 유동자산을 말한다.)

    11. 고정자산(토지·건물·차량운반구·비품·전화가입권)명세서

    12. 부채명세서(차입금·미지급금을 포함한다.)

    13. 제충당금명세서

    14. 기본재산수입명세서

    15. 사업수입명세서

    16. 정부보조금명세서

    17. 후원금수입명세 및 사용결과보고서

    18. 인건비명세서

    19. 사업비명세서

    20. 기타 비용명세서(인건비 및 사업비를 제외한 비용을 말한다.)

    21. 감사보고서

    22. 법인세 신고서(수익사업이 있는 경우에 한한다.)

② 제1항 제1호 내지 제3호의 서류는 별지 제5호 서식·별지 제5호의 2 서식 내지 별지 제5호의 4 서식·별지 제6호 서식 및 별지 제7호 서식에 의하

고, 제1항 제4호 및 제5호의 서류는 별지 제2호 서식 및 별지 제3호 서식에 의하며, 제6호 내지 제21호의 서류는 별지 제8호 서식 내지 별지 제23호 서식에 의한다. <개정 2005.7.15>

제3장 회계

제1절 총칙

제21조(수입 및 지출사무의 관리) ① 법인의 대표이사와 시설의 장은 법인과 시설의 수입 및 지출에 관한 사무를 관리한다.

② 법인의 대표이사와 시설의 장은 수입 및 지출원인행위에 관한 사무를 각각 소속 직원에게 위임할 수 있다.

제22조(수입과 지출의 집행기관) ① 법인과 시설에는 수입과 지출의 현금출납업무를 담당하게 하기 위하여 각각 수입원과 지출원을 둔다. 다만, 법인 또는 시설의 규모가 소규모인 경우에는 수입원과 지출원을 동일인으로 할 수 있다.

② 제1항의 수입원과 지출원은 각각 그 법인의 대표이사와 시설의 장이 임면한다.

제23조(회계의 방법) 회계는 단식부기에 의한다. 다만, 법인회계와 수익사업회계에 있어서 복식부기의 필요가 있는 경우에는 복식부기에 의한다.

[전문개정 1993.12.27]

제24조(장부의 종류) ① 법인 및 시설에는 다음의 회계장부를 둔다. <개정 1998.1.7>

　　1. 현금출납부

　　2. 총계정원장

　　3. 총계정원장 보조부

　　4. 재산대장

　　5. 비품관리대장

　　6. 소모품대장

　　7. 삭제 <1998.1.7>

　　8. 삭제 <1998.1.7>

9. 삭제 <1998.1.7>

10. 삭제 <1998.1.7>

11. 삭제 <1998.1.7>

12. 삭제 <1998.1.7>

② 제1항 제1호 내지 제6호의 규정에 의한 회계장부는 별지 제24호 서식, 별지 제24호의 2 서식, 별지 제25호 서식, 별지 제25호의 2 서식, 별지 제26호 서식 내지 별지 제29호 서식에 의한다. <개정 1998.1.7, 2005.7.15>

제2절 수입

제25조(수입금의 수납) ① 모든 수입금의 수납은 이를 금융기관에 취급시키는 경우를 제외하고는 수입원이 아니면 수납하지 못한다.

② 수입원이 수납한 수입금은 그 다음 날까지 금융기관에 예입하여야 한다. <개정 1998.1.7>

③ 제1항 및 제2항의 규정에 의한 수입금에 대한 금융기관의 거래통장은 제6조의 규정에 의한 회계별로 구분될 수 있도록 보관·관리하여야 한다. <신설 1998.1.7>

제26조(과년도 수입과 반납금 여입) ① 출납이 완결한 연도에 속하는 수입 기타 예산 외의 수입은 모두 현 년도의 세입에 편입하여야 한다.

② 지출된 세출의 반납금은 각각 지출한 세출의 당해 과목에 여입할 수 있다.

제27조(과오납의 반환) 과오납된 수입금은 수입한 세입에서 직접 반환한다.

제3절 지출

제28조(지출의 원칙) ① 지출은 제21조의 규정에 의한 지출사무를 관리하는 자 및 그 위임을 받아 지출명령이 있는 것에 한하여 지출원이 행한다.

② 제1항의 지출명령은 예산의 범위 안에서 하여야 한다.

제29조(지출의 방법) ① 지출은 상용의 경비 또는 소액의 경비지출을 제외하고는 금융기관의 수표로 행하거나 예금통장에 의하여 행하여야 한다.

② 지출원은 상용의 경비 또는 소액의 경비지출을 위하여 100만 원 이하의 현금을 보관할 수 있다.

제30조(지출의 특례) ① 지출에 있어서 선급금을 할 수 있는 경비의 범위는 다음과 같다.

　　1. 외국에서 직접 구입하는 기계, 도서, 표본 또는 실험용 재료의 대가

　　2. 정기간행물의 대가

　　3. 토지 또는 가옥의 임대료와 용선료

　　4. 운임

　　5. 소속 직원 중 특별한 사정이 있는 자에 대하여 지급하는 급여의 일부

　　6. 관공서(정부투자기관관리기본법에 의한 정부투자기관 및 특별법에 의하여 설립된 특수법인을 포함한다.)에 대하여 지급하는 경비

　　7. 외국에서 연구 또는 조사에 종사하는 자에 대하여 지급하는 경비

　　8. 보조금

　　9. 사례금

　　10. 계약금액이 1천만 원 이상인 공사나 제조 또는 물건의 매입을 하는 경우에 계약금액의 100분의 50을 초과하지 아니하는 금액

② 지출에 있어서 개산급을 할 수 있는 경비의 범위는 다음과 같다.

　　1. 여비 및 판공비

　　2. 관공서(정부투자기관관리기본법에 의한 정부투자기관 및 특별법에 의하여 설립된 특수법인을 포함한다.)에 대하여 지급하는 경비

　　3. 보조금

　　4. 소송비용

제4절 계약

제30조의 2(계약의 원칙) 계약은 상호 대등한 입장에서 당사자의 합의에 따라 체결하여야 하며, 당사자는 계약의 내용을 신의성실의 원칙에 따라 이를 이행하여야 한다.

[본 조 신설 1998.1.7]

제31조(계약담당자) ① 계약에 관한 사무는 각각 그 법인의 대표이사와 시설의 장이 처리한다.

② 법인의 대표이사와 시설의 장은 계약체결에 관한 사무를 소속 직원에게 위임할 수 있다.

제32조(계약의 방법) ① 법인의 대표이사와 시설의 장(계약체결에 관한 사무의 위임을 받은 자를 포함한다. 이하 '계약담당자'라 한다.)은 계약을 하는 경우에는 지명경쟁계약 또는 수의계약에 의하는 경우를 제외하고는 공고를 하여 일반경쟁에 붙여야 한다.

② 계약담당자는 다음 경우에는 지명경쟁에 붙일 수 있다. <개정 1993.12.27, 1998.1.7>

1. 추정가격이 1억 원 이하인 공사 또는 제조의 경우
2. 추정가격이 3천만 원 이하인 재산을 매각 또는 매입할 경우
3. 예정임대·임차료의 총액이 3천만 원 이하인 물건을 임대·임차할 경우
4. 삭제 <1993.12.27>

③ 계약담당자는 다음의 경우는 수의계약에 의할 수 있다. <개정 1993.12.27, 1998.1.7>

1. 공사의 경우 추정가격이 5천만 원 이하인 경우
2. 물품의 제조·구매·용역 기타 계약의 경우 추정가격(임차 또는 임대의 경우에는 연액 또는 총액기준)이 2천만 원 이하인 경우

④ 제1항 내지 제3항의 규정에 불구하고 계약의 목적·성질 등에 비추어 일반경쟁계약에 의할 수 없거나 일반경쟁계약에 의하는 것이 현저하게 불리하다고 인정되는 사유가 있는 경우에는 지명경쟁계약 또는 수의계약에 의할 수 있다.

제33조(계약서의 작성 및 계약의 성립) ① 계약담당자는 계약을 체결하고자 할 때에는 계약의 목적, 계약금액, 이행기간, 계약보증금, 위험부담, 지체상금 기타 필요한 사항을 명백히 기재한 계약서를 작성하여야 한다.

② 제1항의 규정에 의하여 계약서를 작성하는 경우에는 계약담당자와 계약상대자가 계약서에 기명날인함으로써 계약이 성립된다.

제34조(계약서의 작성 생략) ① 계약담당자는 제33조의 규정에 불구하고 다음 각 호의 1에 해당하는 경우에는 계약서의 작성을 생략할 수 있다. <개정 1993.12.27, 1998.1.7>

1. 계약금액이 2천만 원 이하인 계약을 체결하는 경우
2. 삭제 <1998.1.7>
3. 경매에 부칠 경우
4. 물품매각의 경우에 있어서 매수인이 즉시 대금을 납부하고 그 물품을

인수할 경우

  5. 전기, 가스, 수도의 공급계약 등 성질상 계약서의 작성이 필요하지 아니한 계약을 할 경우

② 제1항의 규정에 의하여 계약서의 작성을 생략하는 경우에는 청구서, 각서, 협정서 등 계약성립의 증거가 될 수 있는 서류를 받아 비치하여야 한다.

제35조(보증금) 계약담당자는 경쟁입찰을 하거나, 계약을 체결한 때에는 현금(체신관서 또는 은행법에 의한 금융기관이 발행하는 자기앞수표를 포함한다.) 또는 국가를당사자로하는계약에관한법률시행령 제37조 제2항의 규정에 의한 보증서 또는 증권으로 입찰금액 또는 계약금액의 100분의 10 이상의 보증금을 받아야 한다. 다만, 계약보증금을 받음으로써 계약체결에 현저하게 불리하다고 인정되는 확실한 사유가 있을 때에는 계약담당자는 계약보증금을 받지 아니할 수 있다. <개정 1998.1.7>

제36조(직영공사) ① 법인과 시설의 각종 공사는 그 법인의 대표이사와 시설의 장의 결정에 따라 이를 직영할 수 있다. <개정 1998.1.7, 1999.3.11>

② 제1항의 공사를 할 때에는 작업일지와 자재수급부, 노임지급명세표 등을 비치하여 정확하게 기록하고 그 집행, 관리 및 감독은 이를 전문기술자로 하여금 담당하게 하여야 한다.

제37조(검사조서 작성) ① 계약담당자는 계약상대자가 계약의 이행을 완료한 때에는 그 이행을 확인하기 위하여 계약서, 설계서 기타 관계 서류에 의하여 스스로 필요한 검사를 하여야 한다.

② 전문적인 지식 또는 기술을 필요로 하거나 기타 부득이한 사유로 제1항의 규정에 의한 검사를 할 수 없는 때에는 전문기관 또는 기술자로 하여금 필요한 검사를 하게 할 수 있다.

③ 제1항 및 제2항의 규정에 의한 검사를 할 경우에는 별지 제30호 서식 내지 별지 제32호 서식에 의한 검사조서를 작성하여야 한다. 다만, 다음의 경우에는 그 검사조서의 작성을 생략할 수 있다. <개정 1993.12.27, 1998.1.7>

  1. 계약금액이 2천만 원 이하인 계약의 경우

  2. 매각계약의 경우

  3. 전기, 가스, 수도의 공급계약 등 그 성질상 검사조서의 작성을 요하지 아니하는 계약의 경우

제37조의 2(준용) 계약에 관하여 이 절에서 규정하지 아니한 사항은 국가를당사
자로하는계약에관한법령을 준용한다.

[본 조 신설 1998.1.7]

제4장 물품

제38조(물품의 관리자와 출납원) ① 법인의 대표이사와 시설의 장은 그 소관에 속하
는 물품(현금 및 유가증권을 제외한 동산을 말한다. 이하 같다.)을 관리한다.
<개정 1998.1.7>

② 법인의 대표이사와 시설의 장은 그 소관에 속하는 물품관리에 관한 사무
를 소속 직원에게 위임할 수 있다.

③ 법인의 대표이사와 시설의 장(제2항의 규정에 의하여 위임을 받은 자를
포함한다. 이하 '물품관리자'라 한다.)은 물품의 출납보관을 위하여 소속 직
원 중에서 물품출납원을 지정하여야 한다.

제39조(물품의 관리의무) 물품관리자 및 물품출납원은 선량한 관리자의 주의로써
사무에 종사하여야 한다.

제40조(물품의 관리) ① 물품관리자는 물품을 출납하게 하고자 할 때에는 물품출
납원에게 출납하여야 할 물품의 분류를 명백히 하여 그 출납을 명령하여야
한다.

② 물품출납원은 제1항의 규정에 의한 명령이 없이는 물품을 출납할 수 없다.

제40조의 2(재물조사) 법인의 대표이사와 시설의 장은 연 1회 그 관리에 속하는
물품에 대하여 정기적으로 재물조사를 실시하여야 하며, 필요하다고 인정하
는 때에는 정기재물조사 외에 수시로 재물조사를 할 수 있다.

[본 조 신설 1998.1.7]

제41조(불용품의 처리) ① 법인과 시설의 물품관리자는 물품 중 그 사용이 불가능
하거나 수리하여 다시 사용할 수 없게 된 물품이 있을 때에는 그 물품에 대
하여 불용의 결정을 하여야 한다.

② 제1항의 규정에 의한 불용품을 매각한 경우 그 대금은 당해 법인 또는
시설의 세입예산에 편입시켜야 한다.

제4장의 2 후원금의 관리 〈신설 1998.1.7〉

제41조의 2(후원금의 범위 등) ① 법인의 대표이사와 시설의 장은 아무런 대가 없이 무상으로 받은 금품 기타의 자산(이하 '후원금'이라 한다.)의 수입·지출 내용과 관리에 명확성이 확보되도록 하여야 한다. 시설거주자가 받은 개인결연후원금을 당해인이 정신질환 기타 이에 준하는 사유로 관리능력이 없어 시설의 장이 이를 관리하게 되는 경우에도 또한 같다. <개정 1999.3.11>

② 삭제 <1999.3.11>

[본 조 신설 1998.1.7]

제41조의 3 삭제 <1999.3.11>

제41조의 4(후원금의 영수증 교부 등) ① 법인의 대표이사와 시설의 장은 후원금을 받은 때에는 시장·군수·구청장이 부여한 일련번호가 기재된 별지 제35호 서식의 후원금 영수증을 후원자에게 즉시 교부하여야 한다.

② 법인의 대표이사와 시설의 장은 금융기관 또는 체신관서의 계좌입금을 통하여 후원금을 받은 때에는 법인명의의 후원금 전용계좌나 시설의 명칭이 부기된 시설장 명의의 계좌(이하 '후원금 전용계좌 등'이라 한다.)를 사용하여야 한다. 이 경우 후원자가 영수증 발급을 원하는 경우를 제외하고는 제1항의 규정에 의한 영수증의 교부를 생략할 수 있다.

[전문개정 2005.7.15]

제41조의 5(후원금의 수입 및 사용내용 통보) 법인의 대표이사와 시설의 장은 연 1회 이상 해당 후원금의 수입 및 사용내용을 후원금을 낸 법인·단체 또는 개인에게 통보하여야 한다. 이 경우 법인이 발행하는 정기간행물 또는 홍보지 등을 이용하여 일괄 통보할 수 있다.

[본 조 신설 1998.1.7]

제41조의 6(후원금의 수입·사용결과 보고 및 공개 〈개정 2005.7.15〉) ① 법인의 대표이사와 시설의 장은 매반기 종료 후 10일 이내에 별지 제19호 서식에 의한 후원금수입및사용결과보고서(전산파일을 포함한다.)를 관할 시장·군수·구청장에게 제출하여야 한다. <개정 2005.7.15>

② 시장·군수·구청장은 제1항의 규정에 의하여 제출받은 후원금의 수입 및 사용결과 보고의 내역과 후원금 전용계좌 등의 후원금 입·출금 내역을 매반기 종료 후 30일 이내에 인터넷 등을 통하여 공개하여야 하며, 공개일부

터 3개월간 누구든지 이를 볼 수 있게 하여야 한다. 다만, 후원자의 성명(법인 등의 경우는 그 명칭)은 공개하지 아니한다. <신설 2005.7.15>

[본 조 신설 1998.1.7]

제41조의 7(후원금의 용도 외 사용금지) ① 법인의 대표이사와 시설의 장은 후원금을 후원자가 지정한 사용용도 외의 용도로 사용하지 못한다.

② 후원금의 수입 및 지출은 제10조의 규정에 의한 예산의 편성 및 확정절차에 따라 세입·세출예산에 편성하여 사용하여야 한다.

[본 조 신설 1998.1.7]

제5장 감사

제42조(감사) ① 법인의 감사는 당해 법인과 시설에 대하여 매년 1회 이상 감사를 실시하여야 한다.

② 법인의 대표이사는 시설의 장과 수입원 및 지출원이 사망하거나 경질된 때에는 그 관장에 속하는 수입, 지출, 재산, 물품 및 현금 등의 관리상황을 감사로 하여금 감사하게 하여야 한다.

③ 제2항의 규정에 의한 감사를 함에 있어서는 전임자가 입회하여야 하며, 전임자가 입회할 수 없는 경우에는 그 전임자가 지정하거나 법인의 대표이사가 관계 직원 중에서 지정한 입회인을 입회하게 하여야 한다.

④ 감사는 제1항 내지 제3항의 규정에 의하여 감사를 한 때는 감사보고서를 작성하여 당해 법인의 이사회에 보고하여야 하며, 재산상황 또는 업무집행에 관하여 부정 또는 불비한 점이 발견된 때에는 시장·군수·구청장에게 보고하여야 한다.

⑤ 제4항의 감사보고서에는 감사가 서명 또는 날인하여야 한다. <개정 1998.1.7>

제6장 보칙

제43조(사무의 인계·인수) ① 회계사무를 담당하는 직원이 경질된 때에는 당해 사

무의 인계·인수는 발령일로부터 5일 이내에 행하여져야 한다.

② 인계자는 인계할 장부와 증빙서류 등의 목록을 각각 3부씩 작성하여 인계·인수자가 각각 기명날인한 후 각각 1부씩 보관하고, 1부는 이를 예금잔고증명과 함께 인계·인수보고서에 첨부하여 법인의 대표이사에게 제출하여야 한다. 이 경우 시설에 있어서는 시설의 장을 거쳐 제출하여야 한다.

제44조(시행세칙) 이 규칙의 시행을 위하여 필요한 세부사항은 보건복지가족부장관이 정한다. <개정 1998.1.7, 2008.3.3>

부칙 <제813호, 1988.2.8>

① (시행일) 이 규칙은 1988년 6월 1일부터 시행한다.

② (정관변경에 관한 경과조치) 법인의 정관 중 재무 및 회계에 관한 규정은 이 규칙 시행일로부터 6개월 이내에 이 규칙에 맞게 변경하여 정관변경허가를 받아야 한다.

부칙 〈제922호, 1993.12.27〉

이 규칙은 1994년 1월 1일부터 시행한다.

부칙 〈제57호, 1998.1.7〉

이 규칙은 공포한 날부터 시행한다.

부칙 〈제98호, 1999.3.11〉

이 규칙은 공포한 날부터 시행한다.

부칙 〈제323호, 2005.7.15〉

① (시행일) 이 규칙은 공포 후 2개월이 경과한 날부터 시행한다. 다만, 제41조의 4의 개정규정은 2006년 1월 1일부터 시행한다.

② (후원금수입 및 사용결과보고에 관한 적용례) 제41조의 6의 개정규정과 별지 제19호 서식은 2006년 상반기 보고분부터 적용한다.

③ (서식에 관한 경과조치) 이 규칙 시행 당시 종전의 규정에 의한 서식은 2005년 12월 31일까지 이 규칙에 의한 서식과 함께 사용할 수 있다.

부칙(보건복지가족부와 그 소속 기관 직제 시행규칙) 〈제1호, 2008.3.3

제1조(시행일) 이 규칙은 공포한 날부터 시행한다.

제2조 생략

제3조(다른 법령의 개정) ①부터 〈40〉까지 생략

　　〈41〉 사회복지법인 재무회계규칙 일부를 다음과 같이 개정한다.

　　제44조 중 '보건복지부장관'을 '보건복지가족부장관'으로 한다.

　　〈42〉부터 〈94〉까지 생략

[별표 1] 〈개정 2005.7.15〉
법인회계 세입예산과목구분(제10조 제2항 관련)

과목						내역
관		항		목		
01	재산수입	11	기본재산 수입	111	임대료수입	부동산임대수입
				112	배당 및 이자수입	소유주식배당수입, 예금이자 수입
				113	재산매각 수입	부동산매각수입
				114	기타 수입 ○○수익	불용재산매각 등 기타의 재산수입
02	사업수입	21	수익사업 수입	211 · · ·	사업수입 · · ·	법인의 수익사업으로 얻어지는 수입 예 : 영농·축산·임대사업(기본재산임대수입은 111목에 계상) 등 사업별로 목을 설정함
03	과년도수입	31	과년도수입	311	과년도수입	전년도에 세입 조정된 수입으로서 금년도에 수입으로 확정된 것
04	보조금수입	41	경상보조금수입	411	경상보조금수입	국고 및 지방자치단체의 경상보조금
		42	자본보조금수입	421	자본보조금수입	국고 및 지방자치단체의 자본보조금
		43	기타 보조금수입	431	기타 보조금수입	기타 사회복지사업기금 등에서 받은 보조금

과목						내역
관		항		목		
		44	후원금수입	441	후원금수입	국내외 민간단체로부터 받은 기부금·보조금 등 후원금 기타 개인·단체 등으로부터 받은 각종 기부금·결연후원금·위문금·찬조금 등의 후원금과 자선바자회 등으로부터 얻어지는 수입
05	차입금	51	차입금	511	금융기관 차입급	금융기관으로부터의 차입금
				512	기타 차입금	개인·단체 등으로부터의 차입금
06	전입금	61	전입금	611	다른 회계로부터의 전입금	수익사업회계 및 시설회계로부터의 전입금
07	이월금	71	이월금	711	전년도 이월금	전년도불용액으로서 이월된 금액
				712	이월사업비	전년도에 종료되지 못한 이월사업비
08	잡수입	81	잡수입	811	불용품 매각대	비품·집기·기계·기구 등과 기타 불용품의 매각대
				812	기타 예금 이자수입	기본재산예금 외의 예금이자수입
				813	기타 잡수입	기타 재산매각수입, 변상금 및 위약금수입 등과 다른 과목에 속하지 아니하는 수입

시설회계 세출예산과목구분(제10조 제2항 관련)

과목					내역
관		항		목	
01	사무비	11	인건비	111 급여	시설직원에 대한 기본 봉급
				112 상여금	시설직원에 대한 기말·정근수당
				113 일용잡급	일급 또는 단기간 채용하는 임시직에 대한 급여
				114 제 수당	시설직원에 대한 제 수당(직종·직급별로 일정액을 지급하는 수당, 시간 외 근무수당, 야간근무수당, 휴일근무수당 등) 및 기타 수당
				115 퇴직금 및 퇴직적립금	시설직원퇴직급여제도에 따른 퇴직급여 및 퇴직적립금(충당금)
				116 사회보험 부담비용	시설직원의 사회보험(국민연금, 국민건강보험, 고용보험, 산업재해보상보험 등) 부담
				117 기타 후생경비	시설직원의 상용피복비·건강진단비·급량비·그 밖에 복리후생에 소요되는 비용
		12	업무추진비	121 기관운영비	기관운영 및 유관기관과의 업무협의 등에 소요되는 제 경비
				122 직책보조비	시설직원의 직책수행을 위하여 정기적으로 지급하는 경비
				123 회의비	후원회 등 각종 회의의 다과비 등에 소요되는 제 경비
		13	운영비	131 여비	시설직원의 국내외 출장여비
				132 수용비 및 수수료	사무용품비·인쇄비·집기구입비(물건의 성질상 장기간 사용 또는 고정자산으로 취급되는 집기류는 212목에 계상)·도서구입비·공고료·수수료·등기료·운송비·통행료 및 주차료·소규모수선비·포장비 등
				133 공공요금	우편료·전신전화료·전기료·상하수도료·가스료 및 오물수거료
				134 제세공과금	법령에 의하여 지급하는 제세(자동차세 등), 협회가입비, 화재·자동차보험료, 기타 보험료
				135 차량비	차량유류대·차량정비유지비·차량소모품
				136 기타 운영비	그 밖에 운영경비로 위에 분류되지 아니한 경비
02	재산조정비	21	시설비	211 시설비	시설 신·증축비 및 부대경비, 그 밖에 시설비
				212 자산취득비	시설운영에 필요한 비품구입비, 토지·건물·그 밖에 자산의 취득비
				213 시설장비유지비	건물 및 건축설비(구축물·기계장치), 공구·기구, 비품수선비(소규모수선비는 132목에 계상) 그 밖의 시설물의 유지관리비

과목					내역
관		항		목	
03 사업비	31	운영비	311	생계비	주식비, 부식비, 특별부식비, 장유비, 월동용 김장비
			312	수용기관경비	입소자를 위한 수용비(치약·칫솔·수건구입비 등)
			313	피복비	입소자의 피복비
			314	의료비	입소자의 보건위생 및 시약대
			315	장의비	입소자 중 사망자의 장의비
			316	직업재활비	입소자의 직업훈련재료비
			317	자활사업비	입소자의 자활을 위한 기자재 구입비
			318	특별급식비	입소자의 간식, 우유 등 생계 외의 급식제공을 위한 비용
			319	연료비	보일러 및 난방시설연료비, 취사에 필요한 연료비
	32	교육비	321	수업료	입소자 중 학생에 대한 수업료
			322	학용품비	입소자 중 학생에 대한 학용품비
			323	도서구입비	입소자 중 학생에 대한 도서구입비, 부교재비
			324	교통비	입소자 중 학생에 대한 대중교통비
			325	급식비	입소자 중 학생에 대한 학교급식비
			326	학습지원비	입소자 중 학생에 대한 사교육비(피아노교습, 사설학원 수강 등)
			327	수학여행비	입소자 중 학생에 대한 수학여행비
			328	교복비	입소자 중 학생에 대한 교복비
			329	이, 미용비	입소자 중 학생에 대한 이, 미용비
	33	○○사업비	330	기타 교육비	입소자 중 학생에 대한 그 밖의 교육경비(학습재료 등)
			331	의료재활 사업비	입소자(재활·물리·작업·언어·청능)치료비, 수술비용, 의수족 등 보장구제작수리비 또는 입소자를 위한 의료재활 프로그램비용
			332	사회심리 재활사업비	입소자를 위한 사회심리재활 프로그램 운영비
			333	교육재활 사업비	입소자를 위한 교육프로그램운영비
			334	직업재활 사업비	입소자를 위한 직업재활프로그램 운영비
			335	○○사업비	의료재활, 직업재활, 교육재활 등 전문프로그램이 아닌 입소자를 위한 프로그램운영비(하계캠프, 방과 후 공부방 운영 등)
04 전출금	41	출금	411	법인회계전출금	법인회계로의 전출금
05 과년도지출	51	과년도지출	511	과년도지출	과년도미불금 및 과년도사업비의 지출
06	61	부채상환금	611	원금상환금	차입금원금상환금
		잡지출	612	이자지불금	차입금이자지급금
07 잡지출	71	예비비	711	잡지출	시설이 지출하는 보상금·사례금·소송경비 등
08	81		811	예비비	예비비

세입·세출명세서

과목			전년도 예산액	당해 연도 예산액	증감	산출근거
관	항	목				

210㎜×297㎜(일반용지 60g/㎡(재활용품))

4. 사회복지사업법

사회복지사업법
[시행 2008.2.29][법률 제8852호, 2008.2.29, 타 법 개정]

제1장 총칙

제1조(목적) 이 법은 사회복지사업에 관한 기본적 사항을 규정하여 사회복지를 필요로 하는 사람의 인간다운 생활을 할 권리를 보장하고 사회복지의 전문성을 높이며, 사회복지사업의 공정·투명·적정을 기하고, 지역사회복지의 체계를 구축함으로써 사회복지의 증진에 이바지함을 목적으로 한다. <개정 2003.7.30>

제2조(정의) 이 법에서 사용하는 용어의 정의는 다음과 같다. <개정 2004.1.29, 2004.3.22, 2006.3.24, 2007.10.17, 2007.12.14>

　　1. '사회복지사업'이라 함은 다음 각 목의 법률에 의한 보호·선도 또는 복지에 관한 사업과 사회복지상담·부랑인 및 노숙인 보호·직업보도·무료숙박·지역사회복지·의료복지·재가복지·사회복지관운영·정신질환자 및 한센병력자 사회복귀에 관한 사업 등 각종 복지사업과 이와 관련된 자원봉사활동 및 복지시설의 운영 또는 지원을 목적으로 하는 사업을 말한다.

　　　가. 국민기초생활보장법
　　　나. 아동복지법
　　　다. 노인복지법
　　　라. 장애인복지법
　　　마. 한부모가족지원법
　　　바. 영유아보육법
　　　사. 성매매방지및피해자보호등에관한법률

아. 정신보건법

자. 성폭력범죄의처벌및피해자보호등에관한법률

차. 입양촉진및절차에관한특례법

카. 일제하일본군위안부피해자에대한생활안정지원및기념사업등에관한법률

타. 사회복지공동모금회법

파. 장애인·노인·임산부등의편의증진보장에관한법률

하. 가정폭력방지및피해자보호등에관한법률

거. 농어촌주민의보건복지증진을위한특별법

너. 식품기부활성화에관한법률

더. 의료급여법

1의 2. '지역사회복지'란 주민의 복지증진과 삶의 질 향상을 위하여 지역사회 차원에서 전개하는 사회복지를 말한다.

2. '사회복지법인'이라 함은 사회복지사업을 행할 목적으로 설립된 법인을 말한다.

3. '사회복지시설'이라 함은 사회복지사업을 행할 목적으로 설치된 시설을 말한다.

3의 2. '사회복지관'이란 지역사회를 기반으로 일정한 시설과 전문인력을 갖추고 지역주민의 참여와 협력을 통하여 지역사회복지문제를 예방하고 해결하기 위하여 종합적인 복지서비스를 제공하는 시설을 말한다.

4. '사회복지서비스'라 함은 국가·지방자치단체 및 민간부문의 도움을 필요로 하는 모든 국민에게 상담·재활·직업소개 및 지도, 사회복지시설의 이용 등을 제공하여 정상적인 사회생활이 가능하도록 제도적으로 지원하는 것을 말한다.

5. '보건의료서비스'라 함은 국민의 건강을 보호·증진하기 위하여 보건의료인이 행하는 모든 활동을 말한다.

[전문개정 2003.7.30]

제3조(다른 법률과의 관계) ① 사회복지사업의 내용, 절차 등에 관하여 제2조 제1호 각 목의 법률에 특별한 규정이 있는 경우를 제외하고는 이 법이 정하는 바에 의한다. <개정 2003.7.30>

② 제2조 제1호 각 목의 법률을 개정하는 경우에 이 법에 부합하도록 하여야 한다. <개정 2003.7.30>

제4조(복지증진의 책임) ① 국가와 지방자치단체는 사회복지를 증진할 책임을 진다.

② 국가와 지방자치단체는 사회복지서비스와 보건의료서비스를 함께 필요로 하는 사람에게 이들 서비스가 연계되어 제공되도록 노력하여야 한다. <신설 2003.7.30>

③ 국가·지방자치단체 기타 사회복지사업을 행하는 자는 사회복지를 필요로 하는 자에 대하여 그 사업과 관련한 상담·작업치료·직업훈련 등을 실시하고 필요한 경우에는 주민의 복지욕구를 조사할 수 있다.

④ 국가 및 지방자치단체는 도움을 필요로 하는 국민이 적절한 사회복지서비스를 제공받을 수 있도록 사회복지서비스 수요자 등을 고려하여 사회복지시설이 균형 있게 설치되도록 노력하여야 한다. <신설 2007.12.14>

⑤ 국가 및 지방자치단체는 민간부문의 사회복지 증진활동이 활성화되도록 노력하여야 한다. <신설 2007.12.14>

제5조(최대봉사의 원칙) 이 법에 의하여 복지업무에 종사하는 사람은 그 업무를 행함에 있어서 사회복지를 필요로 하는 사람을 위하여 차별 없이 최대로 봉사하여야 한다.

제6조(시설설치방해금지) ① 누구든지 정당한 이유 없이 사회복지시설의 설치를 방해하여서는 아니 된다.

② 시장·군수·구청장(자치구의 구청장을 말한다. 이하 같다.)은 정당한 이유 없이 사회복지시설의 설치를 지연시키거나 제한하는 조치를 하여서는 아니 된다.

제6조의 2(사회복지업무의 전자화) ① 국가 및 지방자치단체는 사회복지업무를 전자적으로 처리할 수 있도록 필요한 시책을 강구하여야 한다.

② 사회복지법인의 대표이사 및 사회복지시설의 장은 국가 및 지방자치단체가 실시하는 사회복지업무의 전자화 시책에 협력하여야 한다.

[본 조 신설 2007.12.14]

제7조(사회복지위원회) ① 사회복지사업에 관한 중요 사항과 제15조의 3 제2항의 규정에 의한 지역사회복지계획을 심의 또는 건의하기 위하여 특별시·광역시·도(이하 '시·도'라 한다.)에 사회복지위원회를 둔다. <개정 2003.7.30>

② 사회복지위원회의 위원은 다음 각 호의 1에 해당하는 자 중에서 특별시장·광역시장·도지사(이하 '시·도지사'라 한다.)가 임명 또는 위촉한다. <개정 2003.7.30>

1. 사회복지 또는 보건의료에 관한 학식과 경험이 풍부한 자
2. 사회복지법인의 대표자
3. 사회복지사업을 행하는 비영리법인 또는 단체의 대표자
4. 사회복지를 필요로 하는 사람의 이익 등을 대표하는 자
5. 제7조의 2의 규정에 의한 지역사회복지협의체의 대표자
6. 공익단체(비영리민간단체지원법 제2조의 규정에 의한 비영리민간단체를 말한다. 이하 같다.)에서 추천한 자
7. 사회복지공동모금회법 제14조의 규정에 의한 사회복지공동모금지회에서 추천한 자

③ 다음 각 호의 1에 해당하는 자는 사회복지위원회의 위원이 될 수 없다. <개정 1999.4.30, 2003.7.30, 2005.3.31, 2007.12.14>

1. 미성년자
2. 금치산자 또는 한정치산자
3. 파산선고를 받은 자로서 복권되지 아니한 자
4. 법원의 판결 또는 다른 법률에 의하여 자격이 상실 또는 정지된 자
5. 금고 이상의 실형의 선고를 받고 그 집행이 종료(집행이 종료된 것으로 보는 경우를 포함한다.)되거나 집행이 면제된 날부터 3년이 경과되지 아니한 자
6. 금고 이상의 형의 집행유예선고를 받고 그 유예기간 중에 있는 자
7. 제5호 및 제6호의 규정에 불구하고 사회복지사업 또는 그 직무와 관련하여 아동복지법 제40조 또는 제41조, 보조금의예산및관리에관한법률 제40조 내지 제42조 또는 형법 제28장·제40장(제360조를 제외한다.)의 죄를 범하거나 이 법에 위반하여 100만 원 이상의 벌금형의 선고를 받고 그 형이 확정된 후 5년 또는 형의 집행유예의 선고를 받고 그 형이 확정된 후 7년이 경과하지 아니하거나 징역형의 선고를 받고 그 집행이 종료(집행이 종료된 것으로 보는 경우를 포함한다.)되거나 집행이 면제된 날부터 7년이 경과되지 아니한 자

④ 사회복지위원회의 조직·운영에 관하여 필요한 사항은 보건복지가족부령이 정하는 바에 따라 당해 시·도의 조례로 정한다. <개정 2003.7.30, 2008.2.29>

제7조의 2(지역사회복지협의체) ① 관할지역 안의 사회복지사업에 관한 중요 사항과

제15조의 3 제1항의 규정에 의한 지역사회복지계획을 심의 또는 건의하고, 사회복지·보건의료 관련 기관·단체가 제공하는 사회복지서비스 및 보건의료서비스의 연계·협력을 강화하기 위하여 시·군·구(자치구를 말한다. 이하 같다.)에 지역사회복지협의체를 둔다.

② 지역사회복지협의체의 위원은 다음 각 호의 1에 해당하는 자 중에서 시장·군수·구청장이 임명 또는 위촉한다.

　　1. 사회복지 또는 보건의료에 관한 학식과 경험이 풍부한 자

　　2. 사회복지사업을 행하는 기관·단체의 대표자

　　3. 보건의료사업을 행하는 기관·단체의 대표자

　　4. 공익단체에서 추천한 자

　　5. 사회복지업무 또는 보건의료업무를 담당하는 공무원

③ 지역사회복지협의체의 업무를 효율적으로 수행하기 위하여 지역사회복지협의체에 실무협의체를 둔다. <개정 2007.12.14>

④ 지역사회복지협의체 및 실무협의체의 조직·운영에 관하여 필요한 사항은 보건복지가족부령이 정하는 바에 따라 시·군·구의 조례로 정한다. <개정 2008.2.29>

⑤ 제7조 제3항의 규정은 지역사회복지협의체의 위원에 대하여 이를 준용한다. 이 경우 '사회복지위원회'는 '지역사회복지협의체'로 본다.

[본 조 신설 2003.7.30]

제8조(복지위원) ① 시장·군수·구청장은 읍·면·동의 사회복지사업을 원활하게 수행하도록 하기 위하여 읍·면·동단위에 복지위원을 위촉하여야 한다. <개정 2007.12.14>

② 복지위원은 명예직으로 하되, 예산의 범위 안에서 수당을 지급할 수 있다.

③ 복지위원의 자격·직무·위촉절차 등에 관하여 필요한 사항은 보건복지가족부령으로 정한다. <개정 2008.2.29>

제9조(사회복지 자원봉사활동의 지원·육성) ① 국가 및 지방자치단체는 사회복지 자원봉사활동을 지원·육성하기 위하여 다음 각 호의 사항을 실시하여야 한다.

　　1. 자원봉사활동의 홍보 및 교육

　　2. 자원봉사활동프로그램의 개발·보급

　　3. 자원봉사활동 중의 재해에 대비한 시책의 개발

　　4. 기타 자원봉사활동의 지원에 필요한 사항

② 국가 및 지방자치단체는 제1항 각 호의 사항을 효율적으로 수행하기 위하여 사회복지법인 기타 비영리법인·단체에 이를 위탁할 수 있다.

제10조(지도훈련) ① 보건복지가족부장관은 이 법 기타 사회복지 관련 법률의 시행에 관한 사무에 종사하는 공무원과 사회복지사업에 종사하는 자의 자질향상을 위하여 필요한 지도와 훈련을 행할 수 있다. <개정 1999.4.30, 2008.2.29>

② 제1항의 훈련에 관하여 필요한 사항은 보건복지가족부령으로 정한다. <개정 2008.2.29>

제11조(사회복지사자격증의 교부 등) ① 보건복지가족부장관은 사회복지에 관한 전문지식과 기술을 가진 자에게 사회복지사의 자격증을 교부할 수 있다. <개정 2005.7.13, 2008.2.29>

② 제1항의 규정에 의한 사회복지사의 등급은 1·2·3급으로 하고 등급별 자격기준 및 자격증의 교부절차 등은 대통령령으로 정한다.

③ 사회복지사 1급의 자격증을 교부받고자 하는 자는 국가시험에 합격하여야 한다.

④ 보건복지가족부장관은 제2항의 규정에 의한 사회복지사의 자격증을 교부 또는 재교부 받고자 하는 자에게 보건복지가족부령이 정하는 바에 의하여 수수료를 납부하게 할 수 있다. <개정 1999.4.30, 2008.2.29>

제11조의 2(사회복지사의 결격 사유) 다음 각 호의 어느 하나에 해당하는 자는 사회복지사가 될 수 없다.

1. 금치산자 또는 한정치산자

2. 삭제 <2007.12.14>

3. 금고 이상의 형의 선고를 받고 그 집행이 종료되지 아니하였거나 그 집행을 받지 아니하기로 확정되지 아니한 자

4. 법률 또는 법원의 판결에 의하여 자격이 상실 또는 정지된 자

5. 마약·대마 또는 향정신성 의약품의 중독자

[본 조 신설 2005.7.13]

제12조(국가시험) ① 제11조 제3항의 규정에 의한 국가시험은 보건복지가족부장관이 시행하되, 시험의 관리는 대통령령이 정하는 바에 의하여 시험관리능력이 있다고 인정되는 관계 전문기관에 위탁할 수 있다. <개정 2008.2.29>

② 보건복지가족부장관은 제1항의 규정에 의하여 국가시험의 관리를 위탁한 때에는 그에 소요되는 비용을 예산의 범위 안에서 보조할 수 있다. <개정

2008.2.29>

③ 제1항의 규정에 의하여 시험의 관리를 위탁받은 기관은 보건복지가족부 장관의 승인을 받아 정한 금액을 응시수수료로 받을 수 있다. <개정 2007.12.14, 2008.2.29>

④ 시험의 과목·응시자격 등 시험 실시에 관하여 필요한 사항은 대통령령으로 정한다.

제13조(사회복지사의 채용 및 교육 등 〈개정 2007.12.14〉) ① 사회복지법인 및 사회복지시설을 설치·운영하는 자는 대통령령이 정하는 바에 의하여 사회복지사를 그 종사자로 채용하여야 한다. 다만, 대통령령이 정하는 사회복지시설은 그러하지 아니하다. <개정 2007.12.14>

② 보건복지부장관은 사회복지사의 자질향상을 위하여 필요하다고 인정하는 경우 사회복지사에 대하여 교육받을 것을 명할 수 있다. 다만, 사회복지법인 또는 사회복지시설에 종사하는 사회복지사는 정기적으로 보수교육을 받아야 한다. <신설 2007.12.14>

③ 사회복지법인 또는 사회복지시설을 운영하는 자는 그 법인 또는 시설에 종사하는 사회복지사에 대하여 제2항 단서에 따른 교육을 이유로 불이익한 처분을 하여서는 아니 된다. <신설 2007.12.14>

④ 보건복지부장관은 제2항에 따른 교육을 보건복지부령으로 정하는 기관 또는 단체에 위탁할 수 있다. <신설 2007.12.14>

⑤ 제2항에 따른 교육의 기간·방법 및 내용과 제4항에 따른 위탁 등에 관하여 필요한 사항은 보건복지부령으로 정한다. <신설 2007.12.14>

제14조(사회복지전담공무원) ① 사회복지사업에 관한 업무를 담당하게 하기 위하여 시·도, 시·군·구 및 읍·면·동 또는 제15조의 규정에 의한 복지사무전담기구에 사회복지전담공무원(이하 '복지전담공무원'이라 한다.)을 둘 수 있다. <개정 1999.4.30>

② 복지전담공무원은 사회복지사의 자격을 가진 자로 하며, 그 임용 등 기타 필요한 사항은 대통령령으로 정한다. <개정 1999.4.30>

③ 복지전담공무원은 그 관할지역 안의 사회복지를 필요로 하는 사람 등에 대하여 항상 그 생활실태 및 가정환경 등을 파악하고, 사회복지에 관하여 필요한 상담과 지도를 행한다.

④ 관계 행정기관 및 사회복지시설을 설치·운영하는 자는 복지전담공무원

의 업무수행에 협조하여야 한다.

⑤ 국가는 복지전담공무원의 보수 등에 소요되는 비용의 전부 또는 일부를 보조할 수 있다. <신설 1999.4.30>

제15조(복지사무전담기구의 설치) ① 사회복지사업에 관한 업무를 효율적으로 운영하기 위하여 필요한 경우 시·군·구 또는 읍·면·동에 복지사무를 전담하는 기구를 따로 설치할 수 있다.

② 제1항의 규정에 의한 복지사무전담기구의 사무의 범위·조직 기타 필요한 사항은 당해 시·군·구의 조례로 정한다.

제15조의 2(사회복지의 날) ① 국가는 국민의 사회복지에 대한 이해를 증진하고 사회복지사업종사자의 활동을 장려하기 위하여 매년 9월 7일을 사회복지의 날로 하고 사회복지의 날부터 1주간을 사회복지주간으로 한다.

② 국가와 지방자치단체는 사회복지의 날 취지에 적합한 행사 등 사업을 실시하도록 노력하여야 한다.

[본 조 신설 2000.1.12]

제1장의 2 지역사회복지계획의 수립·시행 <신설 2003.7.30>

제15조의 3(지역사회복지계획의 수립) ① 시장·군수·구청장은 지역주민 등 이해관계인의 의견을 들은 후 지역사회복지협의체의 심의를 거쳐 당해 시·군·구의 지역사회복지계획을 수립하고 이를 시·도지사에게 제출하여야 한다. 이 경우 지역보건법 제3조 제1항의 규정에 의한 지역보건의료계획과 연계되도록 하여야 한다.

② 시·도지사는 제1항의 규정에 의하여 제출받은 시·군·구의 지역사회복지계획을 종합·조정하여 사회복지위원회의 심의를 거쳐 시·도의 지역사회복지계획을 수립하고 이를 보건복지가족부장관에게 제출하여야 한다. 이 경우 지역보건법 제3조 제2항의 규정에 의한 지역보건의료계획과 연계되도록 하여야 한다. <개정 2008.2.29>

③ 시·도지사 또는 시장·군수·구청장은 제1항 또는 제2항의 규정에 의한 지역사회복지계획(이하 '지역복지계획'이라 한다.)을 수립함에 있어서 필요하다고 인정하는 경우에는 사회복지 관련 기관·단체 등에 대하여 자료제공 및 협력을 요청할 수 있다.

④ 보건복지가족부장관 또는 시·도지사는 지역복지계획의 내용에 관하여 필요하다고 인정하는 경우에는 시·도지사 또는 시장·군수·구청장에 대하

여 보건복지가족부령이 정하는 바에 의하여 그 조정을 권고할 수 있다. <개정 2008.2.29>

⑤ 지역복지계획의 수립방법 및 수립시기 등에 관하여 필요한 사항은 대통령령으로 정한다.

[본 조 신설 2003.7.30]

제15조의 4(지역복지계획의 내용) 지역복지계획에는 다음 각 호의 사항이 포함되어야 한다. <개정 2007.12.14>

1. 복지수요의 측정 및 전망에 관한 사항

2. 사회복지시설 및 재가복지에 대한 장·단기 공급대책에 관한 사항

3. 인력·조직 및 재정 등 복지자원의 조달 및 관리에 관한 사항

4. 사회복지전달체계에 관한 사항

5. 사회복지서비스 및 보건의료서비스의 연계제공방안에 관한 사항

6. 지역사회복지에 관련된 통계의 수집 및 정리에 관한 사항

6의 2. 사회복지시설에 종사하는 자의 처우개선에 관한 사항

7. 그 밖에 대통령령이 정하는 사항

[본 조 신설 2003.7.30]

제15조의 5(지역복지계획의 시행) ① 시·도지사 또는 시장·군수·구청장은 보건복지가족부령이 정하는 바에 의하여 지역복지계획을 시행하여야 한다. <개정 2008.2.29>

② 시·도지사 또는 시장·군수·구청장은 지역복지계획을 시행함에 있어서 필요하다고 인정하는 경우에는 민간 사회복지 관련 단체 등에 대하여 인력·기술 및 재정 지원을 할 수 있다.

[본 조 신설 2003.7.30]

제15조의 6(지역복지계획 시행결과의 평가) ① 보건복지가족부장관 또는 시·도지사는 대통령령이 정하는 바에 의하여 시·도 또는 시·군·구의 지역복지계획의 시행결과를 평가할 수 있다. <개정 2008.2.29>

② 보건복지가족부장관 또는 시·도지사는 필요한 경우 제1항의 규정에 의한 평가결과를 제42조의 규정에 의한 비용의 보조에 반영할 수 있다. <개정 2008.2.29>

[본 조 신설 2003.7.30]

제2장 사회복지법인

제16조(법인의 설립허가) ① 사회복지법인(이하 이 장에서 '법인'이라 한다.)을 설립하고자 하는 자는 대통령령이 정하는 바에 의하여 보건복지가족부장관의 허가를 받아야 한다. <개정 1999.4.30, 2008.2.29>

② 제1항의 규정에 의하여 설립된 법인은 주된 사무소의 소재지에서 설립등기를 하여야 한다.

제17조(정관) ① 법인의 정관에는 다음 각 호의 사항을 기재하여야 한다. <개정 1999.4.30>

  1. 목적

  2. 명칭

  3. 주된 사무소의 소재지

  4. 사업의 종류

  5. 자산 및 회계에 관한 사항

  6. 임원의 임면 등에 관한 사항

  7. 회의에 관한 사항

  8. 수익을 목적으로 하는 사업이 있는 경우 그에 관한 사항

  9. 정관의 변경에 관한 사항

  10. 존립시기와 해산사유를 정한 때에는 그 시기와 사유 및 잔여재산의 처리방법

  11. 공고 및 그 방법에 관한 사항

② 법인이 정관을 변경하고자 할 때에는 보건복지가족부장관의 인가를 받아야 한다. 다만, 보건복지가족부령으로 정하는 경미한 사항의 경우에는 그러하지 아니하다. <개정 1999.4.30, 2008.2.29>

제18조(임원) ① 법인은 대표이사를 포함한 이사 5인 이상과 감사 2인 이상을 두어야 한다.

② 이사회의 구성에 있어서 대통령령이 정하는 특별한 관계에 있는 자가 이사 현원의 5분의 1을 초과할 수 없다. <개정 2003.7.30>

③ 이사의 임기는 3년으로 하고 감사의 임기는 2년으로 하되, 각각 연임할 수 있다. <개정 1999.4.30>

④ 외국인인 이사는 이사 현원의 2분의 1 미만이어야 한다.

⑤ 법인은 임원을 임면하는 경우에는 보건복지가족부령이 정하는 바에 의하여 지체 없이 이를 보건복지가족부장관에게 보고하여야 한다. <개정 1999.4.30, 2008.2.29>

⑥ 감사는 이사와 제2항의 규정에 의한 특별한 관계에 있는 자가 아니어야 하며, 그중 1인은 대통령령이 정하는 바에 의하여 법률과 회계에 관한 지식과 경험이 있는 자 중에서 보건복지가족부장관이 추천할 수 있다. <개정 1999.4.30, 2008.2.29>

제19조(임원의 결격 사유) ① 다음 각 호의 1에 해당하는 자는 임원이 될 수 없다. <개정 1999.4.30>

1. 제7조 제3항 각 호의 1에 해당하는 자
2. 제22조의 규정에 의한 해임명령에 따라 해임된 날부터 5년이 경과되지 아니한 자

② 임원이 제1항 각 호에 해당하게 된 때에는 그 자격을 상실한다.

제20조(임원의 보충) ① 이사 또는 감사 중에 결원이 생긴 때에는 2개월 이내에 이를 보충하여야 한다.

② 법인이 제1항의 규정에 의한 기간 내에 결원보충을 하지 아니하는 경우에는 보건복지가족부장관은 지체 없이 이해관계인의 청구 또는 직권으로 임시이사를 선임하여야 한다. <개정 1999.4.30, 2008.2.29>

③ 제2항의 규정에 의한 임시이사의 선임에 관하여 필요한 사항은 보건복지가족부령으로 정한다. <개정 2008.2.29>

제21조(임원의 겸직금지) ① 이사는 법인이 설치한 사회복지시설의 장을 제외한 당해 시설의 직원을 겸할 수 없다.

② 감사는 법인의 이사, 법인이 설치한 사회복지시설의 장 또는 그 직원을 겸할 수 없다.

제22조(임원의 해임명령 〈개정 1999.4.30〉) 보건복지가족부장관은 임원이 다음 각 호의 1에 해당한 때에는 법인에 대하여 그 임원의 해임을 명할 수 있다. <개정 1999.4.30, 2008.2.29>

1. 보건복지가족부장관의 명령을 정당한 이유 없이 이행하지 아니한 때
2. 회계부정이나 현저한 불법행위 기타 부당행위 등이 발견되었을 때
3. 법인의 업무에 관하여 보건복지가족부장관에게 보고할 사항에 대하여 고의로 보고를 지연하거나 허위보고를 한 때

4. 기타 이 법 또는 이 법에 의한 명령을 위반한 때

제23조(재산 등) ① 법인은 사회복지사업의 운영에 필요한 재산을 소유하여야 한다.

② 법인의 재산은 보건복지가족부령이 정하는 바에 의하여 기본재산과 보통재산으로 구분하며, 기본재산은 그 목록과 가액을 정관에 기재하여야 한다. <개정 2008.2.29>

③ 법인은 기본재산에 관하여 다음 각 호의 1에 해당하는 경우에는 보건복지가족부장관의 허가를 받아야 한다. 다만, 보건복지가족부령으로 정하는 사항에 대해서는 그러하지 아니하다. <개정 1999.4.30, 2008.2.29>

　　1. 매도·증여·교환·임대·담보제공 또는 용도 변경하고자 할 때

　　2. 보건복지가족부령이 정하는 금액 이상을 1년 이상 장기 차입하고자 할 때

④ 제1항의 규정에 의한 재산과 그 회계에 관하여 필요한 사항은 보건복지가족부령으로 정한다. <개정 2008.2.29>

제24조(재산취득보고) 법인이 매수·기부채납, 후원 등의 방법으로 재산을 취득한 때에는 지체 없이 이를 법인의 재산으로 편입 조치하여야 한다. 이 경우 법인은 그 취득사유, 취득재산의 종류·수량 및 가액을 매년 보건복지가족부장관에게 보고하여야 한다. <개정 1999.4.30, 2008.2.29>

제25조 삭제 <1999.4.30>

제26조(설립허가 취소 등) ① 보건복지가족부장관은 법인이 다음 각 호의 1에 해당할 때에는 기간을 정하여 시정명령을 하거나 설립허가를 취소할 수 있다. 다만, 제1호에 해당하는 때에는 설립허가를 취소하여야 한다. <개정 1999.4.30, 2008.2.29>

　　1. 사위 기타 부정한 방법으로 설립허가를 받은 때

　　2. 설립허가 조건에 위반한 때

　　3. 목적 달성이 불가능하게 된 때

　　4. 목적사업 외의 사업을 한 때

　　5. 삭제 <2007.12.14>

　　6. 정당한 사유 없이 설립허가를 받은 날부터 6개월 이내에 목적사업을 개시하지 아니하거나 1년 이상 사업실적이 없을 때

　　7. 기타 이 법 또는 이 법에 의한 명령이나 정관에 위반한 때

② 법인이 제1항 제2호 내지 제7호에 해당하여 설립허가를 취소하는 경우는 다른 방법으로 감독목적을 달성할 수 없거나 시정을 명한 후 6개월 이내에

법인이 이를 이행하지 아니한 경우에 한한다.

제27조(잔여재산의 처리) ① 해산한 법인의 잔여재산은 정관이 정하는 바에 의하여 국가 또는 지방자치단체에 귀속된다. <개정 2003.7.30>

② 제1항의 규정에 의하여 국가 또는 지방자치단체에 귀속된 재산은 사회복지사업에 사용하거나 유사한 목적을 가진 법인에게 무상으로 대부하거나 무상으로 사용·수익하게 할 수 있다. 다만, 해산한 법인의 이사 본인 및 그와 대통령령이 정하는 특별한 관계에 있는 자가 이사로 있는 법인에 대해서는 그러하지 아니하다. <개정 2003.7.30>

제28조(수익사업) ① 법인은 목적사업의 경비에 충당하기 위하여 필요한 때에는 법인의 설립목적 수행에 지장이 없는 범위 안에서 수익사업을 할 수 있다.

② 법인은 제1항의 규정에 의한 수익사업으로부터 생긴 수익을 법인 또는 그가 설치한 사회복지시설의 운영 외의 목적에 사용할 수 없다. <개정 1999.4.30>

③ 제1항의 규정에 의한 수익사업에 관한 회계는 법인의 다른 회계와 구분하여 계리하여야 한다.

제29조 삭제 <1999.4.30>

제30조(합병) ① 법인은 보건복지가족부장관의 허가를 받아 이 법에 의한 다른 법인과 합병할 수 있다. <개정 1999.4.30, 2008.2.29>

② 제1항의 규정에 의하여 법인이 합병하는 경우 합병 후 존속하는 법인 또는 합병에 의하여 설립된 법인은 합병에 의하여 소멸된 법인의 지위를 승계한다. <신설 1999.4.30>

제31조(동일명칭 사용금지 〈개정 1999.4.30〉) 이 법에 의한 사회복지법인이 아닌 자는 사회복지법인이라는 용어를 사용하지 못한다. <개정 1999.4.30>

제32조(다른 법률의 준용) 법인에 관하여 이 법에 규정된 것을 제외하고는 민법과 공익법인의설립·운영에관한법률을 준용한다.

제33조(사회복지협의회) ① 사회복지에 관한 조사·연구와 각종 복지사업을 조성하기 위하여 전국단위의 한국사회복지협의회(이하 '중앙협의회'라 한다.)와 시·도 단위의 시·도사회복지협의회(이하 '시·도협의회'라 한다.)를 두며, 필요한 경우에는 시·군·구 단위의 시·군·구사회복지협의회(이하 '시·군·구협의회'라 한다.)를 둘 수 있다. <개정 2003.7.30>

② 제1항의 규정에 의한 중앙협의회, 시·도협의회 및 시·군·구협의회는

이 법에 의한 사회복지법인으로 하되, 제23조 제1항의 규정은 이를 적용하지 아니한다. <개정 2003.7.30>

③ 중앙협의회, 시·도협의회 및 시·군·구협의회의 조직과 운영 등에 관하여 필요한 사항은 대통령령으로 정한다. <개정 2003.7.30>

제2장의 2 사회복지서비스의 실시 <신설 2003.7.30>

제33조의 2(사회복지서비스의 신청) ① 사회복지서비스를 필요로 하는 자(이하 '보호대상자'라 한다.)와 그 친족 그 밖의 관계인은 관할 시장·군수·구청장에게 보호대상자에 대한 사회복지서비스의 제공(이하 '보호'라 한다.)을 신청할 수 있다.

② 시·군·구 복지담당공무원은 이 법에 의한 보호대상자가 누락되지 아니하도록 하기 위하여 관할지역 안에 거주하는 보호대상자의 보호를 직권으로 신청할 수 있다. 이 경우 보호대상자의 동의를 얻어야 하며, 동의를 얻은 경우에는 보호대상자가 신청한 것으로 본다.

③ 제1항의 규정에 의한 보호의 신청방법 등에 관하여 필요한 사항은 보건복지가족부령으로 정한다. <개정 2008.2.29>

[본 조 신설 2003.7.30]

제33조의 3(복지요구의 조사) ① 시장·군수·구청장은 제33조의 2의 규정에 의한 보호신청이 있는 경우 복지담당공무원에게 다음 각 호의 사항을 조사하게 한다. <개정 2007.12.14>

　　1. 신청인의 복지요구와 관련된 사항이나 그 밖에 신청인에게 필요하다고 인정되는 사회복지서비스 및 보건의료서비스에 관한 사항

　　2. 보호대상자 및 그 부양의무자(국민기초생활보장법에 의한 부양의무자를 말한다. 이하 같다.)의 소득·재산·근로능력 및 취업상태에 관한 사항

　　3. 그 밖에 보호실시 여부를 결정하기 위하여 필요하다고 인정하는 사항

② 시장·군수·구청장은 제1항의 규정에 의한 조사의 목적으로 자료를 확보하기 위하여 신청인 또는 보호대상자와 그 부양의무자에게 필요한 자료의 제출을 요구할 수 있다.

[본 조 신설 2003.7.30]

제33조의 4(보호의 결정) ① 시장·군수·구청장은 제33조의 3의 규정에 의한 조사를 한 때에는 보호의 실시 여부와 그 유형을 결정하여야 한다.

② 시장·군수·구청장은 제1항의 규정에 의한 보호의 실시 여부와 그 유형

을 결정하고자 하는 때에는 보호대상자 및 그 친족, 복지담당공무원 및 지역
안의 사회복지·보건의료사업 관련 기관·단체의 의견을 들을 수 있다.

③ 시장·군수·구청장은 제1항의 규정에 의하여 보호의 실시 여부와 그 유
형을 결정한 때에는 이를 서면 또는 전자문서로 신청인에게 통지하여야 한
다. <개정 2007.12.14>

[본 조 신설 2003.7.30]

제33조의 5(보호대상자별 보호계획의 수립 등) ① 시장·군수·구청장은 보호대상자
에 대하여 보호의 실시를 결정한 때에는 필요한 경우 지역사회복지협의체의
의견을 들어 다음 각 호의 사항이 포함된 보호대상자별 보호계획을 작성하
여야 한다. 이 경우 보호대상자 또는 그 친족의 의견을 참작하여야 한다.
<개정 2007.12.14>

　　1. 사회복지서비스 및 보건의료서비스의 유형·방법·수량 및 제공기간

　　2. 제1호에 따른 서비스를 제공할 기관 또는 단체

　　3. 같은 보호대상자에 대하여 제1호에 따른 서비스를 제공하여야 할 기관
　　　또는 단체가 2 이상인 경우는 기관 또는 단체 간의 연계방법

② 시장·군수·구청장은 보호대상자의 사회복지서비스의 실시결과를 정기
적으로 평가하고 필요한 경우 보호대상자별 보호계획을 변경할 수 있다.

③ 제1항의 규정에 의한 보호대상자별 보호계획의 작성 등에 관하여 필요한
사항은 보건복지가족부령으로 정한다. <개정 2008.2.29>

[본 조 신설 2003.7.30]

제33조의 6(보호의 실시) ① 시장·군수·구청장은 제33조의 5의 규정에 의하여
작성된 보호대상자별 보호계획에 따라 보호를 실시하여야 한다.

② 시장·군수·구청장은 보호의 실시가 긴급을 요하는 등 보건복지가족부
장관이 인정하는 경우 이 장의 규정에 의한 절차의 일부를 생략할 수 있다.
<개정 2008.2.29>

[본 조 신설 2003.7.30]

제33조의 7(보호의 방법) ① 보호대상자에 대한 보호는 현물로 제공함을 원칙으로
한다.

② 시장·군수·구청장은 국가 또는 지방자치단체 외의 자로 하여금 제1항
의 보호를 실시하게 하는 경우에는 보호대상자에게 사회복지서비스이용권(이
하 '이용권'이라 한다.)을 지급하여 국가 또는 지방자치단체 외의 자로부터

그 이용권으로 보호를 받게 할 수 있다.

③ 제2항의 규정에 의한 이용권의 지급대상, 사회복지서비스의 유형 및 이용권의 지급방법 등에 관하여 필요한 사항은 보건복지가족부령으로 정한다. <개정 2008.2.29>

[본 조 신설 2003.7.30]

제3장 사회복지시설

제34조(시설의 설치) ① 국가 또는 지방자치단체는 사회복지시설(이하 '시설'이라 한다.)을 설치·운영할 수 있다.

② 국가 또는 지방자치단체 외의 자가 시설을 설치·운영하고자 하는 때에는 보건복지가족부령이 정하는 바에 의하여 시장·군수·구청장에게 신고하여야 한다. 다만, 제40조의 규정에 의하여 폐쇄명령을 받고 1년이 경과되지 아니한 자는 시설의 설치·운영 신고를 할 수 없다. <개정 1999.4.30, 2008.2.29>

③ 삭제 <1999.4.30>

④ 제2항의 규정에 의한 시설 중 사회복지관, 부랑인 및 노숙인 보호를 위한 시설의 설치·운영에 관한 사항과 부랑인 및 노숙인 보호를 위한 시설의 입·퇴소의 기준·절차 및 직업보도 등에 관하여 필요한 사항은 보건복지가족부령으로 정한다. <개정 1999.4.30, 2003.7.30, 2008.2.29>

⑤ 제1항의 규정에 의하여 국가 또는 지방자치단체가 설치한 시설은 필요한 경우 사회복지법인 또는 비영리법인에게 위탁하여 운영하게 할 수 있다. <개정 2003.7.30>

⑥ 제5항의 규정에 의한 위탁운영의 기준·기간 및 방법 등에 관하여 필요한 사항은 보건복지가족부령으로 정한다. <신설 2003.7.30, 2008.2.29>

제34조의 2(보험가입의무) ① 시설의 운영자는 화재로 인한 손해배상책임의 이행을 위하여 손해보험회사가 영위하는 책임보험에 가입하여야 한다.

② 국가 또는 지방자치단체는 예산의 범위 안에서 제1항의 규정에 의한 책임보험에 소요되는 비용의 전부 또는 일부를 보조할 수 있다.

③ 제1항의 규정에 의하여 손해책임보험에 가입하여야 할 시설의 범위는 대

통령령으로 정한다.

[본 조 신설 2000.1.12]

제34조의 3(시설의 안전점검 등) ① 시설의 장은 시설에 대하여 정기 및 수시안전점검을 실시하여야 한다.

② 시설의 장은 제1항의 규정에 의하여 정기 또는 수시안전점검을 한 후 그 결과를 시장·군수·구청장에게 제출하여야 한다.

③ 시장·군수·구청장은 제2항의 규정에 의한 결과를 제출받은 후 필요한 경우 시설의 운영자로 하여금 시설의 보완 또는 개·보수를 요구할 수 있으며 이 경우 시설의 운영자는 이에 응하여야 한다.

④ 국가 또는 지방자치단체는 예산의 범위 안에서 제1항 내지 제3항의 규정에 의한 안전점검, 시설의 보완 및 시설의 개·보수에 소요되는 비용의 전부 또는 일부를 보조할 수 있다.

⑤ 제1항 내지 제4항의 규정에 의한 정기 또는 수시안전점검을 받아야 하는 시설의 범위 및 시기, 안전점검기관과 그 절차는 대통령령으로 정한다.

[본 조 신설 2000.1.12]

제35조(시설의 장) ① 시설의 장은 상근하여야 한다.

② 제7조 제3항 각 호의 1에 해당하는 자는 시설의 장이 될 수 없다.

제36조(운영위원회) ① 시설의 운영에 관한 다음 각 호의 사항을 심의하기 위하여 운영위원회를 둔다. <개정 2003.7.30>

　　1. 시설운영계획의 수립·평가에 관한 사항

　　2. 사회복지프로그램의 개발·평가에 관한 사항

　　3. 시설종사자의 근무환경 개선에 관한 사항

　　4. 시설거주자의 생활환경 개선 및 고충처리 등에 관한 사항

　　5. 시설과 지역사회와의 협력에 관한 사항

　　6. 그 밖에 시설의 장이 부의하는 사항

② 운영위원회의 조직 및 운영에 관한 사항은 보건복지가족부령으로 정한다. <개정 2008.2.29>

제37조(시설의 서류비치) 시설의 장은 후원금품대장 등 보건복지가족부령이 정하는 서류를 시설 내에 비치하여야 한다. <개정 2008.2.29>

제38조(시설의 휴지·재개·폐지신고 등 〈개정 1999.4.30〉) ① 제34조 제2항의 규정에 의한 신고를 한 자는 지체 없이 시설의 운영을 개시하여야 한다.

② 시설의 운영자는 그 운영을 휴지하거나 재개 또는 시설을 폐지하고자 하는 때에는 보건복지가족부령이 정하는 바에 의하여 시장·군수·구청장에게 신고를 하여야 한다. <개정 1999.4.30, 2008.2.29>

③ 시장·군수·구청장은 제2항의 규정에 의한 시설운영의 휴지 및 폐지의 경우 보건복지가족부령이 정하는 바에 의하여 시설거주자를 다른 시설로 보내는 등 시설거주자의 권익을 보호하기 위한 조치를 취하여야 한다. <개정 1999.4.30, 2008.2.29>

④ 삭제 <1999.4.30>

제39조 삭제 <1999.4.30>

제40조(시설의 개선, 사업의 정지, 폐쇄 등) ① 보건복지가족부장관, 시·도지사 또는 시장·군수·구청장은 시설이 다음 각 호의 1에 해당할 때에는 그 시설의 개선, 사업의 정지, 시설의 장의 교체를 명하거나, 시설의 폐쇄를 명할 수 있다. <개정 1999.4.30, 2007.12.14, 2008.2.29>

　1. 시설이 설치기준에 미달하게 된 때

　2. 사회복지법인 또는 비영리법인이 설치·운영하는 시설의 경우 그 사회복　지법인 또는 비영리법인의 설립허가가 취소된 때

　3. 설치목적의 달성 기타의 사유로 계속하여 운영될 필요가 없다고 인정할 때

　3의 2. 회계부정이나 불법행위 기타 부당행위 등이 발견된 때

　4. 제34조 제2항에 따른 신고를 하지 아니하고 시설을 설치·운영한 때

　5. 제36조 제1항에 따른 운영위원회를 설치 또는 운영하지 아니한 때

　6. 정당한 이유 없이 제51조 제1항에 따른 보고 또는 자료제출을 하지 아니하거나 거짓으로 한 때

　7. 정당한 이유 없이 제51조 제1항에 따른 검사·질문을 거부·방해하거나 기피한 때.

② 제38조 제3항의 규정은 제1항의 규정에 의한 사업의 정지 및 시설의 폐쇄명령을 받은 경우에 이를 준용한다. <신설 1999.4.30>

③ 제1항의 규정에 의한 행정처분의 세부적인 기준은 그 위반행위의 유형과 위반의 정도 등을 참작하여 보건복지가족부령으로 정한다. <신설 2003.7.30, 2008.2.29>

제41조(시설수용인원의 제한) 각각의 시설은 그 수용인원이 300인을 초과할 수 없다. 다만, 대통령령으로 정하는 경우에는 그러하지 아니하다.

제3장의 2 재가복지 <신설 2003.7.30>

제41조의 2(재가복지서비스) ① 국가 또는 지방자치단체는 보호대상자가 다음 각 호의 1에 해당하는 재가복지서비스를 제공받도록 할 수 있다.

    1. 가정봉사서비스: 가사 및 개인활동을 지원하거나 정서활동을 지원하는 서비스

    2. 주간·단기보호서비스: 주간·단기보호시설에서 급식 및 치료 등 일상 생활의 편의를 낮 동안 또는 단기간 동안 제공하거나 가족에 대한 교육 및 상담을 지원하는 서비스

② 시장·군수·구청장은 제33조의 5의 규정에 의한 보호대상자별 보호계획에 따라 보호대상자에게 사회복지서비스를 제공하는 경우 시설에의 입소에 우선하여 제1항 각 호의 재가복지서비스를 제공하도록 하여야 한다.

[본 조 신설 2003.7.30]

제41조의 3(보호대상자의 보호자에 대한 지원) 국가 또는 지방자치단체는 제33조의 4의 규정에 의하여 보호가 결정된 보호대상자를 자신의 가정에서 돌보는 자에게 보건복지가족부령이 정하는 바에 의하여 그 보호자의 부담을 경감하기 위한 상담을 실시하거나 금전적 지원 등을 할 수 있다. <개정 2008.2.29>

[본 조 신설 2003.7.30]

제41조의 4(가정봉사원의 양성) 국가 또는 지방자치단체는 재가복지서비스를 필요로 하는 가정 또는 시설에서 보호대상자가 일상생활을 영위하기 위하여 필요한 각종 편의를 제공하는 가정봉사원을 양성하도록 노력하여야 한다.

[본 조 신설 2003.7.30]

제4장 보칙

제42조(보조금 등) ① 국가 또는 지방자치단체는 사회복지사업을 수행하는 자 중 대통령령이 정하는 자에 대하여 필요한 비용의 전부 또는 일부를 보조할 수 있다. <개정 1999.4.30>

② 제1항의 규정에 의한 보조금은 그 목적 외의 용도에 사용할 수 없다.

③ 국가 또는 지방자치단체는 제1항의 규정에 의하여 보조금을 받은 자가 다음 각 호의 1에 해당할 때에는 이미 교부한 보조금의 전부 또는 일부의

반환을 명할 수 있다.

    1. 사위 기타 부정한 방법으로 보조금의 교부를 받은 때

    2. 사업목적 외의 용도에 보조금을 사용한 때

    3. 이 법 또는 이 법에 의한 명령에 위반한 때

제42조의 2(국·공유재산의 우선매각) 국가 또는 지방자치단체는 사회복지사업과 관련한 시설을 설치하거나 사업을 육성하기 위하여 필요하다고 인정하는 경우에는 '국유재산법'과 '공유재산및물품관리법'에도 불구하고 사회복지법인 또는 사회복지시설에 국·공유재산을 우선 매각하거나 임대할 수 있다.

[본 조 신설 2007.12.14]

제42조의 3(지방자치단체에 대한 지원금) ① 보건복지가족부장관은 시·도지사 및 시장·군수·구청장에게 사회복지사업의 수행에 필요한 비용을 지원할 수 있다. <개정 2008.2.29>

② 보건복지가족부장관은 제15조의 6에 따른 평가결과를 반영하여 제1항에 따른 지원을 할 수 있다. <개정 2008.2.29>

③ 제1항에 따른 지원금의 지급기준·지급방법 등에 관하여 필요한 사항은 보건복지가족부령으로 정한다. <개정 2008.2.29>

[본 조 신설 2007.12.14]

제43조(시설의 평가) ① 보건복지가족부장관 및 시·도지사는 보건복지가족부령이 정하는 바에 따라 시설을 정기적으로 평가하며, 이를 시설의 감독, 지원 등에 반영하거나 시설거주자를 다른 시설로 보내는 등의 조치를 할 수 있다. <개정 1999.4.30, 2003.7.30, 2008.2.29>

② 보건복지가족부장관 또는 시·도지사는 제1항의 평가결과에 따라 시설거주자를 다른 시설로 보내는 경우에는 제38조 제3항의 조치를 하여야 한다. <신설 1999.4.30, 2008.2.29>

제44조(비용의 징수) ① 이 법에 의한 복지조치에 필요한 비용을 부담한 지방자치단체의 장 기타 시설을 운영하는 자는 그 혜택을 받은 본인 또는 그 부양의무자로부터 대통령령이 정하는 바에 의하여 그가 부담한 비용의 전부 또는 일부를 징수할 수 있다. <개정 2003.7.30>

② 삭제 <1999.4.30>

제45조(후원금의 관리) ① 사회복지법인의 대표이사와 시설의 장은 아무런 대가 없이 무상으로 받은 금품 기타의 자산(이하 '후원금'이라 한다.)의 수입·지

출 내용과 관리에 명확성이 확보되도록 하여야 한다.

② 제1항의 규정에 의한 후원금에 관한 영수증 교부, 수입 및 사용결과 보고 등 기타 후원금 관리에 필요한 사항은 보건복지가족부령으로 정한다. <개정 2008.2.29>

제46조(한국사회복지사협회) ① 사회복지사는 사회복지에 관한 전문지식과 기술을 개발·보급하고 사회복지사의 자질향상을 위한 교육훈련 및 사회복지사의 복지증진을 도모하기 위하여 한국사회복지사협회(이하 '협회'라 한다.)를 설립한다. <개정 2000.1.12>

② 제1항의 규정에 의한 협회는 법인으로 하되, 협회의 조직과 운영 등에 관하여 필요한 사항은 대통령령으로 정한다.

③ 협회에 관하여 이 법에 규정된 것을 제외하고는 민법 중 사단법인에 관한 규정을 준용한다.

제47조(비밀누설의 금지) 사회복지사업 또는 사회복지업무에 종사하였거나 종사하고 있는 자는 그 업무수행의 과정에서 알게 된 다른 사람의 비밀을 누설하여서는 아니 된다.

제48조(압류금지) 이 법 및 제2조 제1호 각 목의 법률에 의하여 지급된 금품과 이를 받을 권리는 압류하지 못한다. <개정 2003.7.30>

제49조(청문) 보건복지가족부장관, 시·도지사 또는 시장·군수·구청장이 제26조 또는 제40조의 규정에 의한 허가의 취소 또는 시설의 폐쇄를 하고자 할 때에는 청문을 하여야 한다. <개정 1999.4.30, 2008.2.29>

제50조(포상) 정부는 사회복지사업에 관하여 공로가 현저하거나 모범이 되는 자에 대하여 포상을 할 수 있다.

제51조(지도·감독 등) ① 보건복지가족부장관, 시·도지사 또는 시장·군수·구청장은 사회복지사업을 운영하는 자에 대한 소관 업무에 관하여 지도·감독을 하며, 필요한 경우 그 업무에 관하여 보고 또는 관계 서류의 제출을 명하거나, 소속 공무원으로 하여금 법인의 사무소 또는 시설에 출입하여 검사 또는 는 질문하게 할 수 있다. <개정 2008.2.29>

② 법인의 주된 사무소의 소재지와 시설의 소재지가 동일한 시·도 또는 시·군·구에 있지 아니한 경우 당해 시설의 업무에 관해서는 시설 소재지의 시·도지사 또는 시장·군수·구청장이 지도·감독 등을 행한다. 이 경우 지도·감독 등을 위하여 필요한 때에는 법인의 업무에 대하여 법인의 주된

사무소 소재지의 시·도지사 또는 시장·군수·구청장에 대하여 협조를 요청할 수 있다. <신설 1999.4.30, 2007.12.14>

③ 제2항에 따른 지도·감독 등에 관하여 따로 지방자치단체 간에 협약을 체결한 경우에는 제2항에도 불구하고 협약에서 정한 시·도지사 또는 시장·군수·구청장이 지도·감독 등의 업무를 수행한다. <신설 2007.12.14>

④ 제1항의 규정에 의하여 검사 또는 질문을 하는 관계 공무원은 그 권한을 표시하는 증표를 지니고 이를 관계인에게 내보여야 한다. <개정 2007.12.14>

제52조(권한의 위임 또는 위탁) ① 이 법에 의한 보건복지가족부장관 또는 시·도지사의 권한은 그 일부를 대통령령이 정하는 바에 의하여 시·도지사 또는 시장·군수·구청장에게 위임할 수 있다. <개정 2008.2.29>

② 보건복지가족부장관은 이 법에 의한 업무의 일부를 대통령령이 정하는 바에 따라 사회복지 관련 기관이나 단체에 위탁할 수 있다. <개정 2008.2.29>

제5장 벌칙

제53조(벌칙) 다음 각 호의 1에 해당하는 자는 5년 이하의 징역 또는 1,500만 원 이하의 벌금에 처한다.

1. 제23조 제3항의 규정에 위반한 자
2. 제42조 제2항의 규정에 위반한 자

제54조(벌칙) 다음 각 호의 1에 해당하는 자는 1년 이하의 징역 또는 300만 원 이하의 벌금에 처한다. <개정 1999.4.30>

1. 제6조 제1항의 규정에 위반한 자
2. 제28조 제2항의 규정에 위반한 자
3. 제34조 제2항의 규정에 의한 신고를 하지 아니하고 시설을 설치·운영한 자
4. 정당한 이유 없이 제38조 제3항(제40조 제2항에서 준용하는 경우를 포함한다.)의 규정에 의한 시설거주자 권익 보호조치를 기피 또는 거부한 자
5. 정당한 이유 없이 제40조 제1항의 규정에 의한 명령을 이행하지 아니한 자
6. 제47조의 규정에 위반한 자
7. 정당한 이유 없이 제51조 제1항의 규정에 의한 보고를 하지 아니하거나

허위의 보고를 한 자, 자료를 제출하지 아니하거나 허위의 자료를 제출한 자, 검사·질문을 거부·방해 또는 기피한 자

제55조(벌칙) 제13조의 규정에 위반한 자는 300만 원 이하의 벌금에 처한다. <개정 1999.4.30>

제56조(양벌규정) 법인의 대표자 또는 법인이나 개인의 대리인·사용인 기타 종업원이 그 법인 또는 개인의 업무에 관하여 제53조 내지 제55조의 위반행위를 한 때에는 행위자를 벌하는 외에 그 법인 또는 개인에 대해서도 각 해당 조의 벌금형을 과한다.

제57조(벌칙적용에 있어서의 공무원 의제) 제12조 제1항 또는 제52조 제2항의 규정에 의하여 위탁받은 업무를 수행하는 사회복지 관련 기관·단체의 임·직원은 형법 제129조 내지 제132조의 적용에 있어서는 이를 공무원으로 본다.

제58조(과태료) ① 제13조 제2항 단서·제3항, 제18조 제5항, 제24조, 제31조, 제34조의 2, 제34조의 3, 제37조, 제38조 제1항·제2항 또는 제45조의 규정에 위반한 자는 300만 원 이하의 과태료에 처한다. <개정 1999.4.30, 2000.1.12, 2007.12.14>

② 제1항의 규정에 의한 과태료는 대통령령이 정하는 바에 의하여 보건복지가족부장관, 시·도지사 또는 시장·군수·구청장이 부과·징수한다. <개정 2008.2.29>

③ 제2항의 규정에 의한 과태료처분에 불복이 있는 자는 그 처분의 고지를 받은 날부터 30일 이내에 보건복지가족부장관, 시·도지사 또는 시장·군수·구청장에게 이의를 제기할 수 있다. <개정 2008.2.29>

④ 제2항의 규정에 의하여 과태료처분을 받은 자가 제3항의 규정에 의하여 이의를 제기한 때에는 보건복지가족부장관, 시·도지사 또는 시장·군수·구청장은 지체 없이 관할법원에 그 사실을 통보하여야 하며, 그 통보를 받은 관할법원은 비송사건절차법에 의한 과태료의 재판을 한다. <개정 2008.2.29>

⑤ 제3항의 규정에 의한 기간 내에 이의를 제기하지 아니하고 과태료를 납부하지 아니한 때에는 국세 또는 지방세 체납처분의 예에 의하여 이를 징수한다.

부칙 〈제5358호, 1997.8.22〉

제1조(시행일) 이 법은 1998년 7월 1일부터 시행한다. 다만, 제11조 제3항 및 제12조의 개정규정은 2003년 1월 1일부터 시행한다.

제2조(사회복지사에 대한 경과조치) ① 이 법 시행 당시 종전의 규정에 의하여 사회복지사 자격증을 교부받은 자는 이 법에 의하여 자격증을 교부받은 자로 본다.
② 제11조 제3항의 개정규정에 불구하고 다음 각 호의 1에 해당되는 자는 종전의 규정에 의하여 사회복지사 1급 자격증을 교부받을 수 있다.
  1. 이 법 시행 당시 종전의 규정에 의하여 사회복지사 2급, 3급의 자격증을 교부받은 자
  2. 이 법 시행 당시 종전의 규정에 의하여 사회복지사 1급 자격기준에 해당되는 학교에 재학 중인 자
  3. 2003년 1월 1일 현재 종전의 규정에 의하여 사회복지사 1급 자격기준에 해당하는 석사 또는 박사학위를 취득한 자

제3조(법인, 시설에 관한 경과조치) 이 법 시행 당시 종전의 규정에 의하여 설립 또는 설치된 사회복지법인과 시설은 이 법에 의하여 설립 또는 설치된 것으로 본다.

제4조(임원에 관한 경과조치) 이 법 시행 전에 종전의 규정에 의하여 선임된 사회복지법인의 임원이 제19조 내지 제21조의 개정규정에 적합하지 아니한 경우에는 종전의 규정에 의한다.

제5조(한국사회복지협의회에 대한 경과조치) 중앙협의회는 제33조의 개정규정에 따라 정관을 변경하여 이 법 시행일부터 6개월 이내에 보건복지부장관의 인가를 받아야 한다.

제6조(시·도협의회의 설립준비) ① 이 법 시행 당시 종전의 사회복지사업관계 법령에 의한 지방사회복지협의회는 이 법 시행일부터 6개월 이내에 5인 이내의 준비위원을 위촉하여 이 법에 의한 시·도협의회의 설립준비업무를 처리하게 하여야 한다.
② 제1항의 규정에 의한 지방사회복지협의회는 시·도협의회의 정관을 작성하고 관할 시·도지사의 사회복지법인 설립허가를 받아야 한다.
③ 시·도지사는 이 법에 의한 시·도협의회의 설립에 필요한 협조요청을 받은 때에는 특별한 사유가 없는 한 이에 응하여야 한다.
④ 제1항의 규정에 의한 준비위원은 제2항의 규정에 의한 사회복지법인설립

허가를 받은 때에는 해촉된 것으로 본다.

제7조(한국사회복지사협회에 관한 경과조치) ① 이 법 시행 당시 사단법인 한국사회복지사협회는 이 법에 의하여 설립된 한국사회복지사협회로 본다.

② 한국사회복지사협회는 이 법 시행일부터 6개월 이내에 이 법에 의한 정관을 작성하여 보건복지부장관의 인가를 받아야 한다.

제8조(시설수용인원의 제한에 관한 경과조치) 이 법 시행 당시의 시설과 시설의 설치를 위한 허가를 신청한 시설에 대해서는 제41조의 개정규정을 적용하지 아니한다.

제9조(다른 법률의 개정 등) ① 아동복지법 중 다음과 같이 개정한다.

제20조 제2항 중 '도지사의 인가를 받아'를 '도지사에게 신고하고'로 한다.

제26조의 제목 중 '인가취소와'를 삭제하고, 동 조 제1항 제4호 중 '인가 또는'을 삭제하며, 동 조 제1항 제5호 중 '(제20조 제3항의 규정에 의하여 신고된 시설에 한한다.)'를 삭제한다.

제35조 제2호 중 '인가를 받지 아니하거나'를 삭제하고, 동 조 제4호 중 '인가의 취소'를 삭제한다.

② 장애인복지법 중 다음과 같이 개정한다.

제38조 제2항 중 '시·도지사의 허가를 받아'를 '시·도지사에게 신고하고'로 하고, 동 조 제3항 중 '설치허가에'를 '설치신고에'로 한다.

제42조의 제목 '(허가취소 등)'을 '(시설폐쇄 등)'으로 하고, 동 조 본문 중 '제38조 제2항의 규정에 의한 허가를 취소할 수 있다.'를 '시설을 폐쇄할 수 있다.'로 한다.

제56조 제1호 중 '허가를 받지'를 '신고를 하지'로 한다.

③ 모자복지법 중 다음과 같이 개정한다.

제20조 제2항 중 '시·도지사의 허가를 받아'를 '시·도지사에게 신고하고'로 하고, 동 조 제3항 중 '설치허가에'를 '설치신고에'로 한다.

제24조의 제목 '(인가의 취소 등)'을 '(시설폐쇄 등)'으로 하고, 동 조 본문 중 '제20조 제2항의 규정에 의한 허가를 취소할 수 있다.'를 '시설을 폐쇄할 수 있다.'로 한다.

제29조 제1항 제1호 중 '허가를 받지'를 '신고를 하지'로 한다.

④ 영유아보육법 중 다음과 같이 개정한다.

제7조 제2항 중 '시장·군수의 인가를 받아'를 '시장·군수에게 신고를 하고'로 하고, 동 조 제3항 중 '시장·군수의 인가를 받아'를 '시장·군수에게

신고를 하고'로 하며, 동 조 제5항 중 '설치인가 및'을 삭제한다.

제12조의 제목 '(인가의 취소 등)'을 '(시설의 폐쇄 등)'으로 하고 동 조 본문 중 '제7조 제2항 및 제3항에 의한 인가를 취소할 수 있다.'를 '시설을 폐쇄할 수 있다.'로 한다.

제31조 제1호 중 '인가를 받지'를 '신고를 하지'로 하고, 동 조 제3호 중 '인가의 취소'를 '시설의 폐쇄'로 한다.

⑤ 윤락행위등방지법 중 다음과 같이 개정한다.

제12조 제2항 중 '구청장(자치구의 구청장에 한한다. 이하 같다.)의 허가를 받아'를 '구청장(자치구의 구청장에 한한다. 이하 같다.)에게 신고하고'로 하며, 동 조 제3항 중 '허가'를 '신고'로 한다.

제18조의 제목 '(허가의 취소 등)'을 '(시설의 폐쇄 등)'으로 하고, 동 조 제1항 본문 중 '허가를 취소할 수 있다.'를 '시설을 폐쇄할 수 있다.'로 한다.

제26조 제1항 제1호 중 '허가를 받지'를 '신고를 하지'로 한다.

⑥ 정신보건법 중 다음과 같이 개정한다.

제15조 제2항 중 '시·도지사의 허가를 받아'를 '시·도지사에게 개설신고를 하고'로 한다.

제19조의 제목 '(설치허가의 취소 등)'을 '(시설설치의 폐쇄 등)'으로 하고, 동 조 제1항 중 '시설설치를 취소하거나'를 '시설을 폐쇄하거나'로 하고, 동 조 제3항 중 '허가를'을 '시설의 폐쇄 및 허가를'로 한다.

제58조 제1호 중 '허가를 받지'를 '신고를 하지'로 한다.

법률 제5133호 정신보건법 부칙 제3조 제1항 중 '정신요양병원 또는 사회복귀시설의 허가를 받아야 한다.'를 '정신요양병원의 허가를 받거나 사회복귀시설의 개설신고를 하여야 한다.'로 하고, 동 조 제3항 중 '정신요양병원 또는 사회복귀시설의 허가를 받은'을 '정신요양병원의 허가를 받거나 사회복귀시설의 개설신고를 한'으로 하며, 동 조 제4항 중 '정신요양병원 또는 사회복귀시설의 허가를 받기'를 '정신요양병원의 허가 또는 사회복귀시설의 개설신고를 하기'로 한다.

⑦ 성폭력범죄의처벌및피해자보호등에관한법률 중 다음과 같이 개정한다.

제25조 제2항 중 '시·도지사의 허가를 받아'를 '시·도지사에게 신고하고'로 하고, 동 조 제3항 중 '허가'를 '신고'로 한다.

제29조의 제목 '(허가의 취소 등)'을 '(시설의 폐쇄 등)'으로 하고, 동 조 본

문 중 '허가를 취소할 수 있다.'를 '시설을 폐쇄할 수 있다.'로 한다.

제35조 제2호 중 '허가의 취소'를 '시설의 폐쇄'로 한다.

⑧ 이 법 시행 당시 다른 법령에서 사회복지사업법의 규정을 인용하고 있는 경우 이 법 중 그에 관한 규정이 있는 때에는 이 법의 해당 규정을 인용한 것으로 본다.

부칙 〈제5979호, 1999.4.30〉

제1조(시행일) 이 법은 공포 후 6개월이 경과한 날부터 시행한다. 다만 제2조 제1항 제14호의 개정규정은 공포한 날부터 시행한다.

제2조(일반적 경과조치) ① 이 법 시행 전에 종전의 규정에 의하여 시·도지사가 행한 허가·인가·취소는 이 법에 의하여 보건복지부장관이 행한 것으로 본다.

② 이 법 시행 전에 종전의 규정에 의하여 시·도지사에 대하여 행한 허가 및 인가신청에 관해서는 이 법의 개정규정에 불구하고 종전의 규정에 의한다.

제3조(보궐임원의 임기에 관한 경과조치) 이 법 시행 당시 종전의 규정에 의하여 취임한 보궐임원의 임기는 제18조 제3항 단서의 개정규정에 불구하고 종전의 규정에 의한 보궐임원의 임기만료일까지로 한다.

제4조(임원의 취임승인 신청에 관한 경과조치) 이 법 시행 당시 종전의 규정에 의하여 임원의 취임승인을 신청한 경우에는 제18조 제5항의 개정규정에 의하여 임원의 선임을 보고한 것으로 본다.

제5조(임원의 결격 사유에 관한 경과조치) 이 법 시행 당시 임원의 취임승인이 취소된 날부터 5년이 경과되지 아니한 자는 제19조 제1항 제2호의 개정규정에 불구하고 종전의 규정에 의한다.

제6조(벌칙 등에 관한 경과조치) 이 법 시행 전의 행위에 대한 벌칙 및 과태료의 적용에 있어서는 종전의 규정에 의한다.

부칙 〈제6160호, 2000.1.12〉

이 법은 공포 후 6개월이 경과한 날부터 시행한다. 다만, 제34조의 2의 개정규정은 공포 후 3년이 경과한 날부터 시행한다.

부칙(일제하일본군위안부피해자에대한생활안정지원및기념사업등에관한법률) 〈제6771호, 2002.12.11〉

① (시행일) 이 법은 공포 후 6개월이 경과한 날부터 시행한다.
② 생략
③ (다른 법률의 개정) 사회복지사업법 중 다음과 같이 개정한다.
제2조 제1항 제11호를 다음과 같이 한다.
11. 일제하일본군위안부피해자생활안정및기념사업등에관한법률

부칙(모·부자복지법) 〈제6801호, 2002.12.18〉

제1조(시행일) 이 법은 공포 후 6개월이 경과한 날부터 시행한다.
　제2조 내지 제6조 생략
제7조(다른 법률의 개정) ① 및 ② 생략
　③ 사회복지사업법 중 다음과 같이 개정한다.
　제2조 제1항 제5호를 다음과 같이 한다.
　5. 모·부자복지법
　④ 내지 ⑥ 생략

부칙 〈제6960호, 2003.7.30〉

① (시행일) 이 법은 공포 후 1년이 경과한 날부터 시행한다. 다만, 제7조, 제7조의 2, 제15조의 3 내지 제15조의 6, 제33조의 5의 개정규정은 2년이 경과한 날부터 시행한다.
② (임원의 임기에 관한 경과조치) 이 법 시행 당시 종전의 규정에 의하여 선임된 임원은 제18조 제2항의 개정규정에 불구하고 그 임원의 임기만료일까지 재임할 수 있다.

부칙(농어촌주민의보건복지증진을위한특별법) 〈제7151호, 2004.1.29〉

① (시행일) 이 법은 공포 후 3개월이 경과한 날부터 시행한다.
② (다른 법률의 개정) 사회복지사업법 중 다음과 같이 개정한다.
제2조 제1호에 거목을 다음과 같이 신설한다.

거. 농어촌주민의보건복지증진을위한특별법

부칙(성매매방지및피해자보호등에관한법률) 〈제7212호, 2004.3.22〉

제1조(시행일) 이 법은 공포 후 6개월이 경과한 날부터 시행한다.
　　제2조 및 제3조 생략
제4조(다른 법률의 개정 등) ① 사회복지사업법 중 다음과 같이 개정한다.
　　제2조 제1호 사목을 다음과 같이 한다.
　　사. 성매매방지및피해자보호등에관한법률
　　② 내지 ④ 생략

부칙(채무자회생및파산에관한법률) 〈제7428호, 2005.3.31〉

제1조(시행일) 이 법은 공포 후 1년이 경과한 날부터 시행한다.
　　제2조 내지 제4조 생략
제5조(다른 법률의 개정) ① 내지 <52> 생략
　　<53> 사회복지사업법 일부를 다음과 같이 개정한다.
　　제7조 제3항 제3호 중 '파산자'를 '파산선고를 받은 자'로 한다.
　　<54> 내지 <145> 생략
제6조 생략

부칙 〈제7587호, 2005.7.13〉

　　이 법은 공포 후 1개월이 경과한 날부터 시행한다.

부칙(식품기부활성화에관한법률) 〈제7918호, 2006.3.24〉

　　① (시행일) 이 법은 공포 후 6개월이 경과한 날부터 시행한다.
　　② 생략
　　③ (다른 법률의 개정) 사회복지사업법 일부를 다음과 같이 개정한다.
　　제2조 제1호에 너목을 다음과 같이 신설한다.
　　너. 식품기부활성화에관한법률

부칙(한부모가족지원법) 〈제8655호, 2007.10.17〉

제1조(시행일) 이 법은 공포 후 3개월이 경과한 날부터 시행한다. <단서 생략>
　　제2조부터 제5조까지 생략
　　제6조(다른 법률의 개정) ①부터 ④까지 생략
　　⑤ 사회복지사업법 일부를 다음과 같이 개정한다.
　　제2조 제1호 마목을 다음과 같이 한다.
　　마. 한부모가족지원법
　　⑥부터 ⑬까지 생략
제7조 생략

부칙 〈제8691호, 2007.12.14〉

제1조(시행일) 이 법은 공포한 날부터 시행한다. 다만, 제42조의 3의 개정규정은
　　2008년 1월 1일부터 시행하고, 제13조 및 제58조 제1항의 개정규정은 2009
　　년 1월 1일부터 시행한다.
제2조(국가시험 응시수수료에 관한 적용례) 제12조 제3항의 개정규정은 이 법 시행 후
　　최초로 실시되는 국가시험부터 적용한다.
제3조(실무협의체에 관한 경과조치) 이 법 시행 당시 제7조의 2 제3항에 따른 실무협
　　의체를 두지 아니한 시·군·구는 이 법 시행일부터 3개월 이내에 실무협의
　　체를 두어야 한다.
제4조(복지위원에 관한 경과조치) 이 법 시행 당시 제8조에 따른 복지위원을 위촉하
　　지 아니한 시장·군수·구청장은 이 법 시행일부터 3개월 이내에 복지위원
　　을 위촉하여야 한다.
제5조(사회복지시설 업무의 지도·감독 협약에 관한 경과조치) 이 법 시행 전에 사회복지
　　시설의 업무에 대한 지도·감독 등을 행하기 위하여 지방자치단체 간에 체
　　결한 협약은 제51조 제3항의 개정규정에 따라 체결한 것으로 본다.

부칙(정부조직법) 〈제8852호, 2008.2.29〉

제1조(시행일) 이 법은 공포한 날부터 시행한다. 다만, ……<생략>……, 부칙 제
　　6조에 따라 개정되는 법률 중 이 법의 시행 전에 공포되었으나 시행일이 도
　　래하지 아니한 법률을 개정한 부분은 각각 해당 법률의 시행일부터 시행한다.

제2조부터 제5조까지 생략

제6조(다른 법률의 개정) ①부터 <467>까지 생략

<468> 사회복지사업법 일부를 다음과 같이 개정한다.

제7조 제4항, 제7조의 2 제4항, 제15조의 3 제4항, 제15조의 5 제1항, 제33조의 2 제3항, 제33조의 5 제3항, 제33조의 7 제3항, 제34조 제6항, 제40조 제3항, 제41조의 3 및 제42조의 3 제3항 중 '보건복지부령'을 각각 '보건복지가족부령'으로 한다.

제8조 제3항, 제10조 제2항, 제11조 제4항, 제17조 제2항 단서, 제18조 제5항, 제20조 제3항, 제23조 제2항·제3항 각 호 외의 부분 단서·제2호 및 제4항, 제34조 제2항 본문 및 제4항, 제36조 제2항, 제37조, 제38조 제2항 및 제3항, 제43조 제1항 및 제45조 제2항 중 '보건복지부령'을 각각 '보건복지가족부령'으로 한다.

제10조 제1항, 제11조 제4항, 제12조 제1항 및 제2항, 제16조 제1항, 제17조 제2항 본문, 제18조 제5항 및 제6항, 제20조 제2항, 제22조 각 호 외의 부분, 제1호 및 제3호, 제23조 제3항 각 호 외의 부분 본문, 제24조 후단, 제26조 제1항 각 호 외의 부분 본문, 제30조 제1항, 제40조 제1항 각 호 외의 부분, 제43조 제1항 및 제2항, 제49조, 제51조 제1항, 제52조 제1항 및 제2항, 제58조 제2항부터 제4항까지 중 '보건복지부장관'을 각각 '보건복지가족부장관'으로 한다.

제11조 제1항, 제12조 제3항, 제15조의 3 제2항 전단 및 제4항, 제15조의 6 제1항 및 제2항, 제33조의 6 제2항, 제42조의 3 제1항 및 제2항 중 '보건복지부장관'을 각각 '보건복지가족부장관'으로 한다.

<469>부터 <760>까지 생략

제7조 생략

5. 사회복지사업법 시행규칙

사회복지사업법 시행규칙
[시행 2008.11. 5][보건복지가족부령 제73호, 2008.11.5, 일부개정]

제1조(목적) 이 규칙은 '사회복지사업법' 및 동법시행령에서 위임된 사항과 그 시행에 관하여 필요한 사항을 규정함을 목적으로 한다. <개정 2007.3.7>

제1조의 2(사회복지위원회의 구성 및 운영) ① '사회복지사업법'(이하 '법'이라 한다.) 제7조에 따른 사회복지위원회는 위원장 1명을 포함한 15명 이상 30명 이하의 위원으로 구성한다. <개정 2007.3.7, 2008.11.5>

② 사회복지위원회의 위원장은 위원 중에서 호선한다.

③ 사회복지위원회의 위원의 임기는 2년으로 한다.

[본 조 신설 2004.9.6]

제1조의 3(지역사회복지협의체의 구성 및 운영) ① 법 제7조의 2 제1항에 따른 지역사회복지협의체는 위원장을 포함한 10명 이상 30명 이하의 위원으로 구성한다. <개정 2008.11.5>

② 지역사회복지협의체의 위원장은 위원 중에서 호선하되, 임명직 위원과 위촉직 위원 각 1명을 공동위원장으로 선출할 수 있다. <개정 2008.11.5>

③ 지역사회복지협의체의 위원의 임기는 2년으로 한다. 다만, 공무원인 위원의 임기는 그 재직기간으로 한다.

[본 조 신설 2004.9.6]

제1조의 4(실무협의체의 구성 및 운영) ① 법 제7조의 2 제3항에 따른 실무협의체(이하 '실무협의체'라 한다.)는 위원장 1명을 포함한 10명 이상 30명 이하의 위원으로 구성한다. <개정 2008.11.5>

② 실무협의체의 위원장은 위원 중에서 호선하고, 위원은 다음 각 호의 어느 하나에 해당하는 자 중에서 지역사회복지협의체의 위원장이 임명 또는 위촉한다. 이 경우 지역사회복지협의체의 위원장이 2명의 공동위원장인 경우에는

공동으로 임명 또는 위촉한다. <개정 2008.11.5>

1. 사회복지 또는 보건의료에 관한 실무지식과 경험이 풍부한 자
2. 법 제7조의 2 제2항 제2호부터 제4호까지의 규정에 의한 기관·단체의 실무자
3. 사회복지업무 또는 보건의료업무를 담당하는 공무원
4. 공익단체(비영리민간단체지원법 제2조에 따른 비영리민간단체를 말한다. 이하 같다.)에서 추천한 자

③ 실무협의체의 위원의 임기는 2년으로 한다. 다만, 공무원인 위원의 임기는 그 재직기간으로 한다.

[본 조 신설 2004.9.6]

제2조(복지위원) ① 법 제8조에 따른 복지위원은 다음 각 호의 어느 하나에 해당하는 자 중에서 읍·면·동의 장의 추천으로 시장·군수·구청장(자치구의 구청장에 한한다. 이하 같다.)이 위촉한다. <개정 2004.9.6, 2008.11.5>

1. 해당 지역사회의 실정에 밝고 사회복지 증진에 열의가 있는 자
2. 사회복지에 관한 학식과 경험이 풍부한 자

② 복지위원의 임기는 3년으로 한다.

③ 복지위원의 정수는 읍·면·동별로 각 2명 이상으로 하되, 지역여건을 감안하여 시·군·구(자치구에 한한다. 이하 같다.)의 조례로 정한다. <개정 2008.11.5>

④ 복지위원은 다음 각 호의 직무를 행한다. <개정 2008.11.5>

1. 관할지역 안의 저소득 주민·아동·노인·장애인·모자가족·부자가족·요보호자 등 법 제2조 제1호의 사회복지사업에 의한 도움을 필요로 하는 자(이하 이 항에서 '사회복지대상자'라 한다.)에 대한 선도 및 상담
2. 사회복지대상자의 권익을 보호하기 위하여 필요한 사항
3. 사회복지 관계 행정기관, 사회복지시설 그 밖의 사회복지 관계 단체와의 협력
4. 그 밖에 관할지역 주민의 복지증진을 위하여 필요한 사항의 처리

제3조(사회복지학 전공교과목과 사회복지 관련 교과목) '사회복지사업법 시행령'(이하 '영'이라 한다.) 별표 1, 별표 1의 2 및 별표 3에서 '보건복지가족부령이 정하는 사회복지학 전공교과목과 사회복지 관련 교과목'이라 함은 별표 1과 같

다. <개정 2007.3.7, 2008.3.3>

제4조(사회복지사자격증의 발급신청 등 〈개정 2008.11.5〉) ① 영 제2조 제2항 및 영 제25조 제2항에 따라 사회복지사의 자격증(이하 '자격증'이라 한다.)을 발급받으려는 자는 별지 제1호 서식의 사회복지사자격증 발급 신청서에 다음 각 호의 서류를 첨부하여 법 제46조에 따른 한국사회복지사협회(이하 '협회'라 한다.)에 제출하여야 한다. <개정 2000.1.26, 2002.12.31, 2008.11.5>

1. 삭제 <2002.12.31>
2. 영 별표 1의 사회복지사 자격기준에 해당함을 증명하는 서류 1부(사회복지사 1급 국가시험에 합격한 자를 제외한다.)
3. 6개월 이내에 촬영한 탈모 정면 상반신 반명함판(3×4센티미터) 사진 2매

② 제1항에 따라 자격증을 발급받은 자가 그 자격증을 잃어버리거나 헐어서 못 쓰게 되어 재발급받고자 하는 때에는 별지 제2호 서식의 사회복지사자격증 재발급 신청서에 다음 각 호의 서류를 첨부하여 협회에 제출하여야 한다. <개정 2000.1.26, 2008.11.5>

1. 사회복지사자격증(헐어서 못 쓰게 된 경우에 한한다.) 1부
2. 6개월 이내에 촬영한 탈모 정면 상반신 반명함판(3×4센티미터) 사진 1매

③ 협회는 제1항 및 제2항에 따라 자격증의 발급 또는 재발급신청을 받은 때에는 별지 제3호 서식의 사회복지사자격증발급대장에 이를 기재한 후 별지 제4호 서식의 사회복지사자격증을 발급하여야 한다. <개정 2008.11.5>

④ 법 제11조 제4항에 따라 자격증을 발급 또는 재발급받으려는 자는 수수료로 1만 원을 납부하여야 한다. <개정 2000.1.26, 2008.11.5>

제5조(사회복지사 보수교육 등) ① 보건복지가족부장관은 법 제13조 제2항 본문에 따라 사회복지사에 대하여 교육을 명하려면 미리 교육 목적·내용·시간 등을 알려야 한다.

② 법 제13조 제2항 단서에 따라 사회복지법인 또는 사회복지시설에 종사하는 사회복지사는 연간 8시간 이상의 보수교육을 받아야 한다. 다만, 다음 각 호의 어느 하나에 해당하는 자에 대해서는 보수교육을 면제한다.

1. 군복무, 질병, 해외체류, 휴직 등 부득이한 사유로 해당 연도에 6개월 이상 사회복지법인 또는 사회복지시설에 종사하지 아니한 자
2. 법 제2조 제1호 각 목의 법률에 따른 교육을 받은 자
3. 그 밖에 불가피한 사유로 보수교육을 받기가 곤란하다고 보건복지가족

부장관이 인정하는 자

③ 제2항 단서에 따라 보수교육이 면제되는 자는 별지 제5호 서식의 사회복지사 보수교육 면제신청서에 면제대상자임을 증명할 수 있는 서류를 첨부하여 제5항에 따른 협회의 장에게 제출하여야 한다.

④ 제2항에 따른 보수교육에는 사회복지윤리, 사회복지정책 및 사회복지실천기술 등이 포함되어야 한다.

⑤ 법 제13조 제4항에 따라 보건복지가족부장관은 제1항 및 제2항에 따른 교육을 협회에 위탁한다.

⑥ 협회는 사회복지법인 또는 사회복지시설을 운영하는 자에게 보수교육 대상자명단 제출을 요청할 수 있다.

[전문개정 2008.11.5]

제5조의 2(보수교육 계획 및 실적보고 등) ① 협회의 장은 매년 1월 31일까지 별지 제5호의 2 서식에 따른 해당 연도 보수교육 계획서를, 매년 2월 말일까지 별지 제5호의 3 서식에 따른 전년도 보수교육 실적보고서를 각각 보건복지가족부장관에게 제출하여야 한다.

② 협회의 장은 보수교육을 받은 자에 대하여 별지 제5호의 4 서식의 사회복지사 보수교육 이수증을 발급하여야 한다.

[본 조 신설 2008.11.5]

제5조의 3(보수교육 관계 서류의 보존) 협회의 장은 다음 각 호의 서류를 3년 동안 보존하여야 한다.

1. 보수교육 대상자명단(대상자 교육이수 여부가 명시되어야 한다.)

2. 보수교육 면제자 명단

3. 그 밖에 이수자의 보수교육이수를 확인할 수 있는 서류

[본 조 신설 2008.11.5]

제6조(사회복지전담공무원의 임용・배치현황 보고) 특별시장・광역시장 또는 도지사(이하 '시・도지사'라 한다.)는 영 제7조 제2항의 규정에 의하여 사회복지전담공무원을 임용・배치하는 경우에는 그 현황을 다음 연도 1월 말까지 별지 제6호 서식에 의하여 보건복지가족부장관에게 보고하여야 한다. <개정 2008.3.3>

제6조의 2(지역사회복지계획의 조정권고) ① 법 제15조의 3 제4항의 규정에 따라 보건복지가족부장관 또는 시・도지사가 지역사회복지계획의 내용에 대하여 조

정을 권고할 수 있는 경우는 다음 각 호의 경우로 한다. <개정 2008.3.3>

1. 지역사회복지계획의 내용이 법령에 위반된다고 판단되는 경우
2. 지역사회복지계획의 내용이 국가 또는 특별시·광역시·도(이하 '시·도'라 한다.)의 사회복지시책에 부합되지 아니한 경우
3. 지역사회복지계획의 내용이 지방자치단체의 행정구역과 주민생활권역 간의 차이를 반영하지 아니한 경우
4. 지역사회복지계획의 내용이 2 이상의 지방자치단체에 걸쳐 있음에도 당해 지방자치단체 간 협의를 거치지 아니한 경우
5. 지방자치단체 간 지역사회복지계획의 내용에 현저한 불균형이 있는 경우

② 보건복지가족부장관 또는 시·도지사는 법 제15조의 3 제4항의 규정에 따른 지역복지계획의 조정권고를 위하여 필요하다고 인정되는 경우에는 당해 지방자치단체의 장에게 관련 자료의 제출을 요구할 수 있다. <개정 2008.3.3>

[본 조 신설 2004.9.6]

제7조(법인의 설립허가 신청 등) ① 영 제8조 제1항에 따른 사회복지법인(이하 '법인'이라 한다.) 설립허가신청서는 별지 제7호 서식에 의한다. <개정 2008.11.5>

② 제1항의 신청서에는 다음 각 호의 서류를 첨부하여야 한다. 다만, '전자정부법' 제21조 제1항에 따른 행정정보의 공동이용을 통하여 첨부서류에 대한 정보를 확인할 수 있는 경우에는 그 확인으로 첨부서류에 갈음할 수 있다. <개정 2005.6.8, 2007.3.7, 2008.11.5>

1. 설립취지서 1부
2. 정관 2부
3. 재산출연증서 1부
4. 삭제 <2008.11.5>
5. 재산의 소유를 증명할 수 있는 서류(부동산의 경우에는 등기부등본을 말한다. 이하 같다.) 1부
6. 재산의 평가조서('부동산가격공시및감정평가에관한법률'에 따른 감정평가업자의 감정평가서 또는 표준지의 공시지가를 기준으로 하여 산정한 개별필지에 대한 개별공시지가확인서를 첨부하여야 한다. 이하 같다.) 1부
7. 재산의 수익조서(수익용 기본재산을 갖춘 경우에 한하며, 공인된 감정평

가기관의 수익증명 또는 수익을 증명할 수 있는 기관의 증빙서류를 첨부하여야 한다. 이하 같다.) 1부

8. 임원의 취임승낙서 및 이력서 각 1부

9. 임원 상호간의 관계에 있어 법 제18조 제2항의 규정에 저촉되지 아니함을 입증하는 각서 1부

10. 설립 해당 연도 및 다음 연도의 사업계획서 및 예산서 각 1부

③ 보건복지가족부장관 또는 특별시장·광역시장·도지사(이하 '주무관청'이라 한다.)는 제1항에 따른 신청에 대하여 허가를 하는 때에는 별지 제8호 서식의 사회복지법인설립허가증을 신청인에게 발급하여야 한다. <개정 2008.3.3, 2008.11.5>

제8조(정관의 변경) 법 제17조 제2항에 따라 법인이 정관을 변경하고자 하는 때에는 별지 제9호 서식의 사회복지법인정관변경인가신청서에 다음 각 호의 서류를 첨부하여 주무관청에 제출하여야 한다. 다만, '전자정부법' 제21조 제1항에 따른 행정정보의 공동이용을 통하여 첨부서류에 대한 정보를 확인할 수 있는 경우에는 그 확인으로 첨부서류에 갈음할 수 있다. <개정 2005.6.8, 2008.11.5>

1. 정관의 변경을 결의한 이사회 회의록사본 1부

2. 정관변경안 1부

3. 사업변경계획서, 예산서 및 재산의 소유를 증명할 수 있는 서류(사업의 변동이 있는 경우에 한한다.) 각 1부

4. 재산의 평가조서 및 재산의 수익조서(사업의 변동이 있는 경우에 한한다.) 각 1부

제9조(인가를 요하지 아니하는 정관변경) 법 제17조 제2항 단서에서 '보건복지가족부령으로 정하는 경미한 사항'이라 함은 법 제17조 제1항 제11호의 사항을 말한다. <개정 2008.3.3>

제10조(임원의 임면보고 〈개정 2000.1.26〉) 법 제18조 제5항의 규정에 의하여 법인이 임원의 임면보고를 하고자 하는 때에는 별지 제10호 서식의 법인임원임면보고 시에 다음 각 호의 서류를 첨부하여 주무관청에 제출하여야 한다. 이 경우 법인 설립 당시 취임하는 임원에 대해서는 법인설립허가신청서에 임원의 선임보고를 한 것으로 본다. <개정 2000.1.26, 2004.9.6, 2007.3.7>

1. 당해 임원의 선임 또는 해임을 결의한 이사회 회의록사본 1부

2. 제7조 제2항 제8호 및 제9호의 서류 각 1부

제11조(임시이사의 선임청구) 법 제20조 제3항의 규정에 의하여 이해관계인이 임시이사의 선임을 청구하고자 하는 때에는 청구사유와 이해관계인임을 증명하는 서류를 주무관청에 제출하여야 한다. <개정 2004.9.6>

제12조(재산의 구분 및 범위) ① 법 제23조의 규정에 의한 법인의 기본재산은 다음 각 호에 해당하는 재산으로 하고, 그 밖의 재산은 보통재산으로 한다.

　　1. 부동산

　　2. 정관에서 기본재산으로 정한 재산

　　3. 이사회의 결의에 의하여 기본재산으로 편입된 재산

② 제1항의 규정에 의한 기본재산은 다음 각 호와 같이 목적사업용 기본재산과 수익용 기본재산으로 구분한다. 다만, 제13조 제2항의 규정에 해당하는 법인에 있어서는 이를 구분하지 아니할 수 있다. <개정 2000.1.26>

　　1. 목적사업용 기본재산: 법인이 사회복지시설(이하 '시설'이라 한다.) 등을 설치하는 데 직접 사용하는 기본재산

　　2. 수익용 기본재산: 법인이 그 수익으로 목적사업의 수행에 필요한 경비를 충당하기 위한 기본재산

제13조(기본재산의 기준) ① 법 제23조에 따라 시설의 설치·운영을 목적으로 하는 법인은 다음 각 호의 구분에 따라 기본재산을 갖추어야 한다. <개정 2004.9.6, 2008.11.5>

　　1. 시설거주자를 보호하기 위한 시설: 다음 각 목의 구분에 따라 상시 10명 이상의 시설거주자를 보호할 수 있는 목적사업용 기본재산을 갖추어야 한다. 다만, 법 제2조 제1호 각 목의 법령에서 10명 미만의 소규모 시설을 따로 정하고 있는 경우에는 해당 법령에 의한 시설의 설치기준에 해당하는 목적사업용 기본재산을 갖추어야 한다.

　　　가. 법 제2조 제1호 각 목의 법령에 의한 시설 및 법 제34조 제4항에 따른 시설: 법 제2조 제1호 각 목의 법령에 의한 시설 및 법 제34조 제4항에 따른 시설의 설치기준에 해당하는 목적사업용 기본재산

　　　나. 결핵 및 한센병 요양시설: 입소정원에 13.2제곱미터를 곱한 시설면적 이상에 해당하는 목적사업용 기본재산

　　2. 제1호 외의 시설: 해당 법인이 설치·운영하고자 하는 시설을 갖출 수 있는 목적사업용 기본재산

② 법 제23조에 따라 시설의 설치·운영을 목적으로 하지 아니하고 사회복지사업을 지원하는 것을 목적으로 하는 법인은 법인의 운영경비의 전액을 충당할 수 있는 기본재산을 갖추어야 한다. <개정 2008.11.5>

[전문개정 2000.1.26]

제14조(기본재산의 처분) ① 법인은 법 제23조 제3항 제1호에 따라 기본재산의 매도·증여·교환·임대·담보제공 또는 용도변경(이하 '처분'이라 한다.)에 관한 허가를 받고자 하는 경우에는 별지 제11호 서식의 기본재산처분허가신청서에 다음 각 호의 서류를 첨부하여 주무관청에 제출하여야 한다. <개정 2000.1.26, 2004.9.6, 2008.11.5>

　　1. 기본재산의 처분을 결의한 이사회 회의록사본 1부

　　2. 처분하는 기본재산의 명세서 1부

　　3. 처분하는 기본재산의 감정평가서 또는 표준지의 공시지가를 기준으로 하여 산정한 개별필지에 대한 개별공시지가확인서(교환의 경우에는 취득하는 재산의 감정평가서 또는 표준지의 공시지가를 기준으로 하여 산정한 개별필지에 대한 개별공시지가확인서를 포함한다.) 1부

② 법 제23조 제3항 단서에서 '보건복지가족부령으로 정하는 사항'이란 기본재산에 관한 임대계약을 갱신하는 경우를 말한다. <개정 2008.3.3, 2008.11.5>

제15조(장기차입금액의 허가) ① 법 제23조 제3항 제2호에서 '보건복지가족부령이 정하는 금액 이상'이라 함은 장기 차입하고자 하는 금액을 포함한 장기차입금의 총액이 기본재산 총액에서 차입 당시의 부채총액을 공제한 금액의 100분의 5에 상당하는 금액 이상을 말한다. <개정 2008.3.3>

② 제1항의 규정에 의한 금액을 장기 차입하고자 하는 경우에는 별지 제12호 서식의 장기차입허가신청서에 다음 각 호의 서류를 첨부하여 주무관청에 제출하여야 한다. <개정 2000.1.26, 2004.9.6>

　　1. 이사회 회의록사본 1부

　　2. 차입목적 또는 사유서(차입용도를 포함한다.) 1부

　　3. 상환계획서 1부

제16조(재산취득보고) 법인은 법 제24조 후단의 규정에 의하여 매년 1월 말까지 전년도의 재산취득 상황을 주무관청에 보고하여야 한다. <개정 2000.1.26, 2004.9.6>

제17조 삭제 <2000.1.26>

제18조 삭제 <2000.1.26>

제19조(법인의 합병) ① 영 제11조 제1항의 규정에 의한 법인합병허가신청서는 별지 제14호 서식에 의한다.

　② 제1항의 신청서에는 다음 각 호의 구분에 따른 서류를 첨부하여야 한다.

　　1. 합병 후 존속하는 법인

　　　가. 관계법인의 합병결의서·정관·재산목록 및 대차대조표 각 1부

　　　나. 정관변경안 1부

　　　다. 사업계획서·예산서 및 재산의 소유를 증명할 수 있는 서류 각 1부

　　　라. 재산의 평가조서 및 재산의 수익조서 각 1부

　　2. 합병에 의하여 새로이 설립되는 법인

　　　가. 합병취지서·재산목록 및 대차대조표 각 1부

　　　나. 합병 당해 연도 및 다음 연도의 사업계획서 및 예산서 각 1부

　　　다. 제7조 제2항 제2호 내지 제9호의 서류 각 1부

제19조의 2(보호의 신청 및 통지) ① 법 제33조의 2의 규정에 의하여 사회복지서비스의 제공(이하 '보호'라 한다.)을 신청하고자 하는 자는 별지 제14호의 2 서식에 의한 사회복지서비스제공신청서에 보건복지가족부장관이 정하는 바에 따라 보호대상자의 부양관계, 소득·재산상태 및 건강상태를 확인할 수 있는 서류를 첨부하여 시장·군수·구청장에게 제출하여야 한다. <개정 2008.3.3>

　② 제1항의 규정에 따라 사회복지서비스의 제공을 받고 있는 자가 서비스의 내용을 변경하여 받고자 하는 때에는 별지 제14호의 2 서식에 의한 사회복지서비스변경신청서에 보건복지가족부장관이 정하는 바에 따라 보호대상자의 부양관계, 소득·재산상태, 건강상태를 확인할 수 있는 서류를 첨부하여 시장·군수·구청장에게 제출하여야 한다. <개정 2008.3.3>

　③ 시장·군수·구청장이 법 제33조의 4 제3항의 규정에 의하여 보호의 실시 여부와 그 유형을 통지함에 있어서는 신청일부터 20일 이내에 하여야 한다. 다만, 조사 등에 시일을 요하는 특별한 사유가 있는 경우에는 그 사유를 명시하여 신청일부터 30일 이내에 통지할 수 있다.

　[본 조 신설 2004.9.6]

제19조의 3(보호계획의 작성 등) ① 시장·군수·구청장은 법 제33조의 5 제1항의

규정에 의하여1 보호대상자별 보호계획을 작성하는 때에는 보호대상자의 경제상황, 가정상황 및 건강상황을 종합적으로 고려하여 사회복지 및 보건의료 서비스가 제공될 수 있도록 하여야 한다.

② 제1항의 규정에 의한 보호대상자별 보호계획은 별지 제14호의 3 서식에 의하여 작성한다.

[본 조 신설 2004.9.6]

제19조의 4(사회복지서비스 이용권) ① 법 제33조의 7 제3항에 따라 보건복지가족부장관은 보호대상자의 복지요구, 소득·재산 상태 등을 고려하여 사회복지서비스 이용권(이하 '이용권'이라 한다.)의 지급대상에 대한 기준을 정하고, 시장·군수·구청장은 보건복지가족부장관이 정한 기준에 따라 예산의 범위 내에서 이용권 지급대상자를 결정한다. <개정 2008.3.3>

② 제1항에 따른 이용권으로 이용할 수 있는 사회복지서비스의 유형은 개인과 가정의 돌봄 지원, 활동의 보조, 가사 또는 간병서비스, 신체적·정신적 건강의 향상을 목적으로 하는 사회복지서비스와 그 밖에 보건복지가족부장관이 정하는 사회복지서비스로 한다. <개정 2008.3.3>

③ 보건복지가족부장관, 시·도지사, 시장·군수·구청장은 사회복지서비스를 제공하는 기관 또는 단체 중 보건복지가족부장관이 정하는 기준을 갖춘 자를 이용권을 받고 보호를 실시하는 기관 또는 단체(이하 '보호실시기관'이라 한다.)로 선정하고 이를 공고하여야 한다. <개정 2008.3.3>

④ 시장·군수·구청장은 보호대상자 중 보호실시기관을 이용하게 하는 것이 보호에 적합하다고 인정되는 자에게 이용권을 지급하고 이용권의 가격, 사용기한, 이용이 가능한 보호실시기관 등에 관한 정보를 제공하여야 한다.

⑤ 보호실시기관의 운영자는 이용권을 제출한 보호대상자에 대하여 이용권의 범위에서 보호를 실시하고 이에 따른 비용을 시장·군수·구청장에게 청구하여야 한다.

⑥ 시장·군수·구청장은 제5항에 따른 보호실시비용의 지급과 정산 등에 관한 업무를 보건복지가족부장관이 정하는 전문기관이나 단체로 하여금 수행하게 할 수 있다. 이 경우 시장·군수·구청장은 당해 전문기관이나 단체에 미리 보호실시비용을 예탁하여야 한다. <개정 2008.3.3>

[본 조 신설 2007.3.7]

제20조(시설의 설치·운영신고 등) ① 법 제34조 제2항에 따라 국가 또는 지방자치

단체 외의 자가 시설을 설치·운영하고자 하는 때에는 별지 제15호 서식의 사회복지시설설치·운영신고서(전자문서로 된 신고서를 포함한다.)에 다음 각 호의 서류(전자문서를 포함한다.)를 첨부하여 관할 시장·군수·구청장에게 제출하여야 한다. <개정 2004.9.6, 2005.6.8, 2005.10.17, 2006.7.3, 2008.11.5>

1. 법인의 정관(법인에 한한다.) 1부
2. 시설운영에 필요한 재산목록(소유를 증명할 수 있는 서류를 첨부하여야 한다. 다만, 국·공유 토지나 건물에 시설을 설치·운영하고자 하는 경우에 는 그 사용권을 증명할 수 있는 서류로 갈음할 수 있다.) 1부
3. 삭제 <2006.7.3>
4. 사업계획서 및 예산서 각 1부
5. 시설의 평면도(시설의 층별 및 구조별 면적을 표시하여야 한다.)와 건물의 배치도 각 1부
6. 삭제 <2002.12.31>

② 제1항에 따라 신고서를 제출받은 담당 공무원은 '전자정부법' 제21조 제1항에 따른 행정정보의 공동이용을 통하여 법인등기부등본(법인인 경우에 한한다.)을 확인하여야 한다. 다만, 신고인이 이에 동의하지 아니하는 경우에는 그 서류를 첨부하도록 하여야 한다. <신설 2006.7.3, 2008.11.5>

③ 시장·군수·구청장은 제1항에 따라 신고를 받은 경우에는 별지 제18호 서식의 사회복지시설신고증을 발급하여야 한다. <개정 2000.1.26, 2008.11.5>

④ 시장·군수·구청장은 별지 제19호 서식의 사회복지시설신고관리대장을 작성·관리하여야 한다.

제21조(사회복지관의 설치기준) ① 법 제34조 제2항의 규정에 의하여 사회복지관을 설치할 때에는 시설입구 등 일반이 보기 쉬운 곳에 사회복지관의 명칭을 부착하여야 한다.

② 사회복지관에는 강당 또는 회의실과 방음설비를 갖춘 상담실을 갖추어야 하며, 제22조 제1항의 규정에 의한 업무수행에 필요한 공간을 확보하여야 한다. [본 조 신설 2004.9.6]

제22조(사회복지관의 운영기준) ① 사회복지관에는 사무분야, 가족복지분야, 지역사회보호분야, 지역사회조직분야, 교육 및 문화분야, 자활분야 등으로 업무분야를 나누어 이를 수행할 수 있는 직원을 각각 두거나 겸임할 수 있도록 하되,

직원의 수는 사회복지관의 규모 및 수행하는 사업을 고려하여 정하여야 한다.
② 사회복지관의 관장과 각 분야별 책임자는 다음 각 호의 자격을 갖춘 자로 하여야 한다. <개정 2008.11.5>

1. 관장: 2급 이상의 사회복지사자격증 소지자 또는 이와 동등한 자격이 있다고 법 제36조에 따른 운영위원회(이하 '운영위원회'라 한다.)에서 인정한 자
2. 사무분야의 책임자: 3급 이상의 사회복지사자격증 소지자 또는 이와 동등한 자격이 있다고 운영위원회에서 인정한 자
3. 그 밖의 업무분야의 책임자: 해당 분야의 자격증 소지자

③ 사회복지관의 관장은 별표 2에 해당하는 사업 중 지역사회의 특성과 지역주민의 복지욕구를 고려한 사업을 선택하여 복지사업을 수행하여야 한다.
④ 사회복지관의 관장은 지역주민의 복지욕구에 대한 조사, 관계 행정기관 및 단체의 의견을 수렴하여 매년도의 사회복지관 복지사업계획을 수립하여야 한다.
⑤ 사회복지관은 복지사업을 함에 있어서 지역주민을 그 대상으로 실시하되, 다음 각 호에 해당하는 주민이 우선적인 사업대상이 되도록 하여야 한다. <개정 2007.3.7, 2008.1.15, 2008.11.5>

1. '국민기초생활보장법'에 따른 수급자 등 저소득 주민
2. 장애인, 노인, 한부모가족 등 취약계층 주민
3. 직업·부업훈련 및 취업알선이 필요한 주민
4. 유아, 아동 또는 청소년의 보호 및 교육이 필요한 주민

⑥ 사회복지관의 재무·회계는 '사회복지법인 재무·회계규칙'을 준용한다. <개정 2008.11.5>
⑦ 사회복지관의 관장은 보건복지가족부장관이 정하는 바에 따라 사회복지관현황보고서를 매년 1월 말까지 시장·군수·구청장 및 시·도지사를 거쳐 보건복지가족부장관에게 제출하여야 한다. <개정 2008.3.3, 2008.11.5>
[본 조 신설 2004.9.6]

제22조의 2(시설의 위탁기준 및 방법) ① 법 제34조 제5항에 따라 국가 또는 지방자치단체가 설치한 시설을 위탁하여 운영하고자 하는 경우에는 공개모집에 의하여 수탁자를 선정하되, 수탁자의 재정적 능력, 공신력, 사업수행능력, 지역 간 균형분포 및 제27조에 따른 평가결과(평가를 한 경우에 한한다.) 등을 종

합적으로 고려하여 선정하여야 한다. <개정 2008.11.5>

② 제1항에 따른 시설의 수탁자 선정을 위하여 당해 시설을 설치한 국가 또는 지방자치단체(이하 '위탁기관'이라 한다.)에 수탁자선정심의위원회(이하 '선정위원회'라 한다.)를 둔다. <개정 2008.11.5>

③ 국가 또는 지방자치단체는 제1항에 따라 수탁자를 선정하고자 하는 경우에는 제2항에 따른 선정위원회의 심의를 거쳐야 한다. <개정 2008.11.5>

④ 선정위원회는 위원장 1명을 포함한 9명 이내의 위원으로 구성하고, 위원은 다음 각 호의 어느 하나에 해당하는 자 중에서 위탁기관의 장이 임명 또는 위촉하며, 위원장은 위원 중에서 위탁기관의 장이 지명한다. <개정 2007.3.7, 2008.11.5>

1. 사회복지업무를 담당하는 공무원
2. 사회복지에 관한 학식과 경험이 풍부한 자
3. 공익단체에서 추천한 자
4. 그 밖에 법률전문가 등 선정위원회 참여가 필요하다고 위탁기관의 장이 인정하는 자

⑤ 선정위원회는 재적 위원 과반수의 출석으로 개의하고 출석 위원 과반수의 찬성으로 의결한다.

⑥ 이 규칙에 정한 것 외에 선정위원회의 운영에 관하여 필요한 사항은 위탁기관의 장이 정한다.

[본 조 신설 2004.9.6]

제23조(시설의 위탁) ① 법 제34조 제5항의 규정에 의하여 위탁기관이 시설을 위탁하여 운영하고자 하는 때에는 다음 각 호의 내용이 포함된 계약을 체결하여야 한다. <개정 2004.9.6>

1. 수탁자의 성명 및 주소
2. 위탁계약기간
3. 위탁대상시설 및 업무내용
4. 수탁자의 의무 및 준수 사항
5. 시설의 안전관리에 관한 사항
5의 2. 시설종사자의 고용승계에 관한 사항
6. 계약의 해지에 관한 사항
7. 기타 시설의 운영에 필요하다고 인정되는 사항

② 제1항 제2호의 규정에 의한 위탁계약기간은 5년 이내로 한다. 다만, 위탁자가 필요하다고 인정하는 때에는 제22조의 2 제2항의 규정에 의한 선정위원회의 심의를 거쳐 그 계약기간을 갱신할 수 있다. <개정 2004.9.6>

제24조(운영위원회의 조직 및 운영) ① 법 제36조 제2항의 규정에 의한 운영위원회의 위원은 위원장 및 시설의 장을 포함하여 5인 이상 10인 이하의 위원으로 구성한다. <개정 2004.9.6>

② 운영위원회의 위원은 다음 각 호의 1에 해당하는 자 중에서 시설의 장의 추천을 받아 관할 시장·군수·구청장이 임명 또는 위촉한다. 다만, 제4호에 해당하는 자의 경우에는 시설의 장의 추천을 받지 아니한다. <개정 2000.1.26, 2004.9.6>

1. 시설거주자 또는 시설거주자의 보호자 대표
2. 지역주민
3. 후원자 대표
4. 관계 공무원
5. 기타 시설운영에 관하여 전문적인 지식과 경험이 풍부한 자

③ 운영위원회의 위원장은 위원 중에서 호선한다. <개정 2004.9.6>

④ 위원의 임기는 3년으로 한다.

⑤ 이 규칙에서 정한 사항 외에 운영위원회의 운영에 관하여 필요한 사항은 보건복지가족부장관이 정한다. <개정 2004.9.6, 2008.3.3>

제25조(시설의 서류비치) 법 제37조의 규정에 의하여 시설에 비치하여야 할 서류는 다음 각 호와 같다. <개정 2000.1.26>

1. 법인의 정관(법인에 한한다.)
2. 법인설립허가증사본(법인에 한한다.)
3. 사회복지시설신고증
4. 시설거주자 및 퇴소자의 명부
5. 시설거주자 및 퇴소자의 상담기록부
6. 시설의 운영계획서 및 예산·결산서
7. 후원금품대장
8. 시설의 건축물관리대장
9. 시설의 장과 종사자의 명부

제26조(시설의 휴지·재개·폐지신고 등) ① 법 제38조 제2항의 규정에 의하여 시설

의 운영을 휴지 또는 재개하거나 시설을 폐지하고자 하는 때에는 별지 제20호 서식에 의한 신고서에 다음 각 호의 서류를 첨부하여 휴지·재개·폐지 3개월 전까지 관할 시장·군수·구청장에게 제출하여야 한다.

1. 시설의 휴지·재개·폐지사유서(법인의 경우에는 휴지·재개·폐지를 결의한 이사회의 회의록 사본) 1부
2. 시설거주자에 대한 조치계획서(시설 재개의 경우를 제외한다.) 1부
3. 시설의 재산에 관한 사용 또는 처분계획서(시설 재개의 경우를 제외한다.) 1부
4. 사회복지시설신고증(시설 폐지의 경우에 한한다.) 1부

② 법 제38조 제3항의 규정에 의하여 시장·군수·구청장은 제1항의 규정에 의한 휴지 또는 폐지신고를 받은 경우에는 시설거주자의 권익을 보호하기 위하여 다음 각 호의 1에 해당하는 조치를 하여야 한다.

1. 제1항 제2호의 조치계획의 이행 여부 확인
2. 시설거주자가 사용료 등을 부담한 경우 그 반환 여부의 확인
3. 보조금·후원금품 등의 사용실태의 확인
4. 기타 시설거주자의 권익보호를 위하여 필요하다고 인정되는 사항

[전문개정 2000.1.26]

제26조의 2(행정처분의 기준) 법 제40조 제3항의 규정에 의한 행정처분의 세부적인 기준은 별표 3과 같다.

[본 조 신설 2004.9.6]

제26조의 3(지원금의 지급기준 등) ① 법 제42조의 3에 따른 지원금의 지급기준은 다음 각 호의 어느 하나에 해당하는지 여부로 한다.

1. 지방자치단체에서 수행하는 복지사업의 평가결과 평가점수가 높거나 현저히 향상된 경우
2. 지방자치단체가 실시한 사회복지사업이 복지행정 발전 및 주민의 복지 증진에 기여한 경우
3. 그 밖에 보건복지가족부장관이 정하는 기준에 해당하는 경우

② 보건복지가족부장관은 매년 제1항의 지급기준에 해당하는 시·도지사 또는 시장·군수·구청장에게 지원금을 지급한다.

③ 제2항에 따라 지급하는 지원금은 예산의 범위에서 보건복지가족부장관이 정한다.

④ 제1항 각 호에 해당하는지 여부에 대한 세부적인 판정기준은 보건복지가족부장관이 정한다.

[본 조 신설 2008.11.5]

제27조(시설의 평가) ① 보건복지가족부장관 및 시·도지사는 법 제43조의 규정에 의하여 3년마다 1회 이상 시설에 대한 평가를 실시하여야 한다. <개정 2000.1.26, 2008.3.3>

② 제1항의 규정에 의한 시설의 평가기준은 다음 각 호와 같다. <개정 2000.1.26>

1. 입소정원의 적정성
2. 종사자의 전문성
3. 시설의 환경
4. 시설거주자에 대한 서비스의 만족도
5. 기타 시설의 운영개선에 필요한 사항

③ 제1항의 규정에 의한 평가의 방법 기타 평가에 관하여 필요한 사항은 보건복지가족부장관이 정한다. <개정 2008.3.3>

제28조(비용징수의 통지) 영 제21조의 규정에 의한 비용징수의 통지는 별지 제21호 서식에 의한다.

[전문개정 2000.1.26]

제29조(지도·감독공무원의 증표) 법 제51조 제2항의 규정에 의한 지도·감독공무원의 권한을 표시하는 증표는 별지 제22호 서식에 의한다.

제30조 삭제 <2000.1.26>

제31조(부대시설의 지원) ① 시·도지사 또는 시장·군수·구청장은 시설을 설치·운영하는 자가 시설거주자의 원활한 보호를 위하여 종사자(시설의 장을 포함한다. 이하 같다.)의 숙소를 시설에 부대하여 설치하고자 하는 때에는 예산의 범위 안에서 그 종사자의 숙소를 설치하는 데 필요한 비용을 보조할 수 있다. 이 경우 가족과 같이 거주하는 종사자의 숙소는 '주택법'에 의한 국민주택의 규모 이하로 하고, 가족과 같이 거주하지 아니하는 종사자의 숙소는 1인당 20제곱미터 이내로 한다. <개정 2000.1.26, 2003.12.15, 2007.3.7>

② 삭제 <2000.1.26>

제32조 삭제 <2008.11.5>

부칙 〈제71호, 1998.8.11〉

① (시행일) 이 규칙은 공포한 날부터 시행한다. 다만, 제5조의 개정규정은 2003년 1월 1일부터 시행한다.

② (법인의 기본재산 등에 관한 경과조치) 이 규칙 시행 당시 종전의 규정에 의하여 허가를 받은 법인의 기본재산 또는 시설의 종류별 규모에 관해서는 제13조 또는 별표 2의 개정규정에 불구하고 종전의 규정에 의한다.

③ (법인설립허가신청 등에 관한 경과조치) 이 규칙 시행 당시 접수된 법인설립허가신청 또는 시설설치허가신청에 대해서는 제13조 또는 별표 2의 정규정에 불구하고 종전의 규정에 의한다.

④ (사회복지학 전공교과목과 사회복지 관련 교과목에 관한 경과조치) 이 규칙 시행 당시 고등교육법에 의한 대학원, 대학 또는 이와 동등 이상의 학력이 있다고 교육부장관이 인정하는 학교와 전문대학에 재학 중인 자는 별표 1의 개정규정에 불구하고 종전의 규정에 의하여 필수과목 중 사회보장론을 이수한 경우에는 별표 1의 개정규정에 의한 사회복지정책론을 이수한 것으로 보고, 종전의 규정에 의하여 필수과목 중 개별지도 또는 집단지도를 이수한 경우에는 별표 1의 개정규정에 의한 사회복지실천론 또는 사회복지실천기술론을 이수한 것으로 보며, 종전의 규정에 의하여 선택과목 중 사회사업통합방법론·사회심리학 또는 사회변동론을 이수한 경우에는 이수한 과목의 수만큼 별표 1의 개정규정에 의한 선택과목의 수를 이수한 것으로 본다.

⑤ (시설설치·운영허가신청에 관한 경과조치) 이 규칙 시행 당시 종전의 규정에 의하여 시설의 설치·운영을 위한 허가신청서를 제출한 경우에는 이 규칙에 의하여 시설의 설치·운영신고서를 제출한 것으로 본다.

부칙 〈제142호, 2000.1.26〉

이 규칙은 공포한 날부터 시행한다.

부칙 〈제233호, 2002.12.31〉

이 규칙은 공포한 날부터 시행한다.

부칙(주택법시행규칙) 〈제382호, 2003.12.15〉

제1조(시행일) 이 규칙은 공포한 날부터 시행한다.
　　제2조 내지 제7조 생략
제8조(다른 법령의 개정) ① 내지 ⑨ 생략
　　⑩ 사회복지사업법시행규칙 중 다음과 같이 개정한다.
　　제31조 제1항 후단 중 '주택건설촉진법'을 '주택법'으로 한다.
　　⑪ 내지 <19> 생략

부칙 〈제297호, 2004.9.6〉

① (시행일) 이 규칙은 공포한 날부터 시행한다. 다만, 제1조의 2 내지 제1조의4, 제6조의 2, 제19조의 3의 개정규정은 2005년 7월 31일부터 시행한다.
② (시설의 위탁에 관한 적용례) 제22조의 2 및 제23조 제1항 제5호의 2의 개정규정은 이 규칙 시행 후의 위탁분부터 적용한다.
③ (사회복지관의 직원의 자격기준에 관한 경과조치) 이 규칙 시행 전에 설치된 사회복지관에 근무하고 있는 종사자는 제22조 제2항의 개정규정에 불구하고 당해 사회복지관에 한하여 계속 근무할 수 있다.
④ (사회복지관 복지사업계획수립에 대한 경과조치) 이 규칙 시행 전에 수립된 사회복지관 복지사업계획은 제22조 제4항의 개정규정에 의하여 수립된 것으로 본다.

부칙(전자적 민원처리를 위한 '공중위생관리법 시행규칙' 등 일부개정령) 〈제317호, 2005.6.8〉

① (시행일) 이 규칙은 공포한 날부터 시행한다.
② (서식에 관한 경과조치) 이 규칙 시행 당시 종전의 규정에 의하여 작성되어 사용 중인 서식은 계속하여 사용하되, 이 규칙에 의한 개정내용을 반영하여 사용하여야 한다.

부칙(전자적 민원처리를 위한 간호조무사 및 의료유사업자에 관한 규칙 등 일부개정령) 〈제333호, 2005.10.17〉

이 규칙은 공포한 날부터 시행한다.

부칙(행정정보의 공동이용 및 문서감축을 위한 건강기능식품에 관한 법률 시행규칙 등 일부개정령) 〈제363호, 2006.7.3〉

이 규칙은 공포한 날부터 시행한다.

부칙 〈제388호, 2007.3.7〉

① (시행일) 이 규칙은 공포한 날부터 시행한다.
② (사회복지법인 임원임면 보고서에 관한 적용례) 제10조의 개정규정은 이 규칙 시행 이후 임면보고서를 제출하는 자부터 적용한다.

부칙(한부모가족지원법 시행규칙) 〈제17호, 2008.1.15〉

제1조(시행일) 이 규칙은 2008년 1월 18일부터 시행한다.
제2조(다른 법령의 개정) ① 및 ② 생략
③ 사회복지사업법 시행규칙 일부를 다음과 같이 개정한다.
제22조 제5항 제2호 중 '모·부자가정'을 '한부모가족'으로 한다.
④ 및 ⑤까지 생략
제3조 생략

부칙(보건복지가족부와 그 소속 기관 직제 시행규칙) 〈제1호, 2008.3.3〉

제1조(시행일) 이 규칙은 공포한 날부터 시행한다.
제2조 생략
제3조(다른 법령의 개정) ①부터 <41>까지 생략
<42> 사회복지사업법 시행규칙 일부를 다음과 같이 개정한다.
제3조, 제9조, 제14조 제2항, 제15조 제1항 중 '보건복지부령'을 각각 '보건복지가족부령'으로 한다.

제6조, 제6조의 2 제1항 각 호 외의 부분 및 제2항, 제7조 제3항, 제19조의 2 제1항 및 제2항, 제19조의 4 제1항부터 제3항까지 및 제6항 전단, 제22조 제7항, 제24조 제5항, 제27조 제1항 및 제3항, 별표 1의 비고란, 별지 제4호 서식, 별지 제7호 서식 앞쪽, 별지 제8호 서식 앞쪽, 별지 제9호 서식 앞쪽, 별지 제14호 서식 앞쪽, 별지 제22호 서식 중 '보건복지부장관'을 각각 '보건복지가족부장관'으로 한다.

별지 제9호 서식 뒤쪽, 별지 제14호 서식 앞쪽 처리기간란 중 '보건복지부'를 각각 '보건복지가족부'로 한다.

<43>부터 <94>까지 생략

부칙 〈제73호, 2008.11.5〉

제1조(시행일) 이 규칙은 공포한 날부터 시행한다. 다만, 제5조, 제5조의 2부터 제5조의 4까지, 별지 제5호 서식, 별지 제5호의 2 서식부터 별지 제5호의 4 서식까지의 개정규정은 2009년 1월 1일부터 시행하고, 별표 1의 개정규정은 2010년 1월 1일부터 시행한다.

제2조(사회복지학 전공교과목과 사회복지 관련 교과목에 관한 경과조치) 이 규칙 시행 당시 사회복지학 전공교과목과 사회복지 관련 교과목을 이수하였거나 이수하고 있는 자에 대해서는 별표 1의 개정규정에도 불구하고 종전의 규정에 따른다.

제3조(서식에 관한 경과조치) 이 규칙 시행 당시 종전의 규정에 따라 작성되어 사용 중인 서식은 계속하여 사용하되, 이 규칙에 따른 개정내용을 반영하여 사용하여야 한다.

6. 사회복지사업 시행령

사회복지사업법 시행령

[시행 2008.10.28][대통령령 제21093호, 2008.10.28, 일부개정]

제1조(목적) 이 영은 '사회복지사업법'에서 위임된 사항과 그 시행에 필요한 사항을 규정함을 목적으로 한다. <개정 2008.10.28>

제1조의 2(사회복지업무의 전자적 처리) ① '사회복지사업법'(이하 '법'이라 한다.) 제6조의 2 제1항에 따라 시장·군수·구청장(자치구의 구청장을 말한다. 이하 같다.)은 관할 시·군·구(자치구를 말한다. 이하 같다.)의 복지행정시스템과 보건복지가족부장관이 보급한 사회복지시설의 정보시스템이 전자적으로 연계될 수 있도록 하여야 한다.

② 법 제6조의 2 제2항에 따라 사회복지법인의 대표이사 및 사회복지시설의 장은 보건복지가족부장관이 보급한 사회복지시설의 정보시스템을 우선적으로 이용하여 사회복지업무의 전자화 시책에 협력하여야 한다.

[전문개정 2008.10.28]

제2조(사회복지사의 등급별 자격기준 등) ① 법 제11조 제2항의 규정에 의한 사회복지사의 등급별 자격기준은 별표 1과 같다. <개정 1999.10.30>② 사회복지사의 자격증을 교부받고자 하는 자는 사회복지사자격증교부신청서에 보건복지가족부령이 정하는 서류를 첨부하여 보건복지가족부장관에게 제출하여야 한다. <개정 2008.2.29>

제3조(국가시험의 시행 등) ① 보건복지가족부장관은 법 제12조의 규정에 의한 사회복지사 1급의 국가시험(이하 '시험'이라 한다.)을 매년 1회 이상 실시하여야 한다. <개정 2008.2.29>

② 보건복지가족부장관은 법 제12조 제1항에 따라 다음 각 호의 어느 하나에 해당하는 관계 전문기관을 시험관리기관으로 지정하여 시험관리업무를 위탁한다. <신설 2002.12.26, 2007.10.31, 2008.2.29>

   1. 시험에 관한 조사·연구 등을 통하여 시험에 관한 전문적인 능력을 갖춘 비영리법인

2. 사회복지에 관한 전문지식과 기술을 갖춘 비영리법인

3. '한국산업인력공단법'에 따른 한국산업인력공단

③ 시험관리기관의 장은 제1항의 규정에 의한 시험을 실시하고자 하는 때에는 미리 보건복지가족부장관의 승인을 얻어 시험일시·시험장소·시험과목·응시원서의 제출기간 기타 필요한 사항을 시험일 30일 전까지 공고하여야 한다. <개정 2002.12.26, 2008.2.29>

④ 시험은 필기시험의 방법에 의하여 실시하며, 그 시험과목은 별표 2와 같다.

⑤ 시험의 합격결정에 있어서는 매 과목 4할 이상, 전 과목 총점의 6할 이상을 득점한 자를 합격자로 한다.

제4조(시험의 응시자격 및 시험관리 〈개정 2002.12.26〉) ① 법 제12조 제4항의 규정에 의하여 시험에 응시할 수 있는 자격은 별표 3과 같다.

② 시험에 응시하고자 하는 자는 시험관리기관의 장이 정하는 응시원서를 시험관리기관의 장에게 제출(전자문서에 의한 제출을 포함한다.)하여야 한다. <신설 2002.12.26, 2007.12.31>

③ 시험관리기관의 장은 시험을 실시한 때에는 합격자를 결정·발표하고, 그 합격자에 대한 다음 각 호의 사항을 보건복지가족부장관 및 법 제46조의 규정에 의한 한국사회복지사협회(이하 '협회'라 한다.)에 통보하여야 한다. <신설 2002.12.26, 2008.2.29>

1. 성명 및 주소

2. 시험 합격번호 및 합격 연월일

제5조(시험위원) ① 시험관리기관의 장은 시험을 실시하고자 하는 때에는 시험과목별로 전문지식을 갖춘 자 중에서 시험위원을 위촉한다.

② 제1항의 시험위원에게는 예산의 범위 안에서 수당과 여비를 지급할 수 있다.

제5조의 2(관계 기관 등에의 협조요청) 시험관리기관의 장은 시험관리업무의 원활한 수행을 위하여 필요한 경우에는 국가·지방자치단체 또는 관계 기관·단체에 대하여 시험장소 및 시험감독의 지원 등에 필요한 협조를 요청할 수 있다.

[본 조 신설 2002.12.26]

제6조(사회복지사의 채용) ① 법 제13조 제1항 본문에 따라 사회복지법인 또는 사회복지시설을 설치·운영하는 자는 해당 법인 또는 시설에서 다음 각 호에 해당하는 업무에 종사하는 자를 사회복지사로 채용하여야 한다. 다만, 법 제

2조 제1호 각 목의 법률에서 따로 정하고 있는 경우에는 그에 의한다. <개정 1999.10.30, 2008.10.28>

    1. 사회복지프로그램의 개발 및 운영업무

    2. 시설거주자의 생활지도업무

    3. 사회복지를 필요로 하는 사람에 대한 상담업무

② 법 제13조 제1항 단서에서 '대통령령이 정하는 사회복지시설'이란 다음 각 호의 시설을 말한다. <개정 2008.10.28>

    1. '노인복지법'에 따른 노인여가복지시설(노인복지관은 제외한다.)

    2. '장애인복지법'에 따른 점자도서관과 점자도서 및 음성도서 출판시설

    3. '영유아보육법'에 따른 보육시설

    4. '성매매방지및피해자보호등에관한법률' 제5조에 따른 성매매피해자 등을 위한 지원시설 및 같은 법 제10조에 따른 성매매피해상담소

    5. '정신보건법'에 따른 정신질환자사회복귀시설 및 정신요양시설

    6. '성폭력범죄의처벌및피해자보호등에관한법률'에 따른 성폭력피해상담소

제7조(사회복지전담공무원의 임용) ① 법 제14조의 규정에 의한 사회복지전담공무원은 사회복지사의 자격이 있는 자 중에서 임용하되, 그 임용 등에 관해서는 지방공무원임용령이 정하는 바에 의한다. 다만, 사회복지전담공무원 중 별정직 공무원인 자의 임용 등에 관해서는 당해 지방자치단체의 조례가 정하는 바에 의한다.

② 특별시장·광역시장 또는 도지사(이하 '시·도지사'라 한다.)는 제1항의 규정에 의하여 사회복지전담공무원을 임용·배치하는 경우에는 보건복지가족부령이 정하는 바에 의하여 보건복지가족부장관에게 그 사실을 보고하여야 한다. <개정 2008.2.29>

제7조의 2(지역사회복지계획의 수립방법 및 제출시기) ① 시장·군수·구청장은 법 제15조의 3 제1항에 따른 시·군·구의 지역사회복지계획(이하 '시·군·구복지계획'이라 한다.)을 수립하기 전에 지역주민의 복지욕구 및 지역 내 복지자원 등에 대한 자료를 수집하고 이에 필요한 조사를 실시하여야 한다. <개정 2008.10.28>

② 시장·군수·구청장은 제1항에 따른 복지욕구 및 복지자원의 실태조사결과에 따라 해당 지역에 필요한 사업내용을 종합적으로 고려하여 시·군·구 복지계획을 수립하되, '사회보장기본법' 제20조에 따른 사회보장 증진을 위

한 장기발전방향에 부합되게 하여야 한다. <개정 2008.10.28>

③ 시장·군수·구청장은 제2항의 규정에 따라 수립한 시·군·구복지계획의 주요내용을 20일 이상 공고하여 지역주민의 의견을 수렴하여야 한다.

④ 시장·군수·구청장은 법 제7조의 2 제1항의 규정에 의한 지역사회복지협의체(이하 '지역사회복지협의체'라 한다.)의 심의를 거쳐 확정된 시·군·구복지계획과 그 연차별 시행계획을 시행연도의 전년도 6월 말까지 시·도지사에게 제출(전자문서에 의한 제출을 포함한다.)하여야 한다. <개정 2007.12.31>

⑤ 시·도지사는 제4항의 규정에 따라 제출받은 시·군·구복지계획을 종합·조정하여 법 제15조의 3 제2항의 규정에 의한 시·도의 지역사회복지계획(이하 '시·도복지계획'이라 한다.)을 작성한 후 이를 20일 이상 공고하여 지역주민의 의견을 수렴하여야 한다.

⑥ 시·도지사는 법 제7조 제1항의 규정에 의한 사회복지위원회(이하 '사회복지위원회'라 한다.)의 심의를 거쳐 확정된 시·도복지계획과 그 연차별 시행계획을 시행연도의 전년도 11월 말까지 보건복지가족부장관에게 제출(전자문서에 의한 제출을 포함한다.)하여야 한다. <개정 2007.12.31, 2008.2.29>

[본 조 신설 2004.7.30]

제7조의 3(지역복지계획의 수립시기 및 변경) ① 시·도지사 또는 시장·군수·구청장은 4년마다 시·도복지계획 또는 시·군·구복지계획(이하 '지역복지계획'이라 한다.)을 수립하여야 하되, 그 수립연도는 '지역보건법' 제3조 제1항에 따른 지역보건의료계획의 수립시기와 일치하도록 하여야 한다. <개정 2008.10.28>

② 시·도지사 또는 시장·군수·구청장은 지역 내 인구의 급격한 변화 등 예측하지 못한 복지환경의 변화에 따라 지역복지계획을 변경하고자 하는 경우에는 지역주민, 사회복지 및 보건의료 관련 기관·단체, 전문가의 의견을 들은 후 사회복지위원회 또는 지역사회복지협의체의 심의를 거쳐 이를 변경할 수 있다.

③ 제2항의 규정에 따라 지역복지계획을 변경한 때에는 시·도지사는 보건복지가족부장관에게, 시장·군수·구청장은 시·도지사에게 각각 그 변경내용을 제출(전자문서에 의한 제출을 포함한다.)하여야 한다. <개정 2007.12.31, 2008.2.29>

[본 조 신설 2004.7.30]

제7조의 4(지역복지계획 시행결과의 평가) ① 보건복지가족부장관 또는 시·도지사는 법 제15조의 6의 규정에 따라 지역복지계획의 시행결과를 평가하고자 하는 경우에는 지역복지계획 내용의 충실성, 시행과정의 적정성, 시행결과의 목표 달성도, 지역주민의 참여도와 만족도 등을 고려하여 보건복지가족부장관이 정하는 평가기준에 따라 평가하여야 한다. <개정 2008.2.29>

② 제1항의 규정에 따라 지역복지계획의 시행결과를 평가하기 위하여 시장·군수·구청장은 시·군·구복지계획의 시행결과와 연차별 시행계획의 시행결과를 시행연도 다음 해 2월 말까지 시·도지사에게, 시·도지사는 시·도복지계획의 시행결과와 연차별 시행계획의 시행결과를 시행연도 다음 해 3월 말까지 보건복지가족부장관에게 각각 제출(전자문서에 의한 제출을 포함한다.)하여야 한다. <개정 2007.12.31, 2008.2.29>

③ 보건복지가족부장관 및 시·도지사는 제1항의 규정에 따라 지역복지계획의 시행결과를 평가한 때에는 그 결과를 공표할 수 있다. <개정 2008.2.29>

[본 조 신설 2004.7.30]

제8조(사회복지법인의 설립허가신청 등 〈개정 2004.7.30〉) ① 법 제16조의 규정에 따라 사회복지법인의 설립허가를 받고자 하는 자는 법인설립허가신청서에 보건복지가족부령이 정하는 서류를 첨부하여 사회복지법인의 주된 사무소의 소재지를 관할하는 시장·군수·구청장 및 시·도지사를 거쳐 보건복지가족부장관에게 제출(전자문서에 의한 제출을 포함한다.)하여야 한다. <개정 2004.7.30, 2007.12.31, 2008.2.29>

② 제1항의 규정에 의한 경유기관이 법인설립허가신청서를 받은 때에는 자산에 관한 실지조사의 결과와 사회복지법인설립의 필요성에 관한 검토의견을 첨부하여 보건복지가족부장관에게 송부(전자문서에 의한 송부를 포함한다.)하여야 한다. <개정 1999.10.30, 2004.7.30, 2007.12.31, 2008.2.29>

제9조(특별한 관계에 있는 자의 범위) ① 법 제18조 제2항에서 '대통령령이 정하는 특별한 관계에 있는 자'라 함은 다음 각 호의 자를 말한다.

  1. 출연자

  2. 출연자 또는 이사와 다음 각 목의 1에 해당하는 친족. 다만, 출연자 또는 이사가 출가녀인 경우에는 남편과의 관계에 의한다.

  가. 6촌 이내의 부계혈족과 4촌 이내의 부계혈족의 처

나. 3촌 이내의 부계혈족의 남편 및 자녀

다. 3촌 이내의 모계혈족과 그 배우자 및 자녀

라. 처의 3촌 이내의 부계혈족 및 그 배우자

마. 배우자(사실상 혼인관계에 있는 자를 포함한다.)

바. 입양자의 생가의 직계존속

사. 출양자 및 그 배우자와 출양자의 양가의 직계비속

아. 혼인 외의 출생자의 생모

자. 2촌 이내의 부계혈족의 배우자의 2촌 이내의 부계혈족

3. 출연자 또는 이사의 사용인 그 밖에 고용관계에 있는 자(출연자 또는 이사가 출자에 의하여 사실상 지배하고 있는 법인의 사용인 그 밖에 고용관계에 있는 자를 포함한다.)

4. 출연자 또는 이사의 금전 그 밖의 재산에 의하여 생계를 유지하는 자 및 그와 생계를 함께하는 자

5. 출연자 또는 이사가 재산을 출연한 다른 법인의 이사

② 제1항 제3호에서 '출자에 의하여 사실상 지배하고 있는 법인'이라 함은 법인이 다음 각 호의 1에 해당하는 것을 말한다.

1. 법인의 발행주식총액 또는 출자총액의 100분의 30 이상을 출자자 1인과 그와 제1항 제2호·제4호 및 사용인 그 밖에 고용관계에 있는 자(이하이 항에서 '지배주주'라 한다.)가 소유하고 있는 경우

2. 법인의 발행주식총액 또는 출자총액의 100분의 50 이상을 제1호의 법인과 그의 지배주주가 소유하고 있는 경우

3. 법인의 발행주식총액 또는 출자총액의 100분의 50 이상을 제1호의 법인과 그의 지배주주 및 제2호의 법인이 소유하고 있는 경우

[전문개정 2004.7.30]

제10조(감사의 추천) 법 제18조 제6항의 규정에 의하여 보건복지가족부장관이 감사 1인을 추천하고자 하는 경우에는 해당 사회복지법인이 업무와 재산관리에 있어서 위법 또는 부당하여 정상적인 업무수행이 곤란하다고 판단되는 때에 한하여 이를 행할 수 있으며, 그 뜻을 당해 사회복지법인에게 서면으로 통지(해당 사회복지법인이 원하는 경우에는 전자문서에 의한 통지를 포함한다.)하여야 한다. <개정 1999.10.30, 2004.7.30, 2007.12.31, 2008.2.29>

제10조의 2(이사와 특별한 관계에 있는 자의 범위) 법 제27조 제2항 단서에서 '대통령

령이 정하는 특별한 관계가 있는 자'라 함은 이사와 제9조 제1항 제2호 내지 제5호의 관계가 있는 자를 말한다.

[본 조 신설 2004.7.30]

제11조(사회복지법인의 합병 〈개정 2004.7.30〉) ① 법 제30조의 규정에 의하여 사회복지법인의 합병허가를 받고자 하는 때에는 법인합병허가신청서에 합병 후 존속하는 사회복지법인 또는 합병에 의하여 설립되는 사회복지법인의 정관과 보건복지가족부령이 정하는 서류를 첨부하여 보건복지가족부장관에게 제출(전자문서에 의한 제출을 포함한다.)하여야 한다. <개정 1999.10.30, 2004.7.30, 2007.12.31, 2008.2.29>

② 합병에 의하여 사회복지법인을 새로이 설립하고자 하는 경우에는 관계 사회복지법인이 각각 5인씩 지명하는 설립위원이 정관의 작성 등 사회복지법인설립에 관한 사무를 공동으로 행하여야 한다. <개정 2004.7.30>

제12조(한국사회복지협의회 등의 업무) ① 법 제33조 제1항의 규정에 의한 한국사회복지협의회(이하 '중앙협의회'라 한다.)는 다음 각 호의 업무를 행한다. <개정 2008.2.29>

  1. 사회복지에 관한 조사연구 및 정책건의
  2. 사회복지에 관한 교육훈련
  3. 사회복지에 관한 자료수집 및 간행물 발간
  4. 사회복지에 관한 계몽 및 홍보
  5. 자원봉사활동의 진흥
  6. 사회복지사업에 종사하는 자의 교육훈련과 복지증진
  7. 사회복지에 관한 학술도입과 국제사회복지단체와의 교류
  8. 보건복지가족부장관이 위탁하는 사회복지에 관한 업무
  9. 기타 중앙협의회의 목적 달성에 필요하여 정관으로 정하는 사항

② 법 제33조 제1항의 규정에 의한 시·도사회복지협의회(이하 '시·도협의회'라 한다.)는 당해 지역 안에서 다음 각 호의 업무를 행한다. <개정 2004.7.30>

  1. 제1항 제1호 내지 제7호의 사업
  2. 시·도지사 또는 중앙협의회가 위탁하는 업무
  3. 그 밖에 시·도협의회의 목적 달성에 필요하여 정관으로 정하는 사항

③ 법 제33조 제1항의 규정에 의한 시·군·구사회복지협의회(이하 '시·

군·구협의회'라 한다.)는 당해 지역 안에서 다음 각 호의 업무를 행한다. <신설 2004.7.30>

1. 제1항 제1호 내지 제7호의 사업
2. 시·도지사, 시장·군수·구청장, 중앙협의회 또는 시·도협의회가 위탁하는 업무
3. 그 밖에 시·군·구협의회의 목적 달성에 필요하여 정관으로 정하는 사항

제13조(중앙협의회 등의 회원) ① 다음 각 호의 1에 해당하는 자는 중앙협의회의 회원이 될 수 있다. <개정 2004.7.30>

1. 시·도협의회의 장
2. 사회복지법인 및 사회복지사업과 관련 있는 비영리법인의 대표자
3. 경제계·언론계·종교계·법조계·문화계·교육계 및 보건의료계 등을 대표하는 자
4. 기타 사회복지사업수행에 필요하다고 인정되어 중앙협의회의 장이 추천하는 자

② 다음 각 호의 1에 해당하는 자는 시·도협의회의 회원이 될 수 있다. <개정 2004.7.30>

1. 시·군·구협의회의 장
2. 당해 지역에 주된 사무소가 있는 사회복지법인 및 사회복지사업과 관련 있는 비영리법인의 대표자
3. 당해 지역의 경제계·언론계·종교계·법조계·문화계·교육계 및 보건의료계 등을 대표하는 자
4. 그 밖에 지역사회의 복지발전을 위하여 시·도협의회의 장이 추천하는 자

③ 다음 각 호의 1에 해당하는 자는 시·군·구협의회의 회원이 될 수 있다. <신설 2004.7.30>

1. 당해 지역에 주된 사무소가 있는 사회복지법인 및 사회복지사업과 관련 있는 비영리법인의 임직원
2. 당해 지역에 주된 사무소가 있는 사회복지시설의 종사자
3. 당해 지역의 경제계·언론계·종교계·법조계·문화계·교육계 및 보건의료계 등에 종사하는 자
4. 그 밖에 지역사회의 복지발전을 위하여 시·군·구협의회의 장이 추천하는 자

제14조(임원) ① 중앙협의회, 시·도협의회 및 시·군·구협의회(이하 '각 협의회'라 한다.)는 임원으로 대표이사 1인을 포함한 15인 이상 30인 이하(시·군·구협의회의 경우에는 10인 이상 30인 이하)의 이사와 감사 2인을 둔다. <개정 2004.7.30>

② 이사와 감사의 임기는 3년으로 하되, 각각 연임할 수 있다.

③ 임원의 선출방법과 그 자격요건에 관하여 필요한 사항은 정관으로 정한다.

제15조(이사회) ① 각 협의회에 이사로 구성되는 이사회를 둔다.

② 이사회는 정관이 정하는 바에 따라 각 협의회의 업무에 관한 중요 사항을 심의·의결한다.

③ 대표이사는 이사회를 소집하고, 그 의장이 된다.

④ 감사는 이사회에 출석하여 의견을 진술할 수 있다.

⑤ 이사회의 운영에 관하여 필요한 사항은 정관으로 정한다.

제16조 삭제 <1999.10.30>

제17조(각 협의회의 운영경비) 각 협의회의 운영경비는 회원의 회비, 국가 및 지방자치단체의 보조금, 사업수입 및 기타 수입으로 충당한다.

제18조(상호협조) 각 협의회는 원활한 업무추진을 위하여 상호 협조하여야 한다.

제18조의 2(보험가입의무) 법 제34조의 2 제3항의 규정에 의한 손해책임보험에 가입하여야 할 사회복지시설의 범위는 다음 각 호와 같다. <개정 2004.7.30>

1. 다음 각 목의 사회복지시설 중 시설거주자를 보호하기 위한 사회복지시설
   가. 법 제2조 제1항 각 호의 법령에 의한 사회복지시설
   나. 법 제34조 제4항의 규정에 의한 사회복지시설

2. 결핵 및 한센병 요양시설

[본 조 신설 2000.7.10]

제18조의 3(시설의 안전점검 등) ① 법 제34조의 3의 규정에 의한 안전점검을 받아야 하는 사회복지시설의 범위는 다음 각 호와 같다. <개정 2004.7.30>

1. 법 제2조 제1항 각 호의 법령에 의한 사회복지시설

2. 법 제34조 제4항의 규정에 의한 사회복지시설

3. 결핵 및 한센병 요양시설

② 제1항의 규정에 의한 사회복지시설(이하 이 조에서 '시설'이라 한다.)의 장은 매 반기마다 보건복지가족부장관이 정하는 바에 따라 정기안전점검을 실시하여야 한다. <개정 2008.2.29>

③ 시설의 장은 제2항에 따른 정기안전점검 결과 해당 시설의 구조·설비의

안전도가 취약하여 위해의 우려가 있는 때에는 다음 각 호의 어느 하나에 해당하는 안전점검기관에 '시설물의 안전관리에 관한 특별법' 제13조에 따른 안전점검및정밀안전진단지침에 따라 수시안전점검을 실시하도록 하여야 한다. <개정 2008.10.28>

    1. '시설물의 안전관리에 관한 특별법' 제9조에 따라 등록한 안전진단전문기관

    2. '건설산업기본법' 제9조에 따라 등록한 시설물의 유지관리를 업으로 하는 건설업자

[본 조 신설 2000.7.10]

제19조(수용인원 300명 초과시설) 법 제41조 단서에 따라 수용인원 300명을 초과할 수 있는 사회복지시설은 다음 각 호의 어느 하나에 해당하는 시설로 한다.

    1. '노인복지법' 제32조에 따른 노인주거복지시설 중 양로시설과 노인복지주택

    2. '노인복지법' 제34조에 따른 노인의료복지시설 중 노인요양시설

[전문개정 2008.10.28]

제20조(보조금 등) 법 제42조 제1항에서 '대통령령이 정하는 자'라 함은 다음 각 호의 1에 해당하는 자를 말한다.

    1. 사회복지법인

    2. 사회복지사업을 수행하는 비영리법인

    3. 사회복지시설 보호대상자를 수용하거나 보육·상담 및 자립지원을 하기 위하여 사회복지시설을 설치·운영하는 개인

제21조(비용의 징수) ① 법 제 제1항에 따라 비용을 징수하고자 하는 때에는 그 산출근거를 명시하여 서면으로 통지하여야 한다. 다만, 그 혜택을 받은 본인이 '국민기초생활보장법'에 따른 수급자인 경우에는 그 비용을 징수하지 아니한다. <개정 2004.7.30, 2008.10.28>

    ② 제1항의 규정에 의한 비용의 징수방법 및 절차 등에 관하여 필요한 사항은 보건복지가족부령으로 정한다. <개정 2008.2.29>

제22조(한국사회복지사협회의 업무) 협회는 다음 각 호의 업무를 행한다. <개정 2002.12.26, 2008.2.29>

    1. 사회복지사에 대한 전문지식 및 기술의 개발·보급

    2. 사회복지사의 전문성 향상을 위한 교육훈련

    3. 사회복지사제도에 대한 조사연구·학술대회 개최 및 홍보·출판사업

    4. 국제사회복지사단체와의 교류·협력

    5. 보건복지가족부장관이 위탁하는 사회복지사업에 관한 업무

6. 기타 협회의 목적 달성에 필요한 사항

제23조(협회의 회원) 협회의 회원은 사회복지사 자격증을 교부받은 자로 한다.

제24조(준용규정) 제14조 내지 제17조의 규정은 협회에 관하여 이를 준용한다. 이 경우 '각 협의회'는 이를 '협회'로 본다.

제25조(권한의 위임·위탁) ① 법 제52조 제1항에 따라 보건복지가족부장관은 사회 복지법인에 관한 권한 중 다음 각 호의 권한을 해당 사회복지법인의 주된 사무소의 소재지를 관할하는 시·도지사에게 위임한다. 다만, 중앙협의회 및 '사회복지공동모금회법' 제4조에 따른 사회복지공동모금회에 관한 권한을 제 외한다. <개정 2004.7.30, 2008.2.29, 2008.10.28>

  1. 법 제16조 제1항의 규정에 의한 사회복지법인의 설립허가

  2. 법 제17조 제2항 본문의 규정에 의한 사회복지법인의 정관변경 인가

  3. 법 제18조 제5항의 규정에 의한 임원 임면보고의 접수

  4. 법 제18조 제6항의 규정에 의한 감사의 추천

  5. 법 제20조 제2항의 규정에 의한 임시이사의 선임

  6. 법 제22조의 규정에 의한 임원의 해임명령

  7. 법 제23조 제3항 본문의 규정에 의한 기본재산의 처분 등에 관한 허가

  8. 법 제24조의 규정에 의한 재산취득보고의 접수

  9. 법 제26조의 규정에 의한 시정명령 또는 사회복지법인 설립허가의 취소

  10. 법 제30조 제1항의 규정에 의한 사회복지법인 합병의 허가(주 사무소 가 서로 다른 시·도에 소재한 사회복지법인 간의 합병을 제외한다.)

② 법 제52조 제2항의 규정에 의하여 보건복지가족부장관의 업무 중 법 제9 조의 규정에 의한 자원봉사활동의 지원·육성에 관한 업무는 중앙협의회에, 법 제11조의 규정에 의한 사회복지사자격증의 교부업무는 협회에 위탁한다. <개정 1999.10.30, 2004.7.30, 2008.2.29>

③ 법 제52조 제2항의 규정에 의하여 보건복지가족부장관은 다음 각 호의 업무를 정부가 설립·운영비용의 일부를 출연한 비영리법인으로서 사회복지 지도·훈련 또는 시설평가에 관한 전문적인 능력을 갖춘 전문기관에 위탁할 수 있다. <신설 2004.7.30, 2008.2.29>

  1. 법 제10조의 규정에 의한 사회복지사업종사자에 대한 지도·훈련업무

  2. 법 제43조 제1항의 규정에 의한 사회복지시설에 대한 평가업무

제26조(과태료의 부과·징수) 법 제58조에 따른 과태료의 부과기준은 별표 4와 같다.

[전문개정 2008.10.28]

부칙 〈제15839호, 1998.7.16〉

제1조(시행일) 이 영은 공포한 날부터 시행한다. 다만, 제3조 내지 제5조, 별표 2
및 별표 3의 개정규정은 2003년 1월 1일부터 시행한다.

제2조(사회복지사의 자격기준에 관한 특례 등) ① 제2조 제1항 및 별표 1의 개정규정
에 불구하고 2002년 12월 31일까지의 사회복지사의 등급별 자격기준은 별표
1의 2와 같다.

② 이 영 시행 당시 고등교육법에 의한 대학원에서 사회복지학 또는 사회사
업학을 전공하고 있는 자에 대해서는 별표 1의 2의 사회복지사 1급란의 가
목 단서의 규정에 불구하고 2002년 12월 31일까지는 종전의 규정에 의한다.
<개정 1999.10.30>

③ 이 영 시행 당시 종전의 별표 사회복지사 2급란의 제1호 및 동표 사회복
지사 3급란의 제1호에 해당하는 자는 2002년 12월 31일까지는 별표 1의 2
의 사회복지사 1급란의 다목 및 동표의 사회복지사 2급란의 가목에 각각 해
당하는 것으로 본다. <개정 1999.10.30>

제3조(사회복지사의 채용에 관한 경과조치) 이 영 시행 당시 사회복지법인 또는 사회
복지시설을 설치·운영하는 자가 사회복지사가 아닌 자로 하여금 제6조 제1
항 각 호의 1에 해당하는 업무에 종사하게 한 경우에는 이 영 공포일부터 3
년 이내에 사회복지사를 채용하여 그 업무에 종사하게 하여야 한다.

제4조(사회복지사자격증의 교부업무에 관한 특례) 중앙협의회는 제25조 제2항의 개정규
정에 불구하고 1998년 12월 31일까지 사회복지사자격증의 교부업무를 행한다.

제5조(한국사회복지협의회 임원의 임기에 관한 경과조치) 이 영 시행 당시 한국사회복지
협의회의 임원의 임기는 종전의 규정에 불구하고 법 부칙 제5조의 규정에
의하여 변경을 인가받은 정관에 따라 구성된 총회에서 선출된 임원에 대하
여 등기한 날까지로 한다.

부칙 〈제16589호, 1999.10.30〉

이 영은 1999년 11월 1일부터 시행한다.

부칙 〈제16903호, 2000.7.10〉

이 영은 2000년 7월 13일부터 시행한다. 다만, 제18조의 2 및 별표 4 제4호의 개정규정은 2003년 1월 13일부터 시행한다.

부칙 〈제17814호, 2002.12.26〉

이 영은 공포한 날부터 시행한다. 다만 별표 1 및 별표 3의 개정규정은 2003년 1월 1일부터 시행한다.

부칙 〈제18501호, 2004.7.30〉

제1조(시행일) 이 영은 2004년 7월 31일부터 시행한다. 다만, 제7조의 2 내지 제7조의 4의 개정규정은 2005년 7월 31일부터 시행한다.

제2조(특별한 관계에 있는 자의 범위에 관한 경과조치) 이 영 시행 당시 종전의 규정에 따라 구성된 사회복지법인의 이사회에 대해서는 제9조의 개정규정에 불구하고 종전의 규정에 의한다.

제3조(권한의 위임 및 위탁에 따른 경과조치) ① 이 영 시행 당시 종전의 규정에 따라 보건복지부장관이 사회복지법인에 대하여 행한 허가 및 인가는 제25조 제1항의 개정규정에 따라 시·도지사가 행한 것으로 본다.

② 이 영 시행 당시 보건복지부장관에게 신청 중인 사회복지법인 설립의 허가신청 및 정관변경의 인가신청 등은 제25조 제1항의 개정규정에 따라 시·도지사에게 신청한 것으로 본다.

③ 이 영 시행 당시 종전의 규정에 따라 사회복지사업종사자에 대한 지도·훈련업무를 위탁받은 자는 제25조 제3항의 개정규정에 따라 위탁받은 것으로 본다.

제4조(과태료에 관한 경과조치) 이 영 시행 전의 행위에 대한 과태료의 적용에 있어서는 종전의 규정에 의한다.

제5조(사회복지사 자격기준 및 응시자격에 관한 특례) 이 영 시행 당시 고등교육법에 의한 대학원에서 사회복지학 또는 사회사업학을 전공하고 있는 자에 대해서는 별표 1 및 별표 3의 개정규정에 불구하고 종전의 규정에 의한다.

부칙(성매매방지및피해자보호등에관한법률시행령) 〈제18553호, 2004.9.23〉

① (시행일) 이 영은 2004년 9월 23일부터 시행한다.
② (다른 법령의 개정) 사회복지사업법시행령 중 다음과 같이 개정한다.
제6조 제2항 제4호를 다음과 같이 한다.
4. 성매매방지및피해자보호등에관한법률 제5조의 규정에 의한 성매매피해자 등을 위한 지원시설 및 동법 제10조의 규정에 의한 성매매피해상담소
③ 생략

부칙 〈제20356호, 2007.10.31〉

이 영은 공포한 날부터 시행한다.

부칙(전자적 업무처리의 활성화를 위한 국유재산법 시행령 등 일부개정령) 〈제20506호, 2007.12.31〉

이 영은 공포한 날부터 시행한다.

부칙(보건복지가족부와 그 소속 기관 직제) 〈제20679호, 2008.2.29〉

제1조(시행일) 이 영은 공포한 날부터 시행한다.
제2조부터 제8조까지 생략
제9조(다른 법령의 개정) ① 부터 〈31〉까지 생략
〈32〉 사회복지사업법 시행령 일부를 다음과 같이 개정한다.
제2조 제2항, 제7조 제2항, 제8조 제1항, 제11조 제1항, 제21조 제2항, 제26조 제4항, 별표 1의 사회복지사 2급란 가목 단서·나목부터 마목까지, 별표 1의 2의 사회복지사 1급란 가목 단서·나목 및 다목·사회복지사 2급란 가목 및 나목, 별표 3 제1호 단서·제2호 및 제3호 중 '보건복지부령'을 각각 '보건복지가족부령'으로 한다.
제2조 제2항, 제3조 제1항·제2항 각 호 외의 부분 및 제3항, 제4조 제3항 각 호 외의 부분, 제7조 제2항, 제7조의 2 제6항, 제7조의 3 제3항, 제7조의 4 제1항부터 제3항까지, 제8조 제1항 및 제2항, 제10조, 제11조 제1항, 제12

조 제1항 제8호, 제18조의 3 제2항, 제22조 제5호, 제25조 제1항 각 호 외의
부분 본문·제2항 및 제3항 각 호 외의 부분, 제26조 제2항 전단 및 제3항,
별표 1의 사회복지사 2급란 바목·사회복지사 3급란 가목부터 라목까지 및
비고란, 별표 1의 2의 사회복지사 2급란 다목·사회복지사 3급란 가목부터
라목까지 및 비고란, 별표 3 제4호, 별표 4의 비고란 중 '보건복지부장관'을
각각 '보건복지가족부장관'으로 한다.
<33>부터 <80>까지 생략

부칙 〈제21093호, 2008.10.28〉

이 영은 공포한 날부터 시행한다. 다만, 제6조 및 별표 4의 개정규정은 2009
년 1월 1일부터 시행한다.

7. 사회복지사업종사자 훈련규칙

사회복지사업종사자 훈련규칙
[시행 2008.3.3][보건복지가족부령 제1호, 2008.3.3, 타 법 개정]

제1조(목적) 이 규칙은 사회복지사업법 제10조의 규정에 의하여 사회복지사업법
  기타 사회복지 관계 법률의 시행에 관한 사무에 종사하는 공무원과 사회복
  지사업에 종사하는 자의 자질향상을 위한 훈련에 관하여 필요한 사항을 규
  정함을 목적으로 한다.
제2조(훈련기관) 사회복지사업법 제10조의 규정에 의하여 실시하는 훈련(이하 '훈
  련'이라 한다.)은 질병관리본부, 사회복지사업법 제33조의 규정에 의한 한국
  사회복지협의회 및 보건복지가족부장관이 지정한 훈련기관(이하 '훈련기관'
  이라 한다.)이 행한다. <개정 2003.12.27, 2008.3.3>

제3조(훈련구분) 훈련은 다음 각 호의 구분에 의하여 실시한다.

1. 사회복지사무에 종사하는 공무원에 대한 훈련
2. 사회복지사업에 종사하는 자로서 공무원이 아닌 자에 대한 훈련

제4조(훈련과목 등) 훈련에 필요한 과목, 훈련기간 및 훈련과목별 훈련시간은 훈련대상자의 특성을 참작하여 훈련기관의 장이 정한다.

제5조(훈련대상자의 선발) ① 훈련기관의 장은 훈련기관의 수용인원 및 훈련대상자의 직무내용 등을 고려하여 훈련대상자를 선발하여야 한다.

② 제1항의 규정에 의한 훈련대상자의 선발방법 및 선발기준 등은 훈련기관의 장이 정한다.

제6조(수료증) 훈련기관의 장은 훈련을 이수한 자에게 수료증을 교부하여야 한다.

제7조(훈련실적 보고) 훈련기관의 장은 당해 사업연도 종료 후 1개월 이내에 다음 각 호의 사항을 보건복지가족부장관에게 보고하여야 한다. <개정 2008.3.3>

1. 훈련과정명
2. 훈련기간
3. 훈련계획인원·등록인원 및 수료인원

제8조(운영세칙) 이 규칙에서 정한 것 외에 훈련의 실시에 관하여 필요한 사항은 훈련기관의 장이 정한다.

부칙 〈제144호, 2000.2.28〉

이 규칙은 공포한 날부터 시행한다.

부칙(보건복지부와그소속기관직제시행규칙) 〈제264호, 2003.12.27〉

제1조(시행일) 이 규칙은 공포한 날부터 시행한다. 다만, ……<생략>…… 부칙 제4조의 규정의 시행일은 질병관리본부의 설치근거를 규정한 검역법중개정법률이 시행되는 날로 한다. [2004.1.17 법률 제7063호 검역법중개정법률의 시행일 2004.1.17]

제2조 및 제3조 생략

제4조(다른 법령의 개정) ① 내지 ④ 생략

⑤ 사회복지사업종사자 훈련규칙 중 다음과 같이 개정한다.

제2조중 '국립보건원'을 '질병관리본부'로 한다.

⑥ 내지 ⑨ 생략

부칙(보건복지가족부와 그 소속 기관 직제 시행규칙) 〈제1호, 2008.3.3〉

제1조(시행일) 이 규칙은 공포한 날부터 시행한다.
제2조 생략
제3조(다른 법령의 개정) ①부터 〈42〉까지 생략
　〈43〉 사회복지사업종사자 훈련규칙 일부를 다음과 같이 개정한다.
　제2조, 제7조 각 호 외의 부분 중 '보건복지부장관'을 각각 '보건복지가족부
　장관'으로 한다.
　〈44〉부터 〈94〉까지 생략

8. 국민연금법

국민연금법
[시행 2008.2.29][법률 제8852호, 2008.2.29, 타 법 개정]

제1장 총칙

제1조(목적) 이 법은 국민의 노령, 장애 또는 사망에 대하여 연금급여를 실시함으
　로써 국민의 생활안정과 복지증진에 이바지하는 것을 목적으로 한다.
제2조(관장) 이 법에 따른 국민연금사업은 보건복지가족부장관이 맡아 주관한다.
　〈개정 2008.2.29〉
제3조(정의 등) ① 이 법에서 사용하는 용어의 뜻은 다음과 같다.
　　1. '근로자'란 직업의 종류가 무엇이든 사업장에서 노무를 제공하고 그 대
　　　가로 임금을 받아 생활하는 자(법인의 이사와 그 밖의 임원을 포함한

다.)를 말한다. 다만, 대통령령으로 정하는 자는 제외한다.

2. '사용자(使用者)'란 사업주나 사업경영자를 말한다.

3. '소득'이란 일정한 기간 근로를 제공하여 얻은 수입에서 대통령령으로 정하는 비과세소득을 제외한 금액 또는 사업 및 자산을 운영하여 얻는 수입에서 필요경비를 제외한 금액을 말한다. 이 경우 국민연금가입자 (이하 '가입자'라 한다.)의 종류에 따른 소득 범위는 대통령령으로 정한다.

4. '평균소득월액'이란 매년 사업장가입자 및 지역가입자 전원의 기준소득 월액을 평균한 금액을 말하며, 그 산정방법은 대통령령으로 정한다.

5. '기준소득월액'이란 연금보험료와 급여를 산정하기 위하여 가입자의 소 득월액을 기준으로 하여 대통령령으로 정하는 금액을 말하며, 그 결정 방법 및 적용기간 등에 관해서는 대통령령으로 정한다.

6. '사업장가입자'란 사업장에 고용된 근로자 및 사용자로서 제8조에 따라 국민연금에 가입된 자를 말한다.

7. '지역가입자'란 사업장가입자가 아닌 자로서 제9조에 따라 국민연금에 가입된 자를 말한다.

8. '임의가입자'란 사업장가입자 및 지역가입자 외의 자로서 제10조에 따 라 국민연금에 가입된 자를 말한다.

9. '임의계속가입자'란 국민연금 가입기간이 20년 미만인 가입자가 제13조 제1항에 따라 가입자로 된 자를 말한다.

10. '연금보험료'란 국민연금사업에 필요한 비용으로서 사업장가입자의 경 우에는 부담금 및 기여금의 합계액을, 지역가입자·임의가입자 및 임의 계속가입자의 경우에는 본인이 내는 금액을 말한다.

11. '부담금'이란 사업장가입자의 사용자가 부담하는 금액을 말한다.

12. '기여금'이란 사업장가입자가 부담하는 금액을 말한다.

13. '사업장'이란 근로자를 사용하는 사업소 및 사무소를 말한다.

② 이 법을 적용할 때 배우자, 남편 또는 아내에는 사실상의 혼인관계에 있 는 자를 포함한다.

③ 이 법에 따른 급여를 받을 권리를 취득할 당시 가입자 또는 가입자였던 자의 태아가 출생하면 그 자녀는 가입자 또는 가입자였던 자에 의하여 생계 를 유지하고 있던 자녀로 본다.

제4조(국민연금 재정 계산 및 급여액 조정) ① 이 법에 따른 급여 수준과 연금보험료

는 국민연금 재정이 장기적으로 균형을 유지할 수 있도록 조정(조정)되어야
한다.

② 보건복지가족부장관은 대통령령으로 정하는 바에 따라 5년마다 국민연금
재정 수지를 계산하고, 국민연금의 재정 전망과 연금보험료의 조정 및 국민
연금기금의 운용 계획 등이 포함된 국민연금 운영 전반에 관한 계획을 수립
하여 국무회의의 심의를 거쳐 대통령의 승인을 받아야 하며, 승인받은 계획
을 국회에 제출하고 대통령령으로 정하는 바에 따라 공시하여야 한다. <개
정 2008.2.29>

③ 이 법에 따른 급여액은 국민의 생활수준, 임금, 물가, 그 밖에 경제사정에
뚜렷한 변동이 생기면 그 사정에 맞게 조정되어야 한다.

제5조(국민연금심의위원회) ① 국민연금사업에 관한 다음 사항을 심의하기 위하여
보건복지가족부에 국민연금심의위원회를 둔다. <개정 2008.2.29>

  1. 국민연금제도 및 재정 계산에 관한 사항

  2. 급여에 관한 사항

  3. 연금보험료에 관한 사항

  4. 국민연금기금에 관한 사항

  5. 그 밖에 국민연금제도의 운영과 관련하여 보건복지가족부장관이 회의에
     부치는 사항

② 국민연금심의위원회는 위원장·부위원장 및 위원으로 구성하되, 위원장은
보건복지가족부차관이 되고, 부위원장은 공익을 대표하는 위원 중에서 호선
하며, 위원은 다음 구분에 따라 보건복지가족부장관이 지명하거나 위촉한다.
<개정 2008.2.29>

  1. 사용자를 대표하는 위원으로서 사용자 단체가 추천하는 자 4명

  2. 근로자를 대표하는 위원으로서 근로자 단체가 추천하는 자 4명

  3. 지역가입자를 대표하는 위원으로서 다음의 자

     가. 농어업인 단체가 추천하는 자 2명

     나. 농어업인 단체 외의 자영자(자영자) 관련 단체가 추천하는 자 2명

     다. 소비자 단체와 시민 단체가 추천하는 자 2명

  4. 공익을 대표하는 위원으로서 국민연금에 관한 전문가 5명

③ 국민연금심의위원회의 구성 및 운영 등에 필요한 사항은 대통령령으로
정한다.

제2장 국민연금가입자

제6조(가입 대상) 국내에 거주하는 국민으로서 18세 이상 60세 미만인 자는 국민연금 가입 대상이 된다. 다만, '공무원연금법', '군인연금법' 및 '사립학교교직원 연금법'을 적용받는 공무원, 군인 및 사립학교 교직원, 그 밖에 대통령령으로 정하는 자는 제외한다.

제7조(가입자의 종류) 가입자는 사업장가입자, 지역가입자, 임의가입자 및 임의계속가입자로 구분한다.

제8조(사업장가입자) ① 사업의 종류, 근로자의 수 등을 고려하여 대통령령으로 정하는 사업장(이하 '당연적용사업장'이라 한다.)의 18세 이상 60세 미만인 근로자와 사용자는 당연히 사업장가입자가 된다. 다만, 다음 각 호의 어느 하나에 해당하는 자는 제외한다.

1. '공무원연금법', '사립학교교직원연금법' 또는 '별정우체국법'에 따른 퇴직연금, 장해연금 또는 퇴직연금일시금이나 '군인연금법'에 따른 퇴역연금, 상이연금, 퇴역연금일시금을 받을 권리를 얻은 자(이하 '퇴직연금등수급권자'라 한다.)

2. '국민기초생활보장법'에 따른 수급자

② 제1항 및 제6조에도 불구하고 국민연금에 가입된 사업장에 종사하는 18세 미만 근로자는 자기가 원하면 사용자의 동의를 받아 사업장가입자가 될 수 있다.

제9조(지역가입자) 제8조에 따른 사업장가입자가 아닌 자로서 18세 이상 60세 미만인 자는 당연히 지역가입자가 된다. 다만, 다음 각 호의 어느 하나에 해당하는 자는 제외한다.

1. 다음 각 목의 어느 하나에 해당하는 자의 배우자로서 별도의 소득이 없는 자
   가. 제6조 단서에 따라 국민연금 가입 대상에서 제외되는 자
   나. 사업장가입자, 지역가입자 및 임의계속가입자
   다. 별정우체국 직원
   라. 노령연금 수급권자 및 퇴직연금등수급권자

2. 퇴직연금등수급권자

3. 18세 이상 27세 미만인 자로서 학생이거나 군 복무 등의 이유로 소득이 없는 자(연금보험료를 납부한 사실이 있는 자는 제외한다.)

4. '국민기초생활보장법'에 따른 수급자

5. 1년 이상 행방불명된 자. 이 경우 행방불명된 자에 대한 인정 기준 및 방법은 대통령령으로 정한다.

제10조(임의가입자) ① 다음 각 호의 어느 하나에 해당하는 자 외의 자로서 18세 이상 60세 미만인 자는 보건복지가족부령으로 정하는 바에 따라 국민연금공단에 가입을 신청하면 임의가입자가 될 수 있다. <개정 2008.2.29>

　　1. 사업장가입자

　　2. 지역가입자

② 임의가입자는 보건복지가족부령으로 정하는 바에 따라 국민연금공단에 신청하여 탈퇴할 수 있다. <개정 2008.2.29>

제11조(가입자 자격의 취득 시기) ① 사업장가입자는 다음 각 호의 어느 하나에 해당하게 된 날에 그 자격을 취득한다.

　　1. 제8조 제1항 본문에 따른 사업장에 고용된 때 또는 그 사업장의 사용자가 된 때

　　2. 당연적용사업장으로 된 때

② 지역가입자는 다음 각 호의 어느 하나에 해당하게 된 날에 그 자격을 취득한다.

　　1. 사업장가입자의 자격을 상실한 때

　　2. 제6조 단서에 따른 국민연금 가입 대상 제외자에 해당하지 아니하게 된 때

　　3. 제9조 제1호에 따른 배우자가 별도의 소득이 있게 된 때

　　4. 18세 이상 27세 미만인 자가 소득이 있게 된 때

③ 임의가입자는 가입 신청이 수리된 날에 자격을 취득한다.

제12조(가입자 자격의 상실 시기) ① 사업장가입자는 다음 각 호의 어느 하나에 해당하게 된 날의 다음 날에 자격을 상실한다. 다만, 제5호의 경우에는 그에 해당하게 된 날에 자격을 상실한다.

　　1. 사망한 때

　　2. 국적을 상실하거나 국외로 이주한 때

　　3. 사용관계가 끝난 때

　　4. 60세가 된 때

　　5. 제6조 단서에 따른 국민연금 가입 대상 제외자에 해당하게 된 때

② 지역가입자는 다음 각 호의 어느 하나에 해당하게 된 날의 다음 날에 자

격을 상실한다. 다만, 제3호와 제4호의 경우에는 그에 해당하게 된 날에 그 자격을 상실한다.

1. 사망한 때

2. 국적을 상실하거나 국외로 이주한 때

3. 제6조 단서에 따른 국민연금 가입 대상 제외자에 해당하게 된 때

4. 사업장가입자의 자격을 취득한 때

5. 제9조 제1호에 따른 배우자로서 별도의 소득이 없게 된 때

6. 60세가 된 때

③ 임의가입자는 다음 각 호의 어느 하나에 해당하게 된 날의 다음 날에 자격을 상실한다. 다만, 제6호와 제7호의 경우에는 그에 해당하게 된 날에 그 자격을 상실한다.

1. 사망한 때

2. 국적을 상실하거나 국외로 이주한 때

3. 제10조 제2항에 따른 탈퇴 신청이 수리된 때

4. 60세가 된 때

5. 대통령령으로 정하는 기간 이상 계속하여 연금보험료를 체납한 때

6. 사업장가입자 또는 지역가입자의 자격을 취득한 때

7. 제6조 단서에 따른 국민연금 가입 대상 제외자에 해당하게 된 때

제13조(임의계속가입자) ① 다음 각 호의 어느 하나에 해당하는 자는 제6조에도 불구하고 65세가 될 때까지 보건복지가족부령으로 정하는 바에 따라 국민연금공단에 가입을 신청하면 임의계속가입자가 될 수 있다. 이 경우 가입 신청이 수리된 날에 그 자격을 취득한다. <개정 2008.2.29>

1. 국민연금 가입기간이 20년 미만인 가입자로서 60세가 된 자

2. 대통령령으로 정하는 직종에 종사하거나 종사하였던 근로자(이하 '특수 직종근로자'라 한다.)로서 제61조 제2항·제3항 및 법률 제3902호 국민복지연금법개정법률 부칙 제5조에 따라 특례노령연금 수급권을 취득한 자

② 임의계속가입자는 보건복지가족부령으로 정하는 바에 따라 국민연금공단에 신청하면 탈퇴할 수 있다. <개정 2008.2.29>

③ 임의계속가입자는 다음 각 호의 어느 하나에 해당하게 된 날의 다음 날에 그 자격을 상실한다.

1. 사망한 때

2. 국적을 상실하거나 국외로 이주한 때

3. 제2항에 따른 탈퇴 신청이 수리된 때

4. 대통령령으로 정하는 기간 이상 계속하여 연금보험료를 체납한 때

제14조(자격의 확인) ① 국민연금공단은 가입자의 자격 취득 및 상실에 관한 확인을 하여야 한다.

② 가입자 자격의 취득 및 상실은 제1항에 따른 국민연금공단의 확인에 의하여 제11조부터 제13조까지의 규정에 따른 자격의 취득 및 상실 시기에 그 효력이 생긴다.

③ 제1항에 따른 확인은 가입자의 청구, 제21조에 따른 신고 또는 직권으로 한다.

④ 가입자 또는 가입자였던 자는 언제든지 보건복지가족부령으로 정하는 바에 따라 자격의 취득·상실 및 가입자 종류의 변동에 관한 확인을 청구할 수 있다. <개정 2008.2.29>

제15조(사망의 추정) 사고가 발생한 선박 또는 항공기에 탔던 자로서 생사를 알 수 없거나 그 밖의 사유로 생사를 알 수 없게 된 자는 대통령령으로 정하는 바에 따라 사망으로 추정한다.

제16조(가입자 증서) ① 국민연금공단은 가입자에게 국민연금가입자 증서를 내주어야 한다.

② 제1항에 따른 증서의 교부에 관하여 필요한 사항은 보건복지가족부령으로 정한다. <개정 2008.2.29>

제17조(국민연금 가입기간의 계산) ① 국민연금 가입기간(이하 '가입기간'이라 한다.)은 월 단위로 계산하되, 가입자의 자격을 취득한 날이 속하는 달의 다음 달부터 자격을 상실한 날의 전날이 속하는 달까지로 한다. 다만, 다음 각 호의 어느 하나에 해당하는 경우 자격을 취득한 날이 속하는 달은 가입기간에 산입하되, 가입자가 그 자격을 상실한 날의 전날이 속하는 달에 자격을 다시 취득하면 다시 취득한 달을 중복하여 가입기간에 산입하지 아니한다.

1. 가입자가 자격을 취득한 날이 그 속하는 달의 초일인 경우

2. 임의계속가입자의 자격을 취득한 경우

3. 가입자가 희망하는 경우

② 가입기간을 계산할 때 연금보험료를 내지 아니한 기간은 가입기간에 산입하지 아니한다. 다만, 사용자가 근로자의 임금에서 기여금을 공제하고 연

금보험료를 내지 아니한 경우에는 그 내지 아니한 기간의 2분의 1에 해당하는 기간을 근로자의 가입기간으로 산입한다. 이 경우 1개월 미만의 기간은 1개월로 한다.

③ 국민연금공단이 보건복지가족부령으로 정하는 바에 따라 근로자에게 그 사업장의 체납 사실을 통지한 경우에는 제2항 단서에도 불구하고 통지된 체납월(滯納月)의 다음 달부터 체납 기간은 가입기간에 산입하지 아니한다. 이 경우 그 근로자는 제90조 제1항에도 불구하고 대통령령으로 정하는 바에 따라 기여금을 국민연금공단에 낼 수 있다. <개정 2008.2.29>

④ 제77조에 따라 지급받은 반환일시금이 제57조 제1항에 따른 부당이득에 해당하는 경우 이를 반납하지 아니하는 때에는 그에 상응하는 기간을 가입기간에 산입하지 아니한다.

제18조(군 복무기간에 대한 가입기간 추가 산입) ① 다음 각 호의 어느 하나에 해당하는 자가 노령연금 수급권을 취득한 때(이 조에 따라 가입기간이 추가 산입되면 노령연금 수급권을 취득할 수 있는 경우를 포함한다.)에는 6개월을 가입기간에 추가로 산입한다. 다만, '병역법'에 따른 병역의무를 수행한 기간이 6개월 미만인 경우에는 그러하지 아니한다.

    1. '병역법' 제5조 제1항 제1호에 따른 현역병
    2. '병역법' 제2조 제1항 제9호에 따른 공익근무요원

② 제1항에도 불구하고 다음 각 호의 어느 하나에 해당하는 경우에는 제1항을 적용하지 아니한다.

    1. '병역법'에 따른 병역의무를 수행한 기간의 전부 또는 일부가 '공무원연금법'·'사립학교교직원연금법' 및 '별정우체국법'에 따라 재직기간에 산입되거나 '군인연금법'에 따라 복무기간에 산입된 경우
    2. '병역법'에 따른 병역의무를 수행한 기간 중 연금보험료를 납부하여 가입기간으로 인정된 경우. 다만, 당해 가입기간이 6개월 미만인 경우를 제외한다.

③ 제1항에 따라 가입기간을 추가로 산입하는 데 필요한 재원은 국가가 전부를 부담한다.

제19조(출산에 대한 가입기간 추가 산입) ① 2 이상의 자녀가 있는 가입자 또는 가입자였던 자가 노령연금수급권을 취득한 때(이 조에 따라 가입기간이 추가 산입되면 노령연금수급권을 취득할 수 있는 경우를 포함한다.)에는 다음 각 호

에 따른 기간을 가입기간에 추가로 산입한다. 다만, 추가로 산입하는 기간은 50개월을 초과할 수 없으며, 자녀 수의 인정방법 등에 관하여 필요한 사항은 대통령령으로 정한다.

    1. 자녀가 2명인 경우: 12개월

    2. 자녀가 3명 이상인 경우: 둘째 자녀에 대하여 인정되는 12개월에 2자녀를 초과하는 자녀 1명마다 18개월을 더한 개월 수

② 제1항에 따른 추가 가입기간은 부모가 모두 가입자 또는 가입자였던 자인 경우에는 부와 모의 합의에 따라 2명 중 1명의 가입기간에만 산입하되, 합의하지 아니한 경우에는 균등 배분하여 각각의 가입기간에 산입한다. 이 경우 합의의 절차 등에 관하여 필요한 사항은 보건복지가족부령으로 정한다. <개정 2008.2.29>

③ 제1항에 따라 가입기간을 추가로 산입하는 데 필요한 재원은 국가가 전부 또는 일부를 부담한다.

제20조(가입기간의 합산) ① 가입자의 자격을 상실한 후 다시 그 자격을 취득한 자에 대해서는 전후(전후)의 가입기간을 합산한다.

② 가입자의 가입 종류가 변동되면 그 가입자의 가입기간은 각 종류별 가입기간을 합산한 기간으로 한다.

제21조(신고) ① 사업장가입자의 사용자는 보건복지가족부령으로 정하는 바에 따라 당연적용사업장에 해당된 사실, 사업장의 내용 변경 및 휴업·폐업 등에 관한 사항과 가입자 자격의 취득·상실, 가입자의 소득월액 등에 관한 사항을 국민연금공단에 신고하여야 한다. <개정 2008.2.29>

② 지역가입자, 임의가입자 및 임의계속가입자는 보건복지가족부령으로 정하는 바에 따라 자격의 취득·상실, 이름 또는 주소의 변경 및 소득에 관한 사항 등을 국민연금공단에 신고하여야 한다. <개정 2008.2.29>

③ 지역가입자, 임의가입자 또는 임의계속가입자가 부득이한 사유로 제2항에 따른 신고를 할 수 없는 경우에는 배우자나 그 밖의 가족이 신고를 대리(代理)할 수 있다.

제22조(신고인에 대한 통지 등) ① 국민연금공단은 제21조에 따른 신고를 받으면 그 내용을 확인하고, 신고 내용이 사실과 다르다고 인정되면 그 뜻을 신고인에게 통지하여야 한다.

② 제1항에 따른 통지에 관해서는 제23조 제3항을 준용한다.

제23조(가입자 등에 대한 통지 등) ① 국민연금공단은 제14조에 따라 사업장가입자의 자격 취득·상실에 관한 확인을 한 때와 기준소득월액이 결정되거나 변경된 때에는 이를 그 사업장의 사용자에게 통지하여야 하며, 지역가입자, 임의가입자 또는 임의계속가입자의 자격 취득·상실에 관한 확인을 한 때와 기준소득월액이 결정되거나 변경된 때에는 이를 그 지역가입자, 임의가입자 또는 임의계속가입자에게 통지하여야 한다.

② 제1항에 따른 통지를 받은 사용자는 이를 해당 사업장가입자 또는 그 자격을 상실한 자에게 통지하되, 그 통지를 받을 자의 소재를 알 수 없어 통지할 수 없는 경우에는 그 뜻을 국민연금공단에 통지하여야 한다.

③ 국민연금공단은 다음 각 호의 어느 하나에 해당하면 보건복지가족부령으로 정하는 바에 따라 공고하는 것으로 통지를 갈음할 수 있다. <개정 2008.2.29>

  1. 사업장이 폐지된 경우

  2. 제1항에 따른 통지를 받을 지역가입자, 임의가입자 또는 임의계속가입자의 소재를 알 수 없는 경우

  3. 제2항에 따라 사용자로부터 통지를 받은 경우

  4. 그 밖에 통지할 수 없는 불가피한 사정이 있는 경우로서 대통령령으로 정하는 경우

제3장 국민연금공단

제24조(국민연금공단의 설립) 보건복지가족부장관의 위탁을 받아 제1조의 목적을 달성하기 위한 사업을 효율적으로 수행하기 위하여 국민연금공단(이하 '공단'이라 한다.)을 설립한다. <개정 2008.2.29>

제25조(공단의 업무) 공단은 다음의 업무를 한다. <개정 2008.2.29>

  1. 가입자에 대한 기록의 관리 및 유지

  2. 연금보험료의 징수

  3. 급여의 결정 및 지급

  4. 가입자, 가입자였던 자 및 제50조에 따른 수급권자를 위한 자금의 대여와 복지시설의 설치·운영 등 복지증진사업

5. 가입자 및 가입자였던 자에 대한 기금증식을 위한 자금 대여사업

6. 이 법 또는 다른 법령에 따라 위탁받은 사항

7. 그 밖에 국민연금사업에 관하여 보건복지가족부장관이 위탁하는 사항

제26조(법인격) 공단은 법인으로 한다.

제27조(사무소) ① 공단의 주된 사무소의 소재지는 정관으로 정하는 바에 따른다.

② 공단은 필요하면 정관으로 정하는 바에 따라 분사무소를 둘 수 있다.

제28조(정관) ① 공단의 정관에는 다음 사항을 기재하여야 한다.

1. 목적

2. 명칭

3. 주된 사무소와 분사무소에 관한 사항

4. 임직원에 관한 사항

5. 이사회에 관한 사항

6. 사업에 관한 사항

7. 예산 및 결산에 관한 사항

8. 자산 및 회계에 관한 사항

9. 정관의 변경에 관한 사항

10. 규약·규정의 제정 및 개정·폐지에 관한 사항

11. 공고에 관한 사항

② 공단은 정관을 변경하려면 보건복지가족부장관의 인가를 받아야 한다. <개정 2008.2.29>

제29조(설립 등기) 공단은 그 주된 사무소의 소재지에서 설립 등기를 하면 성립한다.

제30조(임원) ① 공단에 임원으로 이사장 1명, 상임이사 3명 이내, 이사 7명, 감사 1명을 두되, 이사에는 사용자 대표, 근로자 대표, 지역가입자 대표 각 1명 이상과 당연직 이사로서 보건복지가족부에서 국민연금 업무를 담당하는 3급 국가공무원 또는 고위공무원단에 속하는 일반직 공무원 1명이 포함되어야 한다. <개정 2008.2.29>

② 이사장은 보건복지가족부장관의 제청으로 대통령이 임면(任免)하고, 상임이사·이사(당연직 이사는 제외한다.) 및 감사는 이사장의 제청으로 보건복지가족부장관이 임면한다. <개정 2008.2.29>

③ 이사에게는 보수를 지급하지 아니한다. 다만, 실비(實費)는 지급할 수 있다.

제31조(기금이사) ① 상임이사 중 제101조에 따른 국민연금기금(이하 '국민연금기

금'이라 한다.)의 관리·운용에 관한 업무를 담당하는 이사(이하 '기금이사'라 한다.)는 경영·경제 및 기금 운용에 관한 지식과 경험이 풍부한 자 중에서 선임하여야 한다.

② 기금이사 후보를 추천하기 위하여 공단에 이사장을 위원장으로 하고 이사를 위원으로 하는 기금이사추천위원회(이하 '추천위원회'라 한다.)를 둔다.

③ 추천위원회는 주요 일간신문에 기금이사 후보의 모집 공고를 하여야 하며, 이와 별도로 적임자로 판단되는 기금이사 후보를 조사하거나 전문단체에 조사를 의뢰할 수 있다.

④ 추천위원회는 제3항에 따라 모집한 자를 보건복지가족부령으로 정하는 기금이사 후보 심사기준에 따라 심사하여야 하며, 기금이사 후보로 추천될 자와 계약 조건에 관하여 협의하여야 한다. <개정 2008.2.29>

⑤ 이사장은 제4항에 따른 심사와 협의 결과에 따라 기금이사 후보를 보건복지가족부장관에게 추천하고 계약서안을 함께 제출하여야 한다. <개정 2008.2.29>

⑥ 제5항에 따라 제출한 기금이사 후보 추천안과 계약서안을 보건복지가족부장관이 승인하면 이사장은 기금이사 후보와 계약을 체결하여야 한다. <개정 2008.2.29>

⑦ 제5항에 따른 기금이사 후보 추천안 및 계약서안의 제출과 제6항에 따른 승인은 각각 제30조 제2항에 따른 상임이사의 임명 제청과 임명으로 본다.

⑧ 기금이사의 자격, 계약서안에 관한 협의, 추천과 계약 등에 관하여 필요한 사항은 보건복지가족부령으로 정한다. <개정 2008.2.29>

제32조(임원의 임기) 임원의 임기는 3년으로 한다. 다만, 당연직 이사의 임기는 그 재임기간으로 하고, 기금이사의 임기는 계약기간으로 한다.

제33조(임원의 직무) ① 이사장은 공단을 대표하고, 공단의 업무를 통할(統轄)한다.

② 상임이사는 정관으로 정하는 바에 따라 공단의 업무를 분장하고, 이사장에게 사고가 있을 때에는 정관으로 정하는 순위에 따라 그 직무를 대행한다.

③ 감사는 공단의 회계, 업무 집행 상황 및 재산 상황을 감사(監査)한다.

제34조(대리인 선임) 이사장은 정관으로 정하는 바에 따라 직원 중에서 공단의 업무에 관한 모든 재판상 또는 재판 외의 행위를 할 수 있는 권한을 가진 대리인을 선임할 수 있다.

제35조(임원의 결격 사유) 다음 각 호의 어느 하나에 해당하는 자는 공단의 임원이

될 수 없다.

1. 금치산자나 한정치산자

2. 파산선고를 받고 복권되지 아니한 자

3. 금고 이상의 실형을 선고받고 그 집행이 끝나거나 집행을 받지 아니하기로 확정된 날부터 3년이 지나지 아니한 자

4. 법률이나 법원의 판결에 따라 자격이 상실되거나 정지된 자

제36조(임원의 당연퇴임·해임) ① 임원이 제35조 각 호의 어느 하나에 해당하게 되면 당연히 퇴임한다.

② 임면권자는 임원이 다음 각 호의 어느 하나에 해당하게 되면 그 임원을 해임할 수 있다.

1. 신체장애나 정신장애로 직무를 수행할 수 없다고 인정될 때

2. 직무에 따른 의무를 위반한 때

3. 고의나 중대한 과실로 공단에 손실이 생기게 한 때

4. 기금이사가 제31조 제6항에 따라 이사장과 체결한 계약에서 정한 해임 사유에 해당하게 된 때

제37조(임직원의 겸직 제한) 공단의 이사장·상임이사·감사 및 직원은 영리를 목적으로 하는 업무에 종사하지 못하며, 이사장·상임이사 및 감사는 보건복지가족부장관의, 직원은 이사장의 허가 없이 다른 직무를 겸할 수 없다. <개정 2008.2.29>

제38조(이사회) ① 공단의 중요 사항을 심의·의결하기 위하여 공단에 이사회를 둔다.

② 이사회는 이사장·상임이사 및 이사로 구성한다.

③ 이사장은 이사회를 소집하고 그 의장이 된다.

④ 이사회는 재적 구성원 과반수의 출석과 출석 구성원 과반수의 찬성으로 의결한다.

⑤ 감사는 이사회에 출석하여 발언할 수 있다.

⑥ 이사회의 운영에 관하여 필요한 사항은 대통령령으로 정한다.

제39조(직원의 임면) 공단의 직원은 정관으로 정하는 바에 따라 이사장이 임면한다.

제40조(임직원의 신분) 공단의 임직원은 '형법' 제129조부터 제132조까지의 규정을 적용할 때 공무원으로 본다.

제41조(공단에 대한 감독) ① 공단은 대통령령으로 정하는 바에 따라 회계연도마다 사업 운영 계획과 예산에 관하여 보건복지가족부장관의 승인을 받아야 한다.

<개정 2008.2.29>

② 공단은 회계연도가 끝나고 2개월 내에 사업 실적과 결산을 보건복지가족부장관에게 보고하여야 한다. <개정 2008.2.29>

③ 보건복지가족부장관은 공단에 대하여 사업에 관한 보고를 명하거나, 사업이나 재산 상황을 검사할 수 있으며, 필요하다고 인정하면 정관의 변경을 명하는 등 감독에 필요한 조치를 할 수 있다. <개정 2008.2.29>

제42조(공단의 회계) ① 공단의 회계연도는 정부의 회계연도에 따른다.

② 공단은 보건복지가족부장관의 승인을 받아 회계규정을 정하여야 한다. <개정 2008.2.29>

제43조(공단의 수입·지출) 공단의 수입은 국민연금기금으로부터의 전입금, 국가보조금, 차입금, 그 밖의 수입금으로 하고, 지출은 이 법에 따른 각종 급여·적립금·환부금(還付金)·차입금의 상환금과 이자, 그 밖에 공단의 운영과 사업을 위한 각종 경비로 한다.

제44조(일시차입과 이입충당) ① 공단은 회계연도마다 지출할 자금이 부족하면 국민연금기금에서 일시 차입할 수 있다.

② 일시차입금은 해당 회계연도 내에 상환하여야 한다.

③ 공단은 회계연도마다 각종 급여와 관련된 지출이 수입을 초과하게 되면 제103조에 따른 국민연금기금운용위원회의 심의를 거쳐 국민연금기금에서 이입충당(移入充當)할 수 있다.

제45조(잉여금 처리) 공단은 매 회계연도 말에 결산하여 잉여금이 있으면 손실금을 보전(補塡)하고 나머지는 국민연금기금으로 적립하여야 한다.

제46조(복지사업과 대여사업) ① 공단은 대통령령으로 정하는 바에 따라 가입자, 가입자였던 자 및 수급권자의 복지를 증진하기 위하여 자금의 대여와 복지시설의 설치, 그 밖의 복지사업을 할 수 있다.

② 공단은 대통령령으로 정하는 바에 따라 가입자와 가입자였던 자에 대하여 기금증식을 위한 대여사업을 할 수 있다.

③ 제1항이나 제2항에 따른 대여 업무를 담당하는 임직원은 그 직무를 수행하면서 고의나 중대한 과실로 공단에 손해를 끼쳤을 때에는 그 손해를 배상하여야 한다.

제47조(업무 위탁) ① 공단은 정관으로 정하는 바에 따라 연금보험료와 대여금 상환금의 수납, 급여·대여금의 지급에 관한 업무, 그 밖에 그 업무의 일부를

다른 법령에 따른 사회보험 업무를 수행하는 법인, 체신관서, 금융기관, 그 밖의 자에게 위탁할 수 있다.

② 제1항에 따라 공단이 위탁할 수 있는 업무와 위탁받을 수 있는 자의 범위는 대통령령으로 정한다.

제48조('민법'의 준용) 공단에 관하여 이 법에서 정한 것 외에는 '민법' 중 재단법인에 관한 규정을 준용한다.

제4장 급여

제1절 통칙

제49조(급여의 종류) 이 법에 따른 급여의 종류는 다음과 같다.

1. 노령연금
2. 장애연금
3. 유족연금
4. 반환일시금

제50조(급여 지급) ① 급여는 받을 권리가 있는 자(이하 '수급권자'라 한다.)의 청구에 따라 공단이 지급한다.

② 연금액은 지급사유에 따라 기본연금액과 부양가족연금액을 기초로 산정한다.

제51조(기본연금액) ① 수급권자의 기본연금액은 다음 각 호의 금액을 합한 금액에 1천분의 1천200을 곱한 금액으로 한다. 다만, 가입기간이 20년을 초과하면 그 초과하는 1년(1년 미만이면 매 1개월을 12분의 1년으로 계산한다.)마다 본문에 따라 계산한 금액에 1천분의 50을 곱한 금액을 더한다. <개정 2008.2.29>

　1. 다음 각 목에 따라 산정한 금액을 합산하여 3으로 나눈 금액

　　가. 연금 수급 3년 전 연도의 평균소득월액을 연금 수급 3년 전 연도와 대비한 연금 수급 전년도의 전국소비자물가변동률('통계법' 제3조에 따 라 통계청장이 매년 고시하는 전국소비자물가변동률을 말한다. 이하 이 조에서 같다.)에 따라 환산한 금액

나. 연금 수급 2년 전 연도의 평균소득월액을 연금 수급 2년 전 연도와
　　　대비한 연금 수급 전년도의 전국소비자물가변동률에 따라 환산한 금액
　　다. 연금 수급 전년도의 평균소득월액
　2. 가입자 개인의 가입기간 중 매년 기준소득월액을 대통령령으로 정하는
　　바에 따라 보건복지가족부장관이 고시하는 연도별 재평가율에 의하여
　　연금 수급 전년도의 현재가치로 환산한 후 이를 합산한 금액을 총가입
　　기간으로 나눈 금액. 다만, 다음 각 목에 따라 산정하여야 하는 금액은
　　그 금액으로 한다.
　　가. 제18조에 따라 추가로 산입되는 가입기간의 기준소득월액은 제1호
　　　에 따라 산정한 금액의 2분의 1에 해당하는 금액
　　나. 제19조에 따라 추가로 산입되는 가입기간의 기준소득월액은 제1호
　　　에 따라 산정한 금액

② 제1항 각 호의 금액을 수급권자에게 적용할 때에는 연금 수급 2년 전 연
도와 대비한 전년도의 전국소비자물가변동률을 기준으로 매년 3월 말까지
그 변동률에 해당하는 금액을 더하거나 빼되, 미리 제5조에 따른 국민연금심
의위원회의 심의를 거쳐야 한다.

③ 제2항에 따라 조정된 금액을 수급권자에게 적용할 때 그 적용 기간은 해
당 조정 연도 4월부터 다음 연도 3월까지로 한다.

제52조(부양가족연금액) ① 부양가족연금액은 수급권자가 그 권리를 취득할 당시
그(유족연금의 경우에는 가입자 또는 가입자였던 자를 말한다.)에 의하여 생
계를 유지하고 있거나 노령연금 또는 장애연금의 수급권자가 그 권리를 취
득한 후 그자에 의하여 생계를 유지하고 있는 다음 각 호의 자에 대하여 해
당 호에 규정된 각각의 금액으로 한다. 이 경우 생계유지에 관한 대상자별
인정기준은 대통령령으로 정한다.
　1. 배우자: 연 15만 원
　2. 18세 미만이거나 장애등급 2급 이상인 자녀(배우자가 혼인 전에 얻은
　　자녀를 포함한다. 이하 이 조에서 같다.): 연 10만 원
　3. 60세 이상이거나 장애등급 2급 이상인 부모(배우자의 부모를 포함한다.
　　이하 이 조에서 같다.): 연 10만 원

② 제1항에 따른 부양가족연금액을 수급권자에게 적용하는 경우에는 제51조
제2항과 제3항을 준용한다.

③ 제1항 각 호의 자가 연금 수급권자이면 제1항에 따른 부양가족연금액 계산에서 제외한다.

④ 제1항 각 호의 자는 부양가족연금액을 계산할 때 2명 이상의 연금 수급권자의 부양가족연금 계산 대상이 될 수 없다.

⑤ 제1항 각 호에 해당하는 자가 다음 각 호의 어느 하나에 해당하게 되면 부양가족연금액의 계산에서 제외한다.

   1. 사망한 때

   2. 수급권자에 의한 생계유지의 상태가 끝난 때

   3. 배우자가 이혼한 때

   4. 자녀가 다른 사람의 양자가 되거나 파양(罷養)된 때

   5. 자녀가 18세가 된 때. 다만, 수급권자가 그 권리를 취득할 당시부터 장애등급 2급 이상의 상태에 있는 자는 제외한다.

   6. 장애등급 2급 이상의 상태에 있던 자녀 또는 부모가 그 장애상태에 해당하지 아니하게 된 때

   7. 배우자가 혼인 전에 얻은 자녀와의 관계가 이혼으로 인하여 종료된 때

제53조(연금액의 최고한도) 연금의 월별 지급액은 다음 각 호의 금액 중에서 많은 금액을 넘지 못한다.

   1. 가입자였던 최종 5년 동안의 기준소득월액(연금 수급 전년도를 기준으로 제51조 제1항 제2호에 준하여 조정한다.)을 평균한 금액을 제51조 제2항에 준하여 조정한 금액

   2. 가입기간 동안의 기준소득월액(연금 수급 전년도를 기준으로 제51조 제1항 제2호에 준하여 조정한다.)을 평균한 금액을 제51조 제2항에 준하여 조정한 금액

제54조(연금 지급 기간 및 지급 시기) ① 연금은 지급하여야 할 사유가 생긴 날(제78조 제1항에 따른 반납금을 내거나 제92조 제1항에 따른 추납보험료(추납보험료)를 냄에 따라 연금을 지급하여야 할 사유가 생긴 경우에는 해당 금액을 낸 날)이 속하는 달의 다음 달부터 수급권이 소멸한 날이 속하는 달까지 지급한다.

② 연금은 매월 말일에 그 달의 금액을 지급하되, 지급일이 토요일이나 공휴일이면 그 전날에 지급한다. 다만, 수급권이 소멸하거나 연금 지급이 정지된 경우에는 그 지급일 전에 지급할 수 있다.

③ 연금은 지급을 정지하여야 할 사유가 생기면 그 사유가 생긴 날이 속하는 달의 다음 달부터 그 사유가 소멸한 날이 속하는 달까지는 지급하지 아니한다.

제55조(미지급 급여) ① 수급권자가 사망한 경우 그 수급권자에게 지급하여야 할 급여 중 아직 지급되지 아니한 것이 있으면 그 배우자·자녀·부모·손자녀·조부모 또는 형제자매의 청구에 따라 그 미지급 급여를 지급한다. 다만, 형제자매의 경우에는 수급권자의 사망 당시 수급권자에 의하여 생계를 유지하고 있던 자에 한하며, 그 인정 기준은 대통령령으로 정한다.

② 제1항에 따른 급여를 받을 순위는 배우자, 자녀, 부모, 손자녀, 조부모, 형제자매의 순으로 한다. 이 경우 순위가 같은 사람이 2명 이상이면 똑같이 나누어 지급하되, 지급 방법은 대통령령으로 정한다.

제56조(중복급여의 조정) ① 수급권자에게 이 법에 따른 2 이상의 급여 수급권이 생기면 수급권자의 선택에 따라 그중 하나만 지급하고 다른 급여의 지급은 정지된다.

② 제1항에도 불구하고 제1항에 따라 선택하지 아니한 급여가 다음 각 호의 어느 하나에 해당하는 경우에는 해당 호에 규정된 금액을 선택한 급여에 추가하여 지급한다.

1. 선택하지 아니한 급여가 유족연금일 때(선택한 급여가 반환일시금일 때를 제외한다.): 유족연금액의 100분의 20에 해당하는 금액
2. 선택하지 아니한 급여가 반환일시금일 때(선택한 급여가 장애연금이고, 선택하지 아니한 급여가 본인의 연금보험료 납부로 인한 반환일시금일 때를 제외한다.): 제80조 제2항에 상당하는 금액

제57조(부당이득 등의 환수) ① 공단은 거짓이나 그 밖의 부정한 방법으로 급여를 받거나 수급권이 소멸 또는 정지된 급여, 그 밖에 과오급(過誤給)된 급여를 받은 자에 대하여 대통령령으로 정하는 바에 따라 지급한 금액을 환수하여야 한다. 이 경우 거짓이나 그 밖의 부정한 방법으로 급여를 받았으면 대통령령으로 정하는 이자를 더하여 환수하여야 한다.

② 제15조에 따라 사망한 것으로 추정된 자의 생존이 확인되면 공단은 그 사망의 추정을 근거로 급여를 지급받은 자로부터 그 지급 금액을 환수하여야 한다.

③ 제1항이나 제2항에 따라 급여에 해당하는 금액을 반환하여야 할 자에게

다른 급여의 수급권이 있거나 과오납금 등 반환받을 금액이 있으면 공단은 이를 제1항이나 제2항에 따라 환수할 금액에 충당할 수 있다.

④ 공단은 제1항부터 제3항까지의 규정에 따라 환수할 금액이 대통령령으로 정하는 금액 미만인 경우에는 징수하지 아니할 수 있다.

제58조(수급권 보호) ① 급여를 받을 권리는 양도·압류하거나 담보로 제공할 수 없다.

② 수급권자에게 지급된 급여로서 대통령령으로 정하는 금액 이하의 급여는 압류할 수 없다.

제59조(미납금의 공제 지급) ① 가입자 또는 가입자였던 자가 수급권을 취득하거나 사망한 경우 제46조에 따라 대여한 자금의 상환금에 관한 채무가 있으면 이를 이 법에 따른 급여(사망일시금을 포함하고 지급이 정지된 급여는 제외한다.)에서 공제할 수 있다. 다만, 이 법에 따른 급여 중 연금급여(제68조 제2항에 따라 일시보상금으로 지급되는 장애연금은 제외한다.)의 수급권자에 대해서는 해당 연금월액의 2분의 1을 초과하여 공제할 수 없다.

② 제1항에 따라 해당 상환금에 관한 채무를 공제하려면 20일 이상의 기한을 정하여 문서로 그 채무의 변제를 최고(催告)하여야 하며, 그 기한까지 채무를 변제하지 아니하면 해당 급여에서 공제할 것임을 미리 수급권자에게 통지하여야 한다.

③ 제1항에 따라 공제한 금액은 그 액수만큼 수급권자에게 지급된 것으로 본다.

제60조(조세와 그 밖의 공과금 면제) 이 법에 따른 급여로 지급된 금액에 대해서는 '조세특례제한법'이나 그 밖의 법률 또는 지방자치단체가 조례로 정하는 바에 따라 조세, 그 밖에 국가 또는 지방자치단체의 공과금을 감면한다.

제2절 노령연금

제61조(노령연금 수급권자) ① 가입기간이 20년 이상인 가입자 또는 가입자였던 자에 대해서는 60세(특수직종근로자는 55세)가 된 때부터 그가 생존하는 동안 노령연금을 지급한다.

② 가입기간이 10년 이상 20년 미만인 가입자 또는 가입자였던 자에 대해서는 60세(특수직종근로자는 55세)가 된 때부터 그가 생존하는 동안 제1항에 따른 노령연금액에서 일정한 금액을 뺀 연금(이하 '감액노령연금'이라 한다.)

을 지급한다.

③ 가입기간이 10년 이상인 자가 소득이 있는 업무에 종사하고 있으면 60세 이상 65세 미만(특수직종근로자는 55세 이상 60세 미만)인 기간에는 일정한 금액의 연금(이하 '재직자노령연금'이라 한다.)을 지급한다.

④ 가입기간이 10년 이상인 가입자 또는 가입자였던 자로서 55세 이상인 자가 소득이 있는 업무에 종사하지 아니하는 경우 본인이 희망하면 제1항에도 불구하고 60세가 되기 전이라도 그가 생존하는 동안 일정한 금액의 연금(이하 '조기노령연금'이라 한다.)을 받을 수 있다.

⑤ 제3항과 제4항에 따른 소득이 있는 업무의 범위는 대통령령으로 정한다.

제62조(지급의 연기에 따른 가산) ① 재직자노령연금의 수급권자가 연금지급의 연기를 희망하는 경우에는 1회에 한하여 연기할 수 있다.

② 제1항에 따라 지급의 연기를 신청한 수급권자가 연금의 지급을 희망하는 경우의 연금액은 지급의 연기를 신청한 때의 제61조 제1항·제2항·제4항 및 제66조 제2항의 노령연금액(부양가족연금액을 제외한다.)을 제51조 제2항에 따라 조정한 금액에 연기되는 매 1개월마다 그 금액의 1천분의 5를 더한 액으로 한다.

제63조(노령연금액) ① 제61조 제1항에 따른 노령연금액은 기본연금액에 부양가족연금액을 더한 금액으로 한다.

② 감액노령연금액은 기본연금액의 1천분의 500에 해당하는 금액에 부양가족연금액을 더한 금액으로 한다. 다만, 가입기간이 10년을 초과하면 그 초과하는 1년(1년 미만이면 매 1개월을 12분의 1년으로 계산한다.)마다 기본연금액의 1천분의 50에 해당하는 금액을 더한다.

③ 재직자노령연금액은 가입기간 등에 따라 제1항·제2항·제4항·제62조 제2항 및 제66조 제2항에 따른 노령연금액에서 부양가족연금액을 제외한 금액에 수급권자의 연령별로 다음 각 호의 비율을 곱한 금액으로 한다.

  1. 60세(특수직종근로자는 55세)인 자는 1천분의 500
  2. 61세(특수직종근로자는 56세)인 자는 1천분의 600
  3. 62세(특수직종근로자는 57세)인 자는 1천분의 700
  4. 63세(특수직종근로자는 58세)인 자는 1천분의 800
  5. 64세(특수직종근로자는 59세)인 자는 1천분의 900

④ 조기노령연금액은 가입기간에 따라 제1항 및 제2항에 따른 노령연금액

중 부양가족연금액을 제외한 금액에 수급연령별로 다음 각 호의 구분에 따른 비율(청구일이 연령도달일이 속한 달의 다음 달 이후인 경우에는 1개월마다 1천분의 5를 더한다.)을 곱한 금액에 부양가족연금액을 더한 금액으로 한다.

  1. 55세부터 지급받는 경우에는 1천분의 700

  2. 56세부터 지급받는 경우에는 1천분의 760

  3. 57세부터 지급받는 경우에는 1천분의 820

  4. 58세부터 지급받는 경우에는 1천분의 880

  5. 59세부터 지급받는 경우에는 1천분의 940

제64조(분할연금 수급권자 등) ① 혼인 기간(배우자의 가입기간 중의 혼인 기간만 해당한다. 이하 같다.)이 5년 이상인 자가 다음 각 호의 어느 하나에 해당하게 되면 그때부터 그가 생존하는 동안 배우자였던 자의 노령연금을 분할한 일정한 금액의 연금(이하 '분할연금'이라 한다.)을 받을 수 있다.

  1. 노령연금 수급권자인 배우자와 이혼한 후 60세가 된 때

  2. 60세가 된 이후에 노령연금 수급권자인 배우자와 이혼한 때

  3. 60세가 된 이후에 배우자였던 자가 노령연금 수급권을 취득한 때

  4. 배우자였던 자가 노령연금 수급권을 취득한 후 본인이 60세가 된 때

② 제1항에 따른 분할연금액은 배우자였던 자의 노령연금액(부양가족연금액은 제외한다.) 중 혼인 기간에 해당하는 연금액을 균등하게 나눈 금액으로 한다.

③ 분할연금을 청구할 권리는 제1항 각 호의 어느 하나에 해당하는 때부터 3년이 지나면 소멸한다.

제65조(분할연금과 노령연금의 관계 등) ① 제64조 제1항에 따른 분할연금 수급권은 그 수급권을 취득한 후에 배우자였던 자에게 생긴 사유로 노령연금 수급권이 소멸·정지되어도 영향을 받지 아니한다.

② 수급권자에게 2 이상의 분할연금 수급권이 생기면 제56조에도 불구하고 2 이상의 분할연금액을 합산하여 지급한다. 다만, 2 이상의 분할연금 수급권과 다른 급여(노령연금을 제외한다. 이하 이 항에서 같다.)의 수급권이 생기면 그 2 이상의 분할연금 수급권을 하나의 분할연금 수급권으로 보고 본인의 선택에 따라 분할연금과 다른 급여 중 하나만 지급하고 선택하지 아니한 분할연금 또는 다른 급여의 지급은 정지된다.

③ 분할연금 수급권자는 제72조 제1항에 따른 유족연금을 지급할 때 노령연금 수급권자로 보지 아니한다.

④ 분할연금 수급권자에게 노령연금 수급권이 발생한 경우에는 제56조에도 불구하고 분할연금액과 노령연금액을 합산하여 지급한다.

제66조(조기노령연금의 지급 정지 등) ① 제61조 제4항과 제63조 제4항에 따라 조기노령연금을 받고 있는 60세 미만인 자가 제61조 제5항에 따른 소득이 있는 업무에 종사하게 되면 그 기간에 해당하는 조기노령연금은 지급을 정지한다.

② 제1항에 따라 조기노령연금의 지급이 정지된 자가 그 후에 소득이 있는 업무에 종사하지 아니하게 되어 60세 도달 전에 다시 조기노령연금을 수급하게 되거나 60세에 도달한 경우의 조기노령연금액은 다음 각 호와 같다.

　　1. 지급 정지 전후의 가입기간을 합산하여 산정한 제63조 제1항 및 제2항에 따른 노령연금액(부양가족연금액을 제외한다.)에 재수급 당시의 제63조 제4항 각 호의 연령별 비율에서 기 수급기간 1개월마다 1천분의 5를 뺀 비율을 곱한 금액에 부양가족연금액을 더한 금액

　　2. 제1호에 따른 조기노령연금액(부양가족연금액을 제외한다. 이하 이 호에서 같다.)이 제1항에 따라 지급 정지되기 전의 조기노령연금액보다 적어지는 경우에는 지급 정지되기 전의 조기노령연금액

제3절 장애연금

제67조(장애연금의 수급권자) ① 가입 중에 생긴 질병(당해 질병의 초진일이 가입 중에 있는 경우로서 가입자가 가입 당시 발병 사실을 알지 못한 경우를 포함한다. 이하 이 절 및 제4절에서 같다.)이나 부상으로 완치된 후에도 신체상 또는 정신상의 장애가 있는 자에 대해서는 그 장애가 계속되는 동안 장애 정도에 따라 장애연금을 지급한다.

② 제1항에 따른 질병이나 부상을 입은 자가 초진일(初診日)부터 1년 6개월이 지나도 완치되지 아니하면 그 1년 6개월이 지난날을 기준으로 장애 정도를 결정한다. 다만, 그 1년 6개월이 지난날에 장애연금의 지급 대상이 되지 아니한 자가 그 질병이나 부상이 악화되어 60세가 되기 전에 장애연금 지급 대상이 되는 경우에는 본인의 청구에 따라 그 청구한 날을 기준으로 장애 정도를 결정한다.

③ 제70조 제1항에 따라 장애연금의 수급권이 소멸된 자가 장애연금 수급권을 취득할 당시의 질병이나 부상이 악화되어 60세가 되기 전에 다시 장애연

금의 지급 대상이 되는 경우에는 본인의 청구에 따라 그 청구한 날을 기준으로 장애 정도를 결정한다.

④ 장애연금의 지급 대상이 되는 자가 제77조에 따라 반환일시금을 지급받았으면 장애연금을 지급하지 아니한다.

⑤ 장애 정도에 관한 장애등급은 1급, 2급, 3급 및 4급으로 구분하되, 등급 구분의 기준과 장애 정도의 심사에 관한 사항은 대통령령으로 정한다.

제68조(장애연금액) ① 장애연금액은 장애 등급에 따라 다음 각 호의 금액으로 한다.

1. 장애등급 1급에 해당하는 자에 대해서는 기본연금액에 부양가족연금액을 더한 금액

2. 장애등급 2급에 해당하는 자에 대해서는 기본연금액의 1천분의 800에 해당하는 금액에 부양가족연금액을 더한 금액

3. 장애등급 3급에 해당하는 자에 대해서는 기본연금액의 1천분의 600에 해당하는 금액에 부양가족연금액을 더한 금액

② 장애등급 4급에 해당하는 자에 대해서는 기본연금액의 1천분의 2천250에 해당하는 금액을 일시보상금으로 지급한다.

제69조(장애의 중복 조정) 장애연금 수급권자에게 다시 장애연금을 지급하여야 할 장애가 발생한 때에는 전후의 장애를 병합(병합)한 장애 정도에 따라 장애연금을 지급한다. 다만, 전후의 장애를 병합한 장애 정도에 따른 장애연금이 전의 장애연금보다 적으면 전의 장애연금을 지급한다.

제70조(장애연금액의 변경 등) ① 공단은 장애연금 수급권자의 장애 정도를 심사하여 장애등급이 다르게 되면 그 등급에 따라 장애연금액을 변경하고, 장애등급에 해당되지 아니하면 장애연금 수급권을 소멸시킨다.

② 장애연금의 수급권자는 그 장애가 악화되면 공단에 장애연금액의 변경을 청구할 수 있다.

③ 제1항 및 제2항은 60세 이상인 장애연금 수급권자에 대해서는 적용하지 아니한다.

제71조(일시보상금에 대한 평가) 제68조 제2항에 따른 일시보상금 수급권자에게 제56조에 따른 중복급여의 조정, 제69조에 따른 장애의 중복 조정, 제70조에 따른 장애연금액의 변경 및 제115조 제1항에 따른 소멸시효를 적용할 때에는 일시보상금 지급 사유 발생일이 속하는 달의 다음 달부터 기본연금액의 1천분의 400을 12로 나눈 금액이 67개월 동안 지급된 것으로 본다.

제4절 유족연금

제72조(유족연금의 수급권자) ① 다음 각 호의 어느 하나에 해당하는 자가 사망하면 그 유족에게 유족연금을 지급한다. 다만, 가입기간이 1년 미만인 가입자가 질병이나 부상으로 사망하면 가입 중에 생긴 질병이나 부상으로 사망한 경우에만 유족연금을 지급한다.

　1. 노령연금 수급권자

　2. 가입기간이 10년 이상인 가입자였던 자

　3. 가입자

　4. 장애등급이 2급 이상인 장애연금 수급권자

② 가입기간이 10년 미만인 가입자였던 자가 가입 중에 생긴 질병이나 부상 또는 그 부상으로 생긴 질병으로 가입 중의 초진일 또는 가입자 자격을 상실한 후 1년 이내의 초진일로부터 2년 이내에 사망하면 그 유족에게 유족연금을 지급할 수 있다. 다만, 제77조에 따라 본인이나 유족이 반환일시금을 지급받은 경우에는 유족연금을 지급하지 아니한다.

제73조(유족의 범위 등) ① 유족연금을 지급받을 수 있는 유족은 가입자 또는 가입자였던 자가 사망할 당시 그에 의하여 생계를 유지하고 있던 다음 각 호의 자로 한다. 이 경우 가입자 또는 가입자였던 자에 의하여 생계를 유지하고 있던 자에 관한 인정 기준은 대통령령으로 정한다.

　1. 배우자

　2. 자녀. 다만, 18세 미만이거나 장애등급 2급 이상인 자만 해당한다.

　3. 부모(배우자의 부모를 포함한다. 이하 이 절에서 같다.). 다만, 60세 이상이거나 장애등급 2급 이상인 자만 해당한다.

　4. 손자녀. 다만, 18세 미만이거나 장애등급 2급 이상인 자만 해당한다.

　5. 조부모(배우자의 조부모를 포함한다. 이하 이 절에서 같다.). 다만, 60세 이상이거나 장애등급 2급 이상인 자만 해당한다.

② 유족연금은 제1항 각 호의 순위에 따라 최우선순위자에게만 지급한다. 다만, 제1항 제1호에 따른 유족의 수급권이 소멸되거나 정지되면 같은 항 제2호에 따른 유족에게 지급한다.

③ 제2항의 경우 같은 순위의 유족이 2명 이상이면 그 유족연금액을 똑같이 나누어 지급하되, 지급 방법은 대통령령으로 정한다.

제74조(유족연금액) 유족연금액은 가입기간에 따라 다음 각 호의 금액에 부양가족 연금액을 더한 금액으로 한다. 다만, 노령연금 수급권자가 사망한 경우의 유족연금액은 사망한 자가 지급받던 노령연금액을 초과할 수 없다.

1. 가입기간이 10년 미만이면 기본연금액의 1천분의 400에 해당하는 금액
2. 가입기간이 10년 이상 20년 미만이면 기본연금액의 1천분의 500에 해당하는 금액
3. 가입기간이 20년 이상이면 기본연금액의 1천분의 600에 해당하는 금액

제75조(유족연금 수급권의 소멸) ① 유족연금 수급권자가 다음 각 호의 어느 하나에 해당하게 되면 그 수급권은 소멸한다.

1. 수급권자가 사망한 때
2. 배우자인 수급권자가 재혼한 때
3. 자녀나 손자녀인 수급권자가 다른 사람에게 입양되거나 파양된 때
4. 장애등급 2급 이상에 해당하지 아니한 자녀 또는 손자녀인 수급권자가 18세가 된 때
5. 장애로 수급권을 취득한 자가 장애등급 2급 이상에 해당하지 아니하게 된 때

② 부모, 손자녀 또는 조부모인 유족의 유족연금 수급권은 가입자 또는 가입자였던 자의 사망 당시의 태아가 출생하여 수급권을 갖게 되면 소멸한다.

제76조(배우자에 대한 유족연금의 지급 정지) ① 유족연금의 수급권자인 배우자에 대해서는 수급권이 발생한 때부터 3년 동안 유족연금을 지급한 후 55세가 될 때까지 지급을 정지한다. 다만, 그 수급권자가 다음 각 호의 어느 하나에 해당하면 지급을 정지하지 아니한다.

1. 장애등급이 2급 이상인 경우
2. 가입자 또는 가입자였던 자의 18세 미만인 자녀 또는 장애등급 2급 이상인 자녀의 생계를 유지한 경우
3. 대통령령으로 정하는 소득이 있는 업무에 종사하지 아니하는 경우

② 유족연금의 수급권자인 배우자의 소재를 1년 이상 알 수 없는 때에는 유족인 자녀의 신청에 의하여 그 소재 불명(不明)의 기간 동안 그에게 지급하여야 할 유족연금은 지급을 정지한다.

③ 배우자 외의 자에 대한 유족연금의 수급권자가 2명 이상인 경우 그 수급권자 중에서 1년 이상 소재를 알 수 없는 자가 있으면 다른 수급권자의 신청에 따라 그 소재 불명의 기간에 해당하는 그에 대한 유족연금의 지급을

정지한다.

④ 제2항과 제3항에 따라 유족연금의 지급이 정지된 자의 소재가 확인된 경우에는 본인의 신청에 의하여 지급 정지를 해제한다.

제5절 반환일시금 등

제77조(반환일시금) ① 가입자 또는 가입자였던 자가 다음 각 호의 어느 하나에 해당하게 되면 본인이나 그 유족의 청구에 의하여 반환일시금을 지급받을 수 있다.

1. 가입기간이 10년 미만인 자가 60세가 된 때
2. 가입자 또는 가입자였던 자가 사망한 때. 다만, 가입자 또는 가입기간이 10년 이상인 가입자였던 자가 사망한 때에는 제72조 제1항 각 호 외의 부분 단서 또는 제85조에 따라 유족연금이 지급되지 아니하는 경우만 해당한다.
3. 국적을 상실하거나 국외로 이주한 때

② 제1항에 따른 반환일시금의 액수는 가입자 또는 가입자였던 자가 납부한 연금보험료(사업장가입자 또는 사업장가입자였던 자의 경우에는 사용자의 부담금을 포함한다.)에 대통령령으로 정하는 이자를 더한 금액으로 한다.

③ 제1항에 따라 반환일시금의 지급을 청구할 경우 유족의 범위와 청구의 우선순위 등에 관해서는 제73조를 준용한다.

제78조(반납금 납부와 가입기간) ① 제77조에 따라 반환일시금을 받은 자로서 다시 가입자의 자격을 취득한 자는 지급받은 반환일시금에 대통령령으로 정하는 이자를 더한 금액(이하 '반납금'이라 한다.)을 공단에 낼 수 있다.

② 반납금은 대통령령으로 정하는 바에 따라 분할하여 납부하게 할 수 있다. 이 경우 대통령령으로 정하는 이자를 더하여야 한다.

③ 제1항과 제2항에 따라 반납금을 낸 경우에는 그에 상응하는 기간은 가입기간에 넣어 계산한다.

④ 제1항과 제2항에 따른 반납금의 납부 신청, 납부 방법 및 납부 기한 등 반납금의 납부에 필요한 사항은 대통령령으로 정한다.

제79조(반환일시금 수급권의 소멸) 반환일시금의 수급권은 다음 각 호의 어느 하나에 해당하면 소멸한다.

1. 수급권자가 다시 가입자로 된 때
2. 수급권자가 노령연금의 수급권을 취득한 때
3. 수급권자가 장애연금의 수급권을 취득한 때
4. 수급권자의 유족이 유족연금의 수급권을 취득한 때

제80조(사망일시금) ① 가입자 또는 가입자였던 자가 사망한 때에 제73조에 따른 유족이 없으면 그 배우자·자녀·부모·손자녀·조부모 또는 형제자매에게 사망일시금을 지급한다. 다만, 가입자 또는 가입자였던 자가 사망한 때에 실종 등으로 인하여 행방을 알 수 없는 자에게는 사망일시금을 지급하지 아니하며, 배우자·자녀·부모·손자녀·조부모 또는 형제자매가 없는 경우에는 4촌 이내의 방계혈족(傍系血族)으로서 가입자 또는 가입자였던 자에 의하여 생계를 유지하고 있던 자에게 사망일시금을 지급한다. 이 경우 행방을 알 수 없는 자에 대한 인정 기준 및 방법, 가입자 또는 가입자였던 자에 의하여 생계를 유지하고 있던 자에 대한 인정 기준은 대통령령으로 정한다.

② 제1항에 따른 사망일시금은 가입자 또는 가입자였던 자의 반환일시금에 상당하는 금액으로 하되, 그 금액은 사망한 가입자 또는 가입자였던 자의 최종 기준소득월액을 제51조 제1항 제2호에 따른 연도별 재평가율에 따라 사망일시금 수급 전년도의 현재가치로 환산한 금액과 같은 호에 준하여 산정한 가입기간 중 기준소득월액의 평균액 중에서 많은 금액의 4배를 초과하지 못한다.

③ 제1항에 따른 사망일시금을 받을 자의 순위는 배우자·자녀·부모·손자녀·조부모·형제자매 및 4촌 이내의 방계혈족 순으로 한다. 이 경우 순위가 같은 사람이 2명 이상이면 똑같이 나누어 지급하되, 그 지급 방법은 대통령령으로 정한다.

제81조(유족연금과 사망일시금의 관계) 제73조 제1항 제2호 및 제4호에 따른 유족연금 수급권자에 대해서는 제75조 제1항 제4호에 따라 유족연금수급권이 소멸할 때까지 지급받은 유족연금액이 제80조 제2항에 따른 사망일시금액보다 적을 때에는 그 차액을 일시금으로 지급한다.

제6절 급여 제한 등

제82조(급여의 제한) ① 가입자 또는 가입자였던 자가 고의로 질병·부상 또는 그

원인이 되는 사고를 일으켜 그로 인하여 장애를 입은 경우에는 그 장애를 지급 사유로 하는 장애연금을 지급하지 아니할 수 있다.

② 가입자 또는 가입자였던 자가 고의나 중대한 과실로 요양 지시에 따르지 아니하거나 정당한 사유 없이 요양 지시에 따르지 아니하여 다음 각 호의 어느 하나에 해당하게 되면 대통령령으로 정하는 바에 따라 이를 원인으로 하는 급여의 전부 또는 일부를 지급하지 아니할 수 있다.

    1. 장애를 입거나 사망한 경우

    2. 장애나 사망의 원인이 되는 사고를 일으킨 경우

    3. 장애를 악화시키거나 회복을 방해한 경우

第83조(장애연금액의 변경 제한) 장애연금의 수급권자가 고의나 중대한 과실로 요양 지시에 따르지 아니하거나 정당한 사유 없이 요양 지시에 따르지 아니하여 장애를 악화시키거나 회복을 방해한 경우에는 제70조에 따라 장애연금액을 변경하지 아니할 수 있다.

第84조(유족연금의 지급 제한) ① 가입자 또는 가입자였던 자를 고의로 사망하게 한 유족에게는 유족연금을 지급하지 아니한다.

② 유족연금의 수급권자가 될 수 있는 자를 고의로 사망하게 한 유족에게는 유족연금을 지급하지 아니한다.

③ 유족연금의 수급권자가 다른 수급권자를 고의로 사망하게 한 경우에는 그에게는 유족연금을 지급하지 아니한다.

第85조(연금보험료의 미납에 따른 지급 제한) 장애연금의 경우에는 당해 질병 또는 부상의 초진일 당시, 유족연금의 경우에는 사망일 당시 다음 각 호의 어느 하나에 해당하면 그 연금을 지급하지 아니한다.

1. 연금보험료를 낸 사실이 없는 경우

2. 연금보험료를 낸 기간(제17조 제3항에 따라 기여금을 낸 기간을 포함한다. 이하 이 조에서 같다.)이 그 연금보험료를 낸 기간과 연금보험료를 내지 아니한 기간(제89조 제1항에 따른 납부 기한으로부터 1개월이 지나지 아니한 기간과 제91조 제1항에 따라 연금보험료를 내지 아니한 기간은 제외한다. 이하 이 조에서 같다.)을 합산한 기간의 3분의 2보다 짧은 경우. 다만, 연금보험료를 내지 아니한 기간이 6개월 미만인 경우는 제외한다.

第86조(지급의 정지 등) ① 수급권자가 다음 각 호의 어느 하나에 해당하면 급여의 전부 또는 일부의 지급을 정지할 수 있다.

1. 수급권자가 정당한 사유 없이 제122조 제1항에 따른 공단의 서류, 그밖의 자료 제출 요구에 응하지 아니한 때
2. 장애연금 또는 유족연금의 수급권자가 정당한 사유 없이 제120조에 따른 공단의 진단 요구 또는 확인에 응하지 아니한 때
3. 장애연금 수급권자가 고의나 중대한 과실로 요양 지시에 따르지 아니하거나 정당한 사유 없이 요양 지시에 따르지 아니하여 회복을 방해한 때
4. 수급권자가 정당한 사유 없이 제121조 제1항에 따른 신고를 하지 아니한 때

② 제1항에 따라 급여의 지급을 정지하려는 경우에는 지급을 정지하기 전에 대통령령으로 정하는 바에 따라 급여의 지급을 일시 중지할 수 있다.

제5장 비용 부담 및 연금보험료의 징수 등

제87조(국고 부담) 국가는 매년 공단이 국민연금사업을 관리·운영하는 데에 필요한 비용의 전부 또는 일부를 부담한다.

제88조(연금보험료의 징수) ① 공단은 국민연금사업에 드는 비용에 충당하기 위하여 가입자와 사용자로부터 가입기간 동안 매월 연금보험료를 징수한다.

② 사업장가입자의 연금보험료 중 기여금은 사업장가입자 본인이, 부담금은 사용자가 각각 부담하되, 그 금액은 각각 기준소득월액의 1천분의 45에 해당하는 금액으로 한다.

③ 지역가입자, 임의가입자 및 임의계속가입자의 연금보험료는 지역가입자, 임의가입자 또는 임의계속가입자 본인이 부담하되, 그 금액은 기준소득월액의 1천분의 90으로 한다.

제89조(연금보험료의 납부 기한 등) ① 연금보험료는 납부 의무자가 다음 달 10일까지 내야 한다. 다만, 대통령령으로 정하는 농업·임업·축산업 또는 수산업을 경영하거나 이에 종사하는 자(이하 '농어업인'이라 한다.)는 본인의 신청에 의하여 분기별 연금보험료를 해당 분기의 다음 달 10일까지 낼 수 있다.

② 연금보험료를 납부 기한의 1개월 이전에 미리 낸 경우에는 그 전달의 연금보험료 납부 기한이 속하는 날의 다음 날에 낸 것으로 본다.

③ 납부 의무자가 연금보험료를 미리 낼 경우 그 기간과 감액(減額)할 금액

등은 대통령령으로 정한다.

④ 공단은 납부 의무자가 연금보험료를 자동 계좌이체의 방법으로 낼 경우에는 대통령령으로 정하는 바에 따라 연금보험료를 감액하거나 재산상의 이익을 제공할 수 있다.

⑤ 공단은 제1항에도 불구하고 고지서의 송달 지연 등 보건복지가족부령으로 정하는 사유에 해당하는 경우에는 제1항에 따른 납부 기한으로부터 1개월 범위에서 납부 기한을 연장할 수 있다. <개정 2008.2.29>

⑥ 제5항에 따라 납부 기한을 연장받으려면 보건복지가족부령으로 정하는 바에 따라 공단에 납부 기한의 연장을 신청하여야 한다. <개정 2008.2.29>

제90조(연금보험료의 원천공제 납부) ① 사용자는 사업장가입자가 부담할 기여금을 그에게 지급할 매달의 임금에서 공제하여 공단에 내야 한다.

② 사용자는 제1항에 따라 임금에서 기여금을 공제하면 공제계산서를 작성하여 사업장가입자에게 내주어야 한다.

제91조(연금보험료 납부의 예외) ① 납부 의무자는 사업장가입자 또는 지역가입자가 다음 각 호의 어느 하나에 해당하는 사유로 연금보험료를 낼 수 없으면 대통령령으로 정하는 바에 따라 그 사유가 계속되는 기간에는 연금보험료를 내지 아니할 수 있다. <개정 2007.12.21>

1. 사업 중단, 실직 또는 휴직 중인 경우
2. '병역법' 제3조에 따른 병역의무를 수행하는 경우
3. '초·중등교육법' 제2조나 '고등교육법' 제2조에 따른 학교에 재학 중인 경우
4. '형의집행및수용자의처우에관한법률' 제11조에 따라 교정시설에 수용 중인 경우
5. 종전의 '사회보호법'에 따른 보호감호시설이나 '치료감호법'에 따른 치료감호시설에 수용 중인 경우
6. 1년 미만 행방불명된 경우. 이 경우 행방불명의 인정 기준 및 방법은 대통령령으로 정한다.
7. 재해·사고 등으로 소득이 감소되거나 그 밖에 소득이 있는 업무에 종사하지 아니하는 경우로서 대통령령으로 정하는 경우

② 제1항에 따라 연금보험료를 내지 아니한 기간은 가입기간에 산입하지 아니한다.

제92조(연금보험료의 추후 납부) ① 다음 각 호의 어느 하나에 해당하는 자는 해당 호에 규정된 기간의 전부 또는 일부에 상응하는 보험료(이하 '추납보험료'라 한다.)의 추후 납부를 신청할 수 있다.

1. 제91조 제1항에 따라 연금보험료를 내지 아니한 가입자: 그 연금보험료를 내지 아니한 기간

2. '병역법' 제3조에 따른 병역의무를 마친 후 가입자의 자격을 취득한 자: 해당 병역의무를 수행한 기간('공무원연금법', '사립학교교직원 연금법', '별정우체국법'에 따른 재직 기간에 포함된 기간, '군인연금법'에 따른 복무 기간에 포함된 기간 및 1988년 1월 1일 전에 병역의무를 수행한 기간은 제외한다.)

② 추납보험료는 추후 납부를 신청한 날이 속하는 달의 연금보험료에 추후 납부하려는 기간의 개월 수를 곱한 금액으로 한다.

③ 추납보험료는 대통령령으로 정하는 바에 따라 분할하여 납부할 수 있다. 이 경우 대통령령으로 정하는 이자를 더하여야 한다.

④ 제1항부터 제3항까지의 규정에 따른 추납보험료를 낸 경우에는 그에 상응하는 기간은 가입기간에 넣어서 계산한다.

⑤ 추납보험료의 납부 신청, 납부 방법 및 납부 기한 등 추납보험료의 납부에 관하여 필요한 사항은 대통령령으로 정한다.

제93조(임의계속가입자의 자격상실자에 대한 미납보험료 납부의 특례) 제13조 제3항 제2호부터 제4호까지의 규정에 따라 임의계속가입자의 자격을 상실한 자는 보건복지가족부령으로 정하는 바에 따라 제89조에 따른 납부 기한이 지난 보험료의 전부 또는 일부를 공단에 납부할 수 있다. 다만, 연금보험료 납입의 고지에 따른 납부 기한으로부터 3년이 지나면 연금보험료를 낼 수 없다. <개정 2008.2.29>

제94조(사업장가입자 및 지역가입자의 연금보험료의 납기 전 징수) 사업장가입자의 연금보험료 납부 의무자 및 지역가입자에게 다음 각 호의 어느 하나에 해당하는 사유가 있으면 납기(제89조 제5항에 따라 납부 기한을 연장한 경우에는 그 기한을 말한다.) 전이라도 연금보험료를 징수할 수 있다.

1. 국세, 지방세, 그 밖의 공과금이 체납되어 체납처분을 받은 때

2. 강제집행을 받은 때

3. 파산 선고를 받은 때

4. 경매가 개시된 때

5. 법인이 해산한 때

제95조(연금보험료의 독촉 및 체납처분) ① 공단은 사업장가입자와 지역가입자가 연금보험료나 그 밖의 이 법에 따른 징수금을 기한(제89조 제5항에 따라 납부 기한을 연장한 경우에는 그 기한을 말한다.)까지 내지 아니하면 대통령령으로 정하는 바에 따라 기한을 정하여 독촉하여야 한다.

② 공단은 제1항에 따라 독촉할 경우에는 10일 이상의 납부 기한을 정하여 독촉장을 발부하여야 한다.

③ 공단은 제1항에 따라 독촉을 받은 자가 그 기한까지 연금보험료나 그 밖의 이 법에 따른 징수금을 내지 아니하면 보건복지가족부장관의 승인을 받아 국세 체납처분의 예에 따라 징수할 수 있다. <개정 2008.2.29>

④ 공단은 제3항에 따른 국세 체납처분의 예에 따라 압류한 재산을 매각할 때 전문지식이 필요하거나 그 밖에 특수한 사정이 있어 직접 매각하는 것이 적당하지 아니하다고 인정되면 대통령령으로 정하는 바에 따라 '금융기관부실자산 등의 효율적 처리 및 한국자산관리공사의 설립에 관한 법률'에 따라 설립된 한국자산관리공사(이하 '한국자산관리공사'라 한다.)에 매각을 대행시킬 수 있다. 이 경우 한국자산관리공사가 한 매각은 공단이 한 것으로 본다.

⑤ 공단은 제4항에 따라 한국자산관리공사가 매각을 대행하는 경우에는 보건복지가족부령으로 정하는 바에 따라 수수료를 지급할 수 있다. <개정 2008.2.29>

제96조(서류의 송달) 제95조에 따른 서류의 송달에 관해서는 '국세기본법' 제8조부터 제12조까지의 규정을 준용한다.

제97조(연체금 등) ① 공단은 연금보험료의 납부 의무자가 납부 기한(제89조 제5항에 따라 납부 기한을 연장한 경우에는 그 기한을 말한다.)까지 연금보험료를 내지 아니하면 그 납부 기한이 경과한 날부터 체납된 연금보험료의 1천분의 30에 해당하는 연체금을 징수한다.

② 공단은 연금보험료의 납부 의무자가 체납된 연금보험료를 내지 아니하면 납부 기한이 경과한 날부터 1개월이 경과할 때마다 체납된 연금보험료의 1천분의 10에 해당하는 금액을 제1항에 따른 연체금에 가산하여 징수한다. 이 경우 연체금과 가산금의 합계액은 체납된 연금보험료의 1천분의 90을 초과하지 못한다.

③ 제1항 및 제2항에도 불구하고 천재지변이나 그 밖에 대통령령으로 정하는 부득이한 사유가 있는 경우에는 제1항 및 제2항에 따른 연체금·가산금을 징수하지 아니할 수 있다

제98조(연금보험료 징수의 우선순위) 연금보험료나 그 밖의 이 법에 따른 징수금을 징수하는 순위는 '국민건강보험법'에 따른 보험료와 같은 순위로 한다.

제99조(연금보험료 등의 징수권 소멸) 지역가입자, 임의가입자 및 임의계속가입자의 연금보험료 및 연체금을 징수할 공단의 권리는 다음 각 호의 어느 하나에 해당하는 때에 소멸한다.

　1. 가입자 또는 가입자였던 자가 사망한 때

　2. 본인이 노령연금을 받거나 제77조 제1항에 따라 반환일시금을 받은 때

　3. 제115조 제1항에 따라 소멸시효가 완성된 때

제100조(과오납금의 충당과 반환) 공단은 연금보험료, 연체금, 체납처분비를 징수하면서 발생한 과오납금이 있으면 대통령령으로 정하는 바에 따라 그 과오납금을 연금보험료나 그 밖의 이 법에 따른 징수금에 충당하거나 반환하여야 한다. 이 경우 과오납금에 대통령령으로 정하는 이자를 더하여야 한다.

제6장 국민연금기금

제101조(기금의 설치 및 조성) ① 보건복지가족부장관은 국민연금사업에 필요한 재원을 원활하게 확보하고, 이 법에 따른 급여에 충당하기 위한 책임준비금으로서 국민연금기금(이하 이 장에서 '기금'이라 한다.)을 설치한다. <개정 2008.2.29>

② 기금은 다음 각 호의 재원으로 조성한다.

　1. 연금보험료

　2. 기금 운용 수익금

　3. 적립금

　4. 공단의 수입지출 결산상의 잉여금

제102조(외국인에 대한 적용) ① 이 법의 적용을 받는 사업장에 사용되고 있는 외국인과 국내에 거주하는 외국인으로서 대통령령이 정하는 자를 제외한 외국인은 제6조의 규정에 불구하고 당연히 사업장가입자 또는 지역가입자가 된

다. 다만, 이 법에 의한 국민연금에 상응하는 연금에 관하여 외국인의 본국법이 대한민국국민에게 적용되지 아니하는 경우에는 그러하지 아니하다. <개정 1998.12.31>

② 제1항 본문의 규정에 의하여 사업장가입자 또는 지역가입자가 된 외국인에 대해서는 제67조 내지 제69조의 규정을 적용하지 아니한다. 다만, 다음 각 호의 어느 하나에 해당하는 외국인에 대해서는 그러하지 아니하다. <개정 1998.12.31, 2007.5.11>

    1. 외국인의 본국법이 대한민국 국민에게 제67조 내지 제69조의 규정에 따른 반환일시금에 상응하는 급여를 지급하도록 규정하고 있는 경우의 외국인

    2. '외국인근로자의 고용 등에 관한 법률'의 규정에 따른 외국인근로자로서 이 법을 적용받는 사업장에 사용된 자

    3. '출입국관리법' 제10조의 규정에 따라 산업연수활동을 할 수 있는 체류자격을 가지고 필요한 연수기간 동안 지정된 연수장소를 이탈하지 아니한 자로서 이 법을 적용받는 사업장에 사용된 자

③ 삭제 <2000.12.23>

[전문개정 1995.8.4]

제102조(기금의 관리 및 운용) ① 기금은 보건복지가족부장관이 관리·운용한다. <개정 2008.2.29>

② 보건복지가족부장관은 국민연금 재정의 장기적인 안정을 유지하기 위하여 그 수익을 최대로 증대시킬 수 있도록 제103조에 따른 국민연금기금운용위원회에서 의결한 바에 따라 다음의 방법으로 기금을 관리·운용하되, 가입자, 가입자였던 자 및 수급권자의 복지증진을 위한 사업에 대한 투자는 국민연금 재정의 안정을 해치지 아니하는 범위에서 하여야 한다. 다만, 제2호의 경우에는 기획재정부장관과 협의하여 국채를 매입한다. <개정 2007.8.3, 2008.2.29>

    1. 대통령령으로 정하는 금융기관에 대한 예입 또는 신탁

    2. 공공사업을 위한 공공부문에 대한 투자

    3. '자본시장과 금융투자업에 관한 법률' 제4조에 따른 증권의 매매 및 대여

    4. '자본시장과 금융투자업에 관한 법률' 제5조 제1항 각 호에 따른 지수 중 금융투자상품지수에 관한 파생상품시장에서의 거래

5. 제46조에 따른 복지사업 및 대여사업

6. 기금의 본래 사업 목적을 수행하기 위한 재산의 취득 및 처분

7. 그 밖에 기금의 증식을 위하여 대통령령으로 정하는 사업

③ 제2항 제5호와 제6호에 따른 Q사업 외의 사업으로 기금을 관리·운용하는 경우에는 자산 종류별 시장수익률을 넘는 수익을 낼 수 있도록 신의를 지켜 성실하게 하여야 한다. 다만, 제2항 제2호에 따라 기금을 '공공자금관리기금법'에 따른 공공자금관리기금(이하 '관리기금'이라 한다.)에 예탁할 경우 그 수익률은 같은 법 제7조 제2항에 따라 공공자금관리기금운용위원회가 5년 만기 국채 수익률 이상의 수준에서 대통령령으로 정하는 바에 따라 제103조에 따른 국민연금기금운용위원회와 협의하여 정한다.

④ 보건복지가족부장관은 기금의 운용 성과 및 재정 상태를 명확히 하기 위하여 대통령령으로 정하는 바에 따라 기금을 계리(計理)하여야 한다. <개정 2008.2.29>

⑤ 보건복지가족부장관은 기금의 관리·운용에 관한 업무의 일부를 대통령령으로 정하는 바에 따라 공단에 위탁할 수 있다. <개정 2008.2.29>

[시행일: 2009.2.4] 제102조 제2항 제3호, 제102조 제2항 제4호

제103조(국민연금기금운용위원회) ① 기금의 운용에 관한 다음 각 호의 사항을 심의·의결하기 위하여 보건복지가족부에 국민연금기금운용위원회(이하 '운용위원회'라 한다.)를 둔다. <개정 2008.2.29>

1. 기금운용지침에 관한 사항

2. 기금을 관리기금에 위탁할 경우 예탁 이자율의 협의에 관한 사항

3. 기금 운용 계획에 관한 사항

4. 제107조 제3항에 따른 기금의 운용 내용과 사용 내용에 관한 사항

5. 그 밖에 기금의 운용에 관하여 중요한 사항으로서 운용위원회 위원장이 회의에 부치는 사항

② 운용위원회는 위원장인 보건복지가족부장관, 당연직 위원인 기획재정부차관·농림수산식품부차관·지식경제부차관·노동부차관과 공단 이사장 및 위원장이 위촉하는 다음 각 호의 위원으로 구성한다. <개정 2008.2.29>

1. 사용자를 대표하는 위원으로서 사용자 단체가 추천하는 자 3명

2. 근로자를 대표하는 위원으로서 노동조합을 대표하는 연합단체가 추천하는 자 3명

3. 지역가입자를 대표하는 위원으로서 다음의 자

　가. 농어업인 단체가 추천하는 자 2명

　나. 농어업인 단체 외의 자영자 관련 단체가 추천하는 자 2명

　다. 소비자 단체 및 시민 단체가 추천하는 자 2명

4. 관계 전문가로서 국민연금에 관한 학식과 경험이 풍부한 자 2명

③ 위원의 임기는 2년으로 하고, 1차만 연임할 수 있다. 다만, 위원장과 당연직 위원의 임기는 그 재임기간으로 한다.

④ 위원장은 운용위원회의 회의를 소집하고 그 의장이 되며, 회의의 일시·장소·토의내용·의결사항이 기록된 회의록을 작성하여 갖추어 두고 이를 공개하여야 한다.

⑤ 운용위원회의 회의는 연 4회 이상 개최하여야 하며, 재적 위원 과반수의 출석으로 개회하고, 출석 위원 과반수의 찬성으로 의결한다. 이 경우 출석하지 아니한 위원은 의결권을 행사하지 아니한 것으로 본다.

⑥ 보건복지가족부장관은 운용위원회의 요구에 따라 회의에 필요한 자료를 사전에 제출하여야 한다. <개정 2008.2.29>

⑦ 운용위원회의 구성 및 운영 등에 필요한 사항은 대통령령으로 정한다.

제104조(국민연금기금운용실무평가위원회) ① 기금의 운용에 관한 다음 사항을 심의·평가하기 위하여 운용위원회에 국민연금기금운용실무평가위원회(이하 '실무평가위원회'라 한다.)를 둔다.

1. 기금 운용 자산의 구성과 기금의 회계 처리에 관한 사항

2. 기금 운용 성과의 측정에 관한 사항

3. 기금의 관리·운용과 관련하여 개선하여야 할 사항

4. 운용위원회에 상정할 안건 중 실무평가위원회의 위원장이 필요하다고 인정한 사항

5. 그 밖에 운용위원회에서 심의를 요청한 사항

② 실무평가위원회는 위원장인 보건복지가족부차관, 위원 중에서 호선하는 부위원장 및 위원장이 위촉하는 다음 각 호의 위원으로 구성한다. <개정 2008.2.29>

1. 운용위원회의 위원 중 제103조 제2항에 따른 위원장과 당연직 위원(공단이사장은 제외한다.)이 각각 지명하는 소속 부처의 3급 국가공무원 또는 고위공무원단에 속하는 일반직 공무원

2. 사용자를 대표하는 위원으로서 사용자 단체가 추천하는 자 3명

3. 근로자를 대표하는 위원으로서 노동조합을 대표하는 연합단체가 추천하는 자 3명

4. 지역가입자를 대표하는 위원으로서 다음의 자

가. 농어업인 단체가 추천하는 자 2명

나. 농어업인 외의 자영자 관련 단체가 추천하는 자 2명

다. 소비자 단체와 시민 단체가 추천하는 자 2명

5. 국민연금제도와 국민연금기금 운용에 관한 학식과 경험이 풍부한 자 2명

③ 제2항 제2호부터 제4호까지의 규정에 따라 각 단체가 위원을 추천하려면 다음 각 호의 어느 하나에 해당하는 자 중에서 추천하여야 한다.

1. 변호사 또는 공인회계사의 자격이 있는 자

2. 사회복지학·경제학 또는 경영학 등을 전공하고 '고등교육법'에 따른 대학에서 전임강사 이상의 직(職)에 3년 이상 재직 중인 자

3. 사회복지학·경제학 또는 경영학 등의 박사학위를 가진 자로서 연구기관이나 공공기관에서 3년 이상 재직한 경력이 있는 자

④ 위원의 임기는 2년으로 하고, 중임할 수 있다. 다만, 위원장 및 공무원인 위원의 임기는 그 재임기간으로 한다.

⑤ 기금 관련 담당부서는 실무평가위원회의 요구에 따라 회의에 필요한 자료를 사전에 제출하여야 한다.

⑥ 실무평가위원회는 기금 운용에 관한 평가 결과를 다음 연도 6월 말까지 운용위원회에 제출하여야 한다.

⑦ 실무평가위원회의 구성 및 운영 등에 필요한 사항은 대통령령으로 정한다.

제105조(국민연금기금 운용지침) ① 운용위원회는 가입자의 권익이 극대화되도록 매년 다음 사항에 관한 국민연금기금운용지침(이하 '기금운용지침'이라 한다.)을 마련하여야 한다.

1. 공공사업에 사용할 기금 자산의 비율

2. 공공사업에 대한 기금 배분의 우선순위

3. 가입자, 가입자였던 자 및 수급권자의 복지증진을 위한 사업비

4. 기금의 증식을 위한 가입자 및 가입자였던 자에 대한 대여사업비

② 기금운용지침에 관하여 필요한 사항은 대통령령으로 정한다.

제106조(기금 출납) 기금의 관리·운용 중 출납 절차에 관한 사항은 대통령령으

로 정한다.

제107조(기금 운용계획 등) ① 보건복지가족부장관은 매년 기금 운용계획을 세워서 운용위원회 및 국무회의의 심의를 거쳐 대통령의 승인을 받아야 한다. <개정 2008.2.29>

② 정부는 제1항에 따른 기금 운용계획을 전년도 10월 말까지 국회에 보고하여야 한다.

③ 보건복지가족부장관은 기금의 운용 내용을, 기획재정부장관은 관리기금에 예탁된 기금의 사용 내용을 각각 다음 연도 6월 말까지 운용위원회에 제출하여야 한다. <개정 2008.2.29>

④ 운용위원회의 위원장은 제3항에 따른 기금의 운용 내용과 사용 내용을 운용위원회의 심의를 거쳐 국회에 제출하고 대통령령으로 정하는 바에 따라 공시하여야 한다.

제7장 심사청구와 재심사청구

제108조(심사청구) ① 가입자의 자격, 기준소득월액, 연금보험료, 그 밖의 이 법에 따른 징수금과 급여에 관한 공단의 처분에 이의가 있는 자는 공단에 심사청구를 할 수 있다.

② 제1항에 따른 심사청구는 그 처분이 있음을 안 날부터 90일 이내에 문서로 하여야 한다. 다만, 정당한 사유로 그 기간에 심사청구를 할 수 없었음을 증명하면 그 기간이 지난 후에도 심사 청구를 할 수 있다.

제109조(국민연금심사위원회) ① 제108조에 따른 심사청구 사항을 심사하기 위하여 공단에 국민연금심사위원회(이하 '심사위원회'라 한다.)를 둔다.

② 심사위원회의 구성·운영 및 심사 등에 필요한 사항은 대통령령으로 정한다.

제110조(재심사청구) 제108조에 따른 심사청구에 대한 결정에 불복하는 자는 그 결정통지를 받은 날부터 90일 이내에 국민연금재심사위원회에 재심사를 청구할 수 있다.

제111조(국민연금재심사위원회) ① 제110조에 따른 재심사청구 사항을 심사하기 위하여 보건복지가족부에 국민연금재심사위원회(이하 '재심사위원회'라 한다.)를 둔다. <개정 2008.2.29>

② 재심사위원회의 구성·운영 및 재심사 등에 필요한 사항은 대통령령으로 정한다.

제112조(행정심판과의 관계) ① 재심사위원회의 재심사와 재결에 관한 절차에 관해서는 '행정심판법'을 준용한다.

② 제110조에 따른 재심사청구 사항에 대한 재심사위원회의 재심사는 '행정소송법' 제18조를 적용할 때 '행정심판법'에 따른 행정심판으로 본다.

제8장 보칙

제113조(연금의 중복급여의 조정) 장애연금 또는 유족연금의 수급권자가 이 법에 따른 장애연금 또는 유족연금의 지급 사유와 같은 사유로 다음 각 호의 어느 하나에 해당하는 급여를 받을 수 있는 경우에는 제68조에 따른 장애연금액이나 제74조에 따른 유족연금액은 그 2분의 1에 해당하는 금액을 지급한다.

1. '근로기준법' 제80조에 따른 장해보상, 같은 법 제82조에 따른 유족보상 또는 같은 법 제84조에 따른 일시보상
2. '산업재해보상보험법' 제40조에 따른 장해급여나 같은 법 제43조에 따른 유족급여
3. '선원법' 제88조에 따른 장해보상, 같은 법 제89조에 따른 일시보상 또는 같은 법 제90조에 따른 유족보상
4. '어선원 및 어선 재해보상보험법' 제25조에 따른 장해급여, 같은 법 제26조에 따른 일시보상급여 또는 같은 법 제27조에 따른 유족급여

제114조(대위권 등) ① 공단은 제3자의 행위로 장애연금이나 유족연금의 지급 사유가 발생하여 장애연금이나 유족연금을 지급한 때에는 그 급여액의 범위에서 제3자에 대한 수급권자의 손해배상청구권에 관하여 수급권자를 대위(代位)한다.

② 제3자의 행위로 장애연금이나 유족연금의 지급 사유가 발생한 경우 그와 같은 사유로 제3자로부터 손해배상을 받았으면 공단은 그 배상액의 범위에서 제1항에 따른 장애연금이나 유족연금을 지급하지 아니한다.

제115조(시효) ① 연금보험료, 환수금, 그 밖의 이 법에 따른 징수금을 징수하거나 환수할 공단의 권리는 3년간, 급여를 받거나 과오납금을 반환받을 수급권

자 또는 가입자 등의 권리는 5년간 행사하지 아니하면 각각 소멸시효가 완성된다.

② 급여를 지급받을 권리는 그 급여 전액에 대하여 지급이 정지되어 있는 동안은 시효가 진행되지 아니한다.

③ 연금보험료나 그 밖의 이 법에 따른 징수금 등의 납입 고지, 제95조 제1항에 따른 독촉과 급여의 지급 또는 과오납금 등의 반환청구는 소멸시효 중단의 효력을 가진다.

④ 제3항에 따라 중단된 소멸시효는 납입 고지나 독촉에 따른 납입 기간이 지난 때부터 새로 진행된다.

⑤ 제1항에 따른 급여의 지급이나 과오납금 등의 반환청구에 관한 기간을 계산할 때 그 서류의 송달에 들어간 일수는 그 기간에 산입하지 아니한다.

제116조(반환일시금의 소멸시효에 관한 특례) ① 제115조에도 불구하고 제77조 제1항 제3호, 종전의 제67조 제1항 제1호(법률 제3902호 국민복지연금법개정법률에 따라 개정되어 법률 제5623호 국민연금법중개정법률에 따라 폐지된 규정을 말한다.) 및 종전의 제67조 제1항 제4호(법률 제6027호 국민연금법중개정법률에 따라 개정된 규정을 말한다.)에 따라 반환일시금의 수급권이 발생한 자가 제77조 제1항 제1호 또는 제2호에 해당하게 된 때에는 반환일시금을 지급받을 수 있다.

② 제1항에 따라 반환일시금을 지급받을 권리에 관해서는 제115조 제1항을 준용한다.

제117조(단수의 처리) 이 법에 따른 급여·연금보험료·반환금 등을 계산할 때 그 금액에 10원 미만의 단수(端數)가 있으면 '국고금관리법'을 준용하여 계산한다.

제118조(연금원부) 공단은 국민연금원부(原簿)를 갖추어 두고 가입자, 가입자였던 자 및 수급권자의 인적 사항, 자격 취득 및 상실, 연금보험료 납부, 급여 지급 상황, 그 밖에 보건복지가족부령으로 정하는 사항을 기록·보관하여야 한다. <개정 2008.2.29>

제119조(근로자의 권익 보호) 사용자는 근로자가 가입자로 되는 것을 방해하거나 부담금의 증가를 기피할 목적으로 정당한 사유 없이 근로자의 승급(昇級) 또는 임금 인상을 하지 아니하거나 해고나 그 밖의 불리한 대우를 하여서는 아니 된다.

제120조(진단) 공단은 필요하다고 인정하면 장애에 따른 수급권자 또는 부양가족

연금액의 계산 대상이 되는 자에게 공단이 지정하는 의사의 진단을 받을 것을 요구하거나 소속 직원을 시켜 장애 상태를 확인하게 할 수 있다.

제121조(신고 등) ① 가입자, 가입자였던 자 또는 수급권자는 가입자 자격·연금보험료·수급권의 발생과 변경 등에 관련된 사항으로서 보건복지가족부령으로 정하는 사항을 공단 또는 사용자에게 신고하거나 통보하여야 한다. <개정 2008.2.29>

② 가입자, 가입자였던 자 또는 수급권자가 사망하면 '가족관계의 등록 등에 관한 법률' 제85조에 따른 신고의무자는 1개월 이내에 그 사실을 공단에 신고하여야 한다.

제122조(조사·질문 등) ① 공단은 가입자의 자격, 기준소득월액, 연금보험료 또는 급여에 관한 결정 등이나 수급권 또는 급여의 발생·변경·소멸·정지 등에 관한 확인을 위하여 필요하다고 인정하면 사용자, 가입자, 가입자였던 자 또는 수급권자에게 필요한 서류나 그 밖의 소득·재산 등에 관한 자료를 제출하도록 요구하거나 소속 직원으로 하여금 사업장이나 그 밖의 필요한 장소에 출입하여 서류 등을 조사하거나 관계인에게 필요한 질문을 하게 할 수 있다.

② 제1항에 따라 출입·조사·질문하는 공단 직원은 그 권한을 표시하는 증표를 지니고 이를 관계인에게 내보여야 한다.

제123조(자료의 요청) ① 공단은 국가, 지방자치단체, 그 밖의 공공단체 등에 대하여 국민연금사업과 관련하여 필요한 자료를 요청할 수 있으며, 요청받은 국가, 지방자치단체, 그 밖의 공공단체 등은 특별한 사유가 없으면 요청받은 자료를 제공하여야 한다.

② 제1항에 따라 공단에 제공되는 자료에 대해서는 사용료, 수수료 등을 면제한다.

제124조(비밀 유지) 공단에 종사하였던 자 또는 종사하는 자는 그 업무상 알게 된 비밀을 누설하여서는 아니 된다.

제125조(소득축소·탈루자료 통보 등) ① 공단은 제21조에 따른 소득월액 등의 신고 내용에 축소나 탈루가 있다고 인정되는 경우에는 보건복지가족부장관에게 보고하고 소득축소 또는 탈루혐의 자료를 문서로 작성하여 국세청장에게 통보할 수 있다. <개정 2008.2.29>

② 제1항에 따른 명세를 통보받은 국세청장은 '국세기본법' 등 관련 법률에

따라 세무조사를 실시한 경우에는 그 조사 결과 중 소득에 관한 사항을 공단에 통보하여야 한다.

③ 제1항 및 제2항에 따른 통보절차와 그 밖에 필요한 사항은 대통령령으로 정한다.

제126조(외국인에 대한 적용) ① 이 법의 적용을 받는 사업장에 사용되고 있는 외국인과 국내에 거주하는 외국인으로서 대통령령으로 정하는 자 외의 외국인은 제6조에도 불구하고 당연히 사업장가입자 또는 지역가입자가 된다. 다만, 이 법에 따른 국민연금에 상응하는 연금에 관하여 그 외국인의 본국 법이 대한민국 국민에게 적용되지 아니하면 그러하지 아니하다.

② 제1항 본문에 따라 사업장가입자 또는 지역가입자가 된 외국인에게는 제77조부터 제79조까지의 규정을 적용하지 아니한다. 다만, 다음 각 호의 어느 하나에 해당하는 외국인에 대해서는 그러하지 아니하다.

1. 외국인의 본국 법이 대한민국 국민에게 제77조부터 제79조까지의 규정에 따른 반환일시금에 상응하는 급여를 지급하도록 규정하고 있는 경우의 외국인

2. '외국인근로자의 고용 등에 관한 법률'에 따른 외국인근로자로서 이 법을 적용받는 사업장에 사용된 자

3. '출입국관리법' 제10조에 따라 산업연수활동을 할 수 있는 체류자격을 가지고 필요한 연수기간 동안 지정된 연수장소를 이탈하지 아니한 자로서 이 법을 적용받는 사업장에 사용된 자

제127조(외국과의 사회보장협정) 대한민국이 외국과 사회보장협정을 맺은 경우에는 이 법에도 불구하고 국민연금의 가입, 연금보험료의 납부, 급여의 수급 요건, 급여액의 산정, 급여의 지급 등에 관하여 그 사회보장협정에서 정하는 바에 따른다.

제9장 벌칙

제128조(벌칙) ① 거짓이나 그 밖의 부정한 방법으로 급여를 받은 자는 3년 이하의 징역이나 1천만 원 이하의 벌금에 처한다.

② 다음 각 호의 어느 하나에 해당하는 자는 1년 이하의 징역이나 500만 원

이하의 벌금에 처한다.

    1. 제88조 제2항에 따른 부담금의 전부 또는 일부를 사업장가입자에게 부담하게 하거나 제90조 제1항에 따라 임금에서 기여금을 공제할 때 기여금을 초과하는 금액을 사업장가입자의 임금에서 공제한 사용자

    2. 제95조 제2항에 따른 납부 기한까지 정당한 사유 없이 연금보험료를 내지 아니한 사용자

    3. 제119조를 위반하여 근로자가 가입자로 되는 것을 방해하거나 부담금의 증가를 기피할 목적으로 정당한 사유 없이 근로자의 승급 또는 임금 인상을 하지 아니하거나 해고나 그 밖의 불리한 대우를 한 사용자

    4. 제124조를 위반하여 업무를 수행하면서 알게 된 비밀을 누설한 자

제129조(벌칙) 다음 각 호의 어느 하나에 해당하는 자는 50만 원 이하의 벌금에 처한다.

    1. 제21조 제1항을 위반하여 신고를 하지 아니하거나 거짓으로 신고한 사용자

    2. 제122조에 따라 공단 또는 공단의 직원이 서류나 그 밖의 자료 제출을 요구하거나 조사·질문을 할 때 이를 거부·기피·방해하거나 거짓으로 답변한 사용자

제130조(양벌규정) ① 법인의 대표자, 대리인, 사용인, 그 밖의 종업원이 그 법인의 업무에 관하여 제128조 또는 제129조의 위반행위를 하면 행위자를 벌할 뿐만 아니라 그 법인에게도 해당 조문의 벌금형을 과한다.

② 개인의 대리인, 사용인, 그 밖의 종업원이 그 개인의 업무에 관하여 제128조 또는 제129조의 위반행위를 하면 행위자를 벌할 뿐만 아니라 그 개인에게도 해당 조문의 벌금형을 과한다.

제131조(과태료) 다음 각 호의 어느 하나에 해당하는 자에게는 10만 원 이하의 과태료를 부과한다.

    1. 제21조 제2항·제121조 제1항 또는 제2항에 따른 신고를 하지 아니한 자

    2. 제23조 제2항에 따른 통지를 하지 아니한 자

    3. 제122조에 따라 공단 또는 공단의 직원이 서류나 그 밖의 소득·재산 등에 관한 자료의 제출을 요구하거나 조사·질문할 때 이를 거부·기피·방해하거나 거짓으로 답변한 가입자, 가입자였던 자 또는 수급권자

제132조(과태료의 부과·징수 절차) ① 제131조에 따른 과태료는 대통령령으로 정하는 바에 따라 보건복지가족부장관이 부과·징수한다. <개정 2008.2.29>

② 제1항에 따른 과태료 처분에 불복하는 자는 그 처분을 고지받은 날부터 30일 이내에 보건복지가족부장관에게 이의를 제기할 수 있다. <개정 2008.2.29>

③ 제1항에 따라 과태료 처분을 받은 자가 제2항에 따라 이의를 제기하면 보건복지가족부장관은 지체 없이 관할 법원에 그 사실을 알려야 하며, 그 통보를 받은 관할 법원은 '비송사건절차법'에 따른 과태료 재판을 한다. <개정 2008.2.29>

④ 제2항에 따른 기간에 이의를 제기하지 아니하고 과태료를 내지 아니하면 국세 체납처분의 예에 따라 징수한다.

부칙 〈제8541호, 2007.7.23〉

제1조(시행일) 이 법은 공포한 날부터 시행한다. 다만, 제3조 제1항 제3호 및 제5호, 제9조 제5호, 제17조 제1항, 제18조, 제19조, 제51조 제1항, 제57조 제4항, 제58조 제2항, 제77조 제2항, 제80조 제1항 후단, 제91조 제1항 제6호의 개정규정은 2008년 1월 1일부터 시행한다.

제2조(노령연금에 관한 특례) ① 1988년 1월 1일 현재 45세 이상 60세 미만인 자(특수직종근로자의 경우에는 40세 이상 55세 미만인 자)가 가입기간이 5년 이상이 되는 때에는 제61조의 개정규정에도 불구하고 일정한 금액의 연금을 지급한다.

② 제1항에 따른 연금의 금액은 기본연금액의 1천분의 250에 해당하는 액에 부양가족연금액을 더한 액으로 한다. 다만, 5년을 초과하는 경우에는 그 초과하는 1년(1년 미만의 매 1개월은 12분의 1년으로 계산한다.)마다 기본연금액의 1천분의 50에 해당하는 액을 더한다.

제3조(연금보험료에 관한 적용례) ① 사업장가입자의 연금보험료는 법률 제3902호 국민복지연금법개정법률 제75조 제2항에도 불구하고 1997년까지는 다음의 액으로 한다.

1. 기여금 및 부담금은 1988년부터 1992년까지는 각각 표준소득월액의 1천분의 15에 해당하는 액으로 하고, 1993년부터 1997년까지는 각각 표준소득월액의 1천분의 20에 해당하는 액으로 한다.

2. 퇴직금전환금은 1988년부터 1992년까지는 0으로 하고, 1993년부터 1997년까지는 표준소득월액의 1천분의 20에 해당하는 액으로 한다.

② 임의가입자 및 임의계속가입자의 연금보험료는 법률 제3902호 국민복지연금법개정법률 제75조 제3항에도 불구하고 1988년부터 1992년까지는 표준소득월액의 1천분의 30으로 하고, 1993년부터 1997년까지는 표준소득월액의 1천분의 60으로 한다.

제4조(장해연금수급권자에 대한 적용례) 법률 제4110호 국민연금법중개정법률 제58조 제1항 및 제2항은 1988년 1월 1일부터 같은 법 시행일인 1989년 3월 31일까지의 기간에 발생한 부상으로 인하여 장해가 발생한 자에 대해서도 적용한다.

제5조(농어민의 가입에 관한 특례) 법률 제4909호 국민연금법중개정법률의 시행일인 1995년 7월 1일 당시 농어민으로 60세 이상 65세 미만인 자는 같은 법 제6조에도 불구하고 1995년 12월 31일까지 보건복지부령으로 정하는 바에 따라 공단에 가입신청을 하는 경우 70세에 달할 때까지 같은 법 제10조에 따른 지역가입자가 될 수 있다.

제6조(지역가입자의 노령연금에 관한 특례) ① 법률 제4909호 국민연금법중개정법률의 시행일인 1995년 7월 1일 당시 45세 이상 60세 미만인 같은 법 제10조에 따른 지역가입자 및 같은 법 부칙 제3조에 따른 지역가입자가 가입기간이 5년 이상이 되는 때에는 제61조의 개정규정에도 불구하고 일정한 금액의 연금을 지급한다.

② 제1항에 따른 연금의 금액은 기본연금액의 1천분의 250에 해당하는 금액에 부양가족연금액을 더한 금액으로 한다. 다만, 5년을 초과하는 경우에는 그 초과하는 1년(1년 미만의 매 1개월은 12분의 1년으로 계산한다.)마다 기본연금액의 1천분의 50에 해당하는 금액을 더한다.

제7조(농어업인에 대한 연금보험료 보조) 농어업인으로서 법률 제4909호 국민연금법중개정법률 제10조 또는 같은 법 부칙 제3조에 따라 지역가입자로 된 자와 지역가입자에서 임의계속가입자로 된 자에게는 같은 법 제75조 제3항에도 불구하고 2014년 12월 31일까지 본인이 부담할 연금보험료 중 100분의 50의 범위 내에서 대통령령으로 정하는 바에 따라 농어촌구조개선특별회계에서 지원한다.

제8조(급여의 지급연령에 관한 적용례) 법률 제5623호 국민연금법중개정법률 제48조 제1항 제3호, 제56조 제1항, 제56조 제2항부터 제4항까지, 제57조 제3항 각 호·같은. 조 제4항 각 호, 제57조의 2 제1항 각 호, 제57조의 4 제1항, 제

58조 제2항, 제63조 제1항 제3호 단서·제5호 단서, 제66조 제1항 본문과 제67조 제1항 제1호·제2항 단서 및 제93조의 2 중 급여에 관한 지급연령은 그 지급연령에 관한 각각의 규정에도 불구하고 그 지급연령에 2013년부터 2017년까지는 1세를, 2018년부터 2022년까지는 2세를, 2023년부터 2027년까지는 3세를, 2028년부터 2032년까지는 4세를, 2033년 이후에는 5세를 각각 더한 연령을 적용한다.

제9조(노령연금에 관한 특례) ① 1999년 4월 1일 현재 50세 이상 60세 미만인 자로서 다음 각 호의 어느 하나에 해당하는 자에 대해서는 제61조의 개정규정에도 불구하고 해당 호에 규정된 날부터 일정한 금액의 연금을 지급한다.

   1. 60세가 되기 전에 가입기간이 5년 이상 10년 미만이 되는 자: 60세가 되는 날

   2. 60세가 된 후에 가입기간이 5년 이상이 되는 자: 가입자 자격을 상실한 날

② 제1항에 따른 특례노령연금의 금액은 기본연금액의 1천분의 250에 해당하는 금액에 부양가족연금액을 더한 금액으로 한다. 다만, 5년을 초과하는 경우에는 그 초과하는 1년(1년 미만의 매 1개월은 12분의 1년으로 계산한다.)마다 기본연금액의 1천분의 50에 해당하는 금액을 더한다.

③ 제1항 및 제2항은 법률 제5623호 국민연금법중개정법률 부칙 제14조에 따라 지역가입자로 된 자가 가입기간이 5년 이상 되고 가입자 자격을 상실한 경우에 준용한다.

제10조(고령자의 가입에 관한 특례) 1999년 4월 1일 현재 60세 이상 65세 미만인 자는 법률 제5623호 국민연금법중개정법률 제6조 및 제10조에도 불구하고 2000년 3월 31일까지 보건복지부령으로 정하는 바에 따라 공단에 가입신청을 하는 경우에는 제9조의 개정규정에 따른 지역가입자가 될 수 있다.

제11조(반환일시금의 지급 등에 관한 특례) ① 법률 제5623호 국민연금법중개정법률 부칙 제16조 제1항에 따라 반환일시금을 지급받은 자는 같은 법 제68조 제1항에도 불구하고 반납금을 공단에 납부할 수 있다.

② 1999년 4월 1일 전의 퇴직연금등수급권자가 사업장가입자 또는 지역가입자의 자격을 상실한 때에는 법률 제5623호 국민연금법중개정법률 제67조 제1항 제1호에도 불구하고 반환일시금을 지급받을 수 있다.

제12조(연금보험료에 관한 적용례) ① 법률 제5623호 국민연금법중개정법률 제10조에 따른 지역가입자, 같은 법 제10조의 2에 따른 임의가입자, 부칙 제10조에

따른 지역가입자와 국민연금에 가입된 사업장에 종사하지 아니하는 임의계
속가입자의 연금보험료는 같은 법 제4조 제1항 및 같은 법 제75조 제3항에
도 불구하고 1999년 4월부터 2000년 6월까지는 표준소득월액의 1천분의 30
에 해당하는 금액으로, 2000년 7월부터 2001년 6월까지는 표준소득월액의 1
천분의 40에 해당하는 금액으로, 2001년 7월부터 2002년 6월까지는 표준소
득월액의 1천분의 50에 해당하는 금액으로, 2002년 7월부터 2003년 6월까지
는 표준소득월액의 1천분의 60에 해당하는 금액으로, 2003년 7월부터 2004
년 6월까지는 표준소득월액의 1천분의 70에 해당하는 금액으로, 2004년 7월
부터 2005년 6월까지는 표준소득월액의 1천분의 80에 해당하는 금액으로 한다.
② 법률 제5623호 국민연금법중개정법률 제75조 제2항에 따른 기여금 및 부
담금과 같은 조 제3항에 따른 연금보험료는 제4조 제1항의 개정규정에도 불
구하고 2009년까지 조정하지 아니한다.

제13조(반환일시금 지급에 관한 적용특례) 법률 제6027호 국민연금법중개정법률의 시
행일인 1999년 9월 7일 전에 같은 법 제67조 제1항 제3호 및 제4호에 해당
하는 자도 반환일시금을 지급받을 수 있다.

제14조(지역가입자 및 임의가입자에 대한 반환일시금의 지급 등에 관한 특례) 법률 제6027
호 국민연금법중개정법률 부칙 제3조 제1항에 따라 반환일시금을 지급받은
자는 같은 법 제68조 제1항에도 불구하고 반납금을 공단에 납부할 수 있다.

제15조(생활안정자금을 대여받은 자에 대한 반환일시금 지급 등에 관한 특례) 법률 제6164
호 국민연금법중개정법률 부칙 제2조 제1항에 따른 반환일시금의 청구·지
급 및 반납금의 납부 등에 관해서는 같은 법 제67조 제2항·제3항 및 제68
조를 각각 준용하되, 지급할 반환일시금을 산정할 때 가입기간 및 보험료의
계산은 최초 가입기간부터 순차적으로 산입하고, 더할 이자를 산정할 때 이
자의 계산기간은 대여를 받기 전 자격상실일이 속한 달의 다음 달부터 반환
일시금을 청구한 날이 속한 달까지의 월수에 의한다.

제16조(부양가족연금액의 지급에 관한 적용례) 법률 제6286호 국민연금법중개정법률
제48조 제1항은 그 시행일인 2000년 12월 23일 전에 수급권을 취득한 자에
대하여 그 시행일인 2000년 12월 23일 이후 지급되는 부양가족연금액 분부
터 적용한다.

제17조(연금의 지급기간에 관한 적용례) 법률 제6286호 국민연금법중개정법률 제50조
제1항은 그 시행일인 2000년 12월 23일 이후 반납금 또는 추납보험료의 납

부신청을 한 자부터 적용한다.

제18조(급여의 지급연령에 관한 적용례) 법률 제6286호 국민연금법중개정법률 제58조 제3항 중 급여에 관한 지급연령은 그 지급연령에 관한 규정에도 불구하고 그 지급연령에 2013년부터 2017년까지는 1세를, 2018년부터 2022년까지는 2세를, 2023년부터 2027년까지는 3세를, 2028년부터 2032년까지는 4세를, 2033년 이후에는 5세를 각각 더한 연령을 적용한다.

제19조(가입기간 추가산입에 관한 적용례) 제18조의 개정규정은 2008년 1월 1일 이후 최초로 '병역법'에 따른 병역의무를 수행하는 자부터 적용하고, 제19조의 개정규정은 2008년 1월 1일 이후에 자녀를 얻은 경우에 한하여 적용하되, 2007년 12월 31일 이전에 얻은 자녀가 있는 경우에는 다음 각 호의 구분에 따라 가입기간을 추가 산입한다.

1. 2007년 12월 31일 이전에 얻은 자녀의 수가 1명인 경우: 2008년 1월 1일 이후에 얻은 자녀와 2007년 12월 31일 이전에 얻은 자녀의 수를 합하여 제19조의 개정규정을 적용한다.

2. 2007년 12월 31일 이전에 얻은 자녀의 수가 2명 이상인 경우: 2008년 1월 1일 이후에 얻은 자녀 1명마다 18개월을 더하되, 그 기간은 50개월을 초과할 수 없다.

제20조(기본연금액 산정에 대한 적용례) 2008년부터 2027년까지 각 연도별 제51조 제1항 본문에 따른 기본연금액은 제51조 제1항의 개정규정에도 불구하고 제51조 제1항 각 호의 금액을 합산한 금액에 다음 각 호의 해당 연도의 비율을 곱한 금액으로 한다.

1. 2008년은 1천분의 1천500
2. 2009년은 1천분의 1천485
3. 2010년은 1천분의 1천470
4. 2011년은 1천분의 1천455
5. 2012년은 1천분의 1천440
6. 2013년은 1천분의 1천425
7. 2014년은 1천분의 1천410
8. 2015년은 1천분의 1천395
9. 2016년은 1천분의 1천380
10. 2017년은 1천분의 1천365

11. 2018년은 1천분의 1천350
12. 2019년은 1천분의 1천335
13. 2020년은 1천분의 1천320
14. 2021년은 1천분의 1천305
15. 2022년은 1천분의 1천290
16. 2023년은 1천분의 1천275
17. 2024년은 1천분의 1천260
18. 2025년은 1천분의 1천245
19. 2026년은 1천분의 1천230
20. 2027년은 1천분의 1천215

제21조(급여의 지급연령에 관한 적용례) 제70조 제3항의 개정규정 중 급여에 관한 지급연령은 그 지급연령에 관한 규정에도 불구하고 그 지급연령에 2013년부터 2017년까지는 1세를, 2018년부터 2022년까지는 2세를, 2023년부터 2027년까지는 3세를, 2028년부터 2032년까지는 4세를, 2033년 이후에는 5세를 각각 더한 연령을 적용한다.

제22조(종전 지역가입자의 자격에 관한 경과조치) 법률 제4909호 국민연금법중개정법률 시행 당시 지역가입자 중 같은 법 제10조에 따른 지역가입자로 된 자 외의 자는 같은 법 제10조의 2에 따른 임의가입자가 된 것으로 본다.

제23조(이미 본국으로 귀국한 외국인 등에 대한 반환일시금 지급의 소급적용) 제126조 제2항 제2호 및 제3호의 개정규정은 법률 제8426호 국민연금법 일부개정법률의 시행일인 2007년 5월 11일 전에 본국으로 귀국한 외국인이나 제77조 제1항의 개정규정 각 호의 어느 하나에 해당한 외국인에게도 적용한다.

제24조(외국인 사업장가입자에 대한 경과조치) 법률 제4971호 국민연금법중개정법률의 시행일인 1995년 8월 4일 전에 종전의 규정에 따라 본인이 신청하여 사업장가입자가 된 외국인에게는 같은 법 제102조 제2항에도 불구하고 같은 법 시행 전에 가입하였던 기간에 대하여 같은 법 제67조부터 제69조까지의 규정을 적용한다.

제25조(사업장가입자 및 지역가입자에서 제외되는 자에 관한 경과조치) ① 법률 제5623호 국민연금법중개정법률 시행 전의 규정에 따른 사업장가입자 또는 지역가입자로서 같은 법 제8조 제1항 단서, 같은 조 제2항 전단 및 같은 법 제10조에 따라 그 가입대상에서 제외되는 자는 같은 규정에 따른 사업장가입자 또

는 지역가입자로 본다.

② 제1항에 따른 사업장가입자 또는 지역가입자가 그 가입자의 자격의 상실을 원하는 때에는 법률 제5623호 국민연금법중개정법률 제12조 제1항 및 제2항에 따른 자격상실 사유에도 불구하고 보건복지부령으로 정하는 바에 따라 공단에 신청을 하여 탈퇴할 수 있다.

제26조(사업장가입자의 가입기간의 계산에 관한 경과조치) 1999년 4월 1일 전에 발생된 체납기간에 대해서는 법률 제5623호 국민연금법중개정법률 제17조 제2항 단서 및 제3항에도 불구하고 종전의 규정에 따른다.

제27조(급여의 지급 등에 관한 경과조치) ① 법률 제5623호 국민연금법중개정법률 시행일인 1999년 1월 1일 전에 지급사유가 발생한 급여의 지급은 같은 법으로 개정되기 전의 규정에 따른다.

② 법률 제5623호 국민연금법중개정법률 시행일인 1999년 1월 1일 전의 가입기간에 해당하는 분의 기본연금액의 계산은 같은 법 제47조에도 불구하고 종전의 규정에 따른다.

제28조(부당이득 등의 환수에 관한 경과조치) 법률 제5623호 국민연금법중개정법률 시행 전에 발생한 사유로 인한 부당이득 등의 환수에 관해서는 같은 법 제53조 제1항에도 불구하고 종전의 규정에 따른다.

제29조(분할연금에 관한 경과조치) 법률 제5623호 국민연금법중개정법률 시행 전에 같은 법 제57조의 2 제1항에 따른 분할연금의 지급사유가 발생한 자에게는 같은 법 시행일인 1999년 1월 1일 이후의 노령연금급여분부터 같은 법 제57조의 2와 같은 법 제57조의 3에 따른 분할연금에 관한 규정을 적용한다.

제30조(종전 지역가입자의 연금보험료에 관한 경과조치) 1999년 1월 1일부터 1999년 3월 31일까지 법률 제5623호 국민연금법중개정법률로 개정되기 이전의 규정에 따라 지역가입자(지역가입자가 임의계속가입자로 된 자를 포함한다.)의 자격이 있는 자의 연금보험료는 1999년 1월부터 1999년 3월까지는 법률 제5623호 국민연금법중개정법률로 개정되기 이전의 규정에 따른다.

제31조(연금지급에 관한 경과조치) 법률 제6286호 국민연금법중개정법률 시행일이 속하는 달 및 그 전달의 연금은 같은 법 시행일이 속하는 달의 말일에 지급한다.

제32조('국민기초생활보장법'에 따른 수급자에 대한 경과조치) 법률 제6286호 국민연금법중개정법률 시행 당시 종전의 규정에 따라 사업장가입자 또는 지역가입

자의 자격을 유지하고 있는 '국민기초생활보장법'에 따른 수급자는 법률 제6286호 국민연금법중개정법률 제8조 제1항 및 제10조 제4호에도 불구하고 같은 법 제8조 또는 제10조에 따른 사업장가입자 또는 지역가입자로 본다.

제33조(급여의 지급 등에 관한 경과조치) ① 법률 제6286호 국민연금법중개정법률 시행 전에 지급사유가 발생한 급여의 지급은 종전의 규정에 따른다.

② 법률 제6286호 국민연금법중개정법률 시행 이후 같은 법 제47조 제1항 제1호에 따라 산정한 금액이 1,271,595원보다 적은 경우에는 그 금액을 같은 호에도 불구하고 1,271,595원으로 본다.

제34조(급여의 지급 등에 관한 경과조치) ① 이 법 시행 전에 지급사유가 발생한 급여의 지급은 종전의 규정에 따른다.

② 이 법 시행 전의 가입기간에 해당하는 부분의 기본연금액의 계산은 제51조의 개정규정에도 불구하고 종전의 규정에 따른다.

③ 2008년부터 2027년까지 연도별 가입기간분에 대한 제51조 제1항 본문의 기본연금액은 제51조 제1항의 개정규정에도 불구하고 제51조 제1항 각 호의 금액을 합산한 금액에 부칙 제20조 각 호의 해당 연도의 비율을 곱한 금액으로 한다.

제35조(조기노령연금의 지급 정지에 관한 경과조치) 이 법 시행 전에 조기노령연금수급권을 취득한 자로서 이 법 시행 당시 또는 그 이후 소득 있는 업무에 종사하여 조기노령연금의 지급이 정지되는 자에 대해서도 제66조 제2항의 개정규정을 적용한다. 다만, 이 법 시행 전에 소득 있는 업무에 종사하여 급여가 정지된 기간은 제66조 제2항 제1호의 개정규정에 따른 기수급기간에 포함하되, 같은 호에 따라 산정된 비율이 종전의 규정에 따른 비율보다 낮은 경우에는 종전의 비율을 적용한다.

제36조(장애연금 수급권자에 대한 경과조치) ① 이 법 시행 전에 완치가 인정되었거나 초진일로부터 2년이 경과된 자에 대해서는 제67조 제1항의 개정규정에도 불구하고 종전의 규정에 따른다.

② 이 법 시행 전에 초진일이 있는 자에 대하여 제67조 제2항의 개정규정을 적용함에 있어서 종전의 규정에 비하여 가입자에게 불리하게 된 경우에는 종전의 규정에 따른다.

③ 이 법 시행 전에 초진일이 있는 자에 대해서는 제85조의 개정규정에도 불구하고 종전의 규정에 따른다.

제37조(수급권의 보호 등에 관한 경과조치) ① 법률 제8426호 국민연금법 일부 개정 법률 제57조의 2 제3항 및 제93조의 2를 폐지함에 있어서 이 법 시행일 전에 수급권을 취득한 자에 대해서도 적용한다.

② 제52조 제1항·제56조·제58조 제2항·제62조·제63조 제2항 및 제3항·제65조 제2항 및 제4항·제70조 제3항·제81조의 개정규정은 이 법 시행일 전에 수급권을 취득한 자에 대해서도 적용한다.

제38조(가입자 등의 사망에 따른 신고의무자에 대한 경과조치) 제121조 제2항의 개정규정에 따른 신고의무자는 같은 규정에도 불구하고 2007년 12월 31까지 '호적법' 제88조에 따른 신고의무자로 본다.

제39조(가입 신청, 자격 확인 등에 관한 경과조치) 이 법 시행 당시 종전의 규정에 따라 공단이 행한 확인 등이나 그 밖의 행위 또는 각종 신고, 신청 등이나 그 밖의 공단에 대한 행위는 그에 해당하는 이 법에 따른 공단의 행위 또는 공단에 대한 행위로 본다.

제40조(처분 등에 관한 일반적 경과조치) 이 법 시행 당시 종전의 규정에 따른 행정기관의 행위나 행정기관에 대한 행위는 그에 해당하는 이 법에 따른 행정기관의 행위나 행정기관에 대한 행위로 본다.

제41조(벌칙이나 과태료에 관한 경과조치) 이 법 시행 전의 행위에 대하여 벌칙이나 과태료 규정을 적용할 때에는 종전의 규정에 따른다.

제42조(다른 법률의 개정) ① 법률 제8435호 가족관계의 등록 등에 관한 법률 일부를 다음과 같이 개정한다.

부칙 제8조 제30항을 삭제한다.

② 농어촌주민의 보건복지증진을 위한 특별법 일부를 다음과 같이 개정한다. 제31조 중 '국민연금법 제75조 제3항의 규정'을 '국민연금법 제88조 제3항'으로 한다.

③ 북한이탈주민의 보호 및 정착지원에 관한 법률 일부를 다음과 같이 개정한다. 제26조의 2 제1항 중 '국민연금법 제56조의 규정'을 '국민연금법 제61조'로 한다.

④ 소득세법 일부를 다음과 같이 개정한다. 제22조 제5항 중 '국민연금법 제75조의 규정에 의하여'를 '국민연금법 제88

조에 따라'로 한다.

⑤ 자연재해대책법 일부를 다음과 같이 개정한다.

제51조 제4항 전단 중 '국민연금법 제22조의 규정에 따른'을 '국민연금법 제24조에 따른'으로 한다.

⑥ 지방세법 일부를 다음과 같이 개정한다.

제273조 제1항 각 호 외의 부분 본문 중 '동법 제23조의 규정에 의한'을 '같은 법 제25조에 따른'으로 하고, 같은 항 제1호 중 '국민연금법 제23조 제4호의 규정에 의한'을 '국민연금법 제25조 제4호에 따른'으로 하며, 같은 항 제2호 중 '국민연금법 제23조 제6호의 규정에 의하여'를 '국민연금법 제25조 제7호에 따라'로 한다.

⑦ 법률 제8387호 통계법 전부개정법률 일부를 다음과 같이 개정한다.

부칙 제8조 제3항을 삭제한다.

⑧ 공무원연금법 일부를 다음과 같이 개정한다.

제85조 제2항 전단 중 '국민연금관리공단'을 '국민연금공단'으로 한다.

⑨ 군인연금법 일부를 다음과 같이 개정한다.

제20조 제2항 전단 중 '국민연금관리공단'을 '국민연금공단'으로 한다.

⑩ 기술신용보증기금법 일부를 다음과 같이 개정한다.

제50조 제1항 중 '국민연금관리공단'을 '국민연금공단'으로 한다.

⑪ 학술진흥 및 학자금대출 신용보증 등에 관한 법률 일부를 다음과 같이 개정한다.

제55조 중 '국민연금관리공단'을 '국민연금공단'으로 한다.

제43조(다른 법령과의 관계) 이 법 시행 당시 다른 법령에서 종전의 '국민연금법'의 규정을 인용한 경우에 이 법 가운데 그에 해당하는 규정이 있으면 종전의 규정을 갈음하여 이 법의 해당 조항을 인용한 것으로 본다.

부칙(자본시장과 금융투자업에 관한 법률) 〈제8635호, 2007.8.3〉

제1조(시행일) 이 법은 공포 후 1년 6개월이 경과한 날부터 시행한다. <단서 생략>
   제2조부터 제41조까지 생략

제42조(다른 법률의 개정) ①부터 <30>까지 생략

<31> 법률 제8541호 국민연금법 전부개정법률 일부를 다음과 같이 개정한다.

제102조 제2항 제3호 및 제4호를 각각 다음과 같이 한다.

3. '자본시장과 금융투자업에 관한 법률' 제4조에 따른 증권의 매매 및 대여

4. '자본시장과 금융투자업에 관한 법률' 제5조 제1항 각 호에 따른 지수 중 금융투자상품지수에 관한 파생상품시장에서의 거래

<32>부터 <67>까지 생략

제43조 및 제44조 생략

부칙(형의 집행 및 수용자의 처우에 관한 법률) 〈제8728호, 2007.12.21〉

제1조(시행일) 이 법은 공포 후 1년이 경과한 날부터 시행한다.

제2조부터 제4조까지 생략

제5조(다른 법률의 개정) ① 및 ② 생략

③ 국민연금법 일부를 다음과 같이 개정한다.

제91조 제1항 제4호 중 '행형법 제2조에 따른 교도소 등에'를 '형의 집행 및 수용자의 처우에 관한 법률 제11조에 따라 교정시설에'로 한다.

④부터 ⑫까지 생략

제6조 생략

부칙(정부조직법) 〈제8852호, 2008.2.29〉

제1조(시행일) 이 법은 공포한 날부터 시행한다. 다만, ……〈생략〉……, 부칙 제6조에 따라 개정되는 법률 중 이 법의 시행 전에 공포되었으나 시행일이 도래하지 아니한 법률을 개정한 부분은 각각 해당 법률의 시행일부터 시행한다.

제2조부터 제5조까지 생략

제6조(다른 법률의 개정) ①부터 <451>까지 생략

<452> 국민연금법 일부를 다음과 같이 개정한다.

제2조, 제4조 제2항, 제5조 제1항 제5호 및 제2항 각 호 외의 부분, 제24조, 제25조 제7호, 제28조 제2항, 제30조 제2항, 제31조 제5항 및 제6항, 제37조, 제41조 제1항부터 제3항까지, 제42조 제2항, 제51조 제1항 제2호 각 목 외의 부분 본문, 제95조 제3항, 제101조 제1항, 제102조 제1항, 제2항 각 호 외의 부분 본문, 제4항 및 제5항, 제103조 제6항, 제107조 제1항, 제125조

제1항, 제132조 제1항부터 제3항까지 중 '보건복지부장관'을 각각 '보건복지가족부장관'으로 한다.

제5조 제1항 각 호 외의 부분, 제30조 제1항, 제103조 제1항 각 호 외의 부분 및 제111조 제1항 중 '보건복지부'를 각각 '보건복지가족부'로 한다.

제5조 제2항 각 호 외의 부분, 제104조 제2항 각 호 외의 부분 중 '보건복지부차관'을 각각 '보건복지가족부차관'으로 한다.

제10조 제1항 각 호 외의 부분 및 제2항, 제13조 제1항 각 호 외의 부분 전단 및 제2항, 제14조 제4항, 제16조 제2항, 제17조 제3항 전단, 제19조 제2항 후단, 제21조 제1항 및 제2항, 제23조 제3항 각 호 외의 부분, 제31조 제4항 및 제8항, 제89조 제5항 및 제6항, 제93조 본문, 제95조 제5항, 제118조 및 제121조 제1항 중 '보건복지부령'을 각각 '보건복지가족부령'으로 한다.

제102조 제2항 각 호 외의 부분 단서 중 '재정경제부장관 및 기획예산처장관'을 '기획재정부장관'으로 한다.

제103조 제2항 각 호 외의 부분 중 '보건복지부장관'을 '보건복지가족부장관'으로, '재정경제부차관·농림부차관·산업자원부차관·노동부차관·기획예산처차관'을 '기획재정부차관·농림수산식품부차관·지식경제부차관·노동부차관'으로 한다.

제107조 제3항 중 '보건복지부장관'을 '보건복지가족부장관'으로, '재정경제부장관'을 '기획재정부장관'으로 한다.

<453>부터 <760>까지 생략

제7조 생략

9. 국민연금법 시행규칙

국민연금법 시행규칙
[시행 2008.3.3][보건복지가족부령 제1호, 2008.3.3, 타 법 개정]

제1조(목적) 이 규칙은 '국민연금법' 및 '국민연금법 시행령'에서 위임된 사항과 그 시행에 필요한 사항을 규정함을 목적으로 한다.

제2조(기준소득월액의 변경 신청) ① '국민연금법 시행령'(이하 '영'이라 한다.) 제7조 제3항에 따라 기준소득월액의 변경을 신청하려는 자는 다음 각 호의 구분에 따른 서류를 국민연금공단(이하 '공단'이라 한다.)에 제출하여야 한다.

　　1. 지역가입자나 그 대리인의 경우: 별지 제1호 서식의 기준소득월액 변경 신청서 및 소득월액의 변경 사실을 적은 서류. 다만, 기준소득월액을 실제 소득보다 높게 결정하여 줄 것을 희망하면 소득월액의 변경 사실을 적은 서류를 생략할 수 있다.

　　2. 지역임의계속가입자나 그 대리인의 경우: 별지 제2호 서식의 기준소득월액 변경신청서

② 영 제10조 제1항 단서에 따라 기준소득월액을 높게 결정하여 줄 것을 신청하려는 임의가입자 또는 임의계속가입자나 그 대리인은 별지 제2호 서식의 기준소득월액 변경신청서를 공단에 제출하여야 한다.

제3조(당연적용사업장 해당 신고) '국민연금법'(이하 '법'이라 한다.) 제8조 제1항 및 영 제19조 제1항에 해당되는 당연적용사업장(이하 '당연적용사업장'이라 한다.)의 사용자는 법 제21조 제1항에 따라 당연적용사업장이 된 날이 속하는 달의 다음 달 15일까지 별지 제3호 서식의 당연적용사업장 해당신고서를 공단에 제출하여야 한다. 이 경우 담당 직원은 '전자정부법' 제22조의 2 제1항에 따른 행정정보의 공동이용을 통하여 사업자등록증을 확인하여야 하며, 신고인이 확인에 동의하지 아니하는 경우에는 그 사본을 첨부하도록 하여야 한다.

제4조(휴·폐업 등에 따른 사업장의 탈퇴 신고) 당연적용사업장의 사용자는 사업장이 휴·폐업하거나 법 제3조 제1항 제13호에 따른 사업장에 해당하지 아니하게

되면 법 제21조 제1항에 따라 그 사유가 발생한 날이 속하는 달의 다음 달 15일까지 별지 제4호 서식의 사업장 탈퇴 신고서 및 사업장 탈퇴 사실을 증명할 수 있는 서류를 공단에 제출하여야 한다. 이 경우 담당 직원은 '전자정부법' 제22조의 2 제1항에 따른 행정정보의 공동이용을 통하여 휴업·폐업 사실 증명원을 확인하여야 하며, 신고인이 확인에 동의하지 아니하는 경우에는 이를 첨부하도록 하여야 한다.

제5조(임의가입자의 가입·탈퇴 신청) 법 제10조에 따라 임의가입자로 가입하거나 임의가입자에서 탈퇴하려는 자는 별지 제5호 서식의 신청서를 공단에 제출하여야 한다.

제6조(사업장가입자의 자격 취득·상실의 신고) 사용자는 해당 사업장의 근로자나 사용자 본인이 법 제11조 제1항에 따라 사업장가입자의 자격을 취득하거나 법 제12조 제1항에 따라 사업장가입자의 자격을 상실하면 그 사유가 발생한 날이 속하는 달의 다음 달 15일까지 다음 각 호의 구분에 따른 서류를 공단에 제출하여야 한다.

1. 사업장가입자의 자격을 취득한 경우: 별지 제6호 서식의 사업장가입자 자격취득신고서(자격취득자에 특수 직종 근로자가 포함된 경우에는 임금 대장 사본이나 선원수첩 사본 등 특수 직종 근로자임을 확인할 수 있는 서류를 첨부하여야 한다.)

2. 사업장가입자의 자격을 상실한 경우: 별지 제7호 서식의 사업장가입자 자격상실신고서

제7조(지역가입자의 자격 취득·상실의 신고) 지역가입자는 법 제11조 제2항에 따라 지역가입자의 자격을 취득하거나 법 제12조 제2항에 따라 지역가입자의 자격을 상실한 경우에는 그 사유가 발생한 날이 속하는 달의 다음 달 15일까지 다음 각 호의 구분에 따른 서류를 공단에 제출하여야 한다.

1. 지역가입자의 자격을 취득한 경우: 별지 제8호 서식의 지역가입자 자격취득신고서(자격취득자에 특수 직종 근로자가 포함된 경우에는 임금대장 사본이나 선원수첩 사본 등 특수 직종 근로자임을 확인할 수 있는 서류를 첨부하여야 한다.)

2. 지역가입자의 자격을 상실한 경우: 별지 제1호 서식의 지역가입자 자격상실신고서

제8조(임의계속가입자의 가입·탈퇴 신청) 법 제13조 제1항 또는 제2항에 따라 임의

계속가입자로 가입하거나 임의계속가입자에서 탈퇴하려면 별지 제5호 서식의 신청서를 공단에 제출하여야 한다.

제9조(자격확인의 청구 등) ① 법 제14조 제4항에 따라 국민연금 가입자(이하 '가입자'라 한다.)이거나 가입자였던 자가 가입자 자격의 취득, 상실 및 가입자 종별의 변동에 관한 확인을 청구하려면 별지 제9호 서식의 자격확인청구서를 공단에 제출하여야 한다.

② 자격 확인의 청구를 받은 공단은 그 내용을 확인하여 청구한 날부터 14일 이내에 문서로 알려야 한다.

제10조(가입자 증서의 발급) ① 공단이 법 제16조에 따라 별지 제10호 서식의 국민연금 가입자 증서(이하 '가입자 증서'라 한다.)를 가입자에게 발급하는 때에는 법 제14조 제1항에 따라 미리 그 가입자의 자격 취득 여부를 확인하여야 하고, 그 `가입자가 사업장가입자이면 사용자를 거쳐 내주어야 한다.

② 가입자는 가입자 증서를 잃어버리거나 가입자 증서가 헐어 못 쓰게 되면 다시` 발급받을 수 있다. 이 경우 가입자는 별지 제11호 서식의 가입자 증서 재발급신청서를 공단에 제출하여야 한다.

제11조(체납 사실의 통지) ① 공단은 법 제17조 제3항에 따라 근로자에게 해당 사업장의 체납 사실을 알리는 경우에는 근로자의 주소지에 다음 각 호의 사항을 적은 문서를 등기우편으로 통지하여야 한다.

  1. 가입자의 성명과 주민등록번호
  2. 체납 월과 체납액
  3. 기여금의 개별 납부 안내에 관한 사항

② 공단은 제1항에 따른 통지문서가 되돌려 보내지면 해당 가입자나 그 대리인에게 직접 내주거나 해당 근로자의 사업장 주소지나 그 밖에 공단이 확인한 거소지 등에 등기우편으로 통지하여야 한다.

제12조(합의 절차 등) ① 법 제19조 제2항에 따라 2명 중 1명의 가입기간에 추가 산입하려는 부와 모는 가입기간 산입에 대한 합의서를 노령연금의 지급을 청구한 날부터 1개월 이내에 공단에 제출하여야 한다. 이 경우 기간 내에 합의서를 제출하지 아니한 경우에는 합의하지 아니한 것으로 본다.

② 제1항에도 불구하고 정당한 사유로 합의서를 제1항의 기간에 제출할 수 없었음을 증명하면 그 사유가 소멸한 날부터 1개월 이내에 제출할 수 있다.

제13조(사업장가입자 등의 가입기간 중의 소득 신고) 법 제21조 제1항 및 영 제7조 제1

항에 따라 가입기간 중의 소득을 신고하여야 하는 사용자 또는 사업장임의 계속가입자는 다음 각 호에 해당하는 기한까지 그 가입자의 전년도 소득 총액을 공단에 신고하여야 한다.

1. 근로자인 경우: 매년 2월 말일
2. 사용자(법인이 아닌 사업장의 사용자만 해당한다.)인 경우: 매년 5월 말일

제14조(사업장 내용 변경의 신고) 사용자는 법 제21조 제1항 및 영 제7조 제1항에 따라 사업장의 종류·명칭·소재지·사용자 등이 변경된 경우에는 별지 제12호 서식의 사업장 내용변경신고서를 그 변경된 날이 속하는 달의 다음 달 15일까지 공단에 제출하여야 한다. 이 경우 담당 직원은 '전자정부법' 제22조의 2 제1항에 따른 행정정보의 공동이용을 통하여 사업자등록증을 확인하여야 하며, 신고인이 확인에 동의하지 아니하는 경우에는 그 사본을 첨부하도록 하여야 한다.

제15조(지역가입자 등의 가입기간 중 변경된 소득의 신고) 지역가입자나 지역임의계속가입자 중 법 제21조 제2항 및 영 제7조 제2항 제2호에 따라 변경된 소득을 신고할 것을 통지받은 자나 그 대리인은 그 통지를 받은 날이 속하는 달의 다음 달 15일까지 그 소득 신고연도의 전년도의 소득월액을 공단에 신고하여야 한다.

제16조(가입자 내용 변경의 신고) ① 사용자는 해당 사업장가입자가 다음 각 호의 어느 하나에 해당하는 경우에는 법 제21조 제1항에 따라 그 사실이 발생한 날이 속하는 달의 다음 달 15일까지 별지 제13호 서식의 사업장가입자 내용변경신고서를 공단에 제출하여야 한다.

1. 성명이 변경된 경우
2. 특수 직종 근로자에 해당하게 되거나 해당하지 아니하게 된 경우

② 다음 각 호의 어느 하나에 해당하는 경우에는 법 제21조 제2항에 따라 그 사실이 발생한 날이 속하는 달의 다음 달 15일까지 지역가입자는 별지 제1호 서식의 지역가입자 내용변경신고서를 공단에 제출하여야 하고, 임의가입자와 임의계속가입자는 별지 제2호 서식의 임의·임의계속가입자 내용변경신고서를 공단에 제출하여야 한다.

1. 성명이나 주소가 변경된 자로서 '주민등록법' 제10조 및 같은 법 제13조에 따라 성명이나 주소의 정정 신고를 하지 아니한 경우
2. 임의계속가입자가 국민연금 적용사업장에 종사하게 되거나 종사하지 아

니하게 된 경우

3. 특수 직종 근로자에 해당하게 되거나 해당하지 아니하게 된 경우

4. 농어업인인 지역가입자나 지역임의계속가입자가 농어업인에 해당하지 아니하게 된 경우

제17조(가입자 자격 득실 등의 통지) ① 공단은 법 제14조 제1항에 따라 가입자 자격의 취득이나 상실을 확인하면 법 제23조에 따라 그 사실을 문서로 통지하여야 한다. 다만, 사업장가입자 외의 가입자에 대해서는 가입자 증서의 발급으로 자격 취득 사실의 통지를 갈음할 수 있다.

② 공단은 가입자에게 매년 그 가입 개월 수 및 연금보험료의 납부 총액 등 가입 내용과 장래 연금급여를 지급하여야 할 사유가 발생하는 경우의 예상 연금액 등의 사항을 문서로 통지하여야 한다.

제18조(가입자 자격 득실에 대한 사용자의 통지 등) 사용자는 법 제23조 제2항에 따라 공단이 통지한 가입자 자격의 취득과 상실 등의 사실을 해당 사업장가입자나 그 자격을 상실한 자에게 통지한 경우에는 그 사실을 확인할 수 있는 서류를 작성하고, 그 서류를 작성한 날부터 5년 동안 보존하여야 한다.

제19조(가입자 등에 대한 공고) 공단은 법 제23조 제3항에 따른 공고를 하려면 '신문 등의 자유와 기능보장에 관한 법률' 제12조 제1항에 따라 보급 지역을 전국으로 등록한 일반 일간신문에 공고하거나 공단의 게시판에 14일 이상 공고하여야 한다.

제20조(기금이사 후보의 심사 기준 등) ① 법 제31조에 따라 국민연금기금의 관리·운용에 관한 업무를 담당하는 이사(이하 '기금이사'라 한다.)의 자격은 다음 각 호와 같다.

1. 다음 각 목의 어느 하나에 해당하는 기관의 자산 관리 또는 투자 업무 분야에서 3년 이상 자산을 운용한 경험이 있는 자

가. '은행법'에 따른 금융기관

나. '간접투자자산 운용업법'에 따른 자산운용회사

다. '보험업법'에 따른 보험회사

라. 그 밖에 법 제31조 제2항에 따른 기금이사추천위원회(이하 '추천위원 회'라 한다.)에서 정하는 기관

2. 제2호에 따른 기관에서 추천위원회가 인정하는 단위 부서장 이상의 경력이 있는 자

② 법 제31조 제4항에 따라 기금이사 후보의 심사는 다음 각 호의 사항에 대한 심사기준을 정하여 하되, 그 세부 심사기준과 배점이나 그 밖에 심사에 필요한 사항은 추천위원회가 정한다.

　1. 기금 운용에 관하여 필요한 학위 및 경력과 경영·경제에 관한 지식을 객관적으로 평가할 수 있는 요소

　2. 자금 운용 실적·기간 등 기금 운용 경험을 객관적으로 평가할 수 있는 요소

　3. 그 밖에 기금이사로서의 자질과 능력을 평가할 수 있는 요소

③ 추천위원회는 법 제31조 제4항에 따라 기금이사 후보로 추천될 자와 다음 각 호의 계약 사항에 관하여 협의하여야 한다.

　1. 기금의 목표 수익률 및 위험관리 전략 등 기금 운용의 목표에 관한 사항

　2. 보수와 상벌 등 근로 조건에 관한 사항

　3. 해임 사유에 관한 사항

　4. 그 밖에 고용 관계의 성립·소멸 등에 필요한 사항

④ 이사장이 기금이사 후보를 추천하는 때에는 추천위원회의 의결을 거쳐야 한다.

⑤ 추천위원회의 회의는 재적 위원 과반수의 출석으로 열고, 출석 위원 과반수의 찬성으로 의결한다.

제21조(공단의 계속비) 공단은 법 제46조 및 영 제31조에 따른 복지사업을 위하여 한 회계연도를 넘어 계속하여 경비를 지출할 필요가 있는 경우에는 5년의 범위 내에서 그 총액과 연부금을 정하여 계속비로 예산에 반영할 수 있다.

제22조(연금급여의 지급 청구 등) ① 법 제61조에 따라 노령연금을 받으려는 자는 별지 제14호 서식의 노령연금지급청구서에 다음 각 호의 서류를 첨부하여 공단에 제출하여야 한다.

　1. 주민등록증 등 청구인의 신분증 사본 1부(주민등록증 등 신분증을 제시함 으로써 갈음할 수 있다.)

　2. 가족관계등록부의 증명서(부양가족연금 대상자가 있는 경우에만 해당한다.)

　3. 노령연금 수급권자의 인감증명서 1부(대리인이 청구하는 경우에만 해당한다.)

　4. 근로소득 원천징수 영수증 사본이나 사업자등록증 사본 1부(소득이 있는 업무에 종사하는 경우에만 해당한다.)

② 법 제64조에 따라 분할연금을 받으려는 자는 별지 제15호 서식의 분할연금지급청구서에 다음 각 호의 서류를 첨부하여 공단에 제출하여야 한다.

  1. 주민등록증 등 청구인의 신분증 사본 1부(주민등록증 등 신분증을 제시함으로써 갈음할 수 있다.)

  2. 혼인관계증명서 등 이혼 사실을 증명할 수 있는 서류 1부

  3. 분할연금 수급권자의 인감증명서 1부(대리인이 청구하는 경우에만 해당한다.)

③ 법 제67조에 따라 장애연금을 받으려는 자는 별지 제16호 서식의 장애연금지급청구서에 다음 각 호의 서류를 첨부하여 공단에 제출하여야 한다.

  1. 주민등록증 등 청구인의 신분증 사본 1부(주민등록증 등 신분증을 제시함으로써 갈음할 수 있다.)

  2. 가족관계등록부의 증명서(부양가족연금 대상자가 있는 경우에만 해당한다.)

  3. 장애연금 수급권자의 인감증명서 1부(대리인이 청구하는 경우에만 해당한다.)

  4. 장애 진단서 1부(장애 진단서 발급기관과 최초 진료기관이 다른 경우에는 최초 진료기관의 일반 진단서나 의사 소견서 1부를 추가한다.)

  5. 국민연금 장애발생·사망경위(신고)서

④ 법 제72조에 따라 유족연금을 받으려는 자는 별지 제17호 서식의 유족연금지급청구서에 다음 각 호의 서류를 첨부하여 공단에 제출하여야 한다.

  1. 주민등록증 등 청구인의 신분증 사본 1부(주민등록증 등 신분증을 제시함으로써 갈음할 수 있다.)

  2. 가족관계등록부의 증명서

  3. 유족연금 수급권자의 인감증명서 1부(대리인이 청구하는 경우에만 해당한다.)

  4. 사망 진단서 등 사망을 증명할 수 있는 서류 1부

  5. 국민연금 장애발생·사망경위신고서

⑤ 공단은 지급할 급여액을 결정하거나 이를 변경하면 그 사실을 해당 수급권자에게 문서로 통지하여야 한다.

제23조(수급 증서의 발급 등) ① 공단은 제22조에 따른 급여 지급 청구를 받은 경우에는 이를 심사·결정하여 급여를 받을 수급권자에게 별지 제18호 서식의 국민연금 수급 증서(이하 '수급 증서'라 한다.)를 발급하여야 한다.

② 수급권자는 수급 증서를 잃어버리거나 수급 증서가 헐어 못 쓰게 되면 다시 발급받을 수 있다.

제24조(미지급급여의 청구) 법 제55조 제1항에 따라 미지급의 급여를 받으려는 자는 별지 제19호 서식의 미지급급여청구서에 다음 각 호의 서류를 첨부하여 공단에 제출하여야 한다.

1. 주민등록증 등 청구인의 신분증 사본 1부(주민등록증 등 신분증을 제시함으로써 갈음할 수 있다.)
2. 가족관계등록부의 증명서
3. 미지급급여 수급권자의 인감증명서 1부(대리인이 청구하는 경우에만 해당한다.)
4. 사망진단서 등 사망을 증명할 수 있는 서류 1부

제25조(급여 선택의 신고) 법 제56조에 따라 둘 이상의 급여의 수급권이 발생하여 하나의 급여를 선택하여야 하는 수급권자는 급여 지급 청구서에 선택할 급여를 적어 공단에 제출하여야 한다.

제26조(소득이 있는 업무 종사 등의 신고) ① 다음 각 호의 어느 하나에 해당하는 자가 영 제45조에 따른 소득이 있는 업무에 종사하게 된 경우에는 법 제121조 제1항에 따라 그 사실을 공단에 15일 이내에 신고하여야 한다.

1. 법 제61조 제1항 및 제2항에 따른 노령연금 또는 감액노령연금 수급권자
2. 법 제61조 제4항에 따른 조기노령연금 수급권자
3. 법 제76조 제1항 제3호에 해당하는 유족연금 수급권자

② 다음 각 호의 어느 하나에 해당하는 자가 영 제45조에 따른 소득이 있는 업무에 종사하지 아니하게 된 경우에는 법 제121조 제1항에 따라 그 사실을 공단에 15일 이내에 신고하여야 한다.

1. 법 제61조 제3항에 따른 재직자노령연금 수급권자
2. 법 제66조 제1항에 따라 조기노령연금 지급이 정지된 자
3. 법 제76조 제1항 본문에 따라 유족연금 지급이 정지된 유족연금의 수급권자

제27조(연금 지급의 연기 신청 등) 법 제62조에 따라 재직자노령연금 수급권자가 연금지급의 연기를 신청하거나 연금의 재지급을 신청하려는 경우에는 별지 제20호 서식의 신청서에 다음 각 호의 서류를 첨부하여 공단에 제출하여야 한다.

1. 주민등록증 등 신청인의 신분증 사본 1부(주민등록증 등 신분증을 제시함

으로써 갈음할 수 있다.)

2. 가족관계등록부의 증명서(연금의 재지급 신청 시 부양가족연금을 지급할 대상자가 있는 경우에만 해당한다.)

3. 근로소득 원천징수 영수증 사본 또는 사업자 등록증 사본 1부(소득이 있는 업무에 종사하는 경우에만 해당한다.)

제28조(장애등급의 조정 등) 법 제67조에 따른 장애연금의 수급권자는 법 제69조 및 법 제70조 제2항에 따라 장애등급을 조정받거나 장애연금액을 변경 받으려는 경우에는 별지 제21호 서식의 장애연금액변경신청서에 다음 각 호의 서류를 첨부하여 공단에 제출하여야 한다.

1. 주민등록증 등 청구인의 신분증 사본 1부(주민등록증 등 신분증을 제시함으로써 이를 갈음할 수 있다.)

2. 장애 진단서 1부(장애 진단서 발급기관과 변경의 원인이 되는 장애에 대한 최초 진료기관이 다르면 최초 진료기관의 일반 진단서나 의사 소견서 1부를 추가한다.)

3. 장애연금 수급권자의 인감증명서 1부(대리인이 신청하는 경우에만 해당한다.)

제29조(수급권 소멸 등의 신고) ① 장애연금의 수급권자는 영 제46조 제1항에 따른 장애등급 구분의 장애 정도에 해당하지 아니하게 되는 경우에는 법 제121조 제1항에 따라 그 사실을 공단에 15일 이내에 신고하여야 한다.

② 법 제72조에 따른 유족연금의 수급권자는 법 제75조에 따라 그 수급권이 소멸되는 경우에는 법 제121조 제1항에 따라 그 사실을 공단에 15일 이내에 신고하여야 한다. 다만, 제3항에 따른 유족연금의 수급권 변경 신고가 있는 경우에는 그러하지 아니하다.

③ 법 제75조에 따라 유족연금의 수급권이 소멸하거나 법 제76조에 따라 유족연금의 지급이 정지되면 유족연금의 수급권을 취득하게 되는 다른 유족은 법 제121조 제1항에 따라 그 수급권의 변경 사실을 공단에 15일 이내에 신고하여야 한다. 다만, 제2항에 따라 유족연금 수급권의 소멸 신고가 있으면 그러하지 아니하다.

④ 제1항부터 제3항까지의 규정에 따라 수급권의 소멸이나 변경 사실을 신고하려는 자는 별지 제22호 서식의 수급권소멸·변경신고서에 다음 각 호의 서류를 첨부하여 공단에 제출하여야 한다.

1. 주민등록증 등 신고인의 신분증 사본 1부(주민등록증 등 신분증의 제시로 이를 갈음할 수 있다.)

2. 사망 진단서 등 수급권의 소멸이나 변경 사실을 증명할 수 있는 서류

제30조(유족연금의 지급 정지 해제 신청) 법 제76조 제2항 및 제3항에 따라 지급이 정지되어 있는 유족연금의 수급권자가 법 제76조 제4항에 따라 지급 정지의 해제를 신청할 때에는 유족연금지급정지 해제신청서를 공단에 제출하여야 한다.

제31조(반환일시금의 청구 등) 법 제77조에 따라 반환일시금을 지급받으려는 자나 법 제80조에 따라 사망일시금을 받으려는 자는 별지 제23호 서식의 반환일시금·사망일시금 지급청구서에 다음 각 호의 서류를 첨부하여 공단에 제출하여야 한다.

1. 주민등록증 등 청구인의 신분증 사본 1부(주민등록증 등 신분증을 제시하여 이를 갈음할 수 있다.)

2. 가족관계등록부의 증명서(가입자이거나 가입자였던 자의 사망에 따른 급여를 청구하는 경우에만 해당한다.)

3. 반환일시금 수급권자나 사망일시금 수급권자의 인감증명서 1부(대리인이 청구하는 경우에만 해당한다.)

4. 거주 여권 사본 등 국외 이주나 국적 상실을 증명할 수 있는 서류 1부(국외 이주나 국적 상실로 인하여 청구하는 경우에만 해당한다.)

제32조(반납금의 납부 신청 등) ① 법 제77조에 따른 반환일시금을 받은 후 다시 가입자의 자격을 취득한 자가 법 제78조 제1항에 따라 반납금을 내려면 별지 제24호 서식의 반납금납부신청서를 공단에 제출하여야 한다.

② 영 제52조에 따른 납부기한까지 고지된 반납금을 내지 아니한 자가 납부기한이 지난 후 반납금을 내려는 경우에도 제1항과 같다.

제33조(급여 제한 등의 통지) 공단은 법 제82조 및 법 제84조에 따라 급여의 지급을 제한하거나 법 제86조에 따라 급여의 지급을 일시 중지하거나 정지한 때에는 그 내용과 사유를 문서로 해당 수급권자에게 알려야 한다.

제34조(연금보험료 등의 납입 고지) ① 공단은 법 제88조에 따른 연금보험료나 그 밖에 법에 따른 징수금을 징수하려는 경우에는 납부 의무자에게 징수금의 종류, 납부 기한, 납부 장소, 납부 금액 및 산출 근거 등을 적은 문서로 납입의 고지를 하여야 한다. 다만, 법 제89조 제4항에 따라 연금보험료를 자동

계좌이체의 방법으로 내는 기간 동안에는 그러하지 아니하다.

② 공단은 제1항 본문에 따른 납입의 고지를 전자문서교환방식으로 할 수 있다.

③ 제2항에도 불구하고 정보통신망의 장애 등으로 전자 고지가 불가능하면 문서로 보험료 등에 대한 납입의 고지를 할 수 있다.

④ 제2항에 따라 전자 고지한 경우 절감되는 비용에 해당하는 금액을 연금보험료에서 빼 주거나 추첨의 방법으로 금품이나 경품 등을 제공할 수 있다.

제35조(겸업 시 판매액 등의 합산) ① 영 제57조 제2항에 따른 농업·임업이나 어업의 판매액의 합산은 임업이나 어업의 판매액을 농업의 판매액으로 보아 이를 농업의 판매액에 더하여 계산한다.

② 영 제57조 제2항에 따른 농업·임업이나 어업의 종사기간 합산은 다음 각 호의 어느 하나에 해당하는 기간을 농업의 종사기간으로 보아 이를 농업의 종사기간에 더하여 계산한다.

1. 임업에 종사하는 기간
2. 어업에 종사하는 기간의 100분의 150에 해당하는 기간

제36조(농어업인의 해당 확인 요청 등) ① 영 제57조 제4항 본문에 따라 농어업인임을 확인받으려는 자는 별지 제25호 서식의 농어업인 확인서를 그가 거주하는 지역 또는 농업·임업이나 어업을 직접 경영하거나 종사하는 지역의 이장이나 통장을 거쳐 해당 시장·구청장·읍장이나 면장에게 제출하여 확인을 받은 후 이를 공단에 제출하여야 한다.

② 제1항에 따른 확인 요청을 받은 시장·구청장·읍장이나 면장은 영 제57조 제4항 본문에 따른 농어업인에 해당하는지를 지체 없이 확인한 후 확인서를 발급하여야 한다.

제37조(연금보험료의 분기납 신청) 법 제89조 제1항 단서에 따라 연금보험료를 분기별로 내려는 농어업인은 분기가 시작되는 달의 15일까지 별지 제26호 서식의 신청서를 공단에 제출하여야 한다.

제38조(연금보험료의 선납 신청) 법 제89조 제3항에 따라 연금보험료를 미리 내려는 납부의무자는 미리 내려는 기간이 시작되는 달의 전달 15일까지 별지 제26호 서식의 신청서를 공단에 제출하여야 한다.

제39조(연금보험료의 납부기한 연장) ① 법 제89조 제5항에 따라 연금보험료의 납부기한을 연장할 수 있는 경우는 다음 각 호와 같다.

1. 납부의무자의 책임 없는 사유로 고지서가 납부기한이 지나서 송달된 경우

2. 법 제89조 제4항에 따른 자동 계좌이체의 방법으로 연금보험료를 내는 경우로서 예금주의 책임 없는 사유로 납부기한까지 이체되지 아니한 경우

② 제1항 각 호의 사유로 납부기한을 연장하려는 자는 그 해당하는 달의 다음 달 연금보험료의 납부기한까지 별지 제27호 서식에 따라 납부기한 연장을 신청하여야 한다.

제40조(공제 계산서의 작성·발급 등) 사용자는 가입자의 임금에서 기여금 등을 공제한 경우에는 법 제90조 제2항에 따라 다음 사항을 적은 공제 계산서를 작성하여 해당 가입자에게 내주어야 한다.

1. 가입자의 성명·소득월액

2. 연금보험료의 내용

3. 공제 해당 월 및 공제 연월일

제41조(연금보험료 납부 예외 신청 등) ① 법 제91조 제1항 및 영 제61조 제1항에 따라 연금보험료의 납부 예외 신청을 하려는 사용자나 지역가입자는 그 사유가 발생한 날이 속하는 달의 다음 달 15일까지 별지 제28호 서식의 신청서에 진단서나 휴직 발령서 사본 등 납부 예외 신청 사유를 증명할 수 있는 서류를 첨부하여(병역의무의 수행으로 인한 경우는 제외한다.) 공단에 제출하여야 한다.

② 사용자나 지역가입자는 법 제91조 제1항 및 영 제61조에 따른 연금보험료를 낼 수 없는 사유가 소멸한 때에는 법 제21조 제1항 및 제2항에 따라 그 사유가 소멸한 날이 속하는 달의 다음 달 15일까지 별지 제28호 서식의 신고서를 공단에 제출하여야 한다.

제42조(추납보험료의 납부 신청) ① 법 제92조 제1항 및 영 제62조 제1항에 따라 추납보험료의 납부 신청을 하려는 자는 별지 제29호 서식의 추납보험료 납부신청서를 공단에 제출하여야 한다.

② 영 제62조 제2항에 따른 납부 기한까지 고지된 추납보험료를 내지 아니한 자가 추납보험료를 내려는 경우에도 제1항과 같다.

제43조(매각 대행 수수료) 법 제95조 제5항에 따른 수수료는 '국세징수법 시행규칙' 제45조의 6에 따른다.

제44조(연체금 등의 징수 예외) 영 제71조 제4호에서 '연체금 및 가산금의 징수가 곤란한 경우로서 보건복지가족부령으로 정하는 경우'란 연금보험료 등 이 법

에 따른 징수금의 납부를 해태하지 아니한 납부의무자가 중대한 질병 등의 사유로 소득의 100분의 50 이상이 감소하여 연금보험료의 납부가 어려운 경우를 말한다. <개정 2008.3.3>

제45조(기금의 지출원인행위) ① 보건복지가족부장관은 영 제85조 제5항에 따라 기금재무관에게 법 제101조 제1항에 따른 국민연금기금(이하 '기금'이라 한다.)의 일별 지출한도액을 배정하고, 이를 기금지출관에게 통지하여야 한다. <개정 2008.3.3>

② 기금재무관은 제1항에 따라 배정된 한도액의 범위 안에서 지출원인행위를 하여야 한다.

제46조(기금의 지출) ① 기금재무관이 기금지출관에게 기금을 지출하도록 할 때에는 지출원인행위 관계 서류를 기금지출관에게 보내야 한다.

② 기금지출관이 기금재무관의 지출원인행위에 따라 기금을 지출하려는 경우에는 '국고금관리법 시행령' 제28조부터 제30조까지를 준용한다.

제47조(현금 취급의 금지) 기금지출관 및 기금출납공무원은 현금을 보관하거나 출납할 수 없다.

제48조(심사청구) 법 제108조에 따라 공단의 처분에 대한 심사청구를 하려는 자는 별지 제30호 서식의 심사청구서를 공단에 제출하여야 한다.

제49조(재심사청구) ① 법 제110조에 따라 재심사청구를 하려는 자는 별지 제31호 서식의 재심사청구서를 공단이나 보건복지가족부장관에게 제출하여야 한다. <개정 2008.3.3>

② 공단은 제1항에 따라 재심사청구서를 제출받으면 재심사청구서를 받은 날부터 10일 이내에 그 재심사청구서를 보건복지가족부장관에게 보내야 한다. <개정 2008.3.3>

제50조(연금 원부) 법 제118조에 따라 공단이 기록·보관하여야 할 국민연금 원부에는 다음 사항을 적어야 한다.

1. 가입자 종별
2. 급여 종별
3. 수급권의 발생과 소멸에 관한 사항
4. 급여 제한이나 급여 정지에 관한 사항

제51조(장애 발생·사망 경위의 신고) 가입자, 가입자였던 자 또는 수급권자에게 장애연금이나 유족연금의 지급 사유가 발생하면 본인이나 법 제73조 제1항에

따른 유족은 법 제121조 제1항에 따라 지급 사유에 해당하는 사실(법 제114조에 따른 제3자의 행위로 인한 경우를 포함한다.)을 적은 별지 제32호 서식의 장애발생·사망경위(신고)서를 공단에 제출하여야 한다.

제52조(수급권자 내용 변경 등의 신고) 법 제121조 제1항에 따라 수급권자의 성명·주민등록번호나 주소 등이 변경되거나 부양가족연금 계산 대상자가 변경되면 가입자, 가입자였던 자 또는 수급권자는 그 사실을 공단에 신고하여야 한다.

제53조(당연 적용에서 제외되는 외국인의 체류 자격) 영 제111조 제3호에 따라 당연히 사업장가입자 또는 지역가입자가 되는 외국인에서 제외되는 외국인의 체류 자격은 별표와 같다.

제54조(외국인 가입자의 자격 취득 신고) 법 제126조 제1항에 따라 외국인이 사업장가입자의 자격이나 지역가입자의 자격을 취득하면 다음 각 호의 구분에 따라 신고를 하여야 한다.

1. 사업장가입자의 자격을 취득한 경우: 사용자가 별지 제6호 서식의 사업장가입자 자격취득신고서를 공단에 제출
2. 지역가입자의 자격을 취득한 경우: 해당 외국인이 별지 제33호 서식의 외국인 지역가입자 자격취득신고서를 공단에 제출

제55조(과태료의 징수 절차) 영 제114조에 따른 과태료의 징수 절차에는 '국고금관리법 시행규칙'을 준용한다. 이 경우에 납입 고지서에는 이의제기 방법과 이의제기 기간 등을 함께 적어야 한다.

제56조(사용자 업무의 특례) 당연적용사업장에서 각 사업장 간에 본점과 지점·대리점·출장소 등의 관계가 있으면 각 사업장의 장은 사용자의 업무를 각각 수행할 수 있다.

제57조(서식) 공단은 서식을 정할 때 법, 영 및 이 규칙에서 정하는 서류 외의 서류의 첨부를 요구하여서는 아니 된다. 다만, 제출된 서류만으로는 그 서류에 적힌 사항의 사실을 확인하기 곤란한 경우로서 그 확인을 위하여 서류의 보완을 요구하는 경우에는 그러하지 아니하다.

제58조(전자문서에 의한 업무 처리 등) ① 공단은 법·영 및 이 규칙에 따른 청구·신청·신고 등을 전자문서로 하도록 할 수 있고, 통지 등의 업무를 전자문서로 처리할 수 있다.

② 제1항에 따라 전자문서로 처리하는 경우에는 '전자정부법' 제2조 제5호 및 같은 법 제33조를 준용한다.

부칙 〈제430호, 2007.12.31〉

제1조(시행일) 이 규칙은 공포한 날부터 시행한다. 다만, 제2조 제1항, 제12조, 제13조, 제32조 제2항, 제42조 제2항, 제58조의 개정규정은 2008년 1월 1일부터 시행한다.

제2조(임의계속가입자 가입신청에 관한 경과조치) 보건복지부령 제7호 국민연금법시행규칙개정령 제12조는 같은 개정령 시행 전 3개월 이내에 60세가 된 가입자에게 적용한다.

제3조(반환일시금에 적용할 이자율에 관한 경과조치) 보건복지부령 제7호 국민연금법시행규칙개정령 제34조 중 3년 만기 정기예금이자율을 적용할 때 1995년 1월 31일 이전의 기간에 대해서는 같은 규칙으로 개정되기 전의 규정에 따른다.

제4조(퇴직연금 등 수급권자의 탈퇴 신청) 법률 제8541호 국민연금법전부개정법률 부칙 제25조 제1항에 따른 사업장가입자 또는 지역가입자가 그 가입자 자격의 상실을 원하면 같은 법 부칙 제25조 제2항에 따라 사업장가입자는 별지 제7호 서식의 신고서를, 지역가입자는 별지 제1호 서식의 신고서를 각각 공단에 제출하여야 한다.

제5조(국민기초생활보장법에 따른 수급자인 가입자의 탈퇴 신청) 대통령령 제20507호 국민연금법시행령 전부개정령 부칙 제23조 제1항에 따른 가입자가 같은 개정령 부칙 제23조 제2항에 따라 탈퇴하려면 사업장가입자는 별지 제7호 서식의 신고서를, 지역가입자는 별지 제1호 서식의 신고서를 각각 공단에 제출하여야 한다.

제6조(서식 개정에 따른 경과조치) 이 규칙 시행 당시 종전 규정에 따라 제출하거나 통지받은 신청서, 신고서 또는 통지서 등은 이 규칙에 따라 제출하거나 통지받은 것으로 본다.

제7조(다른 법령과의 관계) 이 규칙 시행 당시 다른 법령에서 종전의 '국민연금법시행규칙'의 규정을 인용하고 있는 경우에 이 규칙 중 그에 해당하는 규정이 있으면 종전의 규정을 갈음하여 이 규칙의 해당 규정을 인용한 것으로 본다.

부칙(보건복지가족부와 그 소속 기관 직제 시행규칙) 〈제1호, 2008.3.3〉

제1조(시행일) 이 규칙은 공포한 날부터 시행한다.
제2조 생략

제3조(다른 법령의 개정) ①부터 <21>까지 생략

<22> 국민연금법 시행규칙 일부를 다음과 같이 개정한다.

제44조 중 '보건복지부령'을 '보건복지가족부령'으로 한다.

제45조 제1항, 제49조 제1항 및 제2항, 별지 제31호 서식 앞면 중 '보건복지부장관'을 각각 '보건복지가족부장관'으로 한다.

<23>부터 <94>까지 생략

10. 국민연금법 시행령

국민연금법 시행령
[시행 2008.6.22][대통령령 제20854호, 2008.6.20, 타 법 개정]

제1장 총칙

제1조(목적) 이 영은 '국민연금법'에서 위임된 사항과 그 시행에 필요한 사항을 규정함을 목적으로 한다.

제2조(근로자에서 제외되는 자) '국민연금법'(이하 '법'이라 한다.) 제3조 제1항 제1호 단서에 따라 근로자에서 제외되는 자는 다음과 같다.

1. 일용근로자나 1개월 미만의 기한을 정하여 사용되는 근로자. 다만, 1개월 이상 계속 사용되는 경우는 그러하지 아니하다.

2. 소재지가 일정하지 아니한 사업장에 종사하는 근로자

3. 법인의 이사 중 제3조 제1항 제2호에 따른 소득이 없는 자

4. 1개월 동안의 근로시간이 80시간 미만인 시간제 근로자 등 사업장에서 상시 근로에 종사할 목적으로 사용되는 자가 아닌 자

제3조(소득의 범위) ① 사업장가입자나 국민연금에 가입된 사업장에 종사하는 임

의계속가입자(법 제8조 제1항에 따른 퇴직연금 등 수급권자 및 '국민기초생활보장법'에 따른 수급자가 임의계속가입자가 되는 경우는 제외한다. 이하 '사업장임의계속가입자'라 한다.)의 법 제3조 제1항 제3호에 따른 소득의 범위는 다음 각 호와 같다.

1. 사용자(법인이 아닌 사업장의 사용자만 해당한다.)의 경우: 제2항 제1호부터 제3호까지, 제5호 및 제6호에 따른 소득

2. 근로자의 경우: '소득세법' 제20조 제1항에 따른 근로소득에서 같은 법 제12조 제4호에 따른 비과세 근로소득('조세특례제한법' 제18조의 2에 따라 과세하지 아니하는 금액을 포함한다.)을 뺀 소득

② 지역가입자와 지역가입자의 요건을 갖춘 임의계속가입자(이하 '지역임의계속가입자'라 한다.)의 법 제3조 제1항 제3호에 따른 소득의 범위는 다음 각 호의 것으로 하되, 해당 가입자의 소득이 둘 이상이면 합하여 계산한 것으로 한다.

1. 농업 소득
경종업, 과수·원예업, 양잠업, 종묘업, 특수작물 생산업, 가축의 사육업, 종축업 또는 부화업과 이에 따른 업무에서 얻는 소득

2. 임업 소득
영림업, 임산물 생산업 또는 야생 조수 사육업과 이에 따른 업무에서 얻는 소득

3. 어업 소득
어업과 이에 따른 업무에서 얻는 소득

4. 근로소득
제1항 제2호에 따른 소득

5. 사업소득
'소득세법' 제19조 제2항에 따른 사업소득 금액

6. 부동산 임대 소득
'소득세법' 제18조 제2항에 따른 부동산 임대소득 금액

제4조(평균소득월액의 산정 방법) 법 제3조 제1항 제4호에 따른 평균소득월액은 매년 12월 31일 현재의 사업장가입자와 지역가입자 전원(법 제91조 제1항 각 호에 따른 납부 예외 사유로 연금보험료를 내지 아니하는 사업장가입자 및 지역가입자는 제외한다. 이하 같다.)의 기준소득월액 총액을 사업장가입자와

지역가입자 전원의 수로 나누어 산정한다.

제5조(기준소득월액) ① 법 제3조 제1항 제5호에 따른 기준소득월액은 최저 22만 원부터 최고 360만 원까지의 범위에서 사업장가입자의 경우 사용자가, 지역가입자의 경우 가입자가 신고한 소득월액에서 천 원 미만을 버린 금액으로 한다.

② 제1항에도 불구하고 사용자나 가입자가 신고한 소득월액이 22만 원보다 적으면 22만 원을 기준소득월액으로 하고, 360만 원보다 많으면 360만 원을 기준소득월액으로 한다.

제6조(가입자 자격 취득 시와 납부 재개 시의 기준소득월액의 결정 및 적용 기간) ① 사업장가입자나 사업장임의계속가입자가 가입자 자격을 취득하여 연금보험료를 최초로 내거나 법 제91조에 따른 연금보험료의 납부 예외 기간이 끝나 연금보험료의 납부를 재개하는 경우의 기준소득월액은 다음 각 호에 따른 금액을 소득월액으로 하여 법 제24조에 따른 국민연금공단(이하 '공단'이라 한다.)이 결정하되, 그 적용 기간은 자격을 취득한 날이나 납부를 재개한 날이 속하는 달부터 제7조 제1항에 따라 정기 결정되는 기준소득월액을 적용하는 달의 전달까지로 한다.

1. 월이나 주 또는 그 밖에 일정 기간으로 소득이 정하여지는 경우: 그 소득액을 그 기간의 총일수로 나눈 금액의 30배에 해당하는 금액

2. 일·시간·생산량 또는 도급으로 소득이 정하여지는 경우: 가입자의 자격을 취득한 날 또는 납부를 재개한 날이 속하는 달의 전 1개월 동안 해당 사업장에서 같은 업무에 종사하고 같은 소득이 있는 자가 받은 소득월액을 평균한 금액

3. 제1호와 제2호에 따라 소득월액을 산정하기 어려운 자의 경우: 가입자의 자격을 취득한 날 또는 납부를 재개한 날이 속하는 달의 전 1개월 동안에 그 지방에서 같은 업무에 종사하고 같은 소득이 있는 자가 받은 소득월액을 평균한 금액

② 지역가입자나 지역임의계속가입자가 가입자 자격을 취득하여 연금보험료를 최초로 내거나 법 제91조에 따른 연금보험료의 납부 예외 기간이 끝나 연금보험료의 납부를 재개하는 경우의 기준소득월액은 가입자 자격 취득 시나 납부 재개 시 종사하는 업무에서 얻는 소득으로서 해당 가입자나 대리인이 신고한 소득을 소득월액으로 하여 공단이 결정한다. 이 경우 공단은 해당

가입자나 대리인이 소득 신고를 할 때에 참고가 될 수 있도록 종사 업종별 과세 자료, 종사 업종, 사업장 규모 및 농지 면적 등을 기초로 산정한 금액을 신고권장소득월액으로 제시하거나 미리 통지할 수 있다.

제7조(가입기간 중 기준소득월액의 결정 및 적용 기간) ① 사업장가입자나 사업장임의계속가입자가 자격을 취득한 후 가입기간 중의 기준소득월액은 전년도 중 해당 사업장에서 종사한 기간(소득 산정의 기초로 된 일수가 20일 미만인 월이 있을 때에는 그 월은 제외한다.)에 받은 소득 총액을 그 해당 기간의 개월 수로 나누어서 얻은 금액을 소득월액으로 하여 매년 공단이 결정하되, 그 적용 기간은 다음 각 호에 정하는 바에 따른다. 다만, 해당 사업장에서 종사한 기간이 3개월 미만이면 제6조 제1항에 따라 기준소득월액을 결정한다.

  1. 근로자의 경우

  해당 연도 4월부터 다음 연도 3월까지

  2. 사용자(법인이 아닌 사업장의 사용자의 경우에만 해당한다.)의 경우

  해당 연도 7월부터 다음 연도 6월까지

② 지역가입자나 지역임의계속가입자가 자격을 취득한 후 가입기간 중의 기준소득월액은 다음 각 호의 어느 하나에 해당하는 방법으로 공단이 결정한다.

  1. 소득의 변경이 없는 경우

  제6조 제2항에 따른 자격 취득 시의 해당 가입자의 기준소득월액

  2. 1회 이상 소득이 변경된 경우

  공단은 법 제122조에 따라 사업장 등에 대하여 조사·확인하여 종사 업종의 변경 등 소득의 변동 사유를 확인하였거나 과세 자료 등에 따라 가입자의 실제 소득이 기존의 기준소득월액과 다르다고 인정되면 해당 가입자에게 법 제21조에 따라 변경된 소득을 신고할 것을 통지하여 그 가입자나 대리인이 신고한 전년도의 제3조 제2항에 따른 소득으로 기준소득월액을 결정하되, 그 결정을 한 날이 속하는 달의 다음 달부터 이를 적용한다. 이 경우 공단은 해당 가입자나 대리인이 소득 신고를 할 때에 참고가 될 수 있도록 전년도의 제3조 제2항에 따른 소득의 범위에서 과세 자료, 종사 업종, 사업장 규모 및 농지 면적 등을 기초로 산정한 금액을 신고권장소득월액으로 통지할 수 있다.

③ 지역가입자·지역임의계속가입자 또는 그 대리인은 다음 각 호의 어느 하나에 해당하면 보건복지가족부령으로 정하는 바에 따라 공단에

기준소득월액의 변경을 신청할 수 있으며, 그 기준소득월액은 해당 가입자나 대리인이 신청한 소득으로 결정하되, 그 변경을 신청한 날이 속하는 다음 달부터 적용한다. <개정 2008.2.29>

1. 종사 업종의 변경, 경영 실적의 변동 또는 사업 중단 등으로 소득이 증가되거나 감소된 경우
2. 가입자 본인이 기준소득월액을 실제 소득보다 높게 결정하여 줄 것을 희망하는 경우

④ 공단은 제2항에 따라 소득 신고를 하게 하는 경우 필요하다고 인정하면 이사회의 심의를 거쳐 신고 대상자의 범위, 소득 조사의 시기 및 방법 등을 포함한 연간 소득 확인 계획을 수립하여야 한다.

제8조(둘 이상 적용 사업장가입자의 기준소득월액 결정) 사업장가입자나 사업장임의계속가입자가 둘 이상의 국민연금에 가입된 사업장 근로자 또는 사용자인 경우(하나의 국민연금에 가입된 사업장에서 근로자이면서 다른 국민연금에 가입된 사업장에서는 사용자인 경우를 포함한다. 이하 같다.)의 기준소득월액은 각 사업장에서 받고 있는 소득월액을 기준으로 각각 기준소득월액을 결정한다. 다만, 각 사업장의 기준소득월액의 합이 제5조 제1항에 따른 기준소득월액의 상한액을 초과하면 각 사업장별 기준소득월액이 그 합하여 계산된 기준소득월액에서 차지하는 비율을 기준소득월액의 상한액에 곱하여 계산된 금액을 기준으로 각각 기준소득월액을 결정한다.

제9조(기준소득월액의 결정의 특례) ① 사업장가입자·지역가입자·사업장임의계속가입자 또는 지역임의계속가입자의 기준소득월액을 제6조에 따라 계산하기 곤란하거나, 제6조 또는 제7조 제1항·제2항 및 같은 조 제3항 제1호에 따라 신고하거나 신청한 소득이 실제 소득과 뚜렷한 차이가 있는 경우에는 그 규정에도 불구하고 공단이 결정하되, 그 결정의 기준 및 방법 등은 법 제5조에 따른 국민연금심의위원회(이하 '국민연금심의위원회'라 한다.)의 사전 심의를 거쳐야 한다.

② 소득의 전부 또는 일부가 현물로 지급되는 경우에 그 가액(價額)은 해당 지방의 소비자물가를 기준으로 하여 공단이 정한다.

③ 사업장가입자·지역가입자·사업장임의계속가입자 또는 지역임의계속가입자의 소득월액에 대하여 법 제21조에 따른 신고를 하지 아니한 경우로서 법 제122조 제1항에 따라 확인한 결과 소득 관련 자료가 없는 경우에는 공단

이 다음 각 호에 따른 금액을 소득월액으로 하여 기준소득월액을 결정한다.

1. 가입기간 중 기준소득월액을 결정하는 경우: 해당 가입자의 전년도 기준소득월액을 평균소득월액의 변동률을 기준으로 조정한 금액
2. 가입자 자격 취득 시나 납부 재개 시의 기준소득월액을 결정하는 경우: 제10조 제1항 본문에 따른 임의가입자 등에게 적용하는 기준소득월액에 해당하는 금액

④ 사업장가입자·지역가입자·사업장임의계속가입자 또는 지역임의계속가입자의 소득월액에 대하여 법 제21조에 따른 신고를 하지 아니한 경우로서 법 제122조 제1항에 따라 확인한 결과 소득 관련 자료가 있는 경우에는 제6조 및 제7조 제1항·제2항을 준용한다.

제10조(임의가입자 등의 기준소득월액의 결정 및 적용기간) ① 다음 각 호의 어느 하나에 해당하는 가입자('국민기초생활보장법'에 따른 수급자는 제외한다. 이하 이 항에서 같다.)의 기준소득월액은 매년 전년도 12월 31일 현재의 사업장가입자와 지역가입자 전원의 기준소득월액을 기준으로 그 중위수에 해당하는 자의 기준소득월액에 해당하는 금액으로 하되, 그 적용 기간은 해당 연도 4월부터 다음 연도 3월까지로 한다. 다만, 가입자 본인이 기준소득월액을 중위수에 해당하는 자의 기준소득월액보다 높게 결정하여 줄 것을 신청하는 경우에는 공단은 기준소득월액의 변경 결정을 할 수 있다.

1. 임의가입자
2. 사업장임의계속가입자와 지역임의계속가입자를 제외한 임의계속가입자

② '국민기초생활보장법'에 따른 수급자가 제1항 각 호의 어느 하나에 해당하는 가입자가 되는 경우의 기준소득월액은 '국민기초생활보장법' 제23조 제1항에 따른 조사에서 확인된 소득 중 같은 법 시행령 제3조 제1항 제1호 및 제2호에 따른 소득을 합하여 계산한 금액을 기준으로 결정하되, 그 적용 기간은 해당 연도 4월부터 다음 연도 3월까지로 한다.

제11조(국민연금의 재정계산 등) ① 보건복지가족부장관은 법 제4조 제2항에 따라 매 5년이 되는 해의 3월 31일까지 법 제101조에 따른 국민연금기금(이하 '기금'이라 한다.)의 재정계산을 하고, 국민연금 재정 전망 및 연금보험료 조정 등을 포함한 국민연금 운영 전반에 관한 계획을 수립하여 국민연금심의위원회의 심의를 거쳐 해당 연도 9월 말일까지 대통령의 승인을 받아 해당 연도 10월 말일까지 국회에 제출하여야 한다. <개정 2008.2.29>

② 보건복지가족부장관은 국민연금 재정 전망 등을 포함한 국민연금 운영 전반에 관한 계획을 '신문 등의 자유와 기능 보장에 관한 법률' 제12조 제1항에 따라 전국을 보급지역으로 등록한 일반일간신문 1개 이상 및 경제 분야 특수일간신문 1개 이상에 각각 공시하여야 한다. <개정 2008.2.29>

제12조(국민연금심의위원회 위원장 등의 직무) ① 위원장은 국민연금심의위원회를 대표하며, 위원회의 사무를 총괄한다.

② 부위원장은 위원장을 보좌하며, 위원장이 부득이한 사유로 직무를 수행할 수 없을 때에는 그 직무를 대행한다.

제13조(국민연금심의위원회 위원의 임기 등) 국민연금심의위원회의 위원장 외의 위원의 임기는 2년으로 하되, 연임할 수 있다.

제14조(국민연금심의위원회의 회의 등) ① 위원장은 국민연금심의위원회의 회의를 소집하며, 그 의장이 된다.

② 국민연금심의위원회의 회의는 정기회와 임시회로 구분한다.

③ 정기회는 매년 2월에, 임시회는 다음 각 호의 어느 하나에 해당할 때에 소집한다. <개정 2008.2.29>

　1. 보건복지가족부장관의 요구가 있을 때

　2. 국민연금심의위원회의 재적 위원 3분의 1 이상의 요구가 있을 때

　3. 그 밖에 위원장이 필요하다고 인정할 때

④ 국민연금심의위원회의 회의는 재적 위원 과반수의 출석으로 시작하고 출석위원 과반수의 찬성으로 의결한다.

⑤ 위원장은 국민연금심의위원회에서 의결된 사항을 보건복지가족부장관에게 보고하여야 한다. <개정 2008.2.29>

제15조(국민연금심의위원회 회의록의 작성·비치 등) ① 국민연금심의위원회의 위원장은 국민연금심의위원회의 회의에 관하여 회의록을 작성하여 갖추어 두어야 한다.

② 회의록에는 회의 일시·장소, 토의 내용 및 의결 사항을 적고, 위원장 및 출석한 위원이 서명하거나 기명날인하여야 한다.

③ 가입자, 가입자였던 자 및 수급권자나 그 밖에 국민연금의 이해관계인은 언제든지 회의록의 열람을 요청할 수 있다.

제16조(간사) ① 국민연금심의위원회에 간사 1명을 두되, 보건복지가족부장관이 보건복지가족부 소속 공무원 중에서 임명한다. <개정 2008.2.29>

② 간사는 위원장의 명을 받아 국민연금심의위원회의 사무를 처리한다.

제17조(위원의 수당) 국민연금심의위원회의 회의에 출석한 위원에게는 예산의 범위에서 수당을 지급할 수 있다. 다만, 공무원인 위원이 그 소관 업무와 직접적으로 관련되어 출석하는 경우에는 그러하지 아니하다.

제2장 국민연금가입자

제18조(가입 대상 제외자) 법 제6조 단서에 따라 다음 각 호의 어느 하나에 해당하는 자는 국민연금 가입 대상에서 제외한다.

1. 법 제61조 제1항부터 제3항까지 및 법률 제8541호 국민연금법 전부개정법률 부칙 제2조에 따라 노령연금의 수급권을 취득한 자 중 60세 미만의 특수 직종 근로자

2. 법 제61조 제4항에 따른 조기노령연금의 수급권을 취득한 자. 다만, 법 제66조 제1항에 따라 조기노령연금의 지급이 정지 중인 자는 제외한다.

제19조(당연적용사업장) ① 법 제8조 제1항에 따른 당연적용사업장은 다음 각 호의 어느 하나에 해당하는 사업장으로 한다.

1. 1명 이상의 근로자를 사용하는 사업장

2. 주한 외국 기관으로서 1명 이상의 대한민국 국민인 근로자를 사용하는 사업장

② 사업장 상호 간에 본점과 지점·대리점·출장소 등의 관계에 있고 그 사업 경영이 일체로 되어 있는 경우에는 이를 하나의 사업장으로 보아 제1항을 적용한다.

제20조(행방불명된 자에 대한 인정 기준 및 방법) ① 법 제9조 제5호에 따라 행방불명된 자의 증명은 특별자치도지사·시장·군수·구청장(자치구의 구청장을 말한다. 이하 같다.)이 확인하는 바에 따른다.

② 제1항에 따른 행방불명 기간의 기산일은 특별자치도지사·시장·군수·구청장이 확인한 날로 한다.

③ 제1항에도 불구하고 행방불명된 자의 연금보험료가 납부된 사실이 있는 경우에는 연금보험료가 납부된 기간은 행방불명된 기간에 산입하지 아니한다.

④ 제3항에 따라 연금보험료가 납부된 자가 다시 제1항에 따라 행방불명된

것으로 확인되는 경우 행방불명된 기간은 연금보험료 납부 후 다시 행방불명된 것으로 확인된 날부터 기산한다.

제21조(연금보험료 체납에 따른 자격 상실) 법 제12조 제3항 제5호, 법 제13조 제3항 제4호에 따라 임의가입자와 임의계속가입자가 그 자격을 상실하게 되는 연금보험료의 체납기간은 3개월로 한다. 다만, 천재지변이나 그 밖에 부득이한 사유로 기간 내에 연금보험료를 낼 수 없었음을 증명하면 그러하지 아니하다.

제22조(특수 직종 근로자) ① 법 제13조 제1항 제2호에서 '대통령령으로 정하는 직종'이란 다음 각 호와 같다.

　　1. '광업법' 제3조 제2호에 따른 광업(갱내 작업에 한정한다.)

　　2. '선원법' 제2조에 따른 선박 중 어선에서의 '수산업법' 제2조에 따른 어업(부원으로서 직접 어로작업에 종사한 경우만 해당한다.)

② 제1항의 경우에 특수 직종 근로자로서의 연금 가입 기간이 그의 전(全)연금가입기간의 5분의 3에 미달하면 특수 직종 근로자로 보지 아니한다.

제23조(사망의 추정) ① 법 제15조에 따라 사망으로 추정되는 경우는 다음과 같다.

　　1. 선박이 침몰, 전복, 멸실 또는 행방불명되거나 항공기가 추락, 멸실 또는 행방불명된 경우에 그 선박이나 항공기에 탔던 자가 그 사고의 발생일로부터 3개월 동안 생사를 알 수 없을 때

　　2. 항행 중의 선박이나 항공기에 탔던 자가 행방불명되어 3개월 동안 생사를 알 수 없을 때

　　3. 천재지변이나 그 밖에 이에 준하는 사유로 3개월 동안 생사를 알 수 없을 때

② 제1항에 따라 사망으로 추정되는 자는 그 사고가 발생한 날이나 행방불명된 날에 사망한 것으로 추정한다.

③ 제1항 각 호의 사유로 생사를 알 수 없었던 자가 사망한 것이 사고가 발생한 날이나 행방불명된 날부터 3개월 이내에 확인되었으나 그 사망의 시기가 분명하지 아니하면 그 사고가 발생한 날이나 행방불명된 날에 사망한 것으로 추정한다.

제24조(기여금의 개별 납부) ① 근로자가 법 제17조 제3항 후단에 따라 체납 사실이 통지된 체납 월의 다음 달부터 발생되는 체납 연금보험료 중 본인이 부담하여야 하는 기여금의 전부 또는 일부를 내려는 경우에는 해당 연금보험료의 월별 납부 기한으로부터 3년 이내에 공단에 내야 한다.

② 공단이 법 제88조 제1항 및 법 제95조 제3항에 따라 체납 사실이 통지된 체납 월의 다음 달부터 발생되는 체납 연금보험료의 전부 또는 일부를 사용자로부터 납부를 받거나 징수하면 제1항에 따라 근로자가 중복하여 낸 기여금은 해당 근로자에게 이자를 더하여 돌려주어야 한다. 이 경우 이자율은 제73조 제3항을 준용한다.

제25조(자녀의 인정 범위 등) ① 법 제19조에 따라 가입기간이 추가 산입되는 자녀는 다음 각 호에 정하는 자(가입기간에 추가 산입하는 때에 이미 사망한 자를 포함한다.)로 한다.

　　1. '민법'에 따른 친생자, 인지된 출생자, 양자 및 친양자
　　2. '입양촉진 및 절차에 관한 특례법'에 따라 입양된 자녀

② 제1항에 따른 자녀의 부 또는 모(양부모의 경우를 포함한다. 이하 이 항에서 같다.)가 노령연금 수급권을 취득한 때에 자녀가 다음 각 호의 어느 하나에 해당하면 해당 부 또는 모의 가입기간을 추가 산입할 수 없다.

　　1. 다른 사람의 양자로 된 경우
　　2. 파양

③ 법 제19조에 따라 가입자 또는 가입자였던 자가 가입기간에 추가 산입한 자녀에 대해서는 다른 사람이 가입기간에 추가 산입을 할 수 없다.

제3장 국민연금공단

제26조(이사회의 심의·의결 사항) 공단의 이사회는 다음 사항을 심의·의결한다.

　　1. 예산과 결산에 관한 사항
　　2. 정관 변경에 관한 사항
　　3. 중요 재산의 취득과 관리 및 처분에 관한 사항
　　4. 사업 운영 계획이나 그 밖의 공단 운영의 기본 방침에 관한 사항
　　5. 신고권장소득월액의 산정 기준 및 방법 등에 관한 사항
　　6. 지역가입자 및 지역임의계속가입자의 연간 소득 확인 계획에 관한 사항
　　7. 규약·규정의 제정·개정 및 폐지에 관한 사항

제27조(이사회의 회의) ① 이사회의 회의는 정기회와 임시회로 구분한다.

② 정기회는 매년 2월과 10월 중에 개최하되, 이사장이 소집한다.

③ 임시회는 이사장이 필요하다고 인정할 때나 이사(상임 이사를 포함한다. 이하 같다.) 3명 이상의 요구가 있을 때 이사장이 소집한다.

제28조(이사회의 회의록의 작성·비치 등) 공단 이사회의 회의록 작성과 비치 및 열람에 관해서는 국민연금심의위원회의 회의록 작성·비치에 관한 제15조를 준용한다. 이 경우 '국민연금심의위원회'는 '이사회'로, '위원장'은 '이사장'으로, '위원'은 '이사'로 본다.

제29조(사업 운영 계획과 예산) ① 공단은 보건복지가족부장관이 정하는 사업 운영 지침과 예산편성 지침에 따라 매 회계연도의 사업 운영 계획 및 편성한 예산을 회계연도 개시 2개월 전까지 보건복지가족부장관에게 제출하여야 한다. <개정 2008.2.29>

② 제1항에 따라 제출하는 사업 운영 계획과 예산에는 주요 사업별 세부 계획, 추정 대차대조표, 추정 손익계산서 등 그 내용을 분명히 하기 위하여 필요한 부속서류를 첨부하여야 한다.

③ 보건복지가족부장관은 제1항에 따라 제출된 사업 운영 계획과 예산을 회계연도 시작 전까지 승인하여야 한다. <개정 2008.2.29>

제30조(일시차입과 이입충당) ① 공단은 법 제44조 제1항에 따라 일시차입을 하려면 차입 사유, 차입 방법, 이자율 및 상환 방법 등을 적은 서면을 보건복지가족부장관에게 제출하여야 한다. <개정 2008.2.29>

② 공단은 법 제44조 제3항에 따라 기금에서 이입충당을 하려면 이입충당의 사유 및 금액 등에 관한 사항을 적은 서면을 법 제103조에 따른 국민연금기금운용위원회(이하 '운용위원회'라 한다.)에 제출하여야 한다.

제31조(복지사업) ① 공단은 법 제46조 제1항에 따라 다음의 복지사업을 할 수 있다.

　1. 노인복지·아동복지·장애인복지 등을 위한 시설의 설치와 운영 및 자금의 대여

　2. 병원과 휴양 시설 또는 요양 시설의 설치와 운영 및 자금의 대여

　3. 생활안정을 위한 자금의 대여

　4. 학자금의 대여

　5. 당연적용사업장인 중·소사업장의 사업장 내 복지시설의 설치를 위한 자금의 대여

　6. 주택 구입 자금과 전세 자금의 대여

② 공단은 사업에 지장이 없는 범위에서 가입자, 가입자였던 자 또는 수급권자가 아닌 자에게 제1항 제1호 및 제2호에 따른 복지시설을 이용하게 할 수 있다.

제32조(대여사업) ① 공단은 법 제46조 제2항에 따라 가입자나 가입자였던 자에게 그가 낸 연금보험료의 100분의 80에 해당하는 금액의 범위에서 자금을 대여할 수 있다.

② 대여금의 이자율, 대여의 기간과 기준 및 절차 등에 필요한 사항은 보건복지가족부장관이 정하여 고시한다. <개정 2008.2.29>

제33조(업무의 위탁) ① 법 제47조 제2항에 따라 공단이 위탁할 수 있는 업무의 범위와 공단으로부터 그 업무를 위탁받을 수 있는 자는 다음과 같다. <개정 2008.5.27>

    1. 연금보험료, 대여금의 상환금이나 그 밖의 비용의 수납, 급여의 지급 및 대여금의 지급에 관한 업무: 체신관서, 금융기관 또는 금융 관련 업무를 행하는 비영리법인

    2. 가입자의 자격의 취득 신청 및 상실 신청의 접수 등에 관한 업무: 국민건강보험의 보험자 또는 지방자치단체의 장

    3. 노인복지·아동복지·장애인복지 등을 위한 시설의 설치·운영 사업 및 병원·휴양 시설·요양 시설의 설치·운영 사업: '사회복지사업법'에 따른 사회복지법인, '공공기관의 운영에 관한 법률'에 따른 공기업·준정부기관, '농업협동조합법'·'수산업협동조합법' 및 '산림조합법'에 따른 농업협동조합중앙회·수산업협동조합중앙회 및 산림조합중앙회, 종교 단체 또는 같은 종류의 사업을 운영하는 자

    4. 보험료 고지서 및 독촉장의 발급 업무: 국민건강보험의 보험자

② 공단은 제1항에 따라 업무를 위탁받은 자에게 수수료를 지급할 수 있다.

제34조(규정의 제정 등) 공단은 그 내부조직, 직원의 인사, 임직원의 보수, 감사 및 기금의 관리·운용 등에 관한 제 규정을 정하거나 변경하려는 경우에는 보건복지가족부장관의 승인을 받아야 한다. <개정 2008.2.29>

제4장 급여

제35조(국민연금수급증서의 발급) 공단은 급여를 지급받을 권리를 가지는 자(이하

'수급권자'라 한다.)에게 보건복지가족부령으로 정하는 바에 따라 국민연금수급증서를 내주어야 한다. <개정 2008.2.29>

제36조(연도별 재평가율 등) 법 제51조 제1항 제2호에 따라 보건복지가족부장관이 연도별 재평가율(이하 '재평가율'이라 한다.)을 고시할 때는 제1호에 따라 산정한 금액을 제2호에 따라 산정한 금액으로 나눈 값을 기준으로 하여 매년 이를 정하여야 한다. 이 경우 국민연금심의위원회의 사전 심의를 거쳐야 한다. <개정 2008.2.29>

1. 법 제51조 제1항 제1호에 따라 산정한 금액

2. 법 제51조 제1항 제1호에 따른 산정 방식에 준하여 재평가 대상 연도마다 산정한 금액

제37조(기본연금액 산정 관련 적용 기간) 법 제51조 제1항 제1호에 따라 산정한 금액 및 제36조에 따른 재평가율은 해당 연도 4월부터 다음 연도 3월까지의 기간 동안에 지급이 시작되는 급여를 지급받을 권리를 가지는 자에게 적용한다.

제38조(부양가족연금액 지급 대상의 생계유지에 관한 인정기준) 법 제52조 제1항에 따라 부양가족연금액의 지급 대상이 되는 대상자별 인정기준은 별표 1과 같다.

제39조(미지급급여 지급 대상의 생계유지에 관한 인정기준) 법 제55조 제1항 단서에 따라 미지급급여의 지급 대상이 되는 형제자매로서 수급권자에 의하여 생계를 유지하고 있던 자의 인정기준은 별표 1과 같다.

제40조(미지급급여의 지급 방법) 법 제55조 제2항에 따라 미지급의 급여를 지급받을 같은 순위 자가 2명 이상 있을 때에 그 지급 방법은 다음과 같다.

1. 같은 순위자 중 1명이 한 청구는 그가 지급받을 부분에 대하여 청구한 것으로 본다.

2. 같은 순위자나 그의 법정대리인이 같은 순위자 모두의 급여를 지급받을 대표자를 선정하면 그 대표자가 미지급급여를 청구할 수 있다.

제41조(부당이득환수금의 고지 등) ① 공단은 법 제57조 제1항 및 제2항에 따른 부당이득 등의 환수 사유가 발생하면 20일 이상의 기한을 정하여 환수하여야 할 금액(이하 '부당이득환수금'이라 한다.)을 고지하여야 한다.

② 제1항에 따른 기한까지 부당이득환수금을 내지 아니하면 20일 이상의 기한을 정하여 독촉하여야 한다.

③ 부당이득환수금은 다음 각 호에 정하는 바에 따라 매월 분할하여 납부하게 할 수 있다.

1. 부당이득환수금(분할 납부 신청일을 기준으로 한다. 이하 이 항에서 같다.)이 20만 원 이상 40만 원 미만인 경우: 2회 이내

2. 부당이득환수금이 40만 원 이상 120만 원 미만인 경우: 4회 이내

3. 부당이득환수금이 120만 원 이상 360만 원 미만인 경우: 12회 이내

4. 부당이득환수금이 360만 원 이상인 경우: 36회 이내

④ 국민연금공단은 제3항에 따른 부당이득환수금을 3개월 이상 체납한 경우에는 부당이득환수금을 한꺼번에 환수할 수 있다.

제42조(부당이득 등에 가산할 이자) ① 법 제57조 제1항 후단에 따라 거짓이나 그 밖의 부정한 방법으로 지급받은 급여에 가산할 이자의 계산 기간은 해당 급여를 지급받은 날이 속하는 달부터 부당이득환수금을 낸 날이 속하는 달의 전달까지의 개월 수에 의하되, 연 단위로 계산한 이자를 지급받은 급여에 산입하여 그 후의 이자액을 계산한다.

② 제1항의 계산 기간에 적용할 이자율은 3년 만기 정기예금 이자율(해당 계산 기간 중에 그 이자율이 변동되거나 은행에 따라 이자율이 다른 경우에 적용할 이자율은 그해 1월 1일 현재 '은행법'에 따라 설립된 금융기관 중 전국을 영업 구역으로 하는 은행이 적용하는 이자율을 평균한 이자율로 한다. 이하 같다.)로 한다.

제43조(부당이득환수금 징수 제외) 법 제57조 제4항에 따라 공단이 징수하지 아니할 수 있는 부당이득환수금은 3천 원 미만의 금액으로 한다.

제44조(지급된 급여의 압류 금지 금액) 법 제58조 제2항에 따라 수급권자에게 지급된 급여로서 압류할 수 없는 금액은 '민사집행법 시행령' 제2조에서 정하는 금액으로 한다.

제45조(소득이 있는 업무) 법 제61조 제3항 및 제4항에서 '소득이 있는 업무'란 다음 각 호의 소득 금액을 합하여 계산한 금액을 종사 개월 수(해당 연도에 종사한 개월 수를 말하며, 1개월 미만인 경우에는 1개월로 본다.)로 나눈 금액이 법 제51조 제1항 제1호에 따라 산정한 금액을 초과하는 소득이 있는 업무를 말한다.

1. '소득세법' 제18조 제2항에 따른 부동산 임대 소득 금액

2. '소득세법' 제19조 제2항에 따른 사업소득 금액

3. '소득세법' 제20조 제2항에 따른 근로소득 금액

제46조(장애등급 등) ① 법 제67조 제5항에 따른 장애등급 구분의 기준은 별표 2

와 같다.

② 공단은 장애등급을 결정하기 위하여 장애 정도를 심사한다.

③ 공단은 장애 정도의 적정한 심사를 위하여 장애 심사 위원을 두거나 자문 의사를 위촉할 수 있다.

④ 장애 심사 위원 및 자문 의사의 자격, 장애 정도의 판정기준이나 그 밖에 필요한 사항은 보건복지가족부장관이 정하여 고시한다. <개정 2008.2.29>

제47조(유족연금 지급 대상의 생계유지에 관한 인정기준) 법 제73조 제1항에 따라 유족연금의 지급 대상이 되는 가입자 또는 가입자였던 자에 의하여 생계를 유지하고 있던 자에 관한 대상자별 인정기준은 별표 1과 같다.

제48조(유족연금의 지급 방법) 법 제73조 제3항에 따라 같은 순위의 유족이 2명 이상 있을 때의 유족연금의 지급 방법에 관해서는 제40조를 준용한다.

제49조(유족연금 수급권자인 배우자의 소득이 있는 업무) 유족연금 수급권자인 배우자의 경우 법 제76조 제1항 제3호에 따라 해당 연금의 지급이 정지되는 소득이 있는 업무의 범위에 관해서는 제45조를 준용한다.

제50조(반환일시금의 산정) 법 제77조 제2항 및 법 제116조 제1항에 따라 반환일시금을 산정할 때 합하여 계산하여야 할 이자는 해당 기간의 개월 수를 기준으로 다음 각 호에 정하는 바에 따라 산정한다.

1. 연금보험료(법 제92조에 따른 추납보험료를 포함한다.)를 낸 날이 속하는 달의 다음 달부터 자격상실일이 속하는 달까지의 이자율: 해당 기간의 3년 만기 정기예금 이자율

2. 자격상실일이 속하는 달의 다음 달부터 법 제77조 제1항 각 호의 어느 하나에 해당하는 사유가 발생한 날(법 제116조에 따라 반환일시금을 지급받는 경우에는 다음 각 목에 정하는 날로 한다.)이 속하는 달까지의 이자율: 해당 기간의 1년 만기 정기예금 이자율

   가. 종전의 법 제67조 제1항 제1호(법률 제3902호 국민복지연금법개정법률에 따라 개정되어 법률 제5623호 국민연금법중개정법률에 따라 폐지된 규정을 말한다.)에 따라 반환일시금을 지급받는 경우에는 수급권자의 지급사유가 발생된 날부터 5년이 지난 날로 하되, 5년이 지나기 이전에 60세에 도달하거나 국외 이주하거나 국적을 상실한 경우 또는 다른 공적 연금에 가입하게 된 경우에는 해당 지급사유가 발생한 날

   나. 법 제77조 제1항 제3호 및 종전의 법 제67조 제1항 제4호(법률 제

6027호 국민연금법중개정법률에 따라 개정된 규정을 말한다.)에 따라 반환일시금을 지급받는 경우에는 해당 지급사유가 발생한 날

제51조(반환일시금의 지급 방법) 법 제77조 제3항에 따라 반환일시금을 지급받을 같은 순위의 유족이 2명 이상 있는 경우 그 지급 방법에 관해서는 제40조를 준용한다.

제52조(반납금의 납부 기한 등) ① 법 제78조 제1항에 따라 반환일시금을 지급받은 자가 공단에 반납하여야 할 반환일시금 및 이자(이하 '반납금'이라 한다.)는 일시 반납의 경우에는 반납금의 납부신청을 한 날이 속하는 달의 다음 달 말일까지 내고, 분할 반납의 경우에는 반납금의 납부 신청을 한 날이 속하는 달의 다음 달부터 매월 말일까지 내야 한다.

② 공단은 법 제78조 제2항에 따라 반납금을 분할하여 납부하게 하는 경우에는 다음 각 호의 어느 하나에 해당하는 횟수의 범위에서 납부할 자의 신청에 따라 반납금을 똑같이 나누어 월별로 내게 하여야 한다.

1. 가입 기간이 1년 미만인 경우: 3회
2. 가입 기간이 1년 이상 5년 미만인 경우: 12회
3. 가입 기간이 5년 이상인 경우: 24회

③ 법 제78조 제1항에 따라 반환일시금에 가산할 이자의 계산 기간은 해당 반환일시금을 지급한 날이 속하는 달부터 반납금의 납부 신청을 한 날이 속하는 달의 전월까지의 개월 수에 따르되, 연 단위로 그 이자를 그 반환일시금에 산입하여 그 후의 이자액을 계산한다. 다만, 법 제78조 제2항에 따른 분할 납부의 경우에 다시 가산할 이자의 계산 기간은 반납금의 납부 신청을 한 날이 속하는 달부터 분할 납부가 끝나는 달의 전월까지로 하되, 분할 납부할 1회의 금액은 분할 납부 횟수에 따라 원리금을 똑같이 나눈 금액으로 한다.

④ 제3항 본문에 따른 이자는 같은 규정에 따른 기간 중에 적용되었던 1년 만기 정기예금 이자율을 적용한 금액으로 하고, 같은 항 단서에 따른 분할 납부의 경우에 다시 가산하는 이자는 반납금의 납부 신청을 한 날이 속하는 해당 연도의 1년 만기 정기예금 이자율을 적용한 금액으로 한다.

⑤ 제2항에 따른 분할 납부의 경우에 내는 반납금에 상응하는 기간을 가입기간에 산입하는 경우에는 해당 가입기간이 시작되는 처음 달부터 차례로 산입한다.

제53조(사망일시금 지급 대상의 생계유지 등에 관한 인정기준) ① 법 제80조 제1항 단서

에 따른 행방을 알 수 없는 자는 다음 각 호의 어느 하나에 해당하는 자로
한다.

    1. 특별자치도지사 · 시장 · 군수 · 구청장 및 경찰서장이 행방을 알 수 없
       는 자로 확인한 날부터 1년이 지난 자

    2. 거주지를 벗어나 상당 기간 연락이 끊어진 자로서 공단이 행방을 알 수
       없는 자로 확인한 자

② 법 제80조 제1항 단서에 따라 사망일시금의 지급 대상이 되는 4촌 이내
의 방계혈족으로서 가입자 또는 가입자였던 자에 의하여 생계를 유지하고
있던 자의 인정기준은 별표 1과 같다.

제54조(사망일시금의 지급 방법) 법 제80조 제3항에 따라 사망일시금을 지급받을 같
    은 순위자가 2명 이상 있을 경우 그 지급 방법에 관해서는 제40조를 준용한다.

제55조(급여의 제한) 법 제82조 제2항에 따라 급여를 제한하는 경우에 지급하지
    아니할 수 있는 급여의 범위는 다음 각 호의 구분에 따른다.

    1. 고의 또는 중대한 과실로 요양 지시에 따르지 아니하면 급여의 1천분의
       800에서 1천분의 1,000까지

    2. 정당한 사유 없이 요양 지시에 따르지 아니하면 급여의 1천분의 500에
       서 1천분의 800까지

제56조(지급의 일시 중지) ① 공단은 법 제86조 제2항에 따라 급여의 지급을 일시
    중지하려면 수급권자에게 10일 이상의 기한을 정하여 서면으로 급여의 지급
    이 정지될 수 있는 사유를 해소할 것을 재촉하여야 한다.

② 제1항에 따른 재촉을 받은 자가 기한까지 필요한 조치를 하지 아니하면
그 다음 달부터 3년 이내의 기간을 정하여 급여의 지급을 일시 중지한다.

③ 제1항에 따라 급여의 지급이 일시 중지된 자가 그 일시 중지 기간에 필
요한 조치를 이행하면 그 일시 중지를 바로 해제하고, 그동안 지급하지 아니
한 급여를 지급하여야 한다.

④ 제2항에 따른 일시 중지 기간에 필요한 조치를 이행하지 아니하는 자에
대하여 법 제86조 제1항에 따라 급여의 지급을 정지하는 경우에는 일시 중
지한 기간을 포함하여 그 지급을 정지하여야 한다.

제5장 비용 부담 및 연금보험료의 징수 등

제57조(농어업인의 범위) ① 법 제89조 제1항 단서에 따른 농업·임업·축산업 또는 수산업을 경영하거나 이에 종사하는 자(이하 '농어업인'이라 한다.)는 다음 각 호의 어느 하나에 해당하는 자로 한다. <개정 2008.6.20>

　　1. '농업·농촌 및 식품산업 기본법 시행령' 제3조에 해당하는 자

　　2. '농어촌발전 특별조치법 시행령' 제3조 제3호에 해당하는 자

② 제1항에도 불구하고 농업이나 임업 또는 어업 간의 겸업을 하는 경우에는 각 업종의 판매액 또는 종사 기간을 보건복지가족부령으로 정하는 바에 따라 합산하여 농어업인인지 여부를 결정한다. <개정 2008.2.29>

③ 제1항과 제2항에도 불구하고 다음 각 호의 어느 하나에 해당하는 자는 농어업인에서 제외한다.

　　1. 농업 소득이나 임업 소득 또는 어업 소득을 합산한 액보다 그 외의 소득이 많은 자

　　2. '부가가치세법' 제5조 및 '소득세법' 제168조에 따라 등록하여 사업을 하는 자. 다만, 다음 각 목의 어느 하나에 해당하는 자는 제외한다.

　　　　가. '부가가치세법' 제25조에 따른 간이과세 대상자

　　　　나. 농업이나 임업 또는 어업과 관련하여 사업 활동을 하는 자

④ 제1항 및 제2항에 따른 농어업인에 해당하는 자는 보건복지가족부령으로 정하는 바에 따라 그 거주지나 토지의 소재지를 관할하는 시장·구청장·읍장 또는 면장의 확인을 받아야 한다. 다만, '농지법' 제49조에 따른 농지원부로 농업인임을 확인할 수 있는 자나 '축산법' 제22조 제1항에 따라 축산업을 등록한 자의 경우에는 그러하지 아니하다. <개정 2008.2.29>

제58조(연금보험료의 선납과 환부) ① 법 제89조 제2항에 따라 연금보험료를 미리 내는 경우에는 월 단위로 내야 한다.

② 법 제89조 제2항에 따라 연금보험료를 미리 낸 후 선납분에 해당되는 기간이 지나기 전에 가입자가 그 자격을 상실한 경우에는 그 자격을 상실한 자(사망한 경우에는 '민법'에 따른 상속인을 말한다.)의 청구로 미리 낸 연금보험료 등 지나지 아니한 기간 분에 해당하는 금액을 돌려주며, 돌려줄 금액은 미리 낸 연금보험료 등 금액에서 제3항에 따른 감액률을 적용한 지난 기간 분에 해당하는 금액을 뺀 금액으로 한다.

③ 법 제89조 제3항에 따라 연금보험료를 미리 내는 경우 그 기간은 1년을 초과하지 못하며, 미리 냄에 따라 연금보험료에서 감액되는 금액은 월 연금보험료에 1년 만기 정기예금 이자율의 12분의 1과 미리 내는 개월 수를 곱하여 계산한다. 이 경우 1년 만기 정기예금 이자율은 연금보험료의 선납을 신청한 날이 속하는 연도의 이자율로 한다.

제59조(자동 계좌이체를 하는 자에 대한 이익 제공) 공단은 법 제89조 제4항에 따라 연금보험료를 자동 계좌이체의 방법으로 내는 자에게는 자동 계좌이체에 따라 절감되는 비용에 해당하는 금액을 연금보험료에서 빼거나 추첨의 방법으로 금품 또는 경품 등을 제공할 수 있다.

제60조(연금보험료 납부의 예외) 법 제91조 제1항 제7호에 따라 연금보험료를 내지 아니할 수 있는 경우는 다음 각 호의 어느 하나에 해당하는 경우로 한다. <개정 2008.2.29>

1. 질병이나 부상으로 3개월 이상 입원한 경우
2. '농어업재해대책법', '자연재해대책법' 또는 '재해구호법'에 따른 보조나 지원의 대상이 된 경우
3. 재해나 사고 등의 발생으로, 연금보험료를 낼 경우 보건복지가족부장관이 정하는 기초생활을 유지하는 것이 곤란하다고 인정될 정도로 소득이 감소된 경우

제61조(연금보험료의 납부 예외 신청 등) ① 사용자나 지역가입자는 법 제91조 제1항에 따라 연금보험료를 내지 아니하려는 경우에는 보건복지가족부령으로 정하는 바에 따라 공단에 연금보험료의 납부 예외 신청을 하여야 한다. <개정 2008.2.29>

② 공단은 지역가입자에게 법 제91조 제1항 제2호부터 제6호까지에 규정된 사유가 발생하여 연금보험료를 징수할 수 없다고 판단되면 제1항에도 불구하고 그 사유의 발생기간에 대하여 연금보험료의 납부 예외를 결정할 수 있다. 다만, 납부 예외 사유가 발생한 기간의 전부 또는 일부에 대하여 이미 연금보험료를 낸 경우 그 낸 연금보험료에 대해서는 그러하지 아니하다.

③ 공단은 법 제91조 제1항 제6호 또는 제7호에 따른 사유로 연금보험료를 내지 아니하는 자에 대해서는 연금보험료의 납부 예외 시작일부터 1년이 지날 때마다 그 예외 사유의 종료 여부를 확인하여야 한다.

④ 공단은 연금보험료를 내지 아니하는 자의 납부 예외 사유가 끝날 때에는

미리 그 사실을 해당 가입자에게 알려야 한다.

⑤ 법 제91조 제1항 제6호에 따른 행방불명의 경우에 관한 인정기준은 제20조 제1항을 준용한다.

⑥ 납부 예외 기간은 납부 예외 사유가 발생한 날이 속하는 달부터 납부 예외 사유가 없어진 날이 속하는 달까지로 한다. 다만, 다음 각 호의 어느 하나에 해당하는 경우에는 납부 예외 사유가 없어진 날이 속하는 달의 전달까지로 한다.

  1. 납부 예외 사유가 없어진 날이 그달의 초일인 경우

  2. 가입자가 납부 예외 사유가 없어진 날이 속하는 달의 연금보험료 납부를 원하는 경우

제62조(추납보험료의 납부 신청 등) ① 법 제92조 제1항 각 호의 어느 하나에 해당하는 자가 해당 호에 규정된 기간의 전부 또는 일부에 상응하는 보험료(이하 '추납보험료'라 한다.)를 공단에 내려면 보건복지가족부령으로 정하는 바에 따라 공단에 추납보험료의 납부 신청을 하여야 한다. <개정 2008.2.29>

② 추납보험료의 납부 기한과 추납보험료를 나누어 내는 경우 그 방법·횟수, 가산 이자 등에 관해서는 제52조 제1항부터 제4항까지의 규정을 준용한다. 이 경우 '반납금'은 '추납보험료'로 보고, '가입기간'은 '추납기간'으로 본다.

제63조(둘 이상 적용 사업장가입자의 연금보험료 징수) 공단은 사업장가입자의 연금보험료를 징수할 때 그 사업장가입자가 국민연금에 가입된 둘 이상의 사업장의 근로자이거나 사용자인 경우에는 각 사업장별 기준소득월액을 기준으로 각각 징수한다. 다만, 국민연금에 가입된 둘 이상의 사업장 중에 제5조 제1항에 따른 기준소득월액의 상한액에 해당하는 소득월액을 지급하는 사업장이 있는 경우에는 주된 사업장에서만 징수한다.

제64조(연금보험료 등의 독촉) ① 공단은 법 제95조 제1항에 따라 사업장가입자의 연금보험료 등의 납부를 독촉할 때에는 납부 기한이 지난 후 20일 이내에 해당 사업장가입자의 사용자에게 독촉장을 발부하여야 한다.

② 공단은 법 제95조 제1항에 따라 지역가입자의 연금보험료 등의 납부를 독촉할 때에는 납부 기한이 지난 후 3개월 이내에 해당 가입자에게 독촉장을 발부하여야 한다.

제65조(체납처분 시의 연금보험료 충당) 법 제95조 제3항에 따라 체납연금보험료 등을 국세 체납처분의 예에 따라 징수할 때 체납처분이 끝나고 체납액에 충당

된 배분 금액이 그 체납액에 미치지 못하는 경우에는 다음 각 호의 방법으로 연금보험료 등에 충당하여야 한다.

1. 2개월분 이상의 연금보험료를 체납한 경우: 납부 기한이 빠른 달의 연체금·가산금과 연금보험료의 순서
2. 1개월분의 연금보험료를 체납한 경우: 연체금·가산금과 연금보험료의 순서
3. 제1호와 제2호에도 불구하고 연금보험료를 체납한 자가 지역가입자로서 연금보험료를 체납한 후 사업장가입자(법인이 아닌 사용자의 경우만 해당한다.)로서 연금보험료를 체납한 경우: 사업장가입자의 납부 기한이 빠른 달의 연체금·가산금과 연금보험료에 우선 충당한 후 지역가입자의 납부 기한이 빠른 달의 연체금·가산금과 연금보험료의 순서

제66조(매각 대행의 의뢰 등) ① 공단은 법 제95조 제4항에 따라 압류 재산의 매각을 '금융기관부실자산 등의 효율적 처리 및 한국자산관리공사의 설립에 관한 법률'에 따라 설립된 한국자산관리공사(이하 '한국자산관리공사'라 한다.)로 하여금 대행하도록 하는 경우에는 다음 각 호의 사항을 적은 매각 대행 의뢰서를 한국자산관리공사에 보내야 한다.

1. 체납자의 성명과 주소 또는 거소
2. 매각할 재산의 종류·수량·품질 및 소재지
3. 압류에 관계되는 연금보험료나 그 밖의 징수금의 내용 및 납부 기한
4. 그 밖에 필요한 사항

② 공단은 매각 대행의 사실을 체납자, 그 재산에 대하여 전세권·질권·저당권이나 그 밖의 권리를 가진 자와 압류 재산을 보관하고 있는 자에게 통지하여야 한다.

제67조(압류 재산의 인도) ① 공단은 제66조 제1항에 따라 매각 대행을 의뢰할 때에는 공단이 점유하고 있거나 제3자에게 보관하도록 한 재산을 한국자산관리공사에 넘겨줄 수 있다. 다만, 제3자에게 보관하도록 한 재산의 인도는 그 제3자가 발행하는 재산의 보관증을 인도함으로써 갈음할 수 있다.

② 한국자산관리공사는 제1항에 따라 압류 재산을 넘겨받으면 인계인수서를 작성하여야 한다.

제68조(매각 대행의 해제 요구) ① 한국자산관리공사는 매각 대행을 의뢰받은 날부터 2년이 지날 때까지 매각되지 아니한 재산이 있으면 공단에 그 재산에 대

한 매각 대행 의뢰의 해제를 요구할 수 있다.

② 공단은 제1항에 따라 해제 요구를 받은 경우 특별한 사정이 없으면 요구에 따라야 한다.

제69조(압류 해제의 통지) ① 공단은 한국자산관리공사에 압류 재산의 매각을 대행하도록 한 후 매각 기일 전에 그 재산의 압류를 해제하는 경우에는 지체 없이 그 사실을 한국자산관리공사에 통지하여야 한다.

② 제1항에 따라 통지를 받은 한국자산관리공사는 지체 없이 그 재산의 매각을 중지하고 그 사실을 공단에 통지하여야 한다.

제70조(매각 대행에 관한 세부 사항) 법 제95조 제4항에 따라 한국자산관리공사가 대행하는 매각에 필요한 사항으로서 이 영에서 정한 내용의 세부 사항은 공단이 한국자산관리공사와 협의하여 정한다.

제71조(연체금 등의 징수 예외) 법 제97조 제3항에 따라 연체금 및 가산금을 징수하지 아니할 수 있는 경우는 다음 각 호와 같다. <개정 2008.2.29>

1. 전쟁이나 사변으로 인하여 체납한 경우

2. 사업장의 폐쇄로 인하여 체납한 경우(사업장가입자만 해당한다.)

3. 화재 등 재해 발생으로 인하여 체납한 경우

4. 그 밖에 연체금 및 가산금의 징수가 곤란한 경우로서 보건복지가족부령으로 정하는 경우

제72조(연금보험료 등의 회계기관) 공단의 이사장은 법 제88조 제1항 및 법 제97조에 따른 연금보험료 및 연체금·가산금의 징수 업무를 담당하게 하기 위하여 공단의 상임이사 중에서 연금보험료 세입징수관을 임명할 수 있고, 공단의 직원 중에서 분임연금보험료 세입징수관을 임명할 수 있다.

제73조(과오납금의 충당 및 반환) ① 공단은 법 제100조에 따른 과오납금이 발생한 경우에는 다음 각 호의 순서대로 우선 충당한다. 이 경우 제3호에 따른 징수금의 충당 방법에 관해서는 제65조를 준용한다.

1. 체납처분비

2. 부당이득환수금과 가산 이자

3. 미납된 연금보험료와 법 제97조에 따른 연체금 및 가산금

4. 앞으로 내야 할 1개월분의 연금보험료. 다만, 제2항에 따라 과오납금의 나머지 금액을 반환받을 수 있는 자의 의사에 반하여는 충당할 수 없다.

② 제1항에 따라 충당하고 남은 과오납금의 나머지 금액은 다음 각 호의 순

서대로 반환하여야 한다. 이 경우 같은 순위자가 2명 이상인 경우 그 반환방법은 제40조를 준용한다.

1. 납부의무자

2. 법 제72조에 따른 유족연금 수급권자

3. 납부의무자의 상속인

③ 법 제100조 후단에 따라 과오납금에 더할 이자의 계산기간은 그 과오납부한 날이 속하는 달의 다음 달부터 충당하거나 반환하기로 결정한 날이 속하는 달까지로 하되, 이자율은 계산 기간 중에 적용된 1년 만기 정기예금 이자율로 한다.

④ 공단은 제1항에 따라 과오납금을 충당하거나 제2항에 따라 반환하려면 그 사실을 제2항에 규정된 자에게 문서로 알려야 한다.

⑤ 반납금 및 추납보험료의 징수에서 발생한 과오납금에 관해서는 제1항부터 제4항까지의 규정을 준용하고, 부당이득환수금의 징수에서 발생한 과오납금에 관해서는 제1항, 제2항 및 제4항을 준용한다.

제6장 국민연금기금

제74조(기금의 운용사업 등) ① 법 제102조 제2항 제1호에 따른 금융기관은 다음 각 호와 같다. <개정 2008.5.27>

1. '은행법'에 따른 금융기관, '한국산업은행법'에 따른 한국산업은행 및 '중소기업은행법'에 따른 중소기업은행

2. '증권거래법'에 따른 증권회사

3. '신탁업법'에 따른 신탁회사

4. '간접투자자산 운용업법'에 따른 자산운용회사 및 투자자문회사

5. '종합금융회사에 관한 법률'에 따른 종합금융회사

6. '보험업법'에 따른 보험회사

7. 체신관서

② 법 제102조 제2항 제5호에 따른 사업을 실시하기 위하여 기금을 대여하는 경우 그 이자율은 운용위원회가 정한다.

③ 법 제102조 제2항 제7호에 따른 기금 증식사업은 다음 각 호와 같다.

1. '벤처기업육성에 관한 특별조치법' 제4조 제1항에 따른 벤처기업에 대한 투자와 중소기업창업투자조합·신기술사업투자조합 또는 한국벤처투자조합에 대한 출자
2. '산업발전법' 제15조의 4 제1항에 따른 기업구조조정조합에 대한 출자
3. '간접투자자산 운용업법' 제2조 제8호 및 제9호에 따른 장내파생상품과 장외파생상품의 거래
4. '외국환거래법' 제3조 제1항 제11호에 따른 외국환의 매매
5. '간접투자자산 운용업법' 제2조 제2호에 따른 간접투자기구 등에 대한 투융자
6. '사회기반시설에 대한 민간투자법' 제2조 제2호에 따른 사회기반시설사업에 대한 투융자
7. 부동산의 개발·취득·관리 등을 목적으로 하는 사업에 대한 투융자
8. 에너지 및 자원의 개발 사업에 대한 투융자
9. 항공기 및 선박의 취득, 기업의 인수 등을 목적으로 하는 회사 또는 사업에 대한 투융자
10. 외국의 관계 법령에 따라 적법하게 설치되거나 시행되고 있는 제1호부터 제9호까지의 규정에 해당하는 투융자
11. 법 제102조 제3항 단서에 따른 5년 만기 국채 수익률 이상의 수익이 기대되는 사업으로서 운용위원회가 기금의 증식을 위하여 필요하다고 인정하는 사업

④ 법 제102조 제3항 단서에 따른 5년 만기 국채 수익률은 '증권거래법' 제194조에 따른 유가증권시장 및 코스닥시장 외에서 매매되는 다음 각 호의 채권의 유통 수익률 중 높은 수익률로 한다.

1. '주택법 시행령' 제91조 제1항 제1호에 따라 발행된 제1종 국민주택채권
2. '국채법' 제3조에 따른 국고채권

제75조(기금의 계리) 법 제102조 제4항에 따른 기금의 계리는 모든 회계 처리를 발생 사실과 기업회계의 원칙에 따라 계산하여 정리하여야 한다.

제76조(기금의 관리·운용에 관한 업무 위탁 등) ① 보건복지가족부장관은 법 제102조 제5항에 따라 다음 각 호의 업무를 공단에 위탁한다. <개정 2008.2.29>

1. 법 제102조 제2항에 따른 기금의 관리·운용
2. 법 제102조 제4항에 따른 기금의 계리

3. 법 제102조 제2항 제6호에 따라 공단이 취득한 재산의 임대 등 기금의 관리 · 운용에 관하여 보건복지가족부장관이 정하는 업무

제77조(운용위원회의 위원장 등의 직무) ① 운용위원회의 위원장은 운용위원회를 대표하며, 위원회의 사무를 총괄한다.

② 위원장이 부득이한 사유로 직무를 수행할 수 없을 때에는 공익을 대표하는 위원 중에서 위원장이 미리 지정하는 자가 그 직무를 대행한다.

제78조(운용위원회의 회의 등) ① 운용위원회의 위원장은 법 제103조 제5항에 따른 회의 외에 재적 위원 3분의 1 이상의 요구가 있는 경우나 위원장이 필요하다고 인정하는 경우에 운용위원회의 회의를 소집할 수 있다.

② 운용위원회에 간사 1명을 두되, 간사는 보건복지가족부 소속 공무원 중에서 위원장이 지명한다. <개정 2008.2.29>

③ 운용위원회 회의록의 작성과 비치 및 열람에 관해서는 제15조를 준용한다. 이 경우 '국민연금심의위원회'는 '운용위원회'로 본다.

제79조(운용위원회위원의 수당) 운용위원회의 회의에 출석한 위원에게는 예산의 범위에서 수당을 지급할 수 있다. 다만, 공무원인 위원이 그 소관 업무와 직접적으로 관련되어 출석하는 경우에는 그러하지 아니하다.

제80조(국민연금기금운용실무평가위원회) ① 법 제104조에 따른 국민연금기금운용실무평가위원회(이하 '실무평가위원회'라 한다.)의 위원장은 실무평가위원회를 대표하고, 그 사무를 총괄한다.

② 실무평가위원회의 부위원장은 위원장을 보좌하고, 위원장이 부득이한 사유로 직무를 수행할 수 없을 때에는 그 직무를 대행한다.

③ 실무평가위원회에 간사 1명을 두되, 간사는 보건복지가족부 소속 공무원 중에서 위원장이 지명한다. <개정 2008.2.29>

④ 실무평가위원회의 회의에 출석한 위원에게는 예산의 범위에서 수당을 지급할 수 있다. 다만, 공무원인 위원이 그 소관 업무와 직접적으로 관련되어 출석하는 경우에는 그러하지 아니하다.

⑤ 실무평가위원회의 운영에 관하여 제1항부터 제4항까지에 규정된 것 외에 필요한 사항은 운용위원회의 의결을 거쳐 운용위원회의 위원장이 정한다.

제81조(기금운용지침) ① 보건복지가족부장관은 다음 연도의 국민연금기금운용지침안(이하 '기금운용지침안'이라 한다.)을 작성하여 4월 말일까지 운용위원회에 제출하여야 한다. <개정 2008.2.29>

② 운용위원회는 기금운용지침안을 5월 말일까지 심의·의결하여야 한다.

제82조(기금 계정의 설치) 보건복지가족부장관은 기금의 수입과 지출을 명확하게 하기 위하여 한국은행에 국민연금기금 계정을 설치하여야 한다. <개정 2008.2.29>

제83조(연금보험료의 기금에의 납입 등) ① 공단은 징수한 연금보험료의 총액을 일별로 국민연금기금 계정에 내야 한다.

② 공단은 징수한 전월분 연금보험료의 총액과 미수된 금액 등의 징수 현황을 매월 말일까지 보건복지가족부장관에게 문서로 보고하여야 한다. <개정 2008.2.29>

제84조(기금의 월별 운용) 보건복지가족부장관은 조성된 기금을 법 제107조 제1항에 따른 기금 운용계획에 따라 원칙적으로 월별로 관리·운용하여야 한다. <개정 2008.2.29>

제85조(기금의 회계기관 등) ① 보건복지가족부장관은 기금의 출납 업무를 담당하게 하기 위하여 보건복지가족부 소속 공무원 중에서 기금수입징수관, 기금재무관, 기금지출관 및 기금출납공무원을 임명한다. 이 경우 임명 사실을 감사원장과 한국은행총재에게 각각 통지하여야 한다. <개정 2008.2.29>

② 기금수입징수관과 기금재무관은 기금의 관리·운용에 따르는 계약과 수입·지출의 원인이 되는 행위 및 기금 수입금의 징수·결정에 관한 업무를 담당하며, 기금지출관과 기금출납공무원은 기금의 관리·운용에 따르는 수입 및 지출 업무를 담당한다.

③ 공단은 제76조 제1항에 따라 위탁받은 기금의 관리·운용에 관한 업무를 처리하기 위하여 기금출납이사와 기금출납원을 두되, 기금출납이사는 법 제31조에 따른 기금이사가 되고, 기금출납원은 공단 직원 중에서 공단 이사장이 임명한 자가 된다. 이 경우 기금출납이사는 기금수입징수관 및 기금재무관의 업무를 수행하고, 기금출납원은 기금지출관 및 기금출납공무원의 업무를 수행한다.

④ 공단 이사장은 제3항에 따라 기금출납이사와 기금출납원을 임명하면 그 사실을 보건복지가족부장관과 감사원장 및 한국은행총재에게 각각 통지하여야 한다. <개정 2008.2.29>

⑤ 기금의 지출원인행위 및 지출 등에 필요한 사항은 보건복지가족부령으로 정한다. <개정 2008.2.29>

제86조(기금 운용 결산 등) ① 공단은 매 분기 말 현재의 법 제107조 제3항에 따른 기금의 운용 결과를 다음 분기 첫째 달 20일까지 운용위원회에 제출하여야 한다.

② 공단은 매 회계연도가 끝난 후 2개월 이내에 '주식회사의 외부감사에 관한 법률' 제3조에 따른 감사인의 감사보고서를 덧붙인 연간 기금 운용 결과를 보건복지가족부장관에게 제출하여야 한다. <개정 2008.2.29>

제87조(기금 운용 내용 등의 공시) 운용위원회의 위원장은 법 제107조 제4항에 따라 매년 기금의 운용 내용 및 사용 내용을 '신문 등의 자유와 기능보장에 관한 법률' 제12조 제1항에 따라 보급지역을 전국으로 등록한 일반일간신문 1개 이상 및 경제 분야 특수일간신문 1개 이상에 각각 공시하여야 한다. 이 경우 운용위원회 위원장은 법 제104조 제6항에 따라 실무평가위원회가 제출한 기금의 운용에 관한 평가 결과를 함께 공시하여야 한다.

제7장 심사청구 및 재심사청구

제88조(심사청구의 방식) ① 법 제108조에 따른 심사청구는 다음의 사항을 적은 문서로 하되, 청구인이 기명날인하여야 한다.

1. 청구인의 성명, 주소 및 주민등록번호
2. 처분을 받은 자의 성명, 주소 및 주민등록번호
3. 심사청구의 대상이 되는 처분의 내용
4. 처분이 있은 것을 안 날
5. 심사청구의 취지 및 이유
6. 심사청구의 연월일
7. 청구인이 처분을 받은 자가 아닌 경우 처분을 받은 자와의 관계
8. 첨부 서류의 표시

② 청구인 및 처분을 받은 자가 가입자 또는 가입자였던 자가 아닌 경우에는 해당 가입자 또는 가입자였던 자의 성명, 주소 및 주민등록번호를 적어야 한다.

③ 청구인의 대리인이 심사청구를 한 경우에는 그 대리인임을 증명하는 위임장을 덧붙여야 한다.

제89조(심사위원회의 구성) ① 법 제109조 제1항에 따른 국민연금심사위원회(이하 '심사위원회'라 한다.)는 위원장 1명을 포함한 20명 이내의 위원으로 구성한다.

② 위원은 다음 각 호에 해당하는 자 중에서 공단 이사장이 임명하거나 위촉한다.

  1. 공단의 실장급 이상의 임직원
  2. 사용자 단체가 추천하는 자
  3. 근로자 단체가 추천하는 자
  4. 지역가입자를 대표하는 단체가 추천하는 자
  5. 변호사이거나 사회보험 및 의료에 관한 학식과 경험이 있는 자

제90조(심사위원회의 위원장) ① 심사위원회의 위원장은 공단의 상임이사 중 공단 이사장이 임명하는 자로 한다.

② 위원장이 부득이한 사유로 직무를 수행할 수 없을 때에는 위원장이 지명하는 위원이 그 직무를 대행한다.

제91조(심사위원회 위원의 임기) 심사위원회 위원의 임기는 2년으로 한다. 다만, 공단의 임직원인 위원의 임기는 그 직위의 재임기간으로 한다.

제92조(심사위원회의 회의) ① 심사위원회의 회의는 위원장과 위원장이 회의마다 지정하는 9명의 위원으로 구성하되, 위원에는 제89조 제2항 제2호부터 제5호까지의 규정에 해당하는 자가 각 2명 이상 포함되어야 한다.

② 심사위원회의 위원장은 회의를 소집하고, 의장이 된다.

③ 심사위원회의 회의는 구성원 과반수의 출석으로 시작하고 출석 위원 과반수의 찬성으로 의결한다.

제93조(간사) ① 심사위원회에 간사 1명을 둔다.

② 간사는 공단 이사장이 공단의 직원 중에서 임명한다.

③ 간사는 위원장의 명을 받아 심사위원회의 사무를 처리한다.

제94조(수당) 심사위원회의 회의에 출석한 공단의 임직원이 아닌 위원에게는 수당을 지급할 수 있다.

제95조(보정) ① 심사위원회는 심사청구가 적법하지 아니하나 보충하여 바로잡을 수 있다고 인정되면 적절한 기간을 정하여 그 보정을 요구하여야 한다. 다만, 보충하여 바로잡을 사항이 경미한 경우에는 직권으로 바로잡을 수 있다.

② 제1항의 보정은 서면으로 하여야 하며, 보충하여 바로잡으면 처음부터 적법한 심사청구가 있는 것으로 본다.

제96조(증거 제출) 청구인은 심사청구에 대한 결정이 있기 전까지 심사위원회에 문서, 장부, 물건, 그 밖의 증거 자료를 제출할 수 있으며 심사위원회에 출석하여 의견을 진술할 수 있다.

제97조(감정 의뢰) 심사위원회는 심사를 위하여 필요하다고 인정하면 청구인의 신청이나 직권으로 특별한 학식과 경험이 있는 자에게 감정을 의뢰할 수 있다.

제98조(심사청구의 취하) 청구인은 결정이 있기 전까지는 언제든지 심사청구를 문서로 취하할 수 있다.

제99조(결정) ① 공단은 심사청구가 적법하지 아니한 경우에는 그 심사청구를 각하하는 결정을 한다.

② 공단은 심사청구가 이유 없다고 인정한 경우에는 그 심사청구를 기각하는 결정을 한다.

③ 공단은 심사청구가 이유 있다고 인정한 경우에는 처분을 취소하거나 변경하는 결정을 한다.

④ 공단은 제1항부터 제3항까지의 규정에 따른 결정을 하면 지체 없이 청구인에게 결정서의 정본을 보내야 한다.

제100조(결정기간) ① 공단은 심사청구를 받은 날부터 60일 이내에 결정을 하여야 한다. 다만, 부득이한 사정이 있는 경우에는 위원장이 직권으로 30일을 연장할 수 있다.

② 제1항 단서에 따라 결정기간을 연장하면 결정기간이 끝나기 7일 전까지 청구인에게 이를 알려야 한다.

③ 제95조에 따른 보정기간은 제1항에 따른 결정기간에 산입하지 아니한다.

제101조(결정의 방식) 결정서에는 다음 각 호의 사항을 적고 공단 이사장이 기명날인하여야 한다.

1. 청구인의 성명과 주소
2. 처분을 받은 자의 성명과 주소
3. 결정의 주문(주문)
4. 심사청구의 취지
5. 결정의 이유
6. 결정의 연월일

제102조(심사위원회의 운영 규정) 심사위원회의 운영에 필요한 사항은 공단의 규정으로 정한다.

제103조(재심사청구의 방식) 법 제110조에 따라 심사청구에 대한 결정에 불복하는 자가 재심사청구를 하는 경우에는 '행정심판법' 제19조 제2항에 따른 기재사항을 준용하는 외에 다음의 사항을 적어야 한다.

1. 재심사청구를 하는 자와 처분을 받은 자가 다른 경우에는 처분을 받은 자의 성명, 주소 및 주민등록번호
2. 재심사청구를 하는 자 및 처분을 받은 자가 가입자 또는 가입자였던 자가 아닌 경우에는 해당 가입자 또는 가입자였던 자의 성명, 주소 및 주민등록번호

제104조(재심사위원회의 구성 등) ① 법 제111조 제1항에 따른 국민연금재심사위원회(이하 '재심사위원회'라 한다.)는 위원장 1명을 포함한 7명의 위원으로 구성한다.

② 위원은 다음 각 호의 어느 하나에 해당하는 자 중에서 보건복지가족부장관이 임명하거나 위촉하는 자로 한다. <개정 2008.2.29>

1. 보건복지가족부 소속 3급 또는 4급 공무원이나 고위공무원단에 속하는 일반직 공무원
2. 판사나 검사 또는 변호사의 자격이 있는 자
3. '고등교육법' 제2조에 따른 대학에서 부교수 이상의 직에 재직하고 있는 자
4. 사회보험 또는 의료에 관한 학식과 경험이 있는 자 중에서 보건복지가족부장관이 자격이 있다고 인정하는 자

제105조(재심사위원회의 위원장) ① 재심사위원회의 위원장은 보건복지가족부 국민연금정책관으로 한다. <개정 2008.2.29>

② 위원장에게 사고가 있으면 위원장이 지명하는 위원이 그 직무를 대행한다.

제106조(재심사위원회의 회의) ① 재심사위원회의 위원장은 회의를 소집하고 의장이 된다.

② 재심사위원회의 회의는 재적 위원 과반수의 출석으로 시작하고 출석 위원 과반수의 찬성으로 의결한다.

제107조(간사) ① 재심사위원회에 간사 1명을 둔다.

② 간사는 보건복지가족부장관이 보건복지가족부 소속 공무원 중에서 임명한다. <개정 2008.2.29>

③ 간사는 위원장의 명을 받아 재심사위원회의 사무를 처리한다.

제108조(수당) 재심사위원회의 회의에 출석한 위원에게는 예산의 범위에서 수당을 지급할 수 있다. 다만, 공무원인 위원이 그 소관 업무와 직접적으로 관련되어 출석하는 경우에는 그러하지 아니하다.

제109조(재심사위원회 위원의 임기) 재심사위원회 위원의 임기에 관해서는 심사위원회 위원의 임기에 관한 제91조를 준용한다. 이 경우 '심사위원회'는 '재심사위원회'로 보고, '공단의 임직원'은 '공무원'으로 본다.

제8장 보칙

제110조(소득축소·탈루자료의 통보 절차) ① 공단은 법 제125조 제1항에 따라 사용자나 가입자가 신고한 소득이 제1호부터 제3호까지의 규정에 해당하는 경우로서 소득의 축소나 탈루가 있다고 인정되는 경우에는 보건복지가족부장관에게 보고하고 해당 자료를 국세청장에게 보내야 한다. <개정 2008.2.29>

1. 국세청장에게 신고한 소득과 뚜렷한 차이가 있는 경우

2. 해당 업종별·직종별 평균 소득 등보다 뚜렷하게 낮은 경우

3. 임금 대장이나 그 밖에 소득 관련 서류 또는 장부 등의 내용과 다른 경우

② 공단은 법 제125조 제2항에 따라 국세청장으로부터 소득에 관한 사항을 통보받으면 그 결과를 해당 가입자의 소득에 반영하여야 한다.

제111조(당연 적용에서 제외되는 외국인) 법 제126조 제1항에 따라 당연히 사업장가입자나 지역가입자가 되는 외국인에서 제외되는 자는 다음 각 호와 같다. <개정 2008.2.29>

1. '출입국관리법' 제25조에 따라 체류기간연장허가를 받지 아니하고 체류하는 자

2. '출입국관리법' 제31조에 따른 외국인등록을 하지 아니하거나 같은 법 제59조 제2항에 따라 강제퇴거명령서가 발급된 자

3. '출입국관리법 시행령' 별표 1에 따른 외국인의 체류자격이 있는 자로서 보건복지가족부령으로 정하는 자

제112조(외국인에 대한 통지) 공단은 법 제126조 제1항에 따라 당연히 사업장가입자나 지역가입자가 되는 외국인에게는 그 외국인의 본국 법이 대한민국 국민에 대하여 법에 따른 국민연금에 상응하는 연금에 관한 법률을 적용하는

경우에는 당연히 국민연금가입자가 된다는 사실과 법에 따른 반환일시금에 상응하는 급여를 지급하지 아니하는 경우에는 반환일시금을 지급하지 아니한다는 사실을 통지하여야 한다.

제113조(외국인가입자에 대한 반환일시금의 지급) 법 제126조 제2항 제1호에서 '외국인의 본국 법이 대한민국 국민에게 제77조부터 제79조까지의 규정에 따른 반환일시금에 상응하는 급여를 지급하도록 규정하고 있는 경우'란 외국인의 본국 법에서 법 제49조 제1호부터 제3호까지의 규정에 따른 급여에 상응하는 급여의 수급권을 취득하지 못하고 법 제77조 제1항 각 호의 어느 하나에 해당하게 되는 대한민국 국민에게 해당 대한민국 국민이 가입기간 중 낸 연금보험료에 기초하여 셈하여 정한 일정금액을 일시금으로 지급하도록 규정하고 있는 경우를 말한다.

제114조(과태료의 부과·징수 절차) ① 법 제132조 제1항에 따라 과태료를 부과할 때에는 해당 위반행위를 조사·확인한 후 위반 사실과 과태료 금액 등을 서면으로 밝혀 이를 낼 것을 과태료처분 대상자에게 알려야 한다.
② 보건복지가족부장관은 제1항에 따른 과태료를 부과하려면 10일 이상의 기간을 정하여 과태료처분 대상자에게 구술이나 서면으로 의견 진술의 기회를 주어야 한다. 이 경우 지정된 날까지 의견을 진술하지 아니하면 의견이 없는 것으로 본다. <개정 2008.2.29>
③ 보건복지가족부장관은 과태료의 금액을 정할 때에는 해당 위반행위의 동기와 그 결과 등을 고려하여야 한다.

부칙 〈제20507호, 2007.12.31〉

제1조(시행일) 이 영은 공포한 날부터 시행한다. 다만, 제3조부터 제10조까지, 제20조, 제25조, 제36조, 제43조, 제44조, 제50조, 제52조 제4항, 제53조, 제61조 제5항과 제6항, 제62조 제2항 및 제63조의 개정규정은 2008년 1월 1일부터 시행한다.

제2조(농어업인에 대한 연금보험료 보조 금액) 법률 제8541호 국민연금법 전부개정법률 부칙 제7조에 따른 연금보험료 지원 금액은 다음 각 호에 정하는 금액으로 한다.
1. 농어업인인 가입자의 소득월액이 보건복지부장관이 농림부장관과 협의하

여 매년 초에 정하여 고시하는 금액(이하 이 조에서 '기준소득금액'이라 한다.) 이하인 경우: 본인이 낼 연금보험료의 2분의 1에 해당하는 금액

2. 농어업인인 가입자의 소득월액이 기준소득금액을 초과하는 경우: 기준소득금액에 대한 연금보험료의 2분의 1에 해당하는 금액

제3조(부당이득환수금 징수 제외에 대한 적용례) 제43조의 개정규정은 이 영 시행 당시 징수되지 아니한 부당이득환수금분부터 적용한다.

제4조(반납금의 납부 기한에 대한 적용례) 제52조 제4항의 개정규정은 이 영 시행 당시 반납금 납부 신청을 하여 납부 기한까지 납부하지 아니한 반납금분부터 적용한다.

제5조(추납보험료의 납부 신청 등에 대한 적용례) 제62조 제2항의 개정규정은 이 영 시행 당시 추납보험료 납부 신청을 하여 납부 기한까지 납부하지 아니한 추납보험료분부터 적용한다.

제6조(사업장임의계속가입자에 관한 경과조치) 이 영 시행 당시 종전의 규정에 따른 사업장임의계속가입자는 제3조 제1항 각 호 외의 부분의 개정규정에도 불구하고 사업장임의계속가입자로 본다.

제7조(기준소득월액에 관한 경과조치) ① 제5조의 개정규정에도 불구하고 1988년 1월 1일부터 1995년 3월 31일까지의 가입 기간에 대한 기준소득월액은 대통령령 제12227호 국민복지연금법시행령개정령 별표 1에 따른 등급별표준보수월액을 적용하고, 1995년 4월 1일부터 2007년 12월 31일까지의 가입 기간에 대한 기준소득월액은 대통령령 제14565호 국민연금법시행령중개정령 별표 1에 따른 등급별표준소득월액을 적용한다.

② 제5조의 개정규정에 따라 기준소득월액이 결정되기 전까지는 종전의 규정에 따른 등급별 표준소득월액을 이 영에 따른 기준소득월액으로 본다.

제8조(납부 예외자에 관한 경과조치) 이 영 시행 당시 종전의 규정에 따라 행방불명된 자로서 납부 예외된 자는 제20조 및 제61조 제5항의 개정규정에도 불구하고 이 영에 따라 납부 예외된 것으로 본다.

제9조(표준보수월액 및 표준소득월액 결정에 관한 경과조치) ① 대통령령 제12227호 국민복지연금법시행령개정령에 따라 공단은 1988년 1월부터 같은 해 3월까지의 기간에 적용할 사업장가입자의 표준보수월액을 결정할 때 같은 영 제6조에도 불구하고 같은 영 부칙 제2조에 따른 신고일을 기준으로 그 신고일 전 3개월간(보수지급의 기초로 된 일수가 20일 미만의 월이 있을 때에는 그 월

은 제외한다.)에 받은 보수 총액을 그 해당 기간의 개월 수로 나누어서 얻은 금액을 보수월액으로 하여 표준보수월액을 결정한다. 다만, 종전의 '의료보험법'의 피보험자인 사업장가입자의 경우에는 같은 영 부칙 제2조에 따른 신고일 현재 적용받고 있는 종전의 '의료보험법'에 따른 표준보수월액을 같은 기간에 적용할 표준보수월액으로 할 수 있다.

② 대통령령 제12227호 국민복지연금법시행령개정령에 따라 공단은 1988년 1월부터 1989년 3월까지의 기간에 적용할 지역가입자의 표준소득월액을 결정할 때에는 같은 영 제10조에도 불구하고 제1항에 따른 표준보수월액을 기준으로 중위수에 해당하는 자의 표준보수월액에 해당하는 금액으로 한다.

제10조(반환일시금의 적용이자율에 관한 경과조치) 법률 제3902호 국민복지연금법개정법률 제67조 제2항 제2호에 따른 지역가입자, 임의가입자 및 임의계속가입자의 반환일시금에 적용하는 이자율은 대통령령 제12227호 국민복지연금법시행령개정령 제44조 제2항에도 불구하고 1988년부터 1992년까지는 다음 각 호에 따른다.

1. 계속가입기간 중의 연금보험료 중 2분의 1에 해당하는 금액은 해당 계산 기간 중에 적용되었던 3년 만기 일반근로자의 재산형성저축이자율

2. 계속가입기간 중의 연금보험료 중 2분의 1에 해당하는 금액은 해당 계산 기간 중에 적용되었던 1년 만기 정기예금 이자율

제11조(국외근로자의 표준보수월액 적용에 관한 경과조치) 대통령령 제12695호 국민연금법시행령중개정령 제3조 제4호 단서에 해당하는 근로자의 표준보수월액은 같은 영 시행 후 1개월 이내에 결정하여야 하며 그 결정된 표준보수월액은 같은 영 제11조에도 불구하고 그 결정된 날이 속하는 달부터 적용한다.

제12조(표준보수월액 결정에 관한 경과조치) 대통령령 제13449호 국민연금법시행령중개정령에 따라 공단은 상시 5명 이상 9명 이하의 근로자를 사용하는 사업장에서 1992년 1월부터 같은 해 3월까지의 기간에 적용할 사업장가입자의 표준보수월액을 결정할 때에는 같은 영 제6조에도 불구하고 같은 영 부칙 제2항에 따른 신고일을 기준으로 그 신고일 전 3개월간(보수지급의 기초로 된 일수가 20일 미만인 달이 있을 때에는 그달은 제외한다.)에 받은 보수총액을 그 해당 기간의 개월 수로 나누어서 얻은 금액을 보수월액으로 하여 표준보수월액을 결정한다. 다만, 종전의 '의료보험법'의 피보험자인 사업장가입자는 같은 영 부칙 제2항에 따른 신고일 현재 적용받고 있는 종전의 '의료보험법'

에 따른 표준보수월액을 그 기간에 적용할 표준보수월액으로 할 수 있다.

제13조(소득의 범위에 관한 경과조치) 대통령령 제14565호 국민연금법 시행령중개정령 제3조 제1항 제4호 나목 중 '소득세법 시행령 제16조 제1항 제1호'는 1995년 12월 31일까지 '소득세법시행령 제12조 제1항 제2호'로 본다.

제14조(등급별 표준소득월액에 관한 경과조치) 공단은 1995년 4월 1일 전에 가입자 자격을 취득한 자로서 대통령령 제14565호 국민연금법 시행령중개정령으로 개정되기 전의 제6조 단서 및 제7조에 따라 표준보수월액이 결정된 자와 같은 영으로 개정되기 전의 제10조에 따라 표준소득월액이 결정된 자의 경우에는 같은 영 부칙 제2조의 표에 따라 표준보수월액 또는 표준소득월액을 결정하되 가입자 자격 취득 시의 보수월액을 같은 영 부칙 제2조의 표에 따른 보수월액으로 본다.

제15조(반환일시금의 산정에 관한 경과조치) 대통령령 제14565호 국민연금법시행령중개정령 제44조에 따라 반환일시금을 셈하여 정할 때 1995년 2월 1일 전의 계산 기간과 이자율에 대해서는 같은 영으로 개정되기 전의 규정을 적용한다.

제16조(연체금 등에 관한 경과조치) 대통령령 제14565호 국민연금법시행령중개정령의 시행 당시 납부 기한이 경과된 연금보험료에 대한 연체금 등의 징수는 같은 영으로 개정되기 전의 규정에 따른다.

제17조(기금 수익률에 관한 경과조치) 대통령령 제14565호 국민연금법시행령중개정령의 시행 당시 제4909호 국민연금법중개정법률 제83조 제2항 제5호에 따라 실시 중인 가입자 및 수급권자의 복지증진 사업 중 직장 및 민간 보육 시설 설치 지원사업의 지원 자금 대여 이자율은 같은 영 제52조에 따른 국민연금기금운용위원회에서 정한 것으로 본다.

제18조(반환일시금에 가산할 이자의 계산 기간에 관한 특례) 법률 제5623호 국민연금법중개정법률 부칙(법률 제6286호 국민연금법중개정법률에 따라 개정된 내용을 포함하며, 이하 이 조에서 '법 부칙'이라 한다.) 제16조에 따른 반환일시금을 지급받는 자에게 가산할 이자를 계산·지급함에 있어서 그 이자의 계산 기간은 대통령령 제16082호 국민연금법시행령중개정령 제44조 제3항에도 불구하고 가입자 자격을 상실한 날이 속하는 달의 다음 달부터 급여청구일이 속하는 달까지로 한다. 다만, 법 부칙 제16조 제3항에 따라 반환일시금을 지급받는 자로서 같은 규정의 시행일인 2000년 12월 23일 이전에 사업장가입자나 지역가입자의 자격을 상실한 자에 대한 가산 이자의 계산 기간은 자격상

실일이 속하는 달의 다음 달부터 2000년 12월까지로 한다.

제19조(생계를 유지하고 있던 자의 대상자별 인정 기준에 대한 적용례) 대통령령 제16082호 국민연금법시행령중개정령 제36조·제37조의 2·제43조의 2 및 제45조의 2에 따른 생계를 유지하고 있던 자의 대상자별 인정 기준은 같은 영 시행 후 최초로 지급 사유가 발생하는 자와 같은 영 시행일인 1999년 1월 1일 당시 종전의 규정에 따라 부양가족연금이나 유족연금을 지급받고 있는 자로서 수급권의 변경 사유가 발생하는 자부터 각각 적용한다.

제20조(신규 가입자의 표준소득월액에 관한 특례 등) ① 대통령령 제16219호 국민연금법시행령중개정령의 시행일인 1999년 4월 1일 당시 법률 제5623호 국민연금법중개정법률 제10조에 따라 지역가입자의 자격을 취득한 자(이하 이 조에서 '신규 가입자'라 한다.)에 대한 표준소득월액은 같은 법 부칙 제2조에 따라 해당 신규 가입자나 대리인이 신고하는 전년도의 제3조 제2항의 개정규정에 따른 소득으로 공단이 결정한다.

② 공단은 신규 가입자에 대한 표준소득월액의 결정 시기와 그 연금보험료의 납부시기를 보건복지부장관의 승인을 받아 1년의 범위에서 따로 정할 수 있다.

③ 신규 가입자로서 공단이 결정한 표준소득월액에 대하여 이의가 있는 자는 공단에 표준소득월액의 조정을 신청할 수 있다.

제21조(반환일시금의 이자율 등에 관한 경과조치) 대통령령 제16219호 국민연금법시행령중개정령의 시행 전의 가입 기간에 해당하는 분의 연금보험료에 대한 반환일시금을 셈하여 정할 때 그 이자 및 이자율은 같은 영 제44조에도 불구하고 같은 영으로 개정되기 전의 규정에 따른다.

제22조(소득이 있는 업무에 종사하지 아니하는 경우의 범위) ① 법률 제5623호 국민연금법중개정법률 부칙 제16조에 따른 소득이 있는 업무에 종사하지 아니하는 범위는 대통령령 제16219호 국민연금법시행령중개정령 제3조에 따른 소득이 없거나 같은 영 제49조에 따른 연금보험료의 납부 예외 요건에 해당하는 경우로 한다.

② 법률 제6027호 국민연금법중개정법률 부칙 제3조에 따른 소득이 있는 업무에 종사하지 아니하는 경우의 범위는 대통령령 제16567호 국민연금법시행령중개정령 제3조에 따른 소득이 없거나 같은 영 제49조에 따른 연금보험료의 납부 예외 요건에 해당하는 경우로 한다.

제23조(국민연금 가입 대상에서 제외되는 자에 관한 경과조치) ① 대통령령 제17013호 국민연금법시행령중개정령의 시행 당시 같은 영 제18조의 2 제1호에 따라 가입 대상에서 제외되는 가입자는 같은 규정에도 불구하고 종전의 규정에 따른 가입자로 본다.

② 제1항에 따른 가입자는 보건복지부령으로 정하는 바에 따라 공단에 신고하고 탈퇴할 수 있다.

제24조(수급권자 등에 의하여 생계를 유지하고 있던 자의 인정 기준에 관한 경과조치) 대통령령 제17013호 국민연금법시행령중개정령의 시행 당시 종전의 규정에 따라 수급권자 등에 의하여 생계를 유지하고 있던 자에 대한 유족연금의 지급은 같은 영 별표 2에도 불구하고 같은 영으로 개정되기 전의 규정에 따른다.

제25조(연도별 재평가율 산정기준에 관한 특례) ① 대통령령 제17188호 국민연금법시행령중개정령 제34조 제1호에 따른 금액을 셈하여 정할 때 법률 제6286호 국민연금법중개정법률 부칙 제6조 제2항이 적용된 연도의 경우에는 같은 영 제34조 제2호에 따른 금액을 셈하여 정할 때에도 같은 법 부칙 제6조 제2항을 적용한다.

② 대통령령 제17188호 국민연금법시행령중개정령 제34조 제2호를 적용할 때 1988년도의 금액은 해당 연도의 평균소득월액으로 하고, 1989년도의 금액은 해당 연도의 평균소득월액과 종전의 '통계법' 제3조에 따라 통계청장이 고시한 1988년도와 대비한 1989년도의 전국소비자물가변동률에 따라 환산한 1988년도의 평균소득월액을 합산하여 2로 나눈 금액으로 한다.

제26조(당연적용사업장에 대한 적용례) 대통령령 제18027호 국민연금법시행령중개정령 제19조 제1항 제1호 및 제2호는 다음 각 호의 구분에 따른 날부터 적용한다.

1. 법인인 사업장 또는 종전의 '통계법' 제17조에 따른 한국표준산업분류 중 의약품 및 의료용품 소매업(약국에만 해당한다.), 부동산감정업, 변호사업(공증인업을 포함한다.), 변리사업, 법무사업, 공인회계사업, 세무사업(관세사업을 포함한다.), 건축설계 및 관련서비스업(건축사업만 해당한다.), 병·의원, 수의업에 해당하는 사업장이나 그 밖에 이와 유사한 사업장으로서 보건복지부령으로 정하는 사업장: 2003년 7월 1일

2. 제1호에 해당하지 아니하는 사업장으로서 같은 영 시행일인 2003년 7월 1일 당시 국민건강보험 또는 고용보험에 가입한 사업장: 2004년 7월 1일

3. 제1호 및 제2호에 해당하지 아니하는 사업장: 2006년 1월 1일

제27조(소득이 있는 업무에 대한 적용례) 대통령령 제19391호 국민연금법시행령 일부 개정령 제39조는 같은 영 시행 후 최초로 지급되는 연금액분부터 적용한다.

제28조(장애 정도 판정기준에 대한 적용례) 대통령령 제19391호 국민연금법시행령 일부개정령 제41조 제4항 및 같은 영 별표 3은 같은 규정 시행 후 최초로 장애 정도의 심사를 청구하는 것부터 적용한다.

제29조(연체금에 대한 적용례) 대통령령 제19391호 국민연금법시행령 일부개정령 제51조 제1항 및 제2항은 같은 규정 시행 후 최초로 납부 기한(법률 제6268호 국민연금법중개정법률 제76조 제5항에 따라 납부 기한을 연장한 경우에는 그 기한)이 도래하는 연체금분부터 적용한다.

제30조(수급권자 또는 가입자 등에 의한 생계유지자의 대상자별 인정기준에 대한 적용례) 대통령령 제19391호 국민연금법시행령 일부개정령 별표 2는 다음 각 호의 어느 하나에 해당하는 자에 대하여 같은 영 시행 후 최초로 지급되는 급여액분부터 적용한다.

1. 같은 영 시행 이후 최초로 급여의 지급사유가 발생하는 자
2. 같은 영 시행 당시 종전의 규정에 따라 부양가족연금을 지급받지 못한 자로서 같은 영 별표 2에 따라 급여의 지급대상이 되는 자
3. 같은 영 시행 당시 종전의 규정에 따라 유족연금을 지급받고 있는 경우로서 같은 영 별표 2에 따라 수급권의 변경 사유가 발생하는 자

제31조(다른 법령과의 관계) 이 영 시행 당시 다른 법령에서 종전의 '국민연금법 시행령'의 규정을 인용한 경우에 이 영 중 그에 해당하는 규정이 있으면 종전의 규정을 갈음하여 이 영의 해당 규정을 인용한 것으로 본다.

부칙(보건복지가족부와 그 소속 기관 직제) 〈제20679호, 2008.2.29〉

제1조(시행일) 이 영은 공포한 날부터 시행한다.
    제2조부터 제8조까지 생략
제9조(다른 법령의 개정) ①부터 ⑮까지 생략
    <16> 국민연금법 시행령 일부를 다음과 같이 개정한다.
    제7조 제3항 각 호 외의 부분, 제35조, 제57조 제2항 및 제4항 본문, 제61조 제1항, 제62조 제1항, 제71조 제4호, 제85조 제5항, 제111조 제3호 중 '보건복지부령'을 각각 '보건복지가족부령'으로 한다.

제11조 제1항 및 제2항, 제14조 제3항 제1호 및 제5항, 제16조 제1항, 제29조 제1항 및 제3항, 제30조 제1항, 제32조 제2항, 제34조, 제36조 각 호 외의 부분, 제46조 제4항, 제60조 제3호, 제76조 제1항 각 호 외의 부분 및 제3호, 제81조 제1항, 제82조, 제83조 제2항, 제84조, 제85조 제1항 전단 및 제4항, 제86조 제2항, 제104조 제2항 각 호 외의 부분 및 제4호, 제107조 제2항, 제110조 제1항 각 호 외의 부분, 제114조 제2항 및 제3항, 별표 2 가목 제8호·나목제13호·다목제13호 및 라목제11호 중 '보건복지부장관'을 각각 '보건복지가족부장관'으로 한다.

제16조 제1항, 제78조 제2항, 제80조 제3항, 제85조 제1항 전단, 제104조 제2항 제1호, 제105조 제1항 및 제107조 제2항 중 '보건복지부'를 각각 '보건복지가족부'로 한다.

<17>부터<80>까지 생략

부칙 〈제20795호, 2008.5.27〉

이 영은 공포한 날부터 시행한다.

부칙(농업·농촌 및 식품산업 기본법 시행령) 〈제20854호, 2008.6.20〉

제1조(시행일) 이 영은 2008년 6월 22일부터 시행한다.

제2조부터 제4조까지 생략

제5조(다른 법령의 개정) ① 생략

② 국민연금법 시행령 일부를 다음과 같이 개정한다.

제57조 제1항 제1호 중 '농업·농촌기본법 시행령'을 '농업·농촌 및 식품산업 기본법 시행령'으로 한다.

③부터 <22>까지 생략

제6조 생략

11. 국민건강보험법

국민건강보험법
[시행 2008.3.28][법률 제9079호, 2008.3.28, 일부개정]

제1장 총칙

제1조(목적) 이 법은 국민의 질병·부상에 대한 예방·진단·치료·재활과 출산·사망 및 건강증진에 대하여 보험급여를 실시함으로써 국민보건을 향상시키고 사회보장을 증진함을 목적으로 한다.

제2조(관장) 이 법에 의한 건강보험사업은 보건복지가족부장관이 관장한다. <개정 2008.2.29>

제3조(정의) 이 법에서 사용하는 용어의 정의는 다음과 같다. <개정 2000.1.12, 2006.10.4>

1. '근로자'라 함은 직업의 종별에 불구하고 근로의 대가로서 보수를 받아 생활하는 자(법인의 이사 기타 임원을 포함한다.)로서 제4호 및 제5호의 규정에 의한 공무원과 교직원을 제외한 자를 말한다.

2. '사용자'라 함은 다음 각 목의 1에 해당되는 자를 말한다.

   가. 당해 근로자가 소속되어 있는 사업장의 사업주

   나. 당해 공무원이 소속되어 있는 기관의 장으로서 대통령령이 정하는 자

   다. 당해 교직원이 소속되어 있는 사립학교('사립학교교직원연금법' 제3조에 규정된 사립학교를 말한다. 이하 이 조에서 같다.)를 설립·운영하는 자

3. '사업장'이라 함은 사업소 또는 사무소를 말한다.

4. '공무원'이라 함은 국가 또는 지방자치단체에서 상시 공무에 종사하는 자를 말한다.

5. '교직원'이라 함은 사립학교 또는 그 학교경영기관에서 근무하는 교원 및

직원을 말한다.

제4조(건강보험정책심의위원회) ① 건강보험정책에 관한 다음 각 호의 사항을 심의·의결하기 위하여 보건복지가족부장관 소속하에 건강보험정책심의위원회(이하 '심의위원회'라 한다.)를 둔다. <개정 2008.2.29>

1. 제39조 제2항의 규정에 따른 요양급여의 기준

2. 제42조 제3항의 규정에 따른 요양급여 비용에 관한 사항

3. 제65조 제1항의 규정에 따른 직장가입자의 보험료율

4. 제65조 제3항의 규정에 따른 지역가입자의 보험료부과점수당 금액

5. 그 밖에 건강보험에 관한 주요 사항으로서 대통령령이 정하는 사항

② 심의위원회는 위원장 1인과 부위원장 1인을 포함한 25인의 위원으로 구성한다.

③ 심의위원회의 위원장은 보건복지가족부차관이 되고, 부위원장은 제4항 제3호의 위원 중에서 위원장이 지명하는 자가 된다. <개정 2008.2.29>

④ 심의위원회의 위원은 다음 각 호의 자를 보건복지가족부장관이 임명 또는 위촉한다. <개정 2008.2.29>

1. 근로자 단체 및 사용자 단체가 각각 2인씩, 시민단체('비영리민간단체지원법' 제2조의 규정에 따른 비영리민간단체를 말한다. 이하 같다.), 소비자 단체, 농어업인 단체 및 자영업자 단체가 각각 1인씩 추천하는 8인

2. 의료계를 대표하는 단체 및 약업계를 대표하는 단체가 추천하는 8인

3. 다음 각 목의 8인

가. 대통령령이 정하는 중앙행정기관 소속 공무원 2인

나. 국민건강보험공단의 이사장 및 건강보험심사평가원의 원장이 각각 1인씩 추천하는 2인

다. 건강보험에 관한 학식과 경험이 풍부한 4인

⑤ 심의위원회 위원의 임기는 3년으로 한다. 다만, 공무원인 위원의 임기는 그 재임기간으로 하고, 보궐된 위원의 임기는 전임자의 잔임기간으로 한다.

⑥ 심의위원회의 운영 등에 관하여 필요한 사항은 대통령령으로 정한다.

[전문개정 2006.12.30]

제2장 가입자

제5조(적용대상 등) ① 국내에 거주하는 국민으로서 다음 각 호의 1에 해당하는 자 외의 자는 이 법에 의한 건강보험(이하 '건강보험'이라 한다.)의 가입자(이하 '가입자'라 한다.) 또는 피부양자가 된다. <개정 2001.5.24, 2006.10.4>

1. '의료급여법'에 따라 의료급여를 받는 자(이하 '수급권자'라 한다.)
2. '독립유공자예우에 관한 법률' 및 '국가유공자 등 예우 및 지원에 관한 법률'에 의하여 의료보호를 받는 자(이하 '유공자등의료보호대상자'라 한다.). 다만, 다음 각 목의 1에 해당하는 자는 그러하지 아니하다.
   가. 유공자등의료보호대상자 중 건강보험의 적용을 보험자에게 신청한 자
   나. 건강보험의 적용을 받고 있던 자가 유공자등의료보호대상자가 된 경우로서 보험자에게 건강보험의 적용배제신청을 하지 아니한 자

② 제1항의 피부양자는 다음 각 호의 1에 해당하는 자 중 직장가입자에 의하여 주로 생계를 유지하는 자로서 보수 또는 소득이 없는 자를 말한다.

1. 직장가입자의 배우자
2. 직장가입자의 직계존속(배우자의 직계존속을 포함한다.)
3. 직장가입자의 직계비속(배우자의 직계비속을 포함한다.) 및 그 배우자
4. 직장가입자의 형제 · 자매

③ 제2항의 규정에 의한 피부양자 자격의 인정기준, 취득 · 상실시기 기타 필요한 사항은 보건복지가족부령으로 정한다. <개정 2008.2.29>

제6조(가입자의 종류) ① 가입자는 직장가입자 및 지역가입자로 구분한다.

② 모든 사업장의 근로자 및 사용자와 공무원 및 교직원은 직장가입자가 된다. 다만, 다음 각 호의 1에 해당하는 자를 제외한다. <개정 2000.12.29, 2004.1.29, 2006.10.4>

1. 1월 미만의 기간 동안 고용되는 일용근로자
2. '병역법'의 규정에 의한 현역병(지원에 의하지 아니하고 임용된 하사를 포함한다.), 전환 복무된 사람 및 무관후보생
3. 선거에 의하여 취임하는 공무원으로서 매월 보수 또는 이에 준하는 급료를 받지 아니하는 자
4. 기타 사업장의 특성, 고용형태 및 사업의 종류 등을 고려하여 대통령령으로 정하는 사업장의 근로자 및 사용자와 공무원 및 교직원

③ 지역가입자는 가입자 중 직장가입자와 그 피부양자를 제외한 자를 말한다.

④ 제2항 제4호의 규정에 의한 근로자 및 사용자는 대통령령이 정하는 절차에 따라 직장가입자가 되거나 탈퇴할 수 있다. <신설 2000.12.29>

제6조의 2(사업장의 신고) 사업장의 사용자는 다음 각 호의 어느 하나에 해당하는 경우 그때부터 14일 이내에 보건복지가족부령으로 정하는 바에 따라 보험자에게 신고하여야 한다. 제1호에 해당되어 보험자에게 신고한 내용이 변경된 때에도 또한 같다.

1. 제6조 제2항에 따라 직장가입자가 되는 근로자·공무원 및 교직원을 사용하는 사업장(이하 '적용대상사업장'이라 한다.)이 된 때

2. 휴업·폐업 등 보건복지가족부령으로 정하는 사유가 발생한 때

[본 조 신설 2008.3.28]

제7조(자격취득의 시기) ① 가입자는 국내에 거주하게 된 날에 직장가입자 또는 지역가입자의 자격을 얻는다. 다만, 다음 각 호의 1에 해당하는 자는 그 해당되는 날에 각각 자격을 얻는다. <개정 2001.5.24>

1. 수급권자이었던 자는 그 대상자에서 제외된 날

2. 직장가입자의 피부양자이었던 자가 그 자격을 잃은 날

3. 유공자등의료보호대상자이었던 자는 그 대상자에서 제외된 날

4. 유공자등의료보호대상자로서 제5조 제1항 제2호 가목의 규정에 의하여 건강보험의 적용을 보험자에 신청한 자는 그 신청한 날

② 제1항의 규정에 의하여 자격을 얻은 경우 당해 직장가입자의 사용자 및 지역가입자의 세대주는 그 내역을 보건복지가족부령이 정하는 바에 의하여 자격취득일부터 14일 이내에 보험자에게 신고하여야 한다. <개정 2008.2.29>

제8조(자격변동의 시기 〈개정 2008.3.28〉) ① 가입자는 다음 각 호의 어느 하나에 해당하게 된 날에 그 자격이 변동된다. <신설 2008.3.28>

1. 지역가입자가 적용대상사업장의 사용자로 되거나, 근로자·공무원 또는 교직원(이하 '근로자 등'이라 한다.)으로 사용된 날

2. 직장가입자가 다른 적용대상사업장의 사용자로 되거나 근로자 등으로 사용된 날

3. 직장가입자인 근로자 등이 그 사용관계가 종료된 날의 다음 날

4. 직장가입자인 사용자의 사업장에 제6조의 2 제2호에 따른 사유가 발생한 날의 다음 날

5. 지역가입자가 다른 세대로 전입한 날

② 가입자가 자격이 변동된 경우 사용자 또는 세대주는 다음 각 호의 구분에 따라 각각 그 내역을 보건복지가족부령으로 정하는 바에 따라 자격이 변동된 날부터 14일 이내에 보험자에게 신고하여야 한다. <개정 2008.3.28>

　　1. 제1항 제1호 및 제2호에 따라 자격이 변동된 경우: 사용자

　　2. 제1항 제3호부터 제5호까지의 규정에 따라 자격이 변동된 경우: 지역가입자의 세대주

③ 국방부장관 및 법무부장관은 직장가입자 또는 지역가입자가 제49조 제3호 및 제4호의 규정에 해당하는 경우에는 그 변동일부터 1월 이내에 보건복지가족부령이 정하는 바에 따라 보험자에게 통지하여야 한다. <신설 2005.7.13, 2008.2.29, 2008.3.28>

제9조(자격상실의 시기) ① 가입자는 다음 각 호의 1에 해당하게 된 날에 그 자격을 잃는다. <개정 2001.5.24, 2004.1.29>

　　1. 사망한 날의 다음 날

　　2. 국적을 잃은 날의 다음 날

　　3. 국내에 거주하지 아니하게 된 날의 다음 날

　　4. 직장가입자의 피부양자가 된 날

　　5. 수급권자가 된 날

　　6. 건강보험의 적용을 받고 있던 자로서 유공자등의료보호대상자가 된 자가 건강보험의 적용배제신청을 한 날

② 제1항의 규정에 의하여 자격을 잃은 경우 당해 직장가입자의 사용자 및 지역가입자의 세대주는 그 내역을 보건복지가족부령이 정하는 바에 의하여 자격을 잃은 날부터 14일 이내에 보험자에게 신고하여야 한다. <개정 2008.2.29>

제10조(자격득실의 확인) ① 가입자의 자격의 취득·변동 및 상실은 제7조 내지 제9조의 규정에 의한 자격의 취득·변동 및 상실의 시기에 소급하여 효력을 발생한다. 이 경우 보험자는 그 사실을 확인할 수 있다.

② 가입자 또는 가입자이었던 자는 제1항의 규정에 의한 확인을 청구할 수 있다.

제11조(건강보험증) ① 국민건강보험공단은 가입자에 대하여 건강보험증을 발급하여야 한다.

② 가입자 및 피부양자가 요양급여를 받을 때에는 제1항의 건강보험증을 제

40조 제1항의 규정에 의한 요양기관(이하 '요양기관'이라 한다.)에 제출하여야 한다. 다만, 천재·지변 기타 부득이한 사유가 있는 경우에는 그러하지아니하다.

③ 제2항 본문에도 불구하고 가입자 또는 피부양자는 요양기관이 주민등록증, 운전면허증, 여권, 그 밖에 보건복지가족부령으로 정하는 본인 여부를 확인할 수 있는 신분증명서에 따라 자격을 확인할 수 있는 경우 건강보험증을제출하지 아니할 수 있다. <신설 2008.3.28>

④ 누구든지 건강보험증 또는 신분증명서의 양도·대여, 그 밖의 부정한 사용을 통하여 보험급여를 받아서는 아니 된다. <신설 2008.3.28>

⑤ 제1항의 규정에 의한 건강보험증의 서식과 그 교부 및 사용 등에 관하여필요한 사항은 보건복지가족부령으로 정한다. <개정 2008.2.29, 2008.3.28>

제3장 국민건강보험공단

제12조(보험자) 건강보험의 보험자는 국민건강보험공단(이하 '공단'이라 한다.)으로 한다.

제13조(업무 등) ① 공단은 다음 각 호의 업무를 관장한다. <개정 2008.2.29>

　　1. 가입자 및 피부양자의 자격관리

　　2. 보험료 기타 이 법에 의한 징수금의 부과·징수

　　3. 보험급여의 관리

　　4. 가입자 및 피부양자의 건강의 유지·증진을 위하여 필요한 예방사업

　　5. 보험급여비용의 지급

　　6. 자산의 관리·운영 및 증식사업

　　7. 의료시설의 운영

　　8. 건강보험에 관한 교육훈련 및 홍보

　　9. 건강보험에 관한 조사연구 및 국제협력

　　10. 이 법 또는 다른 법령에 의하여 위탁받은 업무

　　11. 기타 건강보험과 관련하여 보건복지가족부장관이 필요하다고 인정한 업무

② 제1항 제6호의 규정에 의한 자산의 관리·운영 및 증식사업의 종류와 범위 등에 관하여 필요한 사항은 대통령령으로 정한다.

③ 공단은 당해 업무의 제공 또는 시설의 이용이 특정인을 위한 것일 경우 그 업무의 제공 또는 시설의 사용에 대하여 공단의 정관이 정하는 바에 의하여 수수료 또는 사용료를 징수할 수 있다.

④ 공단은 '공공기관의 정보공개에 관한 법률'에 의하여 건강보험과 관련하여 보유·관리하고 있는 정보를 공개한다. <개정 2006.10.4>

제14조(법인격 등) ① 공단은 법인으로 한다.

② 공단은 주된 사무소의 소재지에서 설립등기를 함으로써 성립한다.

제15조(사무소) ① 공단의 주된 사무소의 소재지는 정관으로 정한다. <개정 2004.1.29>

② 공단은 필요한 때에는 정관이 정하는 바에 의하여 분사무소를 둘 수 있다.

제16조(정관) ① 공단의 정관에는 다음 각 호의 사항을 기재하여야 한다.

　1. 목적
　2. 명칭
　3. 사무소의 소재지
　4. 임·직원에 관한 사항
　5. 이사회에 관한 사항
　6. 재정운영위원회에 관한 사항
　7. 보험료 및 보험급여에 관한 사항
　8. 예산 및 결산에 관한 사항
　9. 자산 및 회계에 관한 사항
　10. 정관변경에 관한 사항
　11. 공고에 관한 사항

② 공단은 정관을 변경하고자 하는 때에는 보건복지가족부장관의 인가를 받아야 한다. <개정 2008.2.29>

제17조(등기) 공단의 설립등기에는 다음 각 호의 사항을 포함하여야 한다.

　1. 목적
　2. 명칭
　3. 주된 사무소 및 분사무소의 소재지
　4. 이사장의 성명·주소 및 주민등록번호

제18조(해산) 공단의 해산에 관해서는 법률로 정한다.

제19조(임원) ① 공단에 임원으로서 이사장 1인, 이사 17인 및 감사 1인을 둔다.

<개정 2004.1.29>

② 이사장은 보건복지가족부장관의 제청에 의하여 대통령이 임면한다. <개정 2004.1.29, 2008.2.29>

③ 이사 중 8인은 노동조합·사용자 단체·농어업인 단체·소비자 단체가 각각 2인씩 추천한 자를, 5인은 공단의 이사장이 추천한 자를, 4인은 대통령령이 정하는 관계 공무원을 보건복지가족부장관이 임면한다. <개정 2004.1.29, 2008.2.29>

④ 감사는 보건복지가족부장관이 임면한다. <개정 2004.1.29, 2008.2.29>

⑤ 이사장, 이사 중 5인 및 감사는 상임으로 한다. 다만, 비상임 임원은 정관이 정하는 바에 의하여 실비변상을 받을 수 있다. <개정 2004.1.29>

⑥ 임원의 임기는 3년으로 한다. 다만, 공무원인 임원의 임기는 그 재임기간으로 한다. <개정 2004.1.29>

제20조(임원의 직무) ① 이사장은 공단을 대표하며 그 직무를 총괄한다.

② 상임이사는 이사장의 명을 받아 공단의 업무를 집행하며, 이사장이 부득이한 사유로 그 직무를 수행할 수 없는 때에는 정관이 정하는 상임이사가 이사장의 직무를 대행한다.

③ 감사는 공단의 회계와 업무집행상황 및 재산상황을 감사한다.

제21조(임원의 결격 사유) 다음 각 호의 1에 해당하는 자는 공단의 임원이 될 수 없다. <개정 2006.10.4>

1. 대한민국국민이 아닌 자

2. '국가공무원법' 제33조 각 호의 1에 해당하는 자

[전문개정 2004.1.29]

제22조(임원의 당연퇴임·해임) ① 임원이 제21조 각 호의 1에 해당하는 것이 확인된 때에는 당해 임원은 당연 퇴임한다.

② 임면권자는 임원이 다음 각 호의 1에 해당하게 된 때에는 그 임원을 해임할 수 있다. <개정 2004.1.29, 2008.2.29>

1. 신체상 또는 정신상의 장애로 직무를 수행할 수 없다고 인정되는 때

2. 직무상의 의무를 위반한 때

3. 고의 또는 중대한 과실로 인하여 공단에 손실을 발생하게 한 때

4. 직무의 내외를 불문하고 품위를 손상하는 행위를 한 때

5. 이 법에 의한 보건복지가족부장관의 명령에 위반한 때

제23조(임원의 겸직금지) 공단의 이사장·상임이사·상임감사는 영리를 목적으로 하는 사업에 종사하지 못하며, 당해 임면권자의 허가 없이 다른 직무를 겸할 수 없다. <개정 2004.1.29>

제24조(이사회) ① 공단의 주요사항을 심의·의결하기 위하여 공단에 이사회를 둔다.

② 이사회는 이사장과 이사로 구성한다.

③ 감사는 이사회에 출석하여 발언할 수 있다.

④ 이사회의 의결사항 및 운영 등에 관하여 필요한 사항은 대통령령으로 정한다.

제25조(직원의 임면) 이사장은 정관이 정하는 바에 의하여 직원을 임면한다.

제26조(벌칙적용에 있어서의 공무원의 의제) 공단의 임원 및 직원은 '형법' 제129조 내지 제132조의 적용에 있어서는 이를 공무원으로 본다. <개정 2006.10.4>

제27조(규정 등) 공단의 조직·인사·보수 및 회계에 관한 규정은 이사회의 의결을 거쳐 보건복지가족부장관의 승인을 얻어 정한다. <개정 2008.2.29>

제28조(대리인의 선임) 이사장은 공단의 업무에 관한 일체의 재판상 또는 재판 외의 행위를 대행하게 하기 위하여 공단의 이사 또는 직원 중에서 대리인을 선임할 수 있다.

제29조(대표권의 제한) ① 공단의 이익과 이사장의 이익이 상반되는 사항에 대해서는 이사장이 공단을 대표하지 못하며, 이 경우 상임감사가 공단을 대표한다.

② 제1항의 규정은 공단과 이사장 간의 소송에 관하여 이를 준용한다.

제30조(이사장의 권한의 위임) 이 법에 규정된 이사장의 권한 중 급여의 제한, 보험료의 납입고지 등 대통령령이 정하는 사항은 정관이 정하는 바에 의하여 분사무소의 장에게 위임할 수 있다.

제31조(재정운영위원회) ① 제42조 제5항의 규정에 따른 요양급여비용의 계약 및 제72조의 규정에 따른 보험료의 결손처분 등 보험재정과 관련된 사항을 심의·의결하기 위하여 공단에 재정운영위원회를 둔다. <개정 2006.12.30>

② 삭제 <2006.12.30>

③ 재정운영위원회의 위원장은 제32조 제1항 제3호의 규정에 의한 위원 중에서 위원회가 호선한다.

제32조(재정운영위원회의 구성 등) ① 재정운영위원회는 다음 각 호의 위원으로 구성한다.

1. 직장가입자를 대표하는 위원 10인

2. 지역가입자를 대표하는 위원 10인

3. 공익을 대표하는 위원 10인

② 제1항의 규정에 의한 위원은 다음 각 호의 자를 보건복지가족부장관이 임명 또는 위촉한다. <개정 2008.2.29>

　　1. 제1항 제1호의 위원은 노동조합 및 사용자 단체가 각각 5인씩 추천하는 자

　　2. 제1항 제2호의 위원은 대통령령이 정하는 바에 의하여 농어업인 단체·도시자영업자 단체 및 시민 단체가 각각 추천하는 자

　　3. 제1항 제3호의 위원은 대통령령이 정하는 관계 공무원 및 건강보험에 관한 학식과 경험이 풍부한 자

③ 재정운영위원회의 위원의 임기는 2년으로 한다. 다만, 공무원인 위원의 임기는 그 재임기간으로 하며, 보궐된 위원의 임기는 전임자의 잔임기간으로 한다.

④ 재정운영위원회의 운영 등에 관하여 필요한 사항은 대통령령으로 정한다.

제33조(회계) ① 공단의 회계연도는 정부의 회계연도에 따른다.

② 공단은 직장가입자와 지역가입자의 재정을 통합하여 운영한다.

③ 공단은 건강보험사업에 관한 회계를 공단의 다른 회계와 구분하여 계리하여야 한다.

제34조(예산) 공단은 매 회계연도의 예산안을 그 내용의 성질별로 구분 편성하여 보건복지가족부장관의 승인을 얻어야 한다. 예산을 변경할 때에도 또한 같다. <개정 2008.2.29>

제35조(차입금) 공단은 현금의 지출에 부족이 생긴 때에는 차입을 할 수 있다. 다만, 1년 이상의 장기차입을 할 경우에는 보건복지가족부장관의 승인을 얻어야 한다. <개정 2008.2.29>

제36조(준비금) ① 공단은 매 회계연도의 결산상 잉여금 중에서 그 연도의 보험급여에 소요된 비용의 100분의 5 이상에 상당하는 액을 그 연도에 소요된 비용의 100분의 50에 이를 때까지 준비금으로 적립하여야 한다.

② 제1항의 규정에 의한 준비금은 보험급여에 소요되는 비용의 부족에 충당하거나 현금의 지출에 부족이 생긴 때 외에는 이를 사용할 수 없으며, 현금의 지출에 준비금을 사용한 때에는 당해 회계연도 중에 이를 보전하여야 한다.

③ 제1항의 규정에 의한 준비금의 관리·운영방법 등에 관하여 필요한 사항

은 보건복지가족부장관이 정한다. <개정 2008.2.29>

제37조(결산) ① 공단은 회계연도마다 결산보고서 및 사업보고서를 작성하여 다음
해 2월 말까지 보건복지가족부장관에게 보고하여야 한다. <개정 2008.2.29>

② 공단은 제1항의 규정에 의하여 결산보고서 및 사업보고서를 보건복지가
족부장관에게 보고한 때에는 보건복지가족부령이 정하는 바에 의하여 그 내
용을 공고하여야 한다. <개정 2008.2.29>

제38조(민법의 준용) 공단에 관하여 이 법에 규정된 것을 제외하고는 '민법' 중 재
단법인에 관한 규정을 준용한다. <개정 2006.10.4>

제4장 보험급여

제39조(요양급여) ① 가입자 및 피부양자의 질병·부상·출산 등에 대하여 다음
각 호의 요양급여를 실시한다.

1. 진찰·검사
2. 약제·치료재료의 지급
3. 처치·수술 기타의 치료
4. 예방·재활
5. 입원
6. 간호
7. 이송

② 제1항의 규정에 의한 요양급여(이하 '요양급여'라 한다.)의 방법·절차·
범위·상한 등 요양급여의 기준은 보건복지가족부령으로 정한다. <개정
2008.2.29>

③ 보건복지가족부장관은 제2항의 규정에 의하여 요양급여의 기준을 정함에
있어 업무 또는 일상생활에 지장이 없는 질환 기타 보건복지가족부령이 정
하는 사항은 요양급여의 대상에서 제외할 수 있다. <개정 2008.2.29>

제40조(요양기관) ① 요양급여(간호 및 이송을 제외한다.)는 다음 각 호의 요양기
관에서 행한다. 이 경우 보건복지가족부장관은 공익 또는 국가시책상 요양기
관으로 적합하지 아니하다고 인정되는 의료기관 등으로서 대통령령이 정하
는 의료기관 등은 요양기관에서 제외할 수 있다. <개정 2003.9.29,

2006.10.4, 2008.2.29>

  1. '의료법'에 의하여 개설된 의료기관

  2. '약사법'에 의하여 등록된 약국

  3. '약사법' 제72조의 12의 규정에 의하여 설립된 한국희귀의약품센터

  4. '지역보건법'에 의한 보건소·보건의료원 및 보건지소

  5. '농어촌 등 보건의료를 위한 특별조치법'에 의하여 설치된 보건진료소

② 보건복지가족부장관은 요양급여를 효율적으로 하기 위하여 필요한 경우에는 보건복지가족부령이 정하는 바에 의하여 시설·장비·인력 및 진료과목 등 보건복지가족부령이 정하는 기준에 해당하는 요양기관을 종합전문요양기관 또는 전문요양기관으로 인정할 수 있다. <개정 2008.2.29>

③ 제2항의 규정에 의하여 종합전문요양기관 또는 전문요양기관으로 인정된 요양기관에 대해서는 제39조 제2항의 규정에 의한 요양급여절차 및 제42조의 규정에 의한 요양급여비용을 다른 요양기관과 달리할 수 있다.

④ 제1항 및 제2항의 규정에 의한 요양기관은 정당한 이유 없이 요양급여를 거부하지 못한다. <개정 2004.1.29>

제41조(비용의 일부부담) 제39조 제1항의 규정에 의한 요양급여를 받는 자는 대통령령이 정하는 바에 의하여 그 비용의 일부(이하 '본인일부부담금'이라 한다.)를 본인이 부담한다.

제42조(요양급여비용의 산정 등) ① 요양급여비용은 공단의 이사장과 대통령령이 정하는 의약계를 대표하는 자와의 계약으로 정한다. 이 경우 계약기간은 1년으로 한다. <개정 1999.12.31>

② 제1항의 규정에 의하여 계약이 체결된 경우 그 계약은 공단과 각 요양기관 간에 체결된 것으로 본다.

③ 제1항의 규정에 의한 계약은 그 계약기간 만료일의 75일 전까지 체결하여야 하며, 그 기한까지 계약이 체결되지 아니하는 경우 보건복지가족부장관이 심의위원회의 의결을 거쳐 정하는 금액을 요양급여비용으로 한다. 이 경우 보건복지가족부장관이 정하는 요양급여비용은 제1항 및 제2항의 규정에 의하여 계약으로 정한 요양급여비용으로 본다. <개정 2006.12.30, 2008.2.29>

④ 제1항 또는 제3항의 규정에 의하여 요양급여비용이 정하여지는 경우에 보건복지가족부장관은 그 요양급여비용의 내역을 지체 없이 고시하여야 한

다. <개정 2008.2.29>

⑤ 공단의 이사장은 제1항의 규정에 의한 계약을 체결하는 때에는 제31조의 규정에 의한 재정운영위원회의 심의·의결을 거쳐야 한다.

⑥ 제55조의 규정에 의한 건강보험심사평가원은 공단의 이사장이 제1항의 규정에 의한 계약을 체결하기 위하여 필요한 자료를 요청하는 경우에는, 이에 성실히 응하여야 한다.

⑦ 제1항의 규정에 의한 계약의 내용 기타 필요한 사항은 대통령령으로 정한다. <개정 1999.12.31>

제43조(요양급여비용의 청구와 지급 등) ① 요양기관은 요양급여비용의 지급을 공단에 청구할 수 있다. 이 경우 제2항의 규정에 의한 심사청구는 이를 공단에 대한 요양급여비용의 청구로 본다.

② 제1항의 규정에 의한 요양급여비용의 청구를 하고자 하는 요양기관은 제55조의 규정에 의한 건강보험심사평가원에 요양급여비용의 심사청구를 하여야 하며, 심사청구를 받은 건강보험심사평가원은 이를 심사한 후 지체 없이 그 내용을 공단 및 요양기관에 통보하여야 한다.

③ 제2항의 규정에 의하여 심사의 내용을 통보받은 공단은 지체 없이 그 내용에 따라 요양급여비용을 요양기관에게 지급한다. 이 경우 이미 납부한 본인일부부담금이 제2항의 규정에 의하여 통보된 금액보다 과다한 경우에는 요양기관에 지급할 금액에서 그 과다하게 납부된 금액을 공제하여 당해 가입자에게 지급하여야 한다.

④ 공단은 제3항의 규정에 의하여 가입자에게 지급하여야 하는 금액을 당해 가입자가 납부하여야 하는 보험료 기타 이 법에 의한 징수금(이하 '보험료 등'이라 한다.)과 상계 처리할 수 있다.

⑤ 공단은 요양급여비용을 지급함에 있어 제2항의 규정에 의한 건강보험심사평가원이 제56조의 규정에 의한 요양급여의 적정성을 평가하여 공단에 통보한 경우에는 그 평가결과에 따라 요양급여비용을 가산 또는 감액 조정하여 지급한다. 이 경우 평가결과에 따른 요양급여비용의 가감지급의 기준에 관해서는 보건복지가족부령으로 정한다. <개정 2008.2.29>

⑥ 요양기관은 제2항의 규정에 따른 심사청구를 다음 각 호의 단체로 하여금 대행하게 할 수 있다. <신설 2006.12.30>

1. '의료법' 제26조 제1항의 규정에 따른 의사회·치과의사회·한의사회·

조산사회 또는 동 조 제6항의 규정에 따라 신고한 각각의 지부 및 분회

2. '의료법' 제45조의 2의 규정에 따른 의료기관 단체

3. '약사법' 제11조의 규정에 따른 약사회 또는 동법 제12조의 2의 규정에 따라 신고한 지부 및 분회

⑦ 의약품제조업자·의약품도매상 기타 보건복지가족부령이 정하는 자는 의약품유통체계를 개선하고 요양기관에 대한 의약품의 보관·배송 기타 물류사업을 수행하기 위하여 의약품물류협동조합을 설립할 수 있다. 이 경우 의약품물류협동조합의 구성·운영 및 동 조합에 대한 지도·감독에 관해서는 '중소기업협동조합법'의 협동조합 또는 사업협동조합에 관한 규정을 준용하여 대통령령으로 정한다. <개정 2002.12.18, 2006.10.4, 2006.12.30, 2008.2.29>

⑧ 제1항 내지 제6항의 규정에 의한 요양급여비용의 청구·심사·지급 등의 방법 및 절차에 관하여 필요한 사항은 보건복지가족부령으로 정한다. <개정 2002.12.18, 2006.12.30, 2008.2.29>

제43조의 2(요양급여의 대상 여부의 확인 등) ① 가입자 또는 피부양자는 본인일부부담금 외에 부담한 비용이 제39조 제3항의 규정에 의하여 요양급여의 대상에서 제외되는 것인지에 대하여 제55조의 규정에 의한 건강보험심사평가원에 확인을 요청할 수 있다.

② 제1항의 규정에 의한 확인요청을 받은 건강보험심사평가원은 그 결과를 확인 요청한 자에게 통보하여야 한다. 이 경우 확인 요청한 비용이 요양급여의 대상에 대한 비용에 해당하는 것으로 확인된 때에는 그 내용을 공단 및 관련 요양기관에 통보하여야 한다.

③ 제2항 후단의 규정에 의하여 통보받은 요양기관은 과다하게 징수한 금액(이하 '과다본인부담금'이라 한다.)을 지체 없이 확인 요청한 자에게 지급하여야 한다. 다만, 공단은 당해 요양기관이 과다본인부담금을 지급하지 아니한 경우에는 당해 요양기관에 지급할 요양급여비용에서 그 과다본인부담금을 공제하여 이를 확인 요청한 자에게 지급할 수 있다.

[본 조 신설 2002.12.18]

제44조(요양비) ① 공단은 가입자 또는 피부양자가 보건복지가족부령이 정하는 긴급 기타 부득이한 사유로 인하여 요양기관과 유사한 기능을 수행하는 기관으로서 보건복지가족부령이 정하는 기관(제85조 제1항의 규정에 의하여 업무정지처분기간 중인 요양기관을 포함한다.)에서 질병·부상·출산 등에 대

하여 요양을 받거나 요양기관 외의 장소에서 출산을 한 때에는 그 요양급여에 상당하는 금액을 보건복지가족부령이 정하는 바에 의하여 그 가입자 또는 피부양자에게 요양비로 지급한다. <개정 2008.2.29>

② 제1항의 규정에 의하여 요양을 실시한 기관은 보건복지가족부장관이 정하는 요양비명세서 또는 요양의 내역을 기재한 영수증을 요양을 받은 자에게 교부하여야 하며, 요양을 받은 자는 이를 공단에 제출하여야 한다. <개정 2008.2.29>

제45조(부가급여 〈개정 2008.3.28〉) 공단은 이 법에 규정한 요양급여 외에 대통령령이 정하는 바에 의하여 장제비·상병수당 기타의 급여를 실시할 수 있다.

제46조(장애인에 대한 특례) ① 공단은 '장애인복지법'에 의하여 등록한 장애인인 가입자 및 피부양자에게는 보장구에 대하여 보험급여를 실시할 수 있다. <개정 2006.10.4>

② 제1항의 규정에 의한 보장구에 대한 보험급여의 범위·방법·절차 기타 필요한 사항은 보건복지가족부령으로 정한다. <개정 2008.2.29>

제47조(건강검진) ① 공단은 가입자 및 피부양자에 대하여 질병의 조기발견과 그에 따른 요양급여를 하기 위하여 건강검진을 실시한다.

② 제1항의 규정에 의한 건강검진의 대상·횟수·절차 기타 필요한 사항은 대통령령으로 정한다.

제48조(급여의 제한) ① 공단은 보험급여를 받을 수 있는 자가 다음 각 호의 1에 해당하는 때에는 보험급여를 하지 아니한다.

　　1. 고의 또는 중대한 과실로 인한 범죄행위에 기인하거나 고의로 사고를 발생시킨 때

　　2. 고의 또는 중대한 과실로 공단이나 요양기관의 요양에 관한 지시에 따르지 아니한 때

　　3. 고의 또는 중대한 과실로 제50조의 규정에 의한 문서 기타 물건의 제출을 거부하거나 질문 또는 진단을 기피한 때

　　4. 업무상 또는 공무상 질병·부상·재해로 인하여 다른 법령에 의한 보험급여나 보상 또는 보상을 받게 되는 때

② 공단은 보험급여를 받을 수 있는 자가 다른 법령에 의하여 국가 또는 지방자치단체로부터 보험급여에 상당하는 급여를 받거나 보험급여에 상당하는 비용을 지급받게 되는 때에는 그 한도 내에서 보험급여를 실시하지 아니한다.

③ 공단은 제62조 제5항에 따른 세대단위의 보험료를 대통령령이 정하는 기간 이상 체납한 지역가입자에 대하여 보험료를 완납할 때까지 보험급여를 실시하지 아니할 수 있다. <개정 2004.1.29, 2006.12.30, 2008.3.28>

④ 공단은 제68조 제1항의 규정에 의한 보험료를 체납한 경우에는 그 체납에 대하여 직장가입자 본인에게 귀책사유가 있는 경우에 한하여 제3항의 규정을 적용한다. 이 경우 당해 직장가입자의 피부양자에게도 제3항의 규정을 적용한다.

⑤ 제3항 및 제4항의 규정에 불구하고 제70조의 2의 규정에 따라 공단으로부터 분할납부 승인을 받고 그 승인된 보험료를 1회 이상 납부한 경우에는 보험급여를 실시할 수 있다. 다만, 제70조의 2의 규정에 따른 분할납부 승인을 받은 자가 정당한 사유 없이 2회 이상 그 승인된 보험료를 납부하지 아니한 경우에는 그러하지 아니하다. <신설 2006.12.30>

⑥ 제3항 및 제4항의 규정에 따라 보험급여를 실시하지 아니하는 기간(이하 이 항에서 '급여제한기간'이라 한다.) 중 실시된 보험급여에 대해서는 다음 각 호의 어느 하나에 해당하는 경우에 한하여 그 보험급여를 인정한다. <신설 2006.12.30>

  1. 급여제한기간 중에 보험급여를 받은 사실이 있음을 공단이 통지한 날부터 2개월이 경과한 날이 속한 달의 납부기한 이내에 체납된 보험료를 완납한 경우

  2. 급여제한기간 중 보험급여를 받은 사실이 있음을 공단이 통지한 날부터 2개월이 경과한 날이 속하는 달의 납부기한 이내에 제70조의 2의 규정에 따라 승인된 보험료를 1회 이상 납부한 경우. 다만, 제70조의 2의 규정에 따른 분할납부 승인을 받은 자가 정당한 사유 없이 2회 이상 그 승인된 보험료를 납부하지 아니한 경우에는 그 보험급여를 인정하지 아니한다.

제49조(급여의 정지) 보험급여를 받을 수 있는 자가 다음 각 호의 1에 해당하게 된 때에는 그 기간 중 보험급여를 하지 아니한다. 다만, 제3호 및 제4호의 경우 제54조의 2의 규정에 의한 요양급여를 실시한다. <개정 2004.1.29, 2005.7.13>

1. 국외에 여행 중인 때

2. 국외에서 업무에 종사하고 있는 때

3. 제6조 제2항 제2호에 해당하게 된 때

4. 교도소 기타 이에 준하는 시설에 수용되어 있는 때

제50조(급여의 확인) 공단은 보험급여를 실시함에 있어서 필요하다고 인정되는 때에는 보험급여를 받는 자에 대하여 문서 기타 물건의 제출을 요구하거나 관계인으로 하여금 질문 또는 진단을 하게 할 수 있다.

제51조(요양비등의 지급) 공단은 이 법에 의하여 지급의무가 있는 요양비 또는 부가급여의 청구가 있는 때에는 지체 없이 이를 지급하여야 한다. <개정 2008.3.28>

제52조(부당이득의 징수) ① 공단은 사위 기타 부당한 방법으로 보험급여를 받은 자 또는 보험급여비용을 받은 요양기관에 대하여 그 급여 또는 급여비용에 상당하는 금액의 전부 또는 일부를 징수한다. <개정 2002.12.18>

② 제1항의 경우에 있어 사용자 또는 가입자의 허위의 보고 또는 증명에 의하거나 요양기관의 허위의 진단에 의하여 보험급여가 실시된 때에는 공단은 이들에 대하여 보험급여를 받은 자와 연대하여 동 항의 규정에 의한 징수금을 납부하게 할 수 있다.

③ 제1항의 경우에 있어 공단은 사위 기타 부당한 방법으로 보험급여를 받은 자와 같은 세대에 속한 가입자(사위 기타 부당한 방법으로 보험급여를 받은 자가 피부양자인 경우에는 그 직장가입자를 말한다.)에 대하여 사위 기타 부당한 방법으로 보험급여를 받은 자와 연대하여 동 항의 규정에 의한 징수금을 납부하게 할 수 있다.

④ 제1항의 경우에 있어 요양기관이 가입자 또는 피부양자로부터 사위 기타 부당한 방법으로 요양급여비용을 받은 때에는 공단은 당해 요양기관으로부터 이를 징수하여 가입자 또는 피부양자에게 지체 없이 지급하여야 한다.

제53조(구상권) ① 공단은 제3자의 행위로 인한 보험급여사유가 발생하여 가입자 또는 피부양자에게 보험급여를 한 때에는 그 급여에 소요된 비용의 한도 내에서 그 제3자에 대한 손해배상청구의 권리를 얻는다. <개정 2008.3.28>

② 제1항의 경우에 있어 보험급여를 받은 자가 제3자로부터 이미 손해배상을 받은 때에는 공단은 그 배상액의 한도 내에서 보험급여를 하지 아니한다.

제54조(수급권의 보호) 보험급여를 받을 권리는 양도 또는 압류할 수 없다.

제54조의 2(현역병 등에 대한 요양급여비용의 지급) ① 공단은 제49조 제3호 및 제4호의 규정에 의한 자가 요양기관에서 대통령령이 정하는 치료 등(이하 이 조에

서 '요양급여'라 한다.)을 받은 경우에 그에 따라 공단이 부담하는 비용(이하 이 조에서 '요양급여비용'이라 한다.)을 법무부장관·국방부장관·소방방재청장·경찰청장 또는 해양경찰청장으로부터 예탁을 받아 지급할 수 있다. 이 경우 법무부장관·국방부장관·소방방재청장·경찰청장 또는 해양경찰청장은 예산상 불가피한 경우를 제외하고는 연간 소요될 것으로 예상되는 요양급여비용을 대통령령이 정하는 바에 따라 미리 공단에 예탁하여야 한다. <개정 2005.7.13>

② 요양급여 및 요양급여비용에 관한 사항은 제39조 내지 제43조·제43조의 2·제50조 및 제51조의 규정을 준용한다.

[본 조 신설 2004.1.29]

제54조의 3(요양급여 비용의 정산) 공단은 '산업재해보상보험법' 제10조에 따른 근로복지공단이 이 법에 따라 요양급여를 받을 수 있는 자에게 '산업재해보상보험법' 제40조에 따른 요양급여를 지급한 후 그 지급결정이 취소된 경우로서 그 요양급여의 비용을 청구하는 경우에는 그 요양급여가 이 법에 따라 실시할 수 있는 요양급여에 상당한 것으로 인정되면 그 요양급여에 해당하는 금액을 지급할 수 있다.

[본조 신설 2007.12.14]

제5장 건강보험심사평가원

제55조(설립) 요양급여비용을 심사하고 요양급여의 적정성을 평가하기 위하여 건강보험심사평가원(이하 '심사평가원'이라 한다.)을 설립한다.

제56조(업무 등) ① 심사평가원은 다음 각 호의 업무를 관장한다. <개정 2008.2.29>

　　1. 요양급여비용의 심사

　　2. 요양급여의 적정성에 대한 평가

　　3. 심사 및 평가 기준의 개발

　　4. 제1호 내지 제3호의 업무와 관련된 조사연구 및 국제협력

　　5. 다른 법률의 규정에 의하여 지급되는 급여비용의 심사 또는 의료의 적정성 평가에 관하여 위탁받은 업무

6. 건강보험과 관련하여 보건복지가족부장관이 필요하다고 인정한 업무

7. 기타 보험급여비용의 심사와 보험급여의 적정성 평가와 관련하여 대통령령이 정하는 업무

② 제1항 제2호·제5호 및 제7호의 규정에 의한 요양급여 등의 적정성 평가에 관한 기준·절차·방법 기타 필요한 사항은 보건복지가족부령으로 정한다. <개정 2008.2.29>

제57조(법인격 등) ① 심사평가원은 법인으로 한다.

② 심사평가원은 주된 사무소의 소재지에서 설립등기를 함으로써 성립한다.

제58조(임원) ① 심사평가원에 임원으로서 원장, 이사 16인 및 감사 1인을 둔다.

② 원장 및 감사는 보건복지가족부장관이 임면한다. <개정 2004.1.29, 2008. 2.29>

③ 이사 중 5인은 의약관계단체가 추천한 자를, 3인은 공단이 추천한 자를, 3인은 심사평가원의 원장이 추천한 자를, 5인은 노동조합·사용자 단체·농어업인 단체 및 소비자 단체가 각각 1인씩 추천한 자 및 대통령령이 정하는 관계 공무원 중 1인을 보건복지가족부장관이 임면한다. <개정 2004.1.29, 2008.2.29>

④ 원장, 이사 중 3인 및 감사는 상임으로 한다. 다만, 비상임 임원은 정관이 정하는 바에 의하여 실비변상을 받을 수 있다. <개정 2005.7.13>

⑤ 임원의 임기는 3년으로 한다. 다만, 공무원인 임원의 임기는 그 재임기간으로 한다. <개정 2004.1.29>

제59조(진료심사평가위원회) ① 심사평가원의 업무를 효율적으로 수행하기 위하여 심사평가원에 진료심사평가위원회(이하 '심사위원회'라 한다.)를 둔다.

② 심사위원회는 위원장을 포함한 50명 이내의 상근심사위원과 1천 명 이내의 비상근심사위원으로 구성하며, 진료과목별 분과위원회를 둘 수 있다. <개정 2008.3.28>

③ 심사위원회의 위원의 자격·임기 및 위원회의 운영 등에 관하여 필요한 사항은 보건복지가족부령으로 정한다. <개정 2008.2.29>

제60조(자금의 조달 등) ① 심사평가원은 제56조 제1항의 업무(동 조 동 항 제5호의 규정에 의한 업무를 제외한다.)를 수행하기 위하여 공단으로부터 부담금을 징수할 수 있다.

② 심사평가원은 제56조 제1항 제5호의 규정에 의하여 급여비용의 심사 또

는 의료의 적정성 평가에 관한 업무를 위탁받은 때에는 위탁자로부터 수수료를 받을 수 있다.

③ 제1항 및 제2항의 규정에 의한 부담금 및 수수료의 금액·징수방법 기타 필요한 사항은 보건복지가족부령으로 정한다. <개정 2008.2.29>

제61조(준용규정) 제13조 제4항·제15조·제16조(제1항 제6호 및 제7호를 제외한다.)·제17조·제18조·제20조 내지 제22조·제23조·제24조 내지 제30조·제33조 제1항·제34조·제35조·제37조 및 제38조의 규정은 심사평가원에 관하여 이를 준용한다. 이 경우 '공단'은 '심사평가원'으로, '이사장'은 '원장'으로 본다. <개정 2004.1.29, 2005.7.13>

제6장 보험료

제62조(보험료) ① 공단은 건강보험사업에 소요되는 비용에 충당하기 위하여 제68조의 규정에 의한 보험료의 납부의무자로부터 보험료를 징수한다.

② 제1항의 규정에 의한 보험료는 가입자의 자격을 취득한 날이 속하는 달의 다음 달부터 가입자의 자격을 상실한 날의 전날이 속하는 달까지 징수한다. 다만, 가입자의 자격을 매월 1일에 취득한 경우에는 그달부터 징수한다. <개정 2006.10.4>

③ 제1항 및 제2항의 규정에 따른 보험료를 징수함에 있어서 가입자의 자격이 변동된 경우에는 변동된 날이 속하는 달의 보험료는 변동되기 전의 자격을 기준으로 징수한다. 다만, 가입자의 자격이 매월 1일에 변동된 경우에는 변동된 자격을 기준으로 징수한다. <신설 2006.10.4>

④ 직장가입자의 월별 보험료액은 제63조의 규정에 의하여 산정한 보수월액에 제65조 제1항 또는 제2항의 규정에 의한 보험료율을 곱하여 얻은 금액으로 한다. <개정 2006.10.4, 2006.12.30>

⑤ 지역가입자의 월별 보험료액은 세대단위로 산정하되, 지역가입자가 속한 세대의 월별 보험료액은 제64조의 규정에 의하여 산정한 보험료부과점수에 제65조 제3항의 규정에 따른 보험료부과점수당 금액을 곱한 금액으로 한다. <개정 1999.12.31, 2006.10.4, 2006.12.30>

⑥ 삭제 <2006.12.30>

제63조(보수월액 〈개정 2006.12.30〉) ① 제62조 제4항의 규정에 따른 보수월액은 직장가입자가 지급받는 보수를 기준으로 하여 산정하되, 대통령령이 정하는 기준에 따라 상·하한을 정할 수 있다. <개정 2006.12.30>

② 휴직 기타의 사유로 보수의 전부 또는 일부가 지급되지 아니하는 가입자(이하 '휴직자 등'이라 한다.)의 보험료는 당해 사유가 발생하기 전월의 보수월액을 기준으로 보험료를 산정한다. <개정 2006.12.30, 2008.3.28>

③ 제1항의 규정에 의한 보수는 근로자 등이 근로의 제공으로 인하여 사용자·국가 또는 지방자치단체로부터 지급받는 금품(실비변상적인 성격의 것을 제외한다.)으로서 대통령령이 정하는 것을 말한다. 이 경우 보수 관련 자료가 없거나 불명확한 경우 등 대통령령이 정하는 사유에 해당하는 경우에는 보건복지가족부장관이 정하여 고시하는 금액을 보수로 본다. <개정 2000.12.29, 2008.2.29, 2008.3.28>

④ 제1항의 규정에 의한 보수월액의 산정 및 보수가 지급되지 아니하는 사용자의 보수월액의 산정 등에 관하여 필요한 사항은 대통령령으로 정한다. <개정 2006.12.30>

제64조(보험료부과점수 〈개정 2006.12.30〉) ① 제62조 제5항의 규정에 따른 보험료부과점수는 지역가입자의 소득·재산·생활수준·경제활동참가율 등을 참작하여 정하되, 대통령령이 정하는 기준에 따라 상·하한을 정할 수 있다. <개정 2006.12.30>

② 제1항의 규정에 의하여 보험료부과점수의 산정방법·기준을 정함에 있어 법령에 의하여 재산권의 행사가 제한되는 재산에 대해서는 다른 재산과 달리 정할 수 있다. <개정 2006.12.30>

③ 보험료부과점수의 산정방법·기준 그 밖에 필요한 사항은 대통령령으로 정한다. <신설 2006.12.30>

[전문개정 1999.12.31]

제65조(보험료율 등 〈개정 2006.12.30〉) ① 직장가입자의 보험료율은 1천분의 80의 범위 안에서 심의위원회의 의결을 거쳐 대통령령으로 정한다. <개정 2006.12.30>

② 국외에서 업무에 종사하고 있는 직장가입자에 대한 보험료율은 제1항의 규정에 의하여 정하여진 보험료율의 100분의 50으로 한다.

③ 지역가입자의 보험료부과점수당 금액은 심의위원회의 의결을 거쳐 대통령령으로 정한다. <신설 2006.12.30>

제66조(보험료의 면제) ① 공단은 직장가입자가 제49조 제2호 내지 제4호의 1에 해당되는 때에는 당해 가입자의 보험료를 면제한다. 다만, 제49조 제2호에 해당하는 직장가입자의 경우에는 국내에 거주하는 피부양자가 없는 경우에 이를 적용한다.

② 지역가입자가 제49조 제2호부터 제4호까지의 규정 중 어느 하나에 해당되는 때에는 그 가입자가 속한 세대의 보험료를 산정함에 있어서 그 가입자의 제64조에 따른 보험료부과점수를 제외한다. <개정 2008.2.29, 2008.3.28>

　1. 삭제 <2008.3.28>

　2. 삭제 <2008.3.28>

　3. 삭제 <2008.3.28>

③ 제1항의 규정에 따른 보험료 면제 또는 제2항의 규정에 따라서 보험료 산정에서 제외되는 보험료부과점수에 대해서는 제49조 제2호 내지 제4호의 어느 하나에 해당하는 급여정지 사유가 발생한 날이 속하는 달의 다음 달부터 사유가 해소된 날이 속하는 달까지 적용한다. 다만, 급여정지 사유가 매월 1일에 해소된 경우에는 그달의 보험료를 면제하지 아니하거나 보험료 산정에서 보험료부과점수를 제외하지 아니한다. <신설 2006.10.4, 2008.3.28>

제66조의 2(보험료의 경감) ① 다음 각 호의 어느 하나에 해당하는 가입자 중 보건복지가족부령이 정하는 가입자에 대해서는 그 가입자 또는 그 가입자가 속한 세대의 보험료의 일부를 경감할 수 있다. <개정 2008.2.29, 2008.3.28>

　1. 도서·벽지·농어촌 등 대통령령이 정하는 지역에 거주하는 자

　2. 65세 이상인 자

　3. '장애인복지법'에 따라 등록한 장애인

　4. '국가유공자 등 예우 및 지원에 관한 법률' 제4조 제1항 제4호·제6호·제11호·제14호 또는 제16호의 규정에 따른 국가유공자

　5. 휴직자

　6. 그 밖에 생활이 어렵거나 천재지변 등의 사유로 보험료의 경감이 필요하다고 보건복지가족부장관이 정하여 고시하는 자

② 제1항의 규정에 따른 보험료 경감의 방법·절차 그 밖에 필요한 사항은 보건복지가족부장관이 정하여 고시한다. <개정 2008.2.29>

[본 조 신설 2006.12.30]

제67조(보험료의 부담) ① 직장가입자의 보험료는 직장가입자와 다음 각 호의 구

분에 의한 자가 각각 보험료액의 100분의 50씩 부담한다. 다만, 직장가입자가 교직원인 경우의 보험료액은 그 직장가입자가 100분의 50을, 제3조 제2호 다목에 규정된 자가 100분의 30을, 국가가 100분의 20을 각각 부담하되, 제3조 제2호 다목에 규정된 자가 그 부담액의 전액을 부담할 수 없을 때에는 그 부족액을 학교에 속하는 회계에서 부담하게 할 수 있다. <개정 2002.12.18>

1. 직장가입자가 근로자인 경우에는 제3조 제2호 가목에 규정된 자
2. 직장가입자가 공무원인 경우에는 그 공무원이 소속되어 있는 국가 또는 지방자치단체

② 지역가입자의 보험료는 그 가입자가 속한 세대의 지역가입자 전원이 연대하여 부담한다.

③ 삭제 <2006.12.30>

제68조(보험료의 납부의무) ① 직장가입자의 보험료는 사용자가 납부한다.

② 지역가입자의 보험료는 그 가입자가 속한 세대의 지역가입자 전원이 연대하여 납부한다. 다만, 소득·재산·생활수준·경제활동참가율 등을 고려하여 대통령령으로 정하는 기준에 해당하는 미성년자는 납부의무를 부담하지 아니한다. <개정 2008.3.28>

③ 사용자는 직장가입자가 부담하여야 하는 그달의 보험료액을 그 보수에서 공제하여 납부하여야 한다. 이 경우 직장가입자에게 그 공제액을 통지하여야 한다.

제69조(보험료 납부기한) 제68조 제1항 및 제2항의 규정에 의하여 보험료의 납부의무가 있는 자는 가입자에 대한 해당 월의 보험료를 그 다음 달 10일까지 납부하여야 한다. 다만, 지역가입자의 보험료는 보건복지가족부령이 정하는 바에 의하여 분기별로 납부할 수 있다. <개정 2008.2.29>

제70조(보험료 등의 독촉 및 체납처분) ① 공단은 제52조 및 제68조에 따른 납부의무자가 보험료 등을 납부하지 아니한 때에는 기한을 정하여 독촉할 수 있다. 이 경우 직장가입자의 사용자가 2인 이상인 때 또는 지역가입자의 세대가 2인 이상으로 구성된 때 그중 1인에게 행한 독촉은 해당 사업장의 다른 사용자 또는 세대구성원인 다른 지역가입자 모두에게 효력이 있는 것으로 본다. <개정 2008.3.28>

② 제1항의 규정에 의하여 독촉을 하는 때에는 10일 이상 15일 이내의 납부

기한을 정하여 독촉장을 발부하여야 한다.

③ 공단은 제1항의 규정에 의한 독촉을 받은 자가 그 납부기한까지 보험료 등을 납부하지 아니한 때에는 보건복지가족부장관의 승인을 얻어 국세체납처분의 예에 의하여 이를 징수할 수 있다. <개정 2008.2.29>

④ 공단은 제3항의 규정에 의한 국세체납처분의 예에 의하여 압류한 재산의 공매에 전문지식이 필요하거나 기타 특수한 사정이 있어 직접 공매하기에는 적당하지 아니하다고 인정하는 때에는 '금융기관부실자산 등의 효율적 처리 및 한국자산관리공사의 설립에 관한 법률'에 의하여 설립된 한국자산관리공사(이하 '한국자산관리공사'라 한다.)로 하여금 이를 대행하게 할 수 있으며, 이 경우 공매는 공단이 한 것으로 본다. <개정 1999.12.31, 2006.10.4>

⑤ 공단은 제4항의 규정에 의하여 한국자산관리공사가 공매를 대행하는 경우에는 보건복지가족부령이 정하는 바에 의하여 수수료를 지급할 수 있다. <개정 1999.12.31, 2008.2.29>

제70조의 2(체납보험료의 분할납부) ① 공단은 보험료를 3회 이상 체납한 자에 대하여 보건복지가족부령이 정하는 바에 따라 분할납부 승인을 할 수 있다. <개정 2008.2.29>

② 공단은 제1항의 규정에 따라 분할납부 승인을 받은 자가 정당한 사유 없이 2회 이상 그 승인된 보험료를 납부하지 아니한 때에는 그 분할납부의 승인을 취소한다.

③ 분할납부의 승인과 취소에 관한 절차·방법·기준 등에 관하여 필요한 사항은 보건복지가족부령으로 정한다. <개정 2008.2.29>

[본 조 신설 2006.12.30]

제71조(가산금) ① 공단은 보험료 등의 납부의무자가 납부기한까지 이를 납부하지 아니한 때에는 그 납부기한이 경과한 날부터 체납된 보험료 등의 100분의 3에 해당하는 가산금을 징수한다. <개정 2008.3.28>

② 공단은 보험료 등의 납부의무자가 체납된 보험료 등을 납부하지 아니한 때 납부기한이 경과한 날부터 1개월이 경과할 때마다 체납된 보험료 등의 100분의 1에 해당하는 가산금을 제1항에 따른 가산금에 가산하여 징수한다. 이 경우 가산금은 체납된 보험료 등의 100분의 9를 초과하지 못한다. <개정 2008.3.28>

③ 제1항 및 제2항에 불구하고 천재·지변 기타 보건복지가족부령이 정하는

부득이한 사유가 있는 경우에는 제1항 및 제2항에 따른 가산금은 이를 징수하지 아니할 수 있다. <개정 2008.2.29, 2008.3.28>

제72조(결손처분) ① 공단은 다음 각 호의 1에 해당하는 사유가 있는 때에는 재정운영위원회의 의결을 얻어 보험료 등을 결손 처분할 수 있다.

　　1. 체납처분이 종결되고 체납액에 충당될 배분금액이 그 체납액에 미달하는 경우

　　2. 당해 권리에 대한 소멸시효가 완성된 경우

　　3. 기타 징수할 가능성이 없다고 인정되는 경우로서 대통령령이 정하는 경우

② 공단은 제1항 제3호의 규정에 의하여 결손처분을 한 후 다른 압류할 수 있는 재산이 있었던 것을 발견한 때에는 지체 없이 그 처분을 취소하고 체납처분을 하여야 한다.

제73조(보험료 등의 징수순위) 보험료 등은 국세 및 지방세를 제외한 기타의 채권에 우선하여 징수한다. 다만, 보험료 등의 납부기한 전에 전세권·질권 또는 저당권의 설정을 등기 또는 등록한 사실이 증명되는 재산의 매각에 있어서 그 매각대금 중에서 보험료 등을 징수하는 경우의 그 전세권·질권 또는 저당권에 의하여 담보된 채권에 대해서는 그러하지 아니하다.

제74조(보험료 등의 납입고지) ① 공단은 보험료 등을 징수하고자 하는 때에는 납부의무자에게 다음 각 호의 사항을 기재한 문서로써 납입의 고지를 하여야 한다. <개정 2008.3.28>

　　1. 징수하고자 하는 보험료 등의 종류

　　2. 납부하여야 하는 금액

　　3. 납부기한 및 장소

② 공단은 제1항의 규정에 따른 납입의 고지를 함에 있어서 납부의무자가 신청한 경우에는 전자문서교환방식 등에 의하여 전자문서로 고지할 수 있다. <신설 2006.10.4>

③ 공단이 제2항의 규정에 따라 전자문서로 고지한 경우에는 보건복지가족부령이 정하는 정보통신망에 저장되거나 납부의무자가 지정한 전자우편주소에 입력된 때에 그 납부의무자에게 도달된 것으로 본다. <신설 2006.10.4, 2008.2.29>

④ 직장가입자의 사용자가 2인 이상인 때 또는 지역가입자의 세대가 2인 이상으로 구성된 때 그중 1인에게 행한 고지는 해당 사업장의 다른 사용자 또

는 세대구성원인 다른 지역가입자 모두에게 효력이 있는 것으로 본다. <신설 2008.3.28>

⑤ 휴직자 등의 보험료는 휴직 등의 사유가 종료될 때까지 보건복지가족부령으로 정하는 바에 따라 납입의 고지를 유예할 수 있다. <신설 2008.3.28>

⑥ 제2항의 규정에 따른 전자문서 고지에 대한 신청방법, 절차 그 밖에 필요한 사항은 보건복지가족부령으로 정한다. <신설 2006.10.4, 2008.2.29, 2008.3.28>

제75조(보험료 등의 충당과 환급) ① 공단은 납부의무자가 보험료 등·가산금 또는 체납처분비로서 납부한 금액 중 과오 납부한 금액이 있는 때에는 즉시 그 초과납부액 또는 오납액을 환급금으로 결정하여야 한다. <개정 2008.3.28>

② 제1항의 규정에 의한 환급금은 납부할 보험료 등과 체납처분비에 충당하여야 하며, 충당 후의 잔여금은 제1항의 규정에 의한 결정일로부터 30일 이내에 납부자에게 지급하여야 한다. 이 경우 공단이 환급금을 충당하거나 지급할 때에는 환급금에 대통령령으로 정하는 이자를 가산하여야 한다. <개정 2008.3.28>

제7장 이의신청 및 심사청구 등

제76조(이의신청) ① 가입자 및 피부양자의 자격·보험료 등·보험급여 및 보험급여비용에 관한 공단의 처분에 이의가 있는 자는 공단에 이의신청을 할 수 있다.

② 요양급여비용 및 요양급여의 적정성에 대한 평가 등에 관한 심사평가원의 처분에 이의가 있는 공단·요양기관 기타의 자는 심사평가원에 이의신청을 할 수 있다.

③ 제1항 및 제2항의 규정에 의한 이의신청은 처분이 있음을 안 날부터 90일 이내에 문서로 이를 하여야 하며 처분이 있은 날부터 180일을 경과하면 이를 제기하지 못한다. 다만, 정당한 사유에 의하여 그 기간 내에 이의신을 할 수 없었음을 소명한 때에는 그러하지 아니하다. <개정 2008.3.28>

④ 제3항 본문에도 불구하고 요양기관이 제43조의 2에 따른 건강보험심사평가원의 확인에 대하여 이의신청을 하는 경우 같은 조 제2항에 따라 통보받은 날부터 30일 이내에 이를 하여야 한다. <신설 2008.3.28>

⑤ 이의신청의 방법·결정 및 그 결정의 통지 등에 관하여 필요한 사항은 대통령령으로 정한다. <개정 2008.3.28>

제77조(심판청구 〈개정 2008.3.28〉) ① 제76조의 규정에 의한 이의신청에 대한 결정에 불복이 있는 자는 제77조의 2에 따른 건강보험분쟁조정위원회에 심판청구를 할 수 있다. 이 경우 제76조 제3항의 규정은 심판청구에 관하여 이를 준용한다. <개정 2008.3.28>

② 제1항에 따라 심판청구를 하고자 하는 자는 대통령령으로 정하는 심판청구서를 제76조 제1항 또는 제2항에 따른 처분을 행한 공단 또는 심사평가원에 제출하거나 제77조의 2에 따른 건강보험분쟁조정위원회에 제출하여야 한다. <개정 2008.3.28>

③ 심판청구의 절차·방법·결정 및 그 결정의 통지 등에 관하여 필요한 사항은 대통령령으로 정한다. <개정 2008.3.28>

제77조의 2(건강보험분쟁조정위원회) ① 제77조에 따른 심판청구를 심리·의결하기 위하여 보건복지가족부에 건강보험분쟁조정위원회(이하 '분쟁조정위원회'라 한다.)를 둔다.

② 분쟁조정위원회는 위원장을 포함한 35인 이내의 위원으로 구성하고, 위원장을 제외한 위원 중 1인은 당연직위원으로 한다.

③ 분쟁조정위원회의 회의는 위원장, 당연직위원 및 위원장이 매 회의마다 지정하는 7인의 위원을 포함하여 총 9인으로 구성한다.

④ 분쟁조정위원회는 제3항에 따른 구성원 과반수의 출석과 출석 위원 과반수의 찬성으로 의결한다.

⑤ 분쟁조정위원회의 구성 및 운영 등에 관하여 필요한 사항은 대통령령으로 정한다.

[본 조 신설 2008.3.28]

제78조(행정소송) 공단 또는 심사평가원의 처분에 이의가 있는 자와 제76조의 규정에 의한 이의신청 또는 제77조의 규정에 의한 심판청구에 대한 결정에 불복이 있는 자는 '행정소송법'이 정하는 바에 의하여 행정소송을 제기할 수 있다. <개정 2006.10.4, 2008.3.28>

제8장 보칙

제79조(시효) ① 다음 각 호의 권리는 3년간 행사하지 아니하면 소멸시효가 완성
된다. <개정 2008.3.28>

 1. 보험료·가산금을 징수할 권리

 1의 2. 보험료·가산금으로 과오 납부한 금액을 환급받을 권리

 2. 보험급여를 받을 권리

 3. 보험급여비용을 받을 권리

 4. 제43조 제3항의 규정에 의하여 과다 납부된 본인일부부담금을 반환받
  을 권리

② 제1항의 규정에 의한 시효는 다음 각 호의 1의 사유로 인하여 중단된다.

 1. 보험료의 고지 또는 독촉

 2. 보험급여 또는 보험급여비용의 청구

③ 휴직자 등의 보험료를 징수할 권리의 소멸시효는 제74조 제5항에 따라
고지가 유예된 경우 휴직 등의 사유가 종료될 때까지 진행하지 아니한다.
<신설 2008.3.28>

④ 제1항에 따른 소멸시효기간, 제2항에 따른 시효중단 및 제3항에 따른 시
효정지에 관하여 이 법에 정한 사항 외에는 '민법'의 규정에 의한다. <개정
2006.10.4, 2008.3.28>

제80조(기간의 계산) 이 법 또는 이 법에 의한 명령에 규정된 기간의 계산에 관하
여 이 법에 정한 사항 외에는 '민법'의 기간에 관한 규정을 준용한다. <개정
2006.10.4>

제81조(근로자의 권익보호) 제6조 제2항 각 호의 1에 해당하지 아니하는 모든 사업
장의 근로자를 고용하는 사용자는 그 고용한 근로자가 이 법에 의한 직장가
입자로 되는 것을 방해하거나 그가 부담하는 부담금의 증가를 기피할 목적
으로 정당한 사유 없이 근로자의 승급 또는 임금인상을 하지 아니하거나 해
고 기타 불이익한 조치를 할 수 없다. <개정 2004.1.29>

제82조(신고 등) ① 공단은 사용자 및 세대주로 하여금 가입자의 거주지변경 또
는 보수·소득 기타 건강보험사업을 위하여 필요한 사항을 신고하게 하거나
관계 서류를 제출하게 할 수 있다.

② 공단은 제1항의 규정에 의하여 신고 또는 제출받은 자료에 대한 사실 여

부를 확인할 필요가 있다고 인정하는 때에는 소속 직원으로 하여금 당해 사항에 관하여 조사하게 할 수 있다.

③ 제2항의 경우에 소속 직원은 그 권한을 표시하는 증표를 지니고 이를 관계인에게 내보여야 한다.

제82조의 2(소득 축소·탈루 자료 송부 등) ① 공단은 제82조 제1항의 규정에 의하여 신고한 보수나 소득 등에 축소나 탈루가 있다고 인정하는 경우에는 보건복지가족부장관을 거쳐 소득의 축소 또는 탈루에 관한 사항을 문서로 국세청장에게 송부할 수 있다. <개정 2008.2.29>

② 국세청장은 제1항의 규정에 의하여 송부받은 사항에 대하여 '국세기본법' 등 관련 법률의 규정에 의한 세무조사를 실시한 경우 그 조사결과 중 보수·소득에 관한 사항을 공단에 송부한다. <개정 2006.10.4>

③ 제1항 및 제2항의 규정에 의한 송부절차 그 밖에 필요한 사항은 대통령령으로 정한다.

[본 조 신설 2005.1.27]

제83조(자료의 제공) ① 공단 및 심사평가원은 국가·지방자치단체·요양기관, '보험업법'에 의한 보험사업자 및 보험료율 산출기관 그 밖의 공공단체 등에 대하여 건강보험사업을 위하여 필요한 자료의 제공을 요청할 수 있다. <개정 2003.7.29, 2006.10.4>

② 제1항의 규정에 의하여 자료의 제공을 요청받은 자는 성실히 이에 응하여야 한다. <개정 2003.7.29>

③ 제1항의 규정에 의한 국가·지방자치단체·요양기관· '보험업법'에 의한 보험요율 산출기관 그 밖의 공공단체가 공단 또는 심사평가원에 제공하는 자료에 대해서는 사용료·수수료 등을 면제한다. <신설 2003.7.29, 2006.10.4>

제84조(보고와 검사) ① 보건복지가족부장관은 사용자 또는 세대주에게 가입자의 이동·보수·소득 기타 필요한 사항에 관한 보고 또는 서류제출을 명하거나 소속 공무원으로 하여금 관계인에게 질문을 하게 하거나 관계 서류를 검사하게 할 수 있다. <개정 2008.2.29>

② 보건복지가족부장관은 요양기관(제44조의 규정에 의하여 요양을 실시한 기관을 포함한다.)에 대하여 요양·약제의 지급 등 보험급여에 관한 보고 또는 는 서류제출을 명하거나 소속 공무원으로 하여금 관계인에게 질문을 하게

하거나 관계 서류를 검사하게 할 수 있다. <개정 2008.2.29>

③ 보건복지가족부장관은 보험급여를 받은 자에게 당해 보험급여의 내용에 관하여 보고하게 하거나 소속 공무원으로 하여금 질문하게 할 수 있다. <개정 2008.2.29>

④ 보건복지가족부장관은 제43조 제6항의 규정에 따라 요양급여비용의 심사 청구를 대행하는 단체(이하 '대행청구단체'라 한다.)에 대하여 필요한 자료의 제출을 명하거나 소속 공무원으로 하여금 대행청구에 관한 자료 등을 조사·확인하게 할 수 있다. <신설 2006.12.30, 2008.2.29>

⑤ 제1항 내지 제4항의 경우에 소속 공무원은 그 권한을 표시하는 증표를 지니고 이를 관계인에게 내보여야 한다. <개정 2006.12.30>

제85조(업무정지) ① 보건복지가족부장관은 요양기관이 다음 각 호의 어느 하나에 해당하는 때에는 1년의 범위 안에서 기간을 정하여 요양기관의 업무정지를 명할 수 있다.

  1. 속임수나 그 밖의 부당한 방법으로 보험자·가입자 및 피부양자에게 요양급여비용을 부담하게 한 때

  2. 제84조 제2항에 따른 명령에 위반하거나 거짓 보고를 하거나 소속 공무원의 검사 또는 질문을 거부·방해 또는 기피한 때

② 제1항에 따라 업무정지처분을 받은 자는 해당 업무정지 기간 중에는 요양급여를 행하지 못한다.

③ 제1항에 따른 업무정지처분의 효과는 그 처분이 확정된 요양기관을 양수한 자 또는 합병 후 존속하는 법인에 승계되고, 업무정지처분의 절차가 진행 중인 때에는 양수인 또는 합병 후 존속하는 법인에 대하여 그 절차를 계속 진행할 수 있다. 다만, 양수인 또는 합병 후 존속하는 법인이 그 처분 또는 위반사실을 알지 못하였음을 증명하는 때에는 그러하지 아니하다.

④ 제1항에 따른 업무정지처분을 받았거나 업무정지처분의 절차가 진행 중인 자는 행정처분을 받은 사실 또는 행정처분절차가 진행 중인 사실을 보건복지가족부령으로 정하는 바에 따라 양수인 또는 합병 후 존속하는 법인에 지체 없이 통지하여야 한다.

⑤ 제1항에 따른 업무정지를 부과하는 위반행위의 종별·정도 등에 따른 행정처분기준이나 그 밖에 필요한 사항은 대통령령으로 정한다.

[전문개정 2008.3.28]

제85조의 2(과징금) ① 보건복지가족부장관은 요양기관이 제85조 제1항 제1호에 해당하여 업무정지처분을 하여야 하는 경우로서 그 업무정지처분이 그 요양기관을 이용하는 자에게 심한 불편을 주거나 보건복지가족부장관이 정하는 특별한 사유가 있는 경우 그 업무정지처분에 갈음하여 속임수나 그 밖의 부당한 방법으로 부담하게 한 금액의 5배 이하의 금액을 과징금으로 부과·징수할 수 있다. 이 경우 보건복지가족부장관은 12개월의 범위 안에서 분할 납부를 하게 할 수 있다.

② 제1항에 따른 과징금을 납부하여야 할 자가 납부기한까지 납부하지 아니한 경우 국세 체납처분의 예에 따라 징수한다.

③ 제1항에 따라 징수한 과징금은 다음 각 호 외의 용도로는 사용할 수 없다.

  1. 제43조 제3항에 따라 공단이 요양급여비용으로 지급하는 자금

  2. '응급의료에 관한 법률'에 따른 응급의료기금에의 지원

④ 제1항에 따른 업무정지 일수별 과징금의 금액과 그 납부에 필요한 사항 및 제3항에 따른 과징금의 용도별 지원규모·사용절차, 그 밖에 필요한 사항은 대통령령으로 정한다.

[본 조 신설 2008.3.28]

제85조의 3(위반사실의 공표) ① 보건복지가족부장관은 제85조 또는 제85조의 2에 따른 행정처분을 받은 요양기관 중 관련 서류를 위조·변조하여 요양급여비용을 거짓으로 청구한 요양기관으로서 다음 각 호의 어느 하나에 해당하는 경우 그 위반행위, 처분내용, 해당 요양기관의 명칭·주소 및 대표자 성명, 그 밖에 다른 요양기관과의 구별에 필요한 사항으로서 대통령령으로 정하는 사항을 공표할 수 있다. 이 경우 공표 여부를 결정함에 있어서 그 위반행위의 동기, 정도, 횟수 및 결과 등을 고려하여야 한다.

  1. 거짓으로 청구한 금액이 1천500만 원 이상인 경우

  2. 요양급여비용 총액 중 거짓으로 청구한 금액의 비율이 100분의 20 이상인 경우

② 보건복지가족부장관은 제1항에 따른 공표 여부 등을 심의하기 위하여 건강보험공표심의위원회(이하 이 조에서 '공표심의위원회'라 한다.)를 설치·운영한다.

③ 보건복지가족부장관은 공표심의위원회의 심의를 거친 공표대상자에게 공표대상자인 사실을 통지하여 소명자료를 제출하거나 출석하여 의견진술을

할 수 있는 기회를 부여하여야 한다.

④ 보건복지가족부장관은 공표심의위원회가 제3항의 소명자료 또는 진술의 견을 고려하여 공표대상자를 재심의한 후 공표대상자를 선정한다.

⑤ 공표절차·방법, 공표심의위원회의 구성·운영, 그 밖에 필요한 사항은 대통령령으로 정한다.

[본 조 신설 2008.3.28]

제86조(비밀의 유지) 공단·심사평가원 및 대행청구단체에 종사하였던 자 또는 종사하고 있는 자는 그 업무상 알게 된 비밀을 누설하여서는 아니 된다. <개정 2006.12.30>

제87조(공단 등에 대한 감독) 보건복지가족부장관은 공단 및 심사평가원에 대하여 그 사업에 관한 보고를 명하거나 사업 또는 재산상황을 검사하여 정관 또는 규정의 변경 기타 필요한 처분을 명하는 등 감독상 필요한 조치를 할 수 있다. <개정 2008.2.29>

제87조의 2(포상금의 지급) 공단은 속임수나 그 밖의 부당한 방법으로 보험급여비용을 지급받은 요양기관을 신고한 자에 대하여 보건복지가족부령으로 정하는 기준에 따라 포상금을 지급할 수 있다.

[본 조 신설 2008.3.28]

제88조(권한의 위임 및 위탁) ① 이 법에 의한 보건복지가족부장관의 권한은 대통령령이 정하는 바에 의하여 그 일부를 특별시장·광역시장 또는 도지사에게 위임할 수 있다. <개정 2008.2.29>

② 제84조 제2항의 규정에 의한 보건복지가족부장관의 권한은 대통령령이 정하는 바에 의하여 이를 공단 또는 심사평가원에 위탁할 수 있다. <개정 2008.2.29>

제88조의 2(유사명칭의 사용금지) ① 공단 또는 심사평가원이 아닌 자는 국민건강보험공단, 건강보험심사평가원 또는 이와 유사한 명칭을 사용하지 못한다.

② 이 법으로 정하는 건강보험사업을 수행하는 자가 아닌 자는 보험계약 또는 보험계약의 명칭에 국민건강보험이라는 용어를 사용하지 못한다.

[본 조 신설 2008.3.28]

제89조(업무의 위탁) ① 공단은 대통령령이 정하는 바에 의하여 보험료의 수납, 보험급여비용의 지급 또는 보험료납부의 확인에 관한 업무를 체신관서 또는 금융기관에 위탁할 수 있다.

② 공단은 그 업무의 일부를 국가기관·지방자치단체 또는 다른 법령에 의한 사회보험업무를 수행하는 법인 기타의 자에게 위탁할 수 있다.

③ 제2항의 규정에 의하여 공단이 위탁할 수 있는 업무 및 위탁받을 수 있는 자의 범위는 보건복지가족부령으로 정한다. <개정 2008.2.29>

제90조(소액처리) 공단은 징수하여야 할 금액 및 반환하여야 할 금액이 건당 2천 원 미만인 경우(제43조 제4항의 규정에 의하여 상계처리가 가능한 본인 일부부담금환급금을 제외한다.)에는 이를 징수 또는 반환하지 아니한다.

제91조(단수처리) 보험료 등과 보험급여에 관한 비용의 계산에 있어서 국고금관리법 제47조의 규정에 의한 단수는 이를 계산하지 아니한다. <개정 2005.1.27>

제92조(보험재정에 대한 정부지원) ① 국가는 매년 예산의 범위 안에서 당해 연도 보험료 예상수입액의 100분의 14에 상당하는 금액을 국고에서 공단에 지원한다.

② 공단은 '국민건강증진법'이 정하는 바에 따라 동법에 따른 국민건강증진기금에서 자금을 지원받을 수 있다.

③ 공단은 제1항의 규정에 따라 지원된 재원을 다음 각 호의 사업에 사용한다.

　1. 가입자 및 피부양자에 대한 보험급여

　2. 건강보험사업에 대한 운영비

　3. 제66조의 2 및 제93조의 2 제3항의 규정에 따른 보험료 경감에 대한 지원

④ 공단은 제2항의 규정에 따라 지원된 재원을 다음 각 호의 사업에 사용한다.

　1. 건강검진 등 건강증진에 관한 사업

　2. 가입자 및 피부양자의 흡연으로 인한 질병에 대한 보험급여

　3. 가입자 및 피부양자 중 65세 이상 노인에 대한 보험급여

[전문개정 2006.12.30]

제93조(외국인 등에 대한 특례) ① 정부는 외국정부가 사용자인 사업장의 근로자의 건강보험에 관하여 외국정부와의 합의에 의하여 이를 따로 정할 수 있다.

② 국내에 체류하고 있는 재외국민 또는 외국인으로서 대통령령이 정하는 사람은 제5조의 규정에 불구하고 이 법의 적용을 받는 가입자 또는 피부양자가 된다. <개정 2005.7.13>

제93조의 2(실업자에 대한 특례) ① 사용관계가 종료된 직장가입자 중 보건복지가족부령이 정하는 자가 지역가입자가 된 이후 제74조의 규정에 따라 최초로 고지를 받은 지역가입자 보험료의 납부기한 이내에 공단에 직장가입자로서

의 자격을 유지할 것을 신청한 경우에는 제8조의 규정에 불구하고 대통령령이 정하는 기간 동안 직장가입자의 자격을 유지한다. 다만, 신청자가 신청 후 최초로 납부하여야 할 보험료를 그 납부기한까지 납부하지 아니한 때에는 그러하지 아니하다. <개정 2008.2.29>

② 제1항의 규정에 따라 공단에 신청한 가입자(이하 '임의계속가입자'라 한다.)는 제63조의 규정에 불구하고 사용관계가 종료된 날이 속하는 달을 제외한 직전 3개월간 지급받은 보수의 평균액을 기준으로 보수월액을 산정한다.

③ 임의계속가입자의 보험료는 보건복지가족부장관이 고시하는 바에 따라 그 일부를 경감할 수 있다. <개정 2008.2.29>

④ 제67조 제1항 및 제68조 제1항의 규정에 불구하고 임의계속가입자의 보험료는 그 임의계속가입자가 전액을 부담하고 납부한다.

⑤ 제48조 제3항·제5항 및 제6항은 임의계속가입자에 대하여 준용한다. 이 경우 '제62조 제5항에 따른 세대단위의 보험료'는 '제93조의 2 제4항에 따른 보험료'로, '지역가입자'는 '임의계속가입자'로 본다. <신설 2008.3.28>

⑥ 임의계속가입자의 신청방법·절차 그 밖에 필요한 사항은 보건복지가족부령으로 정한다. <개정 2008.2.29, 2008.3.28>

[본 조 신설 2006.12.30]

제9장 벌칙

제94조(벌칙) ① 대행청구단체의 종사자로서 거짓 그 밖에 부정한 방법으로 요양급여비용의 청구를 한 자는 3년 이하의 징역 또는 3천만 원 이하의 벌금에 처한다.

② 다음 각 호의 어느 하나에 해당하는 자는 1년 이하의 징역 또는 1천만 원 이하의 벌금에 처한다.
　　1. 제43조 제6항의 규정을 위반하여 대행청구단체가 아닌 자로 하여금 대행하게 한 자
　　2. 제81조의 규정을 위반한 사용자
　　3. 제85조 제3항의 규정을 위반한 요양기관의 개설자
　　4. 제86조의 규정을 위반한 자

[전문개정 2006.12.30]

제95조(벌칙) 제84조 제2항의 규정에 위반하여 보고 또는 서류제출을 하지 아니한 자, 허위로 보고하거나 허위의 서류를 제출한 자 및 검사 또는 질문을 거부·방해 또는 기피한 자는 1천만 원 이하의 벌금에 처한다.

제96조(벌칙) 제40조 제4항 또는 제44조 제2항 전단의 규정에 위반한 자는 500만 원 이하의 벌금에 처한다.

제97조(양벌규정) 법인의 대표자, 법인이나 개인의 대리인·사용인 기타 종사자가 그 법인 또는 개인의 업무에 관하여 제94조 내지 제96조의 위반행위를 한 때에는 그 행위자를 벌하는 외에 그 법인 또는 개인에 대해서도 각 해당 조의 벌금형을 과한다.

제98조(과태료) ① 가입자 및 피부양자 또는 가입자 및 피부양자이었던 자가 그 자격을 잃은 후 그 자격을 증명하던 서류를 사용하여 보험급여를 받은 때에는 그 급여에 상당하는 금액 이하의 과태료에 처한다.

② 제11조 제4항을 위반하여 건강보험증 또는 신분증명서의 양도·대여, 그 밖의 부정한 사용을 통하여 보험급여를 받은 자에게는 그 보험급여에 상당하는 금액 이하의 과태료를 부과한다. 건강보험증 또는 신분증명서를 양도·대여하여 보험급여를 받게 한 자도 또한 같다. <개정 2008.3.28>

제99조(과태료) ① 제85조 제4항을 위반한 자에게는 500만 원 이하의 과태료를 부과한다.

② 다음 각 호의 어느 하나에 해당하는 자에게는 100만 원 이하의 과태료를 부과한다.

　　1. 제6조의 2를 위반하여 신고를 하지 아니하거나 거짓으로 신고한 사용자

　　2. 정당한 사유 없이 제82조 제1항·제2항 또는 제84조 제1항·제3항·제4항에 따른 서류의 제출, 의견의 진술, 신고 또는 보고를 하지 아니하거나 거짓으로 진술·신고 또는 보고를 하거나 조사 또는 검사를 거부·방해 또는 기피한 자

　　3. 제87조에 따른 명령을 위반한 자

　　4. 제88조의 2를 위반한 자

[전문개정 2008.3.28]

제100조(과태료의 부과·징수절차) ① 제98조 및 제99조의 규정에 의한 과태료는 대통령령이 정하는 바에 의하여 보건복지가족부장관이 부과·징수한다. <개

정 2008.2.29>

② 제1항의 규정에 의한 과태료처분에 불복이 있는 자는 그 처분의 고지를 받은 날부터 30일 이내에 보건복지가족부장관에게 이의를 제기할 수 있다. <개정 2008.2.29>

③ 제1항의 규정에 의한 과태료처분을 받은 자가 제2항의 규정에 의하여 이의를 제기한 때에는 보건복지가족부장관은 지체 없이 관할법원에 그 사실을 통보하여야 하며, 그 통보를 받은 관할법원은 '비송사건절차법'에 의한 과태료의 재판을 한다. <개정 2006.10.4, 2008.2.29>

④ 제2항의 규정에 의한 기간 내에 이의를 제기하지 아니하고 과태료를 납부하지 아니한 때에는 국세체납처분의 예에 의하여 이를 징수한다.

부칙 〈제5854호, 1999.2.8〉

제1조(시행일) 이 법은 2000년 7월 1일부터 시행한다. 다만, 부칙 제4조 및 제5조의 규정은 공포한 날부터 시행한다. <개정 1999.12.31>

제2조(다른 법률의 폐지) 의료보험법 및 국민의료보험법은 이를 각각 폐지한다.

제3조(공단의 설립) 이 법 시행 당시 종전의 국민의료보험법에 의하여 설립된 국민의료보험관리공단은 이 법에 의하여 설립된 공단으로 본다. 다만, 공단의 임원은 제19조의 규정에 의하여 임명하여야 하며, 이 경우 종전 국민의료보험관리공단의 임원은 그 임기가 만료된 것으로 본다.

제4조(심사평가원의 설립준비) ① 보건복지부장관은 이 법이 공포된 날부터 30일 이내에 6인의 설립위원을 위촉하여 심사평가원의 설립에 관한 사무를 담당하게 하여야 한다.

② 설립위원은 정관을 작성하여 보건복지부장관의 인가를 받아 심사평가원의 설립등기를 하여야 한다.

③ 설립위원은 심사평가원의 원장이 임명된 때에는 지체 없이 사무를 인계하여야 하며, 사무인계가 끝난 때에는 해촉된 것으로 본다.

④ 심사평가원의 설립준비에 필요한 비용 등은 국가가 부담한다.

제5조(이 법의 시행을 위한 준비행위) ① 보건복지부장관, 국민의료보험관리공단이사장 또는 설립위원은 의료보험연합회·의료보험조합·국민의료보험관리공단 기타 관계인에 대하여 이 법 시행을 위한 준비에 필요한 자료의 제출을 요

청할 수 있다.

② 제1항의 규정에 의한 자료의 제출을 요청받은 자는 성실하게 이에 응하여야 한다.

제6조(법인의 해산) 이 법 시행 당시 종전의 의료보험법에 의하여 설립된 의료보험조합 및 의료보험연합회는 이 법 시행과 동시에 각각 해산된다.

제7조(권리의 포괄승계 등) ① 이 법 시행 당시 종전의 의료보험법에 의한 의료보험조합 및 의료보험연합회의 권리와 의무는 공단이 포괄·승계한다. 다만, 의료보험연합회의 심사업무와 관련된 권리와 의무는 심사평가원이 포괄·승계한다.

② 이 법 시행 당시 종전의 의료보험법에 의한 의료보험조합의 재산은 공단의 재산으로 보며, 의료보험연합회의 재산은 심사평가원의 재산으로 본다.

제8조(직원의 고용 등) 이 법 시행 당시 종전의 의료보험조합 및 의료보험연합회의 직원은 공단에 고용된 것으로 본다. 다만, 의료보험연합회의 직원 중 보건복지부장관이 정하는 심사업무에 종사하고 있는 직원은 심사평가원에 고용된 것으로 본다.

제9조(가입자 및 피부양자의 자격취득 등에 관한 경과조치) ① 이 법 시행 당시 종전의 의료보험법 및 국민의료보험법에 의하여 피보험자 및 피부양자가 된 자는 이 법에 의한 가입자 및 피부양자의 자격을 얻은 것으로 본다.

② 이 법 시행 당시 종전의 의료보험법 및 국민의료보험법에 의하여 제기되어 심리 중인 의료보험심사청구는 이 법에 의한 이의신청으로, 의료보험재심사청구는 분쟁조정위원회에 청구하여 심리 중인 것으로 본다.

③ 이 법 시행 당시 종전의 의료보험법 및 국민의료보험법에 의하여 납부기한이 경과된 보험료 등의 징수에 관해서는 종전의 규정에 의한다.

④ 이 법 시행 당시 종전의 의료보험법 및 국민의료보험법에 의하여 업무정지처분을 받은 요양기관 중 그 업무정지처분의 기간이 종료되지 아니한 요양기관은 이 법에 의하여 그 잔여기간(의료보험법 및 국민의료보험법에 의한 업무정지처분기간의 잔여기간이 중복되는 경우에는 그중 짧은 기간을 말한다.)에 해당되는 업무정지처분을 받은 것으로 본다.

⑤ 이 법 시행 당시 종전의 의료보험법 및 국민의료보험법에 의하여 행하여진 보험급여, 보험급여비용의 청구 및 청문 등은 이 법에 의한 보험급여, 보험급여비용의 청구 및 청문 등으로 본다.

제10조(재정통합에 관한 경과조치) ① 공단은 제33조 제2항의 규정에 불구하고 2003년 6월 30일까지 직장가입자와 지역가입자의 재정(공단의 관리·운영에 필요한 재정은 제외한다.)을 각각 구분하여 계리한다. <개정 2002.1.19>

② 제1항의 규정에 의한 직장가입자 중 제6조 제2항 제1호의 규정에 의한 사업장 근로자 및 그 사용자인 직장가입자와 제6조 제2항 제2호의 규정에 의한 공무원 및 교직원인 직장가입자의 재정은 2000년 12월 31일까지 각각 구분하여 계리한다.

[전문개정 1999.12.31]

제10조의 2 삭제 <2002.1.19>

제10조의 3(재정구분계리에 따른 보험요율에 관한 특례) ① 직장가입자의 보험요율은 제65조 제1항의 규정에 불구하고 부칙 제10조 제2항의 규정에 의한 재정구분계리기간 동안 제6조 제2항 제1호 및 제2호의 규정에 의한 직장가입자별로 대통령령이 정하는 바에 의하여 이를 다르게 정할 수 있다. 이 경우 그 보험요율은 각각 1천분의 80의 범위 안에서 이를 정하여야 한다.

② 국외에서 업무에 종사하고 있는 직장가입자의 보험요율은 제65조 제2항의 규정에 불구하고 부칙 제10조 제2항의 규정에 의한 재정구분계리기간 동안 제1항의 규정에 의한 해당보험요율의 100분의 50으로 한다.

[본 조 신설 1999.12.31]

제10조의 4(직장가입자의 보험료 조정에 관한 특례) 이 법 시행으로 인하여 보험료가 이 법 시행일의 전날이 속하는 달의 보험료보다 100분의 20 이상 인상되는 직장가입자 중 대통령령이 정하는 비율 이상 인상되는 자의 보험료는 대통령령이 정하는 바에 의하여 부칙 제10조 제1항의 재정구분계리기간의 범위 내에서 이를 조정할 수 있다.

[본 조 신설 1999.12.31]

제11조(요양급여비용의 적용례) 이 법 시행 당시 종전의 의료보험법 및 국민의료보험법의 규정에 의하여 보건복지부장관이 정한 요양급여비용의 산정기준은 이 법 시행일부터 6월까지는 이 법 제42조 제1항의 규정에 의하여 공단의 이사장과 의약계를 대표하는 자와의 계약으로 정한 것으로 본다.

제12조(벌칙 등에 관한 경과조치) 이 법 시행 전에 종전의 의료보험법 및 국민의료보험법을 위반한 행위에 대한 벌칙 또는 과태료의 적용에 있어서는 종전의 의료보험법 및 국민의료보험법의 규정에 의한다.

제13조(다른 법령과의 관계) ① 이 법 시행 당시 다른 법령에서 종전의 의료보험법
　　또는 국민의료보험법을 인용하고 있는 경우에 이 법 중 그에 해당하는 규정
　　이 있는 때에는 종전의 규정에 갈음하여 이 법 또는 이 법의 해당 규정을
　　인용한 것으로 본다.

　　② 이 법 시행 당시 다른 법령에서 종전의 의료보험법에 의한 의료보험조
　　합·의료보험연합회 또는 국민의료보험법에 의한 국민의료보험관리공단을
　　인용한 경우에는 이 법에 의한 공단을 인용한 것으로 본다.

제14조(소멸시효에 관한 경과조치) 보험료를 징수하거나 반환받을 권리 또는 보험급
　　여를 받을 권리 또는 과다 납부된 본인일부부담금을 반환받을 권리로서 이
　　법 시행 전에 발생된 소멸시효에 관해서는 종전의 규정에 의한다.

제15조(종전의 행위 등에 대한 경과조치) ① 이 법 시행 전에 의료보험법 및 국민의
　　료보험법을 위반한 행위에 대한 처분은 종전의 규정에 의한다.

　　② 이 법 시행 당시 종전의 의료보험법 및 국민의료보험법에 의하여 보험자,
　　보험자단체 및 행정기관이 행한 처분 등의 각종 행위는 그에 해당하는 이
　　법에 의한 공단, 심사평가원 및 행정기관의 행위로 보며, 보험자 또는 보험
　　자단체가 행한 처분 등 기타의 행위가 중복되는 경우에는 그중 가벼운 처분
　　행위를 이 법에 의한 공단 또는 심사평가원의 행위로 본다.

　　③ 이 법 시행 당시 종전의 의료보험법 및 국민의료보험법에 의하여 보건복
　　지부장관이 인정한 종합전문요양기관 또는 전문요양기관은 이 법의 규정에
　　의한 종합전문요양기관 또는 전문요양기관으로 본다.

부칙(금융기관부실자산등의효율적처리및한국자산관리공사의설립에관한법률) 〈제6073
호, 1999.12.31〉

제1조(시행일) 이 법은 공포한 날부터 시행한다.

제2조 생략

제3조(다른 법률의 개정) ① 국민건강보험법 중 다음과 같이 개정한다.
　　제70조 제4항 중 '금융기관부실자산등의효율적처리및성업공사의설립에관한법
　　률에 의하여 설립된 성업공사(이하 '성업공사'라 한다.)'를 '금융기관부실자산
　　등의효율적처리및한국자산관리공사의설립에관한법률에 의하여 설립된 한국자
　　산관리공사(이하 '한국자산관리공사'라 한다.)'로 하고, 동 조 제5항 중 '성업
　　공사'를 '한국자산관리공사'로 한다.

② 내지 ⑫ 생략

부칙 〈제6093호, 1999.12.31〉

이 법은 공포한 날부터 시행한다.

부칙(사립학교교직원연금법) 〈제6124호, 2000.1.12〉

제1조(시행일) 이 법은 공포한 날부터 시행한다.
　　제2조 내지 제4조 생략
　　제5조(다른 법령의 개정 등) ① 내지 ⑩ 생략
　　⑪ 국민보건보험법 중 다음과 같이 개정한다.
　　제3조 제2호 다목 중 '사립학교교원연금법'을 '사립학교교직원연금법'으로
　　한다.
　　⑫ 및 ⑬ 생략
제6조 생략

부칙 〈제6320호, 2000.12.29〉

제1조(시행일) 이 법은 2001년 7월 1일부터 시행한다.
제2조(이 법의 시행을 위한 준비행위) ① 보건복지부장관 또는 국민건강보험공단이사
　　장은 국가·지방자치단체·다른 법령에 의한 사회보험업무를 수행하는 법인
　　과 공공단체 및 사업장의 사용자·근로자 기타 관계인에게 이 법의 시행을
　　위한 준비에 필요한 자료의 제출을 요청할 수 있다.
　　② 제1항의 규정에 의한 자료의 제출을 요청받은 자는 성실하게 이에 응하
　　여야 한다.

부칙(의료급여법) 〈제6474호, 2001.5.24〉

제1조(시행일) 이 법은 2001년 10월 1일부터 시행한다.
　　제2조 내지 제11조 생략
제12조(다른 법률의 개정) ① 국민건강보험법 중 다음과 같이 개정한다.

제5조 제1항 제1호를 다음과 같이 한다.

1. 의료급여법에 따라 의료급여를 받는 자(이하 '수급권자'라 한다.)

제7조 제1항 제1호 및 제9조 제1항 제5호 중 '의료보호대상자'를 각각 '수급권자'로 한다.

② 및 ③ 생략

제13조 생략

부칙 〈제6618호, 2002.1.19〉

① (시행일) 이 법은 공포한 날부터 시행한다.

② (법률 제5854호 국민건강보험법 부칙 제10조 제1항 개정에 따른 경과조치) 공단은 이 법 시행 당시 통합하여 계리한 직장가입자와 지역가입자의 재정을 2001년 12월 31일 당시 구분하여 계리한 직장가입자와 지역가입자의 재정 상태대로 원상회복 조치하여야 한다.

부칙 〈제6799호, 2002.12.18〉

이 법은 공포한 날부터 시행한다.

부칙 〈제6951호, 2003.7.29〉

이 법은 공포한 날부터 시행한다.

부칙 〈제6981호, 2003.9.29〉

① (시행일) 이 법은 공포 후 6개월이 경과한 날부터 시행한다.

② (적용례) 제40조 제1항 제3호의 개정규정에 의하여 한국희귀의약품센터가 실시하는 요양급여는 이 법 시행 후 최초로 환자에게 공급하는 의약품분부터 적용한다.

부칙(국고금관리법) 〈제7347호, 2005.1.27〉

제1조(시행일) 이 법은 2005년 7월 1일부터 시행한다.

제2조 및 제3조 생략

제4조(다른 법률의 개정) ① 내지 ③ 생략

④ 국민건강보험법 중 다음과 같이 개정한다.

제91조 중 '국고금단수계산법 제1조의 규정에 의한 단수'를 '국고금관리법 제47조의 규정에 의한 단수'로 한다.

⑤ 내지 ⑦ 생략

부칙 〈제7377호, 2005.1.27〉

이 법은 공포 후 6개월이 경과한 날부터 시행한다.

부칙 〈제7590호, 2005.7.13〉

이 법은 2006년 1월 1일부터 시행한다.

부칙 〈제8034호, 2006.10.4〉

① (시행일) 이 법은 공포한 날이 속하는 달의 다음 달 1일부터 시행한다. 다만, 제74조 제2항 및 제3항의 개정규정은 공포 후 6개월이 경과한 날부터 시행한다.

② (보험료 징수 및 면제에 관한 적용례) 제62조 제2항 및 제66조 제3항의 개정규정은 이 법 시행 후 최초로 보험가입자의 자격을 취득하거나 상실한 자 또는 급여정지사유가 발생하거나 해소되는 분부터 적용한다.

부칙 〈제8153호, 2006.12.30〉

제1조(시행일) 이 법은 2007년 1월 1일부터 시행한다. 다만, 제62조 제6항·제66조의 2 및 제93조의 2의 개정규정은 2007년 7월 1일부터 시행한다.

제2조(유효기간) 제92조의 개정규정은 2011년 12월 31일까지 효력을 가진다.

제3조(보험료에 관한 적용례) 제62조 제4항 및 제5항의 개정규정은 이 법 시행 후 최초로 고지되는 보험료부터 적용한다.

제4조(건강보험정책심의위원회에 관한 경과조치) ① 종전의 '국민건강보험 재정건전화 특별법'에 따른 건강보험정책심의위원회는 제4조의 개정규정에 따른 건강보

험정책심의위원회로 본다.

② 이 법 시행 당시 종전의 '국민건강보험 재정건전화특별법'에 따라 건강보험정책심의위원회의 심의·의결을 거친 사항은 제4조의 개정규정에 따른 건강보험정책심의위원회의 심의·의결을 거친 것으로 본다.

제5조(요양급여비용의 대행청구에 관한 경과조치) 이 법 시행 당시 종전의 '국민건강보험 재정건전화특별법' 제10조의 규정에 따라 대행 청구한 요양급여비용은 제43조 제6항의 개정규정에 따라 대행 청구한 것으로 본다.

제6조(체납보험료 분할납부 승인 등에 관한 경과조치) 이 법 시행 당시 종전의 '국민건강보험 재정건전화특별법' 제11조의 규정에 따른 체납보험료 분할납부의 승인 또는 승인취소는 제70조의 2의 개정규정에 따라 승인 또는 승인 취소한 것으로 본다.

제7조(다른 법률의 개정) ① 농어촌주민의 보건복지증진을 위한 특별법 일부를 다음과 같이 개정한다.

제27조 제1항 중 '제62조 제5항 제1호'를 '제66조의 2 제1호'로 하고, 제28조 제1항 및 제2항 중 '부과표준소득'을 각각 '보험료부과점수'로 한다.

② 국민건강증진법 일부를 다음과 같이 개정한다.

법률 제6619호 국민건강증진법중개정법률(법률 제7250호 국민건강증진법중개정법률 및 법률 제8004호 국민건강증진법 일부개정법률에 따라 개정된 내용을 포함한다.) 부칙 제2항을 다음과 같이 한다.

② (기금사용의 한시적 특례) 보건복지부장관은 제25조 제1항의 규정에 불구하고 2011년 12월 31일까지 매년 기금에서 '국민건강보험법'에 따른 당해 연도 보험료 예상수입액의 100분의 6에 상당하는 금액을 동법 제92조 제4항의 용도에 사용하도록 동법에 따른 국민건강보험공단에 지원한다. 다만, 그 지원금액은 당해 연도 부담금 예상수입액의 100분의 65를 초과할 수 없다.

부칙(산업재해보상보험법) 〈제8694호, 2007.12.14〉

제1조(시행일) 이 법은 2008년 7월 1일부터 시행한다. <단서 생략>

제2조부터 제24조까지 생략

제25조(다른 법률의 개정) ① 생략

② 국민건강보험법 일부를 다음과 같이 개정한다.

제4장에 제54조의 3을 다음과 같이 신설한다.

제54조의 3(요양급여 비용의 정산) 공단은 '산업재해보상보험법' 제10조에 따른 근로복지공단이 이 법에 따라 요양급여를 받을 수 있는 자에게 '산업재해보상보험법' 제40조에 따른 요양급여를 지급한 후 그 지급결정이 취소된 경우로서 그 요양급여의 비용을 청구하는 경우에는 그 요양급여가 이 법에 따라 실시할 수 있는 요양급여에 상당한 것으로 인정되면 그 요양급여에 해당하는 금액을 지급할 수 있다.

③부터 ⑩까지 생략

제26조 생략

부칙(정부조직법) 〈제8852호, 2008.2.29〉

제1조(시행일) 이 법은 공포한 날부터 시행한다. 다만, ……<생략>……, 부칙 제6조에 따라 개정되는 법률 중 이 법의 시행 전에 공포되었으나 시행일이 도래하지 아니한 법률을 개정한 부분은 각각 해당 법률의 시행일부터 시행한다. 제2조부터 제5조까지 생략

제6조(다른 법률의 개정) ①부터 <447>까지 생략

<448> 국민건강보험법 일부를 다음과 같이 개정한다.

제4조 제1항 및 제4항, 제66조의 2 제1항 제6호 및 제2항, 제82조의 2 제1항, 제84조 제4항 및 제93조의 2 제3항 중 '보건복지부장관'을 각각 '보건복지가족부장관'으로 한다.

제2조, 제13조 제1항 제11호, 제16조 제2항, 제19조 제2항부터 제4항까지, 제22조 제2항 제5호, 제27조, 제32조 제2항 각 호 외의 부분, 제34조 전단, 제35조 단서, 제36조 제3항, 제37조 제1항 및 제2항, 제39조 제3항, 제40조 제1항 각 호 외의 부분 후단 및 제2항, 제42조 제3항 전단·후단 및 제4항, 제44조 제2항, 제56조 제1항 제6호, 제58조 제2항 및 제3항, 제63조 제3항 후단, 제70조 제3항, 제77조 제2항 및 제3항, 제84조 제1항부터 제3항까지, 제85조 제1항 각 호 외의 부분 및 제2항 전단, 제87조, 제88조 제1항·제2항 및 제100조 제1항부터 제3항까지 중 '보건복지부장관'을 각각 '보건복지가족부장관'으로 한다.

제4조 제3항 중 '보건복지부차관'을 '보건복지가족부차관'으로 한다.

제5조 제3항, 제7조 제2항, 제8조 제1항, 제9조 제2항, 제11조 제3항, 제37조 제2항, 제39조 제2항 및 제3항, 제40조 제2항, 제43조 제5항 후단, 제7항 전

단 및 제8항, 제44조 제1항, 제46조 제2항, 제56조 제2항, 제59조 제3항, 제60조 제3항, 제66조 제2항 제3호, 제69조 단서, 제70조 제5항, 제71조 제4항 및 제89조 제3항 중 '보건복지부령'을 각각 '보건복지가족부령'으로 한다.

제8조 제2항, 제66조의 2 제1항 각 호 외의 부분, 제70조의 2 제1항 및 제3항, 제74조 제3항 및 제4항, 제93조의 2 제1항 본문 및 제5항 중 '보건복지부령'을 각각 '보건복지가족부령'으로 한다.

<449>부터 <760>까지 생략

제7조 생략

부칙 〈제9022호, 2008.3.28〉

제1조(시행일) 이 법은 공포한 날부터 시행한다. 다만, 제71조의 개정규정은 2008년 7월 1일부터, 제6조의 2, 제8조, 제11조 제3항, 제68조 제2항, 제74조 제5항, 제75조 제2항 후단, 제77조, 제77조의 2, 제78조, 제79조 제3항, 제85조, 제85조의 2, 제85조의 3, 제87조의 2, 제99조 제1항 및 같은 조 제2항 제1호의 개정규정은 공포 후 6개월이 경과한 날부터 시행한다.

제2조(미성년자의 지역 보험료 연대납부의무 면제와 가산금 가산 징수에 관한 적용례) 제68조 제2항 및 제71조의 개정규정은 이 법 시행 후 최초로 고지하는 보험료 등부터 적용한다.

제3조(환급금의 이자가산에 관한 적용례) 제75조 제2항의 개정규정은 이 법 시행 후 최초로 결정하는 환급금부터 적용한다.

제4조(이의신청기간에 관한 적용례) ① 제76조 제3항의 개정규정은 이 법 시행 후 최초로 행한 처분부터 적용한다.

② 제76조 제4항의 개정규정은 이 법 시행 후 최초로 받은 통보부터 적용한다.

제5조(위반사실 공표에 관한 적용례) 제85조의 3의 개정규정은 이 법 시행 후 최초로 발생하는 위반행위부터 적용한다.

제6조(사업장의 신고에 관한 경과조치) 이 법 시행 당시 보건복지가족부령에 따라 행한 사업장의 신고는 제6조의 2의 개정규정에 따라 신고한 것으로 본다.

제7조(심사청구에 관한 경과조치) 이 법 시행 당시 종전의 규정에 따른 심사청구는 제77조의 개정규정에 따른 심판청구로 본다.

부칙(국가유공자 등 예우 및 지원에 관한 법률) 〈제9079호, 2008.3.28〉

제1조(시행일) 이 법은 공포 후 3개월이 경과한 날부터 시행한다. <단서 생략>

제2조 생략

제3조(다른 법률의 개정) ① 및 ② 생략

　③ 국민건강보험법 일부를 다음과 같이 한다.

　제66조의 2 제1항 제4호 중 '제10호·제12호 또는 제14호'를 '제11호·제14
호 또는 제16호'로 한다.

　④ 생략

제4조 생략

12. 국민건강보험법 요양급여의 기준에 관한 법칙

국민건강보험 요양급여의 기준에 관한 규칙
[시행 2009.1.13][보건복지가족부령 제87호, 2009.1.13, 일부개정]

제1조(목적) 이 규칙은 '국민건강보험법' 제39조 제2항 및 동 조 제3항의 규정에
의하여 요양급여의 방법·절차·범위·상한 및 제외대상 등 요양급여기준에
관하여 필요한 사항을 규정함을 목적으로 한다. <개정 2005.10.11>

제2조(요양급여의 절차) ① 요양급여는 1단계 요양급여와 2단계 요양급여로 구분하
며, 가입자 또는 피부양자(이하 '가입자 등'이라 한다.)는 1단계 요양급여를
받은 후 2단계 요양급여를 받아야 한다.

　② 제1항의 규정에 의한 1단계 요양급여는 '국민건강보험법'(이하 '법'이라
한다.) 제40조 제2항의 규정에 의하여 인정된 종합전문요양기관(이하 '종합전
문요양기관'이라 한다.)을 제외한 요양기관에서 받는 요양급여(건강진단 또는

건강검진을 포함한다.)를 말하며, 2단계 요양급여는 종합전문요양기관에서 받는 요양급여를 말한다. <개정 2005.10.11>

③ 제1항 및 제2항의 규정에 불구하고 가입자 등이 다음 각 호의 1에 해당하는 경우에는 종합전문요양기관에서 1단계 요양급여를 받을 수 있다. <개정 2005.10.11, 2007.12.28>

    1. '응급의료에 관한 법률' 제2조 제1호에 해당하는 응급환자인 경우

    2. 분만의 경우

    3. 치과에서 요양급여를 받는 경우

    4. '장애인복지법' 제32조에 따른 등록 장애인 또는 단순 물리치료가 아닌 작업치료・운동치료 등의 재활치료가 필요하다고 인정되는 자가 재활의학과에서 요양급여를 받는 경우

    5. 가정의학과에서 요양급여를 받는 경우

    6. 당해 요양기관에서 근무하는 가입자가 요양급여를 받는 경우

    7. 혈우병환자가 요양급여를 받는 경우

④ 가입자 등이 종합전문요양기관에서 2단계 요양급여를 받고자 하는 때에는 종합전문요양기관에서의 요양급여가 필요하다는 의사소견이 기재된 건강진단・건강검진결과서 또는 별지 제4호 서식에 의한 요양급여의뢰서를 건강보험증과 함께 제출하여야 한다.

제3조(요양급여의 신청) ① 가입자 등이 요양기관에 요양급여를 신청하는 때에는 건강보험증을 제출하여야 한다. 이 경우 가입자 등이 요양급여를 신청한 날 (가입자 등이 의식불명 등 자신의 귀책사유 없이 건강보험증을 제시하지 못한 경우에는 가입자 등임이 확인된 날로 한다.)부터 7일(공휴일을 제외한다. 이하 같다.) 이내에 건강보험증을 제출하는 경우에는 요양급여를 신청한 때에 건강보험증을 제출한 것으로 본다.

② 제1항의 규정에 불구하고 가입자 등이 건강보험증을 제출하지 못하는 경우에는 가입자 등 또는 요양기관은 법 제12조의 규정에 의한 국민건강보험공단(이하 '공단'이라 한다.)에 자격확인을 요청할 수 있으며, 요청을 받은 공단은 자격이 있는지의 여부를 확인하여 이를 별지 제1호 서식에 의한 건강보험자격확인통보서에 의하거나 전화 또는 모사전송을 이용하여 지체 없이 해당 가입자 등 또는 요양기관에 통보하여야 한다.

③ 제2항의 규정에 의하여 자격확인을 통보받은 경우에는 자격확인을 요청

한 때에 건강보험증을 제출한 것으로 본다.

④ 요양기관은 건강보험증을 제출하지 못하는 가입자 등이 손쉽게 공단에 자격확인을 요청할 수 있도록 공단의 전화번호 등을 안내하거나 요양기관의 진료접수창구에 이를 게시하여야 한다.

제4조(급여의 제한여부의 조회 등) ① 요양기관은 가입자 등이 법 제48조 제1항·제2항 또는 법 제53조 제2항의 규정에 해당되는 것으로 판단되는 경우에도 요양급여를 실시하되, 지체 없이 별지 제2호 서식에 의한 급여제한여부조회서에 의하여 공단에 급여제한 여부를 조회하여야 한다.

② 제1항의 규정에 의하여 조회를 받은 공단은 7일 이내에 급여의 제한 여부를 결정하여 당해 요양기관에 별지 제2호 서식에 의한 급여제한여부결정통보서로 회신하여야 하며, 회신을 받은 요양기관은 제1항의 규정에 의하여 요양급여를 개시한 날부터 소급하여 공단의 결정에 따라야 한다.

③ 제2항의 규정에 불구하고 회신이 있기 전에 요양급여가 종료되거나 회신 없이 7일이 경과된 때에는 공단이 당해 요양기관에 대하여 요양급여를 인정한 것으로 본다. 다만, 공단이 7일이 경과된 후에 급여제한을 결정하여 회신한 때에는 요양기관은 회신을 받은 날부터 공단의 결정에 따라야 한다.

④ 공단은 법 제48조 제1항·제2항 또는 법 제53조 제2항의 규정에 의하여 요양급여를 제한하여야 함에도 불구하고 제3항의 규정에 의하여 요양급여를 받은 가입자 등에 대해서는 법 제52조의 규정에 의하여 부당이득에 해당되는 금액을 징수한다.

⑤ 요양기관은 법 제48조 제2항의 한도를 초과하여 요양급여를 행한 경우에는 그날부터 7일 이내에 별지 제3호 서식에 의한 요양급여적용통보서에 의하여 그 사실을 공단에 알려야 한다.

제4조의 2(요양급여일수의 확인) 가입자 등은 요양급여일수에 대한 확인을 공단에 요청할 수 있으며, 요청을 받은 공단은 요양급여비용이 청구되어 지급된 요양급여내역별 요양급여일수를 문서·모사전송 또는 컴퓨터통신 등을 이용하여 지체 없이 해당 가입자 등에게 통보하여야 한다.

[전문개정 2006.1.16]

제5조(요양급여의 적용기준 및 방법) ① 요양기관은 가입자 등에 대한 요양급여를 별표 1의 요양급여의 적용기준 및 방법에 의하여 실시하여야 한다.

② 제1항의 규정에 의한 요양급여의 적용기준 및 방법에 관한 세부사항은

의약계·공단 및 건강보험심사평가원의 의견을 들어 보건복지가족부장관이 정하여 고시한다. <개정 2008.3.3>

③ 제2항의 규정에 불구하고 '국민건강보험법 시행령'(이하 '영'이라 한다.) 별표 2 제5호의 규정에 의한 중증환자(이하 '중증환자'라 한다.)에게 처방·투여하는 약제 중 보건복지가족부장관이 정하여 고시하는 약제에 대한 요양급여의 적용기준 및 방법에 관한 세부사항은 제5조의 2의 규정에 의한 중증질환심의위원회의 심의를 거쳐 건강보험심사평가원장이 정하여 공고한다. 이 경우 건강보험심사평가원장은 요양기관 및 가입자 등이 해당 공고의 내용을 언제든지 열람할 수 있도록 관리하여야 한다. <신설 2005.10.11, 2008.3.3>

제5조의 2(중증질환심의위원회) ① 중증환자에게 처방·투여되는 약제에 대한 요양급여 적용기준 및 방법에 대하여 심의하기 위하여 건강보험심사평가원에 중증질환심의위원회를 둔다.

② 중증질환심의위원회는 보건의료분야에 관한 학식과 경험이 풍부한 45인 이내의 위원으로 구성하되, 중증질환심의위원회의 구성 및 운영 등에 관하여 필요한 사항은 건강보험심사평가원의 정관으로 정한다.

[본 조 신설 2005.10.11]

제6조(요양급여의 의뢰 등) ① 요양기관은 가입자 등에게 적절한 요양급여를 행하기 위하여 필요한 경우에는 다른 요양기관에게 요양급여를 의뢰할 수 있다.

② 제1항의 규정에 의하여 요양급여를 의뢰받은 요양기관은 가입자 등의 상태가 호전되었을 때에는 요양급여를 의뢰한 요양기관이나 1단계 요양급여를 담당하는 요양기관으로 가입자 등을 회송할 수 있다.

③ 요양기관이 제1항의 규정에 의하여 요양급여를 의뢰하는 경우에는 별지 제4호 서식에 의한 요양급여의뢰서를, 제2항의 규정에 의하여 가입자 등을 회송하는 경우에는 별지 제5호 서식에 의한 요양급여회송서를 가입자 등에게 발급하여야 한다. 이 경우 요양기관은 의뢰 또는 회송 받은 요양기관의 요청이 있는 때에는 진료기록의 사본 등 요양급여에 관한 자료를 제공하여야 한다.

제7조(요양급여비용 계산서·영수증의 발급 및 보존 〈개정 2002.10.24〉) ① 요양기관이 요양급여를 실시한 때에는 가입자 등에게 다음 각 호의 구분에 의한 계산서·영수증을 발급하여야 한다. 다만, 요양기관 중 종합병원·병원·치과병원·한방병원 및 요양병원을 제외한 요양기관이 외래진료를 한 경우에는 별

지 제12호 서식의 간이 외래 진료비계산서·영수증을 발급할 수 있다. <개정 2003.11.10, 2004.3.30>

1. 입원 및 외래진료의 경우(한방의 경우를 제외한다.): 별지 제6호 서식 또는 별지 제7호 서식의 진료비 계산서·영수증

2. 한방입원 및 한방외래진료의 경우: 별지 제8호 서식 또는 별지 제9호 서식의 한방진료비 계산서·영수증

3. 약국 및 한국희귀의약품센터의 경우: 별지 제10호 서식 또는 별지 제11호 서식의 약제비 계산서·영수증

② 요양기관은 가입자 등이 '소득세법' 제52조 제1항 제3호의 규정에 의한 의료비공제를 받기 위하여 당해 연도의 진료비 또는 약제비 납입내역의 확인을 요청한 경우에는 별지 제12호의 2 서식의 진료비(약제비) 납입확인서를 발급하여야 한다. <신설 2003.11.10, 2005.10.11>

③ 요양기관은 가입자 등이 제1항의 규정에 의한 계산서·영수증에 대하여 세부산정내역을 요구하는 경우에는 이를 제공하여야 한다. 다만, 가입자 등이 제8조 제3항의 규정에 의하여 질병군별로 하나의 포괄적인 행위로 고시된 요양급여를 받은 경우에는 별표 2 제6호의 규정에 의한 비급여대상과 '국민건강보험법 시행규칙'(이하 '규칙'이라 한다.) 별표 5 제1호 자목 본문의 규정에 의한 요양급여비용의 본인부담항목에 한하여 세부내역을 제공하여야 한다. <개정 2001.12.31, 2002.10.24, 2005.10.11>

④ 요양기관이 요양급여를 행한 경우에는 제1항의 규정에 의한 계산서·영수증 부본을 당해 요양급여가 종료된 날부터 5년간 보존하여야 한다. 다만, 요양기관이 별지 제13호 서식에 의한 본인부담금수납대장을 작성하여 보존하는 경우에는 이를 계산서·영수증 부본에 갈음한다. <개정 2001.12.31, 2002.10.24>

⑤ 제4항의 규정에 의한 계산서·영수증 부본 및 본인부담금수납대장은 '전자서명법'에 의한 공인전자서명이 기재된 전자문서로 작성·보존할 수 있다. <신설 2003.11.10, 2005.10.11>

제8조(요양급여의 범위 등) ① 법 제39조 제2항에 따른 요양급여의 범위(이하 '요양급여대상'이라 한다.)는 다음 각 호와 같다. <개정 2006.12.29>

1. 법 제39조 제1항 각 호의 요양급여(약제를 제외한다.): 제9조에 따른 비급여대상을 제외한 일체의 것

2. 법 제39조 제1항 제2호의 요양급여(약제에 한한다.): 제11조의 2, 제12
   조 및 제13조에 따라 요양급여대상으로 결정 또는 조정되어 고시된 것

② 보건복지가족부장관은 제1항의 규정에 의한 요양급여대상을 급여목록표
로 정하여 고시하되, 법 제39조 제1항 각 호에 규정된 요양급여행위(이하
'행위'라 한다.), 약제 및 치료재료(법 제39조 제1항 제2호의 규정에 의하여
지급되는 약제 및 치료재료를 말한다. 이하 같다.)로 구분하여 고시한다. 다
만, 보건복지가족부장관이 정하여 고시하는 요양기관의 진료에 대해서는 행
위·약제 및 치료재료를 묶어 1회 방문에 따른 행위로 정하여 고시할 수 있
다. <개정 2001.12.31, 2008.3.3>

③ 보건복지가족부장관은 제2항의 규정에 불구하고 영 별표 2 제2호의 규정
에 의하여 보건복지가족부장관이 정하여 고시하는 질병군에 대한 입원진료
의 경우에는 해당 질병군별로 별표 2 제6호의 규정에 의한 비급여대상, 규칙
별표 5 제1호 사목 중 이송처치료 및 동호 아목(1)의 규정에 의한 요양급여
비용의 본인부담항목을 제외한 모든 행위·약제 및 치료재료를 묶어 하나의
포괄적인 행위로 정하여 고시할 수 있다. <개정 2001.12.31, 2005.10.11,
2008.3.3>

④ 보건복지가족부장관은 제2항에도 불구하고 영 제24조 제4항에 따른 요양
병원의 입원진료의 경우에는 제2항의 행위·약제 및 치료재료를 묶어 1일당
행위로 정하여 고시할 수 있다. 이 경우 1일당 행위에서 제외되는 항목은 보
건복지가족부장관이 정하여 고시할 수 있다. <신설 2007.12.28, 2008.3.3>

⑤ 보건복지가족부장관은 제2항부터 제4항까지의 규정에 따라 요양급여대상
을 고시함에 있어 행위 또는 하나의 포괄적인 행위의 경우에는 영 제24조
제2항에 따른 요양급여의 상대가치점수를 함께 정하여 고시하여야 한다.
<개정 2007.12.28, 2008.3.3>

제8조의 2 삭제 <2006.1.16>

제8조의 3 삭제 <2006.1.16>

제9조(비급여대상) ① 법 제39조 제3항의 규정에 의하여 요양급여의 대상에서 제
   외되는 사항(이하 '비급여대상'이라 한다.)은 별표 2와 같다.

   ② 삭제 <2001.12.31>

제10조(신의료기술 등의 요양급여 결정신청 <개정 2001.12.31, 2007.7.25>) ① 요양기관,
   의약 관련 단체, 치료재료의 제조·수입업자는 제8조 제2항의 규정에 의한

요양급여대상 또는 제9조 제1항의 규정에 의한 비급여대상으로 결정되지 아니한 새로운 행위 및 치료재료(이하 '신의료기술 등'이라 한다.)에 대해서는 다음 각 호에 규정된 날부터 30일 이내에 요양급여대상 여부의 결정을 보건복지가족부장관에게 신청하여야 한다. <개정 2001.12.31, 2005.10.11, 2006.12.29, 2007.7.25, 2008.3.3>

1. 행위의 경우에는 '의료법' 제53조에 따른 신의료기술평가(이하 '신의료기술평가'라 한다.) 결과 안전성 · 유효성 등을 인정받은 이후 가입자 등에게 최초로 실시한 날

2. 치료재료의 경우에는 다음 각 목에서 정한 날

   가. '약사법' 또는 '의료기기법'에 따른 품목허가 또는 품목신고 대상인 치료재료인 경우에는 식품의약품안전청장으로부터 품목허가를 받거나 품목신고를 한 날. 다만, 품목허가나 품목신고 대상이 아닌 치료재료의 경우에는 해당 치료재료를 가입자 등에게 최초로 사용한 날

   나. 가목에 불구하고 신의료기술평가대상이 되는 치료재료의 경우에는 신의료기술 평가 결과 안전성 · 유효성 등을 인정받은 이후 해당 치료재료를 가입자 등에게 최초로 사용한 날

3. 삭제 <2006.12.29>

② 제1항의 규정에 의하여 요양급여대상 여부의 결정을 신청하고자 하는 자는 다음 각 호의 구분에 의한 결정신청서에 해당 각 목의 서류를 첨부하여 보건복지가족부장관에게 제출하여야 한다. <개정 2001.12.31, 2005.10.11, 2007.7.25, 2008.3.3>

1. 행위의 경우: 별지 제14호 서식에 의한 요양급여행위결정신청서

   가. 신의료기술의 안전성 · 유효성 등의 평가결과통보서

   나. 상대가치점수의 산출근거 및 내역에 관한 자료

   다. 비용효과에 관한 자료(동일 또는 유사 행위와의 장 · 단점, 상대가치점수의 비교 등을 포함한다.)

   라. 국내외의 실시현황에 관한 자료(최초실시연도 · 실시기관명 및 실시건수 등을 포함한다.)

   마. 소요장비 · 소요재료 · 약제의 제조(수입)허가(신고) 관련 자료

   바. 국내외의 연구논문 등 기타 참고자료

2. 삭제 <2006.12.29>

3. 치료재료의 경우: 별지 제16호 서식에 의한 치료재료결정신청서
　　가. 제조(수입)품목허가증(신고서)사본(품목허가를 받거나 품목 신고를 한 치료재료에 한한다.)
　　나. 판매예정가 산출근거 및 내역에 관한 자료
　　다. 비용효과에 관한 자료(동일 또는 유사목적의 치료재료와의 장·단점, 판매가의 비교 등을 포함한다.)
　　라. 국내외의 사용현황에 관한 자료(최초사용연도·사용기관명 및 사용건수 등을 포함한다.)
　　마. 구성 및 부품내역에 관한 자료 및 제품설명서
　　바. 국내외의 연구논문 등 기타 참고자료
　　사. 신의료기술의 안전성·유효성 등의 평가결과통보서(제1항 제2호 나목에 따른 치료재료에 한정한다.)

③ 보건복지가족부장관은 요양기관이 정당한 사유 없이 신의료기술 등에 대하여 제1항의 규정에 위반하여 요양급여대상 여부의 결정을 신청하지 아니하고 가입자 등에게 실시 또는 사용한 후 그 비용을 부담시킨 신의료기술 등이 요양급여대상으로 확인된 경우에는 법 제85조 제1항 제1호의 규정에 의하여 당해 요양기관의 업무정지를 명하거나 동 조 제2항의 규정에 의한 과징금처분을 하여야 한다. <개정 2001.12.31, 2008.3.3>

제10조의 2(약제 요양급여의 결정신청) ① 약제의 제조업자·수입자는 제8조 제2항에 따라 급여목록표로 고시되지 아니한 새로운 약제에 대하여 보건복지가족부장관에게 요양급여대상 여부의 결정을 신청할 수 있다. <개정 2008.3.3>

② 제1항에 따른 신청을 하려는 자는 별지 제17호 서식의 약제결정신청서에 다음 각 호의 서류를 첨부하여 보건복지가족부장관에게 제출하여야 한다. <개정 2008.3.3>

1. 제조(수입)품목 허가증(신고서) 사본(품목허가를 받거나 품목신고를 한 약제에 한한다.)
2. 판매예정가 산출근거 및 내역에 관한 자료
3. 비용과 효과에 대한 자료(동일하거나 유사한 약제와의 장·단점 및 판매가의 비교 등을 포함한다.)
4. 국내외의 사용현황에 관한 자료(최초사용연도·사용기관명 및 사용건수 등을 포함한다.)

5. 예상 사용량 및 예상 사용량 설정 근거에 관한 자료

6. 국내외의 연구논문 등 기타 참고자료

③ 제1항에 불구하고 '약사법' 제91조 제1항에 따른 희귀의약품 등으로서 '약사법 시행규칙' 제49조 제4호에 따라 식품의약품안전청장이 환자의 치료를 위하여 긴급한 도입이 필요하다고 인정한 품목에 대해서는 한국희귀의약품센터의 장이 별지 제17호 서식의 약제결정신청서에 다음 각 호의 서류를 첨부하여 요양급여대상 여부의 결정을 신청할 수 있다. <개정 2008.7.11>

1. 식품의약품안전청장의 인정에 관한 서류

2. 판매예정가 산출근거 및 내역에 관한 자료

[본 조 신설 2006.12.29]

제11조(신의료기술 등에 대한 결정 〈개정 2001.12.31〉) ① 제10조의 규정에 의하여 요양급여대상 여부의 결정신청을 받은 보건복지가족부장관은 정당한 사유가 없는 한 결정신청일부터 150일 이내에 법 제4조에 따른 건강보험정책심의위원회(이하 '심의위원회'라 한다.)의 심의를 거쳐 요양급여대상 또는 비급여대상에의 해당 여부를 결정하여 고시하여야 한다. 이 경우 요양급여대상으로 결정한 신의료기술 등에 대해서는 영 제24조 제2항 또는 동 조 제3항의 규정에 의한 요양급여의 상대가치점수 또는 치료재료의 상한금액을 함께 정하여 고시하여야 한다. <개정 2001.12.31, 2006.12.29, 2008.3.3>

② 보건복지가족부장관은 신의료기술 등의 경제성 및 급여의 적정성에 대하여 제3항의 규정에 의한 전문평가위원회의 평가를 거쳐, 신의료기술 등의 요양급여대상 여부를 결정한다. <개정 2001.12.31, 2008.3.3>

③ 제2항의 규정에 의한 신의료기술 등에 대한 평가를 효율적으로 수행하기 위하여 건강보험심사평가원에 행위 및 치료재료별로 전문평가위원회를 둔다. <개정 2001.12.31, 2006.12.29>

④ 제1항의 규정에 의하여 신의료기술 등이 요양급여대상으로 결정되어 고시된 경우에 제10조 제1항의 규정에 의한 신청기간 내에 신청하지 아니한 요양기관에 대해서는 제10조 제1항 각 호의 1에 해당하는 날부터 소급하여 요양급여대상으로 적용한다. <개정 2001.12.31>

⑤ 삭제 <2001.12.31>

제11조의 2(약제 요양급여의 결정) ① 제10조의 2에 따라 요양급여대상 여부의 결정신청을 받은 보건복지가족부장관은 당해 약제의 경제성, 요양급여의 적정

성 및 기준 등에 관한 평가를 건강보험심사평가원장에게 의뢰하여야 한다. <개정 2008.3.3>

② 제1항에 따라 약제에 대한 평가를 의뢰받은 건강보험심사평가원장은 150일 이내에 제9항에 따른 약제급여평가위원회(이하 '약제급여평가위원회'라 한다.)의 심의를 거쳐 평가하고 그 결과를 서류로 신청인에게 통보하여야 한다. 이 경우 신청인에게 통보하는 서류에는 평가결과와 이에 대한 이견이 있으면 30일 이내에 재평가를 신청할 수 있다는 내용을 기재하여야 한다.

③ 제2항에 따른 평가결과에 이견이 있는 신청인은 평가결과를 통보받은 날부터 30일 이내에 건강보험심사평가원장에게 재평가를 신청할 수 있다.

④ 제3항에 따라 재평가 신청을 받은 건강보험심사평가원장은 120일 이내에 약제급여평가위원회의 재심을 거쳐 재평가하여야 한다.

⑤ 건강보험심사평가원장은 제2항 및 제4항에 따른 평가 및 재평가결과를 보건복지가족부장관에게 보고하여야 한다. <개정 2008.3.3>

⑥ 보건복지가족부장관은 제5항에 따라 보고받은 사항에 대하여 다음 각 호에 정하는 바에 따라 조치하여야 한다. <개정 2008.3.3, 2009.1.13>

　　1. 제5항에 따른 평가 또는 재평가 결과 요양급여대상으로 하는 것이 적정하다고 평가된 약제 중 다음 각 목의 어느 하나에 해당하는 약제를 제외한 약제에 대해서는 지체 없이 공단에게 당해 약제의 제조업자 또는 수입자와 당해 약제의 상한금액에 대한 협상을 하도록 명하여야 한다.

　　가. 제14조에 따라 보건복지가족부장관이 정하여 고시한 약제 산정기준에 따라 상한금액이 정하여지는 약제

　　나. 제10조의 2 제3항에 따라 한국희귀의약품센터의 장이 요양급여대상 여부의 결정을 신청한 약제

　　2. 제1호 외의 약제에 대해서는 30일 이내에 심의위원회의 심의를 거쳐 요양급여대상 여부와 상한금액(요양급여대상으로 할 경우에 한한다.)을 결정하여 고시하여야 한다.

⑦ 제6항 제1호에 따라 협상을 명받은 공단은 60일 이내에 약제의 예상 사용량, 급여 범위, 보험재정에 미치는 영향 및 제9항에 따른 약제급여평가위원회의 평가결과·재평가결과 등을 고려한 약제의 상한금액안을 정하여 이를 약제 제조업자·수입자와 협상하고 그 협상결과를 보건복지가족부장관에게 보고하여야 한다. <개정 2008.3.3, 2009.1.13>

⑧ 보건복지가족부장관은 제7항에 따라 보고받은 사항에 대하여 다음 각 호에 정하는 바에 따라 조치하여야 한다. <개정 2008.3.3>

1. 협상이 이루어진 약제는 30일 이내에 심의위원회의 심의를 거쳐 요양급여대상 여부 및 약제의 상한금액을 결정하여 고시하여야 한다.

2. 협상이 이루어지지 아니한 약제 중 환자의 진료에 반드시 필요하다고 인정되는 약제는 협상결과를 보고받은 날부터 60일 이내에 제10항에 따른 약제급여조정위원회의 조정을 거친 후 심의위원회의 심의를 거쳐 요양급여대상 여부 및 약제의 상한금액을 결정하여 고시하여야 한다.

⑨ 약제에 대한 요양급여의 적정성 등을 효율적으로 평가하기 위하여 건강보험심사평가원에 약제급여평가위원회를 둔다. 이 경우 약제급여평가위원회의 구성, 운영, 평가기준 및 절차 등에 관하여 필요한 사항은 건강보험심사평가원장이 정한다.

⑩ 약제에 대한 요양급여의 결정, 상한금액의 조정에 관한 사항을 심의하기 위하여 보건복지가족부에 약제급여조정위원회를 둔다. 이 경우 약제급여조정위원회의 구성, 운영 그 밖에 필요한 사항은 보건복지가족부장관이 정한다. <개정 2008.3.3>

[본 조 신설 2006.12.29]

제12조(상대가치점수 등의 조정 등) ① 제10조 제1항 및 제10조의 2 제1항에 따른 요양기관, 의약관련 단체, 약제·치료재료의 제조업자·수입자 또는 가입자 등은 이미 고시된 요양급여대상의 상대가치점수·상한금액, 요양급여대상·비급여대상의 조정을 보건복지가족부장관이 정하여 고시하는 바에 따라 보건복지가족부장관에게 신청할 수 있다. <개정 2001.12.31, 2006.12.29, 2008.3.3>

② 제1항의 규정에 의하여 조정신청을 받은 보건복지가족부장관은 약제의 경우에는 제11조의 2에 따른 절차를 거쳐, 그 밖의 경우에는 심의위원회의 심의를 거쳐 상대가치점수·상한금액, 요양급여대상·비급여대상을 조정하여 고시할 수 있다. <개정 2001.12.31, 2006.12.29, 2008.3.3>

③ 삭제 <2001.12.31>

제13조(직권결정 및 조정) ① 보건복지가족부장관은 신의료기술 등의 요양급여대상 여부에 관한 결정신청이 없는 경우에도 직권으로 심의위원회의 심의를 거쳐 요양급여대상 또는 비급여대상으로 결정하여 고시할 수 있으며, 요양급여대

상으로 결정한 경우에는 상대가치점수 또는 상한금액을 함께 정하여 고시하여야 한다. 이 경우 결정·고시된 요양급여대상은 제10조 제1항 각 호의 어느 하나에 해당되는 날부터 소급하여 요양급여대상으로 적용한다. <개정 2001.12.31, 2006.12.29, 2007.7.25, 2008.3.3>

② 보건복지가족부장관은 환자의 진료상 반드시 필요하다고 인정되는 약제에 대해서는 그 제조업자나 수입자 등이 요양급여대상결정신청을 하지 아니하더라도 직권으로 요양급여대상 여부 및 약제의 상한금액을 제11조의 2를 준용하여 결정하고 이를 고시할 수 있다. <신설 2006.12.29, 2008.3.3>

③ 보건복지가족부장관은 이미 고시된 행위 및 치료재료에 대한 상대가치점수·상한금액, 요양급여대상·비급여대상에 대해서는 심의위원회의 심의를 거쳐 조정하여 고시할 수 있다. <개정 2001.12.31, 2006.12.29, 2008.3.3>

④ 보건복지가족부장관은 다음 각 호에 해당하면 이미 고시된 약제의 요양급여대상 여부 및 상한금액을 조정하여 고시할 수 있다. 이 경우 제1호와 제3호의 경우에는 제11조의 2 제6항부터 제8항까지의 규정을, 제2호의 경우에는 제11조의 2 제1항부터 제8항까지의 규정을, 제4호부터 제12호까지의 경우에는 제11조의 2 제1항부터 제5항까지 및 제6항 제2호의 규정을 준용한다. <신설 2006.12.29, 2008.3.3, 2009.1.13>

1. 협상 당시의 예상 사용량을 초과하여 사용된 경우
2. 약사법령에 따라 허가받거나 신고한 사항(효능·효과, 용법·용량 등)을 추가하거나 제5조 제2항 및 제3항에 따른 요양급여의 적용기준 및 방법에 관한 세부사항의 개정 등으로 약제의 사용범위가 확대된 경우
3. 직전년도 보험급여 청구량과 비교하여 보건복지가족부장관이 정하는 비율 이상 증가된 경우
4. 보건복지가족부장관이 상한금액을 재평가하는 경우
5. 제11조의 2에 따라 요양급여대상으로 결정된 약제와 동일성분·동일제형 및 동일함량의 약제가 제10조의 2에 따라 결정 신청된 경우
6. 환자의 진료에 반드시 필요하나 경제성이 없어 제조업자·수입자가 생산 또는 수입을 기피하는 약제로서 생산 또는 수입 원가의 보전이 필요한 경우
7. 최근 2년간 보험급여 청구실적이 없는 약제 또는 약사법령에 따른 생산실적 또는 수입실적이 2년간 보고되지 아니한 약제
8. 약제급여평가위원회의 평가결과 경제성이 없는 것으로 평가된 약제

9. 약제 제조업자·수입자가 급여목록표에서 삭제되기를 희망하는 약제. 다만, 보건복지가족부장관이 환자의 진료상 반드시 필요하다고 판단하는 약제는 예외로 한다.

10. 약제 실거래가 조사결과 약제 상한금액 조정 대상이 된 약제

11. 판매 촉진을 위하여 금품을 제공하는 등 유통질서를 문란하게 한 것이 확인된 약제

12. 약사법령에 따른 일반의약품으로서 건강증진, 건강유지 및 치료를 목적으로 하며, 의사 또는 치과의사의 처방에 의하지 아니하더라도 인체에 미치는 부작용이 적어 안전성 및 유효성을 기대할 수 있는 약제

제14조(결정 및 조정 등의 세부사항) 상대가치점수·상한금액, 요양급여대상·비급여대상의 결정·조정 등에 필요한 세부사항과 제11조 제3항의 규정에 의한 전문평가위원회의 종류·구성·운영, 평가의 내용·절차·방법 등에 관해서는 보건복지가족부장관이 정하여 고시한다. <개정 2008.3.3>

[전문개정 2001.12.31]

부칙 〈제158호, 2000.6.30〉

제1조(시행일) 이 규칙은 2000년 7월 1일부터 시행한다.

제2조(요양급여의뢰서 등에 관한 경과조치) 이 규칙 시행 당시 종전의 의료보험관계 법령 또는 국민의료보험관계 법령에 의하여 발급된 진료의뢰서, 회송소견서, 급여제한여부조회서, 급여제한여부결정통보서 및 요양급여적용통보서 등은 각각 이 규칙에 의하여 발급한 요양급여의뢰서, 요양급여회송서, 급여제한여부조회서, 급여제한여부결정통보서 및 요양급여적용통보서 등으로 본다.

제3조(요양급여의 절차에 관한 경과조치) 이 규칙 시행 당시 종전의 의료보험관계 법령 및 국민의료보험관계 법령에 의하여 종합전문요양기관에서 1단계 요양급여를 받고 있는 피보험자 및 피부양자에 대해서는 이 규칙 제2조의 규정에 의하여 종합전문요양기관에서 1단계 요양급여를 받고 있는 것으로 본다.

제4조(요양급여의 적용기준 및 방법의 세부사항에 관한 특례) 보건복지부장관은 이 규칙 제5조 제2항의 규정에 불구하고 요양급여의 적용기준 및 방법에 관한 세부사항에 대해서는 의약계·공단 및 건강보험심사평가원의 의견을 들어 2000년 12월 31일까지 고시하되, 그 고시 전까지는 종전의 의료보험관계 법령 및 국민의료보험관계 법령에 의하여 고시된 의료보험요양급여기준(이하 '종전의 요양급여기준'이라 한다.)에 의한다.

제5조(미결정행위 등의 결정신청에 관한 경과조치) ① 요양기관은 이 규칙 시행 전에 최초로 실시되었으나 종전의 요양급여기준에 의하여 보험급여적용신청을 하지 아니한 행위에 대해서는 이 규칙 제10조 제1항의 규정에 불구하고 2000년 7월 31일까지 그 결정을 신청하여야 한다.

② 이 규칙 시행 당시 다음 각 호의 1에 해당하는 행위·약제 및 치료재료는 이 규칙 제10조 제1항의 규정에 의하여 결정이 신청된 것으로 본다.

    1. 이 규칙 시행 전에 식품의약품안전청장의 품목허가를 받거나 품목신고를 한 약제 및 치료재료로서 보험급여적용 여부가 결정되지 아니한 것

    2. 이 규칙 시행 전에 종전의 요양급여기준에 의하여 보험급여적용신청을 한 행위·약제 및 치료재료로서 보험급여적용 여부가 결정되지 아니한 것

제6조(미결정행위 등의 결정 등에 관한 경과조치) ① 부칙 제5조 제2항의 규정에 의한 행위·약제 및 치료재료에 대한 요양급여대상 또는 비급여대상에의 해당 여부 결정기한은 이 규칙 제11조 제4항의 규정에 불구하고 2000년 12월 31일까지로 한다.

② 2000년 12월 31일까지 이 규칙 제10조 제1항의 규정에 의하여 결정 신청된 미결정행위 등(부칙 제5조의 규정에 의한 미결정행위 등을 포함한다.)에 대한 요양급여대상 또는 비급여대상의 적용일 등에 관해서는 이 규칙 제11조 제5항의 규정에 불구하고 종전의 요양급여기준에 의한다.

제7조(다른 법령과의 관계) 이 규칙 시행 당시 다른 법령에서 종전의 의료보험법시행규칙 또는 국민의료보험법시행규칙을 인용한 경우 이 규칙에 그에 해당하는 규정이 있는 때에는 종전의 규정에 갈음하여 이 규칙 또는 이 규칙의 해당 규정을 각각 인용한 것으로 본다.

부칙 〈제207호, 2001.12.31〉

① (시행일) 이 규칙은 2002년 1월 1일부터 시행한다.

② (신의료기술 등의 결정신청에 관한 경과조치) 이 규칙 시행 당시 종전의 제10조 제1항의 규정에 의하여 미결정행위 등의 결정신청을 한 경우에는 이 규칙에 의하여 신의료기술 등의 요양급여대상 여부의 결정신청을 한 것으로 본다.

③ (미결정행위 등의 적용에 관한 경과조치) 이 규칙 시행 당시 요양급여대상 또는 비급여대상으로 결정·고시된 미결정행위 등의 적용에 관해서는 별

표 2 제4호 하목의 개정규정에 불구하고 종전의 규정에 의한다.

부칙 〈제226호, 2002.10.24〉

이 규칙은 공포한 날부터 시행한다. 다만, 제8조의 3 제1항 제3호 및 제4호의 개정규정은 2002년 1월 1일 이후의 요양급여일수의 산정분부터 적용한다.

부칙 〈제262호, 2003.11.10〉

① (시행일) 이 규칙은 공포한 날부터 시행한다.
② (서식의 사용에 관한 특례) 이 규칙 시행 당시 요양기관에서 발급한 것으로서 다음 각 호의 사항이 기재된 요양급여비용 계산서·영수증은 제7조 제2항의 개정규정에 불구하고 2003년도 의료비공제용으로 사용할 수 있다.
　　1. 환자성명 및 진료일자
　　2. 보험자·공단부담액·환자부담액 및 수납금액
　　3. 요양기관의 사업자등록번호·상호·사업장소재지 및 대표자성명
　　4. 작성연월일
③ (서식에 관한 경과조치) 이 규칙 시행 당시 종전의 규정에 의한 제6호 서식 내지 제12호 서식은 2003년 12월 31일까지 제7조 제1항의 개정규정에 의한 서식과 함께 사용할 수 있다.

부칙 〈제266호, 2003.12.31〉

이 규칙은 2004년 1월 1일부터 시행한다.
부칙(국민건강보험법시행규칙) ＜제281호, 2004.3.30＞
① (시행일) 이 규칙은 2004년 3월 30일부터 시행한다.
② (다른 법령의 개정) 국민건강보험요양급여의 기준에 관한 규칙 중 다음과 같이 개정한다.
제7조 제1항 제3목 중 '약국'을 '약국 및 한국희귀의약품센터'로 한다.

부칙 〈제303호, 2004.12.31〉

이 규칙은 2005년 1월 1일부터 시행한다.

부칙 〈제328호, 2005.10.11〉

① (시행일) 이 규칙은 공포한 날부터 시행한다.
② (서식에 관한 경과조치) 이 규칙 시행 당시 종전의 규정에 의한 서식은 2005년 12월 31일까지 개정규정에 의한 서식과 함께 사용할 수 있다.

부칙 〈제344호, 2006.1.16〉

이 규칙은 2006년 1월 16일부터 시행한다.

부칙 〈제358호, 2006.5.19〉

이 규칙은 2006년 6월 1일부터 시행한다.

부칙 〈제377호, 2006.12.29〉

① (시행일) 이 규칙은 공포한 날부터 시행한다. 다만, 별표 2 제5호의 개정규정은 2007년 1월 1일부터 시행한다.
② (약제 요양급여절차의 적용례) 제10조의 2, 제11조의 2, 제12조 및 제13조의 개정규정은 이 규칙 시행 이후 요양급여대상 여부의 결정 또는 조정신청을 하거나 직권결정을 하는 약제부터 적용한다.
③ (요양급여대상의 결정 등에 관한 경과조치) 이 규칙 시행 당시 종전의 규정에 따라 건강보험심의조정위원회가 심의·결정한 사항은 제11조, 제11조의 2, 제12조 및 제13조의 개정규정에 따라 건강보험정책심의위원회가 심의·결정한 것으로 본다.

부칙 〈제408호, 2007.7.25〉

제1조(시행일) 이 규칙은 공포한 날부터 1년이 경과한 날부터 시행한다. 다만, 제13조 제1항의 개정규정은 공포한 날부터 시행한다.
제2조(신의료기술 등의 결정신청에 대한 경과조치) 이 규칙 시행 당시 신의료기술 등의 결정신청이 접수된 행위 및 치료재료에 대해서는 제10조 제1항 각 호의 개정규정에 불구하고 종전의 규정에 따른다.

부칙(장애인복지법 시행규칙) 〈제424호, 2007.12.28〉

제1조(시행일) 이 규칙은 공포한 날부터 시행한다.

제2조 생략

제3조(다른 법령의 개정) ①부터 ③까지 생략

　　④ 국민건강보험 요양급여의 기준에 관한 규칙 일부를 다음과 같이 개정한다.
제2조 제3항 제4호 중 '제29조의 규정에 의한'을 '제32조에 따른'으로 한다.
　　⑤부터 ⑫까지 생략

제4조 생략

부칙 〈제428호, 2007.12.28〉

제1조(시행일) 이 규칙은 2008년 1월 1일부터 시행한다.

제2조(요양급여의 적용기준 및 방법에 관한 적용례) 별표 1의 개정규정은 이 규칙 시행
　　후 최초로 실시하는 요양급여분부터 적용한다.

제3조(서식개정에 관한 경과조치) 요양병원 외의 요양기관은 이 규칙 시행 당시 종전
　　의 규정에 따라 사용하던 서식을 2008년 3월 31일까지 이 규칙에 따른 서식
　　과 함께 사용할 수 있다.

부칙(보건복지가족부와 그 소속 기관 직제 시행규칙) 〈제1호, 2008.3.3〉

제1조(시행일) 이 규칙은 공포한 날부터 시행한다.

제2조 생략

제3조(다른 법령의 개정) ①부터 〈18〉까지 생략

　　〈19〉 국민건강보험 요양급여의 기준에 관한 규칙 일부를 다음과 같이 개정
한다.
　　제5조 제2항 및 제3항 전단, 제8조 제2항 본문·단서·제3항·제4항 전단
및 후단·제5항, 제10조 제1항 각 호 외의 부분·제2항 각 호 외의 부분 및
제3항, 제10조의 2 제1항 및 제2항 각 호 외의 부분, 제11조 제1항 전단 및
제2항, 제11조의 2 제1항·제5항·제6항 각 호 외의 부분·제1호·제7항·
제8항 각 호 외의 부분 및 제10항 후단, 제12조 제1항 및 제2항, 제13조 제1
항 전단·제2항·제3항·제4항 각 호 외의 부분 전단·제3호 및 제8호 단

서, 제14조 중 '보건복지부장관'을 각각 '보건복지가족부장관'으로 한다.

제11조의 2 제10항 전단 중 '보건복지부'를 '보건복지가족부'로 한다.

별표 1 제1호 라목 후단·마목·바목(2)·사목 후단·제2호 나목·제3호 가목(2) 단서·제4호 제목 외의 부분 단서 및 제8호 마목 중 '보건복지부장관'을 각각 '보건복지가족부장관'으로 한다.

별표 2 제1호 사목, 제2호 사목, 제3호 사목, 제4호 자목 및 거목, 제6호 각목 외의 부분 본문 및 가목 중 '보건복지부장관'을 각각 '보건복지가족부장관'으로 한다.

별지 제14호 서식 앞면 및 뒷면, 별지 제16호 서식 앞면 및 뒷면, 별지 제17호 서식 앞면 및 뒷면 중 '보건복지부장관'을 각각 '보건복지가족부장관'으로 한다.

별지 제14호 서식 뒷면, 별지 제16호 서식 뒷면, 별지 제17호 서식 뒷면 중 '보건복지부'를 각각 '보건복지가족부'로 한다.

<20>부터 <94>까지 생략

부칙 〈제50호, 2008.7.11〉

제1조(시행일) 이 규칙은 공포한 날부터 시행한다. 다만, 별표 2 제8호의 개정규정은 2008년 8월 1일부터 시행한다.

제2조(허가를 받거나 신고한 범위를 벗어나 약제를 처방·투여하려는 경우의 비급여대상 승인에 관한 적용례) 별표 2 제8호의 개정규정은 이 규칙 시행 후 최초로 약제를 처방·투여하려는 경우부터 적용한다.

부칙 〈제87호, 2009.1.13〉

이 규칙은 공포한 날부터 시행한다.

13. 산업재해보상법

산업재해보상보험법
[시행 2009.1.7][법률 제9338호, 2009.1.7, 일부개정]

제1장 총칙

제1조(목적) 이 법은 산업재해보상보험 사업을 시행하여 근로자의 업무상의 재해를 신속하고 공정하게 보상하며, 재해근로자의 재활 및 사회 복귀를 촉진하기 위하여 이에 필요한 보험시설을 설치·운영하고, 재해 예방과 그 밖에 근로자의 복지증진을 위한 사업을 시행하여 근로자 보호에 이바지하는 것을 목적으로 한다.

제2조(보험의 관장과 보험연도) ① 이 법에 따른 산업재해보상보험 사업(이하 '보험사업'이라 한다.)은 노동부장관이 관장한다.

② 이 법에 따른 보험사업의 보험연도는 정부의 회계연도에 따른다.

제3조(국고의 부담 및 지원) ① 국가는 회계연도마다 예산의 범위에서 보험사업의 사무 집행에 드는 비용을 일반회계에서 부담하여야 한다.

② 국가는 회계연도마다 예산의 범위에서 보험사업에 드는 비용의 일부를 지원할 수 있다.

제4조(보험료) 이 법에 따른 보험사업에 드는 비용에 충당하기 위하여 징수하는 보험료나 그 밖의 징수금에 관해서는 '고용보험 및 산업재해보상보험의 보험료징수 등에 관한 법률'(이하 '보험료징수법'이라 한다.)에서 정하는 바에 따른다.

제5조(정의) 이 법에서 사용하는 용어의 뜻은 다음과 같다.

1. '업무상의 재해'란 업무상의 사유에 따른 근로자의 부상·질병·장해 또는 사망을 말한다.

2. '근로자'·'임금'·'평균임금'·'통상임금'이란 각각 '근로기준법'에 따른 '근로자'·'임금'·'평균임금'·'통상임금'을 말한다. 다만, '근로기준법'에

따라 '임금' 또는 '평균임금'을 결정하기 어렵다고 인정되면 노동부장관이 정하여 고시하는 금액을 해당 '임금' 또는 '평균임금'으로 한다.

3. '유족'이란 사망한 자의 배우자(사실상 혼인 관계에 있는 자를 포함한다.)·자녀·부모·손자녀·조부모 또는 형제자매를 말한다.

4. '치유'란 부상 또는 질병이 완치되거나 치료의 효과를 더 이상 기대할 수 없고 그 증상이 고정된 상태에 이르게 된 것을 말한다.

5. '장해'란 부상 또는 질병이 치유되었으나 정신적 또는 육체적 훼손으로 인하여 노동능력이 손실되거나 감소된 상태를 말한다.

제6조(적용 범위) 이 법은 근로자를 사용하는 모든 사업 또는 사업장(이하 '사업'이라 한다.)에 적용한다. 다만, 위험률·규모 및 장소 등을 고려하여 대통령령으로 정하는 사업에 대해서는 이 법을 적용하지 아니한다.

제7조(보험 관계의 성립·소멸) 이 법에 따른 보험 관계의 성립과 소멸에 대해서는 보험료징수법으로 정하는 바에 따른다.

제8조(산업재해보상보험심의위원회) ① 보험사업에 관한 중요 사항을 심의하게 하기 위하여 노동부에 산업재해보상보험심의위원회(이하 '위원회'라 한다.)를 둔다.
② 위원회는 근로자를 대표하는 자, 사용자를 대표하는 자 및 공익을 대표하는 자로 구성하되, 그 수는 각각 같은 수로 한다.
③ 위원회는 그 심의사항을 검토·조정하고, 위원회의 심의를 보조하게 하기 위하여 위원회에 전문위원회를 둘 수 있다.
④ 위원회 및 전문위원회의 조직과 운영에 필요한 사항은 대통령령으로 정한다.

제9조(보험사업 관련 조사·연구) ① 노동부장관은 보험사업을 효율적으로 관리·운영하기 위하여 조사·연구 사업 등을 할 수 있다.
② 노동부장관은 필요하다고 인정하면 제1항에 따른 업무의 일부를 대통령령으로 정하는 자에게 대행하게 할 수 있다.

제2장 근로복지공단

제10조(근로복지공단의 설립) 노동부장관의 위탁을 받아 제1조의 목적을 달성하기 위한 사업을 효율적으로 수행하기 위하여 근로복지공단(이하 '공단'이라 한

다.)을 설립한다.

제11조(공단의 사업) ① 공단은 다음 각 호의 사업을 수행한다.

　　1. 보험가입자와 수급권자에 관한 기록의 관리·유지

　　2. 보험료징수법에 따른 보험료와 그 밖의 징수금의 징수

　　3. 보험급여의 결정과 지급

　　4. 보험급여 결정 등에 관한 심사 청구의 심리·결정

　　5. 산업재해보상보험 시설의 설치·운영

　　6. 근로자의 복지증진을 위한 사업

　　7. 그 밖에 정부로부터 위탁받은 사업

　　8. 제5호부터 제7호까지의 규정에 따른 사업에 딸린 사업

② 제1항 제3호에 따른 사업의 수행에 필요한 자문을 하기 위하여 공단에 관계 전문가 등으로 구성되는 보험급여자문위원회를 둘 수 있다.

③ 제2항에 따른 보험급여자문위원회의 구성과 운영에 필요한 사항은 공단이 정한다.

제12조(법인격) 공단은 법인으로 한다.

제13조(사무소) ① 공단의 주된 사무소 소재지는 정관으로 정한다.

② 공단은 필요하면 정관으로 정하는 바에 따라 분사무소를 둘 수 있다.

제14조(정관) ① 공단의 정관에는 다음 각 호의 사항을 적어야 한다.

　　1. 목적

　　2. 명칭

　　3. 주된 사무소와 분사무소에 관한 사항

　　4. 임직원에 관한 사항

　　5. 이사회에 관한 사항

　　6. 사업에 관한 사항

　　7. 예산 및 결산에 관한 사항

　　8. 자산 및 회계에 관한 사항

　　9. 정관의 변경에 관한 사항

　　10. 내부규정의 제정·개정 및 폐지에 관한 사항

　　11. 공고에 관한 사항

② 공단의 정관은 노동부장관의 인가를 받아야 한다. 이를 변경하려는 때에도 또한 같다.

제15조(설립등기) 공단은 그 주된 사무소의 소재지에서 설립등기를 함으로써 성립한다.

제16조(임원) ① 공단의 임원은 이사장 1명과 상임이사 3명을 포함한 15명 이내의 이사와 감사 1명으로 한다.

② 이사장은 노동부장관의 제청에 따라 대통령이 임명하고, 상임이사는 이사장의 제청에 따라 노동부장관이 임명한다. 다만, 당연직이사는 제외한다.

③ 비상임 이사에게는 보수를 지급하지 아니한다. 다만, 직무 수행에 드는 실제 비용은 지급할 수 있다.

제17조(임원의 임기) 이사장의 임기는 3년으로 하고, 이사와 감사의 임기는 2년으로 하되, 각각 1년 단위로 연임할 수 있다. 다만, 당연직이사의 임기는 그 재임기간으로 한다.

제18조(임원의 직무) ① 이사장은 공단을 대표하고 공단의 업무를 총괄한다.

② 상임이사는 정관으로 정하는 바에 따라 공단의 업무를 분장하고, 이사장이 사고가 있을 때에는 정관으로 정하는 순서에 따라 그 직무를 대행한다.

③ 감사(監事)는 공단의 업무와 회계를 감사(監査)한다.

제19조(임원의 결격 사유) '국가공무원법' 제33조 각 호의 어느 하나에 해당하는 자는 공단의 임원이 될 수 없다.

제20조(임원의 당연퇴임·해임) ① 임원이 제19조에 해당하면 그 임원은 당연히 퇴임한다.

② 임명권자는 임원이 다음 각 호의 어느 하나에 해당하면 그 임원을 해임할 수 있다.

　　1. 신체상 또는 정신상의 장애로 직무를 수행할 수 없다고 인정될 경우

　　2. 직무상의 의무를 위반한 경우

　　3. 고의 또는 중대한 과실로 공단에 손실을 발생하게 한 경우

제21조(임직원의 겸직 제한 등) ① 공단의 상임임원과 직원은 그 업무 외에 영리를 목적으로 하는 업무에 종사하지 못하며, 상임임원은 노동부장관의, 직원은 이사장의 허가를 받지 아니하고는 다른 직무를 겸할 수 없다.

② 공단의 임직원이나 그 직에 있었던 자는 그 직무상 알게 된 비밀을 누설하여서는 아니 된다.

제22조(이사회) ① 공단에는 그 업무에 관한 중요 사항을 심의·의결하기 위하여 이사회를 둔다.

② 이사회는 이사장 및 이사로 구성한다.

③ 이사장은 이사회를 소집하고, 그 의장이 된다.

④ 이사회는 재적 구성원 과반수의 출석과 출석 구성원 과반수의 찬성으로 의결한다.

⑤ 감사는 이사회에 출석하여 발언할 수 있다.

⑥ 이사회의 운영에 필요한 사항은 정관으로 정한다.

제23조(직원의 임면 및 대리인의 선임) ① 이사장은 정관으로 정하는 바에 따라 공단의 직원을 임명하거나 해임한다.

② 이사장은 정관으로 정하는 바에 따라 직원 중에서 업무에 관한 재판상 행위 또는 재판 외의 행위를 할 수 있는 권한을 가진 대리인을 선임할 수 있다.

제24조(벌칙 적용에서의 공무원 의제) 공단의 임원과 직원은 '형법' 제129조부터 제132조까지의 규정에 따른 벌칙의 적용에서는 공무원으로 본다.

제25조(업무의 지도·감독) ① 공단은 대통령령으로 정하는 바에 따라 회계연도마다 사업 운영계획과 예산에 관하여 노동부장관의 승인을 받아야 한다.

② 공단은 회계연도마다 회계연도가 끝난 후 2개월 이내에 사업 실적과 결산을 노동부장관에게 보고하여야 한다.

③ 노동부장관은 공단에 대하여 그 사업에 관한 보고를 명하거나 사업 또는 재산 상황을 검사할 수 있고, 필요하다고 인정하면 정관을 변경하도록 명하는 등 감독상 필요한 조치를 할 수 있다.

제26조(공단의 회계) ① 공단의 회계연도는 정부의 회계연도에 따른다.

② 공단은 보험사업에 관한 회계를 공단의 다른 회계와 구분하여 계리(계리)하여야 한다.

③ 공단은 노동부장관의 승인을 받아 회계규정을 정하여야 한다.

제27조(자금의 차입 등) ① 공단은 제11조에 따른 사업을 위하여 필요하면 노동부장관의 승인을 받아 자금을 차입(국제기구·외국 정부 또는 외국인으로부터의 차입을 포함한다.)할 수 있다.

② 공단은 회계연도마다 보험사업과 관련하여 지출이 수입을 초과하게 되면 제99조에 따른 책임준비금의 범위에서 노동부장관의 승인을 받아 제95조에 따른 산업재해보상보험 및 예방 기금에서 이입(이입)하여 충당할 수 있다.

제28조(잉여금의 처리) 공단은 회계연도 말에 결산상 잉여금이 있으면 공단의 회계규정으로 정하는 바에 따라 회계별로 구분하여 손실금을 보전하고 나머지는

적립하여야 한다.

제29조(권한 또는 업무의 위임·위탁) ① 이 법에 따른 공단 이사장의 대표 권한 중 일부를 대통령령으로 정하는 바에 따라 공단의 분사무소(이하 '소속 기관'이라 한다.)의 장에게 위임할 수 있다.

② 이 법에 따른 공단의 업무 중 일부를 대통령령으로 정하는 바에 따라 체신관서나 금융기관에 위탁할 수 있다.

제30조(수수료 등의 징수) 공단은 제11조에 따른 사업에 관하여 노동부장관의 승인을 받아 공단 시설의 이용료나 업무위탁 수수료 등 그 사업에 필요한 비용을 수익자가 부담하게 할 수 있다.

제31조(자료 제공의 요청) ① 공단은 보험사업을 효율적으로 수행하기 위하여 필요하면 국세청·지방자치단체 등 관계 행정기관이나 보험사업과 관련되는 기관·단체 등에게 필요한 자료의 제공을 요청할 수 있다.

② 제1항에 따라 자료의 제공을 요청받은 관계 행정기관이나 관련 기관·단체 등은 정당한 사유 없이 그 요청을 거부할 수 없다.

③ 제1항에 따라 공단에 제공되는 자료에 대해서는 수수료나 사용료 등을 면제한다.

제32조(출자 등) ① 공단은 공단의 사업을 효율적으로 수행하기 위하여 필요하면 제11조 제5호부터 제7호까지의 규정에 따른 사업에 출자하거나 출연할 수 있다.

② 제1항에 따른 출자·출연에 필요한 사항은 대통령령으로 정한다.

제33조(한국산재의료원의 설립) ① 공단은 업무상의 재해를 입은 근로자의 요양과 재활 등 다음 각 호의 사업을 수행하기 위하여 공단 산하에 한국산재의료원(이하 '산재의료원'이라 한다.)을 설립한다.

　　1. 업무상의 재해를 입은 근로자 등의 요양 및 재활

　　2. 직업병 연구 및 예방사업

　　3. 재활보조기구의 연구개발·검정 및 보급

　　4. 산업보건사업

　　5. 제1호부터 제4호까지의 규정에 따른 사업에 딸린 사업

② 산재의료원은 법인으로 한다.

③ 산재의료원은 그 주된 사무소의 소재지에서 설립등기를 함으로써 성립한다.

④ 산재의료원은 제1항에 따른 사업을 수행하기 위하여 의료기관 및 연구소

등을 설치·운영할 수 있다.

⑤ 제1항에 따른 사업의 운영에 필요한 사항은 정관으로 정한다.

⑥ 공단은 산재의료원에 대하여 제1항 각 호의 업무를 지도·감독한다.

제34조(유사명칭의 사용 금지) ① 공단이 아닌 자는 근로복지공단 또는 이와 비슷한 명칭을 사용하지 못한다.

② 산재의료원이 아닌 자는 한국산재의료원 또는 이와 비슷한 명칭을 사용하지 못한다.

제35조('민법'의 준용) 공단 및 산재의료원에 관해서는 이 법에 규정된 것 외에는 '민법' 중 재단법인에 관한 규정을 준용한다.

제3장 보험급여

제36조(보험급여의 종류와 산정 기준 등) ① 보험급여의 종류는 다음 각 호와 같다.

1. 요양급여
2. 휴업급여
3. 장해급여
4. 간병급여
5. 유족급여
6. 상병(傷病)보상연금
7. 장의비(葬儀費)
8. 직업재활급여

② 제1항에 따른 보험급여는 제40조, 제52조부터 제57조까지, 제60조부터 제62조까지, 제66조부터 제69조까지, 제71조 및 제72조에 따른 보험급여를 받을 수 있는 자(이하 '수급권자'라 한다.)의 청구에 따라 지급한다.

③ 보험급여를 산정하는 경우 해당 근로자의 평균임금을 산정하여야 할 사유가 발생한 날부터 1년이 지난 이후에는 매년 전체 근로자의 임금 평균액의 증감률에 따라 평균임금을 증감하되, 그 근로자의 연령이 60세에 도달한 이후에는 소비자물가변동률에 따라 평균임금을 증감한다.

④ 제3항에 따른 전체 근로자의 임금 평균액의 증감률 및 소비자물가변동률의 산정 기준과 방법은 대통령령으로 정한다. 이 경우 산정된 증감률 및 변

동률은 매년 노동부장관이 고시한다.

⑤ 보험급여를 산정할 때 해당 근로자의 근로 형태가 특이하여 평균임금을 적용하는 것이 적당하지 아니하다고 인정되는 경우로서 대통령령으로 정하는 경우에는 대통령령으로 정하는 산정 방법에 따라 산정한 금액을 평균임금으로 한다.

⑥ 보험급여를 산정할 때 진폐(塵肺) 등 대통령령으로 정하는 직업병으로 보험급여를 받게 되는 근로자에게 그 평균임금을 적용하는 것이 근로자의 보호에 적당하지 아니하다고 인정되면 대통령령으로 정하는 산정 방법에 따라 산정한 금액을 그 근로자의 평균임금으로 한다.

⑦ 보험급여(장의비는 제외한다.)를 산정할 때 그 근로자의 평균임금 또는 제3항부터 제6항까지의 규정에 따라 보험급여의 산정 기준이 되는 평균임금이 전체 근로자의 임금 평균액의 1.8배(이하 '최고 보상기준 금액'이라 한다.)를 초과하거나, 2분의 1(이하 '최저 보상기준 금액'이라 한다.)보다 적으면 그 최고 보상기준 금액이나 최저 보상기준 금액을 각각 그 근로자의 평균임금으로 한다. 다만, 휴업급여 및 상병보상연금을 산정할 때에는 최저 보상기준 금액을 적용하지 아니한다.

⑧ 최고 보상기준 금액이나 최저 보상기준 금액의 산정방법 및 적용기간은 대통령령으로 정한다. 이 경우 산정된 최고 보상기준 금액 또는 최저 보상기준 금액은 매년 노동부장관이 고시한다.

제37조(업무상의 재해의 인정 기준) ① 근로자가 다음 각 호의 어느 하나에 해당하는 사유로 부상·질병 또는 장해가 발생하거나 사망하면 업무상의 재해로 본다. 다만, 업무와 재해 사이에 상당인과관계(相當因果關係)가 없는 경우에는 그러하지 아니하다.

1. 업무상 사고

　가. 근로자가 근로계약에 따른 업무나 그에 따르는 행위를 하던 중 발생한 사고

　나. 사업주가 제공한 시설물 등을 이용하던 중 그 시설물 등의 결함이나 관리소홀로 발생한 사고

　다. 사업주가 제공한 교통수단이나 그에 준하는 교통수단을 이용하는 등 사업주의 지배관리하에서 출퇴근 중 발생한 사고

　라. 사업주가 주관하거나 사업주의 지시에 따라 참여한 행사나 행사준비

중에 발생한 사고

　　마. 휴게시간 중 사업주의 지배관리하에 있다고 볼 수 있는 행위로 발생
　　　　한 사고

　　바. 그 밖에 업무와 관련하여 발생한 사고

　2. 업무상 질병

　　가. 업무수행 과정에서 유해·위험 요인을 취급하거나 그에 노출되어
　　　　발생한 질병

　　나. 업무상 부상이 원인이 되어 발생한 질병

　　다. 그 밖에 업무와 관련하여 발생한 질병

② 근로자의 고의·자해행위나 범죄행위 또는 그것이 원인이 되어 발생한
부상·질병·장해 또는 사망은 업무상의 재해로 보지 아니한다. 다만, 그 부
상·질병·장해 또는 사망이 정상적인 인식능력 등이 뚜렷하게 저하된 상태
에서 한 행위로 발생한 경우로서 대통령령으로 정하는 사유가 있으면 업무
상의 재해로 본다.

③ 업무상의 재해의 구체적인 인정 기준은 대통령령으로 정한다.

제38조(업무상질병판정위원회) ① 제37조 제1항 제2호에 따른 업무상 질병의 인정
여부를 심의하기 위하여 공단 소속 기관에 업무상질병판정위원회(이하 '판정
위원회'라 한다.)를 둔다.

② 판정위원회의 심의에서 제외되는 질병과 판정위원회의 심의 절차는 노동
부령으로 정한다.

③ 판정위원회의 구성과 운영에 필요한 사항은 노동부령으로 정한다.

제39조(사망의 추정) ① 사고가 발생한 선박 또는 항공기에 있던 근로자의 생사가
밝혀지지 아니하거나 항행(航行) 중인 선박 또는 항공기에 있던 근로자가 행
방불명 또는 그 밖의 사유로 그 생사가 밝혀지지 아니하면 대통령령으로 정
하는 바에 따라 사망한 것으로 추정하고, 유족급여와 장의비에 관한 규정을
적용한다.

② 공단은 제1항에 따른 사망의 추정으로 보험급여를 지급한 후에 그 근로
자의 생존이 확인되면 그 급여를 받은 자가 선의(善意)인 경우에는 받은 금액
을, 악의인 경우에는 받은 금액의 2배에 해당하는 금액을 징수하여야 한다.

제40조(요양급여) ① 요양급여는 근로자가 업무상의 사유로 부상을 당하거나 질병
에 걸린 경우에 그 근로자에게 지급한다.

② 제1항에 따른 요양급여는 제43조 제1항에 따른 산재보험 의료기관에서 요양을 하게 한다. 다만, 부득이한 경우에는 요양을 갈음하여 요양비를 지급할 수 있다.

③ 제1항의 경우에 부상 또는 질병이 3일 이내의 요양으로 치유될 수 있으면 요양급여를 지급하지 아니한다.

④ 제1항의 요양급여의 범위는 다음 각 호와 같다.

  1. 진찰 및 검사

  2. 약제 또는 진료재료와 의지(義肢) 그 밖의 보조기의 지급

  3. 처치, 수술, 그 밖의 치료

  4. 재활치료

  5. 입원

  6. 간호 및 간병

  7. 이송

  8. 그 밖에 노동부령으로 정하는 사항

⑤ 제2항 및 제4항에 따른 요양급여의 범위나 비용 등 요양급여의 산정 기준은 노동부령으로 정한다.

⑥ 업무상의 재해를 입은 근로자가 요양할 산재보험 의료기관이 제43조 제1항 제2호에 따른 종합전문요양기관인 경우에는 '응급의료에 관한 법률' 제2조 제1호에 따른 응급환자이거나 그 밖에 부득이한 사유가 있는 경우를 제외하고는 그 근로자가 종합전문요양기관에서 요양할 필요가 있다는 의학적 소견이 있어야 한다.

제41조(요양급여의 신청) ① 제40조 제1항에 따른 요양급여를 받으려는 자는 소속 사업장, 재해발생 경위, 그 재해에 대한 의학적 소견, 그 밖에 노동부령으로 정하는 사항을 적은 서류를 첨부하여 공단에 요양급여의 신청을 하여야 한다. 이 경우 요양급여 신청의 절차와 방법은 노동부령으로 정한다.

② 근로자를 진료한 제43조 제1항에 따른 산재보험 의료기관은 그 근로자의 재해가 업무상의 재해로 판단되면 그 근로자의 동의를 받아 요양급여의 신청을 대행할 수 있다.

제42조(건강보험의 우선 적용) ① 제41조 제1항에 따라 요양급여의 신청을 한 자는 공단이 이 법에 따른 요양급여에 관한 결정을 하기 전에는 '국민건강보험법' 제39조에 따른 요양급여 또는 '의료급여법' 제7조에 따른 의료급여(이하 '건

강보험 요양급여 등'이라 한다.)를 받을 수 있다.

② 제1항에 따라 건강보험 요양급여 등을 받은 자가 '국민건강보험법' 제41조 또는 '의료급여법' 제10조에 따른 본인 일부 부담금을 산재보험 의료기관에 납부한 후에 이 법에 따른 요양급여 수급권자로 결정된 경우에는 그 납부한 본인 일부 부담금 중 제40조 제5항에 따른 요양급여에 해당하는 금액을 공단에 청구할 수 있다.

제43조(산재보험 의료기관의 지정 및 지정취소 등) ① 업무상의 재해를 입은 근로자의 요양을 담당할 의료기관(이하 '산재보험 의료기관'이라 한다.)은 다음 각 호와 같다.

1. 산재의료원 소속 의료기관
2. '국민건강보험법' 제40조 제2항에 따른 종합전문요양기관
3. '의료법' 제3조에 따른 의료기관과 '지역보건법' 제7조에 따른 보건소 ('지역보건법' 제8조에 따른 보건의료원을 포함한다. 이하 같다.)로서 노동부령으로 정하는 인력·시설 등의 기준에 해당하는 의료기관 또는 보건소 중 공단이 지정한 의료기관 또는 보건소

② 공단은 제1항 제3호에 따라 의료기관이나 보건소를 산재보험 의료기관으로 지정할 때에는 다음 각 호의 요소를 고려하여야 한다.

1. 의료기관이나 보건소의 인력·시설·장비 및 진료과목
2. 산재보험 의료기관의 지역별 분포

③ 공단은 제1항 제2호 및 제3호에 따른 산재보험 의료기관이 다음 각 호의 어느 하나의 사유에 해당하면 그 지정을 취소(제1항 제3호의 경우만 해당된다.)하거나 12개월의 범위에서 업무상의 재해를 입은 근로자를 진료할 수 없도록 하는 진료제한 조치 또는 개선명령(이하 '진료제한 등의 조치'라 한다.)을 할 수 있다.

1. 업무상의 재해와 관련된 사항을 거짓이나 그 밖에 부정한 방법으로 진단하거나 증명한 경우
2. 제45조에 따른 진료비를 거짓이나 그 밖에 부정한 방법으로 청구한 경우
3. 제50조에 따른 평가 결과 지정취소나 진료제한 등의 조치가 필요한 경우
4. '의료법' 위반이나 그 밖의 사유로 의료업을 일시적 또는 영구적으로 할 수 없게 되거나, 소속 의사가 의료행위를 일시적 또는 영구적으로 할 수 없게 된 경우

5. 제1항 제3호에 따른 인력·시설 등의 기준에 미치지 못하게 되는 경우

6. 진료제한 등의 조치를 위반하는 경우

④ 공단은 제1항 제2호 및 제3호에 따른 산재보험 의료기관이 다음 각 호의 어느 하나의 사유에 해당하면 12개월의 범위에서 진료제한 등의 조치를 할 수 있다.

    1. 제40조 제5항에 따른 요양급여의 산정 기준을 위반하여 제45조에 따른 진료비를 부당하게 청구한 경우

    2. 제45조 제1항을 위반하여 공단이 아닌 자에게 진료비를 청구한 경우

    3. 제47조 제1항에 따른 진료계획을 제출하지 아니하는 경우

    4. 제118조에 따른 보고, 제출 요구 또는 조사에 응하지 아니하는 경우

    5. 산재보험 의료기관의 지정 조건을 위반한 경우

⑤ 공단은 제3항 또는 제4항에 따라 지정을 취소하거나 진료제한 조치를 하려는 경우에는 청문을 실시하여야 한다.

⑥ 제1항 제3호에 따른 지정절차, 제3항 및 제4항에 따른 지정취소, 진료제한 등의 조치의 기준 및 절차는 노동부령으로 정한다.

제44조(산재보험 의료기관에 대한 과징금 등) ① 공단은 제43조 제3항 제1호·제2호 및 같은 조 제4항 제1호 중 어느 하나에 해당하는 사유로 진료제한 조치를 하여야 하는 경우로서 그 진료제한 조치가 그 산재보험 의료기관을 이용하는 근로자에게 심한 불편을 주거나 그 밖에 특별한 사유가 있다고 인정되면, 그 진료제한 조치를 갈음하여 거짓이나 부정한 방법으로 지급하게 한 보험급여의 금액 또는 거짓이나 부정·부당하게 지급받은 진료비의 5배 이하의 범위에서 과징금을 부과할 수 있다.

② 제1항에 따라 과징금을 부과하는 위반행위의 종류와 위반 정도 등에 따른 과징금의 금액 등에 관한 사항은 대통령령으로 정한다.

③ 제1항에 따라 과징금 부과 처분을 받은 자가 과징금을 기한 내에 내지 아니하면 국세 체납처분의 예에 따라 징수한다.

제45조(진료비의 청구 등) ① 산재보험 의료기관이 제40조 제2항에 따라 요양을 실시하고 그에 드는 비용(이하 '진료비'라 한다.)을 받으려면 공단에 청구하여야 한다.

② 제1항에 따라 청구된 진료비에 관한 심사 및 결정, 지급 방법 및 지급 절차는 노동부령으로 정한다.

제46조(약제비의 청구 등) ① 공단은 제40조 제4항 제2호에 따른 약제의 지급을 '약사법' 제20조에 따라 등록한 약국을 통하여 할 수 있다.

② 제1항에 따른 약국이 약제비를 받으려면 공단에 청구하여야 한다.

③ 제2항에 따라 청구된 약제비에 관한 심사 및 결정, 지급 방법 및 지급 절차는 노동부령으로 정한다.

제47조(진료계획의 제출) ① 산재보험 의료기관은 제41조에 따라 요양급여를 받고 있는 근로자의 요양기간을 연장할 필요가 있는 때에는 그 근로자의 상병경과(傷病經過), 치료예정기간 및 치료방법 등을 적은 진료계획을 대통령령으로 정하는 바에 따라 공단에 제출하여야 한다.

② 공단은 제1항에 따라 제출된 진료계획이 적절한지를 심사하여 산재보험 의료기관에 대하여 치료기간의 변경을 명하는 등 대통령령으로 정하는 필요한 조치(이하 '진료계획 변경 조치 등'이라 한다.)를 할 수 있다.

제48조(전원 요양) ① 공단은 다음 각 호의 어느 하나에 해당하는 사유가 있으면 요양 중인 근로자를 다른 산재보험 의료기관으로 옮겨 요양하게 할 수 있다.

　　1. 요양 중인 산재보험 의료기관의 인력·시설 등이 그 근로자의 전문적인 치료 또는 재활치료에 맞지 아니하여 다른 산재보험 의료기관으로 옮길 필요가 있는 경우

　　2. 생활근거지에서 요양하기 위하여 다른 산재보험 의료기관으로 옮길 필요가 있는 경우

　　3. 제43조 제1항 제2호에 따른 종합전문요양기관에서 전문적인 치료 후 다른 산재보험 의료기관으로 옮길 필요가 있는 경우

　　4. 그 밖에 대통령령으로 정하는 절차를 거쳐 부득이한 사유가 있다고 인정되는 경우

② 요양 중인 근로자는 제1항 제1호부터 제3호까지의 어느 하나에 해당하는 사유가 있으면 공단에 전원(전원) 요양을 신청할 수 있다.

제49조(추가상병 요양급여의 신청) 업무상의 재해로 요양 중인 근로자는 다음 각 호의 어느 하나에 해당하는 경우에는 그 부상 또는 질병(이하 '추가상병'이라 한다.)에 대한 요양급여를 신청할 수 있다.

　　1. 그 업무상의 재해로 이미 발생한 부상이나 질병이 추가로 발견되어 요양이 필요한 경우

　　2. 그 업무상의 재해로 발생한 부상이나 질병이 원인이 되어 새로운 질병

이 발생하여 요양이 필요한 경우

제50조(산재보험 의료기관의 평가) ① 공단은 업무상의 재해에 대한 의료의 질 향상을 촉진하기 위하여 제43조 제1항 제3호의 산재보험 의료기관 중 대통령령으로 정하는 의료기관에 대하여 인력·시설·의료서비스나 그 밖에 요양의 질과 관련된 사항을 평가할 수 있다. 이 경우 평가의 방법 및 기준은 대통령령으로 정한다.

② 공단은 제1항에 따라 평가한 결과를 고려하여 평가한 산재보험 의료기관을 행정적·재정적으로 우대하거나 제43조 제3항 제3호에 따라 지정취소 또는 진료제한 등의 조치를 할 수 있다.

제51조(재요양) ① 제40조에 따른 요양급여를 받은 자가 치유 후 요양의 대상이 되었던 업무상의 부상 또는 질병이 재발하거나 치유 당시보다 상태가 악화되어 이를 치유하기 위한 적극적인 치료가 필요하다는 의학적 소견이 있으면 다시 제40조에 따른 요양급여(이하 '재요양'이라 한다.)를 받을 수 있다.

② 재요양의 요건과 절차 등에 관하여 필요한 사항은 대통령령으로 정한다.

제52조(휴업급여) 휴업급여는 업무상 사유로 부상을 당하거나 질병에 걸린 근로자에게 요양으로 취업하지 못한 기간에 대하여 지급하되, 1일당 지급액은 평균임금의 100분의 70에 상당하는 금액으로 한다. 다만, 취업하지 못한 기간이 3일 이내이면 지급하지 아니한다.

제53조(부분휴업급여) ① 요양 또는 재요양을 받고 있는 근로자가 그 요양기간 중 일정기간 또는 단시간 취업을 하는 경우에는 그 취업한 날 또는 취업한 시간에 해당하는 그 근로자의 평균임금에서 그 취업한 날 또는 취업한 시간에 대한 임금을 뺀 금액의 100분의 90에 상당하는 금액을 지급할 수 있다. 다만, 제54조 제2항 및 제56조 제2항에 따라 최저임금액을 1일당 휴업급여 지급액으로 하는 경우에는 최저임금액(별표 1 제2호에 따라 감액하는 경우에는 그 감액한 금액)에서 취업한 날 또는 취업한 시간에 대한 임금을 뺀 금액을 지급할 수 있다.

② 제1항에 따라 단시간 취업하는 경우 취업하지 못한 시간(8시간에서 취업한 시간을 뺀 시간을 말한다.)에 대해서는 제52조 또는 제54조부터 제56조까지의 규정에 따라 산정한 1일당 휴업급여 지급액에 8시간에 대한 취업하지 못한 시간의 비율을 곱한 금액을 지급한다.

③ 제1항에 따른 부분휴업급여의 지급 요건 및 지급 절차는 대통령령으로

정한다.

제54조(저소득 근로자의 휴업급여) ① 제52조에 따라 산정한 1일당 휴업급여 지급액이 최저 보상기준 금액의 100분의 80보다 적거나 같으면 그 근로자에 대해서는 평균임금의 100분의 90에 상당하는 금액을 1일당 휴업급여 지급액으로 한다. 다만, 그 근로자의 평균임금의 100분의 90에 상당하는 금액이 최저 보상기준 금액의 100분의 80보다 많은 경우에는 최저 보상기준 금액의 100분의 80에 상당하는 금액을 1일당 휴업급여 지급액으로 한다.

② 제1항 본문에 따라 산정한 휴업급여 지급액이 '최저임금법' 제5조 제1항에 따른 시간급 최저임금액에 8을 곱한 금액(이하 '최저임금액'이라 한다.)보다 적으면 그 최저임금액을 그 근로자의 1일당 휴업급여 지급액으로 한다.

제55조(고령자의 휴업급여) 휴업급여를 받는 근로자가 61세가 되면 그 이후의 휴업급여는 별표 1에 따라 산정한 금액을 지급한다. 다만, 61세 이후에 취업 중인 자가 업무상의 재해로 요양하거나 61세 전에 제37조 제1항 제2호에 따른 업무상 질병으로 장해급여를 받은 자가 61세 이후에 그 업무상 질병으로 최초로 요양하는 경우 대통령령으로 정하는 기간에는 별표 1을 적용하지 아니한다.

제56조(재요양 기간 중의 휴업급여) ① 재요양을 받는 자에 대해서는 재요양 당시의 임금을 기준으로 산정한 평균임금의 100분의 70에 상당하는 금액을 1일당 휴업급여 지급액으로 한다. 이 경우 평균임금 산정사유 발생일은 대통령령으로 정한다.

② 제1항에 따라 산정한 1일당 휴업급여 지급액이 최저임금액보다 적거나 재요양 당시 평균임금 산정의 대상이 되는 임금이 없으면 최저임금액을 1일당 휴업급여 지급액으로 한다.

③ 장해보상연금을 지급받는 자가 재요양하는 경우에는 1일당 장해보상연금액(별표 2에 따라 산정한 장해보상연금액을 365로 나눈 금액을 말한다. 이하 같다.)과 제1항 또는 제2항에 따라 산정한 1일당 휴업급여 지급액을 합한 금액이 장해보상연금의 산정에 적용되는 평균임금의 100분의 70을 초과하면 그 초과하는 금액 중 휴업급여에 해당하는 금액은 지급하지 아니한다.

④ 재요양 기간 중의 휴업급여를 산정할 때에는 제54조를 적용하지 아니한다.

제57조(장해급여) ① 장해급여는 근로자가 업무상의 사유로 부상을 당하거나 질병에 걸려 치유된 후 신체 등에 장해가 있는 경우에 그 근로자에게 지급한다.

② 장해급여는 장해등급에 따라 별표 2에 따른 장해보상연금 또는 장해보상 일시금으로 하되, 그 장해등급의 기준은 대통령령으로 정한다.

③ 제2항에 따른 장해보상연금 또는 장해보상일시금은 수급권자의 선택에 따라 지급한다. 다만, 대통령령으로 정하는 노동력을 완전히 상실한 장해등 급의 근로자에게는 장해보상연금을 지급하고, 장해급여 청구사유 발생 당시 대한민국 국민이 아닌 자로서 외국에서 거주하고 있는 근로자에게는 장해보 상일시금을 지급한다.

④ 장해보상연금은 수급권자가 신청하면 그 연금의 최초 1년분 또는 2년분 (제3항 단서에 따른 근로자에게는 그 연금의 최초 1년분부터 4년분까지)의 2 분의 1에 상당하는 금액을 미리 지급할 수 있다. 이 경우 미리 지급하는 금 액에 대해서는 100분의 5의 비율 범위에서 대통령령으로 정하는 바에 따라 이자를 공제할 수 있다.

⑤ 장해보상연금 수급권자의 수급권이 제58조에 따라 소멸한 경우에 이미 지급한 연금액을 지급 당시의 각각의 평균임금으로 나눈 일수(日數)의 합계 가 별표 2에 따른 장해보상일시금의 일수에 못 미치면 그 못 미치는 일수에 수급권 소멸 당시의 평균임금을 곱하여 산정한 금액을 유족 또는 그 근로자 에게 일시금으로 지급한다.

제58조(장해보상연금 수급권의 소멸) 장해보상연금의 수급권자가 다음 각 호의 어느 하나에 해당하면 그 수급권이 소멸한다.

　　1. 사망한 경우

　　2. 대한민국 국민이었던 장해보상연금 수급권자가 국적을 상실하고 외국에 서 거주하고 있거나 외국에서 거주하기 위하여 출국하는 경우

　　3. 대한민국 국민이 아닌 장해보상연금의 수급권자가 외국에서 거주하기 위하여 출국하는 경우

　　4. 장해등급이 변경되어 장해보상연금의 지급 대상에서 제외되는 경우

제59조(장해등급의 재판정) ① 공단은 장해보상연금 수급권자 중 그 장해상태가 호 전되거나 악화되어 치유 당시 결정된 장해등급이 변경될 가능성이 있는 자에 대해서는 그 수급권자의 신청 또는 직권으로 장해등급을 재판정할 수 있다.

② 제1항에 따른 장해등급의 재판정 결과 장해등급이 변경되면 그 변경된 장해등급에 따라 장해급여를 지급한다.

③ 제1항과 제2항에 따른 장해등급 재판정은 1회 실시하되 그 대상자·시기

및 재판정 결과에 따른 장해급여의 지급 방법은 대통령령으로 정한다.

제60조(재요양에 따른 장해급여) ① 장해보상연금의 수급권자가 재요양을 받는 경우에도 그 연금의 지급을 정지하지 아니한다.

② 재요양을 받고 치유된 후 장해상태가 종전에 비하여 호전되거나 악화된 경우에는 그 호전 또는 악화된 장해상태에 해당하는 장해등급에 따라 장해급여를 지급한다. 이 경우 재요양 후의 장해급여의 산정 및 지급 방법은 대통령령으로 정한다.

제61조(간병급여) ① 간병급여는 제40조에 따른 요양급여를 받은 자 중 치유 후 의학적으로 상시 또는 수시로 간병이 필요하여 실제로 간병을 받는 자에게 지급한다.

② 제1항에 따른 간병급여의 지급 기준과 지급 방법 등에 관하여 필요한 사항은 대통령령으로 정한다.

제62조(유족급여) ① 유족급여는 근로자가 업무상의 사유로 사망한 경우에 유족에게 지급한다.

② 유족급여는 별표 3에 따른 유족보상연금이나 유족보상일시금으로 하되, 유족보상일시금은 근로자가 사망할 당시 제63조 제1항에 따른 유족보상연금을 받을 수 있는 자격이 있는 자가 없는 경우에 지급한다.

③ 제2항에 따른 유족보상연금을 받을 수 있는 자격이 있는 자가 원하면 별표 3의 유족보상일시금의 100분의 50에 상당하는 금액을 일시금으로 지급하고 유족보상연금은 100분의 50을 감액하여 지급한다.

④ 유족보상연금을 받던 자가 그 수급자격을 잃은 경우 다른 수급자격자가 없고 이미 지급한 연금액을 지급 당시의 각각의 평균임금으로 나누어 산정한 일수의 합계가 1,300일에 못 미치면 그 못 미치는 일수에 수급자격 상실 당시의 평균임금을 곱하여 산정한 금액을 수급자격 상실 당시의 유족에게 일시금으로 지급한다.

⑤ 제2항에 따른 유족보상연금의 지급 기준 및 방법, 그 밖에 필요한 사항은 대통령령으로 정한다.

제63조(유족보상연금 수급자격자의 범위) ① 유족보상연금을 받을 수 있는 자격이 있는 자(이하 '유족보상연금 수급자격자'라 한다.)는 근로자가 사망할 당시 그 근로자와 생계를 같이 하고 있던 유족(그 근로자가 사망할 당시 대한민국 국민이 아닌 자로서 외국에서 거주하고 있던 유족은 제외한다.) 중 처(사실상

혼인 관계에 있는 자를 포함한다. 이하 같다.)와 다음 각 호의 어느 하나에 해당하는 자로 한다. 이 경우 근로자와 생계를 같이하고 있던 유족의 판단 기준은 대통령령으로 정한다.

1. 남편(사실상 혼인 관계에 있는 자를 포함한다. 이하 같다.)·부모 또는 조부모로서 각각 60세 이상인 자
2. 자녀 또는 손자녀로서 각각 18세 미만인 자
3. 형제자매로서 18세 미만이거나 60세 이상인 자
4. 제1호부터 제3호까지의 규정 중 어느 하나에 해당하지 아니하는 남편·자녀·부모·손자녀·조부모 또는 형제자매로서 '장애인복지법' 제2조에 따른 장애인 중 노동부령으로 정한 장애등급 이상에 해당하는 자

② 제1항을 적용할 때 근로자가 사망할 당시 태아(胎兒)였던 자녀가 출생한 경우에는 출생한 때부터 장래에 향하여 근로자가 사망할 당시 그 근로자와 생계를 같이하고 있던 유족으로 본다.

③ 유족보상연금 수급자격자 중 유족보상연금을 받을 권리의 순위는 배우자·자녀·부모·손자녀·조부모 및 형제자매의 순서로 한다.

제64조(유족보상연금 수급자격자의 자격 상실과 지급 정지 등) ① 유족보상연금 수급자격자인 유족이 다음 각 호의 어느 하나에 해당하면 그 자격을 잃는다.

1. 사망한 경우
2. 재혼한 때(사망한 근로자의 배우자만 해당하며, 재혼에는 사실상 혼인 관계에 있는 경우를 포함한다.)
3. 사망한 근로자와의 친족 관계가 끝난 경우
4. 자녀·손자녀 또는 형제자매가 18세가 된 경우
5. 제63조 제1항 제4호에 따른 장애인이었던 자로서 그 장애 상태가 해소된 경우
6. 근로자가 사망할 당시 대한민국 국민이었던 유족보상연금 수급자격자가 국적을 상실하고 외국에서 거주하고 있거나 외국에서 거주하기 위하여 출국하는 경우
7. 대한민국 국민이 아닌 유족보상연금 수급자격자가 외국에서 거주하기 위하여 출국하는 경우

② 유족보상연금을 받을 권리가 있는 유족보상연금 수급자격자(이하 '유족보

상연금 수급권자'라 한다.)가 그 자격을 잃은 경우에 유족보상연금을 받을 권리는 같은 순위자가 있으면 같은 순위자에게, 같은 순위자가 없으면 다음 순위자에게 이전된다.

③ 유족보상연금 수급권자가 3개월 이상 행방불명이면 대통령령으로 정하는 바에 따라 연금 지급을 정지하고, 다음 순위자에게 유족보상연금을 지급한다.

제65조(수급권자인 유족의 순위) ① 제57조 제5항·제62조 제2항(유족보상일시금에 한한다.) 및 제4항에 따른 유족 간의 수급권의 순위는 다음 각 호의 순서로 하되, 각 호의 자 사이에서는 각각 그 적힌 순서에 따른다. 이 경우 같은 순위의 수급권자가 2명 이상이면 그 유족에게 똑같이 나누어 지급한다.

1. 근로자가 사망할 당시 그 근로자와 생계를 같이하고 있던 배우자·자녀·부모·손자녀 및 조부모

2. 근로자가 사망할 당시 그 근로자와 생계를 같이하고 있지 아니하던 배우자·자녀·부모·손자녀 및 조부모 또는 근로자가 사망할 당시 근로자와 생계를 같이하고 있던 형제자매

3. 형제자매

② 제1항의 경우 부모는 양부모(養父母)를 선순위로, 실부모를 후순위로 하고, 조부모는 양부모의 부모를 선순위로, 실부모의 부모를 후순위로, 부모의 양부모를 선순위로, 부모의 실부모를 후순위로 한다.

③ 수급권자인 유족이 사망한 경우 그 보험급여는 같은 순위자가 있으면 같은 순위자에게, 같은 순위자가 없으면 다음 순위자에게 지급한다.

④ 제1항부터 제3항까지의 규정에도 불구하고 근로자가 유언으로 보험급여를 받을 유족을 지정하면 그 지정에 따른다.

제66조(상병보상연금) ① 요양급여를 받는 근로자가 요양을 시작한 지 2년이 지난 날 이후에 다음 각 호의 요건 모두에 해당하는 상태가 계속되면 휴업급여 대신 상병보상연금을 그 근로자에게 지급한다.

1. 그 부상이나 질병이 치유되지 아니한 상태일 것

2. 그 부상이나 질병에 따른 폐질(廢疾)의 정도가 대통령령으로 정하는 폐질등급 기준에 해당할 것

② 상병보상연금은 별표 4에 따른 폐질등급에 따라 지급한다.

제67조(저소득 근로자의 상병보상연금) ① 제66조에 따라 상병보상연금을 산정할 때 그 근로자의 평균임금이 최저임금액에 70분의 100을 곱한 금액보다 적을 때

에는 최저임금액의 70분의 100에 해당하는 금액을 그 근로자의 평균임금으로 보아 산정한다.

② 제66조 또는 제1항에서 정한 바에 따라 산정한 상병보상연금액을 365로 나눈 금액(이하 '1일당 상병보상연금액'이라 한다.)이 제54조에서 정한 바에 따라 산정한 1일당 휴업급여 지급액보다 적으면 제54조에서 정한 바에 따라 산정한 금액을 1일당 상병보상연금액으로 한다.

제68조(고령자의 상병보상연금) 상병보상연금을 받는 근로자가 61세가 되면 그 이후의 상병보상연금은 별표 5에 따라 산정한 금액을 지급한다.

제69조(재요양 기간 중의 상병보상연금) ① 재요양을 시작한 지 2년이 지난 후에 상병상태가 제66조 제1항 각 호의 요건 모두에 해당하는 자에게는 휴업급여 대신 별표 4에 따른 폐질등급에 따라 상병보상연금을 지급한다. 이 경우 상병보상연금을 산정할 때에는 재요양 기간 중의 휴업급여 산정에 적용되는 평균임금을 적용하되, 그 평균임금이 최저임금액에 70분의 100을 곱한 금액보다 적거나 재요양 당시 평균임금 산정의 대상이 되는 임금이 없을 때에는 최저임금액의 70분의 100에 해당하는 금액을 그 근로자의 평균임금으로 보아 산정한다.

② 제1항에 따른 상병보상연금을 받는 근로자가 장해보상연금을 받고 있으면 별표 4에 따른 폐질등급별 상병보상연금의 지급일수에서 별표 2에 따른 장해등급별 장해보상연금의 지급일수를 뺀 일수에 제1항 후단에 따른 평균임금을 곱하여 산정한 금액을 그 근로자의 상병보상연금으로 한다.

③ 제1항과 제2항에도 불구하고 제57조 제3항 단서에 따른 장해보상연금을 받는 근로자가 재요양하는 경우에는 상병보상연금을 지급하지 아니한다. 다만, 재요양 중에 폐질등급이 높아지면 제1항 전단에도 불구하고 재요양을 시작한 때부터 2년이 경과한 것으로 보아 제2항에 따라 산정한 상병보상연금을 지급한다.

④ 재요양 기간 중 상병보상연금을 산정할 때에는 제67조를 적용하지 아니한다.

제70조(연금의 지급기간 및 지급시기) ① 장해보상연금이나 유족보상연금의 지급은 그 지급사유가 발생한 달의 다음 달 초일부터 시작되며, 그 지급받을 권리가 소멸한 달의 말일에 끝난다.

② 장해보상연금이나 유족보상연금은 그 지급을 정지할 사유가 발생한 때에

는 그 사유가 발생한 달의 다음 달 초일부터 그 사유가 소멸한 달의 말일까지 지급하지 아니한다.

③ 장해보상연금이나 유족보상연금은 매년 이를 12등분하여 매달 25일에 그 달 치의 금액을 지급하되, 지급일이 토요일이거나 공휴일이면 그 전날에 지급한다.

④ 장해보상연금이나 유족보상연금을 받을 권리가 소멸한 경우에는 제3항에 따른 지급일 전이라도 지급할 수 있다.

제71조(장의비) ① 장의비는 근로자가 업무상의 사유로 사망한 경우에 지급하되, 평균임금의 120일분에 상당하는 금액을 그 장제(葬祭)를 지낸 유족에게 지급한다. 다만, 장제를 지낼 유족이 없거나 그 밖에 부득이한 사유로 유족이 아닌 자가 장제를 지낸 경우에는 평균임금의 120일분에 상당하는 금액의 범위에서 실제 드는 비용을 그 장제를 지낸 자에게 지급한다.

② 제1항에 따른 장의비가 대통령령으로 정하는 바에 따라 노동부장관이 고시하는 최고 금액을 초과하거나 최저 금액에 미달하면 그 최고 금액 또는 최저 금액을 각각 장의비로 한다.

제72조(직업재활급여) ① 직업재활급여의 종류는 다음 각 호와 같다.

1. 장해급여를 받은 자(이하 '장해급여자'라 한다.) 중 취업을 위하여 직업훈련이 필요한 자(이하 '훈련대상자'라 한다.)에 대하여 실시하는 직업훈련에 드는 비용 및 직업훈련수당

2. 업무상의 재해가 발생할 당시의 사업장에 복귀한 장해급여자에 대하여 사업주가 고용을 유지하거나 직장적응훈련 또는 재활운동을 실시하는 경우에 각각 지급하는 직장복귀지원금, 직장적응훈련비 및 재활운동비

② 제1항 제1호의 훈련대상자 및 같은 항 제2호의 장해급여자는 장해 정도 및 연령 등을 고려하여 대통령령으로 정한다.

제73조(직업훈련비용) ① 훈련대상자에 대한 직업훈련은 공단과 계약을 체결한 직업훈련기관(이하 '직업훈련기관'이라 한다.)에서 실시하게 한다.

② 제72조 제1항 제1호에 따른 직업훈련에 드는 비용(이하 '직업훈련비용'이라 한다.)은 제1항에 따라 직업훈련을 실시한 직업훈련기관에 지급한다. 다만, 직업훈련기관이 '장애인고용촉진 및 직업재활법', '고용보험법' 또는 '근로자직업능력 개발법'이나 그 밖에 다른 법령에 따라 직업훈련비용에 상당한 비용을 받은 경우 등 대통령령으로 정하는 경우에는 지급하지 아니한다.

③ 직업훈련비용의 금액은 노동부장관이 훈련비용, 훈련기간 및 노동시장의 여건 등을 고려하여 고시하는 금액의 범위에서 실제 드는 비용으로 하되, 직업훈련비용을 지급하는 훈련기간은 12개월 이내로 한다.

④ 직업훈련비용의 지급 범위·기준·절차 및 방법, 직업훈련기관과의 계약 및 해지 등에 필요한 사항은 노동부령으로 정한다.

제74조(직업훈련수당) ① 제72조 제1항 제1호에 따른 직업훈련수당은 제73조 제1항에 따라 직업훈련을 받는 훈련대상자에게 그 직업훈련으로 인하여 취업하지 못하는 기간에 대하여 지급하되, 1일당 지급액은 최저임금액에 상당하는 금액으로 한다.

② 제1항에 따른 직업훈련수당을 받는 자가 장해보상연금을 받는 경우에는 1일당 장해보상연금액과 1일당 직업훈련수당을 합한 금액이 그 근로자의 장해보상연금 산정에 적용되는 평균임금의 100분의 70을 초과하면 그 초과하는 금액 중 직업훈련수당에 해당하는 금액은 지급하지 아니한다.

③ 제1항에 따른 직업훈련수당 지급 등에 필요한 사항은 노동부령으로 정한다.

제75조(직장복귀지원금 등) ① 제72조 제1항 제2호에 따른 직장복귀지원금, 직장적응훈련비 및 재활운동비는 장해급여자에 대하여 고용을 유지하거나 직장적응훈련 또는 재활운동을 실시하는 사업주에게 각각 지급한다. 이 경우 직장복귀지원금, 직장적응훈련비 및 재활운동비의 지급요건은 각각 대통령령으로 정한다.

② 제1항에 따른 직장복귀지원금은 노동부장관이 임금수준 및 노동시장의 여건 등을 고려하여 고시하는 금액의 범위에서 사업주가 장해급여자에게 지급한 임금액으로 하되, 그 지급기간은 12개월 이내로 한다.

③ 제1항에 따른 직장적응훈련비 및 재활운동비는 노동부장관이 직장적응훈련 또는 재활운동에 드는 비용을 고려하여 고시하는 금액의 범위에서 실제 드는 비용으로 하되, 그 지급기간은 3개월 이내로 한다.

④ 사업주가 그 장해급여자에 대하여 '고용보험법' 제23조에 따른 지원금, '장애인고용촉진 및 직업재활법' 제30조에 따른 장애인 고용장려금이나 그 밖에 다른 법령에 따라 직장복귀지원금, 직장적응훈련비 또는 재활운동비에 상당한 금액을 받은 경우 등 대통령령으로 정하는 경우에는 직장복귀지원금, 직장적응훈련비 또는 재활운동비를 각각 지급하지 아니한다.

제76조(보험급여의 일시지급) ① 대한민국 국민이 아닌 근로자가 업무상의 재해에

따른 부상 또는 질병으로 요양 중 치유되기 전에 출국하고자 하여 보험급여의 일시지급을 신청하는 경우에는 그 신청한 날 이후에 청구 사유가 발생할 것으로 예상되는 보험급여를 한꺼번에 지급할 수 있다.

② 제1항에 따라 한꺼번에 지급할 수 있는 금액은 다음 각 호의 보험급여를 미리 지급하는 기간에 따른 이자 등을 고려하여 대통령령으로 정하는 방법에 따라 각각 환산한 금액을 합한 금액으로 한다.

1. 일시지급을 신청한 날부터 업무상의 재해에 따른 부상 또는 질병이 치유될 것으로 예상되는 날까지의 요양급여

2. 일시지급을 신청한 날부터 취업할 수 있을 것으로 예상되는 날의 전날까지의 기간에 대한 휴업급여 또는 상병보상연금

3. 업무상의 재해에 따른 부상 또는 질병이 치유된 후에 남을 것으로 예상되는 장해의 장해등급에 해당하는 장해급여

③ 제1항에 따른 일시지급의 신청 및 지급 절차는 노동부령으로 정한다.

제77조(후유증상의 진료) 공단은 제51조에 따른 재요양의 요건에는 해당하지 아니하지만 그 업무상의 부상 또는 질병의 특성상 치유된 후에 후유증상이 발생하였거나 발생할 우려가 있는 자에게 산재보험 의료기관에서 필요한 조치를 받도록 할 수 있다.

제78조(장해특별급여) ① 보험가입자의 고의 또는 과실로 발생한 업무상의 재해로 근로자가 대통령령으로 정하는 장해등급에 해당하는 장해를 입은 경우에 수급권자가 '민법'에 따른 손해배상청구를 갈음하여 장해특별급여를 청구하면 제57조의 장해급여 외에 대통령령으로 정하는 장해특별급여를 지급할 수 있다. 다만, 근로자와 보험가입자 사이에 장해특별급여에 관하여 합의가 이루어진 경우에 한한다.

② 수급권자가 제1항에 따른 장해특별급여를 받으면 동일한 사유에 대하여 보험가입자에게 '민법'이나 그 밖의 법령에 따른 손해배상을 청구할 수 없다.

③ 공단은 제1항에 따라 장해특별급여를 지급하면 대통령령으로 정하는 바에 따라 그 급여액 모두를 보험가입자로부터 징수한다.

제79조(유족특별급여) ① 보험가입자의 고의 또는 과실로 발생한 업무상의 재해로 근로자가 사망한 경우에 수급권자가 '민법'에 따른 손해배상청구를 갈음하여 유족특별급여를 청구하면 제62조의 유족급여 외에 대통령령으로 정하는 유족특별급여를 지급할 수 있다.

② 유족특별급여에 관해서는 제78조 제1항 단서·제2항 및 제3항을 준용한다. 이 경우 '장해특별급여'는 '유족특별급여'로 본다.

제80조(다른 보상이나 배상과의 관계) ① 수급권자가 이 법에 따라 보험급여를 받았거나 받을 수 있으면 보험가입자는 동일한 사유에 대하여 '근로기준법'에 따른 재해보상 책임이 면제된다.

② 수급권자가 동일한 사유에 대하여 이 법에 따른 보험급여를 받으면 보험가입자는 그 금액의 한도 안에서 '민법'이나 그 밖의 법령에 따른 손해배상의 책임이 면제된다. 이 경우 장해보상연금 또는 유족보상연금을 받고 있는 자는 장해보상일시금 또는 유족보상일시금을 받은 것으로 본다.

③ 수급권자가 동일한 사유로 '민법'이나 그 밖의 법령에 따라 이 법의 보험급여에 상당한 금품을 받으면 공단은 그 받은 금품을 대통령령으로 정하는 방법에 따라 환산한 금액의 한도 안에서 이 법에 따른 보험급여를 지급하지 아니한다. 다만, 제2항 후단에 따라 수급권자가 지급받은 것으로 보게 되는 장해보상일시금 또는 유족보상일시금에 해당하는 연금액에 대해서는 그러하지 아니하다.

④ 요양급여를 받는 근로자가 요양을 시작한 후 3년이 지난 날 이후에 상병보상연금을 지급받고 있으면 '근로기준법' 제23조 제2항 단서를 적용할 때 그 사용자는 그 3년이 지난 날 이후에는 같은 법 제84조에 따른 일시보상을 지급한 것으로 본다.

제81조(미지급의 보험급여) ① 보험급여의 수급권자가 사망한 경우에 그 수급권자에게 지급하여야 할 보험급여로서 아직 지급되지 아니한 보험급여가 있으면 그 수급권자의 유족(유족급여의 경우에는 그 유족급여를 받을 수 있는 다른 유족)의 청구에 따라 그 보험급여를 지급한다.

② 제1항의 경우에 그 수급권자가 사망 전에 보험급여를 청구하지 아니하면 같은 항에 따른 유족의 청구에 따라 그 보험급여를 지급한다.

제82조(보험급여의 지급) 보험급여는 지급 결정일부터 14일 이내에 지급하여야 한다.

제83조(보험급여 지급의 제한) ① 공단은 근로자가 다음 각 호의 어느 하나에 해당되면 보험급여의 전부 또는 일부를 지급하지 아니할 수 있다.

 1. 요양 중인 근로자가 정당한 사유 없이 요양에 관한 지시를 위반하여 부상·질병 또는 장해 상태를 악화시키거나 치유를 방해한 경우
 2. 장해보상연금 수급권자가 제59조에 따른 장해등급 재판정 전에 자해(自

害) 등 고의로 장해 상태를 악화시킨 경우

② 공단은 제1항에 따라 보험급여를 지급하지 아니하기로 결정하면 지체 없이 이를 관계 보험가입자와 근로자에게 알려야 한다.

③ 제1항에 따른 보험급여 지급 제한의 대상이 되는 보험급여의 종류 및 제한 범위는 대통령령으로 정한다.

제84조(부당이득의 징수) ① 공단은 보험급여를 받은 자가 다음 각 호의 어느 하나에 해당하면 그 급여액에 해당하는 금액(제1호의 경우에는 그 급여액의 2배에 해당하는 금액)을 징수하여야 한다. 이 경우 공단이 제90조 제2항에 따라 국민건강보험공단 등에 청구하여 받은 금액은 징수할 금액에서 제외한다.

1. 거짓이나 그 밖의 부정한 방법으로 보험급여를 받은 경우

2. 수급권자 또는 수급권이 있었던 자가 제114조 제2항부터 제4항까지의 규정에 따른 신고의무를 이행하지 아니하여 부당하게 보험급여를 지급받은 경우

3. 그 밖에 잘못 지급된 보험급여가 있는 경우

② 제1항 제1호의 경우 보험급여의 지급이 보험가입자·산재보험 의료기관 또는 직업훈련기관의 거짓된 신고, 진단 또는 증명으로 인한 것이면 그 보험가입자·산재보험 의료기관 또는 직업훈련기관도 연대하여 책임을 진다.

③ 공단은 산재보험 의료기관이나 제46조 제1항에 따른 약국이 다음 각 호의 어느 하나에 해당하면 그 진료비나 약제비에 해당하는 금액을 징수하여야 한다. 다만, 제1호의 경우에는 그 진료비나 약제비의 2배에 해당하는 금액(제44조 제1항에 따라 과징금을 부과하는 경우에는 그 진료비에 해당하는 금액)을 징수한다.

1. 거짓이나 그 밖의 부정한 방법으로 진료비나 약제비를 지급받은 경우

2. 제40조 제5항에 따른 요양급여의 산정 기준을 위반하여 부당하게 진료비나 약제비를 지급받은 경우

3. 그 밖에 진료비나 약제비를 잘못 지급받은 경우

제85조(징수금의 징수) 제39조 제2항에 따른 보험급여액의 징수, 제78조에 따른 장해특별급여액의 징수, 제79조에 따른 유족특별급여액의 징수 및 제84조에 따른 부당이득의 징수에 관해서는 보험료징수법 제27조, 제28조, 제29조, 제30조, 제32조, 제39조, 제41조 및 제42조를 준용한다.

제86조(보험급여 등의 충당) ① 공단은 제84조 제1항 및 제3항에 따라 부당이득을

받은 자, 제84조 제2항에 따라 연대책임이 있는 보험가입자 또는 산재보험 의료기관에 지급할 보험급여·진료비 또는 약제비가 있으면 이를 제84조에 따라 징수할 금액에 충당할 수 있다.

② 보험급여·진료비 및 약제비의 충당 한도 및 충당 절차는 대통령령으로 정한다.

제87조(제3자에 대한 구상권) ① 공단은 제3자의 행위에 따른 재해로 보험급여를 지급한 경우에는 그 급여액의 한도 안에서 급여를 받은 자의 제3자에 대한 손해배상청구권을 대위(대위)한다. 다만, 보험가입자인 2 이상의 사업주가 같은 장소에서 하나의 사업을 분할하여 각각 행하다가 그중 사업주를 달리하는 근로자의 행위로 재해가 발생하면 그러하지 아니하다.

② 제1항의 경우에 수급권자가 제3자로부터 동일한 사유로 이 법의 보험급여에 상당하는 손해배상을 받으면 공단은 그 배상액을 대통령령으로 정하는 방법에 따라 환산한 금액의 한도 안에서 이 법에 따른 보험급여를 지급하지 아니한다.

③ 수급권자 및 보험가입자는 제3자의 행위로 재해가 발생하면 지체 없이 공단에 신고하여야 한다.

제88조(수급권의 보호) ① 근로자의 보험급여를 받을 권리는 퇴직하여도 소멸되지 아니한다.

② 보험급여를 받을 권리는 양도 또는 압류하거나 담보로 제공할 수 없다.

제89조(수급권의 대위) 보험가입자(보험료징수법 제2조 제5호에 따른 하수급인을 포함한다. 이하 이 조에서 같다.)가 소속 근로자의 업무상의 재해에 관하여 이 법에 따른 보험급여의 지급 사유와 동일한 사유로 '민법'이나 그 밖의 법령에 따라 보험급여에 상당하는 금품을 수급권자에게 미리 지급한 경우로서 그 금품이 보험급여에 대체하여 지급한 것으로 인정되는 경우에 보험가입자는 대통령령으로 정하는 바에 따라 그 수급권자의 보험급여를 받을 권리를 대위한다.

제90조(요양급여 비용의 정산) ① 공단은 '국민건강보험법' 제12조에 따른 국민건강보험공단 또는 '의료급여법' 제5조에 따른 시장, 군수 또는 구청장(이하 '국민건강보험공단 등'이라 한다.)이 제42조 제1항에 따라 이 법에 따른 요양급여의 수급권자에게 건강보험 요양급여 등을 우선 지급하고 그 비용을 청구하는 경우에는 그 건강보험 요양급여 등이 이 법에 따라 지급할 수 있는 요

양급여에 상당한 것으로 인정되면 그 요양급여에 해당하는 금액을 지급할 수 있다.

② 공단이 수급권자에게 요양급여를 지급한 후 그 지급결정이 취소된 경우로서 그 지급한 요양급여가 '국민건강보험법' 또는 '의료급여법'에 따라 지급할 수 있는 건강보험 요양급여 등에 상당한 것으로 인정되면 공단은 그 건강보험 요양급여 등에 해당하는 금액을 국민건강보험공단 등에 청구할 수 있다.

제91조(공과금의 면제) 보험급여로서 지급된 금품에 대해서는 국가나 지방자치단체의 공과금을 부과하지 아니한다.

제4장 근로복지 사업

제92조(근로복지 사업) ① 노동부장관은 근로자의 복지증진을 위한 다음 각 호의 사업을 한다.

　　1. 업무상의 재해를 입은 근로자의 원활한 사회 복귀를 촉진하기 위한 다음 각 목의 보험시설의 설치·운영

　　　가. 요양이나 외과 후 처치에 관한 시설

　　　나. 의료재활이나 직업재활에 관한 시설

　　2. 장학사업 등 재해근로자와 그 유족의 복지증진을 위한 사업

　　3. 그 밖에 근로자의 복지증진을 위한 시설의 설치·운영 사업

② 노동부장관은 공단 또는 재해근로자의 복지증진을 위하여 설립된 법인 중 노동부장관의 지정을 받은 법인(이하 '지정법인'이라 한다.)에 제1항에 따른 사업을 하게 하거나 같은 항 제1호에 따른 보험시설의 운영을 위탁할 수 있다.

③ 지정법인의 지정 기준에 필요한 사항은 노동부령으로 정한다.

④ 노동부장관은 예산의 범위에서 지정법인의 사업에 필요한 비용의 일부를 보조할 수 있다.

제93조(국민건강보험 요양급여 비용의 본인 일부 부담금의 대부) ① 공단은 제37조 제1항 제2호에 따른 업무상 질병에 대하여 요양 신청을 한 경우로서 요양급여의 결정에 걸리는 기간 등을 고려하여 대통령령으로 정하는 자에 대하여 '국민

건강보험법' 제41조에 따른 요양급여 비용의 본인 일부 부담금에 대한 대부 사업을 할 수 있다.

② 공단은 제1항에 따라 대부를 받은 자에게 지급할 이 법에 따른 요양급여가 있으면 그 요양급여를 대부금의 상환에 충당할 수 있다.

③ 제1항에 따른 대부의 금액·조건 및 절차는 노동부장관의 승인을 받아 공단이 정한다.

④ 제2항에 따른 요양급여의 충당 한도 및 충당 절차는 대통령령으로 정한다.

제94조(장해급여자의 고용 촉진) 노동부장관은 보험가입자에 대하여 장해급여를 받은 자를 그 적성에 맞는 업무에 고용하도록 권고하거나 대통령령으로 정하는 바에 따라 필요한 지원을 할 수 있다.

제5장 산업재해보상보험 및 예방기금

제95조(산업재해보상보험 및 예방기금의 설치 및 조성) ① 노동부장관은 보험사업, 산업재해 예방 사업에 필요한 재원을 확보하고, 보험급여에 충당하기 위하여 산업재해보상보험 및 예방기금(이하 '기금'이라 한다.)을 설치한다.

② 기금은 보험료, 기금운용 수익금, 적립금, 기금의 결산상 잉여금, 정부 또는 정부 아닌 자의 출연금 및 기부금, 차입금, 그 밖의 수입금을 재원으로 하여 조성한다.

③ 정부는 산업재해 예방 사업을 수행하기 위하여 회계연도마다 기금지출예산 총액의 100분의 3의 범위에서 제2항에 따른 정부의 출연금으로 세출예산에 계상(計上)하여야 한다.

제96조(기금의 용도) ① 기금은 다음 각 호의 용도에 사용한다. <개정 2008.12.31>

　　1. 보험급여의 지급 및 반환금의 반환

　　2. 차입금 및 이자의 상환

　　3. 공단 및 산재의료원에의 출연

　　4. '산업안전보건법' 제61조의 3에 따른 용도

　　5. 재해근로자의 복지증진

　　6. '한국산업안전보건공단법'에 따른 한국산업안전보건공단(이하 '한국산업

안전보건공단'이라 한다.)에 대한 출연금

　　7. 그 밖에 보험사업 및 기금의 관리와 운용

　② 노동부장관은 회계연도마다 제1항 각 호에 해당하는 기금지출예산 총액의 100분의 8 이상을 제1항 제4호 및 제6호에 따른 용도로 계상하여야 한다.

제97조(기금의 관리·운용) ① 기금은 노동부장관이 관리·운용한다.

　② 노동부장관은 다음 각 호의 방법에 따라 기금을 관리·운용하여야 한다.

　　1. 금융기관 또는 체신관서에의 예입(예입) 및 금전신탁

　　2. 재정자금에의 예탁

　　3. 투자신탁 등의 수익증권 매입

　　4. 국가·지방자치단체 또는 금융기관이 직접 발행하거나 채무이행을 보증하는 유가증권의 매입

　　5. 그 밖에 기금 증식을 위하여 대통령령으로 정하는 사업

　③ 노동부장관은 제2항에 따라 기금을 관리·운용할 때에는 그 수익이 대통령령으로 정하는 수준 이상이 되도록 하여야 한다.

　④ 노동부장관은 기업회계의 원칙에 따라 기금을 계리하여야 한다.

　⑤ 노동부장관은 기금의 관리·운용에 관한 업무의 일부를 공단 또는 한국산업안전보건공단에 위탁할 수 있다. <개정 2008.12.31>

제98조(기금의 운용계획) 노동부장관은 회계연도마다 위원회의 심의를 거쳐 기금운용계획을 세워야 한다.

제99조(책임준비금의 적립) ① 노동부장관은 보험급여에 충당하기 위하여 책임준비금을 적립하여야 한다.

　② 노동부장관은 회계연도마다 책임준비금을 산정하여 적립금 보유액이 책임준비금의 금액을 초과하면 그 초과액을 장래의 보험급여 지급 재원으로 사용하고, 부족하면 그 부족액을 보험료 수입에서 적립하여야 한다.

　③ 제1항에 따른 책임준비금의 산정 기준 및 적립에 필요한 사항은 대통령령으로 정한다.

제100조(잉여금과 손실금의 처리) ① 기금의 결산상 잉여금이 생기면 이를 적립금으로 적립하여야 한다.

　② 기금의 결산상 손실금이 생기면 적립금을 사용할 수 있다.

제101조(차입금) ① 기금에 속하는 경비를 지급하기 위하여 필요하면 기금의 부담으로 차입할 수 있다.

② 기금에서 지급할 현금이 부족하면 기금의 부담으로 일시차입을 할 수 있다.

③ 제2항에 따른 일시차입금은 그 회계연도 안에 상환하여야 한다.

제102조(기금의 출납 등) 기금을 관리·운용을 할 때의 출납 절차 등에 관한 사항은 대통령령으로 정한다.

제6장 심사 청구 및 재심사 청구

제103조(심사 청구의 제기) ① 다음 각 호의 어느 하나에 해당하는 공단의 결정 등(이하 '보험급여 결정 등'이라 한다.)에 불복하는 자는 공단에 심사 청구를 할 수 있다.

　　1. 제3장에 따른 보험급여에 관한 결정

　　2. 제45조에 따른 진료비에 관한 결정

　　3. 제46조에 따른 약제비에 관한 결정

　　4. 제47조 제2항에 따른 진료계획 변경 조치 등

　　5. 제76조에 따른 보험급여의 일시지급에 관한 결정

　　6. 제84조에 따른 부당이득의 징수에 관한 결정

　　7. 제89조에 따른 수급권의 대위에 관한 결정

② 제1항에 따른 심사 청구는 그 보험급여 결정 등을 한 공단의 소속 기관을 거쳐 공단에 제기하여야 한다.

③ 제1항에 따른 심사 청구는 보험급여 결정 등이 있음을 안 날부터 90일 이내에 하여야 한다.

④ 제2항에 따라 심사 청구서를 받은 공단의 소속 기관은 5일 이내에 의견서를 첨부하여 공단에 보내야 한다.

⑤ 보험급여 결정 등에 대해서는 '행정심판법'에 따른 행정심판을 제기할 수 없다.

제104조(산업재해보상보험심사위원회) ① 제103조에 따른 심사 청구를 심의하기 위하여 공단에 관계 전문가 등으로 구성되는 산업재해보상보험심사위원회(이하 '심사위원회'라 한다.)를 둔다.

② 심사위원회 위원의 제척·기피·회피에 관해서는 제108조를 준용한다.

③ 심사위원회의 구성과 운영에 필요한 사항은 대통령령으로 정한다.

제105조(심사 청구에 대한 심리ㆍ결정) ① 공단은 제103조 제4항에 따라 심사 청구서를 받은 날부터 60일 이내에 심사위원회의 심의를 거쳐 심사 청구에 대한 결정을 하여야 한다. 다만, 부득이한 사유로 그 기간 이내에 결정을 할 수 없으면 1차에 한하여 20일을 넘지 아니하는 범위에서 그 기간을 연장할 수 있다.

② 제1항 본문에도 불구하고 심사 청구 기간이 지난 후에 제기된 심사 청구 등 대통령령으로 정하는 사유에 해당하는 경우에는 심사위원회의 심의를 거치지 아니할 수 있다.

③ 제1항 단서에 따라 결정기간을 연장할 때에는 최초의 결정기간이 끝나기 7일 전까지 심사 청구인 및 보험급여 결정 등을 한 공단의 소속 기관에 알려야 한다.

④ 공단은 심사 청구의 심리를 위하여 필요하면 청구인의 신청 또는 직권으로 다음 각 호의 행위를 할 수 있다.

  1. 청구인 또는 관계인을 지정 장소에 출석하게 하여 질문하거나 의견을 진술하게 하는 것

  2. 청구인 또는 관계인에게 증거가 될 수 있는 문서나 그 밖의 물건을 제출하게 하는 것

  3. 전문적인 지식이나 경험을 가진 제3자에게 감정하게 하는 것

  4. 소속 직원에게 사건에 관계가 있는 사업장이나 그 밖의 장소에 출입하여 사업주ㆍ근로자, 그 밖의 관계인에게 질문하게 하거나, 문서나 그 밖의 물건을 검사하게 하는 것

  5. 심사 청구와 관계가 있는 근로자에게 공단이 지정하는 의사ㆍ치과의사 또는 한의사(이하 '의사 등'이라 한다.)의 진단을 받게 하는 것

⑤ 제4항 제4호에 따른 질문이나 검사를 하는 공단의 소속 직원은 그 권한을 표시하는 증표를 지니고 이를 관계인에게 내보여야 한다.

제106조(재심사 청구의 제기) ① 제105조 제1항에 따른 심사 청구에 대한 결정에 불복하는 자는 제107조에 따른 산업재해보상보험재심사위원회에 재심사 청구를 할 수 있다. 다만, 판정위원회의 심의를 거친 보험급여에 관한 결정에 불복하는 자는 제103조에 따른 심사 청구를 하지 아니하고 재심사 청구를 할 수 있다.

② 제1항에 따른 재심사 청구는 그 보험급여 결정 등을 한 공단의 소속 기관

을 거쳐 제107조에 따른 산업재해보상보험재심사위원회에 제기하여야 한다.

③ 제1항에 따른 재심사 청구는 심사 청구에 대한 결정이 있음을 안 날부터 90일 이내에 제기하여야 한다. 다만, 제1항 단서에 따라 심사 청구를 거치지 아니하고 재심사 청구를 하는 경우에는 보험급여에 관한 결정이 있음을 안 날부터 90일 이내에 제기하여야 한다.

④ 재심사 청구에 관해서는 제103조 제4항을 준용한다. 이 경우 '심사 청구서'는 '재심사 청구서'로, '공단'은 '산업재해보상보험재심사위원회'로 본다.

제107조(산업재해보상보험재심사위원회) ① 제106조에 따른 재심사 청구를 심리·재결하기 위하여 노동부에 산업재해보상보험재심사위원회(이하 '재심사위원회'라 한다.)를 둔다.

② 재심사위원회는 위원장 1명을 포함한 60명 이내의 위원으로 구성하되, 위원 중 2명은 상임위원으로, 1명은 당연직위원으로 한다.

③ 재심사위원회의 위원 중 5분의 2에 해당하는 위원은 제4항 제2호부터 제5호까지에 해당하는 자 중에서 근로자 단체 및 사용자 단체가 각각 추천하는 자로 구성한다. 이 경우 근로자 단체 및 사용자 단체가 추천한 자는 같은 수로 하여야 한다.

④ 재심사위원회의 위원장 및 위원은 다음 각 호의 어느 하나에 해당하는 자 중에서 노동부장관의 제청으로 대통령이 임명한다. 다만, 당연직위원은 노동부장관이 소속 3급의 일반직 공무원 또는 고위공무원단에 속하는 일반직 공무원 중에서 지명하는 자로 한다.

1. 3급 이상의 공무원 또는 고위공무원단에 속하는 일반직 공무원으로 재직하고 있거나 재직하였던 자

2. 판사·검사·변호사 또는 경력 10년 이상의 공인노무사

3. '고등교육법' 제2조에 따른 학교에서 부교수 이상으로 재직하고 있거나 재직하였던 자

4. 노동관계 업무 또는 산업재해보상보험 관련 업무에 15년 이상 종사한 자

5. 사회보험이나 산업의학에 관한 학식과 경험이 풍부한 자

⑤ 다음 각 호의 어느 하나에 해당하는 자는 위원에 임명될 수 없다.

1. 금치산자·한정치산자 또는 파산선고를 받고 복권되지 아니한 자

2. 금고 이상의 형을 선고받고 그 형의 집행이 종료되거나 집행을 받지 아니하기로 확정된 후 3년이 지나지 아니한 자

3. 심신 상실자·심신 박약자

⑥ 재심사위원회의 위원(당연직위원은 제외한다.)의 임기는 3년으로 하되, 연임할 수 있다. 다만, 보궐 위원의 임기는 전임자의 남은 임기로 하며, 임기가 끝난 위원은 그 후임자가 임명될 때까지 그 직무를 수행할 수 있다.

⑦ 재심사위원회의 위원은 다음 각 호의 어느 하나에 해당하는 경우 외에는 그 의사에 반하여 면직되지 아니한다.

1. 금고 이상의 형을 선고받은 경우

2. 오랜 심신 쇠약으로 직무를 수행할 수 없게 된 경우

⑧ 재심사위원회에 사무국을 둔다.

⑨ 재심사위원회 및 사무국의 조직·운영 등에 필요한 사항은 대통령령으로 정한다.

제108조(위원의 제척·기피·회피) ① 재심사위원회의 위원은 다음 각 호의 어느 하나에 해당하는 경우에는 그 사건의 심리·재결에서 제척된다.

1. 위원 또는 그 배우자나 배우자였던 자가 그 사건의 당사자가 되거나 그 사건에 관하여 공동권리자 또는 의무자의 관계에 있는 경우

2. 위원이 그 사건의 당사자와 '민법' 제777조에 따른 친족이거나 친족이었던 경우

3. 위원이 그 사건에 관하여 증언이나 감정을 한 경우

4. 위원이 그 사건에 관하여 당사자의 대리인으로서 관여하거나 관여하였던 경우

5. 위원이 그 사건의 대상이 된 보험급여 결정 등에 관여한 경우

② 당사자는 위원에게 심리·재결의 공정을 기대하기 어려운 사정이 있는 경우에는 기피신청을 할 수 있다.

③ 위원은 제1항이나 제2항의 사유에 해당하면 스스로 그 사건의 심리·재결을 회피할 수 있다.

④ 사건의 심리·재결에 관한 사무에 관여하는 위원 아닌 직원에게도 제1항부터 제3항까지의 규정을 준용한다.

제109조(재심사 청구에 대한 심리와 재결) ① 재심사 청구에 대한 심리·재결에 관해서는 제105조 제1항, 같은 조 제3항부터 제5항까지를 준용한다. 이 경우 '공단'은 '재심사위원회'로, '심사위원회의 심의를 거쳐 심사 청구'는 '재심사 청구'로, '결정'은 '재결'로, '소속 직원'은 '재심사위원회의 위원'으로 본다.

② 재심사위원회의 재결은 공단을 기속한다.

제110조(심사 청구인 및 재심사 청구인의 지위 승계) 심사 청구인 또는 재심사 청구인이 사망한 경우 그 청구인이 보험급여의 수급권자이면 제62조 제1항 또는 제81조에 따른 유족이, 그 밖의 자이면 상속인 또는 심사 청구나 재심사 청구의 대상인 보험급여에 관련된 권리·이익을 승계한 자가 각각 청구인의 지위를 승계한다.

제111조(다른 법률과의 관계) ① 제103조 및 제106조에 따른 심사 청구 및 재심사 청구의 제기는 시효의 중단에 관하여 '민법' 제168조에 따른 재판상의 청구로 본다.

② 제106조에 따른 재심사 청구에 대한 재결은 '행정소송법' 제18조를 적용할 때 행정심판에 대한 재결로 본다.

③ 제103조 및 제106조에 따른 심사 청구 및 재심사 청구에 관하여 이 법에서 정하고 있지 아니한 사항에 대해서는 '행정심판법'에 따른다.

제7장 보칙

제112조(시효) ① 이 법에 따른 보험급여를 받을 권리는 3년간 행사하지 아니하면 시효로 말미암아 소멸한다.

② 제1항에 따른 소멸시효에 관해서는 이 법에 규정된 것 외에는 '민법'에 따른다.

제113조(시효의 중단) 제112조에 따른 소멸시효는 제36조 제2항에 따른 청구로 중단된다. 이 경우 청구가 제5조 제1호에 따른 업무상의 재해 여부의 판단을 필요로 하는 최초의 청구인 경우에는 그 청구로 인한 시효중단의 효력은 제36조 제1항에서 정한 다른 보험급여에도 미친다.

제114조(보고 등) ① 공단은 필요하다고 인정하면 대통령령으로 정하는 바에 따라 이 법의 적용을 받는 사업의 사업주 또는 그 사업에 종사하는 근로자 및 보험료징수법 제33조에 따른 보험사무대행기관(이하 '보험사무대행기관'이라 한다.)에게 보험사업에 관하여 필요한 보고 또는 관계 서류의 제출을 요구할 수 있다.

② 장해보상연금 또는 유족보상연금을 받을 권리가 있는 자는 보험급여 지급

에 필요한 사항으로서 대통령령으로 정하는 사항을 공단에 신고하여야 한다.

③ 수급권자 및 수급권이 있었던 자는 수급권의 변동과 관련된 사항으로서 대통령령으로 정하는 사항을 공단에 신고하여야 한다.

④ 수급권자가 사망하면 '가족관계의 등록 등에 관한 법률' 제85조에 따른 신고 의무자는 1개월 이내에 그 사망 사실을 공단에 신고하여야 한다.

제115조(장해보상연금 수급권자 등의 출국신고 등) ① 대한민국 국민인 장해보상연금 수급권자, 유족보상연금 수급권자(이하 '장해보상연금 수급권자 등'이라 한다. 이 조에서 같다.) 또는 유족보상연금 수급자격자가 외국에서 거주하기 위하여 출국하는 경우에는 장해보상연금 수급권자 등은 이를 공단에 신고하여야 한다.

② 장해보상연금 수급권자, 유족보상연금 수급권자 또는 유족보상연금 수급자격자가 외국에서 거주하는 기간에 장해보상연금 또는 유족보상연금을 받는 경우 장해보상연금 수급권자 등은 그 수급권 또는 수급자격과 관련된 사항으로서 대통령령으로 정하는 사항을 매년 1회 이상 노동부령으로 정하는 바에 따라 공단에 신고하여야 한다.

제116조(사업주의 조력) ① 보험급여를 받을 자가 사고로 보험급여의 청구 등의 절차를 행하기 곤란하면 사업주는 이를 도와야 한다.

② 사업주는 보험급여를 받을 자가 보험급여를 받는 데에 필요한 증명을 요구하면 그 증명을 하여야 한다.

③ 사업주의 행방불명, 그 밖의 부득이한 사유로 제2항에 따른 증명이 불가능하면 그 증명을 생략할 수 있다.

제117조(사업장 등에 대한 조사) ① 공단은 보험급여에 관한 결정, 심사 청구의 심리·결정 등을 위하여 확인이 필요하다고 인정하면 소속 직원에게 이 법의 적용을 받는 사업의 사무소 또는 사업장과 보험사무대행기관의 사무소에 출입하여 관계인에게 질문을 하게 하거나 관계 서류를 조사하게 할 수 있다.

② 제1항의 경우에 공단 직원은 그 권한을 표시하는 증표를 지니고 이를 관계인에게 내보여야 한다.

제118조(산재보험 의료기관에 대한 조사 등) ① 공단은 보험급여에 관하여 필요하다고 인정하면 대통령령으로 정하는 바에 따라 보험급여를 받는 근로자를 진료한 산재보험 의료기관(의사를 포함한다. 이하 이 조에서 같다.)에 대하여 그 근로자의 진료에 관한 보고 또는 그 진료에 관한 서류나 물건의 제출을

요구하거나 소속 직원으로 하여금 그 관계인에게 질문을 하게 하거나 관계 서류나 물건을 조사하게 할 수 있다.

② 제1항의 조사에 관해서는 제117조 제2항을 준용한다.

제119조(진찰 요구) 공단은 보험급여에 관하여 필요하다고 인정하면 대통령령으로 정하는 바에 따라 보험급여를 받은 자 또는 이를 받으려는 자에게 산재보험 의료기관에서 진찰을 받을 것을 요구할 수 있다.

제120조(보험급여의 일시 중지) ① 공단은 보험급여를 받고자 하는 자가 다음 각 호의 어느 하나에 해당되면 보험급여의 지급을 일시 중지할 수 있다.

　　1. 요양 중인 근로자가 제48조 제1항에 따른 공단의 전원 요양 지시를 정 당한 사유 없이 따르지 아니하는 경우

　　2. 제59조에 따라 공단이 직권으로 실시하는 장해등급 재판정 요구에 응 하지 아니하는 경우

　　3. 제114조나 제115조에 따른 보고·서류제출 또는 신고를 하지 아니하는 경우

　　4. 제117조에 따른 질문이나 조사에 응하지 아니하는 경우

　　5. 제119조에 따른 진찰 요구에 따르지 아니하는 경우

② 제1항에 따른 일시 중지의 대상이 되는 보험급여의 종류, 일시 중지의 기 간 및 일시 중지 절차는 대통령령으로 정한다.

제121조(국외의 사업에 대한 특례) ① 국외 근무 기간에 발생한 근로자의 재해를 보 상하기 위하여 우리나라가 당사국이 된 사회 보장에 관한 조약이나 협정(이 하 '사회보장 관련조약'이라 한다.) 또는 대통령령으로 정하는 국가나 지역에 서의 사업에 대해서는 노동부장관이 금융위원회와 협의하여 지정하는 자(이 하 '보험회사'라 한다.)에게 이 법에 따른 보험사업을 자기의 계산으로 영위 하게 할 수 있다. <개정 2008.2.29>

② 보험회사는 '보험업법'에 따른 사업 방법에 따라 보험사업을 영위한다. 이 경우 보험회사가 지급하는 보험급여는 이 법에 따른 보험급여보다 근로 자에게 불이익하여서는 아니 된다.

③ 제1항에 따라 보험사업을 영위하는 보험회사는 이 법과 근로자를 위한 사 회보장 관련조약에서 정부가 부담하는 모든 책임을 성실히 이행하여야 한다.

④ 제1항에 따른 국외의 사업과 이를 대상으로 하는 보험사업에 대해서는 제2조, 제3조 제1항, 제6조 단서, 제8조, 제82조와 제5장 및 제6장을 적용하

지 아니한다.

⑤ 보험회사는 제1항에 따른 보험사업을 영위할 때 이 법에 따른 공단의 권한을 행사할 수 있다.

제122조(해외파견자에 대한 특례) ① 보험료징수법 제5조 제3항 및 제4항에 따른 보험가입자가 대한민국 밖의 지역(노동부령으로 정하는 지역은 제외한다.)에서 하는 사업에 근로시키기 위하여 파견하는 자(이하 '해외파견자'라 한다.)에 대하여 공단에 보험 가입 신청을 하여 승인을 받으면 해외파견자를 그 가입자의 대한민국 영역 안의 사업(2개 이상의 사업이 있는 경우에는 주된 사업을 말한다.)에 사용하는 근로자로 보아 이 법을 적용할 수 있다.

② 해외파견자의 보험급여의 기초가 되는 임금액은 그 사업에 사용되는 같은 직종 근로자의 임금액 및 그 밖의 사정을 고려하여 노동부장관이 정하여 고시하는 금액으로 한다.

③ 해외파견자에 대한 보험급여의 지급 등에 필요한 사항은 노동부령으로 정한다.

④ 제1항에 따라 이 법의 적용을 받는 해외파견자의 보험료 산정, 보험 가입의 신청 및 승인, 보험료의 신고 및 납부, 보험 관계의 소멸, 그 밖에 필요한 사항은 보험료징수법으로 정하는 바에 따른다.

제123조(현장실습생에 대한 특례) ① 이 법이 적용되는 사업에서 현장 실습을 하고 있는 학생 및 직업 훈련생(이하 '현장실습생'이라 한다.) 중 노동부장관이 정하는 현장실습생은 제5조 제2호에도 불구하고 이 법을 적용할 때는 그 사업에 사용되는 근로자로 본다.

② 현장실습생이 실습과 관련하여 입은 재해는 업무상의 재해로 보아 제36조 제1항 각 호에 따른 보험급여를 지급한다.

③ 현장실습생에 대한 보험급여의 기초가 되는 임금액은 현장실습생이 지급받는 훈련수당 등 모든 금품으로 하되, 이를 적용하는 것이 현장실습생의 재해보상에 적절하지 아니하다고 인정되면 노동부장관이 정하여 고시하는 금액으로 할 수 있다.

④ 현장실습생에 대한 보험급여의 지급 등에 필요한 사항은 대통령령으로 정한다.

⑤ 현장실습생에 대한 보험료의 산정·신고 및 납부 등에 관한 사항은 보험료징수법으로 정하는 바에 따른다.

제124조(중·소기업 사업주에 대한 특례) ① 대통령령으로 정하는 중·소기업 사업주(근로자를 사용하지 아니하는 자를 포함한다. 이하 이 조에서 같다.)는 공단의 승인을 받아 자기 또는 유족을 보험급여를 받을 수 있는 자로 하여 보험에 가입할 수 있다. 이 경우 제5조 제2호에도 불구하고 그 사업주는 이 법을 적용할 때 근로자로 본다.

② 제1항에 따른 중·소기업 사업주에 대한 보험급여의 지급 사유인 업무상의 재해의 인정 범위는 대통령령으로 정한다.

③ 제1항에 따른 중·소기업 사업주에 대한 보험급여의 산정 기준이 되는 평균임금은 노동부장관이 정하여 고시하는 금액으로 한다.

④ 제2항에 따른 업무상의 재해가 보험료의 체납 기간에 발생하면 대통령령으로 정하는 바에 따라 그 재해에 대한 보험급여의 전부 또는 일부를 지급하지 아니할 수 있다.

⑤ 중·소기업 사업주에 대한 보험급여의 지급 등에 필요한 사항은 노동부령으로 정한다.

⑥ 제1항에 따라 이 법의 적용을 받는 중·소기업 사업주의 보험료의 산정, 보험 가입의 신청 및 승인, 보험료의 신고 및 납부, 보험관계의 소멸, 그 밖에 필요한 사항은 보험료징수법에서 정하는 바에 따른다.

제125조(특수형태근로종사자에 대한 특례) ① 계약의 형식에 관계없이 근로자와 유사하게 노무를 제공함에도 '근로기준법' 등이 적용되지 아니하여 업무상의 재해로부터 보호할 필요가 있는 자로서 다음 각 호의 모두에 해당하는 자 중 대통령령으로 정하는 직종에 종사하는 자(이하 이 조에서 '특수형태근로종사자'라 한다.)의 노무를 제공받는 사업 또는 사업장은 제6조에도 불구하고 이 법의 적용을 받는 사업 또는 사업장으로 본다.

　　1. 주로 하나의 사업 또는 사업장에 그 운영에 필요한 노무를 상시적으로 제공하고 보수를 받아 생활할 것

　　2. 노무를 제공함에 있어서 타인을 사용하지 아니할 것

② 특수형태근로종사자는 제5조 제2호에도 불구하고 이 법을 적용할 때에는 그 사업 또는 사업장의 근로자로 본다. 다만, 특수형태근로종사자가 제4항에 따라 이 법의 적용 제외를 신청한 경우에는 근로자로 보지 아니한다.

③ 사업주는 특수형태근로종사자로부터 노무를 제공받거나 제공받지 아니하게 된 경우에는 이를 대통령령으로 정하는 바에 따라 공단에 신고하여야 한다.

④ 특수형태근로종사자는 이 법의 적용을 원하지 아니하는 경우 보험료징수법으로 정하는 바에 따라 공단에 이 법의 적용 제외를 신청할 수 있다. 다만, 사업주가 보험료를 전액 부담하는 특수형태근로종사자의 경우에는 그러하지 아니하다.

⑤ 제4항에 따라 이 법의 적용 제외를 신청한 경우에는 신청한 날의 다음 날부터 이 법을 적용하지 아니한다. 다만, 처음 이 법의 적용을 받은 날부터 70일 이내에 이 법의 적용 제외를 신청한 경우에는 처음 이 법의 적용을 받은 날로 소급하여 이 법을 적용하지 아니한다.

⑥ 제4항과 제5항에 따라 이 법의 적용을 받지 아니하는 자가 다시 이 법의 적용을 받기 위하여 공단에 신청하는 경우에는 다음 보험연도부터 이 법을 적용한다.

⑦ 제1항에 따라 이 법의 적용을 받는 특수형태근로종사자에 대한 보험관계의 성립·소멸 및 변경, 법 적용 제외 및 재적용의 신청, 보험료의 산정·신고·납부, 보험료나 그 밖의 징수금의 징수에 필요한 사항은 보험료징수법에서 정하는 바에 따른다.

⑧ 특수형태근로종사자에 대한 보험급여의 산정 기준이 되는 평균임금은 노동부장관이 고시하는 금액으로 한다.

⑨ 특수형태근로종사자에 대한 보험급여 지급사유인 업무상의 재해의 인정 기준은 대통령령으로 정한다.

⑩ 제9항에 따른 업무상의 재해가 보험료 체납기간 중에 발생한 경우에는 대통령령으로 정하는 바에 따라 그 업무상의 재해에 따른 보험급여의 전부 또는 일부를 지급하지 아니할 수 있다.

제126조(‘국민기초생활보장법’ 상의 수급자에 대한 특례) ① 제5조 제2호에 따른 근로자가 아닌 자로서 ‘국민기초생활보장법’ 제15조에 따른 자활급여 수급자 중 노동부장관이 정하여 고시하는 사업에 종사하는 자는 제5조 제2호에도 불구하고 이 법의 적용을 받는 근로자로 본다.

② 자활급여 수급자의 보험료 산정 및 보험급여의 기초가 되는 임금액은 자활급여 수급자가 제1항의 사업에 참여하여 받는 자활급여로 한다.

제8장 벌칙

제127조(벌칙) ① 산재보험 의료기관이나 제46조 제1항에 따른 약국의 종사자로서 거짓이나 그 밖의 부정한 방법으로 진료비나 약제비를 지급받은 자는 3년 이하의 징역 또는 3천만 원 이하의 벌금에 처한다.

② 거짓이나 그 밖의 부정한 방법으로 보험급여를 받은 자는 2년 이하의 징역 또는 2천만 원 이하의 벌금에 처한다.

③ 제21조 제2항을 위반하여 비밀을 누설한 자는 2년 이하의 징역 또는 1천만 원 이하의 벌금에 처한다.

제128조(양벌규정) 법인의 대표자나 법인 또는 개인의 대리인, 사용인, 그 밖의 종업원이 그 법인 또는 개인의 업무에 관하여 제127조 제1항의 위반행위를 하면 그 행위자를 벌하는 외에 그 법인 또는 개인에게도 해당 조문의 벌금형을 과한다. 다만, 법인 또는 개인이 그 위반행위를 방지하기 위하여 해당 업무에 관하여 상당한 주의와 감독을 게을리하지 아니한 경우에는 그러하지 아니하다.

[전문개정 2009.1.7]

제129조(과태료) ① 다음 각 호의 어느 하나에 해당하는 자에게는 200만 원 이하의 과태료를 부과한다.

　1. 제34조를 위반하여 유사명칭을 사용한 자

　2. 제45조 제1항을 위반하여 공단이 아닌 자에게 진료비를 청구한 자

② 다음 각 호의 어느 하나에 해당하는 자에게는 100만 원 이하의 과태료를 부과한다.

　1. 제47조 제1항에 따른 진료계획을 정당한 사유 없이 제출하지 아니하는 자

　2. 제105조 제4항(제109조 제1항에서 준용하는 경우를 포함한다.)에 따른 질문에 답변하지 아니하거나 거짓된 답변을 하거나 검사를 거부·방해 또는 기피한 자

　3. 제114조 제1항 또는 제118조에 따른 보고를 하지 아니하거나 거짓된 보고를 한 자 또는 서류나 물건의 제출 명령에 따르지 아니한 자

　4. 제117조 또는 제118조에 따른 공단의 소속 직원의 질문에 답변을 거부하거나 조사를 거부·방해 또는 기피한 자

　5. 제125조 제3항에 따른 신고를 하지 아니한 자

③ 제1항 또는 제2항에 따른 과태료는 대통령령으로 정하는 바에 따라 노동부장관이 부과·징수한다.

④ 제3항에 따른 과태료 처분에 불복하는 자는 그 처분을 고지를 받은 날부터 30일 이내에 노동부장관에게 이의를 제기할 수 있다.

⑤ 제3항에 따른 과태료 처분을 받은 자가 제4항에 따라 이의를 제기하면 노동부장관은 지체 없이 관할 법원에 그 사실을 통보하여야 하며, 그 통보를 받은 관할 법원은 '비송사건절차법'에 따른 과태료 재판을 한다.

⑥ 제4항의 기간에 이의를 제기하지 아니하고 과태료를 내지 아니하면 국세체납처분의 예에 따라 징수한다.

부칙 〈제8694호, 2007.12.14〉

제1조(시행일) 이 법은 2008년 7월 1일부터 시행한다. 다만, 제70조의 개정규정 및 부칙 제14조는 공포한 날부터 시행한다.

제2조(평균임금의 증감에 관한 특례) 제36조 제3항의 개정규정에도 불구하고 2013년 이후에는 다음 각 호의 구분에 따른 연령에 도달한 이후에 소비자물가변동률에 따라 평균임금을 증감한다.

1. 2013년부터 2017년까지: 61세
2. 2018년부터 2022년까지: 62세
3. 2023년부터 2027년까지: 63세
4. 2028년부터 2032년까지: 64세
5. 2033년 이후: 65세

제3조(간병급여에 관한 적용례) 법률 제8373호 '산업재해보상보험법 전부개정법률' 부칙 제2조에 따라 간병급여의 지급 대상이 되지 아니한 자로서 이 법 제61조에 따른 간병급여의 지급대상이 되는 자는 이 법 시행 이후 지급사유가 발생한 간병급여부터 지급한다.

제4조(생존확인에 따른 징수금에 관한 적용례) 제39조 제2항의 개정규정은 이 법 시행 이후 생존이 확인된 자부터 적용한다.

제5조(휴업급여 등에 관한 적용례) ① 제52조 및 제54조부터 제56조까지의 개정규정은 이 법 시행 이후 새로 요양 또는 재요양을 시작하는 자부터 적용한다.

② 제53조의 개정규정은 이 법 시행 당시 요양 또는 재요양 중인 자로서 일정기간 또는 단시간 취업한 자에 대해서도 적용한다.

제6조(장해급여에 관한 적용례) 제57조부터 제60조까지의 개정규정은 이 법 시행 이후 치유되어 장해급여 청구사유가 발생한 자부터 적용한다.

제7조(재요양에 따른 장해급여에 관한 적용례) 제60조 제1항의 개정규정은 이 법 시행 이후 새로 재요양을 받는 장해보상연금 수급권자부터 적용한다.

제8조(유족보상연금 수급권자의 행방불명에 관한 적용례) 제64조 제3항의 개정규정은 이 법 시행 이후 행방불명된 자부터 적용한다.

제9조(상병보상연금에 관한 적용례) 제66조부터 제69조까지의 개정규정은 이 법 시행 이후 새로 요양 또는 재요양을 시작하는 자부터 적용한다.

제10조(연금의 지급시기에 관한 적용례) 제70조의 개정규정은 이 법 공포일이 속하는 달의 연금분부터 적용한다.

제11조(직업재활급여에 관한 적용례) ① 제73조 및 제74조의 개정규정은 이 법 시행 이후 치유되어 장해급여를 받은 자부터 적용한다.

② 제75조의 개정규정은 이 법 시행 이후 치유되어 장해급여를 받은 자에 대하여 고용을 유지하거나 직장적응훈련 또는 재활운동을 실시하는 자부터 적용한다.

제12조(부당이득 징수에 관한 적용례) ① 제84조 제1항 후단의 개정규정은 이 법 시행 이후 이 법에 따른 요양급여를 지급받은 자부터 적용한다.

② 제84조 제3항의 개정규정은 이 법 시행 이후 산재보험 의료기관 또는 제46조 제1항에 따른 약국이 진료비 또는 약제비를 지급받은 경우부터 적용한다.

제13조(공단의 임원에 대한 경과조치) 종전의 규정에 따라 임명된 공단의 임원은 이 법에 따라 임명된 것으로 보며, 임원의 임기는 종전의 규정에 따라 임명된 날부터 기산한다.

제14조(재단법인 산재의료관리원에 관한 경과조치) ① 이 법 공포 당시 종전의 제32조 제2항에 따라 설립된 관리기구인 재단법인 산재의료관리원(이하 '관리원'이라 한다.)은 이 법 공포 후 산재의료원의 정관을 작성하여 노동부장관의 허가를 받아야 한다.

② 관리원은 제1항에 따른 허가를 받아 2008년 7월 1일에 산재의료원의 설립등기를 하여야 한다.

③ 관리원은 제2항에 따라 설립등기를 마친 때에는 '민법' 중 법인의 해산 및 청산에 관한 규정에도 불구하고 해산된 것으로 본다.

④ 이 법에 따른 산재의료원은 설립 등기일에 관리원의 모든 권리·의무 및

재산을 승계한다.

⑤ 산재의료원의 설립 당시 관리원의 임직원은 이 법에 따른 산재의료원의 임직원으로 보며, 임원의 임기는 종전의 규정에 따라 임명된 날부터 기산한다.

제15조(처분 등에 관한 일반적 경과조치) 이 법 시행 당시 종전의 규정에 따른 행정기관의 행위나 행정기관에 대한 행위는 그에 해당하는 이 법에 따른 행정기관의 행위나 행정기관에 대한 행위로 본다.

제16조(과태료에 관한 경과조치) 이 법 시행 전의 행위에 대하여 과태료 규정을 적용할 때에는 종전의 규정에 따른다.

제17조(최고·최저 보상기준 금액에 관한 경과조치) 제36조 제7항 및 제8항의 개정규정에 따른 최고 보상기준 금액 및 최저 보상기준 금액이 각각 이 법 시행 당시 종전의 제35조 제6항에 따라 고시된 최고 보상기준 금액 및 최저 보상기준 금액보다 적으면 종전의 규정에 따라 고시된 최고 보상기준 금액 및 최저 보상기준 금액을 적용한다.

제18조(산재보험 의료기관에 관한 경과조치) 이 법 시행 당시 종전의 제37조 제2항에 따라 공단이 지정한 의료기관은 이 법 제43조의 개정규정에 따른 산재보험 의료기관으로 본다.

제19조(재요양에 따른 장해급여에 관한 경과조치) 이 법 시행 당시 장해보상연금의 수급권자로서 재요양을 받고 있는 자에 대해서는 제60조 제1항의 개정규정에도 불구하고 종전의 규정에 따른다.

제20조(휴업급여에 관한 경과조치) 이 법 시행 당시 요양 또는 재요양을 받고 있는 자는 제52조 및 제54조부터 제56조까지의 개정규정에도 불구하고 종전의 규정에 따른다.

제21조(장해보상연금 수급권의 소멸 및 장해등급의 재판정에 관한 경과조치) ① 이 법 시행 당시 대한민국 국민이 아닌 자가 외국에서 거주하면서 장해보상연금을 받고 있는 경우에는 제58조의 개정규정에도 불구하고 종전의 규정에 따른다.

② 이 법 시행 당시 종전의 규정에 따라 장해보상연금을 받고 있는 자는 제59조의 개정규정에도 불구하고 장해등급의 재판정을 하지 아니한다.

제22조(상병보상연금에 관한 경과조치) 이 법 시행 당시 요양 또는 재요양을 받고 있는 자는 제66조부터 제69조까지의 개정규정에도 불구하고 종전의 규정에 따른다.

제23조(심사 및 재심사 청구 등에 관한 경과조치) ① 이 법 시행 전에 종전의 규정에

따라 공단 또는 산업재해보상보험심사위원회에 제기된 심사 청구 또는 재심사 청구는 각각 이 법에 따라 공단 또는 산업재해보상보험재심사위원회에 제기된 심사 청구 또는 재심사 청구로 본다.

② 이 법 시행 전에 종전의 규정에 따라 제기된 심사 청구 또는 재심사 청구에 대한 심리·결정 또는 심리·재결은 각각 제105조 및 제109조의 개정규정에 따른다.

제24조(재심사위원회 및 위원에 대한 경과조치) ① 이 법 시행 당시 종전의 규정에 따른 산업재해보상보험심사위원회는 이 법에 따른 산업재해보상보험재심사위원회로 본다.

② 이 법 시행 당시 종전의 규정에 따라 임명된 산업재해보상보험심사위원회의 위원은 이 법에 따라 임명된 산업재해보상보험재심사위원회의 위원으로 보며, 임기는 종전의 임명일부터 기산한다.

제25조(다른 법률의 개정) ① 건설근로자의 고용개선 등에 관한 법률 일부를 다음과 같이 개정한다.

제14조 제2항 중 '산업재해보상보험법 제44조 및 제46조'를 '산업재해보상보험법 제63조 및 제65조'로 한다.

② 국민건강보험법 일부를 다음과 같이 개정한다.

제4장에 제54조의 3을 다음과 같이 신설한다.

제54조의 3(요양급여 비용의 정산) 공단은 '산업재해보상보험법' 제10조에 따른 근로복지공단이 이 법에 따라 요양급여를 받을 수 있는 자에게 '산업재해보상보험법' 제40조에 따른 요양급여를 지급한 후 그 지급결정이 취소된 경우로서 그 요양급여의 비용을 청구하는 경우에는 그 요양급여가 이 법에 따라 실시할 수 있는 요양급여에 상당한 것으로 인정되면 그 요양급여에 해당하는 금액을 지급할 수 있다.

③ 공무원연금법 일부를 다음과 같이 개정한다.

제39조 제2호 중 '산업재해보상보험법 제37조'를 '산업재해보상보험법 제40조'로 한다.

④ 군인연금법 일부를 다음과 같이 개정한다.

제30조의 8 제2호 중 '산업재해보상보험법 제37조'를 '산업재해보상보험법 제40조'로 한다.

⑤ 산업안전보건법 일부를 다음과 같이 개정한다.

제61조의 3 각 호 외의 부분 중 '산업재해보상보험법 제64조 제1항'을 '산업재해보상보험법 제95조 제1항'으로 한다.

⑥ 어선원 및 어선재해보상보험법 일부를 다음과 같이 개정한다.

제25조 제2항 중 '산업재해보상보험법 제40조 제2항'을 '산업재해보상보험법 제57조 제2항'으로 하고, 제26조 중 '산업재해보상보험법 제40조 제2항'을 '산업재해보상보험법 제57조 제2항'으로 한다.

⑦ 임금채권보장법 일부를 다음과 같이 개정한다.

제20조 제2항 중 '산업재해보상보험법 제66조 제2항부터 제4항까지, 제67조부터 제69조까지 및 제71조'를 '산업재해보상보험법 제97조 제2항부터 제4항까지, 제98조부터 제100조까지 및 제102조'로 한다.

⑧ 의료급여법 일부를 다음과 같이 개정한다.

제11조에 제8항을 다음과 같이 신설한다.

⑧ 시장·군수·구청장은 '산업재해보상보험법' 제10조에 따른 근로복지공단이 이 법에 따라 의료급여를 받을 수 있는 자에게 '산업재해보상보험법' 제40조에 따른 요양급여를 지급한 후 그 지급결정이 취소된 경우로서 그 요양급여의 비용을 청구하는 경우에는 그 요양급여가 이 법에 따라 실시할 수 있는 의료급여에 상당한 것으로 인정되면 그 의료급여에 해당하는 금액을 지급할 수 있다.

⑨ 제주특별자치도 설치 및 국제자유도시 조성을 위한 특별법 일부를 다음과 같이 개정한다.

제147조 제3항 제7호 중 '산업재해보상보험법 제62조 제2항 및 제91조'를 '산업재해보상보험법 제92조 제2항 및 제129조'로 한다.

⑩ 지방세법 일부를 다음과 같이 개정한다. <개정 2007.12.31>

제278조 제3항 각 호 외의 부분 본문 중 '재단법인 산재의료관리원'을 '한국산재의료원'으로 하고, 같은 항 제2호 중 '재단법인 산재의료관리원이 산업재해보상보험법 제32조 제2항'을 '한국산재의료원이 산업재해보상보험법 제33조'로 한다.

제26조(다른 법령과의 관계) ① 이 법 시행 당시 다른 법령에서 종전의 '산업재해보상보험법' 또는 그 규정을 인용한 경우에 이 법 가운데 그에 해당하는 규정이 있으면 종전의 규정을 갈음하여 이 법 또는 이 법의 해당 규정을 인용한 것으로 본다.

② 이 법 시행 당시 다른 법령에서 종전의 재단법인 산재의료관리원을 인용한 경우에는 제33조에 따른 한국산재의료원을 인용한 것으로 본다.

부칙(지방세법) 〈제8835호, 2007.12.31〉

제1조(시행일) 이 법은 2008년 1월 1일부터 시행하고, 부칙 제6조는 2008년 7월 1일부터 시행한다.

제2조부터 제5조까지 생략

제6조(다른 법률의 개정) 법률 제8694호 산업재해보상보험법 전부개정법률 일부를 다음과 같이 개정한다.

법률 제8694호 산업재해보상보험법 전부개정법률 부칙 제25조 제10항을 다음과 같이 한다.

⑩ 지방세법 일부를 다음과 같이 개정한다.

제278조 제3항 각 호 외의 부분 본문 중 '재단법인 산재의료관리원'을 '한국산재의료원'으로 하고, 같은 항 제2호 중 '재단법인 산재의료관리원이 산업재해보상보험법 제32조 제2항'을 '한국산재의료원이 산업재해보상보험법 제33조'로 한다.

부칙(금융위원회의 설치 등에 관한 법률) 〈제8863호, 2008.2.29〉

제1조(시행일) 이 법은 공포한 날부터 시행한다.

제2조부터 제4조까지 생략

제5조(다른 법률의 개정) ①부터 <35>까지 생략

<36> 법률 제8694호 산업재해보상보험법 전부개정법률 일부를 다음과 같이 개정한다.

제121조 제1항 중 '금융감독위원회'를 '금융위원회'로 한다.

<37>부터 <85>까지 생략

부칙(한국산업안전보건공단법) 〈제9319호, 2008.12.31〉

제1조(시행일) 이 법은 공포한 날부터 시행한다. <단서 생략>

제2조부터 제4조까지 생략

제5조(다른 법률의 개정) ①부터 ④까지 생략

⑤ 산업재해보상보험법 일부를 다음과 같이 개정한다.

제96조 제1항 제6호를 다음과 같이 하고, 제97조 제5항 중 '한국산업안전공단'을 '한국산업안전보건공단'으로 한다.

6. '한국산업안전보건공단법'에 따른 한국산업안전보건공단(이하 '한국산업안전보건공단'이라 한다.)에 대한 출연금

⑥ 생략

제6조 생략

부칙 〈제9338호, 2009.1.7〉

이 법은 공포한 날부터 시행한다.

14. 고용보험법

고용보험법

[시행 2008.12.31][법률 제9315호, 2008.12.31, 일부개정]

제1장 총칙

제1조(목적) 이 법은 고용보험의 시행을 통하여 실업의 예방, 고용의 촉진 및 근로자의 직업능력의 개발과 향상을 꾀하고, 국가의 직업지도와 직업소개 기능을 강화하며, 근로자가 실업한 경우에 생활에 필요한 급여를 실시하여 근로자의 생활안정과 구직 활동을 촉진함으로써 경제·사회 발전에 이바지하는 것을 목적으로 한다.

제2조(정의) 이 법에서 사용하는 용어의 뜻은 다음과 같다. <개정 2008.12.31>

1. '피보험자'란 '고용보험 및 산업재해보상보험의 보험료징수 등에 관한 법

률'(이하 '보험료징수법'이라 한다.) 제5조 제1항·제2항, 제6조 제1항 및 제8조 제1항·제2항에 따라 보험에 가입되거나 가입된 것으로 보는 근로자를 말한다.

2. '이직(離職)'이란 피보험자와 사업주 사이의 고용관계가 끝나게 되는 것을 말한다.

3. '실업'이란 근로의 의사와 능력이 있음에도 불구하고 취업하지 못한 상태에 있는 것을 말한다.

4. '실업의 인정'이란 직업안정기관의 장이 제43조에 따른 수급자격자가 실업한 상태에서 적극적으로 직업을 구하기 위하여 노력하고 있다고 인정하는 것을 말한다.

5. '임금'이란 '근로기준법'에 따른 임금을 말한다. 다만, 휴직이나 그 밖에 이와 비슷한 상태에 있는 기간에 지급받는 금품 중 노동부장관이 정하는 금품은 이 법에 따른 임금으로 본다.

6. '일용근로자'란 1개월 미만 동안 고용되는 자를 말한다.

제3조(보험의 관장) 고용보험(이하 '보험'이라 한다.)은 노동부장관이 관장한다.

제4조(고용보험사업) ① 보험은 제1조의 목적을 이루기 위하여 고용보험사업(이하 '보험사업'이라 한다.)으로 고용안정·직업능력개발 사업, 실업급여, 육아휴직 급여 및 산전후휴가 급여 등을 실시한다.

② 보험사업의 보험연도는 정부의 회계연도에 따른다.

제5조(국고의 부담) ① 국가는 매년 보험사업에 드는 비용의 일부를 일반회계에서 부담할 수 있다.

② 국가는 매년 예산의 범위에서 보험사업의 관리·운영에 드는 비용을 부담할 수 있다.

제6조(보험료) ① 이 법에 따른 보험사업에 드는 비용을 충당하기 위하여 징수하는 보험료와 그 밖의 징수금에 대해서는 보험료징수법으로 정하는 바에 따른다.

② 보험료징수법 제13조 제1항 제1호에 따라 징수된 고용안정·직업능력개발 사업의 보험료 및 실업급여의 보험료는 각각 그 사업에 드는 비용에 충당한다. 다만, 실업급여의 보험료는 육아휴직 급여 및 산전후휴가 급여 등에 드는 비용에 충당할 수 있다.

제7조(고용정책심의회의 심의) 이 법의 시행에 관한 주요 사항은 '고용정책기본법'

제6조에 따른 고용정책심의회(이하 '고용정책심의회'라 한다.)의 심의를 거쳐야 한다.

제7조(고용보험위원회) ① 이 법 및 보험료징수법(보험에 관한 사항만 해당한다.)의 시행에 관한 주요 사항을 심의하기 위하여 노동부에 고용보험위원회(이하 이 조에서 '위원회'라 한다.)를 둔다.

② 위원회는 다음 각 호의 사항을 심의한다.

　1. 보험제도 및 보험사업의 개선에 관한 사항

　2. 보험료징수법에 따른 보험료율의 결정에 관한 사항

　3. 제11조의 2에 따른 보험사업의 평가에 관한 사항

　4. 제81조에 따른 기금운용 계획의 수립 및 기금의 운용 결과에 관한 사항

　5. 그 밖에 위원장이 보험제도 및 보험사업과 관련하여 위원회의 심의가 필요하다고 인정하는 사항

③ 위원회는 위원장 1명을 포함한 20명 이내의 위원으로 구성한다.

④ 위원회의 위원장은 노동부차관이 되고, 위원은 다음 각 호의 사람 중에서 각각 같은 수(數)로 노동부장관이 임명하거나 위촉하는 사람이 된다.

　1. 근로자를 대표하는 사람

　2. 사용자를 대표하는 사람

　3. 공익을 대표하는 사람

　4. 정부를 대표하는 사람

⑤ 위원회는 심의사항을 사전에 검토·조정하기 위하여 위원회에 전문위원회를 둘 수 있다.

⑥ 위원회 및 전문위원회의 구성·운영과 그 밖에 필요한 사항은 대통령령으로 정한다.

[전문개정 2008.12.31]

[시행일: 2009.7.1] 제7조

제8조(적용 범위) 이 법은 근로자를 사용하는 모든 사업 또는 사업장(이하 '사업'이라 한다.)에 적용한다. 다만, 산업별 특성 및 규모 등을 고려하여 대통령령으로 정하는 사업에 대해서는 적용하지 아니한다.

제9조(보험관계의 성립·소멸) 이 법에 따른 보험관계의 성립 및 소멸에 대해서는 보험료징수법으로 정하는 바에 따른다.

제10조(적용 제외 근로자) 다음 각 호의 어느 하나에 해당하는 근로자에게는 이 법

을 적용하지 아니한다. 다만, 제1호의 근로자에 대한 고용안정·직업능력개발 사업에 관해서는 그러하지 아니하다. <개정 2008.3.21>

1. 65세 이상인 자
2. 소정(소정)근로시간이 대통령령으로 정하는 시간 미만인 자
3. '국가공무원법'과 '지방공무원법'에 따른 공무원. 다만, 대통령령으로 정하는 바에 따라 별정직 및 계약직 공무원의 경우는 본인의 의사에 따라 고용보험(제4장에 한한다.)에 가입할 수 있다.
4. '사립학교교직원 연금법'의 적용을 받는 자
5. 그 밖에 대통령령으로 정하는 자

제11조(보험 관련 조사·연구) ① 노동부장관은 노동시장·직업 및 직업능력개발에 관한 연구와 보험 관련 업무를 지원하기 위한 조사·연구 사업 등을 할 수 있다.

② 노동부장관은 필요하다고 인정하면 제1항에 따른 업무의 일부를 대통령령으로 정하는 자에게 대행하게 할 수 있다.

제11조의 2(보험사업의 평가) ① 노동부장관은 보험사업에 대하여 상시적이고 체계적인 평가를 하여야 한다.

② 노동부장관은 제1항에 따른 평가의 전문성을 확보하기 위하여 대통령령으로 정하는 기관에 제1항에 따른 평가를 의뢰할 수 있다.

③ 노동부장관은 제1항 및 제2항에 따른 평가 결과를 반영하여 보험사업을 조정하거나 제81조에 따른 기금운용 계획을 수립하여야 한다.

[본 조 신설 2008.12.31]

[시행일: 2009.7.1] 제11조의 2, 제12조(국제교류·협력) 노동부장관은 보험사업에 관하여 국제기구 및 외국 정부 또는 기관과의 교류·협력 사업을 할 수 있다.

제2장 피보험자의 관리

제13조(피보험자격의 취득일) 피보험자는 이 법이 적용되는 사업에 고용된 날에 피보험자격을 취득한다. 다만, 다음 각 호의 경우에는 각각 그 해당되는 날에 피보험자격을 취득한 것으로 본다.

1. 제10조에 따른 적용 제외 근로자였던 자가 이 법의 적용을 받게 된 경우에는 그 적용을 받게 된 날
2. 보험료징수법 제7조에 따른 보험관계 성립일 전에 고용된 근로자의 경우에는 그 보험관계가 성립한 날

제14조(피보험자격의 상실일) 피보험자는 다음 각 호의 어느 하나에 해당하는 날에 각각 그 피보험자격을 상실한다.

1. 피보험자가 제10조에 따른 적용 제외 근로자에 해당하게 된 경우에는 그 적용 제외 대상자가 된 날
2. 보험료징수법 제10조에 따라 보험관계가 소멸한 경우에는 그 보험관계가 소멸한 날
3. 피보험자가 이직한 경우에는 이직한 날의 다음 날
4. 피보험자가 사망한 경우에는 사망한 날의 다음 날

제15조(피보험자격에 관한 신고 등) ① 사업주는 그 사업에 고용된 근로자의 피보험자격의 취득 및 상실 등에 관한 사항을 대통령령으로 정하는 바에 따라 노동부장관에게 신고하여야 한다.

② 보험료징수법 제9조에 따라 원수급인(元受給人)이 사업주로 된 경우에 그 사업에 종사하는 근로자 중 원수급인이 고용하는 근로자 외의 근로자에 대해서는 그 근로자를 고용하는 다음 각 호의 하수급인(下受給人)이 제1항에 따른 신고를 하여야 한다. 이 경우 원수급인은 노동부령으로 정하는 바에 따라 하수급인에 관한 자료를 노동부장관에게 제출하여야 한다.

1. '건설산업기본법' 제2조 제5호에 따른 건설업자
2. '주택법' 제9조에 따른 주택건설사업자
3. '전기공사업법' 제2조 제3호에 따른 공사업자
4. '정보통신공사업법' 제2조 제4호에 따른 정보통신공사업자
5. '소방시설공사업법' 제2조 제1항 제2호에 따른 소방시설업자
6. '문화재보호법' 제27조에 따른 문화재수리업자

③ 사업주가 제1항에 따른 피보험자격에 관한 사항을 신고하지 아니하면 대통령령으로 정하는 바에 따라 근로자가 신고할 수 있다.

④ 노동부장관은 제1항부터 제3항까지의 규정에 따라 신고된 피보험자격의 취득 및 상실 등에 관한 사항을 노동부령으로 정하는 바에 따라 피보험자 및 원수급인 등 관계인에게 알려야 한다.

⑤ 제1항이나 제2항에 따른 사업주, 원수급인 또는 하수급인은 같은 항의 신고를 노동부령으로 정하는 전자적 방법으로 할 수 있다.

⑥ 노동부장관은 제5항에 따라 전자적 방법으로 신고를 하려는 사업주, 원수급인 또는 하수급인에게 노동부령으로 정하는 바에 따라 필요한 장비 등을 지원할 수 있다.

제16조(이직의 확인) ① 사업주는 제15조 제1항에 따라 피보험자격의 상실을 신고할 때 근로자가 이직으로 피보험자격을 상실한 경우에는 피보험 단위기간·이직 사유 및 이직 전에 지급한 임금·퇴직금 등의 명세를 증명하는 서류(이하 '이직확인서'라 한다.)를 작성하여 노동부장관에게 제출하여야 한다. 다만, 제43조 제1항에 따른 수급자격의 인정신청을 원하지 아니하는 피보험자격 상실자(일용근로자는 제외한다.)에 대해서는 그러하지 아니하다.

② 이직으로 피보험자격을 상실한 자는 실업급여의 수급자격의 인정신청을 위하여 종전의 사업주에게 이직확인서의 교부를 청구할 수 있다. 이 경우 청구를 받은 사업주는 이직확인서를 내주어야 한다.

제17조(피보험자격의 확인) ① 피보험자 또는 피보험자였던 자는 언제든지 노동부장관에게 피보험자격의 취득 또는 상실에 관한 확인을 청구할 수 있다.

② 노동부장관은 제1항에 따른 청구에 따르거나 직권으로 피보험자격의 취득 또는 상실에 관하여 확인을 한다.

③ 노동부장관은 제2항에 따른 확인 결과를 대통령령으로 정하는 바에 따라 그 확인을 청구한 피보험자 및 사업주 등 관계인에게 알려야 한다.

제18조(피보험자격 이중 취득의 제한) 근로자가 보험관계가 성립되어 있는 둘 이상의 사업에 동시에 고용되어 있는 경우에는 노동부령으로 정하는 바에 따라 그 중 한 사업의 근로자로서의 피보험자격을 취득한다.

제3장 고용안정·직업능력개발 사업

제19조(고용안정·직업능력개발 사업의 실시) ① 노동부장관은 피보험자 및 피보험자였던 자, 그 밖에 취업할 의사를 가진 자(이하 '피보험자 등'이라 한다.)에 대한 실업의 예방, 취업의 촉진, 고용기회의 확대, 직업능력개발·향상의 기회 제공 및 지원, 그 밖에 고용안정과 사업주에 대한 인력 확보를 지원하기 위

하여 고용안정·직업능력개발 사업을 실시한다.

② 노동부장관은 제1항에 따른 고용안정·직업능력개발 사업을 실시할 때에는 근로자의 수, 고용안정·직업능력개발을 위하여 취한 조치 및 실적 등 대통령령으로 정하는 기준에 해당하는 기업을 우선적으로 고려하여야 한다.

제20조(고용창출의 지원) 노동부장관은 고용환경 개선, 근무형태 변경 등으로 고용의 기회를 확대한 사업주에게 대통령령으로 정하는 바에 따라 필요한 지원을 할 수 있다.

제21조(고용조정의 지원) ① 노동부장관은 경기의 변동, 산업구조의 변화 등에 따른 사업 규모의 축소, 사업의 폐업 또는 전환으로 고용조정이 불가피하게 된 사업주가 근로자에 대한 휴업, 직업전환에 필요한 직업능력개발 훈련, 인력의 재배치 등을 실시하거나 그 밖에 근로자의 고용안정을 위한 조치를 하면 대통령령으로 정하는 바에 따라 그 사업주에게 필요한 지원을 할 수 있다.

② 노동부장관은 제1항의 고용조정으로 이직된 근로자를 고용하는 등 고용이 불안정하게 된 근로자의 고용안정을 위한 조치를 하는 사업주에게 대통령령으로 정하는 바에 따라 필요한 지원을 할 수 있다.

③ 노동부장관은 제1항에 따른 지원을 할 때에는 '고용정책기본법' 제26조에 따른 업종에 해당하거나 지역에 있는 사업주에게 우선적으로 지원할 수 있다.

제22조(지역 고용의 촉진) 노동부장관은 고용기회가 뚜렷이 부족하거나 산업구조의 변화 등으로 고용사정이 급속하게 악화되고 있는 지역으로 사업을 이전하거나 그러한 지역에서 사업을 신설 또는 증설하여 그 지역의 실업 예방과 재취업 촉진에 기여한 사업주, 그 밖에 그 지역의 고용기회 확대에 필요한 조치를 한 사업주에게 대통령령으로 정하는 바에 따라 필요한 지원을 할 수 있다.

제23조(고령자 등 고용촉진의 지원) 노동부장관은 고령자 등 노동시장의 통상적인 조건에서는 취업이 특히 곤란한 자(이하 '고령자 등'이라 한다.)의 고용을 촉진하기 위하여 고령자 등을 새로 고용하거나 이들의 고용안정에 필요한 조치를 하는 사업주 또는 사업주가 실시하는 고용안정 조치에 해당된 근로자에게 대통령령으로 정하는 바에 따라 필요한 지원을 할 수 있다.

제24조(건설근로자 등의 고용안정 지원) ① 노동부장관은 건설근로자 등 고용상태가 불안정한 근로자를 위하여 다음 각 호의 사업을 실시하는 사업주에게 대통령령으로 정하는 바에 따라 필요한 지원을 할 수 있다.

1. 고용상태의 개선을 위한 사업

2. 계속적인 고용기회의 부여 등 고용안정을 위한 사업

3. 그 밖에 대통령령으로 정하는 고용안정 사업

② 노동부장관은 제1항 각 호의 사업과 관련하여 사업주가 단독으로 고용안정 사업을 실시하기 어려운 경우로서 대통령령으로 정하는 경우에는 사업주 단체에 대해서도 지원을 할 수 있다.

제25조(고용안정 및 취업 촉진) ① 노동부장관은 피보험자 등의 고용안정 및 취업을 촉진하기 위하여 다음 각 호의 사업을 직접 실시하거나 이를 실시하는 자에게 필요한 비용을 지원 또는 대부할 수 있다.

1. 고용관리 진단 등 고용개선 지원 사업

2. 피보험자 등의 창업을 촉진하기 위한 지원 사업

3. 그 밖에 피보험자 등의 고용안정 및 취업을 촉진하기 위한 사업으로서 대통령령으로 정하는 사업

② 제1항에 따른 사업의 실시와 비용의 지원·대부에 필요한 사항은 대통령령으로 정한다.

제26조(고용촉진 시설에 대한 지원) 노동부장관은 피보험자 등의 고용안정·고용촉진 및 사업주의 인력 확보를 지원하기 위하여 대통령령으로 정하는 바에 따라 상담 시설, 보육 시설, 그 밖에 대통령령으로 정하는 고용촉진 시설을 설치·운영하는 자에게 필요한 지원을 할 수 있다.

제27조(사업주에 대한 직업능력개발 훈련의 지원) 노동부장관은 피보험자 등의 직업능력을 개발·향상시키기 위하여 대통령령으로 정하는 직업능력개발 훈련을 실시하는 사업주에게 대통령령으로 정하는 바에 따라 그 훈련에 필요한 비용을 지원할 수 있다.

제28조(비용 지원의 기준 등) 노동부장관이 제27조에 따라 사업주에게 비용을 지원하는 경우 지원 금액은 보험료징수법 제17조에 따른 해당 연도 고용보험개산보험료(같은 법 제21조에 따른 징수특례사업의 경우에는 전년도 납부보험료) 중 고용안정·직업능력개발 사업의 보험료에 대통령령으로 정하는 비율을 곱한 금액으로 하되, 그 한도는 대통령령으로 정한다.

제29조(피보험자 등에 대한 직업능력개발 지원) ① 노동부장관은 피보험자 등이 직업능력개발 훈련을 받거나 그 밖에 직업능력 개발·향상을 위하여 노력하는 경우에는 대통령령으로 정하는 바에 따라 필요한 비용을 지원할 수 있다.

② 노동부장관은 필요하다고 인정하면 대통령령으로 정하는 바에 따라 피보

험자 등의 취업을 촉진하기 위한 직업능력개발 훈련을 실시할 수 있다.

제29조(피보험자 등에 대한 직업능력개발 지원) ① 노동부장관은 피보험자 등이 직업능력개발 훈련을 받거나 그 밖에 직업능력 개발·향상을 위하여 노력하는 경우에는 대통령령으로 정하는 바에 따라 필요한 비용을 지원할 수 있다.

② 노동부장관은 필요하다고 인정하면 대통령령으로 정하는 바에 따라 피보험자 등의 취업을 촉진하기 위한 직업능력개발 훈련을 실시할 수 있다.

③ 노동부장관은 대통령령으로 정하는 저소득 피보험자 등이 직업능력개발 훈련을 받는 경우 대통령령으로 정하는 바에 따라 생계비를 대부할 수 있다. <신설 2008.12.31>

[시행일: 2009.4.1] 제29조 제3항

제30조(직업능력개발 훈련 시설에 대한 지원 등) 노동부장관은 피보험자 등의 직업능력개발·향상을 위하여 필요하다고 인정하면 대통령령으로 정하는 바에 따라 직업능력개발 훈련 시설의 설치 및 장비 구입에 필요한 비용의 대부, 그 밖에 노동부장관이 정하는 직업능력개발 훈련 시설의 설치 및 장비 구입·운영에 필요한 비용을 지원할 수 있다.

제31조(직업능력개발의 촉진) ① 노동부장관은 피보험자 등의 직업능력 개발·향상을 촉진하기 위하여 다음 각 호의 사업을 실시하거나 이를 실시하는 자에게 그 사업의 실시에 필요한 비용을 지원할 수 있다.

1. 직업능력개발 사업에 대한 기술지원 및 평가 사업
2. 기능·기술 장려 사업 및 자격검정 사업
3. 그 밖에 대통령령으로 정하는 사업

② 노동부장관은 직업능력 개발·향상과 인력의 원활한 수급을 위하여 필요하다고 인정하면 대통령령으로 정하는 바에 따라 노동부장관이 정하는 직종에 대한 직업능력개발 훈련 사업을 위탁하여 실시할 수 있다.

제32조(건설근로자 등의 직업능력개발 지원) ① 노동부장관은 건설근로자 등 고용상태가 불안정한 근로자를 위하여 직업능력 개발·향상을 위한 사업으로 대통령령으로 정하는 사업을 실시하는 사업주에게 그 사업의 실시에 필요한 비용을 지원할 수 있다.

② 노동부장관은 제1항의 사업과 관련하여 사업주가 단독으로 직업능력개발 사업을 실시하기 어려운 경우로서 대통령령으로 정하는 경우에는 사업주 단체에 대해서도 지원할 수 있다.

제33조(고용정보의 제공 및 고용 지원 기반의 구축 등) ① 노동부장관은 사업주 및 피보험자 등에 대한 구인·구직·훈련 등 고용정보의 제공, 직업·훈련 상담 등 직업지도, 직업소개, 고용안정·직업능력개발에 관한 기반의 구축 및 그에 필요한 전문인력의 배치 등의 사업을 할 수 있다.

② 노동부장관은 필요하다고 인정하면 제1항에 따른 업무의 일부를 '직업안정법' 제4조의 4에 따른 민간직업상담원에게 수행하도록 할 수 있다.

제34조(지방자치단체 등에 대한 지원) 노동부장관은 지방자치단체 또는 대통령령으로 정하는 비영리법인·단체가 그 지역에서 피보험자 등의 고용안정·고용촉진 및 직업능력개발을 위한 사업을 실시하는 경우에는 대통령령으로 정하는 바에 따라 필요한 지원을 할 수 있다.

제35조(부정행위에 따른 지원의 제한 등) ① 노동부장관은 거짓이나 그 밖의 부정한 방법으로 이 장의 규정에 따른 고용안정·직업능력개발 사업의 지원을 받은 자 또는 받으려는 자에게 대통령령으로 정하는 바에 따라 그 지원을 제한하거나 거짓이나 그 밖의 부정한 방법으로 지원받은 금액을 반환하도록 명할 수 있다. <개정 2008.12.31>

② 노동부장관은 제1항에 따라 반환을 명하는 경우에는 이에 추가하여 노동부령으로 정하는 기준에 따라 그 거짓이나 그 밖의 부정한 방법으로 지급받은 금액의 5배 이하의 금액을 징수할 수 있다. <개정 2008.12.31>

③ 제1항 및 제2항에도 불구하고 거짓이나 그 밖의 부정한 방법으로 직업능력개발 사업의 지원을 받은 자 또는 받으려는 자에 대한 지원의 제한, 반환 및 추가징수에 관해서는 '근로자직업능력 개발법' 제16조 제4항·제5항 및 제25조 제3항·제4항을 준용한다. <신설 2008.12.31>

④ 노동부장관은 보험료를 체납한 자에게는 노동부장관이 정하는 바에 따라 이 장의 규정에 따른 고용안정·직업능력개발 사업의 지원을 하지 아니할 수 있다. <개정 2008.12.31>

제36조(업무의 대행) 노동부장관은 필요하다고 인정하면 제19조 및 제27조부터 제31조까지의 규정에 따른 업무의 일부를 대통령령으로 정하는 자에게 대행하게 할 수 있다.

제4장 실업급여

제1절 통칙

제37조(실업급여의 종류) ① 실업급여는 구직급여와 취업촉진 수당으로 구분한다.
  ② 취업촉진 수당의 종류는 다음 각 호와 같다.
    1. 조기(조기)재취업 수당
    2. 직업능력개발 수당
    3. 광역 구직활동비
    4. 이주비
제38조(수급권의 보호) 실업급여를 받을 권리는 양도 또는 압류하거나 담보로 제공
  할 수 없다.
제39조(실업급여의 적용 연장) 피보험자로서 65세 전에 이직한 자가 그 이직과 관련
  하여 실업한 상태에서 65세가 되면 제10조 제1호에도 불구하고 이 장을 적
  용한다.

제2절 구직급여

제40조(구직급여의 수급 요건) ① 구직급여는 이직한 피보험자가 다음 각 호의 요건
  을 모두 갖춘 경우에 지급한다. 다만, 제5호와 제6호는 최종 이직 당시 일용
  근로자였던 자만 해당한다.
    1. 이직일 이전 18개월간(이하 '기준기간'이라 한다.) 제41조에 따른 피보
      험 단위기간이 통산하여 180일 이상일 것
    2. 근로의 의사와 능력이 있음에도 불구하고 취업(영리를 목적으로 사업을
      영위하는 경우를 포함한다. 이하 이 장에서 같다.)하지 못한 상태에 있
      을 것
    3. 이직 사유가 제58조에 따른 수급자격의 제한 사유에 해당하지 아니할 것
    4. 재취업을 위한 노력을 적극적으로 할 것
    5. 제43조에 따른 수급자격 인정신청일 이전 1개월 동안의 근로일수가 10
      일 미만일 것
    6. 최종 이직일 이전 기준기간의 피보험 단위기간 180일 중 다른 사업에
      서 제58조에 따른 수급자격의 제한 사유에 해당하는 사유로 이직한 사

실이 있는 경우에는 그 피보험 단위기간 중 90일 이상을 일용근로자로 근로하였을 것

② 피보험자가 이직일 이전 18개월 동안에 질병·부상, 그 밖에 대통령령으로 정하는 사유로 계속하여 30일 이상 임금의 지급을 받을 수 없었던 경우에는 18개월에 그 사유로 임금을 지급받을 수 없었던 일수를 가산한 기간을 기준기간(3년을 초과할 때에는 3년)으로 한다.

제41조(피보험 단위기간) ① 피보험 단위기간은 피보험기간 중 임금 지급의 기초가 된 날을 합하여 계산한다.

② 제1항에 따라 피보험 단위기간을 계산할 때에는 최후로 피보험자격을 취득한 날 이전에 구직급여를 받은 사실이 있는 경우에는 그 구직급여와 관련된 이직일 이전의 임금 지급의 기초가 된 날은 피보험 단위기간에 넣지 아니한다. <개정 2008.12.31>

제42조(실업의 신고) ① 구직급여를 지급받으려는 자는 이직 후 지체 없이 직업안정기관에 출석하여 실업을 신고하여야 한다.

② 제1항에 따른 실업의 신고에는 구직 신청과 제43조에 따른 수급자격의 인정신청을 포함하여야 한다.

제43조(수급자격의 인정) ① 구직급여를 지급받으려는 자는 직업안정기관의 장으로부터 제40조 제1항 제1호부터 제3호까지·제5호 및 제6호에 따른 구직급여의 수급 요건을 갖추었다는 사실(이하 '수급자격'이라 한다.)의 인정을 받아야 한다.

② 직업안정기관의 장은 제1항에 따른 수급자격의 인정신청을 받으면 그 신청인에 대한 수급자격의 인정 여부를 결정하고, 대통령령으로 정하는 바에 따라 신청인에게 그 결과를 알려야 한다.

③ 제2항에 따른 신청인이 다음 각 호의 요건을 모두 갖춘 경우에는 마지막에 이직한 사업을 기준으로 수급자격의 인정 여부를 결정한다. 다만, 마지막 이직 당시 일용근로자로서 피보험 단위기간이 1개월 미만인 자가 수급자격을 갖추지 못한 경우에는 일용근로자가 아닌 근로자로서 마지막으로 이직한 사업을 기준으로 결정한다. <개정 2008.12.31>

  1. 피보험자로서 마지막에 이직한 사업에 고용되기 전에 피보험자로서 이직한 사실이 있을 것
  2. 마지막 이직 이전의 이직과 관련하여 구직급여를 받은 사실이 없을 것

④ 제2항에 따라 수급자격의 인정을 받은 자(이하 '수급자격자'라 한다.)가 제48조 및 제54조 제1항에 따른 기간에 새로 수급자격의 인정을 받은 경우에는 새로 인정받은 수급자격을 기준으로 구직급여를 지급한다.

제44조(실업의 인정) ① 구직급여는 수급자격자가 실업한 상태에 있는 날 중에서 직업안정기관의 장으로부터 실업의 인정을 받은 날에 대하여 지급한다.

② 실업의 인정을 받으려는 수급자격자는 제42조에 따라 실업의 신고를 한 날부터 계산하기 시작하여 1주부터 4주의 범위에서 직업안정기관의 장이 지정한 날(이하 '실업인정일'이라 한다.)에 출석하여 재취업을 위한 노력을 하였음을 신고하여야 하고, 직업안정기관의 장은 직전 실업인정일의 다음 날부터 그 실업인정일까지의 각각의 날에 대하여 실업의 인정을 한다. 다만, 다음 각 호에 해당하는 자에 대한 실업의 인정 방법은 노동부령으로 정하는 기준에 따른다.

1. 직업능력개발 훈련 등을 받는 수급자격자
2. 천재지변, 대량 실업의 발생 등 대통령령으로 정하는 사유가 발생한 경우의 수급자격자
3. 그 밖에 대통령령으로 정하는 수급자격자

③ 제2항에도 불구하고 수급자격자가 다음 각 호의 어느 하나에 해당하면 직업안정기관에 출석할 수 없었던 사유를 적은 증명서를 제출하여 실업의 인정을 받을 수 있다.

1. 질병이나 부상으로 직업안정기관에 출석할 수 없었던 경우로서 그 기간이 계속하여 7일 미만인 경우
2. 직업안정기관의 직업소개에 따른 구인자와의 면접 등으로 직업안정기관에 출석할 수 없었던 경우
3. 직업안정기관의 장이 지시한 직업능력개발 훈련 등을 받기 위하여 직업안정기관에 출석할 수 없었던 경우
4. 천재지변이나 그 밖의 부득이한 사유로 직업안정기관에 출석할 수 없었던 경우

④ 직업안정기관의 장은 제1항에 따른 실업을 인정할 때에는 수급자격자의 취업을 촉진하기 위하여 재취업 활동에 관한 계획의 수립 지원, 직업소개 등 대통령령으로 정하는 조치를 하여야 한다. 이 경우 수급자격자는 정당한 사유가 없으면 직업안정기관 장의 조치에 따라야 한다.

제45조(급여의 기초가 되는 임금일액) ① 구직급여의 산정 기초가 되는 임금일액(이하 '기초일액'이라 한다.)은 제43조 제1항에 따른 수급자격의 인정과 관련된 마지막 이직 당시 '근로기준법' 제2조 제1항 제6호에 따라 산정된 평균임금으로 한다. 다만, 마지막 이직일 이전 3개월 이내에 피보험자격을 취득한 사실이 2회 이상인 경우에는 마지막 이직일 이전 3개월간(일용근로자의 경우에는 마지막 이직일 이전 4개월 중 최종 1개월을 제외한 기간)에 그 근로자에게 지급된 임금 총액을 그 산정의 기준이 되는 3개월의 총일수로 나눈 금액을 기초일액으로 한다.

② 제1항에 따라 산정된 금액이 '근로기준법'에 따른 그 근로자의 통상임금보다 적을 경우에는 그 통상임금액을 기초일액으로 한다. 다만, 마지막 사업에서 이직 당시 일용근로자였던 자의 경우에는 그러하지 아니하다.

③ 제1항과 제2항에 따라 기초일액을 산정하는 것이 곤란한 경우와 보험료를 보험료징수법 제3조에 따른 기준임금(이하 '기준임금'이라 한다.)을 기준으로 낸 경우에는 기준임금을 기초일액으로 한다. 다만, 보험료를 기준임금으로 낸 경우에도 제1항과 제2항에 따라 산정한 기초일액이 기준임금보다 많은 경우에는 그러하지 아니하다.

④ 제1항부터 제3항까지의 규정에도 불구하고 이들 규정에 따라 산정된 기초일액이 그 수급자격자의 이직 전 1일 소정근로시간에 이직일 당시 적용되던 '최저임금법'에 따른 시간 단위에 해당하는 최저임금액을 곱한 금액(이하 '최저기초일액'이라 한다.)보다 낮은 경우에는 최저기초일액을 기초일액으로 한다.

⑤ 제1항부터 제3항까지의 규정에도 불구하고 이들 규정에 따라 산정된 기초일액이 보험의 취지 및 일반 근로자의 임금 수준 등을 고려하여 대통령령으로 정하는 금액을 초과하는 경우에는 대통령령으로 정하는 금액을 기초일액으로 한다.

제46조(구직급여일액) ① 구직급여일액은 다음 각 호의 구분에 따른 금액으로 한다.

1. 제45조 제1항부터 제3항까지 및 제5항의 경우에는 그 수급자격자의 기초일액에 100분의 50을 곱한 금액
2. 제45조 제4항의 경우에는 그 수급자격자의 기초일액에 100분의 9C을 곱한 금액(이하 '최저구직급여일액'이라 한다.)

② 제1항 제1호에 따라 산정된 구직급여일액이 최저구직급여일액보다 낮은

경우에는 최저구직급여일액을 그 수급자격자의 구직급여일액으로 한다.

제47조(실업인정대상기간 중의 근로의 신고) ① 수급자격자는 실업의 인정을 받으려 하는 기간(이하 '실업인정대상기간'이라 한다.) 중에 근로를 제공한 경우에는 그 사실을 직업안정기관의 장에게 신고하여야 한다.

② 직업안정기관의 장은 필요하다고 인정하면 수급자격자의 실업인정대상기간 중의 근로 제공 사실에 대하여 조사할 수 있다.

제48조(수급기간 및 수급일수) ① 구직급여는 이 법에 따로 규정이 있는 경우 외에는 그 구직급여의 수급자격과 관련된 이직일의 다음 날부터 계산하기 시작하여 12개월 내에 제50조 제1항에 따른 소정급여일수를 한도로 하여 지급한다.

② 제1항에 따른 12개월의 기간 중 임신·출산·육아, 그 밖에 대통령령으로 정하는 사유로 취업할 수 없는 자가 그 사실을 수급기간에 직업안정기관에 신고한 경우에는 12개월의 기간에 그 취업할 수 없는 기간을 가산한 기간(4년을 넘을 때에는 4년)에 제50조 제1항에 따른 소정급여일수를 한도로 하여 구직급여를 지급한다.

③ 다음 각 호의 어느 하나에 해당하는 경우에는 해당 최초 요양일에 제2항에 따른 신고를 한 것으로 본다. <신설 2008.12.31>

1. '산업재해보상보험법' 제40조에 따른 요양급여를 받는 경우
2. 질병 또는 부상으로 3개월 이상의 요양이 필요하여 이직하였고, 이직 기간 동안 취업활동이 곤란하였던 사실이 요양기간과 상병상태를 구체적으로 밝힌 주치의사의 소견과 요양을 위하여 이직하였다는 사업주의 의견을 통하여 확인된 경우

제49조(대기기간) 제44조에도 불구하고 제42조에 따른 실업의 신고일로부터 계산하기 시작하여 7일간은 대기기간으로 보아 구직급여를 지급하지 아니한다.

제50조(소정급여일수) ① 하나의 수급자격에 따라 구직급여를 지급받을 수 있는 날(이하 '소정급여일수'라 한다.)은 대기기간이 끝난 다음 날부터 계산하기 시작하여 피보험기간과 연령에 따라 별표에서 정한 일수가 되는 날까지로 한다.

② 수급자격자가 소정급여일수 내에 제48조 제2항에 따른 임신·출산·육아, 그 밖에 대통령령으로 정하는 사유로 수급기간을 연장한 경우에는 그 기간만큼 구직급여를 유예하여 지급한다.

③ 제1항에 따른 피보험기간은 그 수급자격과 관련된 이직 당시의 적용 사

업에서의 고용기간(제10조 각 호의 어느 하나에 해당하는 근로자로 고용된 기간은 제외한다. 이하 이 조에서 같다.)으로 한다. 다만, 그 사업에 고용되기 전에 다른 적용사업에서 이직한 사실이 있고 그 이직일로부터 3년 이내에 피보험자격을 재취득한 경우에는 그 이직 전 적용사업에서의 고용기간을 포함하여 피보험기간을 계산한다.

④ 제3항 단서에 따라 피보험기간을 계산할 때 이직할 당시의 적용사업에서 피보험자격을 재취득하기 전에 구직급여를 지급받은 사실이 있는 경우에는 그 구직급여와 관련된 이직일 이전의 고용기간은 피보험기간에 포함하여 계산하지 아니한다.

⑤ 하나의 피보험기간에 피보험자로 된 날이 제17조에 따른 피보험자격 취득이 확인된 날부터 소급하여 3년 전이면 그 확인된 날부터 소급하여 3년이 되는 날에 그 피보험자격을 취득한 것으로 보아 피보험기간을 계산한다.

제51조(훈련연장급여) ① 직업안정기관의 장은 수급자격자의 연령·경력 등을 고려할 때 재취업을 위하여 직업능력개발 훈련 등이 필요하면 그 수급자격자에게 직업능력개발 훈련 등을 받도록 지시할 수 있다.

② 직업안정기관의 장은 제1항에 따라 직업능력개발 훈련 등을 받도록 지시한 경우에는 수급자격자가 그 직업능력개발 훈련 등을 받는 기간 중 실업의 인정을 받은 날에 대해서는 소정급여일수를 초과하여 구직급여를 연장하여 지급할 수 있다. 이 경우 연장하여 지급하는 구직급여(이하 '훈련연장급여'라 한다.)의 지급 기간은 대통령령으로 정하는 기간을 한도로 한다.

③ 제1항에 따른 훈련대상자·훈련 과정, 그 밖의 필요한 사항은 노동부령으로 정한다.

제52조(개별연장급여) ① 직업안정기관의 장은 취업이 특히 곤란하고 생활이 어려운 수급자격자로서 대통령령으로 정하는 자에게는 그가 실업의 인정을 받은 날에 대하여 소정급여일수를 초과하여 구직급여를 연장하여 지급할 수 있다.

② 제1항에 따라 연장하여 지급하는 구직급여(이하 '개별연장급여'라 한다.)는 60일의 범위에서 대통령령으로 정하는 기간 동안 지급한다.

제53조(특별연장급여) ① 노동부장관은 실업의 급증 등 대통령령으로 정하는 사유가 발생한 경우에는 60일의 범위에서 수급자격자가 실업의 인정을 받은 날에 대하여 소정급여일수를 초과하여 구직급여를 연장하여 지급할 수 있다. 다만, 이직 후의 생활안정을 위한 일정 기준 이상의 소득이 있는 수급자격자

등 노동부령으로 정하는 수급자격자에 대해서는 그러하지 아니하다.

② 노동부장관은 제1항 본문에 따라 연장하여 지급하는 구직급여(이하 '특별연장급여'라 한다.)를 지급하려면 기간을 정하여 실시하여야 한다.

제54조(연장급여의 수급기간 및 구직급여일액) ① 제51조부터 제53조까지의 규정에 따른 연장급여를 지급하는 경우에 그 수급자격자의 수급기간은 제48조에 따른 그 수급자격자의 수급기간에 연장되는 구직급여일수를 더하여 산정한 기간으로 한다.

② 제51조에 따라 훈련연장급여를 지급하는 경우에 그 일액은 해당 수급자격자의 구직급여일액의 100분의 100으로 하고, 제52조 또는 제53조에 따라 개별연장급여 또는 특별연장급여를 지급하는 경우에 그 일액은 해당 수급자격자의 구직급여일액의 100분의 70을 곱한 금액으로 한다. <개정 2008.3.21>

③ 제2항에 따라 산정된 구직급여일액이 제46조 제2항에 따른 최저구직급여일액보다 낮은 경우에는 최저구직급여일액을 그 수급자격자의 구직급여일액으로 한다.

제55조(연장급여의 상호 조정 등) ① 제51조부터 제53조까지의 규정에 따른 연장급여는 제48조에 따라 그 수급자격자가 지급받을 수 있는 구직급여의 지급이 끝난 후에 지급한다.

② 훈련연장급여를 지급받고 있는 수급자격자에게는 그 훈련연장급여의 지급이 끝난 후가 아니면 개별연장급여 및 특별연장급여를 지급하지 아니한다.

③ 개별연장급여 또는 특별연장급여를 지급받고 있는 수급자격자가 훈련연장급여를 지급받게 되면 개별연장급여나 특별연장급여를 지급하지 아니한다.

④ 특별연장급여를 지급받고 있는 수급자격자에게는 특별연장급여의 지급이 끝난 후가 아니면 개별연장급여를 지급하지 아니하고, 개별연장급여를 지급받고 있는 수급자격자에게는 개별연장급여의 지급이 끝난 후가 아니면 특별연장급여를 지급하지 아니한다.

⑤ 그 밖에 연장급여의 조정에 관하여 필요한 사항은 노동부령으로 정한다.

제56조(지급일 및 지급 방법) ① 구직급여는 대통령령으로 정하는 바에 따라 실업의 인정을 받은 일수분을 지급한다.

② 직업안정기관의 장은 각 수급자격자에 대한 구직급여를 지급할 날짜를 정하여 당사자에게 알려야 한다.

제57조(지급되지 아니한 구직급여) ① 수급자격자가 사망한 경우 그 수급자격자에게 지급되어야 할 구직급여로서 아직 지급되지 아니한 것이 있는 경우에는 그 수급자격자의 배우자(사실상의 혼인 관계에 있는 자를 포함한다.)·자녀·부모·손자녀·조부모 또는 형제자매로서 수급자격자와 생계를 같이하고 있던 자의 청구에 따라 그 미지급분을 지급한다.

② 수급자격자가 사망하여 실업의 인정을 받을 수 없었던 기간에 대해서는 대통령령으로 정하는 바에 따라 제1항에 따라 지급되지 아니한 구직급여의 지급을 청구하는 자가 그 수급자격자에 대한 실업의 인정을 받아야 한다. 이 경우 수급자격자가 제47조 제1항에 해당하면 지급되지 아니한 구직급여를 청구하는 자가 같은 조 제1항에 따라 직업안정기관의 장에게 신고하여야 한다.

③ 제1항에 따라 지급되지 아니한 구직급여를 지급받을 수 있는 자의 순위는 같은 항에 열거된 순서로 한다. 이 경우 같은 순위자가 2명 이상이면 그 중 1명이 한 청구를 전원(전원)을 위하여 한 것으로 보며, 그 1명에게 한 지급은 전원에 대한 지급으로 본다.

제58조(이직 사유에 따른 수급자격의 제한) 제40조에도 불구하고 피보험자가 다음 각 호의 어느 하나에 해당한다고 직업안정기관의 장이 인정하는 경우에는 수급자격이 없는 것으로 본다.

1. 중대한 귀책사유(歸責事由)로 해고된 피보험자로서 다음 각 목의 어느 하나에 해당하는 경우
   가. '형법' 또는 직무와 관련된 법률을 위반하여 금고 이상의 형을 선고받은 경우
   나. 사업에 막대한 지장을 초래하거나 재산상 손해를 끼친 경우로서 노동부령으로 정하는 기준에 해당하는 경우
   다. 정당한 사유 없이 근로계약 또는 취업규칙 등을 위반하여 장기간 무단 결근한 경우

2. 자기 사정으로 이직한 피보험자로서 다음 각 목의 어느 하나에 해당하는 경우
   가. 전직 또는 자영업을 하기 위하여 이직한 경우
   나. 제1호의 중대한 귀책사유가 있는 자가 해고되지 아니하고 사업주의 권고로 이직한 경우
   다. 그 밖에 노동부령으로 정하는 정당한 사유에 해당하지 아니하는 사유

로 이직한 경우

제59조(고액 금품 수령에 따른 구직급여의 지급 유예) ① 제48조 제1항에도 불구하고 이직 당시의 경제 사정 등을 고려하여 대통령령으로 정하는 금액 이상의 금품을 퇴직금 등으로 수령한 수급자격자(대통령령으로 정하는 수령이 확실시 되는 자를 포함한다.)에 대해서는 제42조에 따른 실업의 신고일로부터 3개월 동안은 구직급여의 지급을 유예할 수 있다.

② 제1항에 따른 구직급여의 지급유예 기간이 끝난 수급자격자의 경우에는 제49조에 따른 대기기간을 거친 것으로 본다.

③ 제1항에 따른 구직급여의 지급이 유예되는 수급자격자의 수급기간은 제48조에 따른 그 수급자격자의 수급기간에 3개월을 더하여 산정한 기간으로 한다.

제60조(훈련 거부 등에 따른 급여의 지급 제한) ① 수급자격자가 직업안정기관의 장이 소개하는 직업에 취직하는 것을 거부하거나 직업안정기관의 장이 지시한 직업능력개발 훈련 등을 거부하면 대통령령으로 정하는 바에 따라 구직급여의 지급을 정지한다. 다만, 다음 각 호의 어느 하나에 해당하는 정당한 사유가 있는 경우에는 그러하지 아니하다.

1. 소개된 직업 또는 직업능력개발 훈련 등을 받도록 지시된 직종이 수급 자격자의 능력에 맞지 아니하는 경우

2. 취직하거나 직업능력개발 훈련 등을 받기 위하여 주거의 이전이 필요하나 그 이전이 곤란한 경우

3. 소개된 직업의 임금 수준이 같은 지역의 같은 종류의 업무 또는 같은 정도의 기능에 대한 통상의 임금 수준에 비하여 100분의 20 이상 낮은 경우 등 노동부장관이 정하는 기준에 해당하는 경우

4. 그 밖에 정당한 사유가 있는 경우

② 수급자격자가 정당한 사유 없이 노동부장관이 정하는 기준에 따라 직업안정기관의 장이 실시하는 재취업 촉진을 위한 직업 지도를 거부하면 대통령령으로 정하는 바에 따라 구직급여의 지급을 정지한다.

③ 제1항 단서 및 제2항에서의 정당한 사유의 유무에 대한 인정은 노동부장관이 정하는 기준에 따라 직업안정기관의 장이 행한다.

④ 제1항과 제2항에 따라 구직급여의 지급을 정지하는 기간은 1개월의 범위에서 노동부장관이 정하여 고시한다.

제61조(부정행위에 따른 급여의 지급 제한) ① 거짓이나 그 밖의 부정한 방법으로 실업급여를 받았거나 받으려 한 자에게는 그 급여를 받은 날 또는 받으려 한 날부터의 구직급여를 지급하지 아니한다. 다만, 그 급여와 관련된 이직 이후에 새로 수급자격을 취득한 경우 그 새로운 수급자격에 따른 구직급여에 대해서는 그러하지 아니하다.

② 제1항 본문에도 불구하고 거짓이나 그 밖의 부정한 방법이 제47조 제1항에 따른 신고의무의 불이행 또는 거짓의 신고 등 대통령령으로 정하는 사유에 해당하면 그 실업인정대상기간에 한하여 구직급여를 지급하지 아니한다. 다만, 2회 이상의 위반행위를 한 경우에는 제1항 본문에 따른다.

③ 거짓이나 그 밖의 부정한 방법으로 실업급여를 지급받았거나 받으려 한 자가 제1항 또는 제2항에 따라 구직급여를 지급받을 수 없게 된 경우에도 제50조 제3항 및 같은 조 제4항을 적용할 때는 그 구직급여를 지급받은 것으로 본다.

④ 거짓이나 그 밖의 부정한 방법으로 실업급여를 지급받았거나 받으려 한 자가 제1항 또는 제2항에 따라 구직급여를 지급받을 수 없게 된 경우에도 제63조 제2항을 적용할 때는 그 지급받을 수 없게 된 일수분의 구직급여를 지급받은 것으로 본다.

제62조(반환명령 등) ① 직업안정기관의 장은 거짓이나 그 밖의 부정한 방법으로 구직급여를 지급받은 자에게 지급받은 전체 구직급여의 전부 또는 일부의 반환을 명할 수 있고, 이에 추가하여 노동부령으로 정하는 기준에 따라 그 거짓이나 그 밖의 부정한 방법으로 지급받은 구직급여액에 상당하는 액스 이하의 금액을 징수할 수 있다.

② 제1항의 경우에 거짓이나 그 밖의 부정한 방법이 사업주(사업주의 대리인·사용인, 그 밖의 종업원을 포함한다.)의 거짓된 신고·보고 또는 증명으로 인한 것이면 그 사업주도 그 구직급여를 지급받은 자와 연대하여 책임을 진다.

③ 직업안정기관의 장은 수급자격자 또는 수급자격이 있었던 자에게 잘못 지급된 구직급여가 있으면 그 지급금액을 징수할 수 있다.

제63조(질병 등의 특례) ① 수급자격자가 제42조에 따라 실업의 신고를 한 이후에 질병·부상 또는 출산으로 취업이 불가능하여 실업의 인정을 받지 못한 날에 대해서는 제44조 제1항에도 불구하고 그 수급자격자의 청구에 의하여 제

46조의 구직급여일액에 해당하는 금액(이하 '상병급여'라 한다.)을 구직급여에 갈음하여 지급할 수 있다. 다만, 제60조 제1항 및 제2항에 따라 구직급여의 지급이 정지된 기간에 대해서는 상병급여를 지급하지 아니한다.

② 상병급여를 지급할 수 있는 일수는 그 수급자격자에 대한 구직급여 소정급여일수에서 그 수급자격에 의하여 구직급여가 지급된 일수를 뺀 일수를 한도로 한다. 이 경우 상병급여를 지급받은 자에 대하여 이 법의 규정(제61조 및 제62조는 제외한다.)을 적용할 때에는 상병급여의 지급 일수에 상당하는 일수분의 구직급여가 지급된 것으로 본다.

③ 제1항에 따른 상병급여는 그 취업할 수 없는 사유가 없어진 이후에 최초로 구직급여를 지급하는 날(구직급여를 지급하는 날이 없는 경우에는 직업안정기관의 장이 정하는 날)에 지급한다. 다만, 필요하다고 인정하면 노동부장관이 따로 정하는 바에 따라 지급할 수 있다.

④ 제1항에도 불구하고 수급자격자가 '근로기준법' 제79조에 따른 휴업보상, '산업재해보상보험법' 제39조에 따른 휴업급여, 그 밖에 이에 해당하는 급여 또는 보상으로서 대통령령으로 정하는 보상 또는 급여를 지급받을 수 있는 경우에는 상병급여를 지급하지 아니한다.

⑤ 상병급여의 지급에 관해서는 제47조, 제49조, 제57조, 제61조 제1항부터 제3항까지 및 제62조를 준용한다. 이 경우 제47조 중 '실업인정대상기간'은 '실업의 인정을 받지 못한 날'로 본다.

제3절 취업촉진 수당

제64조(조기재취업 수당) ① 조기재취업 수당은 수급자격자('외국인근로자의 고용 등에 관한 법률' 제2조에 따른 외국인 근로자는 제외한다.)가 안정된 직업에 재취직하거나 스스로 영리를 목적으로 하는 사업을 영위하는 경우로서 대통령령으로 정하는 기준에 해당하면 지급한다.

② 제1항에도 불구하고 수급자격자가 안정된 직업에 재취업한 날 또는 스스로 영리를 목적으로 하는 사업을 시작한 날 이전의 대통령령으로 정하는 기간에 조기재취업 수당을 지급받은 사실이 있는 경우에는 조기재취업 수당을 지급하지 아니한다.

③ 조기재취업 수당의 금액은 구직급여의 소정급여일수 중 미지급일수의 비

율에 따라 대통령령으로 정하는 기준에 따라 산정한 금액으로 한다.

④ 조기재취업 수당을 지급받은 자에 대하여 이 법의 규정(제61조 및 제62조는 제외한다.)을 적용할 때에는 그 조기재취업 수당의 금액을 제46조에 따른 구직급여일액으로 나눈 일수분에 해당하는 구직급여를 지급한 것으로 본다.

⑤ 수급자격자를 조기에 재취업시켜 구직급여의 지급 기간이 단축되도록 한 자에게는 대통령령으로 정하는 바에 따라 장려금을 지급할 수 있다.

제65조(직업능력개발 수당) ① 직업능력개발 수당은 수급자격자가 직업안정기관의 장이 지시한 직업능력개발 훈련 등을 받는 경우에 그 직업능력개발 훈련 등을 받는 기간에 대하여 지급한다.

② 제1항에도 불구하고 제60조 제1항 및 제2항에 따라 구직급여의 지급이 정지된 기간에 대해서는 직업능력개발 수당을 지급하지 아니한다.

③ 직업능력개발 수당의 지급 요건 및 금액에 필요한 사항은 대통령령으로 정한다. 이 경우 인력의 수급 상황을 고려하여 노동부장관이 특히 필요하다고 인정하여 고시하는 직종에 관한 직업능력개발 훈련 등에 대해서는 직업능력개발 수당의 금액을 다르게 정할 수 있다.

제66조(광역 구직활동비) ① 광역 구직활동비는 수급자격자가 직업안정기관의 소거에 따라 광범위한 지역에 걸쳐 구직 활동을 하는 경우로서 대통령령으로 정하는 기준에 따라 직업안정기관의 장이 필요하다고 인정하면 지급할 수 있다.

② 광역 구직활동비의 금액은 제1항의 구직 활동에 통상 드는 비용으로 하되, 그 금액의 산정은 노동부령으로 정하는 바에 따른다.

제67조(이주비) ① 이주비는 수급자격자가 취업하거나 직업안정기관의 장이 지시한 직업능력개발 훈련 등을 받기 위하여 그 주거를 이전하는 경우로서 대통령령으로 정하는 기준에 따라 직업안정기관의 장이 필요하다고 인정하면 지급할 수 있다.

② 이주비의 금액은 수급자격자 및 그 수급자격자에 의존하여 생계를 유지하는 동거 친족의 이주에 일반적으로 드는 비용으로 하되, 그 금액의 산정은 노동부령으로 정하는 바에 따라 따른다.

제68조(취업촉진 수당의 지급 제한) ① 거짓이나 그 밖의 부정한 방법으로 실업급여를 받았거나 받으려 한 자에게는 그 급여를 받은 날 또는 받으려 한 날부터의 취업촉진 수당을 지급하지 아니한다. 다만, 그 급여와 관련된 이직 이후에 새로 수급자격을 취득하면 그 새로운 수급자격에 따른 취업촉진 수당은

그러하지 아니하다.

② 제1항 본문에도 불구하고 거짓이나 그 밖의 부정한 방법이 제47조 제1항에 따른 신고의무의 불이행 또는 거짓의 신고 등 대통령령으로 정하는 사유에 해당하면 취업촉진 수당의 지급을 제한하지 아니한다. 다만, 2회 이상의 위반행위를 한 경우에는 제1항 본문에 따른다.

③ 거짓이나 그 밖의 부정한 방법으로 실업급여를 지급받았거나 받으려 한 자가 제1항 또는 제2항에 따라 취업촉진 수당을 지급받을 수 없게 되어 조기재취업 수당을 지급받지 못하게 된 경우에도 제64조 제4항을 적용할 때는 그 지급받을 수 없게 된 조기재취업 수당을 지급받은 것으로 본다.

제69조(준용) 취업촉진 수당에 관해서는 제57조 제1항·제3항 및 제62조를 준용한다. 이 경우 제57조 제1항 중 '수급자격자'는 '취업촉진 수당을 지급받을 수 있는 자'로 본다.

제5장 육아휴직 급여 등

제1절 육아휴직 급여

제70조(육아휴직 급여) ① 노동부장관은 '남녀고용평등과 일·가정 양립 지원에 관한 법률' 제19조에 따른 육아휴직을 30일('근로기준법' 제74조에 따른 산전후휴가기간 90일과 중복되는 기간은 제외한다.) 이상 부여받은 피보험자 중 다음 각 호의 요건을 모두 갖춘 경우에 육아휴직 급여를 지급한다. <개정 2007.12.21>

  1. 육아휴직을 시작한 날 이전에 제41조에 따른 피보험 단위기간이 통산하여 180일 이상일 것
  2. 같은 자녀에 대하여 피보험자인 배우자가 육아휴직(30일 미만은 제외한다.)을 부여받지 아니하고 있을 것
  3. 육아휴직을 시작한 날 이후 1개월부터 끝난 날 이후 12개월 이내에 신청할 것. 다만, 같은 기간에 대통령령으로 정한 사유로 육아휴직 급여를 신청할 수 없었던 자는 그 사유가 끝난 후 30일 이내에 신청하여야 한다.

② 제1항에 따른 육아휴직 급여액은 대통령령으로 정한다.

③ 육아휴직 급여의 신청 및 지급에 관하여 필요한 사항은 노동부령으로 정한다.

제71조(육아휴직의 확인) 사업주는 피보험자가 제70조에 따른 육아휴직 급여를 받으려는 경우 노동부령으로 정하는 바에 따라 사실의 확인 등 모든 절차에 적극 협력하여야 한다.

제72조(취업의 신고 등) ① 피보험자가 육아휴직 급여 기간 중에 이직 또는 새로 취업(취직한 경우 1주간의 소정근로시간이 15시간 미만인 경우는 제외한다. 이하 이 장에서 같다.)하거나 사업주로부터 금품을 지급받은 경우에는 그 사실을 직업안정기관의 장에게 신고하여야 한다.

② 직업안정기관의 장은 필요하다고 인정하면 육아휴직 급여 기간 중의 이직, 취업 여부 등에 대하여 조사할 수 있다.

제73조(급여의 지급 제한 등) ① 피보험자가 육아휴직 급여 기간 중에 그 사업에서 이직하거나 새로 취업한 경우에는 그 이직 또는 취업하였을 때부터 육아휴직 급여를 지급하지 아니한다.

② 피보험자가 사업주로부터 육아휴직을 이유로 금품을 지급받은 경우 대통령령으로 정하는 바에 따라 급여를 감액하여 지급할 수 있다.

③ 거짓이나 그 밖의 부정한 방법으로 육아휴직 급여를 받았거나 받으려 한 자에게는 그 급여를 받은 날 또는 받으려 한 날부터의 육아휴직 급여를 지급하지 아니한다. 다만, 그 급여와 관련된 육아휴직 이후에 새로 육아휴직 급여 요건을 갖춘 경우 그 새로운 요건에 따른 육아휴직 급여는 그러하지 아니하다.

제74조(준용) 육아휴직 급여에 관해서는 제62조를 준용한다. 이 경우 '구직급여'는 '육아휴직 급여'로 본다.

제2절 산전후휴가 급여 등

제75조(산전후휴가 급여 등) 노동부장관은 '남녀고용평등과 일·가정 양립 지원에 관한 법률' 제18조에 따라 피보험자가 '근로기준법' 제74조에 따른 산전후휴가 또는 유산·사산휴가를 받은 경우로서 다음 각 호의 요건을 모두 갖춘 경우에 산전후휴가 급여 등(이하 '산전후휴가 급여 등'이라 한다.)을 지급한다. <개정 2007.12.21>

1. 휴가가 끝난 날 이전에 제41조에 따른 피보험 단위기간이 통산하여 180일 이상일 것
2. 휴가를 시작한 날(제19조 제2항에 따라 근로자의 수 등이 대통령령으로 정하는 기준에 해당하는 기업이 아닌 경우는 휴가 시작 후 60일이 지난 날로 본다.) 이후 1개월부터 휴가가 끝난 날 이후 12개월 이내에 신청할 것. 다만, 그 기간에 대통령령으로 정하는 사유로 산전후휴가 급여 등을 신청할 수 없었던 자는 그 사유가 끝난 후 30일 이내에 신청하여야 한다.

제75조의 2(산전후휴가 급여 등의 수급권 대위) 사업주가 산전후휴가 급여 등의 지급 사유와 같은 사유로 그에 상당하는 금품을 근로자에게 미리 지급한 경우로서 그 금품이 산전후휴가 급여 등을 대체하여 지급한 것으로 인정되면 그 사업주는 지급한 금액(제76조 제2항에 따른 상한액을 초과할 수 없다.)에 대하여 그 근로자의 산전후휴가 급여 등을 받을 권리를 대위한다.
[본 조 신설 2008.12.31]

제76조(지급 기간 등) ① 제75조에 따른 산전후휴가 급여 등은 '근로기준법' 제74조에 따른 휴가 기간에 대하여 '근로기준법'의 통상임금(휴가를 시작한 날을 기준으로 산정한다.)에 해당하는 금액을 지급한다. 다만, 제19조 제2항에 따라 근로자의 수 등이 대통령령으로 정하는 기준에 해당하는 기업이 아닌 경우에는 휴가 기간 중 60일을 초과한 일수(30일을 한도로 한다.)로 한정한다.
② 제1항에 따른 산전후휴가 급여 등의 지급 금액은 대통령령으로 정하는 바에 따라 그 상한액과 하한액을 정할 수 있다.
③ 제1항과 제2항에 따른 산전후휴가 급여 등의 신청 및 지급에 필요한 사항은 노동부령으로 정한다.

제77조(준용) 산전후휴가 급여 등에 관해서는 제62조, 제71조부터 제73조까지의 규정을 준용한다. 이 경우 제62조 중 '구직급여'는 '산전후휴가 급여 등'으로, 제71조부터 제73조까지의 규정 중 '육아휴직'은 '산전후휴가 또는 유산·사산휴가'로 각각 본다.

제6장 고용보험기금

제78조(기금의 설치 및 조성) ① 노동부장관은 보험사업에 필요한 재원에 충당하기

위하여 고용보험기금(이하 '기금'이라 한다.)을 설치한다.

② 기금은 보험료와 이 법에 따른 징수금·적립금·기금운용 수익금과 그 밖의 수입으로 조성한다.

제79조(기금의 관리·운용) ① 기금은 노동부장관이 관리·운용한다.

② 기금의 관리·운용에 관한 세부 사항은 '국가재정법'의 규정에 따른다.

③ 노동부장관은 다음 각 호의 방법에 따라 기금을 관리·운용한다.

1. 금융기관에의 예탁

2. 재정자금에의 예탁

3. 국가·지방자치단체 또는 금융기관에서 직접 발행하거나 채무이행을 보증하는 유가증권의 매입

4. 보험사업의 수행 또는 기금 증식을 위한 부동산의 취득 및 처분

5. 그 밖에 대통령령으로 정하는 기금 증식 방법

④ 노동부장관은 제1항에 따라 기금을 관리·운용할 때에는 그 수익이 대통령령으로 정하는 수준 이상 되도록 하여야 한다.

제80조(기금의 용도) ① 기금은 다음 각 호의 용도에 사용하여야 한다. <개정 2008.3.21>

1. 고용안정·직업능력개발 사업에 필요한 경비

2. 실업급여의 지급

3. 육아휴직 급여 및 산전후휴가 급여 등의 지급

4. 보험료의 반환

5. 일시 차입금의 상환금과 이자

6. 이 법과 보험료징수법에 따른 업무를 대행하거나 위탁받은 자에 대한 출연금

7. 그 밖에 이 법의 시행을 위하여 필요한 경비로서 대통령령으로 정하는 경비와 제1호 및 제2호에 따른 사업의 수행에 딸린 경비

② 제1항 제6호에 따른 출연금의 지급기준, 사용 및 관리에 관하여 필요한 사항은 대통령령으로 정한다. <신설 2008.3.21>

제81조(기금운용 계획 등) ① 노동부장관은 매년 기금운용 계획을 세워 고용정책심의회 및 국무회의의 심의를 거쳐 대통령의 승인을 받아야 한다.

② 노동부장관은 매년 기금의 운용 결과에 대하여 고용정책심의회의 심의를 거쳐 공표하여야 한다.

제81조(기금운용 계획 등) ① 노동부장관은 매년 기금운용 계획을 세워 제7조에 따른 고용보험위원회 및 국무회의의 심의를 거쳐 대통령의 승인을 받아야 한다. <개정 2008.12.31>

② 노동부장관은 매년 기금의 운용 결과에 대하여 제7조에 따른 고용보험위원회의 심의를 거쳐 공표하여야 한다. <개정 2008.12.31>

[시행일: 2009.7.1] 제81조

제82조(기금계정의 설치) ① 노동부장관은 한국은행에 고용보험기금계정을 설치하여야 한다.

② 제1항의 고용보험기금계정은 고용안정·직업능력개발 사업 및 실업급여로 구분하여 관리한다.

제83조(기금의 출납) 기금의 관리·운용을 하는 경우 출납에 필요한 사항은 대통령령으로 정한다.

제84조(기금의 적립) ① 노동부장관은 대량 실업의 발생이나 그 밖의 고용상태의 불안에 대비한 준비금으로 그 연도의 지출 비용을 초과하는 여유자금을 적립하여야 한다.

② 제1항에 따른 적립금의 적정한 규모는 고용정책심의회의 심의를 거쳐 결정한다.

제84조(기금의 적립) ① 노동부장관은 대량 실업의 발생이나 그 밖의 고용상태 불안에 대비한 준비금으로 여유자금을 적립하여야 한다.

② 제1항에 따른 여유자금의 적정규모는 다음 각 호와 같다.

　　1. 고용안정·직업능력개발 사업 계정의 연말 적립금: 해당 연도 지출액의 1배 이상 1.5배 미만

　　2. 실업급여 계정의 연말 적립금: 해당 연도 지출액의 1.5배 이상 2배 미만

[전문개정 2008.12.31]

[시행일: 2009.7.1] 제84조

제85조(잉여금과 손실금의 처리) ① 기금의 결산상 잉여금이 생기면 이를 적립금으로 적립하여야 한다.

② 기금의 결산상 손실금이 생기면 적립금을 사용하여 이를 보전(補塡)할 수 있다.

제86조(차입금) 기금을 지출할 때 자금 부족이 발생하거나 발생할 것으로 예상되는 경우에는 기금의 부담으로 금융기관·다른 기금과 그 밖의 재원 등으로

부터 차입을 할 수 있다.

제7장 심사 및 재심사청구

제87조(심사와 재심사) ① 제17조에 따른 피보험자격의 취득·상실에 대한 확인, 제4장의 규정에 따른 실업급여 및 제5장에 따른 육아휴직 급여와 산전후휴가 급여 등에 관한 처분(이하 '원처분(原處分) 등'이라 한다.)에 이의가 있는 자는 제89조에 따른 심사관에게 심사를 청구할 수 있고, 그 결정에 이의가 있는 자는 제99조에 따른 심사위원회에 재심사를 청구할 수 있다.

② 제1항에 따른 심사의 청구는 같은 항의 확인 또는 처분이 있음을 안 날부터 90일 이내에, 재심사의 청구는 심사청구에 대한 결정이 있음을 안 날부터 90일 이내에 각각 제기하여야 한다.

③ 제1항에 따른 심사 및 재심사의 청구는 시효중단에 관하여 재판상의 청구로 본다.

제88조(대리인의 선임) 심사청구인 또는 재심사청구인은 법정대리인 외에 다음 각 호의 어느 하나에 해당하는 자를 대리인으로 선임할 수 있다.

1. 청구인의 배우자, 직계존속·비속 또는 형제자매

2. 청구인인 법인의 임원 또는 직원

3. 변호사나 공인노무사

4. 제99조에 따른 심사위원회의 허가를 받은 자

제89조(고용보험심사관) ① 제87조에 따른 심사를 행하게 하기 위하여 고용보험심사관(이하 '심사관'이라 한다.)을 둔다.

② 심사관은 제87조 제1항에 따라 심사청구를 받으면 30일 이내에 그 심사청구에 대한 결정을 하여야 한다. 다만, 부득이한 사정으로 그 기간에 결정할 수 없을 때에는 1차에 한하여 10일을 넘지 아니하는 범위에서 그 기간을 연장할 수 있다.

③ 심사관의 정원·자격·배치 및 직무에 필요한 사항은 대통령령으로 정한다.

④ 당사자는 심사관에게 심리·결정의 공정을 기대하기 어려운 사정이 있으면 그 심사관에 대한 기피신청을 노동부장관에게 할 수 있다.

⑤ 심사청구인이 사망한 경우 그 심사청구인이 실업급여의 수급권자이면 제

57조에 따른 유족이, 그 외의 자인 때에는 상속인 또는 심사청구의 대상인 원처분 등에 관계되는 권리 또는 이익을 승계한 자가 각각 심사청구인의 지위를 승계한다.

제90조(심사의 청구 등) ① 제87조 제1항에 따른 심사의 청구는 원처분 등을 한 직업안정기관을 거쳐 심사관에게 하여야 한다.

② 직업안정기관은 심사청구서를 받은 날부터 5일 이내에 의견서를 첨부하여 심사청구서를 심사관에게 보내야 한다.

제91조(청구의 방식) 심사의 청구는 대통령령으로 정하는 바에 따라 문서로 하여야 한다.

제92조(보정 및 각하) ① 심사의 청구가 제87조 제2항에 따른 기간이 지났거나 법령으로 정한 방식을 위반하여 보정(補正)하지 못할 것인 경우에 심사관은 그 심사의 청구를 결정으로 각하하여야 한다.

② 심사의 청구가 법령으로 정한 방식을 어긴 것이라도 보정할 수 있는 것인 경우에 심사관은 상당한 기간을 정하여 심사청구인에게 심사의 청구를 보정하도록 명할 수 있다. 다만, 보정할 사항이 경미한 경우에는 심사관이 직권으로 보정할 수 있다.

③ 심사관은 심사청구인이 제2항의 기간에 그 보정을 하지 아니하면 결정으로써 그 심사청구를 각하하여야 한다.

제93조(원처분 등의 집행 정지) ① 심사의 청구는 원처분 등의 집행을 정지시키지 아니한다. 다만, 심사관은 원처분 등의 집행에 의하여 발생하는 중대한 위해(危害)를 피하기 위하여 긴급한 필요가 있다고 인정하면 직권으로 그 집행을 정지시킬 수 있다.

② 심사관은 제1항 단서에 따라 집행을 정지시키려고 할 때에는 그 이유를 적은 문서로 그 사실을 직업안정기관의 장에게 알려야 한다.

③ 직업안정기관의 장은 제2항에 따른 통지를 받으면 지체 없이 그 집행을 정지하여야 한다.

④ 심사관은 제2항에 따라 집행을 정지시킨 경우에는 지체 없이 심사청구인에게 그 사실을 문서로 알려야 한다.

제94조(심사관의 권한) ① 심사관은 심사의 청구에 대한 심리(審理)를 위하여 필요하다고 인정하면 심사청구인의 신청 또는 직권으로 다음 각 호의 조사를 할 수 있다.

1. 심사청구인 또는 관계인을 지정 장소에 출석하게 하여 질문하거나 의견을 진술하게 하는 것
2. 심사청구인 또는 관계인에게 증거가 될 수 있는 문서와 그 밖의 물건을 제출하게 하는 것
3. 전문적인 지식이나 경험을 가진 제삼자로 하여금 감정하게 하는 것
4. 사건에 관계가 있는 사업장 또는 그 밖의 장소에 출입하여 사업주·종업원이나 그 밖의 관계인에게 질문하거나 문서와 그 밖의 물건을 검사하는 것

② 심사관은 제1항 제4호에 따른 질문과 검사를 하는 경우에는 그 권한을 나타내는 증표를 지니고 이를 관계인에게 내보여야 한다.

제95조(실비변상) 제94조 제1항 제1호에 따라 지정한 장소에 출석한 자와 같은 항 제3호에 따라 감정을 한 감정인에게는 노동부장관이 정하는 실비를 변상한다.

제96조(결정) 심사관은 심사의 청구에 대한 심리(審理)를 마쳤을 때에는 원처분 등의 전부 또는 일부를 취소하거나 심사청구의 전부 또는 일부를 기각한다.

제97조(결정의 방법) ① 제89조에 따른 결정은 대통령령으로 정하는 바에 따라 문서로 하여야 한다.

② 심사관은 결정을 하면 심사청구인 및 원처분 등을 한 직업안정기관의 장에게 각각 결정서의 정본(正本)을 보내야 한다.

제98조(결정의 효력) ① 결정은 심사청구인 및 직업안정기관의 장에게 결정서의 정본을 보낸 날부터 효력이 발생한다.

② 결정은 원처분 등을 행한 직업안정기관의 장을 기속(羈束)한다.

제99조(고용보험심사위원회) ① 제87조에 따른 재심사를 하게 하기 위하여 노동부에 고용보험심사위원회(이하 '심사위원회'라 한다.)를 둔다.

② 심사위원회는 근로자를 대표하는 자 및 사용자를 대표하는 자 각 1명 이상을 포함한 15명 이내의 위원으로 구성한다.

③ 제2항의 위원 중 2명은 상임위원으로 한다.

④ 다음 각 호의 어느 하나에 해당하는 자는 위원에 임명될 수 없다.
1. 금치산자·한정치산자 또는 파산의 선고를 받고 복권되지 아니한 자
2. 금고 이상의 형을 선고받고 그 형의 집행이 종료되거나 집행을 받지 아니하기로 확정된 후 3년이 지나지 아니한 자

⑤ 위원은 형의 선고를 받았거나 심신 쇠약 또는 현저한 능력 부족으로 직

무를 수행하기 곤란한 때 외에는 그 의사와 다르게 면직되지 아니한다.

⑥ 상임위원은 정당에 가입하거나 정치에 관여하여서는 아니 된다.

⑦ 심사위원회는 제87조 제1항에 따라 재심사의 청구를 받으면 50일 이내에 재결(裁決)을 하여야 한다. 이 경우 재결기간의 연장에 관해서는 제89조 제2항을 준용한다.

⑧ 심사위원회에 사무국을 둔다.

⑨ 심사위원회 및 사무국의 조직·운영 등에 필요한 사항은 대통령령으로 정한다.

제100조(재심사의 상대방) 재심사의 청구는 원처분 등을 행한 직업안정기관의 장을 상대방으로 한다.

제101조(심리) ① 심사위원회는 재심사의 청구를 받으면 그 청구에 대한 심리기일 및 장소를 정하여 심리기일 3일 전까지 당사자 및 그 사건을 심사한 심사관에게 알려야 한다.

② 당사자는 심사위원회에 문서나 구두로 그 의견을 진술할 수 있다.

③ 심사위원회의 재심사청구에 대한 심리는 공개한다. 다만, 당사자의 양쪽 또는 어느 한쪽이 신청한 경우에는 공개하지 아니할 수 있다.

④ 심사위원회는 심리조서(審理調書)를 작성하여야 한다.

⑤ 당사자나 관계인은 제4항의 심리조서의 열람을 신청할 수 있다.

⑥ 위원회는 당사자나 관계인이 제5항에 따른 열람 신청을 하면 정당한 사유 없이 이를 거부하여서는 아니 된다.

⑦ 재심사청구의 심리에 관해서는 제94조 및 제95조를 준용한다. 이 경우 '심사관'은 '심사위원회'로, '심사의 청구'는 '재심사의 청구'로, '심사청구인'은 '재심사청구인'으로 본다.

제102조(준용 규정) 심사위원회와 재심사에 관해서는 제89조 제4항·제5항, 제91조부터 제93조까지, 제96조부터 제98조까지의 규정을 준용한다. 이 경우 제89조 제4항 중 '심사관'은 '심사위원회의 위원'으로, 제89조 제4항·제97조·제98조 중 '결정'은 각각 '재결'로, 제91조·제93조·제96조 중 '심사의 청구'는 각각 '재심사의 청구'로, 제93조·제96조·제97조 중 '심사관'은 각각 '심사위원회'로, 제93조·제97조·제98조 중 '심사청구인'은 각각 '재심사청구인'으로 본다.

제103조(고지) 직업안정기관의 장이 원처분 등을 하거나 심사관이 제97조 제2항

에 따라 결정서의 정본을 송부하는 경우에는 그 상대방 또는 심사청구인에게 원처분 등 또는 결정에 관하여 심사 또는 재심사를 청구할 수 있는지의 여부, 청구하는 경우의 경유(經由) 절차 및 청구 기간을 알려야 한다.

제104조(다른 법률과의 관계) ① 재심사의 청구에 대한 재결은 '행정소송법' 제18조를 적용할 경우 행정심판에 대한 재결로 본다.

② 심사 및 재심사의 청구에 관하여 이 법에서 정하고 있지 아니한 사항은 '행정심판법'의 규정에 따른다.

제8장 보칙

제105조(불이익 처우의 금지) 사업주는 근로자가 제17조에 따른 확인의 청구를 한 것을 이유로 그 근로자에게 해고나 그 밖의 불이익한 처우를 하여서는 아니 된다.

제106조(준용) 이 법에 따른 징수금의 징수에 관해서는 보험료징수법 제27조부터 제30조까지·제32조·제39조·제41조 및 제42조를 준용한다.

제107조(소멸시효) ① 제3장부터 제5장까지의 규정에 따른 지원금·실업급여·육아휴직 급여 또는 산전후휴가 급여 등을 지급받거나 그 반환을 받을 권리는 3년간 행사하지 아니하면 시효로 소멸한다. 다만, 보험료징수법 제22조의 3에 따라 고용보험료를 면제받는 기간 중에 발생하는 사업주의 제3장에 따른 지원금을 지급받을 권리는 보험에 가입한 날이 속하는 그 보험연도의 직전 보험연도 첫날에 소멸한 것으로 본다.

② 소멸시효의 중단에 관해서는 '산업재해보상보험법' 제80조를 준용한다.

제108조(보고 등) ① 노동부장관은 필요하다고 인정하면 피보험자 또는 수급자격자를 고용하고 있거나 고용하였던 사업주, 보험료징수법 제33조에 따른 보험사무대행기관(이하 '보험사무대행기관'이라 한다.) 및 보험사무대행기관이었던 자에게 피보험자의 자격 확인, 부정수급의 조사 등 이 법의 시행에 필요한 보고, 관계 서류의 제출 또는 관계인의 출석을 요구할 수 있다.

② 이직한 자는 종전의 사업주 또는 그 사업주로부터 보험 사무의 위임을 받아 보험 사무를 처리하는 보험사무대행기관에 실업급여를 지급받기 위하여 필요한 증명서의 교부를 청구할 수 있다. 이 경우 청구를 받은 사업주나

보험사무대행기관은 그 청구에 따른 증명서를 내주어야 한다.

③ 노동부장관은 피보험자, 수급자격자 또는 지급되지 아니한 실업급여의 지급을 청구하는 자에게 피보험자의 자격 확인, 부정수급의 조사 등 이 법의 시행에 필요한 보고를 하게 하거나 관계 서류의 제출 또는 출석을 요구할 수 있다.

제109조(조사 등) ① 노동부장관은 피보험자의 자격 확인, 부정수급의 조사 등 이 법의 시행을 위하여 필요하다고 인정하면 소속 직원에게 피보험자 또는 수급자격자를 고용하고 있거나 고용하였던 사업주의 사업장 또는 보험사무대행기관 및 보험사무대행기관이었던 자의 사무소에 출입하여 관계인에 대하여 질문하거나 장부 등 서류를 조사하게 할 수 있다.

② 노동부장관이 제1항에 따라 조사를 하는 경우에는 그 사업주 등에게 미리 조사 일시·조사 내용 등 조사에 필요한 사항을 알려야 한다. 다만, 긴급하거나 미리 알릴 경우 그 목적을 달성할 수 없다고 인정되는 경우에는 그러하지 아니하다.

③ 제1항에 따라 조사를 하는 직원은 그 신분을 나타내는 증표를 지니고 이를 관계인에게 내보여야 한다.

④ 노동부장관은 제1항에 따른 조사 결과를 그 사업주 등에게 서면으로 알려야 한다.

제110조(자료의 요청) ① 노동부장관은 보험사업의 효율적인 운영을 위하여 필요하면 관계 중앙행정기관·지방자치단체, 그 밖의 공공단체 등에게 필요한 자료의 제출을 요청할 수 있다.

② 제1항에 따라 자료의 제출을 요청받은 자는 정당한 사유가 없으면 요청에 따라야 한다.

제111조(진찰명령) 직업안정기관의 장은 실업급여의 지급을 위하여 필요하다고 인정하면 제44조 제3항 제1호에 해당하는 자로서 같은 조 제2항에 따른 실업의 인정을 받았거나 받으려는 자 및 제63조에 따라 상병급여를 지급받았거나 지급받으려는 자에게 노동부장관이 지정하는 의료기관에서 진찰을 받도록 명할 수 있다.

제112조(포상금의 지급) ① 노동부장관은 이 법에 따른 고용안정·직업능력개발 사업의 지원·위탁 및 실업급여·육아휴직 급여 또는 산전후휴가 급여 등의 지원과 관련한 부정행위를 신고한 자에게 예산의 범위에서 포상금을 지급할

수 있다.

② 제1항에 따른 부정행위의 신고 및 포상금의 지급에 필요한 사항은 노동부령으로 정한다.

제113조(자영업자에 대한 특례) 제8조에도 불구하고 소득 등을 고려하여 대통령령으로 정하는 자영업자는 보험료징수법에서 정한 바에 따라 자기를 피보험자로 하여 이 법(제3장의 규정만 해당한다.)의 적용을 받을 수 있다.

제114조(시범사업의 실시) ① 노동부장관은 보험사업을 효과적으로 시행하기 위하여 전면적인 시행에 어려움이 예상되거나 수행 방식 등을 미리 검증할 필요가 있는 경우 대통령령으로 정하는 보험사업은 시범사업을 할 수 있다.

② 노동부장관은 제1항에 따른 시범사업에 참여하는 사업주, 피보험자 등 및 직업능력개발이나 훈련 시설 등에 재정·행정·기술 그 밖에 필요한 지원을 할 수 있다.

③ 제1항에 따른 시범사업의 대상자·실시지역·실시방법과 제2항에 따른 지원 내용 등에 관하여 필요한 사항은 노동부장관이 정하여 고시한다.

제115조(권한의 위임·위탁) 이 법에 따른 노동부장관의 권한은 대통령령으로 정하는 바에 따라 그 일부를 직업안정기관의 장에게 위임하거나 대통령령으로 정하는 자에게 위탁할 수 있다.

제115조의 2(벌칙 적용 시의 공무원 의제) 제36조와 제115조에 따라 업무를 대행하거나 위탁하도록 하는 경우에 그 대행하거나 위탁받은 업무에 종사하는 자는 '형법' 제129조부터 제132조까지의 규정에 따른 벌칙을 적용할 때에는 공무원으로 본다.

[본 조 신설 2008.12.31]

제9장 벌칙

제116조(벌칙) ① 제105조를 위반하여 근로자를 해고하거나 그 밖에 근로자에게 불이익한 처우를 한 사업주는 3년 이하의 징역 또는 1천만 원 이하의 벌금에 처한다.

② 거짓이나 그 밖의 부정한 방법으로 실업급여·육아휴직 급여 및 산전후휴가 급여 등을 받은 자는 1년 이하의 징역 또는 300만 원 이하의 벌금에

처한다.

제117조(양벌규정) 법인의 대표자나 법인 또는 개인의 대리인, 사용인, 그 밖의 종업원이 그 법인 또는 개인의 업무에 관하여 제116조의 위반행위를 하면 그 행위자를 벌하는 외에 그 법인 또는 개인에게도 해당 조문의 벌금형을 과(科)한다. 다만, 법인 또는 개인이 그 위반행위를 방지하기 위하여 해당 업무에 관하여 상당한 주의와 감독을 게을리하지 아니한 경우에는 그러하지 아니하다.

[전문개정 2008.12.31]

[제118조에서 이동, 종전의 117조는 제118조로 이동 <2008.12.31>]

제118조(과태료) ① 다음 각 호의 어느 하나에 해당하는 사업주, 보험사무대행기관의 대표자 또는 대리인·사용인, 그 밖의 종업원에게는 300만 원 이하의 과태료를 부과한다. <개정 2008.12.31>

  1. 제15조를 위반하여 신고를 하지 아니하거나 거짓으로 신고한 자

  2. 제16조 제1항을 위반하여 이직확인서를 제출하지 아니하거나 거짓으로 작성하여 제출한 자

  3. 제16조 제2항 후단을 위반하여 이직확인서를 내주지 아니한 자

  4. 제108조 제1항에 따른 요구에 불응하여 보고를 하지 아니하거나 거짓으로 보고한 자, 같은 요구에 불응하여 문서를 제출하지 아니하거나 거짓으로 적은 문서를 제출한 자 또는 출석하지 아니한 자

  5. 제108조 제2항에 따른 요구에 불응하여 증명서를 내주지 아니한 자

  6. 제109조 제1항에 따른 질문에 답변하지 아니하거나 거짓으로 진술한 자 또는 조사를 거부·방해하거나 기피한 자

② 다음 각 호의 어느 하나에 해당하는 피보험자, 수급자격자 또는 지급되지 아니한 실업급여의 지급을 청구하는 자에게는 100만 원 이하의 과태료를 부과한다. <개정 2008.12.31>

  1. 제108조 제3항에 따라 요구된 보고를 하지 아니하거나 거짓으로 보고한 자, 문서를 제출하지 아니하거나 거짓으로 적은 문서를 제출한 자 또는 출석하지 아니한 자

  2. 제109조 제1항에 따른 질문에 답변하지 아니하거나 거짓으로 진술한 자 또는 검사를 거부·방해하거나 기피한 자

③ 제87조에 따른 심사 또는 재심사의 청구를 받아 하는 심사관 및 심사위

원회의 질문에 답변하지 아니하거나 거짓으로 진술한 자 또는 검사를 거부·방해하거나 기피한 자에게는 100만 원 이하의 과태료를 부과한다. <개정 2008.12.31>

④ 제1항부터 제3항까지의 규정에 따른 과태료는 대통령령으로 정하는 바에 따라 노동부장관이 부과·징수한다.

⑤ 삭제 <2008.12.31>

⑥ 삭제 <2008.12.31>

⑦ 삭제 <2008.12.31>

[제117조에서 이동, 종전의 제118조는 제117조로 이동 <2008.12.31>]

부칙 <제8429호, 2007.5.11>

제1조(시행일) 이 법은 공포한 날부터 시행한다.

제2조(직업능력개발 훈련을 실시하는 자의 부정행위에 대한 추가징수에 관한 경과조치) 직업능력개발 훈련을 실시하는 자가 이 법 시행 전에 거짓이나 그 밖의 부정한 방법으로 직업능력개발 훈련에 대한 지원을 받거나 이를 받고자 한 경우에는 제35조 제2항 단서의 개정규정에도 불구하고 종전의 규정에 따른다.

제3조(유효기간) 제107조 제1항 단서의 개정규정은 2009년 12월 31일까지 효력을 가진다.

제4조(처분 등에 관한 일반적 경과조치) 이 법 시행 당시 종전의 규정에 따른 행정기관의 행위나 행정기관에 대한 행위는 그에 해당하는 이 법에 따른 행정기관의 행위나 행정기관에 대한 행위로 본다.

제5조(벌칙이나 과태료에 관한 경과조치) 이 법 시행 전의 행위에 대하여 벌칙이나 과태료 규정을 적용할 때에는 종전의 규정에 따른다.

제6조(다른 법률의 개정) ① 건설근로자의 고용개선 등에 관한 법률 일부를 다음과 같이 개정한다.

제5조 제3항 중 '고용보험법 제13조'를 '고용보험법 제15조'로 한다.

② 고용보험 및 산업재해보상보험의 보험료징수 등에 관한 법률 일부를 다음과 같이 개정한다.

제5조 제2항 중 '고용보험법 제7조 단서'를 '고용보험법 제8조 단서'로, '고용보험법 제8조'를 '고용보험법 제10조'로 한다.

제6조 제1항 중 '고용보험법 제7조 단서'를 '고용보험법 제8조 단서'로 하고,

같은 조 제3항 중 '고용보험법 제8조'를 '고용보험법 제10조'로 한다.

제7조 제1호 중 '고용보험법 제7조 단서'를 '고용보험법 제8조 단서'로 한다.

제17조 제1항 본문 중 '고용보험법 제8조'를 '고용보험법 제10조'로 한다.

제49조의 2 제1항 중 '고용보험법 제83조의 2'를 '고용보험법 제113조'로 한다.

③ 국민연금법 일부를 다음과 같이 개정한다.

제93조의 2 중 '고용보험법 제31조'를 '고용보험법 제40조'로 한다.

④ 근로자직업능력 개발법 일부를 다음과 같이 개정한다.

제20조 제1항 제3호 중 '제15조 제2항'을 '제19조 제2항'으로 한다.

⑤ 제주특별자치도 설치 및 국제자유도시 조성을 위한 특별법 일부를 다음과 같이 개정한다.

제147조 제4항 제1호 중 '고용보험법 제13조(원수급인으로부터 제출된 자료의 접수에 관한 권한을 포함한다.), 제13조의 2, 제14조, 제16조 내지 제18조, 제18조의 2(건설근로자고용안정지원금의 지원에 관한 권한을 포함한다.), 제22조, 제24조, 제26조의 3, 제33조의 2 제1항·제2항, 제34조 제1항·제3항·제4항 제3호·제5항, 제37조, 제42조 제1항·제2항, 제42조의 2 제1항, 제43조 제2항·제3항, 제44조 제2항, 제45조 제2항, 제46조 제1항 내지 제3항, 제48조 제1항·제3항, 제49조 제3항, 제51조 제1항, 제52조 제1항, 제53조 제1항, 제55조의 2, 제55조의 4, 제55조의 5, 제55조의 7, 제55조의 9, 제75조의 6 제3항, 제75조의 10 제2항, 제75조의 11, 제76조의 5, 제80조(이양된 권한의 사무처리를 위하여 필요한 경우에 한한다.), 제82조 및 제86조(이양된 권한에 관한 과태료의 부과·징수에 한한다.)'를 '고용보험법 제15조(원수급인으로부터 제출된 자료의 접수에 관한 권한을 포함한다.), 제16조, 제17조, 제21조부터 제23조까지, 제24조(건설근로자고용안정지원금의 지원에 관한 권한을 포함한다.), 제27조, 제29조, 제33조, 제43조 제1항·제2항, 제44조 제1항·제2항·제3항 제3호·제4항, 제47조, 제51조 제1항·제2항, 제52조 제1항, 제56조 제2항, 제57조 제2항, 제58조, 제60조 제1항부터 제3항까지, 제62조 제1항·제3항, 제63조 제3항, 제65조 제1항, 제66조 제1항, 제67조 제1항, 제70조, 제72조, 제73조, 제75조, 제77조, 제93조 제3항, 제97조 제2항, 제98조, 제103조, 제108조(이양된 권한의 사무처리를 위하여 필요한 경우에 한한다.), 제111조 및 제117조(이양된 권한에 관한 과태료의 부과·징수에 한한다.)'로 한다.

⑥ 주한미군 공여구역주변지역 등 지원 특별법 일부를 다음과 같이 개정한다.

제23조 제1항 중 '고용보험법 제15조'를 '고용보험법 제19조'로 한다.

⑦ 중소기업 사업전환 촉진에 관한 특별법 일부를 다음과 같이 개정한다.

제25조 제2항 제2호 중 '고용보험법 제16조'를 '고용보험법 제21조'로, '동법 제24조'를 '같은 법 제29조'로 한다.

⑧ 중소기업인력지원 특별법 일부를 다음과 같이 개정한다.

제21조 제1항 중 '고용보험법 제15조'를 '고용보험법 제19조'로 한다.

제7조(다른 법령과의 관계) 이 법 시행 당시 다른 법령에서 종전의 '고용보험법' 또는 그 규정을 인용한 경우에 이 법 가운데 그에 해당하는 규정이 있으면 종전의 규정을 갈음하여 이 법 또는 이 법의 해당 규정을 인용한 것으로 본다.

부칙(남녀고용평등과 일·가정 양립 지원에 관한 법률) 〈제8781호, 2007.12.21〉

제1조(시행일) 이 법은 공포 후 6개월이 경과한 날부터 시행한다. <단서 생략>

제2조(다른 법률의 개정) ① 생략

② 고용보험법 일부를 다음과 같이 개정한다.

제70조 제1항 각 호 외의 부분 및 제75조 각 호 외의 부분 중 '남녀고용평등법'을 각각 '남녀고용평등과 일·가정 양립 지원에 관한 법률'로 한다.

제3조 생략

부칙 〈제8959호, 2008.3.21〉

① (시행일) 이 법은 공포한 날부터 시행한다. 다만, 제10조의 개정규정은 공포 후 6개월이 경과한 날부터 시행한다.

② (훈련연장급여액 인상에 관한 적용례) 제54조 제2항의 개정규정은 이 법 시행 이후의 훈련기간에 대한 훈련연장급여 지급분부터 적용한다.

부칙 〈제9315호, 2008.12.31〉

제1조(시행일) 이 법은 공포한 날부터 시행한다. 다만, 제29조 제3항의 개정규정은 공포 후 3개월이 경과한 날부터 시행하고, 제7조, 제11조의 2, 제81조 및 제84조의 개정규정은 2009년 7월 1일부터 시행한다.

제2조(수급자격 인정에 관한 적용례) 제41조 및 제43조의 개정규정은 이 법 시행 후

최초로 수급자격 인정 여부를 결정하는 경우부터 적용한다.

제3조(산전후휴가 급여 등의 수급권 대위에 관한 적용례) 제75조의 2의 개정규정은 이 법 시행 후 최초로 산전후휴가 등을 부여하는 경우부터 적용한다.

제4조(부정행위에 따른 지원의 제한 등에 관한 경과조치) 제35조의 개정규정에도 불구하고 이 법 시행 전에 거짓이나 그 밖의 부정한 방법으로 지원을 받은 자 또는 받으려 한 자에 대한 지원의 제한 등에 관해서는 종전의 규정에 따른다.

15. 국민기초생활보장법

국민기초생활보장법
[시행 2008. 7. 1][법률 제8852호, 2008.2.29, 일부개정]

제1장 총칙

제1조(목적) 이 법은 생활이 어려운 자에게 필요한 급여를 행하여 이들의 최저생활을 보장하고 자활을 조성하는 것을 목적으로 한다.

제2조(정의) 이 법에서 사용하는 용어의 정의는 다음과 같다. <개정 2004.3.5, 2005.12.23, 2008.2.29>

1. '수급권자'라 함은 이 법에 의한 급여를 받을 수 있는 자격을 가진 자를 말한다.
2. '수급자'라 함은 이 법에 의한 급여를 받는 자를 말한다.
3. '수급품'이라 함은 이 법에 의하여 수급자에게 급여하거나 대여하는 금전 또는 물품을 말한다.
4. '보장기관'이라 함은 이 법에 의한 급여를 행하는 국가 또는 지방자치단체를 말한다.

5. '부양의무자'라 함은 제5조의 규정에 의한 수급권자를 부양할 책임이 있는 자로서 수급권자의 1촌의 직계혈족 및 그 배우자를 말한다.

6. '최저생계비'라 함은 국민이 건강하고 문화적인 생활을 유지하기 위하여 소요되는 최소한의 비용으로서 제6조의 규정에 의하여 보건복지가족부장관이 공표하는 금액을 말한다.

7. '개별가구'라 함은 이 법에 따른 급여를 받거나 이 법에 따른 자격요건 부합 여부에 관한 조사를 받는 기본단위로서 수급자 또는 수급권자로 구성된 가구를 말한다. 이 경우 개별가구의 범위 등 구체적인 사항은 대통령령으로 정한다.

8. '소득인정액'이라 함은 개별가구의 소득평가액과 재산의 소득환산액을 합산한 금액을 말한다.

9. '개별가구의 소득평가액'이라 함은 개별가구의 실제소득에 불구하고 보장기관이 급여의 결정 및 실시 등에 사용하기 위하여 산출한 금액을 말한다. 이 경우 소득평가액은 가구특성에 따른 지출요인과 근로를 유인하기 위한 요소 등을 반영하여야 하고, 실제소득의 구체적인 범위는 대통령령으로, 소득평가액의 구체적인 산정방식은 보건복지가족부령으로 정한다.

10. '재산의 소득환산액'이라 함은 보장기관이 급여의 결정 및 실시 등에 사용하기 위하여 개별가구의 재산가액에 소득환산율을 곱하여 산출한 금액을 말한다. 이 경우 개별가구의 재산범위·재산가액의 산정기준 및 소득환산율 기타 필요한 사항에 관해서는 보건복지가족부령으로 정한다.

11. '차상위계층'이라 함은 수급권자(제5조 제2항에 따라 수급권자로 보는 자를 제외한다.)에 해당하지 아니하는 계층으로서 소득인정액이 대통령령이 정하는 기준 이하인 계층을 말한다.

제3조(급여의 기본원칙) ① 이 법에 의한 급여는 수급자가 자신의 생활의 유지·향상을 위하여 그 소득·재산·근로능력 등을 활용하여 최대한 노력하는 것을 전제로 이를 보충·발전시키는 것을 기본원칙으로 한다. ② 부양의무자의 부양과 다른 법령에 의한 보호는 이 법에 의한 급여에 우선하여 행하여지는 것으로 한다. 다만, 다른 법령에 의한 보호의 수준이 이 법에서 정하는 수준에 이르지 아니하는 경우에는 나머지 부분에 관하여 이 법에 의한 급여를 받을 권리를 잃지 아니한다.

제4조(급여의 기준 등) ① 이 법에 의한 급여는 건강하고 문화적인 최저생활을

유지할 수 있는 것이어야 한다.

② 이 법에 의한 급여의 기준은 보건복지가족부장관이 수급자의 연령·가구규모·거주지역 기타 생활여건 등을 고려하여 급여의 종류별로 정한다. <개정 2008.2.29>

③ 보장기관은 이 법에 의한 급여를 개별가구를 단위로 하여 행하되, 특히 필요하다고 인정하는 경우에는 개인을 단위로 하여 행할 수 있다. <개정 2006.12.28>

제5조(수급권자의 범위) ① 수급권자는 부양의무자가 없거나, 부양의무자가 있어도 부양능력이 없거나 부양을 받을 수 없는 자로서 소득인정액이 최저생계비 이하인 자로 한다.

② 제1항의 규정에 의한 수급권자에 해당하지 아니하여도 생활이 어려운 자로서 일정기간 동안 이 법이 정하는 급여의 전부 또는 일부가 필요하다고 보건복지가족부장관이 정하는 자는 수급권자로 본다. <개정 2008.2.29>

③ 제1항의 부양의무자가 있어도 부양능력이 없거나 부양을 받을 수 없는 경우는 대통령령으로 정한다.

제5조의 2(외국인에 대한 특례) 국내에 체류하고 있는 외국인 중 대한민국 국민과 혼인하여 대한민국 국적의 미성년 자녀를 양육하고 있는 사람으로서 대통령령이 정하는 사람이 제5조에 해당하는 경우에는 수급권자가 된다.

[본 조 신설 2005.12.23]

제6조(최저생계비의 결정) ① 보건복지가족부장관은 국민의 소득·지출수준과 수급권자의 가구유형 등 생활실태, 물가상승률 등을 고려하여 최저생계비를 결정하여야 한다. <개정 2004.3.5, 2008.2.29>

② 보건복지가족부장관은 매년 9월 1일까지 제20조 제2항의 규정에 의한 중앙생활보장위원회의 심의·의결을 거쳐 다음 연도의 최저생계비를 공표하여야 한다. <개정 2004.3.5, 2008.2.29>

③ 보건복지가족부장관은 최저생계비를 결정하기 위하여 필요한 계측조사를 3년마다 실시하며, 이에 필요한 사항은 보건복지가족부령으로

정한다. <개정 2004.3.5, 2008.2.29>

제2장 급여의 종류와 방법

제7조(급여의 종류) ① 이 법에 의한 급여의 종류는 다음과 같다.

　　1. 생계급여

　　2. 주거급여

　　3. 의료급여

　　4. 교육급여

　　5. 해산급여

　　6. 장제급여

　　7. 자활급여

　　② 수급권자에 대한 급여는 제1항 제1호의 생계급여와 수급자의 필요에 따라 동 항 제2호 내지 제7호의 급여를 함께 행하는 것으로 한다. 이 경우 급여의 수준은 제1항 제1호 내지 제4호 및 제7호의 급여와 수급자의 소득인정액을 포함하여 최저생계비 이상이 되도록 하여야 한다. <개정 2006.12.28>

　　③ 차상위계층에 속하는 자(이하 '차상위자'라 한다.)에 대한 급여는 보장기관이 차상위자의 가구별 생활여건을 고려하여 예산의 범위 안에서 제1항 제2호 내지 제4호·제6호 및 제7호의 규정에 따른 급여의 전부 또는 일부를 행할 수 있다. 이 경우 차상위자에 대한 급여의 기준 및 절차 등에 관하여 필요한 사항은 대통령령으로 정한다. <신설 2006.12.28>

　　④ 제1항 제3호의 의료급여는 따로 법률이 정하는 바에 의한다. <개정 2006.12.28>

제8조(생계급여의 내용) 생계급여는 수급자에게 의복·음식물 및 연료비와 기타 일상생활에 기본적으로 필요한 금품을 지급하여 그 생계를 유지하게 하는 것으로 한다.

제9조(생계급여의 방법) ① 생계급여는 금전을 지급함으로써 행한다. 다만, 이에 의할 수 없거나 이에 의하는 것이 적당하지 아니하다고 인정하는 경우에는 물품을 지급함으로써 행할 수 있다.

　　② 제1항의 수급품은 대통령령이 정하는 바에 따라 매월 정기적으로 지급하

여야 한다. 다만, 특별한 사정이 있는 경우에는 그 지급방법을 다르게 정하여 지급할 수 있다.

③ 제1항의 수급품은 수급자에게 직접 지급한다. 다만, 제10조 제1항 단서의 규정에 의하여 제32조의 규정에 의한 보장시설이나 타인의 가정에 위탁하여 생계급여를 행하는 경우에는 그 위탁받은 자에게 이를 지급할 수 있다. 이 경우 보장기관은 보건복지가족부장관이 정하는 바에 따라 정기적으로 수급자의 수급 여부를 확인하여야 한다. <개정 2008.2.29>

④ 생계급여는 보건복지가족부장관이 정하는 바에 따라 수급자의 소득인정액 등을 감안하여 차등지급할 수 있다. <개정 2008.2.29>

⑤ 보장기관은 대통령령이 정하는 바에 따라 근로능력이 있는 수급자에게 자활에 필요한 사업에 참가할 것을 조건으로 하여 생계급여를 지급할 수 있다. 이 경우 보장기관은 제28조의 규정에 의한 자활지원계획을 감안하여 조건을 제시하여야 한다.

제10조(생계급여를 행할 장소) ① 생계급여는 수급자의 주거에서 행한다. 다만, 수급자가 그 주거가 없거나 주거가 있어도 그곳에서는 급여의 목적을 달성할 수 없는 경우 또는 수급자가 희망하는 경우에는 수급자를 제32조의 규정에 의한 보장시설이나 타인의 가정에 위탁하여 급여를 행할 수 있다.

② 제1항의 규정에 의하여 수급자에 대한 생계급여를 타인의 가정에 위탁하여 행하는 경우에는 거실의 임차료 기타 거실의 유지에 필요한 비용은 이를 수급품에 가산하여 지급한다. 이 경우 제7조 제1항 제2호의 주거급여가 행하여진 것으로 본다.

제11조(주거급여) ① 주거급여는 수급자에게 주거안정에 필요한 임차료, 유지수선비 기타 대통령령이 정하는 수급품을 지급하는 것으로 한다.

② 주거급여의 기준 및 지급절차 등에 관하여 필요한 사항은 보건복지가족부령으로 정한다. <개정 2008.2.29>

제12조(교육급여) ① 교육급여는 수급자에게 입학금·수업료·학용품비 기타 수급품을 지원하는 것으로 하되, 학교의 종류·범위 등에 관하여 필요한 사항은 대통령령으로 정한다.

② 교육급여는 금전 또는 물품을 수급자 또는 수급자의 친권자나 후견인에게 지급함으로써 행한다. 다만, 보장기관이 필요하다고 인정하는 경우에는 수급자가 재학하는 학교의 장에게 수급품을 지급할 수 있다.

제13조(해산급여) ① 해산급여는 수급자에게 다음 각 호의 급여를 행하는 것으로
한다.

　　1. 조산(助産)

　　2. 분만 전과 분만 후의 필요한 조치와 보호

② 해산급여는 보건복지가족부령이 정하는 바에 따라 보장기관이 지정하는
의료기관에 위탁하여 행할 수 있다. <개정 2008.2.29>

③ 해산급여에 필요한 수급품은 보건복지가족부령이 정하는 바에 따라 수급
자나 그 세대주 또는 세대주에 준하는 자에게 지급한다. 다만, 제2항의 규정
에 의하여 그 급여를 의료기관에 위탁하는 경우에는 수급품을 그 의료기관
에 지급할 수 있다. <개정 2008.2.29>

제14조(장제급여) ① 장제급여는 수급자가 사망한 경우 사체의 검안·운반·화장
또는 매장 기타 장제조치를 행하는 것으로 한다.

② 장제급여는 보건복지가족부령이 정하는 바에 따라 실제로 장제를 행하는
자에게 장제에 필요한 비용을 지급함으로써 행한다. 다만, 이에 의할 수 없
거나 이에 의하는 것이 적당하지 아니하다고 인정하는 경우에는 물품을 지
급함으로써 행할 수 있다. <개정 2008.2.29>

제15조(자활급여) ① 자활급여는 수급자의 자활을 조성하기 위하여 다음 각 호의
급여를 행하는 것으로 한다. <개정 2006.12.28>

　　1. 자활에 필요한 금품의 지급 또는 대여

　　2. 자활에 필요한 근로능력의 향상 및 기능습득의 지원

　　3. 취업알선 등 정보의 제공

　　4. 자활을 위한 근로기회의 제공

　　5. 자활에 필요한 시설 및 장비의 대여

　　5의 2. 창업교육, 기능훈련 및 기술·경영지도 등 창업지원

　　5의 3. 자활에 필요한 자산형성지원

　　6. 기타 대통령령이 정하는 자활조성을 위한 각종 지원

② 제1항의 자활급여는 관련 공공기관·비영리법인·시설 그 밖에 대통령령
이 정하는 기관에 위탁하여 이를 행할 수 있다. 이 경우 그에 소요되는 비용
은 보장기관이 이를 부담한다. <개정 2006.12.28>

제2장의 2 자활지원 〈신설 2006.12.28〉

제15조의 2(중앙자활센터) ① 수급자 및 차상위자의 자활촉진에 필요한 다음 각 호의 사업을 수행하기 위하여 중앙자활센터를 둘 수 있다. <개정 2008.2.29>
  1. 자활지원을 위한 조사・연구・교육 및 홍보 사업
  2. 자활지원을 위한 사업의 개발 및 평가
  3. 제16조의 규정에 따른 지역자활센터 및 제18조의 규정에 따른 자활공동체의 기술・경영 지도 및 평가
  4. 자활 관련 기관 간의 협력체계 및 정보네트워크 구축・운영
  5. 그 밖에 자활촉진에 필요한 사업으로서 보건복지가족부장관이 정하는 사업
  ② 중앙자활센터는 법인으로 한다.
  ③ 정부는 중앙자활센터의 설치 및 운영에 필요한 경비의 전부 또는 일부를 보조할 수 있다.
  ④ 제1항 및 제2항에서 규정한 사항 외에 중앙자활센터의 설치 및 운영 등에 관하여 필요한 사항은 대통령령으로 정한다.
  [본 조 신설 2006.12.28]

제16조(지역자활센터 등 〈개정 2006.12.28〉) ① 보장기관은 수급자 및 차상위자의 자활의 촉진에 필요한 다음 각 호의 사업을 수행하게 하기 위하여 사회복지법인 등 비영리법인과 단체(이하 '법인 등'이라 한다. 이하 이 조에서 같다.)를 법인 등의 신청을 받아 지역자활센터로 지정할 수 있다. 이 경우 보장기관은 법인 등의 지역사회복지사업 및 자활지원사업의 수행능력・경험 등을 고려하여야 한다. <개정 2006.12.28>
  1. 자활의욕 고취를 위한 교육
  2. 자활을 위한 정보제공・상담・직업교육 및 취업알선
  3. 생업을 위한 자금융자 알선
  4. 자영창업 지원 및 기술・경영지도
  5. 자활공동체의 설립・운영지원
  6. 기타 자활을 위한 각종 사업
  ② 보장기관은 제1항의 규정에 의하여 지정을 받은 지역자활센터에 대하여 다음 각 호의 지원을 행할 수 있다. <개정 2006.12.28>

1. 지역자활센터의 설립·운영비용 또는 제1항 각 호의 사업수행비용의 전부 또는 일부
2. 국·공유재산의 무상임대
3. 보장기관이 실시하는 사업의 우선 위탁

③ 보장기관은 지역자활센터에 대하여 정기적으로 사업실적 및 운영실태를 평가하고 수급자의 자활촉진을 달성하지 못하는 지역자활센터에 대해서는 그 지정을 취소할 수 있다. <개정 2006.12.28>

④ 지역자활센터는 수급자 및 차상위자에 대한 효과적인 자활지원과 지역자활센터의 발전을 공동으로 도모하기 위하여 지역자활센터협회를 설립할 수 있다. <개정 2006.12.28>

⑤ 제1항 내지 제3항에서 규정한 사항 외에 지역자활센터의 신청·지정 및 취소절차와 평가 기타 운영 등에 관하여 필요한 사항은 보건복지가족부령으로 정한다. <신설 2006.12.28, 2008.2.29>

제17조(자활기관협의체) ① 시장·군수·구청장(자치구의 구청장을 말한다. 이하 같다.)은 자활지원사업의 효율적인 추진을 위하여 지역자활센터, '직업안정법' 제4조 제1호의 직업안정기관, '사회복지사업법' 제2조 제3호의 사회복지시설의 장 등과 상시적인 협의체계(이하 '자활기관협의체'라 한다.)를 구축하여야 한다.

② 자활기관협의체의 구성 및 운영 등에 관하여 필요한 사항은 보건복지가족부령으로 정한다. <개정 2008.2.29>

[전문개정 2006.12.28]

제18조(자활공동체) ① 수급자 및 차상위자는 상호 협력하여 자활공동체(이하 '공동체'라 한다.)를 설립·운영할 수 있다. <개정 2006.12.28>

② 공동체는 조합 또는 '부가가치세법'상의 2인 이상의 사업자로 설립한다. <개정 2006.12.28>

③ 보장기관은 공동체에게 직접 또는 중앙자활센터 및 지역자활센터를 통하여 다음 각 호의 지원을 할 수 있다. <개정 2006.12.28>

1. 자활을 위한 사업자금 융자
2. 국·공유지 우선 임대
3. 국가 또는 지방자치단체가 실시하는 사업의 우선 위탁
4. 국가 또는 지방자치단체의 조달구매 시 공동체 생산품의 우선 구매

5. 기타 수급자의 자활촉진을 위한 각종 사업

④ 공동체의 설립·운영 및 지원에 관하여 필요한 사항은 보건복지가족부령으로 정한다. <개정 2008.2.29>

제18조의 2(수급자의 고용촉진) 보장기관은 수급자의 고용을 촉진하기 위하여 상시 근로자의 일정비율 이상을 수급자로 채용하는 기업에 대하여 대통령령이 정하는 바에 따라 제18조 제3항 각 호에 해당하는 지원을 할 수 있다.

[본 조 신설 2006.12.28]

제18조의 3(자활기금의 적립) ① 보장기관은 이 법에 의한 자활지원사업의 원활한 추진을 위하여 일정한 금액과 연한을 정하여 자활기금을 적립할 수 있다.

② 보장기관은 자활지원사업의 효율적 추진을 위하여 필요하다고 인정하는 경우에는 자활기금의 관리·운영을 중앙자활센터 또는 자활지원사업을 수행하는 비영리법인에 위탁할 수 있다. 이 경우 그에 소요되는 비용은 보장기관이 이를 부담한다.

③ 제1항의 규정에 따른 자활기금의 적립에 관하여 필요한 사항은 대통령령으로 정한다.

[본 조 신설 2006.12.28]

제3장 보장기관

제19조(보장기관) ① 이 법에 의한 급여는 수급권자 또는 수급자의 거주지를 관할하는 특별시장·광역시장·도지사(이하 '시·도지사'라 한다.)와 시장·군수·구청장이 행한다. 다만, 주거가 일정하지 아니한 경우에는 수급권자 또는 수급자가 실제 거주하는 지역을 관할하는 시장·군수·구청장이 행한다. <개정 2006.12.28>

② 제1항의 규정에 불구하고 보건복지가족부장관과 시·도지사는 수급자를 각각 국가 또는 당해 지방자치단체가 경영하는 보장시설에 입소하게 하거나 다른 보장시설에 위탁하여 급여를 행할 수 있다. <개정 2008.2.29>

③ 수급권자 또는 수급자가 거주지를 변경하는 경우의 처리방법과 보장기관 상호 간의 협조 기타 업무처리에 관하여 필요한 사항은 보건복지가족부령으로 정한다. <개정 2008.2.29>

④ 보장기관은 수급권자 · 수급자 · 차상위계층에 대한 조사와 수급자 결정 및 급여의 실시 등 이 법에 의한 보장업무를 수행하게 하기 위하여 '사회복지사업법' 제14조의 규정에 의한 사회복지전담공무원(이하 '사회복지전담공무원'이라 한다.)을 배치하여야 한다. 이 경우 제15조의 규정에 따른 자활급여 업무를 수행하는 사회복지전담공무원은 따로 배치하여야 한다. <개정 2006.12.28>

제20조(생활보장위원회) ① 이 법에 의한 생활보장사업의 기획 · 조사 · 실시 등에 관한 사항을 심의 · 의결하기 위하여 보건복지가족부와 특별시 · 광역시 · 도(이하 '시 · 도'라 한다.) 및 시 · 군 · 구(자치구를 말한다. 이하 같다.)에 각각 생활보장위원회를 둔다. 다만, 시 · 도 및 시 · 군 · 구에 두는 생활보장위원회는 그 기능을 담당하기에 적합한 다른 위원회가 있고 그 위원회의 위원이 제4항에 규정된 자격을 갖춘 경우에는 시 · 도 또는 시 · 군 · 구의 조례가 정하는 바에 따라 그 위원회가 생활보장위원회의 기능을 대신할 수 있다. <개정 2008.2.29>

② 보건복지가족부에 두는 생활보장위원회(이하 '중앙생활보장위원회'라 한다.)는 다음 각 호의 사항을 심의 · 의결한다. <개정 2006.12.28, 2008.2.29>

  1. 생활보장사업의 기본방향 및 대책 수립
  2. 소득인정액 산정방식의 결정
  3. 급여기준의 결정
  4. 최저생계비의 결정
  5. 제18조의 3의 규정에 의한 자활기금의 적립 · 관리 및 사용에 관한 지침의 수립
  6. 기타 위원장이 부의하는 사항

③ 중앙생활보장위원회는 위원장을 포함하여 13인 이내의 위원으로 구성하고 위원은 보건복지가족부장관이 다음 각 호의 1에 해당하는 자 중에서 위촉 · 지명하며 위원장은 보건복지가족부장관으로 한다. <개정 2004.3.5, 2005.12.29, 2008.2.29>

  1. 공공부조 또는 사회복지와 관련된 학문을 전공한 전문가로서 대학의 조교수 이상인 자 또는 연구기관의 연구원으로 재직 중인 자 4인 이내
  2. 공익을 대표하는 자 4인 이내
  3. 관계 행정기관소속 3급 이상 공무원 또는 고위공무원단에 속하는 일반

직공무원 4인 이내

④ 제1항의 규정에 의한 시·도 및 시·군·구 생활보장위원회의 위원은 시·도지사 또는 시장·군수·구청장이 다음 각 호의 1에 해당하는 자 중에서 위촉·지명하며 위원장은 당해 시·도지사 또는 시장·군수·구청장으로 한다. 다만, 제1항 단서의 규정에 의하여 다른 위원회가 생활보장위원회의 기능을 대신하는 경우 위원장은 조례로 정한다.

1. 사회보장에 관한 학식과 경험이 있는 자

2. 공익을 대표하는 자

3. 관계 행정기관소속의 공무원

⑤ 제1항의 규정에 의한 생활보장위원회는 심의·의결과 관련하여 필요한 경우 보장기관에 대하여 그 소속 공무원의 출석이나 자료의 제출을 요청할 수 있다. 이 경우 당해 보장기관은 정당한 사유가 없는 한 이에 응하여야 한다.

⑥ 시·도 및 시·군·구 생활보장위원회의 기능과 각 생활보장위원회의 구성·운영 등에 관하여 필요한 사항은 대통령령으로 정한다.

제4장 급여의 실시

제21조(급여의 신청) ① 제5조에 규정된 수급권자와 그 친족, 기타 관계인은 관할 시장·군수·구청장에게 수급권자에 대한 급여를 신청할 수 있다.

② 사회복지전담공무원은 이 법에 의한 급여를 필요로 하는 자가 누락되지 아니하도록 하기 위하여 관할지역 내에 거주하는 수급권자에 대한 급여를 직권으로 신청할 수 있다. 이 경우 수급권자의 동의를 구하여야 하며 이를 수급권자의 신청으로 볼 수 있다.

③ 제1항에 따라 급여신청을 할 때나 제2항에 따라 사회복지전담공무원이 급여신청을 하는 것에 수급권자가 동의한 때에는 수급권자와 부양의무자는 다음 각 호의 자료 또는 정보의 제공에 대하여 동의한다는 서면을 제출하여야 한다. <신설 2007.10.17>

1. '금융실명거래 및 비밀보장에 관한 법률' 제2조 제2호 및 제3호에 따른 금융자산 및 금융거래의 내용에 대한 자료 또는 정보 중 예금의 평균잔액과 그 밖에 대통령령으로 정하는 자료 또는 정보(이하 '금융정보'라

한다.)

  2. ‘신용정보의 이용 및 보호에 관한 법률’ 제2조 제1호에 따른 신용정보 중 채무액과 그 밖에 대통령령으로 정하는 자료 또는 정보(이하 ‘신용정보’라 한다.)

  3. ‘보험업법’ 제4조 제1항 각 호에 따른 보험에 가입하여 납부한 보험료와 그 밖에 대통령령으로 정하는 자료 또는 정보(이하 ‘보험정보’라 한다.)

④ 제1항 및 제2항의 규정에 의한 급여의 신청방법 및 절차 등에 관하여 필요한 사항은 보건복지부령으로 정한다. <개정 2007.10.17>

⑤ 제3항에 따른 동의의 방법·절차 등에 관하여 필요한 사항은 대통령령으로 정한다. <신설 2007.10.17>

제22조(신청에 의한 조사) ① 시장·군수·구청장은 제21조의 규정에 의한 급여신청이 있는 경우에는 사회복지전담공무원으로 하여금 급여의 결정 및 실시 등에 필요한 다음 각 호의 사항을 조사하게 하거나 수급권자에게 보장기관이 지정하는 의료기관에서 검진을 받게 할 수 있다.

  1. 부양의무자의 유무 및 부양능력 등 부양의무자와 관련된 사항

  2. 수급권자 및 부양의무자의 소득·재산에 관한 사항

  3. 수급권자의 근로능력·취업상태·자활욕구 등 자활지원계획수립에 필요한 사항

  4. 기타 수급권자의 건강상태·가구특성 등 생활실태에 관한 사항

② 시장·군수·구청장은 제1항의 규정에 의하여 신청한 수급권자 또는 그 부양의무자의 소득·재산 및 건강상태 등을 확인하기 위하여 필요한 자료의 확보가 곤란한 경우 보건복지가족부령이 정하는 바에 따라 수급권자 또는 부양의무자에게 필요한 자료의 제출을 요구할 수 있다. <개정 2008.2.29>

③ 시장·군수·구청장은 급여의 결정 또는 실시 등을 위하여 필요한 경우에는 제1항 각 호의 조사를 관계 기관에 위촉하거나 수급권자 또는 그 부양의무자의 고용주 기타 관계인에게 이에 관한 자료의 제출을 요청할 수 있다.

④ 보장기관이 제1항 각 호의 조사를 실시하기 위하여 금융·국세·지방세·토지·건물·건강보험·국민연금·고용보험·출입국·병무·교정 등 관련 전산망 또는 자료를 이용하고자 할 경우에는 관계 기관의 장에게 협조를 요청할 수 있다. 이 경우 관계 기관의 장은 정당한 사유가 없는 한 이에 응하여야 한다. <개정 2007.10.17>

⑤ 제1항의 규정에 의하여 조사를 실시하는 사회복지전담공무원은 그 권한을 표시하는 증표를 휴대하고 이를 관계인에게 제시하여야 한다.

⑥ 보장기관의 공무원 또는 공무원이었던 자는 제1항 내지 제4항의 규정에 의하여 얻은 정보와 자료를 이 법이 정한 보장목적 외에 다른 용도로 사용하거나 다른 사람 또는 기관에 제공하여서는 아니 된다.

⑦ 보장기관은 제1항 내지 제4항의 규정에 의한 조사결과를 대장으로 작성·비치하여야 하며 조사에 관하여 기타 필요한 사항은 보건복지가족부장관이 정한다. 다만, 전산정보처리조직에 의하여 관리되는 경우에는 전산화일로 대체할 수 있다. <개정 2008.2.29>

⑧ 보장기관은 수급권자 또는 부양의무자가 제1항 및 제2항에 따른 조사 또는 자료제출요구를 2회 이상 거부·방해 또는 기피하거나 검진지시에 따르지 아니한 때에는 급여신청을 각하할 수 있다. 이 경우 제29조 제2항의 규정을 준용한다. <개정 2007.10.17>

제23조(확인조사) ① 시장·군수·구청장은 수급자 및 수급자에 대한 급여의 적정성을 확인하기 위하여 매년 연간조사계획을 수립하고 관할구역 안의 수급자를 대상으로 제22조 제1항 각 호의 사항을 매년 1회 이상 정기적으로 조사를 실시하여야 하며, 특히 필요하다고 인정하는 경우에는 보장기관이 지정하는 의료기관에서 검진을 받게 할 수 있다. 다만, 보건복지가족부장관이 정하는 사항은 분기마다 조사를 실시하여야 한다. <개정 2008.2.29>

② 수급자의 자료제출, 조사의 위촉, 관련 전산망의 이용 등 기타 확인조사를 위하여 필요한 사항에 관해서는 제22조 제2항 내지 제7항의 규정을 준용한다.

③ 보장기관은 수급자 또는 부양의무자가 제1항에 따른 조사나 제2항에 따라 준용되는 제22조 제2항에 따른 자료제출요구를 2회 이상 거부·방해 또는 기피하거나 검진지시에 따르지 아니한 때에는 수급자의 급여결정을 취소하거나 급여를 정지 또는 중지할 수 있다. 이 경우 제29조 제2항의 규정을 준용한다. <개정 2007.10.17>

제23조의 2(금융정보 등의 제공) ① 보건복지가족부장관은 '금융실명거래 및 비밀보장에 관한 법률' 제4조 제1항과 '신용정보의 이용 및 보호에 관한 법률' 제23조 제1항에도 불구하고 수급권자와 그 부양의무자가 제21조 제3항에 따라 제출한 동의 서면을 전자적 형태로 바꾼 문서에 의하여 금융기관 등('금

융실명거래 및 비밀보장에 관한 법률' 제2조 제1호에 따른 금융기관, '신용정보의 이용 및 보호에 관한 법률' 제2조 제5호에 따른 신용정보집중기관을 말한다. 이하 같다.)의 장에게 금융정보·신용정보 또는 보험정보(이하 '금융정보 등'이라 한다.)의 제공을 요청할 수 있다.

② 보건복지가족부장관은 제23조에 따른 확인조사를 위하여 필요하다고 인정하는 경우 '금융실명거래 및 비밀보장에 관한 법률' 제4조 제1항과 '신용정보의 이용 및 보호에 관한 법률' 제23조 제1항에도 불구하고 대통령령으로 정하는 기준에 따라 인적사항을 기재한 문서 또는 정보통신망으로 금융기관 등의 장에게 수급자와 부양의무자의 금융정보 등을 제공하도록 요청할 수 있다.

③ 제1항 및 제2항에 따라 금융정보 등의 제공을 요청받은 금융기관 등의 장은 '금융실명거래 및 비밀보장에 관한 법률' 제4조와 '신용정보의 이용 및 보호에 관한 법률' 제23조에도 불구하고 명의인의 금융정보 등을 제공하여야 한다.

④ 제3항에 따라 금융정보 등을 제공한 금융기관 등의 장은 금융정보 등의 제공사실을 명의인에게 통보하여야 한다. 다만, 명의인의 동의가 있는 경우에는 '금융실명거래 및 비밀보장에 관한 법률' 제4조의 2 제1항과 '신용정보의 이용 및 보호에 관한 법률' 제24조의 2에도 불구하고 통보하지 아니할 수 있다.

⑤ 제1항부터 제3항까지의 규정에 따른 금융정보 등의 제공요청 및 제공은 '정보통신망 이용촉진 및 정보보호 등에 관한 법률' 제2조 제1항 제1호에 따른 정보통신망을 이용하여야 한다. 다만, 정보통신망의 손상 등 불가피한 경우에는 그러하지 아니하다.

⑥ 제1항부터 제3항까지의 규정에 따른 업무에 종사하거나 종사하였던 자는 업무를 수행하면서 취득한 금융정보 등을 이 법으로 정한 목적 외의 다른 용도로 사용하거나 다른 사람 또는 기관에 제공하거나 누설하여서는 아니 된다.

⑦ 제1항부터 제3항까지와 제5항에 따른 금융정보 등의 제공요청 및 제공 등에 관하여 필요한 사항은 대통령령으로 정한다.

[본 조 신설 2007.10.17]

제24조(차상위계층에 대한 조사) ① 시장·군수·구청장은 최저생계비의 변경 등에

의하여 수급권자의 범위가 변동함에 따라 다음 연도에 이 법에 의한 급여가 필요할 것으로 예측되는 수급권자의 규모를 조사하기 위하여 보건복지가족부령이 정하는 바에 따라 차상위계층에 대하여 조사를 실시할 수 있다. <개정 2005.12.23, 2008.2.29>

② 시장·군수·구청장은 제1항의 규정에 의한 조사를 실시하고자 하는 경우 조사대상자의 동의를 얻어야 한다. 이 경우 조사대상자의 동의는 다음 연도의 급여신청으로 본다.

③ 조사대상자의 자료제출, 조사의 위촉, 관련 전산망의 이용 등 기타 차상위계층에 대한 조사를 위하여 필요한 사항에 관해서는 제22조 제2항 내지 제7항의 규정을 준용한다.

제25조(조사결과의 보고 등) 제22조 내지 제24조의 규정에 의하여 시장·군수·구청장이 수급권자·수급자·부양의무자 및 차상위계층을 조사한 때에는 보건복지가족부령이 정하는 바에 따라 관할 시·도지사에게 보고하여야 하며 보고를 받은 시·도지사는 이를 보건복지가족부장관에게 보고하여야 한다. 시·도지사가 조사한 때에도 또한 같다. <개정 2008.2.29>

제26조(급여의 결정 등) ① 시장·군수·구청장은 제22조의 규정에 의하여 조사를 한 때에는 지체 없이 급여실시의 여부와 급여의 내용을 결정하여야 한다.

② 제24조의 규정에 의하여 차상위계층을 조사한 시장·군수·구청장은 제27조 제1항 단서에 규정된 급여개시일이 속하는 월에 급여실시 여부와 급여내용을 결정하여야 한다.

③ 시장·군수·구청장은 제1항 및 제2항의 규정에 의하여 급여실시 여부와 급여내용을 결정한 때에는 그 결정의 요지, 급여의 종류·방법 및 급여의 개시시기 등을 서면으로 수급권자 또는 신청인에게 통지하여야 한다.

④ 신청인에 대한 제3항의 통지는 제21조의 규정에 의한 급여의 신청일로부터 14일 이내에 하여야 한다. 다만, 다음 각 호의 어느 하나에 해당하는 경우에는 신청일로부터 30일 이내에 통지할 수 있다. 이 경우 통지서에 그 사유를 명시하여야 한다. <개정 2007.10.17>

  1. 부양의무자의 소득·재산 등의 조사에 시일을 요하는 특별한 사유가 있는 경우
  2. 수급권자 또는 부양의무자가 제22조 제1항 및 제2항에 따른 조사나 자료제출요구를 거부·방해 또는 기피하는 경우

제27조(급여의 실시 등) ① 제26조 제1항의 규정에 의하여 급여실시 및 내용이 결정된 수급자에 대한 급여는 제21조의 규정에 의한 급여의 신청일로부터 개시한다. 다만, 제6조의 규정에 의하여 보건복지가족부장관이 매년 결정·공표하는 최저생계비의 변경으로 인하여 매년 1월에 새로이 수급자로 결정되는 자에 대한 급여는 해당 연도의 1월 1일을 그 급여개시일로 한다. <개정 2008.2.29>

② 시장·군수·구청장은 제26조 제1항의 규정에 의한 급여실시 여부의 결정전이라도 수급권자에게 급여를 하여야 할 긴급한 필요가 있다고 인정될 때에는 제7조 제1항 각 호에 규정된 급여의 일부를 행할 수 있다.

제28조(자활지원계획의 수립) ① 시장·군수·구청장은 수급자의 자활을 체계적으로 지원하기 위하여 보건복지가족부장관이 정하는 바에 따라 제22조 내지 제24조의 규정에 의한 조사결과를 감안하여 수급자 가구별로 자활지원계획을 수립하고 그에 따라 이 법에 의한 급여를 실시하여야 한다. <개정 2008.2.29>

② 보장기관은 수급자의 자활을 위하여 필요한 경우에는 '사회복지사업법' 등 다른 법률에 따라 보장기관이 제공할 수 있는 급여가 있거나 민간기관 등이 후원을 제공하는 경우 제1항의 자활지원계획에 따라 급여를 지급하거나 후원을 연계할 수 있다. <개정 2006.12.28>

③ 시장·군수·구청장은 수급자의 자활여건변화와 급여실시결과를 정기적으로 평가하고 필요한 경우 자활지원계획을 변경할 수 있다.

제29조(급여의 변경) ① 보장기관은 수급자의 소득·재산·근로능력 등에 변동이 있는 경우에는 직권 또는 수급자나 그 친족 기타 관계인의 신청에 의하여 그에 대한 급여의 종류·방법 등을 변경할 수 있다.

② 제1항의 규정에 의한 급여의 변경은 서면으로 그 이유를 명시하여 수급자에게 통지하여야 한다.

제30조(급여의 중지 등) ① 보장기관은 수급자가 다음 각 호의 1에 해당하는 경우에는 급여의 전부 또는 일부를 중지하여야 한다.

  1. 수급자에 대한 급여의 전부 또는 일부가 필요 없게 된 때
  2. 수급자가 급여의 전부 또는 일부를 거부한 때

② 근로능력이 있는 수급자가 제9조 제5항의 조건을 이행하지 않는 경우 조건을 이행할 때까지 제7조 제2항의 규정에 불구하고 근로능력이 있는 수급

자 본인의 생계급여의 전부 또는 일부를 지급하지 아니할 수 있다.

③ 제29조 제2항의 규정은 제1항 및 제2항의 경우에 이를 준용한다.

제31조(청문) 보장기관은 제16조 제3항의 규정에 의하여 지역자활센터의 지정을 취소하고자 하는 경우와 제23조 제3항의 규정에 의하여 급여의 결정을 취소하고자 하는 경우에는 청문을 실시하여야 한다. <개정 2006.12.28>

제5장 보장시설

제32조(보장시설) 이 법에서 보장시설이라 함은 제7조에 규정된 급여를 행하는 '사회복지사업법'에 의한 사회복지시설로서 대통령령이 정하는 시설을 말한다. <개정 2006.12.28>

제33조(보장시설의 장의 의무) ① 보장시설의 장은 보장기관으로부터 수급자에 대한 급여를 위탁받은 때에는 정당한 사유 없이 이를 거부하여서는 아니 된다.

② 보장시설의 장은 위탁받은 수급자에게 보건복지가족부장관이 정하는 최저기준 이상의 급여를 행하여야 한다. <개정 2008.2.29>

③ 보장시설의 장은 위탁받은 수급자에게 급여를 행함에 있어서 성별·신앙 또는 사회적 신분 등을 이유로 차별대우를 하여서는 아니 된다.

④ 보장시설의 장은 위탁받은 수급자에게 급여를 행함에 있어서 수급자의 자유로운 생활을 보장하여야 한다.

⑤ 보장시설의 장은 위탁받은 수급자에게 종교상의 행위를 강제하여서는 아니 된다.

제6장 수급자의 권리와 의무

제34조(급여변경의 금지) 수급자에 대한 급여는 정당한 사유 없이 이를 불리하게 변경할 수 없다.

제35조(압류금지) 수급자에게 지급된 수급품과 이를 받을 권리는 압류할 수 없다.

제36조(양도금지) 수급자는 급여를 받을 권리를 타인에게 양도할 수 없다.

제37조(신고의 의무) 수급자는 거주지역·세대의 구성에 변동이 있거나 제22조 제

1항 각 호의 사항에 현저한 변동이 있는 때에는 지체 없이 관할보장기관에 이를 신고하여야 한다.

제7장 이의신청

제38조(시·도지사에 대한 이의신청) ① 수급자나 급여 또는 급여변경의 신청을 한 자는 그 결정의 통지를 받은 날부터 60일 이내에 시장·군수·구청장의 처분에 대하여 이의가 있는 경우에는 당해 보장기관을 거쳐 시·도지사에게 서면 또는 구두로 이의를 신청할 수 있다. 이 경우 구두로 이의신청을 접수한 보장기관의 공무원은 이의신청서를 작성할 수 있도록 협조하여야 한다.

② 제1항의 규정에 의한 이의신청을 받은 시장·군수·구청장은 10일 이내에 의견서와 관계 서류를 첨부하여 이를 시·도지사에게 송부하여야 한다.

제39조(시·도지사의 처분 등) ① 시·도지사가 제38조 제2항의 규정에 의하여 시장·군수·구청장으로부터 이의신청서를 송부받은 때에는 30일 이내에 필요한 심사를 하고 이의신청을 각하하거나 당해 처분을 변경 또는 취소하거나 기타 필요한 급여를 명하여야 한다.

② 시·도지사는 제1항의 규정에 의한 처분 등을 한 때에는 지체 없이 신청인과 당해 시장·군수·구청장에게 각각 서면으로 이를 통지하여야 한다.

제40조(보건복지가족부장관에 대한 이의신청 〈개정 2008.2.29〉) ① 제39조의 규정에 의한 처분 등에 대하여 이의가 있는 자는 그 처분 등의 통지를 받은 날부터 60일 이내에 시·도지사를 거쳐 보건복지가족부장관에게 서면 또는 구두로 이의를 신청할 수 있다. 이 경우 구두로 이의신청을 접수한 보장기관의 공무원은 이의신청서를 작성할 수 있도록 협조하여야 한다. <개정 2008.2.29>

② 시·도지사는 제1항의 규정에 의한 이의신청이 있은 때에는 10일 이내에 의견서와 관계 서류를 첨부하여 이를 보건복지가족부장관에게 송부하여야 한다. <개정 2008.2.29>

제41조(보건복지가족부장관의 재결 〈개정 2008.2.29〉) ① 보건복지가족부장관은 제40조 제2항의 규정에 의하여 이의신청서를 송부받은 때에는 30일 이내에 필요한 심사를 하고 이의신청을 각하하거나 당해 처분의 변경 또는 취소의

재결을 하여야 한다. <개정 2008.2.29>

② 보건복지가족부장관은 제1항의 규정에 의한 재결을 한 때에는 지체 없이 당해 시·도지사와 신청인에게 각각 서면으로 재결내용을 통지하여야 한다. <개정 2008.2.29>

제8장 보장비용

제42조(보장비용) 이 법에서 보장비용이라 함은 다음 각 호의 비용을 말한다.

1. 이 법에 의한 보장업무에 소요되는 인건비와 사무비
2. 제20조의 규정에 의한 생활보장위원회의 운영에 소요되는 비용
3. 제8조 내지 제18조의 규정에 의한 급여실시비용
4. 기타 이 법에 의한 보장업무에 소요되는 비용

제43조(보장비용의 부담구분) ① 제42조의 규정에 의한 보장비용의 부담은 다음 각 호의 구분에 의한다. <개정 2007.10.17>

1. 국가 또는 시·도가 직접 행하는 보장업무에 소요되는 비용은 국가 또는 당해 시·도가 부담한다.
2. 제19조 제2항의 규정에 의한 급여의 실시비용은 국가 또는 당해 시·도가 부담한다.
3. 시·군·구가 행하는 보장업무에 소요되는 비용 중 제42조 제1호 및 제2호의 비용은 당해 시·군·구가 부담한다.
4. 시·군·구가 행하는 보장업무에 드는 비용 중 제42조 제3호 및 제4호의 비용(이하 이 호에서 '시·군·구 보장비용'이라 한다.)은 시·군·구의 재정여건, 사회보장비 지출 등을 고려하여 국가, 시·도 및 시·군·구가 다음 각 목에 따라 차등하여 분담한다.

    가. 국가는 시·군·구 보장비용의 총액 중 100분의 40 이상 100분의 90 이하를 부담한다.

    나. 시·도는 시·군·구 보장비용의 총액에서 가목의 국가부담분을 차감한 금액 중 100분의 30 이상 100분의 70 이하를, 시·군·구는 시·군·구 보장비용의 총액 중에서 국가와 시·도가 부담하는 금액을 차감한 금액을 각각 부담한다. 다만, 특별자치도는 시·군·구

보장비용의 총액 중에서 국가가 부담하는 금액을 차감한 금액을 부
담한다.

② 국가는 매년 이 법에 의한 보장비용 중 국가부담예정합계액을 각각 보조
금으로 교부하고, 그 과부족은 정산에 의하여 추가로 교부하거나 반납하게
한다.

③ 시·도는 매년 시·군·구에 대하여 제2항의 규정에 의한 국가의 보조금
에, 제1항 제4호의 규정에 의한 시·도의 부담예정액을 합하여 보조금으로
교부하고 그 과부족은 정산에 의하여 추가로 교부하거나 반납하게 한다.

④ 제2항 및 제3항의 규정에 의한 보조금의 산출 및 정산방법 등에 관하여
필요한 사항은 대통령령으로 정한다.

⑤ 지방자치단체의 조례에 의하여 이 법에 의한 급여범위 및 수준을 초과하
여 급여를 실시하는 경우 그 초과 보장비용은 당해 지방자치단체가 부담한다.

제44조 삭제 〈2006.12.28〉

제45조(유류금품의 처분) 제14조의 규정에 의한 장제급여를 행함에 있어 사망자에
게 부양의무자가 없는 때에는 시장·군수·구청장은 사망자가 유류한 금전
또는 유가증권으로 그 비용에 충당하고, 그 부족액에 대해서는 유류물품의
매각대금으로 이를 충당할 수 있다.

제46조(비용의 징수) ① 수급자에게 부양능력을 가진 부양의무자가 있음이 확인된
경우에는 보장비용을 지급한 보장기관은 생활보장위원회의 심의·의결을 거
쳐 그 비용의 전부 또는 일부를 그 부양의무자로부터 부양의무의 범위 안에
서 징수할 수 있다.

② 사위 기타 부정한 방법에 의하여 급여를 받거나 타인으로 하여금 급여를
받게 한 경우에는 보장비용을 지급한 보장기관은 그 비용의 전부 또는 일부
를 그 급여를 받은 자 또는 급여를 받게 한 자(이하 '부정수급자'라 한다.)로
부터 징수할 수 있다.

③ 제1항 또는 제2항의 규정에 의하여 징수할 금액은 각각 부양의무자 또는
부정수급자에게 통지하여 이를 징수하고, 부양의무자 또는 부정수급자가 이
에 응하지 아니하는 경우 국세 또는 지방세체납처분의 예에 의하여 이를 징
수한다.

제47조(반환명령) ① 보장기관은 급여의 변경 또는 급여의 정지·중지에 따라 수
급자에게 이미 지급한 수급품 중 과잉지급분이 발생한 경우에는 즉시 수급

자에 대하여 그 전부 또는 일부의 반환을 명하여야 한다. 다만, 이미 이를 소비하였거나 기타 수급자에게 부득이한 사유가 있는 때에는 그 반환을 면제할 수 있다.

② 제27조 제2항의 규정에 의하여 시장·군수·구청장이 긴급급여를 실시하였으나 조사결과에 따라 급여를 실시하지 아니하기로 결정한 경우 급여비용의 반환을 명할 수 있다.

제9장 벌칙

제48조(벌칙) ① 제23조의 2 제6항을 위반하여 금융정보를 사용·제공 또는 누설한 자는 5년 이하의 징역 또는 3천만 원 이하의 벌금에 처한다.

② 다음 각 호의 어느 하나에 해당하는 자는 3년 이하의 징역 또는 2천만 원 이하의 벌금에 처한다.

1. 제22조 제6항(제23조 제2항에서 준용하는 경우를 포함하고, 제23조의 2 제6항을 위반한 경우를 제외한다.)을 위반하여 정보 또는 자료를 사용하거나 제공한 자
2. 제23조의 2 제6항을 위반하여 신용정보 또는 보험정보를 사용·제공 또는 누설한 자

[전문개정 2007.10.17]

제49조(벌칙) 사위 기타 부정한 방법에 의하여 급여를 받거나 또는 타인으로 하여금 급여를 받게 한 자는 1년 이하의 징역, 500만 원 이하의 벌금, 구류 또는 과료에 처한다.

제50조(벌칙) 제33조 제1항 또는 제5항의 규정에 위반하여 수급자의 급여위탁을 정당한 사유 없이 거부한 자나 종교상의 행위를 강제한 자는 300만 원 이하의 벌금, 구류 또는 과료에 처한다.

제51조(양벌규정) 법인의 대표자나 법인 또는 개인의 대리인·사용인 기타 종업원이 그 법인 또는 개인의 업무에 관하여 제48조 또는 제49조의 위반행위를 한 때에는 행위자를 벌하는 외에 그 법인 또는 개인에 대해서도 각 해당 조의 벌금 또는 과료의 형을 과한다.

부칙 〈제6024호, 1999.9.7〉

제1조(시행일) 이 법은 2000년 10월 1일부터 시행한다. 다만, 제5조 제1항의 규정
은 2003년 1월 1일부터 시행한다.

제2조(다른 법률의 폐지) 생활보호법은 이를 폐지한다.

제3조(다른 법률의 개정) ① 상유아보육법 중 다음과 같이 개정한다.

제17조 제1항 및 제21조 중 '생활보호법에 의한 생활보호대상자'를 각각 '국
민기초생활보장법에 의한 수급자'로 한다.

② 입양촉진 및 절차에 관한 특례법 중 다음과 같이 개정한다.

제4조 제1호 중 '생활보호법에 의한 보호시설(이하 '보호시설'이라 한다.)'을
'국민기초생활보장법에 의한 보장시설(이하 '보장시설'이라 한다.)'로 하고,
제4조 제2호 내지 제4호 및 제13조 중 '보호시설'을 각각 '보장시설'로 하며,
제23조 제2항 중 '생활보호법에 의하여 지급되는 보호금품'을 '국민기초생활
보장법에 의하여 지급되는 수급품'으로 한다.

③ 의사상자예우에관한법률 중 다음과 같이 개정한다.

제10조 중 '생활보호법이 정하는 교육보호'를 '국민기초생활보장법이 정하는
교육급여'로 하고, 제12조 중 '생활보호법이 정하는 장제보호'를 '국민기초생
활보장법이 정하는 장제급여'로 한다.

④ 모자복지법 중 다음과 같이 개정한다.

제12조 중 '생활보호법 등'을 '국민기초생활보장법 등'으로 한다.

⑤ 일제하일본군위안부에대한생활안정지원법 중 다음과 같이 개정한다.

제4조 제1항 제1호를 다음과 같이 하고, 동 조 제2항 중 '생활보호법 제3조'
를 '국민기초생활보장법 제5조의 규정에 의한 수급권자'로, '생활보호법 제4
조 제2항'을 '국민기초생활보장법 제3조 제2항'으로 한다.

　1. 국민기초생활보장법에 의한 생계급여

⑥ 발명진흥법 중 다음과 같이 개정한다.

제20조 제2항 중 '생활보호법 제3조의 규정에 의한 보호대상자'를 '국민기초
생활보장법 제5조의 규정에 의한 수급권자'로 한다.

⑦ 특허법 중 다음과 같이 개정한다.

제83조 제2항 중 '생활보호법 제3조의 규정에 의한 보호대상자'를 '국민기초
생활보장법 제5조의 규정에 의한 수급권자'로 한다.

⑧ 의장법 중 다음과 같이 개정한다.

제35조 제2항 중 '생활보호법 제3조의 규정에 의한 보호대상자'를 '국민기초생활보장법 제5조의 규정에 의한 수급권자'로 한다.

⑨ 주민등록법 중 다음과 같이 개정한다.

제14조의 2 중 '생활보호법'을 '국민기초생활보장법'으로 한다.

⑩ 의료보호법 중 다음과 같이 개정한다.

제4조 제1항 제1호를 다음과 같이 한다.

  1. 국민기초생활보장법에 의한 수급자

제4조(시범사업의 특례) 보건복지부장관은 부칙 제1조 단서의 규정에 불구하고 이 법 시행일부터 2002년 12월 31일까지 제5조 제1항의 규정에 의한 수급권자의 범위의 적정을 기하기 위하여 보건복지부장관이 고시하는 지역에서 시범사업을 실시할 수 있다. 이 경우 부칙 제5조 및 제6조의 규정은 적용하지 아니한다.

제5조(수급권자의 범위에 대한 적용특례) 이 법 시행일부터 2002년 12월 31일까지 수급권자는 부양의무자가 없거나, 부양의무자가 있어도 부양능력이 없거나 부양을 받을 수 없는 자로서 최저생계비를 감안하여 보건복지부장관이 개별가구의 소득평가액과 재산을 기준으로 하여 매년 정하는 수급권자 선정기준에 해당하는 자로 한다.

제6조(소득인정액에 대한 적용특례) 이 법 시행일부터 2002년 12월 31일까지 제7조 제2항 및 제9조 제4항의 소득인정액은 제2조 제8호의 개별가구의 소득평가액을 말한다.

제7조(법 시행을 위한 준비행위) ① 보건복지부장관은 법 시행을 위하여 필요하다고 인정하는 경우에는 이 법 시행 전에 국가·지방자치단체와 공공단체 기타 관계인에 대하여 이 법 시행의 준비에 필요한 자료의 제출 등 협조를 요청할 수 있다.

② 제1항의 규정에 의한 협조의 요청을 받은 국가·지방자치단체와 공공단체 기타 관계인은 성실하게 이에 응하여야 한다.

제8조(자활후견기관 등에 관한 경과조치) 이 법 시행 당시 종전의 생활보호법에 의하여 지정 또는 설립된 자활후견기관과 자활공동체는 이 법에 의하여 각각 지정 또는 설립된 것으로 본다.

제9조(이의신청 등에 관한 경과조치) 이 법 시행 전에 종전의 생활보호법에 의하여 제기된 이의신청에 대해서는 종전의 생활보호법에 의한다.

제10조(보호기금에 관한 경과조치) 이 법 시행 당시 종전의 생활보호법에 의한 보호기금은 이 법에 의한 보장기금으로 본다.

제11조(행정처분 등에 관한 경과조치) 이 법 시행 전에 종전의 생활보호법에 의한 보호기관의 처분 기타 행위 또는 보호기관에 대하여 행한 신청 등의 행위는 이 법에 의한 보장기관의 처분 기타 행위 또는 보장기관에 대한 신청 등의 행위로 본다.

제12조(벌칙에 관한 경과조치) 이 법 시행 전에 종전의 생활보호법의 위반행위에 대한 벌칙의 적용에 있어서는 종전의 생활보호법에 의한다.

제13조(다른 법령과의 관계) 이 법 시행 당시 다른 법령에서 종전의 생활보호법을 인용한 경우에 이 법 중 그에 해당하는 조항이 있는 때에는 종전의 규정에 갈음하여 이 법의 해당 조항을 인용한 것으로 본다.

부칙 〈제7181호, 2004.3.5〉

이 법은 공포한 날부터 시행한다. 다만, 제6조 제2항의 개정규정은 2005년 1월 1일부터 시행하고, 제2조 제5호의 개정규정은 2005년 7월 1일부터 시행한다.

부칙 〈제7738호, 2005.12.23〉

이 법은 2007년 1월 1일부터 시행한다.

부칙(국가공무원법) 〈제7796호, 2005.12.29〉

제1조(시행일) 이 법은 2006년 7월 1일부터 시행한다.
　　제2조 내지 제5조 생략
제6조(다른 법률의 개정) ① 내지 ⑭ 생략
　　⑮ 국민기초생활보장법 일부를 다음과 같이 개정한다.
　　제20조 제3항 제3호 중 '3급 이상 공무원'을 '3급 이상 공무원 또는 고위공무원단에 속하는 일반직공무원'으로 한다.
　　<16> 내지 <68> 생략

부칙 〈제8112호, 2006.12.28〉

① (시행일) 이 법은 2007년 7월 1일부터 시행한다.
② (기존의 의료급여를 받고 있는 차상위자의 장제급여 실시에 관한 경과조치) 이 법 시행 전 '의료급여법' 제3조 제1항 제9호의 규정에 따른 수급권자 중 희귀난치성·만성질환자 또는 18세 미만 아동인 차상위자로서 2004년 1월 1일 이후 의료급여를 받고 있는 자는 제7조 제1항 제6호의 장제급여를 받을 수 있다.
③ (자활후견기관에 대한 경과조치) 이 법 시행 당시 종전의 규정에 따라 자활후견기관으로 지정받은 법인 등은 제16조의 개정규정에 따라 지역자활센터로 지정받은 것으로 본다.
④ (보장기금에 관한 경과조치) 이 법 시행 당시 종전의 제44조의 규정에 따른 보장기금은 제18조의 3의 개정규정에 따른 자활기금으로 본다.

부칙 〈제8641호, 2007.10.17〉

이 법은 2008년 7월 1일부터 시행한다. 다만, 제43조 제1항 제4호의 개정규정은 2008년 1월 1일부터 시행한다.

부칙(정부조직법) 〈제8852호, 2008.2.29〉

제1조(시행일) 이 법은 공포한 날부터 시행한다. 다만, ……<생략>……, 부칙 제6조에 따라 개정되는 법률 중 이 법의 시행 전에 공포되었으나 시행일이 도래하지 아니한 법률을 개정한 부분은 각각 해당 법률의 시행일부터 시행한다.
제2조부터 제5조까지 생략
제6조(다른 법률의 개정) ①부터 <450>까지 생략
<451> 국민기초생활보장법 일부를 다음과 같이 개정한다.
제2조 제6호, 제4조 제2항, 제5조 제2항, 제6조 제1항부터 제3항까지, 제9조 제3항 후단 및 제4항, 제15조의 2 제1항 제5호, 제19조 제2항, 제20조 제3항 각 호 외의 부분, 제22조 제7항 본문, 제23조 제1항 단서, 제25조 전단, 제27조 제1항 단서, 제28조 제1항, 제33조 제2항, 제40조의 제목, 같은 조 제1항 전단 및 제2항, 제41조의 제목, 제1항 및 제2항 중 '보건복지부장관'을 각각 '보건복지가족부장관'으로 한다.

제2조 제9호 후단 및 제10호 후단, 제6조 제3항, 제11조 제2항, 제13조 제2
항 및 제3항 본문, 제14조 제2항 본문, 제16조 제5항, 제17조 제2항, 제18조
제4항, 제19조 제3항, 제21조 제3항, 제22조 제2항, 제24조 제1항 및 제25조
전단 중 '보건복지부령'을 각각 '보건복지가족부령'으로 한다.
제20조 제1항 본문 및 제2항 각 호 외의 부분 중 '보건복지부'를 각각 '보건
복지가족부'로 한다.
<452>부터 <760>까지 생략
제7조 생략

16. 보건의료기본법

보건의료기본법
[시행 2008. 9.29][법률 제9034호, 2008.3.28, 일부개정]

제1장 총칙

제1조(목적) 이 법은 보건의료에 관한 국민의 권리·의무와 국가 및 지방자
치단체의 책임을 정하고 보건의료의 수요 및 공급에 관한 기본적인 사
항을 규정함으로써 보건의료의 발전과 국민의 보건 및 복지의 증진에
이바지함을 목적으로 한다.

제2조(기본이념) 이 법은 보건의료를 통하여 모든 국민이 인간으로서의 존엄
과 가치를 가지며 행복을 추구할 수 있도록 하고 국민 개개인이 건강
한 삶을 영위할 수 있도록 제도와 여건을 조성하며, 보건의료의 형평
과 효율의 조화를 기할 수 있도록 함으로써 국민의 삶의 질을 향상시
키는 것을 기본이념으로 한다.

제3조(정의) 이 법에서 사용하는 용어의 정의는 다음과 같다.

1. '보건의료'라 함은 국민의 건강을 보호·증진하기 위하여 국가·지방자치단체·보건의료기관 또는 보건의료인 등이 행하는 모든 활동을 말한다.
2. '보건의료서비스'라 함은 국민의 건강을 보호·증진하기 위하여 보건의료인이 행하는 모든 활동을 말한다.
3. '보건의료인'이라 함은 보건의료 관계 법령이 정하는 바에 의하여 자격·면허 등을 취득하거나 보건의료서비스에 종사하는 것이 허용된 자를 말한다.
4. '보건의료기관'이라 함은 보건의료인이 공중 또는 특정 다수인을 위하여 보건의료서비스를 행하는 보건기관·의료기관·약국 기타 대통령령이 정하는 기관을 말한다.
5. '공공보건의료기관'이라 함은 국가·지방자치단체 기타 공공단체가 설립·운영하는 보건의료기관을 말한다.
6. '보건의료정보'라 함은 보건의료와 관련한 지식 또는 부호·수자·문자·음성·음향 및 영상 등으로 표현된 모든 종류의 자료를 말한다.

제4조(국가 및 지방자치단체의 책임) ① 국가 및 지방자치단체는 국민건강의 보호·증진을 위하여 필요한 법적·제도적 장치를 마련하고 이에 필요한 재원을 확보하도록 노력하여야 한다.

② 국가 및 지방자치단체는 모든 국민의 기본적인 보건의료수요를 형평성 있게 충족시킬 수 있도록 노력하여야 한다.

③ 국가 및 지방자치단체는 식품·의약품·의료기기 및 화장품 등 건강 관련 물품이나 건강 관련 활동으로부터 발생할 수 있는 위해를 방지하고, 각종 국민건강위해요인으로부터 국민의 건강을 보호하기 위한 시책을 강구하도록 노력하여야 한다. <개정 2003.5.29>

④ 국가 및 지방자치단체는 민간이 행하는 보건의료에 대하여 보건의료시책상 필요하다고 인정하는 경우에는 행정적·재정적 지원을 할 수 있다.

제5조(보건의료인의 책임) ① 보건의료인은 자신의 학식과 경험, 양심에 따라 환자에게 양질의 적정한 보건의료서비스를 제공하기 위하여 노력하여야 한다. <개정 2008.3.28>

② 보건의료인은 보건의료서비스의 제공을 요구받은 때에는 정당한 이유 없이 이를 거부하지 못한다.

③ 보건의료인은 적절한 보건의료서비스를 제공하기 위하여 필요한 경우에는

보건의료서비스를 받는 자를 다른 보건의료기관에 소개하고 그에 관한 보건의료자료를 다른 보건의료기관에 제공하도록 노력하여야 한다.

④ 보건의료인은 국가 또는 지방자치단체가 관리하여야 할 질병에 걸렸거나 걸린 것으로 의심되는 대상자를 발견한 때에는 그 사실을 관계 기관에 신고·보고 또는 통지하는 등 필요한 조치를 하여야 한다.

제6조(환자 및 보건의료인의 권리) ① 모든 환자는 자신의 건강보호 및 증진을 위하여 적절한 보건의료서비스를 받을 권리를 가진다.

② 보건의료인은 보건의료서비스를 제공함에 있어서 학식과 경험, 양심에 따라 환자의 건강보호를 위하여 적절한 보건의료기술과 치료재료 등을 선택할 권리를 가진다. 다만, 이 법 또는 다른 법률에 특별한 규정이 있는 경우에는 그러하지 아니하다.

[전문개정 2008.3.28]

제7조(보건의료정책과 사회보장정책과의 연계) 국가 및 지방자치단체는 보건의료정책과 관련되는 사회보장정책 간에 연계성이 확보되도록 하여야 한다.

제8조(국민의 참여) 국가 및 지방자치단체는 국민의 권리·의무 등 국민생활에 중대한 영향을 미치는 보건의료정책을 수립·시행하는 때에는 이해관계인 등 국민의 의견을 수렴하여야 한다.

제9조(다른 법률과의 관계) 보건의료에 관한 법률을 제정 또는 개정하는 경우에는 이 법에 부합되도록 하여야 한다.

제2장 보건의료에 관한 국민의 권리와 의무

제10조(건강권 등) ① 모든 국민은 이 법 또는 다른 법률이 정하는 바에 의하여 자신과 가족의 건강에 관하여 국가의 보호를 받을 권리를 가진다.

② 모든 국민은 성별·연령·종교·사회적 신분 또는 경제적 사정 등을 이유로 자신과 가족의 건강에 관한 권리를 침해받지 아니한다.

제11조(보건의료에 관한 알 권리) ① 모든 국민은 관계 법령이 정하는 바에 의하여 국가 및 지방자치단체의 보건의료시책에 관한 내용의 공개를 청구할 권리를 가진다.

② 모든 국민은 관계 법령이 정하는 바에 의하여 보건의료인 또는 보건의료 기관에 대하여 자신의 보건의료와 관련한 기록 등의 열람이나 사본의 교부를 요청할 수 있다. 다만, 본인이 요청할 수 없는 경우에는 그 배우자·직계존비속 또는 배우자의 직계존속이, 그 배우자·직계존비속 및 배우자의 직계존속이 없거나 질병 기타 요청을 할 수 없는 부득이한 사유가 있는 경우에는 본인이 지정하는 대리인이 기록의 열람 등을 요청할 수 있다.

제12조(보건의료서비스에 관한 자기결정권) 모든 국민은 보건의료인으로부터 자신의 질병에 대한 치료방법, 의학적 연구대상 여부, 장기이식 여부 등에 관하여 충분한 설명을 들은 후 이에 관한 동의 여부를 결정할 권리를 가진다.

제13조(비밀보장) 모든 국민은 보건의료와 관련하여 자신의 신체·건강 및 사생활의 비밀을 침해받지 아니한다.

제14조(보건의료에 관한 국민의 의무) ① 모든 국민은 자신과 가족의 건강을 보호·증진하기 위하여 노력하여야 하며, 관계 법령이 정하는 바에 의하여 건강의 보호·증진에 필요한 비용을 부담하여야 한다.

② 누구든지 건강에 위해한 정보를 유포·광고하거나 건강에 위해한 기구·물품을 판매·제공하는 등 타인의 건강을 저해하거나 저해할 우려가 있는 행위를 하여서는 아니 된다.

③ 모든 국민은 보건의료인의 정당한 보건의료서비스와 지도에 대하여 협조한다.

제3장 보건의료발전계획의 수립·시행

제15조(보건의료발전계획의 수립 등) ① 보건복지가족부장관은 관계 중앙행정기관의 장과의 협의와 제20조의 규정에 의한 보건의료정책심의위원회의 심의를 거쳐 보건의료발전계획을 5년마다 수립하여야 한다. <개정 2008.2.29>

② 보건의료발전계획에 포함되어야 할 사항은 다음 각 호와 같다.

1. 보건의료발전의 기본목표 및 그 추진방향
2. 주요 보건의료사업계획 및 그 추진방법
3. 보건의료자원의 조달 및 관리방안
4. 보건의료의 제공 및 이용체계 등 보건의료의 효율화에 관한 시책

5. 중앙행정기관 간의 보건의료 관련 업무의 종합·조정

6. 노인·장애인 등 보건의료 취약계층에 대한 보건의료사업계획

7. 보건의료통계 및 그 정보의 관리방안

8. 기타 보건의료발전을 위하여 특히 필요하다고 인정되는 사항

③ 보건의료발전계획은 국무회의의 심의를 거쳐 확정한다.

제16조(주요 시책 추진방안의 수립·시행) 보건복지가족부장관 및 관계 중앙행정기관의 장은 보건의료발전계획이 확정된 때에는 이를 기초로 하여 보건의료와 관련된 소관 주요 시책의 추진방안을 매년 수립·시행하여야 한다. <개정 2008.2.29>

제17조(지역보건의료계획의 수립·시행) 특별시장·광역시장·도지사(이하 '시·도지사'라 한다.) 및 시장·군수·구청장(자치구의 구청장에 한한다. 이하 같다.)은 보건의료발전계획이 확정된 때에는 관계 법령이 정하는 바에 의하여 지방자치단체의 실정을 감안하여 지역보건의료계획을 수립·시행하여야 한다.

제18조(계획수립의 협조) ① 보건복지가족부장관, 관계 중앙행정기관의 장, 시·드지사 및 시장·군수·구청장은 보건의료발전계획·소관 주요 시책 추진방안 및 지역보건의료계획의 수립·시행을 위하여 필요한 경우에는 관계 기관·단체 등에 대하여 자료 제공 등의 협조를 요청할 수 있다. <개정 2008.2.29>

② 제1항의 규정에 의한 협조요청을 받은 관계 기관·단체 등은 특별한 사유가 없는 한 이에 응하여야 한다.

제19조(비용의 보조) 국가는 예산의 범위 안에서 지역보건의료계획의 시행에 필요한 비용의 전부 또는 일부를 지방자치단체에 보조할 수 있다.

제20조(보건의료정책심의위원회) 보건의료에 관한 주요 시책을 심의하기 위하여 국무총리소속하에 보건의료정책심의위원회(이하 '위원회'라 한다.)를 둔다.

제21조(위원회의 구성) ① 위원회는 위원장·부위원장 각 1인을 포함한 20인 이내의 위원으로 구성한다.

② 위원장은 국무총리가 되고, 부위원장은 보건복지가족부장관이 된다. <개정 2008.2.29>

③ 위원은 관계 중앙행정기관의 장, 보건의료 수요자를 대표하는 자, 보건의료공급자를 대표하는 자 및 보건의료에 관한 학식과 경험이 풍부한 자 중에서 국무총리가 위촉하는 자로 한다.

④ 위원회의 회의를 효율적으로 운영하기 위하여 위원회에 실무위원회를 두고, 위원회의 심의사항을 보다 전문적으로 검토하기 위하여 분야별로 분과위원회를 둘 수 있다.

⑤ 이 법에 규정한 것 외에 위원회·실무위원회 및 분과위원회의 구성·운영 기타 필요한 사항은 대통령령으로 정한다.

제22조(위원회의 기능) 위원회는 다음 각 호의 사항을 심의한다.

1. 보건의료발전계획
2. 주요 보건의료제도의 개선
3. 2 이상의 중앙행정기관과 관련되는 주요 보건의료정책
4. 보건의료와 관련되는 국가 및 지방자치단체의 역할
5. 기타 위원장이 심의에 부치는 사항

제23조(관계 행정기관의 협조) ① 위원회는 관계 행정기관에 대하여 보건의료에 관한 자료의 제출과 위원회의 업무에 관하여 필요한 협조를 요청할 수 있다.

② 제1항의 규정에 의한 요청을 받은 관계 행정기관은 특별한 사유가 없는 한 이에 응하여야 한다.

제4장 보건의료자원의 관리 등

제24조(보건의료자원의 관리 등) ① 국가 및 지방자치단체는 보건의료에 관한 인력·시설·물자·지식 및 기술 등 보건의료자원을 개발·확보하기 위하여 종합적·체계적인 시책을 강구하여야 한다.

② 국가 및 지방자치단체는 보건의료자원의 장·단기 수요를 예측하여 공급이 적정화되도록 보건의료자원을 관리하여야 한다.

제25조(보건의료 인력의 양성 등) 국가 및 지방자치단체는 우수한 보건의료 인력의 양성 및 자질향상을 위하여 교육 등 필요한 시책을 강구하여야 한다.

제26조(보건의료인 간의 협력) 보건의료인은 국민에게 양질의 보건의료서비스를 제공하고 국민의 보건향상에 이바지하도록 하기 위하여 보건의료서비스를 제공함에 있어서 그 전문분야별로 또는 전문분야 간에 상호 협력하도록 노력하여야 한다.

제27조(공공·민간 보건의료기관의 역할분담 등) ① 국가 및 지방자치단체는 공공보건

의료기관과 민간보건의료기관 간의 역할분담 및 상호협력체계를 마련하여야
한다.

② 국가 및 지방자치단체는 제4조 제2항의 규정에 의한 기본적인 보건의료
수요를 충족하기 위하여 필요한 경우에는 공공보건의료기관을 설립·운영할
수 있으며, 이에 소요되는 비용의 전부 또는 일부를 지원할 수 있다.

③ 국가 및 지방자치단체는 공공보건의료의 효율적인 운영과 관리를 위하여
필요한 시책을 수립·시행하여야 한다.

④ 공공보건의료기관의 설립·운영 등 공공보건의료에 관한 기본적인 사항
은 따로 법률로 정한다.

제28조(보건의료 지식 및 기술) ① 국가 및 지방자치단체는 보건의료지식 및 기술의
발전을 위하여 필요한 시책을 수립·시행하여야 한다.

② 보건복지가족부장관은 효율적인 보건의료서비스의 제공을 위하여 새로운
보건의료기술의 평가 등 필요한 조치를 강구하여야 한다. <개정 2008.2.29>

제5장 보건의료의 제공과 이용

제1절 보건의료의 제공 및 이용체계

제29조(보건의료의 제공 및 이용체계) ① 국가 및 지방자치단체는 보건의료에 관한 인
력·시설 및 물자 등 보건의료자원이 지역적으로 고루 분포되어 보건의료서비
스의 공급에 관한 균형이 이루어지고 양질의 보건의료서비스를 효율적으로 제
공하기 위한 보건의료의 제공 및 이용체계를 마련하도록 노력하여야 한다.

② 국가 및 지방자치단체는 보건의료의 제공 및 이용체계를 구축하기 위하여
필요한 행정상·재정상의 조치 기타 필요한 지원을 할 수 있다.

제30조(응급의료체계) 국가 및 지방자치단체는 모든 국민이 응급상황에서 신속하고
적절한 응급의료서비스를 제공받을 수 있도록 응급의료체계를 마련하여야 한다.

제2절 평생국민건강관리체계

제31조(평생국민건강관리사업) ① 국가 및 지방자치단체는 생애 주기별 건강상 특성

과 주요 건강위험요인을 고려한 평생국민건강관리를 위한 사업을 시행하여야 한다.

② 국가 및 지방자치단체는 공공보건의료기관이 평생국민건강관리 사업의 중심적 역할을 할 수 있도록 필요한 시책을 강구하여야 한다.

③ 국가 및 지방자치단체는 평생국민건강관리사업의 원활한 수행을 위하여 건강지도·보건교육 등을 담당할 전문인력의 양성과 건강관리정보체계의 구축 등 필요한 시책을 강구하여야 한다.

제32조(여성과 어린이의 건강증진) 국가 및 지방자치단체는 건강한 자녀의 출산·양육의 지원 등 여성과 어린이의 건강을 보호·증진하기 위하여 필요한 시책을 강구하여야 한다.

제33조(노인의 건강증진) 국가 및 지방자치단체는 노인의 질환을 예방 또는 조기 발견하고 질병상태에 따른 적절한 치료와 요양이 이루어질 수 있도록 하는 등 노인의 건강을 보호·증진하기 위하여 필요한 시책을 강구하여야 한다.

제34조(장애인의 건강증진) 국가 및 지방자치단체는 선천적·후천적 장애 발생의 예방과 장애인의 치료 및 재활 등 장애인의 건강을 보호·증진하기 위하여 필요한 시책을 강구하여야 한다.

제35조(학교보건의료) 국가 및 지방자치단체는 학생의 건전한 발육과 건강을 보호·증진하고 건강한 성인으로 성장하기 위하여 요구되는 생활습관·정서 등을 함양하기 위하여 필요한 시책을 강구하여야 한다.

제36조(산업보건의료) 국가는 근로자의 건강을 보호·증진하기 위하여 필요한 시책을 강구하여야 한다.

제37조(환경보건의료) 국가 및 지방자치단체는 국민의 건강을 보호·증진하기 위하여 쾌적한 환경의 유지와 환경오염으로 인한 건강상의 위해방지 등에 필요한 시책을 강구하여야 한다.

제38조(식품위생·영양) 국가 및 지방자치단체는 국민의 건강을 보호·증진하기 위하여 식품으로 인한 건강상의 위해방지와 국민의 영양상태의 향상 등에 필요한 시책을 강구하여야 한다.

제3절 주요질병관리체계

제39조(주요질병관리체계의 확립) 보건복지가족부장관은 국민건강에 위해가 큰 질병

중에서 국가가 특별히 관리하여야 할 필요가 있다고 인정되는 질병을 선정하고, 이를 관리하기 위하여 필요한 시책을 수립·시행하여야 한다. <개정 2008.2.29>

제40조(전염병의 예방 및 관리) 국가 및 지방자치단체는 전염병의 발생과 유행을 방지하고 전염병환자에 대한 적정한 보건의료의 제공 및 관리를 위하여 필요한 시책을 수립·시행하여야 한다.

제41조(만성질환의 예방 및 관리) 국가 및 지방자치단체는 암·고혈압 등 주요 만성질환의 발생과 증가를 예방하고 말기질환자를 포함한 만성질환자에 대한 적정한 보건의료의 제공 및 관리를 위하여 필요한 시책을 수립·시행하여야 한다.

제42조(정신보건의료) 국가 및 지방자치단체는 정신질환의 예방과 정신질환자의 치료 및 사회복귀 등 국민의 정신건강 증진을 위하여 필요한 시책을 수립·시행하여야 한다.

제43조(구강보건의료) 국가 및 지방자치단체는 구강질환의 예방 및 치료와 구강건강에 관한 관리 등 국민의 구강건강 증진을 위하여 필요한 시책을 수립·시행하여야 한다.

제6장 보건의료의 육성·발전 등

제44조(보건의료 시범사업) ① 국가 및 지방자치단체는 새로운 보건의료제도를 시행하기 위하여 필요한 경우에는 시범사업을 실시할 수 있다.

② 국가 및 지방자치단체는 제1항의 규정에 의한 시범사업을 실시한 때에는 그 결과를 평가하여 새로이 시행될 보건의료제도에 반영하여야 한다.

제45조(취약계층 등에 대한 보건의료서비스 제공) ① 국가 및 지방자치단체는 노인·장애인 등 보건의료 취약계층에 대하여 적정한 보건의료서비스를 제공하기 위하여 필요한 시책을 수립·시행하여야 한다.

② 국가 및 지방자치단체는 농·어업인 등의 건강을 보호·증진하기 위하여 필요한 시책을 수립·시행하여야 한다.

제46조(분쟁조정 등) ① 국가 및 지방자치단체는 보건의료서비스로 인하여 분쟁이 발생한 경우에는 그 분쟁이 신속하고 공정하게 해결되도록 하기 위하여 필

요한 시책을 강구하여야 한다.

② 국가 및 지방자치단체는 보건의료서비스로 인한 피해를 원활히 구제하기 위하여 필요한 시책을 강구하여야 한다.

제47조(건강위해원인자의 비용 부담) 국가 및 지방자치단체는 국민건강에 위해를 일으키거나 일으킬 우려가 있는 물품 등을 생산·판매하는 자 등에 대해서는 관계 법령이 정하는 바에 의하여 국민건강의 보호·증진에 소요되는 비용을 부담하게 할 수 있다.

제48조(보건의료 관련 산업의 진흥) 국가 및 지방자치단체는 보건의료기술의 연구개발 및 지원 등 보건의료 관련 산업의 진흥을 위하여 필요한 시책을 강구하여야 한다.

제49조(한방 의료의 육성·발전) 국가 및 지방자치단체는 한방 의료를 육성·발전시키도록 노력하여야 한다.

제50조(국제협력 등) 국가 및 지방자치단체는 외국정부 및 국제기구 등과의 협력을 통하여 보건의료정보 및 보건의료에 관한 기술을 교류하고 전문인력을 양성하며, 보건의료의 발전을 위한 국제적인 노력에 적극 참여하여야 한다.

제51조(보건의료사업의 평가) 국가 및 지방자치단체는 매년 주요보건의료사업의 성과를 평가하여 이를 보건의료시책에 반영하도록 하여야 한다.

제52조(보건의료서비스의 평가) 보건복지가족부장관은 보건의료서비스의 질적 향상을 위하여 관계 법령이 정하는 바에 의하여 보건의료서비스에 대한 평가를 실시하여야 한다. <개정 2008.2.29>

제7장 보건의료통계·정보관리

제53조(보건의료통계·정보관리시책) 국가 및 지방자치단체는 보건의료에 관한 통계 및 정보를 수집·관리하여 이를 보건의료정책에 활용할 수 있도록 필요한 시책을 수립·시행하여야 한다.

제54조(보건의료정보화의 촉진) 국가 및 지방자치단체는 보건의료정보화를 촉진하기 위하여 필요한 시책을 강구하여야 한다.

제55조(보건의료실태조사) 보건복지가족부장관은 국민의 보건의료수요 및 이용 행태, 보건의료에 관한 인력·시설 및 물자 등 보건의료실태에 대한 전국적인

조사를 실시하여야 한다. <개정 2008.2.29>

제56조(보건의료정보의 보급·확대) 보건복지가족부장관은 보건의료기관, 관련 기관·단체 등이 보유하고 있는 보건의료정보를 널리 보급·확대하기 위하여 필요한 시책을 강구하여야 한다. <개정 2008.2.29>

제57조(보건의료정보의 표준화 추진) 보건복지가족부장관은 보건의료정보의 효율적 운영과 호환성 확보 등을 위하여 보건의료정보의 표준화를 위한 시책을 강구하여야 한다. <개정 2008.2.29>

부칙 〈제6150호, 2000.1.12〉

이 법은 공포 후 6개월이 경과한 날부터 시행한다.

부칙(의료기기법) 〈제6909호, 2003.5.29〉

제1조(시행일) 이 법은 공포 후 1년이 경과한 날부터 시행한다.
제2조 내지 제5조 생략
제6조(다른 법률의 개정) ① 및 ② 생략
③ 보건의료기본법 중 다음과 같이 개정한다.
제4조 제3항 중 '식품·의약품·의료용구 및 화장품'을 '식품·의약품·의료기기 및 화장품'으로 한다.
④ 내지 ⑨ 생략

부칙(정부조직법) 〈제8852호, 2008.2.29〉

제1조(시행일) 이 법은 공포한 날부터 시행한다. 다만, ……<생략>……, 부칙 제6조에 따라 개정되는 법률 중 이 법의 시행 전에 공포되었으나 시행일이 도래하지 아니한 법률을 개정한 부분은 각각 해당 법률의 시행일부터 시행한다.
제2조부터 제5조까지 생략
제6조(다른 법률의 개정) ①부터 <462>까지 생략
<463> 보건의료기본법 일부를 다음과 같이 개정한다.
제15조 제1항, 제16조, 제18조 제1항, 제21조 제2항, 제28조 제2항, 제39조, 제52조, 제55조, 제56조 및 제57조 중 '보건복지부장관'을 각각 '보건복지가족부장관'으로 한다.

<464>부터 <760>까지 생략

제7조 생략

부칙 〈제9034호, 2008.3.28〉

이 법은 공포 후 6개월이 경과한 날부터 시행한다.

17. 아동복지법

아동복지법

[시행 2008.12.14][법률 제9122호, 2008.6.13, 일부개정]

제1조(목적) 이 법은 아동이 건강하게 출생하여 행복하고 안전하게 자라나
도록 그 복지를 보장함을 목적으로 한다.

제2조(용어의 정의) 이 법에서 사용하는 용어의 정의는 다음과 같다. <개정
2005.7.13>

1. '아동'이라 함은 18세 미만의 자를 말한다.

2. '보호를 필요로 하는 아동'이라 함은 보호자가 없거나 보호자로부터 이탈
된 아동, 또는 보호자가 아동을 학대하는 경우 등 그 보호자가 아동을 양
육하기에 부적당하거나 양육할 능력이 없는 경우의 아동을 말한다.

3. '보호자'라 함은 친권자, 후견인, 아동을 보호·양육·교육하거나 그 의무
가 있는 자 또는 업무·고용 등의 관계로 사실상 아동을 보호·감독하는
자를 말한다.

4. '아동학대'라 함은 보호자를 포함한 성인에 의하여 아동의 건강·복지를
해치거나 정상적 발달을 저해할 수 있는 신체적·정신적·성적 폭력 또는
가혹행위 및 아동의 보호자에 의하여 이루어지는 유기와 방임을 말한다.

5. '아동복지시설'이라 함은 제14조의 규정에 의하여 설치된 시설을 말한다.

6. '아동복지시설 종사자'라 함은 아동복지시설에서 아동의 상담·지도·치료·양육 기타 아동의 복지에 관한 업무를 담당하는 자를 말한다.

7. '가정위탁'이라 함은 보호를 필요로 하는 아동을 보호하기에 적합한 가정에 일정기간 위탁하는 것을 말한다.

제3조(기본이념) ① 아동은 자신 또는 부모의 성별, 연령, 종교, 사회적 신분, 재산, 장애유무, 출생지역, 인종 등에 따른 어떠한 종류의 차별도 받지 아니하고 자라나야 한다. <개정 2006.9.27>

② 아동은 완전하고 조화로운 인격발달을 위하여 안정된 가정환경에서 행복하게 자라나야 한다.

③ 아동에 관한 모든 활동에 있어서 아동의 이익이 최우선적으로 고려되어야 한다.

제4조(책임) ① 국가와 지방자치단체는 아동의 건강과 복지증진에 노력하여야 하며 이를 위한 시책을 시행하여야 한다.

② 아동의 보호자는 아동을 가정 안에서 그의 성장시기에 맞추어 건강하고 안전하게 양육하여야 한다.

③ 모든 국민은 아동의 권익과 안전을 존중하여야 하며, 아동을 건강하게 양육하여야 한다.

④ 국가와 지방자치단체는 장애아동의 권익을 보호하기 위하여 필요한 시책을 강구하여야 한다.

⑤ 국가와 지방자치단체는 아동이 자신 또는 부모의 성별, 연령, 종교, 사회적 신분, 재산, 장애유무, 출생지역 또는 인종 등에 따른 어떠한 종류의 차별도 받지 아니하도록 필요한 시책을 강구하여야 한다. <신설 2006.9.27>

제4조의 2(아동정책조정위원회) ① 아동의 권리증진과 건강한 출생 및 성장을 위하여 종합적인 아동정책을 수립하고 관계부처의 의견을 조정하며, 그 정책의 이행을 감독하고 평가하기 위하여 국무총리소속하에 아동정책조정위원회(이하 '위원회'라 한다.)를 둔다.

② 위원회는 다음 각 호의 사항을 심의·조정한다.

1. 아동정책 및 아동의 권리증진의 기본방향에 관한 사항
2. 아동정책의 개선과 예산지원에 관한 사항
3. 아동정책에 관한 관련 부처 간 협조 사항
4. 아동 관련 국제조약의 이행 및 평가ㆍ조정에 관한 사항
5. 그 밖에 위원장이 부의하는 사항

③ 위원회는 위원장을 포함한 25인 이내의 위원으로 구성하되, 위원장은 국무총리가 되고 위원은 다음 각 호의 자가 된다. <개정 2005.3.24, 2008.2.29>

1. 기획재정부장관ㆍ교육과학기술부장관ㆍ법무부장관ㆍ행정안전부장관ㆍ문화체육관광부장관ㆍ지식경제부장관ㆍ보건복지가족부장관ㆍ노동부장관ㆍ여성부장관
2. 아동 관련 단체의 장이나 아동에 대한 학식과 경험이 풍부한 자 중 위원장이 위촉하는 15인 이내의 위원

④ 위원회는 제2항 제4호의 규정에 의한 국제조약의 이행확인을 위하여 필요한 업무를 관계 전문기관 또는 단체에게 위탁할 수 있다.

⑤ 위원회는 필요하다고 인정하는 때에는 관계 행정기관에 대하여 그 소속 직원의 출석ㆍ설명과 자료의 제출을 요구할 수 있다.

⑥ 제1항 내지 제3항에서 정한 것 외에 위원회의 구성 및 운영 등에 관하여 필요한 사항은 대통령령으로 정한다.

[본 조 신설 2004.1.29]

제5조(어린이날 및 어린이주간) 어린이에 대한 사랑과 보호의 정신을 높임으로써 이들을 옳고 아름답고 슬기로우며 씩씩하게 자라나도록 하기 위하여 매년 5월 5일을 어린이날로 하며, 5월 1일부터 5월 7일까지를 어린이주간으로 한다.

[전문개정 2004.1.29]

제6조(아동위원) ① 시ㆍ군ㆍ구(자치구를 말한다. 이하 같다.)에 아동위원을 둔다.

② 아동위원은 그 관할구역 안의 아동에 대하여 항상 그 생활상태 및 가정환경을 상세히 파악하고 아동복지에 관하여 필요한 원조와 지도를 행하며 아동복지지도원 및 관계 행정기관과 협력하여야 한다.

③ 아동위원은 그 업무의 원활한 수행을 위하여 적절한 교육을 받을 수 있다.

④ 아동위원은 명예직으로 하되, 아동위원에 대해서는 수당을 지급할 수 있다.

⑤ 아동위원에 관하여 필요한 사항은 당해 시·군·구의 조례로 정한다.

제7조(아동복지지도원) ① 아동복지에 관한 다음 각 호의 사항을 수행하게 하기 위하여 특별시·광역시·도(이하 '시·도'라 한다.) 및 시·군·구에 아동복지지도원을 둔다.

　　1. 보호를 필요로 하는 아동에 대한 적절한 보호조치
　　2. 아동 및 그 가족 또는 관계인에 대한 상담
　　3. 아동지도에 필요한 가정환경의 조사
　　4. 아동에 관한 전문적·기술적 지도를 필요로 하는 경우의 개별지도·집단지도 및 그 알선
　　5. 아동복지시설 또는 보호를 필요로 하는 아동에 대한 조사·지도 및 감독
　　6. 아동을 위한 지역사회자원의 활용알선
　　7. 지역사회의 학교 부적응아, 비행청소년에 대한 예방·지도 및 원조
　　8. 기타 아동의 복지증진 및 육성에 관한 업무

② 아동복지지도원은 사회복지전담공무원으로 하고 자격 기타 필요한 사항은 대통령령으로 정한다.

제8조(보건소) 보건소는 이 법에 의하여 다음 각 호의 업무를 행한다.

　　1. 아동의 전염병 예방조치
　　2. 아동의 건강상담, 신체검사와 보건위생에 관한 지도
　　3. 아동의 영양개선

제9조(아동의 건강 및 안전) ① 아동의 보호자는 아동의 건강유지와 향상을 위하여 최선의 주의와 노력을 하여야 한다.

② 국가는 대통령령이 정하는 바에 따라 아동복지시설과 아동용품에 대한 안전기준을 정하고 아동용품을 제작·설치·관리하는 자에게 이를 준수하도록 하여야 한다.

③ 아동복지시설, 유아보육시설, 유치원, 초·중·고등학교의 장은 대통령령이 정하는 바에 따라 교통안전, 실종·유괴의 예방과 방지, 약물

오남용 예방, 재난 대비 안전 및 성폭력 예방교육을 실시하여야 한다. <개정 2006.9.27, 2008.6.13>

제9조의 2(아동보호구역에서의 폐쇄회로 텔레비전 설치 등) ① 국가와 지방자치단체는 유괴 등 범죄의 위험으로부터 아동을 보호하기 위하여 필요하다고 인정하는 때에는 다음 각 호의 어느 하나에 해당되는 시설의 주변구역을 아동보호구역으로 지정하여 폐쇄회로 텔레비전을 설치하거나 그 밖의 필요한 조치를 할 수 있다.

　1. '유아교육법' 제2조에 따른 유치원, '초·중등교육법' 제38조 및 제55조에 따른 초등학교 또는 특수학교

　2. '영유아보육법' 제10조에 따른 보육시설

　3. '도시공원 및 녹지 등에 관한 법률' 제15조에 따른 도시공원

② 제1항에 따른 아동보호구역의 지정기준 및 절차 등에 관하여 필요한 사항은 대통령령으로 정한다.

③ 이 법으로 정한 것 외에 폐쇄회로 텔레비전의 설치 등에 관한 사항은 '공공기관의 개인정보보호에 관한 법률'에 따른다.

[본 조 신설 2008.6.13]

[시행일: 2009.6.14] 제9조의 2

제10조(보호조치) ① 서울특별시장·광역시장·도지사(이하 '시·도지사'라 한다.) 또는 시장·군수·구청장(자치구의 구청장을 말한다. 이하 같다.)은 그 관할구역 안에서 보호를 필요로 하는 아동을 발견하거나 보호자의 의뢰를 받은 때에는 아동의 최상의 이익을 위하여 대통령령이 정하는 바에 따라 다음 각 호의 필요한 보호조치를 하여야 한다. <개정 2004.1.29, 2005.7.13, 2006.9.27>

　1. 아동복지지도원 또는 아동위원에게 보호를 필요로 하는 아동 또는 그 보호자에 대한 상담·지도를 행하게 하는 것

　2. 보호자 또는 대리양육을 원하는 연고자에 대하여 그 가정에서 보호 양육할 수 있도록 필요한 조치를 하는 것

　3. 아동의 보호를 희망하는 자에게 가정위탁하는 것

　4. 보호를 필요로 하는 아동에 적합한 아동복지시설에 입소시키는 것

　5. 약물 및 알코올중독·정서장애·발달장애·성폭력피해 등으로 특수한

치료나 요양 등의 보호를 필요로 하는 아동에 대하여 전문치료기관 또는 요양소에 입원 또는 입소시키는 것

② 시·도지사 또는 시장·군수·구청장은 제1항 제3호 내지 제5호의 규정에 의한 조치를 할 때까지 필요한 경우에는 적당하다고 인정하는 자에게 일시 위탁하여 그 보호를 필요로 하는 아동을 보호하게 할 수 있다.

③ 시·도지사 또는 시장·군수·구청장은 제1항 제3호 내지 제5호의 조치를 함에 있어 당해 보호를 필요로 하는 아동의 의사를 존중하여야 하며 보호자가 있을 경우에는 그 의견을 들어야 한다.

④ 시·도지사 또는 시장·군수·구청장은 제1항 제1호 내지 제3호의 보호조치가 적합하지 아니한 자에 대하여 제1항 제4호의 보호조치를 할 수 있다. 이 경우 시설의 장은 당해 보호를 필요로 하는 아동의 개별보호·관리계획을 세워 보호하여야 하며, 보호를 필요로 하는 아동의 보호자를 참여시킬 수 있다.

⑤ 시·도지사 또는 시장·군수·구청장은 그 관할구역 안에서 약물 및 알코올중독, 정서장애, 발달장애 등의 문제발생 가능성이 있는 아동의 가정에 대하여 예방차원에서의 적절한 조치를 강구하여야 한다.

제11조(시설보호아동에 대한 퇴소조치 등) ① 제10조의 규정에 의하여 아동복지시설에 입소한 보호를 필요로 하는 아동의 연령이 18세에 달하였거나, 보호의 목적을 달성하였다고 인정될 때에는 당해 시설의 장은 그 보호 중인 아동을 퇴소시켜야 한다.

② 제1항의 규정에도 불구하고 아동이 다음 각 호의 어느 하나에 해당하는 경우에는 시설의 장이 보호기간을 연장할 수 있다. <개정 2006.9.27>

　1. '고등교육법' 제2조의 규정에 따른 대학 이하의 학교에 재학 중인 경우
　2. 제16조 제1항 제4호의 아동직업훈련시설 또는 '근로자직업능력 개발법' 제2조 제3호의 직업능력개발훈련시설에서 교육·훈련 중인 경우
　3. 그 밖에 시설에서 계속 보호·양육이 필요하다고 인정하여 대통령령이 정하는 경우

제12조(친권상실 선고 등의 청구) ① 시·도지사 또는 시장·군수·구청장은 아동의 친권자가 그 친권을 남용하거나 현저한 비행 기타 친권을 행사할

수 없는 중대한 사유가 있는 것을 발견한 경우 아동의 복지를 위하여
필요하다고 인정할 때에는 법원에 친권행사의 제한 또는 친권상실의
선고를 청구하여야 한다.

② 제24조 제1항의 규정에 따른 아동보호전문기관의 장은 제1항의 사
유에 해당하는 경우 시·도지사 또는 시장·군수·구청장에 대하여
친권행사 제한 또는 친권상실의 선고를 청구하도록 요청할 수 있다.
<신설 2006.9.27>

제13조(아동의 후견인 선임청구) ① 시·도지사 또는 시장·군수·구청장은 친
권자 또는 후견인이 없는 아동을 발견한 경우 그 복지를 위하여 필요
하다고 인정할 때에는 법원에 후견인의 선임 또는 그 해임을 청구하여
야 한다. 이 경우 당해 아동의 의견을 존중하여야 한다.

② 아동복지시설에 입소 중인 보호를 필요로 하는 아동에 대해서는
'보호시설에있는미성년자의후견직무에관한법률'을 적용한다.

제14조(아동복지시설의 설치) ① 국가 또는 지방자치단체는 아동복지시설을 설
치할 수 있다.

② 국가 또는 지방자치단체 외의 자는 관할 시장·군수·구청장에게
신고하고 아동복지시설을 설치할 수 있다.

③ 아동복지시설의 시설기준 및 설치 등에 관하여 필요한 사항은 보건
복지가족부령으로 정한다. <개정 2008.2.29>

제15조(휴지·폐지 등의 신고) 제14조 제2항의 규정에 의하여 신고한 아동복지
시설을 폐지 또는 휴지하거나 그 운영을 재개하고자 하는 자는 보건복
지가족부령이 정하는 바에 따라 미리 시장·군수·구청장에게 신고하
여야 한다. <개정 2008.2.29>

제16조(아동복지시설의 종류) ① 아동복지시설의 종류는 다음과 같다. <개정
2004.1.29>

1. 아동양육시설: 보호를 필요로 하는 아동을 입소시켜 보호, 양육하는 것
   을 목적으로 하는 시설
2. 아동일시보호시설: 보호를 필요로 하는 아동을 일시보호하고 아동에 대
   한 향후의 양육대책수립 및 보호조치를 행하는 것을 목적으로 하는 시설

3. 아동보호치료시설: 불량행위를 하거나 불량행위를 할 우려가 있는 아동으로서 보호자가 없거나 친권자나 후견인이 입소를 신청한 아동 또는 가정법원, 지방법원소년부지원에서 보호 위탁된 아동을 입소시켜 그들을 선도하여 건전한 사회인으로 육성하는 것을 목적으로 하는 시설

4. 아동직업훈련시설: 아동복지시설에 입소되어 있는 만 15세 이상의 아동과 생활이 어려운 가정의 아동에 대하여 자활에 필요한 지식과 기능을 습득시키는 것을 목적으로 하는 시설

5. 자립지원시설: 아동복지시설에서 퇴소한 자에게 취업준비기간 또는 취업 후 일정기간 보호함으로써 자립을 지원하는 것을 목적으로 하는 시설

6. 아동단기보호시설: 일반가정에 아동을 보호하기 곤란한 일시적 사정이 있는 경우 아동을 단기간 보호하며 가정의 복지에 필요한 지원조치를 하는 것을 목적으로 하는 시설

7. 아동상담소: 아동과 그 가족의 문제에 관한 상담, 치료, 예방 및 연구 등을 목적으로 하는 시설

8. 아동전용시설: 어린이공원, 어린이놀이터, 아동회관, 체육, 연극, 영화, 과학실험전시시설, 아동휴게숙박시설, 야영장 등 아동에게 건전한 놀이·오락 기타 각종 편의를 제공하여 심신의 건강유지와 복지증진에 필요한 서비스를 제공하는 것을 목적으로 하는 시설

9. 아동복지관: 지역사회 아동의 건전육성을 위하여 심신의 건강유지와 복지증진에 필요한 서비스를 제공하는 것을 목적으로 하는 시설

10. 공동생활가정: 보호를 필요로 하는 아동에게 가정과 같은 주거여건과 보호를 제공하는 것을 목적으로 하는 시설

11. 지역아동센터: 지역사회 아동의 보호·교육, 건전한 놀이와 오락의 제공, 보호자와 지역사회의 연계 등 아동의 건전육성을 위하여 종합적인 아동복지서비스를 제공하는 시설

② 제1항의 규정에 의한 아동복지시설은 종합시설로 설치할 수 있다.

③ 아동복지시설은 각 시설의 고유 업무 외에도 다음 각 호의 사업을 실시할 수 있다.

1. 아동가정지원사업: 지역사회아동의 건전한 발달을 위하여 아동, 가정, 지역주민에게 상담, 조언 및 정보를 제공해 주는 사업

2. 아동주간보호사업: 부득이한 사유로 가정에서 낮 동안 보호를 받을 수

없는 아동을 대상으로 개별적인 보호와 교육을 통하여 아동의 건전한
성장을 도모하는 사업

3. 아동전문상담사업: 학교부적응아동 등을 대상으로 올바른 인격형성을 위한 상담, 치료 및 학교폭력예방을 실시하는 사업

4. 학대아동보호사업: 학대아동의 발견, 보호, 치료 및 아동학대의 예방 등을 전문적으로 실시하는 사업

5. 공동생활가정사업: 보호를 필요로 하는 아동에게 가정과 같은 주거여건과 보호를 제공하는 것을 목적으로 하는 사업

6. 방과 후 아동지도사업: 저소득층 아동을 대상으로 방과 후 개별적인 보호와 교육을 통하여 건전한 인격형성을 목적으로 하는 사업

제17조(아동전용시설의 설치) ① 국가와 지방자치단체는 아동이 항상 이용할 수 있는 아동전용시설을 설치하도록 노력하여야 한다.

② 아동이 이용할 수 있는 문화·오락시설·교통 기타 서비스시설 등을 설치·운영하는 자는 대통령령이 정하는 바에 의하여 아동의 이용 편의를 고려한 편익설비를 갖추고 아동에 대한 입장료와 이용료 등을 감면할 수 있다.

③ 아동전용시설의 설치기준 등에 관하여 필요한 사항은 보건복지가족부령으로 정한다. <개정 2008.2.29>

제18조(시설의 장의 의무) 아동복지시설의 장은 보호아동의 권리를 최대한 보장하여야 하며 친권자가 있는 경우 보호아동의 가정복귀를 위하여 적절한 상담과 지도를 병행하여야 한다.

제19조(아동복지시설종사자) ① 아동복지시설에는 필요한 전문인력을 배치하여야 한다.

② 아동복지시설종사자의 직종과 수, 그 자격 및 배치기준은 대통령령으로 정한다.

제20조(아동복지시설종사자의 교육훈련) ① 보건복지가족부장관은 아동복지시설종사자의 양성 및 자질향상을 위한 교육·훈련을 실시하여야 한다. <개정 2008.2.29>

② 보건복지가족부장관은 제1항의 교육훈련을 대학(전문대학을 포함

한다.) 또는 아동복지단체 기타 교육훈련시설(이하 '교육훈련시설'이라 한다.)에 위탁하여 실시할 수 있다. <개정 2008.2.29>

제21조(시설의 개선, 사업의 정지, 폐쇄 등) 보건복지가족부장관, 시·도지사 또는 시장·군수·구청장은 제14조 제2항의 규정에 의하여 설치된 아동복지시설, 제20조 제2항의 규정에 의한 교육훈련시설(대학 및 전문대학을 제외한다.)이 다음 각 호의 1에 해당하는 때에는 소관에 따라 그 시설의 개선, 사업의 정지, 위탁의 취소 또는 시설의 장의 교체를 명하거나 시설의 폐쇄를 명할 수 있다. <개정 2008.2.29>

1. 시설이 설치기준에 미달하게 된 때
2. 사회복지법인 또는 비영리법인이 설치·운영하는 시설의 경우 그 사회복지법인 또는 비영리법인의 설립허가가 취소된 때
3. 설치목적의 달성 기타의 사유로 계속하여 운영될 필요가 없다고 인정할 때
4. 기타 이 법 또는 이 법에 의한 명령에 위반한 때

제22조(청문) 보건복지가족부장관, 시·도지사 또는 시장·군수·구청장은 제21조의 규정에 의한 위탁의 취소 또는 시설의 폐쇄명령을 하고자 하는 경우에는 청문을 실시하여야 한다. <개정 2008.2.29>

제23조(아동학대의 예방과 방지의무) ① 국가와 지방자치단체는 아동학대의 예방과 방지를 위하여 다음 각 호의 조치를 취하여야 한다.

1. 아동학대의 예방과 방지를 위한 각종 정책의 수립 및 시행
2. 아동학대의 예방과 방지를 위한 연구·교육·홍보 및 아동학대 실태조사
3. 아동학대에 관한 신고체제의 구축·운영
4. 그 밖에 대통령령으로 정하는 아동학대의 예방과 방지를 위한 사항

② 국가와 지방자치단체는 아동학대를 예방하고 수시로 신고를 받을 수 있도록 긴급전화를 설치하여야 한다. 이 경우 그 설치·운영에 관하여 필요한 사항은 대통령령으로 정한다.

③ 국가와 지방자치단체는 아동학대의 실태를 파악하고, 아동학대의 예방 및 방지에 관한 정책 수립을 위하여 5년마다 아동학대 실태조사를 실시하고 그 결과를 발표하여야 한다. 이 경우 아동학대 실태조사를 위하여 필요한 사항은 보건복지가족부령으로 정한다.

④ 국가와 지방자치단체는 제24조에 따른 아동보호전문기관의 장이 학대받

은 아동의 보호, 치료 등의 업무를 수행함에 있어서 학대받은 아동, 그 보호자 또는 아동학대행위자에 대한 신분조회 등 필요한 조치의 협조를 요청할 경우 정당한 사유가 없는 한 이에 적극 응하여야 한다.

[전문개정 2008.6.13]

제24조(아동보호전문기관의 설치) ① 국가와 지방자치단체는 학대아동의 발견, 보호, 치료에 대한 신속한 처리 및 아동학대예방을 전담하는 아동보호전문기관을 설치하여야 한다. 다만, 대통령령이 정하는 범위 안에서 아동상담소, 아동복지시설, 아동학대예방협회 등의 비영리법인을 아동보호전문기관으로 지정할 수 있다.

② 아동보호전문기관에 두는 상담원 등 직원의 자격은 대통령령으로 정하고, 그 설치기준과 운영에 관하여 필요한 사항은 보건복지부령으로 정한다.

제24조(아동보호전문기관의 설치 등) ① 국가는 아동학대예방사업을 활성화하고 지역 간 연계체계를 구축하기 위하여 중앙아동보호전문기관을 둔다.

② 지방자치단체는 학대받은 아동의 발견, 보호, 치료에 대한 신속처리 및 아동학대예방을 담당하는 지역아동보호전문기관을 시·도 및 시·군·구에 둔다.

③ 보건복지가족부장관, 시·도지사 및 시장·군수·구청장은 아동학대예방사업을 목적으로 하는 비영리법인을 지정하여 제1항 및 제2항에 따른 중앙아동보호전문기관, 지역아동보호전문기관의 운영을 위탁할 수 있다.

④ 아동보호전문기관의 설치기준과 운영, 상담원의 자격과 배치기준, 제3항에 따른 지정의 요건 등에 관하여 필요한 사항은 대통령령으로 정한다.

[전문개정 2008.6.13]

[시행일: 2009.7.1] 제24조

제25조(아동보호전문기관의 의무) 아동보호전문기관의 업무는 다음과 같다.

1. 학대받은 아동의 발견, 보호, 치료의뢰
2. 아동학대의 예방 및 방지를 위한 홍보

3. 아동학대행위자를 위한 상담·교육 등

4. 아동학대행위자, 아동학대행위자로 신고가 된 자 및 그 가정에 대한 조사

5. 기타 학대받은 아동의 보호를 위하여 필요한 사항

제25조(아동보호전문기관의 업무) ① 중앙아동보호전문기관은 다음 각 호의 업무를 수행한다.

1. 지역아동보호전문기관에 대한 지원

2. 아동학대예방사업과 관련된 연구 및 자료발간

3. 효율적인 아동학대예방사업을 위한 연계체제 구축

4. 아동학대예방사업을 위한 프로그램 개발 및 평가

5. 상담원 직무교육, 아동학대예방 관련 교육 및 홍보

6. 아동보호전문기관 전산시스템 구축 및 운영

7. 그 밖에 대통령령으로 정하는 아동학대예방사업과 관련된 업무

② 지역아동보호전문기관은 다음 각 호의 업무를 수행한다.

1. 아동학대 신고접수, 현장조사 및 응급보호

2. 학대받은 아동, 아동학대행위자를 위한 상담 및 교육

3. 아동학대예방 교육 및 홍보

4. 학대가정의 사후관리

5. 아동학대사례판정위원회 설치·운영 및 자체사례회의 운영

6. 그 밖에 대통령령으로 정하는 아동학대예방사업과 관련된 업무

[전문개정 2008.6.13]

[시행일: 2009.7.1] 제25조

제26조(아동학대 신고의무와 절차) ① 누구든지 아동학대를 알게 된 때에는 아동보호전문기관 또는 수사기관에 신고할 수 있다.

② 다음 각 호의 1에 해당하는 자는 그 직무상 아동학대를 알게 된 때에는 즉시 아동보호전문기관 또는 수사기관에 신고하여야 한다. <개정 2002.12.18, 2004.3.22, 2005.7.13, 2006.9.27, 2007.10.17>

1. '초·중등교육법' 제19조의 규정에 따른 교원

2. '의료법' 제3조의 규정에 따른 의료기관에서 의료업을 행하는 의료인

3. 아동복지시설의 종사자 및 그 장

4. '장애인복지법' 제48조의 규정에 따른 장애인복지시설에서 장애아동에 대한 상담·치료·훈련 또는 요양을 행하는 자

5. '영유아보육법' 제10조의 규정에 따른 보육시설의 종사자

6. '유아교육법' 제7조의 규정에 따른 유치원의 장, 교직원 및 종사자

7. '학원의 설립·운영 및 과외교습에 관한 법률' 제6조의 규정에 따른 학원의 운영자·강사·직원·종사자 및 동법 제14조의 규정에 따른 교습소의 운영자·교습자·직원·종사자

8. '소방기본법' 제35조의 규정에 따른 구급대의 대원

9. '성매매방지및피해자보호등에관한법률' 제5조 및 제10조의 규정에 따른 지원시설 및 성매매피해상담소의 장이나 그 종사자

10. '한부모가족지원법' 제8조 및 제19조의 규정에 따른 한부모가족복지상담소의 상담원 및 한부모가족복지시설의 종사자

11. '가정폭력방지및피해자보호등에관한법률' 제5조 및 제7조의 규정에 따른 가정폭력 관련 상담소의 상담원 및 가정폭력 피해자보호시설의 종사자

12. 아동복지지도원 및 '사회복지사업법' 제14조의 규정에 따른 사회복지 전담공무원

③ 신고인의 신분은 보호되어야 하며 그 의사에 반하여 신원이 노출되어서는 아니 된다.

제26조의 2(아동학대 신고의무자 교육) 관계 중앙행정기관의 장은 제26조 제2항 각 호의 어느 하나에 해당하는 자의 자격취득 교육과정에 있어 아동학대예방 및 신고의무와 관련된 교육내용을 포함하도록 하여야 한다.

[본 조 신설 2005.7.13]

제27조(응급조치의무 등) ① 아동학대신고를 접수한 아동보호전문기관 직원이나 사법경찰관리는 지체 없이 아동학대의 현장에 출동하여야 하며, 아동학대행위자로부터의 격리 또는 치료가 필요한 때에는 아동보호전문기관 또는 치료기관의 인도에 필요한 조치를 하여야 한다.

② 아동학대의 신고를 접수한 아동보호전문기관이나 수사기관은 대통령령이 정하는 바에 따라 학대받은 아동의 보호와 학대의 방지를 위하여 제10조 제1항 제2호 내지 제4호의 규정에 의한 조치 등을 의뢰할 수 있다.

제28조(보조인의 선임 등) ① 법원의 심리과정에서 변호사, 법정대리인, 직계친

족, 형제자매, 아동보호전문기관의 상담원은 학대아동사건의 심리에 있어서 보조인이 될 수 있다. 다만, 변호사가 아닌 경우에는 법원의 허가를 받아야 한다.

② 법원은 아동학대의 피해자를 증인으로 신문하는 경우 검사, 피해자 또는 아동보호전문기관의 신청이 있는 때에는 피해자와 신뢰관계에 있는 자의 동석을 허가할 수 있다.

③ 수사기관이 피해자를 조사하는 경우에도 제1항 및 제2항과 같다.

제28조의 2(가정위탁지원센터의 설치 등) ① 국가는 가정위탁사업을 활성화하고 지역 간 연계체계를 구축하기 위하여 중앙가정위탁지원센터(이하 '중앙가정위탁지원센터'라 한다.)를 둔다.

② 지방차지단체(시·도에 한한다. 이하 이 조에서 같다.)는 보호를 필요로 하는 아동에 대한 가정위탁사업을 활성화하기 위하여 지역가정위탁지원센터(이하 '지역가정위탁지원센터'라 한다.)를 둔다.

③ 보건복지가족부장관 및 시·도지사는 가정위탁지원을 목적으로 하는 비영리법인을 지정하여 제1항 및 제2항의 규정에 따른 중앙가정위탁지원센터 및 지역가정위탁지원센터(이하 '가정위탁지원센터'라 한다.)의 운영을 위탁할 수 있다. <개정 2008.2.29>

④ 가정위탁지원센터의 상담원의 자격 및 배치기준 등 설치기준과 운영, 제3항의 규정에 따른 지정의 요건 등에 관하여 필요한 사항은 대통령령으로 정한다.

[본 조 신설 2005.7.13]

제28조의 3(가정위탁지원센터의 업무) ① 중앙가정위탁지원센터는 다음 각 호의 업무를 수행한다.

  1. 지역가정위탁지원센터에 대한 지원
  2. 효과적인 가정위탁사업을 위한 연계체계 구축
  3. 가정위탁사업과 관련된 연구 및 자료발간
  4. 가정위탁사업을 위한 프로그램의 개발 및 평가
  5. 상담원에 대한 교육 등 가정위탁에 관한 교육 및 홍보
  6. 가정위탁사업을 위한 정보기반 구축 및 정보제공

7. 그 밖에 대통령령이 정하는 가정위탁사업과 관련된 업무

② 지역가정위탁지원센터는 다음 각 호의 업무를 수행한다.

1. 가정위탁사업의 홍보 및 위탁가정의 발굴

2. 가정위탁을 하고자 하는 가정 및 가정위탁 대상 아동의 조사

3. 가정위탁 부모의 교육

4. 가정위탁을 하는 가정의 사후관리

5. 그 밖에 대통령령이 정하는 가정위탁사업과 관련된 업무

[본 조 신설 2005.7.13]

제29조(금지행위) 누구든지 다음 각 호의 1에 해당하는 행위를 하여서는 아니 된다.

1. 아동의 신체에 손상을 주는 학대행위

2. 아동에게 성적 수치심을 주는 성희롱, 성폭행 등의 학대행위

3. 아동의 정신건강 및 발달에 해를 끼치는 정서적 학대행위

4. 자신의 보호·감독을 받는 아동을 유기하거나 의식주를 포함한 기본적 보호·양육 및 치료를 소홀히 하는 방임행위

5. 아동을 타인에게 매매하는 행위

6. 아동에게 음행을 시키거나 음행을 매개하는 행위

7. 장애를 가진 아동을 공중에 관람시키는 행위

8. 아동에게 구걸을 시키거나 아동을 이용하여 구걸하는 행위

9. 공중의 오락 또는 흥행을 목적으로 아동의 건강 또는 안전에 유해한 곡예를 시키는 행위

10. 정당한 권한을 가진 알선기관 외의 자가 아동의 양육을 알선하고 금품을 취득하는 행위

11. 아동을 위하여 증여 또는 급여된 금품을 그 목적 외의 용도에 사용하는 행위

제30조(조사 등) ① 보건복지가족부장관, 시·도지사 또는 시장·군수·구청장은 필요하다고 인정할 때에는 관계 공무원, 아동복지지도원으로 하여금 아동복지시설과 아동의 주소·거소, 아동의 고용장소 또는 제29조의 금지행위를 위반할 우려가 있는 장소에 출입하여 아동 또는 관계인에 대하여 필요한 조사를 하거나 질문을 하게 할 수 있다. <개정 2008.2.29>

② 제1항의 경우 관계 공무원, 아동복지지도원은 그 권한을 증명하는 증표를 제시하여야 한다.

제31조(비용보조) 국가 및 지방자치단체는 대통령령이 정하는 바에 의하여 다음 각 호의 1에 해당하는 비용의 전부 또는 일부를 보조할 수 있다. <개정 2005.7.13>

　　1. 아동복지시설의 설치 및 운영과 프로그램의 운용에 필요한 비용 또는 수탁보호 중인 아동의 양육 및 보호관리에 필요한 비용

　　2. 보호를 필요로 하는 아동의 대리양육이나 가정위탁보호에 따른 비용

　　3. 아동복지사업의 지도·감독, 계몽 및 선전에 필요한 비용

　　4. 아동보호전문기관의 설치·운영에 소요되는 비용

　　4의 2. 가정위탁지원센터의 설치·운영에 소요되는 비용

　　5. 제37조의 규정에 의한 아동복지단체의 지도·육성에 필요한 비용

제32조(비용의 징수) 시·도지사, 시장·군수·구청장 또는 아동복지시설의 장은 제10조 제1항 제3호 내지 제5호, 동 조 제2항의 보호조치 또는 제25조 제1호의 학대받은 아동의 보호 및 치료에 필요한 비용의 전부 또는 일부를 대통령령이 정하는 바에 의하여 각각 그 본인 또는 그 부양의무자로부터 징수할 수 있다.

제33조(보조금의 반환명령) 국가 또는 지방자치단체는 아동복지시설의 장 등 보호수탁자, 가정위탁지원센터의 장, 대리양육자 및 제37조의 규정에 의한 아동복지단체의 장이 다음 각 호의 1에 해당한 때에는 이미 교부한 보조금의 전부 또는 일부의 반환을 명할 수 있다. <개정 2005.7.13>

　　1. 보조금의 교부조건에 위반한 때

　　2. 사위 기타 부정한 방법으로 보조금의 교부를 받은 때

　　3. 아동복지시설 또는 가정위탁지원센터의 경영에 관하여 개인의 영리를 도모하는 행위를 한 때

　　4. 이 법 또는 이 법에 의한 명령에 위반한 때

　　5. 보조금의 사용잔액이 있을 때

제34조(국유재산의 무상대여) ① 국가는 이 법에 의한 아동복지시설을 설치·운영하는 법인에 대하여 이 법에 의하여 위탁한 업무의 처리를 위하여

필요하다고 인정할 때에는 국유재산을 무상으로 대여할 수 있다.

② 제1항의 규정에 의한 대여의 대상·조건 및 절차에 관해서는 국유재산법의 규정을 적용한다.

제35조(면세) 아동복지시설에서 그 보호아동을 위하여 사용하는 건물 및 토지, 시설설치 및 운영에 소요되는 비용에 대해서는 조세특례제한법 기타 관계 법령이 정하는 바에 의하여 조세 기타의 공과금을 면제할 수 있다.

제36조(압류금지) 이 법에 의하여 지급된 금품과 이를 받을 권리는 압류하지 못한다.

제37조(아동복지단체의 육성) 국가 및 지방자치단체는 아동의 권리를 보장하고 복지증진을 목적으로 설립된 기관 및 단체(이하 '아동복지단체'라고 한다.)를 지도·육성할 수 있다.

제38조(비밀누설의 금지) 아동복지사업 또는 아동보호전문기관을 포함하여 아동복지업무에 종사하였거나 종사하는 자는 그 직무상 지득한 비밀을 누설하지 못한다.

제39조(권한의 위임) 이 법에 의한 보건복지가족부장관 또는 시·도지사의 권한은 그 일부를 대통령령이 정하는 바에 의하여 시장·군수·구청장에게 위임할 수 있다. <개정 2008.2.29>

제40조(벌칙) 제29조의 규정을 위반한 자는 다음 각 호의 구분에 따라 처벌한다. <개정 2005.7.13>

1. 제5호 또는 제6호에 해당하는 행위를 한 자는 10년 이하의 징역 또는 5천만 원 이하의 벌금에 처한다.

2. 제1호 내지 제4호, 제7호 및 제8호에 해당하는 행위를 한 자는 5년 이하의 징역 또는 3천만 원 이하의 벌금에 처한다.

3. 제10호 또는 제11호에 해당하는 행위를 한 자는 3년 이하의 징역 또는 2천만 원 이하의 벌금에 처한다.

4. 제9호에 해당하는 행위를 한 자는 1년 이하의 징역 또는 500만 원 이하의 벌금에 처한다.

제40조의 2(상습범) 상습으로 제40조 각 호의 죄를 범한 자는 그 죄에 정한

형의 2분의 1까지 가중한다.

[본 조 신설 2004.1.29]

제41조(벌칙) 다음 각 호의 어느 하나에 해당하는 자는 1년 이하의 징역 또는 500만 원 이하의 벌금에 처한다. <개정 2005.7.13>

1. 제14조 제2항의 규정에 의한 신고를 하지 아니하고 아동복지시설을 설치한 자

2. 제30조 제1항의 규정에 의한 조사를 거부·방해 또는 기피하거나 질문에 대하여 답변을 거부·기피 또는 허위답변을 하거나, 아동에게 답변을 거부·기피 또는 허위답변을 하게 하거나 그 답변을 방해한 자

3. 허위서류를 작성하여 제19조 제2항의 규정에 의한 아동복지시설종사자의 자격을 인정받은 자

4. 제21조의 규정에 의하여 시설폐쇄명령, 위탁의 취소 또는 사업의 정지명령을 받고 사업을 계속한 자

5. 제38조의 규정을 위반한 자

제42조(미수범) 제40조 제1호의 미수범은 처벌한다.

제43조(양벌규정) 법인의 대표자 또는 법인이나 개인의 대리인, 사용인 기타의 종업원이 그 법인 또는 개인의 업무에 관하여 제40조 또는 제41조의 위반행위를 한 때에는 그 행위자를 벌하는 외에 그 법인 또는 개인에 대해서도 각 해당 조의 벌금형을 과한다.

부칙 〈제6151호, 2000.1.12〉

제1조(시행일) 이 법은 공포 후 6개월이 경과한 날부터 시행한다.

제2조(아동복지시설에 대한 경과조치) ① 이 법 시행 당시 종전의 규정에 의하여 시·도지사의 인가를 받거나 시·도지사에 신고한 아동복지시설은 제14조 제2항의 개정규정에 의하여 시장·군수·구청장에게 신고한 아동복지시설로 본다.

② 이 법 시행 당시 종전의 규정에 의하여 시·도지사 또는 시장·군수·구청장으로부터 보호기간의 연장을 받은 자는 제11조 제2항의 개정규정에 의하여 시설의 장으로부터 보호기간의 연장을 받은 것으로 본다.

③ 제15조의 개정규정에 의한 아동복지시설의 재개신고는 이 법 시행 후 최초로 휴지신고를 하는 자부터 적용한다.

제3조(다른 법률의 개정) ① 가정폭력범죄의처벌등에관한특례법 중 다음과 같이 개정한다.

제2조 제3호 차목 중 '아동복지법 제18조 제2호'를 '아동복지법 제29조 제8호'로 한다.

② 입양촉진및절차에관한특례법 중 다음과 같이 개정한다.

제2조 제2호 중 '요보호아동'을 '보호를 필요로 하는 아동'으로, '아동 복지법 제2조 제3호'를 '아동복지법 제2조 제2호'로 하고, 제14조 제2 항 중 '아동복지법 제11조의 규정에 의한 보호조치 또는 제12조의 규 정에 의한 시설보호조치'를 '아동복지법 제10조의 규정에 의한 보호조 치'로 한다.

제4조(다른 법령과의 관계) 이 법 시행 당시 다른 법령에서 종전의 규정을 인용 한 경우에는 이 법 중 그에 해당하는 규정이 있는 때에는 종전의 규정 에 갈음하여 이 법의 해당 조항을 인용한 것으로 본다.

부칙(모·부자복지법) 〈제6801호, 2002.12.18〉

제1조(시행일) 이 법은 공포 후 6개월이 경과한 날부터 시행한다.

제2조 내지 제6조 생략

제7조(다른 법률의 개정) ① 내지 ③ 생략

④ 아동복지법 중 다음과 같이 개정한다.

제26조 제2항 제7호를 다음과 같이 한다.

7. 모·부자복지법 제8조 및 제19조의 규정에 의한 모·부자복지상담 소의 상담원 및 모·부자복지시설의 종사자

⑤ 및 ⑥ 생략

부칙 〈제7143호, 2004.1.29〉

이 법은 공포 후 6개월이 경과한 날부터 시행한다.

부칙(성매매방지및피해자보호등에관한법률) 〈제7212호, 2004.1.29〉

제1조(시행일) 이 법은 공포 후 6개월이 경과한 날부터 시행한다.
　제2조 및 제3조 생략
제4조(다른 법률의 개정 등) ① 생략
　② 아동복지법 중 다음과 같이 개정한다.
　제26조 제2항 제6호를 다음과 같이 한다.
　6. 성매매방지및피해자보호등에관한법률 제5조 및 제10조의 규정에 의한 지원시설 및 성매매피해상담소의 장이나 그 종사자
　③ 및 ④ 생략

부칙(정부조직법) 〈제7413호, 2005.3.24〉

제1조(시행일) 이 법은 공포한 날부터 시행한다. 다만, 다음 각 호의 사항은 각 호의 구분에 의한 날부터 시행한다.
　1. 제26조……부칙 제2조 내지 제4조의 규정은 이 법 공포 후 3월 이내에 제42조의 개정규정에 의한 여성가족부의 조직에 관한 대통령령이 시행되는 날
　2. 생략
제2조 생략
제3조(다른 법률의 개정) ① 내지 ⑧ 생략
　⑨ 아동복지법 일부를 다음과 같이 개정한다.
　제4조의 2 제3항 제1호 중 '여성부장관'을 '여성가족부장관'으로 한다.
　⑩ 내지 ⑭ 생략
　제4조 생략

부칙 〈제7591호, 2005.7.13〉

　이 법은 공포 후 6개월이 경과한 날부터 시행한다.

부칙 〈제8006호, 2006.9.27〉

① (시행일) 이 법은 공포 후 6개월이 경과한 날부터 시행한다.
② (친권상실 선고 등 청구의 요청에 관한 경과조치) 이 법 시행 전에 발생한 친권행사 제한 또는 친권상실의 청구사유에 대해서도 제12조 제2항의 개정규정을 적용한다.

부칙(한부모가족지원법) 〈제8655호, 2007.10.17〉

제1조(시행일) 이 법은 공포 후 3개월이 경과한 날부터 시행한다. <단서 생략>
제2조부터 제5조까지 생략
제6조(다른 법률의 개정) ①부터 ⑤까지 생략
⑥ 아동복지법 일부를 다음과 같이 개정한다.
제26조 제2항 제10호 중 '모·부자복지법'을 '한부모가족지원법'으로, '모·부자복지상담소'를 '한부모가족복지상담소'로, '모·부자복지시설'을 '한부모가족복지시설'로 한다.
⑦부터 ⑬까지 생략
제7조 생략

부칙(정부조직법) 〈제8852호, 2008.2.29〉

제1조(시행일) 이 법은 공포한 날부터 시행한다. 다만, ……<생략>…… 부칙 제6조에 따라 개정되는 법률 중 이 법의 시행 전에 공포되었으나 시행일이 도래하지 아니한 법률을 개정한 부분은 각각 해당 법률의 시행일부터 시행한다.
제2조부터 제5조까지 생략
제6조(다른 법률의 개정) ①부터 <473>까지 생략
<474> 아동복지법 일부를 다음과 같이 개정한다.
제4조의 2 제3항 제1호를 다음과 같이 한다.
1. 기획재정부장관·교육과학기술부장관·법무부장관·행정안전부장관·문화체육관광부장관·지식경제부장관·보건복지가족부장관·노동부장관·여성부장관
제14조 제3항, 제15조, 제17조 제3항 및 제24조 제2항 중 '보건복지부령'을 각각 '보건복지가족부령'으로 한다.

제20조 제1항 및 제2항, 제21조 각 호 외의 부분, 제22조, 제30조 제1항 및 제39조 중 '보건복지부장관'을 각각 '보건복지가족부장관'으로 한다.

제28조의 2 제3항 중 '보건복지부장관'을 '보건복지가족부장관'으로 한다.

<475>부터 <760>까지 생략

제7조 생략

부칙 〈제9122호, 2008.6.13〉

① (시행일) 이 법은 공포 후 6개월이 경과한 날부터 시행한다. 다만, 제9조의 2의 개정규정은 공포 후 1년이 경과한 날부터, 제24조 및 제25조의 개정규정은 2009년 7월 1일부터 시행한다.

② (아동보호전문기관에 대한 경과조치) 이 법 시행 당시 종전의 규정에 따라 설치·지정된 아동보호전문기관은 제24조의 개정규정에 따른 중앙아동보호전문기관 또는 지역아동보호전문기관으로 본다.

18. 영유아보육법

영유아보육법
[시행 2008.2.29][법률 제8852호, 2008.2.29, 타 법 개정]

제1장 총칙 〈개정 2007.10.17〉

제1조(목적) 이 법은 영유아의 심신을 보호하고 건전하게 교육하여 건강한 사회 구성원으로 육성함과 아울러 보호자의 경제적·사회적 활동이 원활하게 이루어지도록 함으로써 가정복지증진에 이바지함을 목적으로 한다.

[전문개정 2007.10.17]

제2조(정의) 이 법에서 사용하는 용어의 뜻은 다음과 같다.

1. '영유아'란 6세 미만의 취학 전 아동을 말한다.
2. '보육'이란 영유아를 건강하고 안전하게 보호·양육하고 영유아의 발달 특성에 맞는 교육을 제공하는 사회복지서비스를 말한다.
3. '보육시설'이란 보호자의 위탁을 받아 영유아를 보육하는 시설을 말한다.
4. '보호자'란 친권자·후견인, 그 밖의 자로서 영유아를 사실상 보호하고 있는 자를 말한다.
5. '보육시설종사자'란 보육시설에서 영유아의 보육, 건강관리 및 보호자와의 상담, 그 밖에 보육시설의 관리·운영 등의 업무를 담당하는 자로서 보육시설의 장 및 보육교사와 그 밖의 종사자를 말한다.

[전문개정 2007.10.17]

제3조(보육 이념) ① 보육은 영유아의 이익을 최우선적으로 고려하여 제공되어야 한다.

② 보육은 영유아가 안전하고 쾌적한 환경에서 건강하게 성장할 수 있도록 하여야 한다.

③ 영유아는 자신이나 보호자의 성, 연령, 종교, 사회적 신분, 재산, 장애 및 출생지역 등에 따른 어떠한 종류의 차별도 받지 아니하고 보육되어야 한다.

[전문개정 2007.10.17]

제4조(책임) ① 모든 국민은 영유아를 건전하게 보육할 책임을 진다.

② 국가와 지방자치단체는 보호자와 더불어 영유아를 건전하게 보육할 책임을 진다.

③ 시장·군수·구청장(자치구의 구청장을 말한다. 이하 같다.)은 영유아의 보육을 위한 적절한 보육시설을 확보하여야 한다.

[전문개정 2007.10.17]

제5조(보육정책조정위원회) ① 보육정책에 관한 관계 부처 간의 의견을 조정하기 위하여 국무총리 소속으로 보육정책조정위원회(이하 '보육정책조정위원회'라 한다.)를 둔다.

② 보육정책조정위원회는 다음 각 호의 사항을 심의·조정한다.

1. 보육정책의 기본 방향에 관한 사항
2. 보육 관련 제도개선과 예산지원에 관한 사항
3. 보육에 관한 관계 부처 간 협조 사항

4. 그 밖에 위원장이 회의에 부치는 사항

③ 보육정책조정위원회는 위원장을 포함한 12명 이내의 위원으로 구성하되, 위원장은 국무조정실장이 되고 위원은 다음 각 호의 자가 된다. <개정 2008.2.29>

    1. 교육인적자원부차관·보건복지부차관·노동부차관·보건복지가족부차관 및 기획예산처차관

    2. 제1호의 위원이 추천하여 위원장이 위촉하는 보육계·유아교육계·여성계·사회복지계·시민단체 및 보호자를 대표하는 자 각 1명

④ 보육정책조정위원회의 구성과 운영 등에 필요한 사항은 대통령령으로 정한다.

[전문개정 2007.10.17]

제6조(보육정책위원회) ① 보육에 관한 각종 정책·사업·보육지도 및 시설평가사항 등을 심의하기 위하여 보건복지가족부에 중앙보육정책위원회를, 특별시·광역시·도·특별자치도(이하 '시·도'라 한다.) 및 시·군·구(자치구를 말한다. 이하 같다.)에 지방보육정책위원회를 둔다. 다만, 지방보육정책위원회는 그 기능을 담당하기에 적합한 다른 위원회가 있고 그 위원회의 위원이 제2항에 따른 자격을 갖춘 경우에는 시·도 또는 시·군·구의 조례로 정하는 바에 따라 그 위원회가 지방보육정책위원회의 기능을 대신할 수 있다. <개정 2008.2.29>

② 제1항에 따른 중앙보육정책위원회와 지방보육정책위원회(이하 '보육정책위원회'라 한다.)의 위원은 보육전문가, 보육시설의 장 및 보육교사 대표, 보호자 대표 또는 공익을 대표하는 자, 관계 공무원 등으로 구성한다.

③ 보육정책위원회의 구성·기능 및 운영 등에 필요한 사항은 대통령령으로 정한다.

[전문개정 2007.10.17]

제7조(보육정보센터) ① 보육에 관한 정보의 수집·제공 및 상담을 위하여 보건복지가족부장관은 중앙보육정보센터를, 특별시장·광역시장·도지사·특별자치도지사(이하 '시·도지사'라 한다.) 및 시장·군수·구청장은 지방보육정보센터를 설치·운영하여야 한다. 이 경우 필요하다고 인정하는 경우에는 영아·장애아 보육 등에 관한 보육정보센터를 별도로 설치·운영할 수 있다. <개정 2008.2.29>

② 제1항에 따른 중앙보육정보센터와 지방보육정보센터(이하 '보육정보센터'라 한다.)에는 보육정보센터의 장과 보육에 관한 정보 제공 및 상담 업무 등을 담당하는 보육전문요원 등을 둔다.

③ 보건복지가족부장관, 시·도지사 및 시장·군수·구청장은 보육정보센터를 보육관련 법인·단체 등에 위탁하여 운영할 수 있다. <개정 2008.2.29>

④ 보육정보센터의 설치·운영 및 기능, 보육정보센터의 장과 보육전문요원의 자격 및 직무, 보육정보센터의 위탁 및 위탁 취소 등에 필요한 사항은 대통령령으로 정한다.

[전문개정 2007.10.17]

제8조(보육개발원) ① 보건복지가족부장관은 보육에 관한 연구와 정보 제공, 프로그램 및 교재 개발, 평가척도 개발 및 종사자 연수 등의 업무를 위하여 보육개발원을 설치하거나 그 업무를 관련 연구기관 등에 위탁할 수 있다. <개정 2008.2.29>

② 제1항에 따른 보육개발원의 설치·운영 및 위탁 등에 필요한 사항은 대통령령으로 정한다.

[전문개정 2007.10.17]

제9조(보육 실태 조사) ① 보건복지가족부장관은 이 법의 적절한 시행을 위하여 보육 실태 조사를 5년마다 하여야 한다. <개정 2008.2.29>

② 제1항에 따른 보육 실태 조사의 방법과 내용 등에 필요한 사항은 보건복지가족부령으로 정한다. <개정 2008.2.29>

[전문개정 2007.10.17]

제2장 보육시설의 설치

제10조(보육시설의 종류) 보육시설의 종류는 다음 각 호와 같다.

1. 국공립보육시설: 국가나 지방자치단체가 설치·운영하는 보육시설

2. 법인보육시설: '사회복지사업법'에 따른 사회복지법인(이하 '사회복지법인'이라 한다.)이 설치·운영하는 보육시설

3. 직장보육시설: 사업주가 사업장의 근로자를 위하여 설치·운영하는 보육시설(국가나 지방자치단체의 장이 소속 공무원을 위하여 설치·운영하는

시설을 포함한다.)

4. 가정보육시설: 개인이 가정이나 그에 준하는 곳에 설치·운영하는 보육시설

5. 부모협동보육시설: 보호자들이 조합을 결성하여 설치·운영하는 보육시설

6. 민간보육시설: 제1호부터 제5호까지의 규정에 해당하지 아니하는 보육시설

[전문개정 2007.10.17]

제11조(보육계획의 수립 및 시행) ① 보건복지가족부장관, 시·도지사 및 시장·군수·구청장은 보육사업을 원활하게 추진하기 위하여 보건복지가족부장관의 경우에는 중앙보육정책위원회, 그 밖의 경우에는 각 지방보육정책위원회의 심의를 거쳐 보육시설 수급계획 등을 포함한 보육계획을 수립·시행하여야 한다. <개정 2008.2.29>

② 보건복지가족부장관, 시·도지사 및 시장·군수·구청장은 제1항에 따른 보육계획의 수립·시행을 위하여 필요하면 보육시설, 보육관련 법인·단체 등에 대하여 자료 제공 등의 협조를 요청할 수 있으며, 그 요청을 받은 보육시설과 보육관련 법인·단체 등은 정당한 사유가 없으면 요청에 따라야 한다. <개정 2008.2.29>

③ 제1항에 따른 보육계획의 내용, 수립 시기 및 절차 등에 필요한 사항은 대통령령으로 정한다.

[전문개정 2007.10.17]

제11조의 2(보육시설 또는 보육시설용지 확보) 시·도지사, 시장 또는 군수는 '도시개발법', '도시 및 주거환경정비법', '택지개발촉진법', '산업입지 및 개발에 관한 법률' 및 '국민임대주택건설 등에 관한 특별조치법' 등에 따라 시행하는 개발·정비·조성사업에 보육시설 또는 보육시설용지가 확보될 수 있도록 노력하여야 한다.

[본 조 신설 2008.1.17]

제12조(국공립보육시설의 설치 등) 국가나 지방자치단체는 국공립보육시설을 설치·운영하여야 한다. 이 경우 국공립보육시설은 제11조의 보육계획에 따라 도시 저소득주민 밀집 주거지역 및 농어촌지역 등 취약지역에 우선적으로 설치하여야 한다.

[전문개정 2007.10.17]

제13조(국공립보육시설 외의 보육시설의 설치) ① 국공립보육시설 외의 보육시설을 설치·운영하려는 자는 시장·군수·구청장의 인가를 받아야 한다. 인가받은

사항 중 중요 사항을 변경하려는 경우에도 또한 같다.

② 제1항에 따른 인가에 필요한 사항은 보건복지가족부령으로 정한다. <개정 2008.2.29>

[전문개정 2007.10.17]

제14조(직장보육시설의 설치 등) ① 대통령령으로 정하는 일정 규모 이상의 사업장의 사업주는 직장보육시설을 설치하여야 한다. 다만, 사업장의 사업주가 직장보육시설을 단독으로 설치할 수 없을 때에는 사업주 공동으로 직장보육시설을 설치·운영하거나, 지역의 보육시설과 위탁계약을 맺어 근로자 자녀의 보육을 지원하거나, 근로자에게 보육수당을 지급하여야 한다.

② 제1항에 따른 보육시설의 설치·위탁계약 및 보육수당의 지급에 필요한 항은 보건복지가족부령으로 정한다. <개정 2008.2.29>

[전문개정 2007.10.17]

제15조(보육시설 설치기준) 보육시설을 설치·운영하려는 자는 보건복지가족부령으로 정하는 설치기준을 갖추어야 한다. <개정 2008.2.29>

[전문개정 2007.10.17]

제16조(결격 사유) 다음 각 호의 어느 하나에 해당하는 자는 보육시설을 설치·운영할 수 없다.

1. 미성년자·금치산자 또는 한정치산자
2. 정신질환자
3. 마약·대마 또는 향정신성 의약품 중독자
4. 파산선고를 받고 복권되지 아니한 자
5. 금고 이상의 실형을 선고받고 그 집행이 종료(집행이 종료된 것으로 보는 경우를 포함한다.)되거나 집행이 면제된 날부터 3년이 경과되지 아니한 자
6. 금고 이상의 형의 집행유예를 선고받고 그 유예기간 중에 있는 자
7. 제45조에 따라 보육시설의 폐쇄명령을 받고 1년이 경과되지 아니한 자

[전문개정 2007.10.17]

제3장 보육시설종사자

제17조(보육시설종사자의 배치) ① 보육시설에는 보육시설종사자를 두어야 한다.

② 보육시설종사자의 배치기준 등에 필요한 사항은 보건복지가족부령으로 정한다. <개정 2008.2.29>

[전문개정 2007.10.17]

제18조(보육시설종사자의 직무) ① 보육시설의 장은 보육시설을 총괄하고 보육교사와 그 밖의 종사자를 지도·감독하며 영유아를 보육한다.

② 보육교사는 영유아를 보육하고 보육시설의 장이 불가피한 사유로 직무를 수행할 수 없을 때에는 그 직무를 대행한다.

[전문개정 2007.10.17]

제19조(보육시설종사자의 임면 등) ① 시장·군수·구청장은 보육시설종사자의 권익보장과 근로여건 개선을 위하여 보육시설종사자의 임면(任免)과 경력 등에 관한 사항을 관리하여야 한다.

② 보육시설의 장은 보건복지가족부령으로 정하는 바에 따라 보육시설종사자의 임면에 관한 사항을 시장·군수·구청장에게 보고하여야 한다. <개정 2008.2.29>

[전문개정 2007.10.17]

제20조(결격 사유) 다음 각 호의 어느 하나에 해당하는 자는 보육시설에 근무할 수 없다.

1. 제16조 각 호의 어느 하나에 해당하는 자
2. 제46조나 제47조에 따라 자격정지 중인 자
3. 제48조에 따라 자격이 취소된 후 1년이 경과되지 아니한 자

[전문개정 2007.10.17]

제21조(보육시설의 장 또는 보육교사의 자격) ① 보육시설의 장은 대통령령으로 정하는 자격을 가진 자로서 보건복지가족부장관이 검정·수여하는 자격증을 받은 자이어야 한다. <개정 2008.2.29>

② 보육교사는 다음 각 호의 어느 하나에 해당하는 자로서 보건복지가족부장관이 검정·수여하는 자격증을 받은 자이어야 한다. <개정 2008.1.17, 2008.2.29>

　　1. '고등교육법' 제2조에 따른 학교에서 보건복지가족부령으로 정하는 보육 관련 교과목과 학점을 이수하고 전문학사학위 이상을 취득한 사람

　　1의 2. 법령에 따라 '고등교육법' 제2조에 따른 학교를 졸업한 사람과 같은 수준 이상의 학력이 있다고 인정된 사람으로서 여성가족부령으로

정하는 보육 관련 교과목과 학점을 이수하고 전문학사학위 이상을 취득한 사람

　　2. 고등학교 또는 이와 같은 수준 이상의 학교를 졸업한 자로서 보건복지가족부령으로 정하는 교육훈련시설에서 소정의 교육과정을 이수한 자

③ 제2항에 따른 보육교사의 등급은 1·2·3급으로 하고, 등급별 자격기준은 대통령령으로 정한다.

[전문개정 2007.10.17]

제22조(보육시설의 장 또는 보육교사 자격증의 교부 등) ① 보건복지가족부장관은 제21조 제1항 및 제2항에 따라 보육시설의 장 또는 보육교사의 자격을 검정하고 자격증을 교부하여야 한다. <개정 2008.2.29>

② 보건복지가족부장관은 제1항에 따른 보육시설의 장 또는 보육교사의 자격증을 교부받거나 재교부받으려는 자에게 보건복지가족부령으로 정하는 바에 따라 수수료를 받을 수 있다. <개정 2008.2.29>

③ 제1항에 따른 자격 검정과 자격증 교부 등에 필요한 사항은 보건복지가족부령으로 정한다. <개정 2008.2.29>

[전문개정 2007.10.17]

제22조의 2(명의대여 등의 금지) 보육시설의 장 또는 보육교사는 다른 사람에게 자기의 성명이나 보육시설의 명칭을 사용하여 보육시설의 장 또는 보육교사의 업무를 수행하게 하거나 자격증을 대여하여서는 아니 된다.

[전문개정 2007.10.17]

제23조(보수교육) ① 보건복지가족부장관은 보육시설종사자의 자질 향상을 위한 보수교육(補修敎育)을 실시하여야 한다. <개정 2008.2.29>

② 제1항에 따른 보수교육은 직무교육과 승급교육으로 구분한다.

③ 보건복지가족부장관은 제1항에 따른 보수교육을 대학(전문대학을 포함한다.)이나 보건복지가족부령으로 정하는 전문기관에 위탁하여 실시할 수 있다. <개정 2008.2.29>

④ 제1항에 따른 보수교육의 기간·방법·내용, 보수교육 실시기관의 위탁 및 위탁취소 등에 필요한 사항은 보건복지가족부령으로 정한다. <개정 2008.2.29>

[전문개정 2007.10.17]

제4장 보육시설의 운영

제24조(보육시설의 운영기준 등) ① 보육시설을 설치·운영하는 자는 보건복지가족부령으로 정하는 운영기준에 따라 보육시설을 운영하여야 한다. <개정 2008.2.29>

② 국가나 지방자치단체는 제12조에 따라 설치된 국공립보육시설을 법인·단체 또는 개인에게 위탁하여 운영할 수 있다. 이 경우 최초 위탁은 공개경쟁의 방법에 따른다. 다만, 다음 각 호의 어느 하나에 해당하는 자에게 위탁하는 경우에는 그러하지 아니하다. <개정 2008.1.17>

  1. 민간보육시설을 국가 또는 지방자치단체에 기부채납하여 국공립보육시설로 전환하는 경우 기부채납 전에 그 보육시설을 설치·운영한 자
  2. 국공립보육시설 설치 시 해당 부지 또는 건물을 국가 또는 지방자치단체에 기부채납하거나 무상으로 사용하게 한 자
  3. '주택법'에 따라 설치된 민간보육시설을 국공립보육시설로 전환하는 경우 전환하기 전에 그 보육시설을 설치·운영한 자

③ 제14조에 따라 직장보육시설을 설치한 사업주는 이를 법인·단체 또는 개인에게 위탁하여 운영할 수 있다.

④ 제2항과 제3항에 따른 보육시설 위탁 등에 필요한 사항은 보건복지가족부령으로 정한다. <개정 2008.2.29>

[전문개정 2007.10.17]

제25조(보육시설운영위원회) ① 보육시설의 장은 보육시설 운영의 자율성과 투명성을 높이고 지역사회와의 연계를 강화하여 지역 실정과 특성에 맞는 보육을 실시하기 위하여 보육시설에 보육시설운영위원회를 설치·운영할 수 있다. 다만, 제26조에 따른 취약보육을 우선적으로 실시하여야 하는 보육시설과 대통령령으로 정하는 보육시설은 보육시설운영위원회를 설치·운영하여야 한다.

② 보육시설운영위원회는 그 보육시설의 장, 보육교사 대표, 학부모 대표 및 지역사회 인사(직장보육시설의 경우에는 그 직장의 보육시설 업무 담당자로 한다.)로 구성한다.

③ 보육시설의 장은 보육시설운영위원회의 위원 정수를 5명 이상 10명 이내의 범위에서 보육시설의 규모 등을 고려하여 정할 수 있다.

④ 보육시설운영위원회는 다음 각 호의 사항을 심의한다.

1. 보육시설 운영 규정의 제정이나 개정에 관한 사항

2. 보육시설 예산 및 결산의 보고에 관한 사항

3. 영유아의 건강·영양 및 안전에 관한 사항

4. 보육 시간, 보육과정의 운영 방법 등 보육시설의 운영에 관한 사항

5. 그 밖에 보육시설 운영에 대한 제안 및 건의사항

⑤ 그 밖에 보육시설운영위원회의 설치·운영에 필요한 사항은 보건복지가족부령으로 정한다. <개정 2008.2.29>

[전문개정 2007.10.17]

제26조(취약보육의 우선 실시 등) ① 국가나 지방자치단체, 사회복지법인, 그 밖의 비영리법인이 설치한 보육시설과 대통령령으로 정하는 보육시설의 장은 영아·장애아 등에 대한 보육(이하 '취약보육'이라 한다.)을 우선적으로 실시하여야 한다.

② 보건복지가족부장관, 시·도지사 및 시장·군수·구청장은 취약보육을 활성화하는 데에 필요한 각종 시책을 수립·시행하여야 한다. <개정 2008.2.29>

③ 취약보육의 종류와 실시 등에 필요한 사항은 보건복지가족부령으로 정한다. <개정 2008.2.29>

[전문개정 2007.10.17]

제27조(보육시설 이용대상) 보육시설의 이용대상은 보육이 필요한 영유아를 원칙으로 한다. 다만, 필요한 경우 보육시설의 장은 만 12세까지 연장하여 보육할 수 있다.

[전문개정 2007.10.17]

제28조(보육의 우선 제공) ① 국가나 지방자치단체, 사회복지법인, 그 밖의 비영리법인이 설치한 보육시설과 대통령령으로 정하는 보육시설의 장은 다음 각 호의 어느 하나에 해당하는 자가 우선적으로 보육시설을 이용할 수 있도록 하여야 한다. 다만, '고용정책기본법' 제21조 제2항에 따라 고용촉진시설의 설치·운영을 위탁받은 공공단체 또는 비영리법인이 설치·운영하는 시설의 장은 근로자의 자녀가 우선적으로 보육시설을 이용하게 할 수 있다. <개정 2007.10.17, 2008.2.29>

1. '국민기초생활보장법'에 따른 수급자

2. '한부모가족지원법' 제5조에 따른 보호대상자의 자녀

3. '국민기초생활보장법' 제24조에 따른 차상위계층의 자녀

4. '장애인복지법' 제2조에 따른 장애인 중 보건복지가족부령으로 정하는 장애등급 이상에 해당하는 자의 자녀

5. 그 밖에 소득수준 등을 고려하여 보건복지가족부령으로 정하는 자의 자녀

② 사업주는 사업장 근로자의 자녀가 우선적으로 직장보육시설을 이용할 수 있도록 하여야 한다.

[전문개정 2007.10.17]

제29조(보육과정) ① 보육과정은 영유아의 신체·정서·언어·사회성 및 인지적 발달을 도모할 수 있는 내용을 포함하여야 한다.

② 보건복지가족부장관은 표준보육과정을 개발·보급하여야 하며 필요하면 그 내용을 검토하여 수정·보완하여야 한다. <개정 2008.2.29>

③ 보육시설의 장은 제2항의 표준보육과정에 따라 영유아를 보육하도록 노력하여야 한다.

④ 제1항에 따른 보육과정의 구체적인 내용은 보건복지가족부령으로 정한다. <개정 2008.2.29>

[전문개정 2007.10.17]

제29조의 2(보육시설 생활기록) 보육시설의 장은 영유아 생활지도 및 초등학교 교육과의 연계 지도에 활용할 수 있도록 영유아의 발달상황 등을 종합적으로 관찰·평가하여 보건복지가족부장관이 정하는 기준에 따라 생활기록부를 작성·관리하여야 한다. <개정 2008.2.29>

[전문개정 2007.10.17]

제30조(보육시설 평가인증) ① 보건복지가족부장관은 보육서비스의 질적 수준을 향상시키기 위하여 보육시설에 대한 평가인증을 실시할 수 있다. <개정 2008.2.29>

② 보건복지가족부장관은 제1항에 따른 보육시설 평가인증에 관한 업무를 공공 또는 민간 기관·단체 등에 위탁하여 실시할 수 있다. <개정 2008.2.29>

③ 제1항에 따른 보육시설 평가인증의 실시 등에 필요한 사항은 보건복지가족부령으로 정한다. <개정 2008.2.29>

④ 보건복지가족부장관은 제1항에 따른 평가인증을 받으려는 보육시설 설치·운영자에게 보건복지가족부령으로 정하는 바에 따라 평가인증에 필요한 비용을 받을 수 있다. <개정 2008.2.29>

⑤ 보건복지가족부장관은 제1항에 따른 평가인증의 결과에 따라 보육사업 실시에 필요한 지원을 할 수 있다. <개정 2008.2.29>
[전문개정 2007.10.17]

제5장 건강·영양 및 안전

제31조(건강관리 및 응급조치) ① 보육시설의 장은 영유아와 보육시설종사자에 대하여 정기적으로 건강진단을 실시하는 등 건강관리를 하여야 한다.

② 보육시설의 장은 영유아에게 질병·사고 또는 재해 등으로 인하여 위급 상태가 발생한 경우 즉시 응급의료기관에 이송하여야 한다.

③ 제1항에 따른 건강진단 등에 필요한 사항은 보건복지가족부령으로 정한다. <개정 2008.2.29>
[전문개정 2007.10.17]

제32조(치료 및 예방조치) ① 보육시설의 장은 제31조에 따른 건강진단 결과 질병에 감염되었거나 감염될 우려가 있는 영유아에 대하여 그 보호자와 협의하여 질병의 치료와 예방에 필요한 조치를 하여야 한다.

② 보육시설의 장은 제1항의 조치를 위하여 필요하면 '지역보건법' 제7조와 제10조에 따른 보건소 및 보건지소, '의료법' 제3조에 따른 의료기관에 협조를 구할 수 있다.

③ 제2항에 따라 협조를 요청받은 보건소·보건지소 및 의료기관의 장은 적절한 조치를 취하여야 한다.
[전문개정 2007.10.17]

제33조(급식 관리) 보육시설의 장은 영유아에게 보건복지가족부령으로 정하는 바에 따라 균형 있고 위생적이며 안전한 급식을 하여야 한다. <개정 2008.2.29>
[전문개정 2007.10.17]

제6장 비용

제34조(비용의 부담) ① 국가나 지방자치단체는 '국민기초생활보장법'에 따른 수급

자와 보건복지가족부령으로 정하는 일정소득 이하 가구의 자녀 등의 보육에 필요한 비용의 전부 또는 일부를 부담하여야 한다. <개정 2008.2.29>

② 제1항에 따른 보육에 필요한 비용은 가구의 소득수준과 거주 지역 등을 고려하여 차등 지원할 수 있다.

[전문개정 2007.10.17]

제35조(무상보육의 특례) ① 초등학교 취학 직전 1년의 유아(幼兒)와 장애아에 대한 보육은 무상으로 하되, 대통령령으로 정하는 바에 따라 순차적으로 실시한다.

② 제1항에 따른 무상보육 실시에 드는 비용은 대통령령으로 정하는 바에 따라 국가나 지방자치단체가 부담하거나 보조하여야 한다.

③ 제12조 후단에도 불구하고 국가와 지방자치단체는 제1항에 따른 무상보육을 받으려는 유아와 장애아를 보육하기 위하여 필요한 보육시설을 설치·운영하여야 한다.

[전문개정 2007.10.17]

제36조(비용의 보조 등) 국가나 지방자치단체는 대통령령으로 정하는 바에 따라 제10조에 따른 보육시설의 설치, 보육교사(대체교사를 포함한다.)의 인건비, 초과보육에 드는 비용 등 운영 경비 또는 보육정보센터의 설치·운영, 보육시설종사자의 복지증진, 취약보육의 실시 등 보육사업에 드는 비용의 전부 또는 일부를 보조한다.

[전문개정 2007.10.17]

제37조(사업주의 비용 부담) 제14조에 따라 보육시설을 설치한 사업주는 대통령령으로 정하는 바에 따라 그 보육시설의 운영과 보육에 필요한 비용의 전부 또는 일부를 부담하여야 한다.

[전문개정 2007.10.17]

제38조(보육료 등의 수납) 제12조부터 제14조까지의 규정에 따라 보육시설을 설치·운영하는 자는 그 보육시설의 소재지를 관할하는 시·도지사가 정하는 범위에서 그 시설을 이용하는 자로부터 보육료와 그 밖의 필요경비 등을 받을 수 있다. 다만, 시·도지사는 필요시 보육시설 유형과 지역적 여건을 고려하여 그 기준을 다르게 정할 수 있다.

[전문개정 2007.10.17]

제39조(세제 지원) ① 제14조와 제37조에 따라 사업주가 직장보육시설을 설치·

운영하거나 보육수당을 지급하는 데에 드는 비용과 보호자가 영유아의 보육을 위하여 지출한 보육료와 그 밖에 보육에 드는 비용에 관해서는 '조세특례제한법'에서 정하는 바에 따라 조세를 감면한다.

② 제10조 제3호의 직장보육시설을 제외한 보육시설의 운영비에 대해서도 '조세특례제한법'에서 정하는 바에 따라 조세를 감면한다.

[전문개정 2007.10.17]

제40조(비용 및 보조금의 반환명령) 국가나 지방자치단체는 보육시설의 설치·운영자, 보육정보센터의 장, 교육훈련 위탁실시자 등이 다음 각 호의 어느 하나에 해당하는 경우에는 이미 교부한 비용과 보조금의 전부 또는 일부의 반환을 명할 수 있다.

　　1. 시설 운영이 정지·폐쇄 또는 취소된 경우

　　2. 사업 목적 외의 용도에 보조금을 사용한 경우

　　3. 거짓이나 그 밖의 부정한 방법으로 보조금을 교부받은 경우

　　4. 이 법 또는 이 법에 따른 명령을 위반한 경우

[전문개정 2007.10.17]

제7장 지도 및 감독

제41조(지도와 명령) 보건복지가족부장관, 시·도지사 및 시장·군수·구청장은 보육사업의 원활한 수행을 위하여 보육시설 설치·운영자 및 보육시설종사자에 대하여 필요한 지도와 명령을 할 수 있다. <개정 2008.2.29>

[전문개정 2007.10.17]

제42조(보고와 검사) ① 보건복지가족부장관, 시·도지사 또는 시장·군수·구청장은 보육시설을 설치·운영하는 자로 하여금 그 시설에 관하여 필요한 보고를 하게 하거나 관계 공무원으로 하여금 그 시설의 운영 상황을 조사하게 하거나 장부와 그 밖의 서류를 검사하게 할 수 있다. <개정 2008.2.29>

② 제1항에 따라 관계 공무원이 그 직무를 수행할 때에는 그 권한을 표시하는 증표를 지니고 이를 관계인에게 내보여야 한다.

[전문개정 2007.10.17]

제43조(보육시설의 폐지·휴지 및 재개 등의 신고) ① 제13조 제1항에 따라 인가된 보

육시설을 폐지하거나 일정기간 운영을 중단하거나 운영을 재개하려는 자는 보건복지가족부령으로 정하는 바에 따라 미리 시장·군수·구청장에게 신고하여야 한다. <개정 2008.2.29>

② 보육시설의 장은 보육시설이 폐지되거나 일정기간 운영이 중단되는 경우에는 보건복지가족부령으로 정하는 바에 따라 그 보육시설에서 보육 중인 영유아가 다른 보육시설로 옮길 수 있도록 하는 등 영유아의 권익을 보호하기 위한 조치를 취하여야 한다. <개정 2008.2.29>

[전문개정 2007.10.17]

제44조(시정 또는 변경 명령) 보건복지가족부장관, 시·도지사 또는 시장·군수·구청장은 보육시설이 다음 각 호의 어느 하나에 해당하면 보육시설의 장 또는 그 설치·운영자에게 기간을 정하여 그 시정 또는 변경을 명할 수 있다. <개정 2008.2.29>

1. 제13조 제1항에 따른 변경인가를 받지 아니하고 보육시설을 운영하는 경우
2. 제15조에 따른 보육시설의 설치기준을 위반한 경우
3. 제17조 제2항에 따른 보육시설종사자의 배치기준을 위반한 경우
4. 제24조 제1항에 따른 보육시설의 운영기준을 위반한 경우
5. 제38조에 따른 보육료 등을 한도액을 초과하여 받은 경우
6. 제42조에 따른 보고를 하지 아니하거나 거짓으로 보고한 경우 또는 조사·검사를 거부하거나 기피한 경우
7. 제43조 제1항에 따른 신고를 하지 아니하고 보육시설을 폐지하거나 일정기간 운영을 중단하거나 운영을 재개한 경우
8. 그 밖에 이 법 또는 이 법에 따른 명령을 위반한 경우

[전문개정 2007.10.17]

제45조(보육시설의 폐쇄 등) ① 보건복지가족부장관, 시·도지사 및 시장·군수·구청장은 보육시설을 설치·운영하는 자가 다음 각 호의 어느 하나에 해당하면 1년 이내의 시설운영정지를 명하거나 시설의 폐쇄를 명할 수 있다. <개정 2008.2.29>

1. 거짓이나 그 밖의 부정한 방법으로 보조금을 교부받거나 보조금을 유용한 경우
2. 제40조에 따른 비용 또는 보조금의 반환명령을 받고 반환하지 아니한

경우

3. 제44조에 따른 시정 또는 변경 명령을 위반한 경우

② 보건복지가족부장관, 시·도지사 및 시장·군수·구청장은 영아 또는 장애아가 주로 이용하는 보육시설로서 보건복지가족부령으로 정하는 보육시설이 제1항 각 호의 어느 하나에 해당하여 시설운영정지를 명하여야 하는 경우로서 그 운영정지가 보육시설을 이용하는 영아 또는 장애아에게 심한 불편을 줄 우려가 있는 때에는 시설운영정지 처분에 갈음하여 보육시설 정원의 감축 또는 아동모집의 정지 조치를 취할 수 있다. <개정 2008.2.29>

③ 제1항 및 제2항에 따른 행정처분의 세부기준은 보건복지가족부령으로 정한다. <개정 2008.2.29>

[전문개정 2007.10.17]

제45조의 2(행정제재처분효과의 승계) 보육시설을 설치·운영하는 자가 그 보육시설을 양도하거나 사망한 때 또는 법인의 합병이 있는 때에는 종전의 보육시설을 설치·운영한 자에게 제45조 제1항 각 호의 사유로 행한 행정제재처분의 효과는 그 행정처분일로부터 1년간 그 양수인·상속인 또는 합병 후 신설되거나 존속하는 법인에 승계되며, 행정제재처분의 절차가 진행 중인 경우에는 양수인·상속인 또는 합병 후 신설되거나 존속하는 법인에 대하여 행정제재처분의 절차를 속행할 수 있다. 다만, 양수인·상속인 또는 합병 후 신설되거나 존속하는 법인이 양수 또는 합병할 때 그 처분 또는 위반사실을 알지 못하였음을 증명하는 경우에는 그러하지 아니하다.

[본 조 신설 2008.1.17]

제46조(보육시설의 장의 자격정지) 보건복지가족부장관은 보육시설의 장이 다음 각 호의 어느 하나에 해당하면 1년 이내의 범위에서 보건복지가족부령으로 정하는 바에 따라 그 자격을 정지시킬 수 있다. <개정 2008.2.29>

1. 보육시설의 장이 업무 수행 중 고의나 중대한 과실로 손해를 입힌 경우
2. 해당 업무 수행에 필요한 자격이 없는 자를 채용하여 보육교사·간호사 또는 영양사 등의 업무를 수행하게 한 경우
3. 제23조에 따른 보수교육을 연속하여 3회 이상 받지 아니한 경우
4. 거짓이나 그 밖의 부정한 방법으로 보조금을 교부받거나 보조금을 유용한 경우

[전문개정 2007.10.17]

제47조(보육교사의 자격정지) 보건복지가족부장관은 보육교사가 다음 각 호의 어느 하나에 해당하면 1년 이내의 범위에서 보건복지가족부령으로 정하는 바에 따라 그 자격을 정지시킬 수 있다. <개정 2008.2.29>

1. 보육교사가 업무 수행 중 그 자격과 관련하여 고의나 중대한 과실로 손해를 입힌 경우
2. 제23조에 따른 보수교육을 연속하여 3회 이상 받지 아니한 경우

[전문개정 2007.10.17]

제48조(보육시설의 장 또는 보육교사의 자격취소) 보건복지가족부장관은 보육시설의 장 또는 보육교사가 다음 각 호의 어느 하나에 해당하면 그 자격을 취소할 수 있다. <개정 2008.2.29>

1. 거짓이나 그 밖의 부정한 방법으로 자격증을 취득한 경우
2. 자격 취득자가 업무 수행 중 그 자격과 관련하여 고의나 중대한 과실로 손해를 입히고 금고 이상의 형을 선고받은 경우
3. '아동복지법' 제29조의 금지행위를 하여 같은 법 제40조에 따른 처벌을 받은 경우
4. 제22조의 2에 따른 명의대여 금지 등의 의무를 위반한 경우
5. 자격정지처분기간 종료 후 3년 이내에 자격정지처분에 해당하는 행위를 한 경우
6. 자격정지처분을 받고도 자격정지처분기간 이내에 자격증을 사용하여 자격 관련 업무를 수행한 경우
7. 자격정지처분을 3회 이상 받은 경우
8. 제46조 제4호에 해당하여 금고 이상의 형을 선고받은 경우

[전문개정 2007.10.17]

제49조(청문) 보건복지가족부장관, 시·도지사 및 시장·군수·구청장은 제45조부터 제48조까지의 행정처분을 하려면 청문을 하여야 한다. <개정 2008.2.29>

[전문개정 2007.10.17]

제8장 보칙

제50조(경력의 인정) ① 보육시설에 근무하는 자 중 '유아교육법'에 따른 유치원교

원의 자격을 가진 자에 대해서는 보육시설에서의 근무경력을 '유아교육법'에 따른 교육경력으로 인정한다.

② 유치원('유아교육법' 제2조 제6호에 따른 종일제 수업과정을 운영하고 있는 유치원을 말한다.)에 근무하는 자 중 이 법에 따른 보육교사의 자격을 가진 자에 대해서는 유치원에서의 근무경력을 이 법에 따른 보육경력으로 인정한다.

[전문개정 2007.10.17]

제51조(권한의 위임 및 위탁) ① 보건복지가족부장관 또는 시 · 도지사는 이 법에 따른 권한의 일부를 대통령령으로 정하는 바에 따라 시 · 도지사 또는 시장 · 군수 · 구청장에게 위임할 수 있다. <개정 2008.2.29>

② 보건복지가족부장관은 이 법에 따른 업무의 일부를 대통령령으로 정하는 바에 따라 법인이나 단체에 위탁할 수 있다. <개정 2008.2.29>

[전문개정 2007.10.17]

제52조(도서 · 벽지 · 농어촌지역 등의 보육시설) ① 시장 · 군수 · 구청장은 도서 · 벽지 · 농어촌지역 등에 있는 보육시설로서 제15조에 따른 보육시설의 설치기준 및 제17조 제2항에 따른 보육시설종사자의 배치기준을 적용하기 어렵다고 인정하는 경우에는 제6조에 따른 지방보육정책위원회의 심의를 거쳐 관할 시 · 도지사의 승인을 받아 이를 달리 적용할 수 있다.

② 제1항에 따른 도서 · 벽지 · 농어촌지역 등의 구체적인 범위, 보육시설의 설치기준 및 보육시설종사자의 배치기준은 보건복지가족부령으로 정한다. <개정 2008.2.29>

[전문개정 2007.10.17]

제53조(보육시설연합회) ① 보육사업의 원활한 추진과 보육시설의 균형적인 발전, 보육시설 간의 정보 교류 및 상호 협조 증진을 위하여 보육시설연합회(이하 '연합회'라 한다.)를 설립할 수 있다.

② 연합회의 조직과 운영, 기능 등에 필요한 사항은 보건복지가족부령으로 정한다. <개정 2008.2.29>

[전문개정 2007.10.17]

제9장 벌칙

제54조(벌칙) ① 거짓이나 그 밖의 부정한 방법으로 보조금을 교부받거나 보조금을 유용한 자는 3년 이하의 징역 또는 1천만 원 이하의 벌금에 처한다.

② 다음 각 호의 어느 하나에 해당하는 자는 1년 이하의 징역 또는 500만 원 이하의 벌금에 처한다.

1. 제13조 제1항에 따른 설치인가를 받지 아니하고 보육시설의 명칭을 사용하거나 사실상 보육시설의 형태로 운영한 자

2. 거짓이나 그 밖의 부정한 방법으로 제13조 제1항에 따른 보육시설의 설치인가 또는 변경인가를 받은 자

3. 제22조의 2를 위반하여 자기의 성명이나 보육시설의 명칭을 사용하여 보육시설의 장 또는 보육교사의 업무를 수행하게 하거나 자격증을 대여한 자 및 그 상대방

4. 제45조 제1항에 따른 시설운영정지명령 또는 시설의 폐쇄명령을 위반하여 사업을 계속한 자

5. 제45조 제2항에 따른 보육시설 정원의 감축 또는 아동모집의 정지 조치를 위반하여 보육시설을 운영한 자

[전문개정 2007.10.17]

제55조(양벌규정) ① 법인의 대표자, 대리인, 사용인, 그 밖의 종업원이 그 법인의 업무에 관하여 제54조의 위반행위를 하면 그 행위자를 벌할 뿐만 아니라 그 법인에도 해당 조문의 벌금형을 과한다.

② 개인의 대리인, 사용인, 그 밖의 종업원이 그 개인의 업무에 관하여 제54조의 위반행위를 하면 그 행위자를 벌할 뿐만 아니라 그 개인에게도 해당 조문의 벌금형을 과한다.

[전문개정 2007.10.17]

제56조(과태료) ① 제43조 제1항에 따른 신고를 하지 아니하고 보육시설을 폐지하거나 일정기간 운영을 중단하거나 운영을 재개한 자에게는 500만 원 이하의 과태료를 부과한다.

② 다음 각 호의 어느 하나에 해당하는 자에게는 300만 원 이하의 과태료를 부과한다.

1. 제26조 제1항에 따른 취약보육을 우선적으로 실시하지 아니한 자

2. 제28조 제1항 각 호에 해당하는 자를 우선적으로 보육하지 아니한 자

3. 제31조에 따른 건강진단 또는 응급조치 등을 이행하지 아니한 자

③ 제1항과 제2항에 따른 과태료는 대통령령으로 정하는 바에 따라 보건복지가족부장관, 시·도지사 또는 시장·군수·구청장(이하 '부과권자'라 한다.)이 부과·징수한다. <개정 2008.2.29>

④ 제3항에 따른 과태료 처분에 불복하는 자는 그 처분을 고지받은 날부터 30일 이내에 해당 부과권자에게 이의를 제기할 수 있다.

⑤ 제3항에 따른 과태료 처분을 받은 자가 제4항에 따른 이의를 제기하면 해당 부과권자는 지체 없이 관할 법원에 그 사실을 통보하여야 하며, 그 통보를 받은 관할 법원은 '비송사건절차법'에 따른 과태료 재판을 한다.

⑥ 제4항에 따른 기간에 이의를 제기하지 아니하고 과태료를 내지 아니하면 국세 또는 지방세 체납처분의 예에 따라 징수한다.

[전문개정 2007.10.17]

부칙 <제7153호, 2004.1.29>

제1조(시행일) 이 법은 공포 후 1년이 경과한 날부터 시행한다.

제2조(보육정보센터 및 보육지도원에 관한 경과조치) 이 법 시행 당시 종전의 규정에 의한 보육정보센터 및 보육지도원은 각각 이 법에 의한 보육정보센터 및 보육전문요원으로 본다.

제3조(보육교사 등에 관한 경과조치) ① 이 법 시행 당시 종전의 규정에 의한 보육시설의 장 및 보육교사의 자격은 이 법에 의한 자격으로 인정한다.

② 제1항의 규정에 의하여 보육교사의 자격을 인정받은 자 및 이 법 시행 당시 종전의 제9조 제2항 제1호의 규정에 의한 학과를 전공 중인 자는 그 학과를 졸업했을 경우와 제9조 제2항 제2호의 규정에 의한 교육과정을 이수 중인 자는 그 과정을 수료했을 경우에 이 법에 의한 자격을 인정한다.

③ 제1항 또는 제2항의 규정에 의하여 자격을 인정받은 자에게는 제22조의 규정에 의한 자격증을 교부할 수 있다.

제4조(보육시설에 관한 경과조치) 이 법 시행 당시 종전의 규정에 의하여 신고한 보육시설은 이 법에 의하여 인가를 받은 것으로 본다.

제5조(보육시설연합회에 관한 경과조치) 이 법 시행 당시 종전의 규정에 의한 보육시설연합회는 이 법에 의한 보육시설연합회로 본다.

제6조(행정처분 등에 대한 경과조치) 이 법 시행 당시 종전의 규정에 의하여 행정기관 등이 행한 명령 그 밖의 행위 또는 각종 신고 그 밖의 행정기관 등에 대한 행위는 이 법에 의한 행정기관 등의 행위 또는 행정기관 등에 대한 행위로 본다.

제7조(벌칙에 관한 경과조치) 이 법 시행 전의 행위에 대한 벌칙의 적용에 있어서는 종전의 규정에 의한다.

제8조(다른 법률과의 관계) 이 법 시행 당시 다른 법령에서 종전의 영유아보육법의 규정을 인용한 경우에는 이 법 중 그에 해당하는 규정이 있는 때에는 종전의 규정에 갈음하여 이 법의 해당 조항을 인용한 것으로 본다.

부칙 〈제7302호, 2004.12.31〉

이 법은 2005년 1월 30일부터 시행한다.

부칙(정부조직법) 〈제7413호, 2005.3.24〉

제1조(시행일) 이 법은 공포한 날부터 시행한다. 다만, 다음 각 호의 사항은 각 호의 구분에 의한 날부터 시행한다.
　　1. 제26조⋯⋯부칙 제2조 내지 제4조의 규정은 이 법 공포 후 3월 이내에 제42조의 개정규정에 의한 여성가족부의 조직에 관한 대통령령이 시행되는 날
　　2. 생략

제2조 생략

제3조(다른 법률의 개정) ① 내지 ⑩ 생략
　　⑪ 영유아보육법 일부를 다음과 같이 개정한다.
　　제5조 제3항 제1호 중 '여성부차관'을 '여성가족부차관'으로 한다.
　　제6조 제1항 본문 중 '여성부'를 '여성가족부'로 한다.
　　제7조 제1항 전단·제3항, 제8조 제1항, 제9조 제1항, 제11조 제1항·제2항, 제21조 제2항 각 호 외의 부분, 제22조 제1항·제2항, 제23조 제1항·제3항, 제26조 제2항, 제29조 제2항, 제29조의 2, 제30조 제1항·제2항·제4항·제5항, 제41조, 제42조 제1항, 제44조 각 호 외의 부분, 제45조 제1항 각 호 외의 부분, 제46조 각 호 외의 부분, 제47조 각 호 외의 부분, 제48조 각 호

외의 부분, 제49조 본문, 제51조 제1항·제2항 및 제56조 제3항 중 '여성부장관'을 각각 '여성가족부장관'으로 한다.

제9조 제2항, 제13조 제2항, 제14조 제2항, 제15조, 제17조 제2항, 제19조 제2항, 제21조 제2항 제1호·제2호, 제22조 제2항·제3항, 제23조 제3항·제4항, 제24조 제1항·제4항, 제25조 제3항, 제26조 제3항, 제28조 제1항 본문, 제29조 제4항, 제30조 제3항·제4항, 제31조 제3항, 제33조, 제34조 제1항, 제43조 제1항·제2항, 제45조 제2항, 제46조 각 호 외의 부분, 제47조 각 호 외의 부분, 제52조 제2항 및 제53조 제2항 중 '여성부령'을 각각 '여성가족부령'으로 한다.

⑫ 내지 ⑭ 생략

제4조 생략

부칙 〈제7785호, 2005.12.29〉

① (시행일) 이 법은 공포 후 3개월이 경과한 날부터 시행한다. 다만, 제21조 제1항, 제22조 제1항·제2항, 제22조의 2, 제46조, 제48조 및 제54조 제2항의 개정규정은 공포 후 1년이 경과한 날부터 시행한다.

② (보육시설의 장에 관한 경과조치) 이 법 시행 당시 종전의 규정에 따라 보육시설의 장의 자격이 있는 자는 제21조 제1항의 개정규정에 따른 보육시설의 장의 자격증을 받은 자로 본다. 이 경우 제21조 제1항의 개정규정의 시행 후 1년 이내에 제21조 제1항의 개정규정에 따른 요건을 갖추어야 한다.

부칙 〈제8563호, 2007.7.27〉

① (시행일) 이 법은 공포 후 1년이 경과한 날부터 시행한다.

② (행정처분에 관한 경과조치) 이 법 시행 전의 위반행위에 대한 행정처분에 관해서는 종전의 규정에 따른다.

부칙 〈제8654호, 2007.10.17〉

① (시행일) 이 법은 공포한 날부터 시행한다. 다만, 제36조, 제45조 제1항 제1호·제2항·제3항, 제46조 제4호, 제48조 제8호, 제54조 제1항·제2

항 제5호의 개정규정은 2008년 7월 28일부터 시행한다.

② (다른 법률의 개정) 다중이용시설 등의 실내공기질관리법 일부를 다음과 같이 개정한다.

제3조 제1항 제10호의 2 중 '국·공립보육시설'을 '국공립보육시설'로 한다.

부칙(한부모가족지원법) 〈제8655호, 2007.10.17〉

제1조(시행일) 이 법은 공포 후 3개월이 경과한 날부터 시행한다. <단서 생략>

제2조부터 제5조까지 생략

제6조(다른 법률의 개정) ①부터 ⑧까지 생략

⑨ 영유아보육법 일부를 다음과 같이 개정한다.

제28조 제1항 제2호 중 '모·부자복지법'을 '한부모가족지원법'으로 한다.

⑩부터 ⑬까지 생략

제7조 생략

부칙 〈제8851호, 2008.1.17〉

이 법은 공포 후 3개월이 경과한 날부터 시행한다.

부칙(정부조직법) 〈제8852호, 2008.2.29〉

제1조(시행일) 이 법은 공포한 날부터 시행한다. 다만, ……<생략>……, 부칙 제6조에 따라 개정되는 법률 중 이 법의 시행 전에 공포되었으나 시행일이 도래하지 아니한 법률을 개정한 부분은 각각 해당 법률의 시행일부터 시행한다.

제2조부터 제5조까지 생략

제6조(다른 법률의 개정) ①부터 <541>까지 생략

<542> 영유아보육법 일부를 다음과 같이 개정한다.

제5조 제3항 제1호 중 '여성가족부차관'을 '보건복지가족부차관'으로 한다.

제6조 제1항 중 '여성가족부'를 '보건복지가족부'로 한다.

제7조 제1항 전단·제3항, 제8조 제1항, 제9조 제1항, 제11조 제1항·제2항, 제21조 제1항·제2항 각 호 외의 부분 본문, 제22조 제1항·제2항 전단, 제23조 제1항·제3항 전단, 제26조 제2항, 제29조 제2항, 제29조의 2, 제30조 제1항·제2항·제4항·제5항, 제41조, 제42조 제1항, 제44조, 제45조 제1

항·제2항, 제46조, 제47조, 제48조, 제49조, 제51조 제1항·제2항 및 제56조 제3항 중 '여성가족부장관'을 각각 '보건복지가족부장관'으로 한다.

제9조 제2항, 제13조 제2항, 제14조 제2항, 제15조, 제17조 제2항, 제19조 제2항, 제21조 제2항 제1호·제2호, 제22조 제2항·제3항, 제23조 제3항·제4항, 제24조 제1항·제4항, 제25조 제5항, 제26조 제3항, 제28조 제1항 제4호·제5호, 제29조 제4항, 제30조 제3항·제4항, 제31조 제3항, 제33조, 제34조 제1항, 제43조 제1항·제2항, 제45조 제2항·제3항, 제46조, 제47조, 제52조 제2항 및 제53조 제2항 중 '여성가족부령'을 '보건복지가족부령'으로 한다.

<543>부터 <760>까지 생략

제7조 생략

19. 모자보건법

모자보건법

[시행 2008.2.29][법률 제8852호, 2008.2.29, 타 법 개정]

제1조(목적) 이 법은 모성의 생명과 건강을 보호하고 건전한 자녀의 출산과 양육을 도모함으로써 국민보건향상에 이바지함을 목적으로 한다.

제2조(정의) 이 법에서 사용하는 용어의 정의는 다음과 같다. <개정 1987.11.28, 1999.2.8, 2005.12.7>

1. '임산부'라 함은 임신 중에 있거나 분만 후 6개월 미만의 여자를 말한다.
2. '영유아'라 함은 출생 후 6년 미만의 자를 말한다.
3. '신생아'라 함은 출생 후 28일 미만의 영유아를 말한다.
4. '미숙아'라 함은 신체의 발육이 미숙한 채로 출생한 영유아로서 대통령령

으로 정하는 기준에 해당하는 자를 말한다.

5. '선천성이상아'라 함은 선천성 기형·변형 및 염색체 이상을 지닌 영유아로서 대통령령으로 정하는 기준에 해당하는 자를 말한다.

6. '불임수술'이라 함은 생식선을 제거하지 아니하고 생식할 수 없게 하는 수술을 말한다.

7. '피임시술'이라 함은 불임수술과 인체 안에 피임약제 또는 피임기구를 넣어 일정기간 이상 피임하도록 하는 시술행위를 말한다.

8. '인공임신중절수술'이라 함은 태아가 모체 밖에서는 생명을 유지할 수 없는 시기에 태아와 그 부속물을 인공적으로 모체 밖으로 배출시키는 수술을 말한다.

9. '모자보건사업'이라 함은 임산부 또는 영유아에게 전문적인 의료봉사를 함으로써 신체적·정신적 건강을 유지하게 하는 사업을 말한다.

10. '가족계획사업'이라 함은 가족의 건강과 가정복지의 증진을 위하여 수태 조절에 관한 전문적인 의료봉사·계몽 또는 교육을 하는 사업을 말한다.

11. '모자보건요원'이라 함은 의사·조산사·간호사의 면허를 받은 자 또는 간호조무사의 자격을 인정받은 자로서 모자보건사업 및 가족계획사업에 종사하는 자를 말한다.

12. '산후조리업'이라 함은 산후조리 및 요양 등에 필요한 인력과 시설을 갖춘 곳(이하 '산후조리원'이라 한다.)에서 분만 직후의 임산부 또는 출생 직후의 영유아에게 급식·요양 그 밖의 일상생활에 필요한 편의를 제공하는 업을 말한다.

제3조(국가와 지방자치단체의 책임) ① 국가와 지방자치단체는 모성과 영유아의 건강을 유지·증진하기 위하여 필요한 조치를 하여야 한다.

② 국가와 지방자치단체는 모자보건사업 및 가족계획사업에 관한 시책을 강구하여 국민보건향상에 이바지하도록 노력하여야 한다.

제3조의 2(임산부의 날) 임신과 출산의 중요성을 고취하기 위하여 10월 10일을 임산부의 날로 정한다.

　[본 조 신설 2005.12.7]

제4조(모성 등의 의무) ① 모성은 임신·분만·수유 등에 있어서 자신의 건강에 대한 올바른 이해와 관심을 가지고 그 건강관리에 노력하여야 한다.

② 영유아의 친권자·후견인 기타 영유아를 보호하고 있는 자(이하 '보호자'

라 한다.)는 육아에 대한 올바른 이해를 가지고 영유아의 건강의 유지·증진에 적극적으로 노력하여야 한다.

제5조(사업계획의 수립 및 조정) ① 보건복지가족부장관은 대통령령이 정하는 바에 따라 모자보건사업 및 가족계획사업에 관한 시책을 종합·조정하고 그에 관한 기본계획을 수립하여야 한다. <개정 1997.12.13, 2008.2.29>

② 관계 중앙행정기관의 장 및 지방자치단체의 장은 제1항의 기본계획의 시행에 필요한 세부계획을 수립·시행하여야 한다.

제6조(모자보건심의회) ① 보건복지가족부장관의 자문에 응하여 모자보건사업 및 가족계획사업에 관한 중요한 사항을 심의하기 위하여 보건복지가족부에 모자보건심의회를 둔다. <개정 1997.12.13, 2008.2.29>

② 모자보건심의회의 구성과 운영에 관하여 필요한 사항은 대통령령으로 정한다.

제7조(모자보건기구의 설치) ① 국가와 지방자치단체는 모자보건사업 및 가족계획사업에 관한 다음 사항을 관장하기 위하여 모자보건기구를 설치·운영할 수 있다. 이 경우 지방자치단체가 모자보건기구를 설치하는 때에는 당해 지방자치단체가 설치한 보건소 안에 설치함을 원칙으로 한다.

　1. 임산부의 산전·산후관리 및 분만관리와 응급처치에 관한 사항

　2. 영유아의 건강관리 및 예방접종 등에 관한 사항

　3. 피임시술에 관한 사항

　4. 부인과질병 및 그에 관련되는 질병의 예방에 관한 사항

　5. 심신장애아의 발생예방 및 건강관리에 관한 사항

　6. 보건에 관한 지도·교육·연구·홍보 및 통계관리 등에 관한 사항

② 제1항의 규정에 의한 모자보건기구의 설치기준 및 운영에 관하여 필요한 사항은 대통령령으로 정한다.

③ 국가는 제1항 각 호의 사항을 대통령령이 정하는 바에 따라 의료법인 또는 비영리법인에 위탁하여 수행할 수 있다.

제8조(임산부의 신고 등) ① 임산부로서 이 법에 의한 보호를 받고자 하는 경우에는 본인 또는 그 보호자가 보건복지가족부령이 정하는 바에 따라 보건소 또는 의료기관(이하 '보건기관'이라 한다.)에 임신 또는 분만의 사실을 신고하여야 한다. <개정 1997.12.13, 2008.2.29>

② 보건기관의 장은 제1항의 규정에 의한 신고를 받은 후 이를 종합하여 보

건복지가족부령이 정하는 바에 따라 시장·군수·구청장(자치구의 구청장을 말한다. 이하 같다.)에게 보고하여야 한다. <개정 1997.12.13, 1999.2.8, 2008.2.29>

③ 보건기관의 장은 당해 보건기관에서 임산부가 사망하거나 사산한 때 또는 신생아가 사망한 때에는 보건복지가족부령이 정하는 바에 따라 시장·군수·구청장에게 보고하여야 한다. <개정 1997.12.13, 1999.2.8, 2008.2.29>

④ 보건기관의 장은 당해 보건기관에서 미숙아 혹은 선천성이상아가 출생한 때에는 보건복지가족부령이 정하는 바에 따라 보건소장에게 보고하여야 한다. <신설 1999.2.8, 2008.2.29>

⑤ 제4항의 규정에 의한 미숙아 및 선천성이상아(이하 '미숙아 등'이라 한다.)를 보고받은 보건소장은 그 보호자가 당해 관할구역 안에 주소를 가지고 있지 아니한 경우에는 그 보호자 주소지의 관할보건소장에게 그 출생보고를 이송하여야 한다. <신설 1999.2.8>

제9조(모자보건수첩의 발급) ① 시장·군수·구청장은 제8조 제1항의 규정에 의하여 신고된 임산부 또는 영유아에 대하여 모자보건수첩을 발급하여야 한다. <개정 1999.2.8>

② 제1항의 모자보건수첩의 발급절차 등에 관하여 필요한 사항은 보건복지가족부령으로 정한다. <개정 1997.12.13, 2008.2.29>

제9조의 2(미숙아 등에 대한 등록카드) 제8조 제4항 및 제5항의 규정에 의하여 미숙아 등의 출생보고를 받은 보건소장은 보건복지가족부령이 정하는 바에 따라 미숙아 등에 대하여 등록카드를 작성·관리하여야 한다. <개정 2008.2.29>

[본 조 신설 1999.2.8]

제10조(임산부·영유아·미숙아 등의 건강관리 등<개정 1999.2.8>) ① 시장·군수·구청장은 임산부·영유아·미숙아 등에 대하여 대통령령이 정하는 바에 따라 정기적으로 건강진단·예방접종을 실시하거나 모자보건요원으로 하여금 그 가정을 방문하여 보건진료를 하게 하는 등 보건관리에 관하여 필요한 조치를 하여야 한다. <개정 1999.2.8>

② 시장·군수·구청장은 임산부·영유아·미숙아 등 중 입원진료를 요하는 자에게 다음의 의료지원을 할 수 있다. <개정 1999.2.8>

1. 진찰
2. 약제 또는 치료재료의 지급

3. 처치·수술 기타의 치료

4. 의료시설에의 수용

5. 간호

6. 이송

제11조(안전분만 조치) 시장·군수·구청장은 임산부의 안전분만과 건강을 위하여 의료기관에의 입원이 필요하다고 인정하는 경우에는 의료기관에 입원하게 하여야 하며, 가정에서 분만하고자 하는 경우에는 모자보건요원으로 하여금 조산하게 하여야 한다. <개정 1999.2.8>

제12조(피임시술 및 피임약제의 보급) 보건복지가족부장관 또는 시장·군수·구청장은 보건복지가족부령이 정하는 바에 따라 원하는 자에게 피임시술을 행하거나 피임약제를 보급할 수 있다. <개정 1997.12.13, 1999.2.8, 2008.2.29>

제13조(피임시술자의 자격) 피임시술은 의사 또는 보건복지가족부령이 정하는 소정의 교육과정을 마친 조산사 또는 간호사가 아니면 이를 할 수 없다. 이 경우 조산사 또는 간호사의 피임시술행위는 보건복지가족부장관이 인정하는 범위 안의 시술에 한한다. <개정 1987.11.28, 1997.12.13, 2008.2.29>

제14조(인공임신중절수술의 허용한계) ① 의사는 다음 각 호의 1에 해당되는 경우에 한하여 본인과 배우자(사실상의 혼인관계에 있는 자를 포함한다. 이하 같다.)의 동의를 얻어 인공임신중절수술을 할 수 있다.

1. 본인 또는 배우자가 대통령령이 정하는 우생학적 또는 유전학적 정신장애나 신체질환이 있는 경우

2. 본인 또는 배우자가 대통령령이 정하는 전염성 질환이 있는 경우

3. 강간 또는 준강간에 의하여 임신된 경우

4. 법률상 혼인할 수 없는 혈족 또는 인척간에 임신된 경우

5. 임신의 지속이 보건의학적 이유로 모체의 건강을 심히 해하고 있거나 해할 우려가 있는 경우

② 제1항의 경우에 배우자의 사망·실종·행방불명 기타 부득이한 사유로 인하여 동의를 얻을 수 없는 경우에는 본인의 동의만으로 그 수술을 행할 수 있다.

③ 제1항의 경우에 본인 또는 배우자가 심신장애로 의사표시를 할 수 없는 때에는 그 친권자 또는 후견인의 동의로, 친권자 또는 후견인이 없는 때에는 부양의무자의 동의로 각각 그 동의에 갈음할 수 있다.

제15조(산후조리업의 신고) ① 산후조리업을 하고자 하는 자는 산후조리원의 운영에 필요한 간호사 또는 간호조무사 등의 인력과 시설을 갖추고 시장·군수·구청장에게 신고하여야 한다. 신고한 사항 중 보건복지가족부령이 정하는 중요 사항을 변경하고자 하는 때에도 또한 같다. <개정 2008.2.29>

② 제1항의 규정에 따른 인력·시설기준, 신고의 방법 및 절차는 보건복지가족부령으로 정한다. <개정 2008.2.29>

[본 조 신설 2005.12.7]

제15조의 2(결격 사유) 다음 각 호의 어느 하나에 해당하는 자는 산후조리원을 설치·운영하거나 이에 종사할 수 없다.

1. 미성년자·금치산자 또는 한정치산자
2. '정신보건법' 제3조 제1호에 따른 정신질환자
3. '마약류관리에 관한 법률'에 따른 마약류 중독자
4. 이 법을 위반하여 금고 이상의 실형을 선고받고 그 집행이 종료(집행이 종료된 것으로 보는 경우를 포함한다.)되거나 집행이 면제된 날부터 3년이 경과하지 아니한 자
5. 이 법을 위반하여 형의 집행유예 선고를 받고 그 유예기간 중에 있는 자
6. 제15조의 9의 규정에 따라 산후조리원의 폐쇄명령을 받고 1년이 경과되지 아니한 자
7. 대표자가 제1호 내지 제6호의 어느 하나에 해당하는 법인

[본 조 신설 2005.12.7]

제15조의 3(산후조리업의 승계) ① 제15조 제1항의 규정에 따라 산후조리업의 신고를 한 자(이하 '산후조리업자'라 한다.)가 산후조리업을 양도하거나 사망한 때 또는 법인의 합병이 있는 때에는 양수인·상속인 또는 합병 후 신설되거나 존속하는 법인은 산후조리업자의 지위를 승계한다.

② 제1항의 규정에 따라 산후조리업자의 지위를 승계한 자는 1월 이내에 보건복지가족부령이 정하는 바에 따라 시장·군수·구청장에게 신고하여야 한다. <개정 2008.2.29>

[본 조 신설 2005.12.7]

제15조의 4(산후조리업자의 준수사항) 산후조리업자는 임산부 및 영유아의 건강 및 위생 관리와 위해방지 등을 위하여 다음 각 호에서 정하는 사항을 지켜야 한다. <개정 2008.2.29>

1. 보건복지가족부령이 정하는 바에 따라 건강기록부를 비치하여 임산부와 영유아의 건강상태를 기록하고 이를 관리할 것
2. 감염 또는 질병을 예방하기 위하여 소독 등 필요한 조치를 취할 것
3. 임산부 또는 영유아에게 감염 또는 질병이 의심되거나 발생하는 때에는 즉시 의료기관으로 이송하는 등 필요한 조치를 취할 것

[본 조 신설 2005.12.7]

제15조의 5(건강진단) ① 산후조리업에 종사하는 자는 건강진단을 받아야 한다. 다만, 다른 법령의 규정에 따라 같은 내용의 건강진단을 받은 경우에는 이 법에 따른 건강진단을 받은 것으로 갈음할 수 있다.

② 산후조리업자는 제1항의 규정에 의한 건강진단을 받지 아니한 자와 타인에게 위해를 끼칠 우려가 있는 질병이 있는 자로 하여금 산후조리업에 종사하도록 하여서는 아니 된다.

③ 제1항의 규정에 따른 산후조리업에 종사하는 자의 범위·건강진단의 실시방법 및 제2항의 규정에 따른 질병의 종류는 각각 대통령령으로 정한다.

[본 조 신설 2005.12.7]

제15조의 6(산후조리 교육) ① 산후조리업자는 보건복지가족부령이 정하는 바에 따라 감염예방 등에 관한 교육을 정기적으로 받아야 한다. <개정 2008.2.29>

② 제15조 제1항의 규정에 따라 산후조리업의 신고를 하고자 하는 자는 미리 제1항의 규정에 따른 교육을 받아야 한다. 다만, 질병이나 부상으로 입원 중인 경우 등 부득이한 사유로 신고 전에 교육을 받을 수 없는 경우에는 보건복지가족부령이 정하는 바에 따라 당해 산후조리업을 개시한 후 교육을 받아야 한다. <개정 2008.2.29>

[본 조 신설 2005.12.7]

제15조의 7(보고·출입·검사 등) ① 시장·군수·구청장은 필요하다고 인정하는 때에는 산후조리업자에 대하여 필요한 보고를 하게 하거나 소속 공무원으로 하여금 산후조리원에 출입하여 산후조리업자의 준수사항의 이행 등에 대하여 검사하게 하거나 건강기록부 등의 서류를 열람하게 할 수 있다.

② 제1항의 규정에 따라 출입·검사 또는 열람하고자 하는 공무원은 그 권한을 표시하는 증표를 지니고 이를 관계인에게 내보여야 한다.

[본 조 신설 2005.12.7]

제15조의 8(시정명령) 시장·군수·구청장은 산후조리업자가 다음 각 호의 어느 하나에 해당하는 경우에는 보건복지가족부령이 정하는 바에 따라 산후조리업자에게 기간을 정하여 시정을 명할 수 있다. <개정 2008.2.29>

1. 제15조의 규정에 따른 인력 및 시설을 갖추지 아니한 경우

2. 제15조의 2의 규정을 위반하여 결격 사유가 있는 자를 종사하도록 한 경우

3. 제15조의 4의 규정에 따른 준수사항을 지키지 아니한 경우

4. 제15조의 5 제2항의 규정에 따른 건강진단을 받지 아니하거나 타인에게 위해를 끼칠 우려가 있는 질병이 있는 자를 종사하도록 한 경우

5. 제15조의 14 제1항의 규정에 따른 '산후조리원'이라는 문자를 사용하지 아니한 경우

[본 조 신설 2005.12.7]

제15조의 9(산후조리원의 폐쇄 등) ① 시장·군수·구청장은 산후조리업자가 제15조의 8의 규정에 따른 시정명령을 위반한 경우 6개월 이내의 기간을 정하여 산후조리업의 정지를 명하거나 산후조리원의 폐쇄를 명할 수 있다.

② 시장·군수·구청장은 산후조리업자가 다음 각 호의 어느 하나에 해당하는 경우에는 산후조리원의 폐쇄를 명하여야 한다.

1. 제1항의 규정에 따른 정지기간 중 산후조리업을 계속 영위한 경우

2. 제15조의 2 각 호의 어느 하나에 해당하는 경우. 다만, 제15조의 2 제7호에 해당하게 된 법인이 3월 이내에 그 대표자를 개임하는 경우에는 그러하지 아니하다.

③ 시장·군수·구청장은 산후조리업자가 제1항 및 제2항의 규정에 따라 폐쇄명령을 받은 후 계속하여 산후조리업을 영위하는 때에는 관계 공무원으로 하여금 당해 업소를 폐쇄하기 위하여 다음 각 호의 조치를 하도록 할 수 있다.

1. 당해 산후조리원의 간판 그 밖의 업소표지물의 제거

2. 당해 산후조리원이 위법한 업소임을 알리는 게시물 등의 부착

3. 당해 산후조리업을 영위하기 위하여 필수불가결한 기구 또는 시설물을 사용할 수 없게 하는 봉인

④ 제1항 및 제2항의 규정에 따라 산후조리원의 폐쇄명령을 받은 후 6개월이 지나지 아니한 경우에는 누구든지 동일한 장소에서 산후조리업을 할 수 없다.

⑤ 제1항 및 제2항의 규정에 따른 산후조리업의 정지명령과 산후조리원 폐

쇄명령의 세부적인 기준은 그 위반행위의 유형과 위반의 정도 등을 감안하여 대통령령으로 정한다.

[본 조 신설 2005.12.7]

제15조의 10(산후조리업의 폐업·휴업 및 재개의 신고) 산후조리업자가 산후조리업을 폐업·휴업 또는 재개하고자 하는 경우 미리 보건복지가족부령이 정하는 바에 따라 시장·군수·구청장에게 신고하여야 한다. <개정 2008.2.29>

[본 조 신설 2005.12.7]

제15조의 11(과징금) ① 시장·군수·구청장은 제15조의 9 제1항의 규정에 따른 산후조리업의 정지명령이 산후조리원의 이용자에게 심한 불편을 주거나 줄 우려가 있는 경우에는 산후조리업의 정지명령에 갈음하여 3천만 원 이하의 과징금을 부과할 수 있다.

② 제1항의 규정에 따라 과징금 부과처분을 받은 자가 과징금을 기한 이내에 납부하지 아니한 경우에는 대통령령이 정하는 바에 따라 제1항의 규정에 따른 과징금 부과처분을 취소하고 제15조의 9 제1항의 규정에 따라 산후조리업의 정지를 명령하여야 한다. 다만, 제15조의 10의 규정에 따른 폐업 등으로 제15조의 9의 규정에 따른 산후조리업의 정지를 명령할 수 없는 경우에는 지방세체납처분의 예에 따라 이를 징수한다.

③ 제1항의 규정에 따라 과징금을 부과하는 위반행위의 종별과 위반 정도 등에 따른 금액은 대통령령으로 정한다.

[본 조 신설 2005.12.7]

제15조의 12(행정제재처분 효과의 승계) ① 산후조리업자가 산후조리업을 양도하거나 사망한 때 또는 법인의 합병이 있는 때에는 제15조의 9의 규정에 따라 종전의 산후조리업자에 대하여 행한 행정제재처분의 효과는 양수인·상속인 또는 합병 후 신설되거나 존속하는 법인에 승계된다.

② 산후조리업자가 산후조리업을 양도하거나 사망한 때 또는 법인의 합병이 있는 때에는 제15조의 9의 규정에 따라 종전의 산후조리업자에 대하여 진행 중인 행정제재처분 절차를 양수인·상속인 또는 합병 후 신설되거나 존속하는 법인에 대하여 속행할 수 있다.

③ 제1항 및 제2항의 규정에 불구하고 양수인·상속인 또는 합병 후 신설되거나 존속하는 법인이 양수·상속 또는 합병이 있을 때 그 처분 또는 위반 사실을 알지 못하였음을 증명하는 때에는 그러하지 아니하다.

[본 조 신설 2005.12.7]

제15조의 13(청문) 시장·군수·구청장이 제15조의 9의 규정에 따라 산후조리원의 폐쇄명령을 하고자 하는 때에는 청문을 실시하여야 한다.

[본 조 신설 2005.12.7]

제15조의 14(명칭사용의 제한 등) ① 산후조리업자는 산후조리업을 영위하기 위하여 명칭을 사용함에 있어서 '산후조리원'이라는 문자를 사용하여야 한다.

② 이 법에 따라 개설된 산후조리원이 아니면 산후조리원 또는 이와 유사한 명칭을 사용하지 못한다.

[본 조 신설 2005.12.7]

제16조(협회) ① 모자보건사업 및 출산지원에 관한 조사·연구·교육 및 홍보 등의 업무를 행하기 위하여 인구보건복지협회(이하 '협회'라 한다.)를 둔다. <개정 1999.2.8, 2005.12.7>

② 협회의 회원이 될 수 있는 자는 협회의 설립취지와 사업에 찬동하는 자로 한다.

③ 협회는 법인으로 한다.

④ 협회의 정관기재사항과 업무에 관하여 필요한 사항은 대통령령으로 정한다.

⑤ 협회에 관하여 이 법에 규정되지 아니한 사항은 민법 중 사단법인에 관한 규정을 준용한다.

제17조 삭제 <1999.2.8>

제18조 삭제 <1999.2.8>

제19조 삭제 <1994.12.22>

제20조(동일명칭의 사용금지⟨개정 1999.2.8⟩) 이 법에 의한 협회가 아닌 자는 인구보건복지협회와 동일한 명칭을 사용하지 못한다. <개정 1999.2.8, 2005.12.7>

제21조(경비의 보조) ① 국가는 예산의 범위 안에서 다음의 경비를 보조할 수 있다. <개정 1999.2.8>

   1. 모자보건기구(국가가 설치하는 경우를 제외한다. 이하 같다.)의 설치에 소요되는 경비 및 부대비용의 3분의 2 이내

   2. 모자보건기구의 운영비의 2분의 1 이내

   3. 제7조 제3항의 규정에 의하여 업무를 위탁받은 자의 위탁받은 업무수행에 소요되는 경비

   4. 부담능력이 없는 자에 대한 제10조 제1항의 규정에 의한 건강진단 등

에 소요되는 경비

5. 부담능력이 없는 자에 대한 제11조의 규정에 의한 조산경비의 2분의 1 이내

6. 부담능력이 없는 자에 대한 제12조의 규정에 의한 피임시술 중 불임수술을 행하는 데 소요되는 경비

② 지방자치단체는 예산의 범위 안에서 제1항 제4호 내지 제6호의 경비 중 국가에서 보조하는 부분 외의 경비를 보조한다.

제22조(국유재산의 무상대부) 국가는 협회에 대하여 필요하다고 인정하는 때에는 국유재산을 무상으로 대부할 수 있다.

제23조(비용의 징수) ① 시장·군수·구청장은 제11조 및 제12조의 규정에 의한 조치의 상대방으로부터 그 조치에 소요된 비용을 징수할 수 있다. 다만, 부담능력이 없는 자에 대해서는 그러하지 아니하다. <개정 1999.2.8>

② 제1항의 비용의 징수에 관하여 필요한 사항은 보건복지가족부령으로 정한다. <개정 1997.12.13, 2008.2.29>

제24조(비밀누설의 금지) 모자보건사업 및 가족계획사업에 종사하는 자는 이 법 또는 다른 법령에서 특별히 규정된 경우를 제외하고는 그 업무수행상 알게 된 타인의 비밀을 누설하거나 공표하여서는 아니 된다.

제25조(권한의 위임) 보건복지가족부장관은 이 법에 의한 권한의 일부를 대통령령이 정하는 바에 따라 특별시장·광역시장 또는 도지사에게 위임할 수 있다. <개정 1997.12.13, 2008.2.29>

제26조(벌칙) ① 다음 각 호의 어느 하나에 해당하는 자는 1년 이하의 징역 또는 1천만 원 이하의 벌금에 처한다.

1. 제13조의 규정을 위반하여 피임시술을 행한 자

2. 제15조 제1항의 규정을 위반하여 신고 또는 변경신고를 하지 아니하고 산후조리업을 영위한 자

3. 제15조의 5 제2항의 규정을 위반하여 타인에게 위해를 끼칠 우려가 있는 질병이 있는 자를 산후조리업에 종사하도록 한 자

4. 제15조의 9 제1항 또는 제2항의 규정을 위반하여 산후조리업 정지명령 또는 폐쇄명령을 받고도 계속하여 산후조리업을 영위한 자

5. 제24조의 규정을 위반하여 비밀을 누설하거나 공표한 자

② 다음 각 호의 어느 하나에 해당하는 자는 300만 원 이하의 벌금에 처한다.

1. 제15조의 3 제2항의 규정을 위반하여 신고하지 아니한 자
2. 제15조의 4 제2호 또는 제3호의 규정을 위반하여 필요한 조치를 취하지 아니한 자

[전문개정 2005.12.7]

제26조의 2(양벌규정) 법인의 대표자 또는 법인이나 개인의 대리인·사용인 그 밖의 종업원이 그 법인 또는 개인의 업무에 관하여 제26조의 위반행위를 한 때에는 그 행위자를 벌하는 외에 그 법인 또는 개인에 대하여 해당 조의 벌금형을 과한다.

[본 조 신설 2005.12.7]

제27조(과태료) ① 다음 각 호의 어느 하나에 해당하는 자는 200만 원 이하의 과태료에 처한다. <개정 2005.12.7>

1. 제15조의 4 제1호의 규정을 위반한 자
2. 제15조의 5 제1항의 규정을 위반한 자
3. 제15조의 6 제1항 또는 제2항의 규정을 위반한 자
4. 제15조의 7 제1항의 규정에 따른 보고를 하지 아니하거나 허위로 보고한 자 또는 공무원의 출입·검사 또는 열람을 거부·방해 또는 기피한 자

② 다음 각 호의 어느 하나에 해당하는 자는 100만 원 이하의 과태료에 처한다. <신설 2005.12.7>

1. 제8조 제3항의 규정을 위반한 보건기관의 장
2. 제15조의 10의 규정을 위반하여 신고를 하지 아니한 산후조리업자
3. 제15조의 14 또는 제20조의 규정을 위반한 자

③ 제1항 및 제2항의 규정에 의한 과태료 중 제20조의 규정에 위반한 자에 대해서는 보건복지가족부장관이, 제8조 제3항·제15조의 4 내지 제15조의 7·제15조의 10 또는 제15조의 14의 규정에 위반한 자에 대해서는 시장·군수·구청장이 부과·징수하되 대통령령이 정하는 바에 의한다. <개정 1997.12.13, 1999.2.8, 2005.12.7, 2008.2.29>

④ 제3항의 규정에 의한 과태료처분에 불복이 있는 자는 그 처분이 있음을 안 날로부터 30일 이내에 보건복지가족부장관 또는 시장·군수·구청장에게 이의를 제기할 수 있다. <개정 1997.12.13, 1999.2.8, 2005.12.7, 2008.2.29>

⑤ 제3항의 규정에 의한 과태료처분을 받은 자가 제4항의 규정에 의하여 이의를 제기한 때에는 보건복지가족부장관 또는 시장·군수·구청장은 지체

없이 관할법원에 그 사실을 통보하여야 하며, 그 통보를 받은 관할법원은 비송사건절차법에 의한 과태료의 재판을 한다. <개정 1997.12.13, 1999.2.8, 2005.12.7, 2008.2.29>

⑥ 제4항의 규정에 의한 기간 내에 이의를 제기하지 아니하고 과태료를 납부하지 아니한 때에는 국세체납처분 또는 지방세체납처분의 예에 의하여 이를 징수한다. <개정 2005.12.7>

제28조(형법의 적용배제) 이 법의 규정에 의한 인공임신중절수술을 받은 자와 수술을 행한 자는 형법 제269조 제1항·제2항 및 동법 제270조 제1항의 규정에 불구하고 처벌하지 아니한다.

제29조(의료법의 적용배제) 이 법의 규정에 의한 모자보건요원 중 간호사 및 간호조무사가 제11조의 규정에 의하여 행한 조산행위에 대해서는 '의료법' 제27조 제1항의 무면허의료행위 등 금지 및 같은 법 제87조 제2호의 벌칙의 규정을 적용하지 아니한다. 제13조의 규정에 의한 피임시술을 행하는 조산사 또는 간호사의 경우에도 또한 같다. <개정 1987.11.28, 2007.4.11>

부칙 〈제3824호, 1986.5.10〉

제1조(시행일) 이 법은 공포 후 6개월이 경과한 날로부터 시행한다.

제2조(대한가족계획협회에 관한 경과조치) 이 법 시행 당시의 사단법인 대한가족계획협회는 이 법에 의하여 설립된 대한가족계획협회로 본다. 다만, 제16조의 규정에 의한 협회의 정관기재사항을 정하는 대통령령의 시행 후 3월 이내에 그에 맞도록 정관을 변경하고 기타 필요한 요건을 갖추어야 한다.

부칙(의료법) 〈제3948호, 1987.11.28〉

제1조(시행일) 이 법은 공포 후 4월이 경과한 날로부터 시행한다.
    제2조 및 제3조 생략
제4조(다른 법률의 개정) ① 내지 ③ 생략
    ④ 모자보건법 중 다음과 같이 개정한다.
    제2조 제9호중 '조산원·간호원의 면허를 받은 자 또는 간호보조원'을 '조산사·간호사의 면허를 받은 자 또는 간호조무사'로 하고, 제13조 중 '조산원 또는 간호원이'를 '조산사 또는 간호사가'로 하며, 제29조 전단 중 '간호원

및 간호보조원이'를 '간호사 및 간호조무사가'로 하고, 동 조 후단 중 '조산원 또는 간호원'을 '조산사 또는 간호사'로 한다.

⑤ 생략

부칙(기금관리기본법) 〈제4791호, 1994.12.22〉

제1조(시행일) 이 법은 1995년 1월 1일부터 시행한다.

제2조(다른 법률의 개정) ① 내지 ⑥ 생략

⑦ 모자보건법 중 다음과 같이 개정한다.

제19조를 삭제한다.

⑧ 및 ⑨ 생략

부칙(정부부처명칭 등의 변경에 따른 건축법 등의 정비에 관한 법률) 〈제5454호, 1997.12.13〉

이 법은 1998년 1월 1일부터 시행한다. 〈단서 생략〉

부칙 〈제5859호, 1999.2.8〉

① (시행일) 이 법은 공포한 날부터 시행한다.

② (대한가족계획협회의 명칭변경에 따른 경과조치) 이 법 시행 당시 종전의 규정에 의하여 설립된 대한가족계획협회는 이 법에 의하여 설립된 대한가족보건복지협회로 본다.

부칙 〈제7703호, 2005.12.7〉

① (시행일) 이 법은 공포 후 6개월이 경과한 날부터 시행한다. 다만, 제3조의 2·제16조 및 제20조의 개정규정은 각각 공포한 날부터 시행한다.

② (산후조리업의 신고에 관한 경과조치) 이 법 시행 당시 산후조리업을 영위하고 있는 자는 이 법 시행 후 6개월 이내에 이 법에 따른 인력 및 시설을 갖추어 제15조 제1항의 개정규정에 따라 산후조리업의 신고를 하여야 한다.

③ (대한가족보건복지협회의 명칭변경에 따른 경과조치) 이 법 시행 당시 종전의 규정에 따라 설립된 대한가족보건복지협회는 이 법에 따라 설립된 인구보건복

지협회로 본다. 이 경우 인구보건복지협회는 이 법 시행 후 1개월 이내에 정관을 변경하여 등기하여야 한다.

부칙(의료법) 〈제8366호, 2007.4.11〉

제1조(시행일) 이 법은 공포한 날부터 시행한다. <단서 생략>
　　제2조 내지 제19조 생략
제20조(다른 법률의 개정) ① 내지 ⑥ 생략
　　⑦ 모자보건법 일부를 다음과 같이 개정한다.
　　제29조 중 '의료법 제25조 제1항'을 '의료법 제27조 제1항'으로, '동법 제66조 제3호'를 '같은 법 제87조 제2호'로 한다.
　　⑧ 내지 <17> 생략
제21조 생략

부칙(정부조직법) 〈제8852호, 2008.2.29〉

제1조(시행일) 이 법은 공포한 날부터 시행한다. 다만, ……<생략>……, 부칙 제6조에 따라 개정되는 법률 중 이 법의 시행 전에 공포되었으나 시행일이 도래하지 아니한 법률을 개정한 부분은 각각 해당 법률의 시행일부터 시행한다.
　　제2조부터 제5조까지 생략
제6조(다른 법률의 개정) ①부터 <460>까지 생략
　　<461> 모자보건법 일부를 다음과 같이 개정한다.
　　제5조 제1항, 제6조 제1항, 제12조, 제13조 후단, 제25조, 제27조 제3항부터
　　　　제5항까지 중 '보건복지부장관'을 각각 '보건복지가족부장관'으로 한다.
　　제6조 제1항 중 '보건복지부'를 '보건복지가족부'로 한다.
　　제8조 제1항부터 제4항까지, 제9조 제2항, 제9조의 2, 제12조, 제13조 전단
　　　　및 제23조 제2항 중 '보건복지부령'을 각각 '보건복지가족부령'으로 한다.
　　제15조 제1항 후단 및 제2항, 제15조의 3 제2항, 제15조의 4 제1호, 제15조
　　　　의 6 제1항 및 제2항 단서, 제15조의 8 각 호 외의 부분 및 제15조의 10
　　　　중 '보건복지부령'을 각각 '보건복지가족부령'으로 한다.
　　<462>부터 <760>까지 생략
제7조 생략

20. 장애인복지법

장애인복지법
[시행 2008.2.29][법률 제8852호, 2008.2.29, 타 법 개정]

제1장 총칙

제1조(목적) 이 법은 장애인의 인간다운 삶과 권리보장을 위한 국가와 지방자치
    단체 등의 책임을 명백히 하고, 장애발생 예방과 장애인의 의료·교육·직업
    재활·생활환경개선 등에 관한 사업을 정하여 장애인복지대책을 종합적으로
    추진하며, 장애인의 자립생활·보호 및 수당지급 등에 관하여 필요한 사항을
    정하여 장애인의 생활안정에 기여하는 등 장애인의 복지와 사회활동 참여증
    진을 통하여 사회통합에 이바지함을 목적으로 한다.
제2조(장애인의 정의 등) ① '장애인'이란 신체적·정신적 장애로 오랫동안 일상생
    활이나 사회생활에서 상당한 제약을 받는 자를 말한다.
    ② 이 법을 적용받는 장애인은 제1항에 따른 장애인 중 다음 각 호의 어느
    하나에 해당하는 장애가 있는 자로서 대통령령으로 정하는 장애의 종류 및
    기준에 해당하는 자를 말한다.
        1. '신체적 장애'란 주요 외부 신체 기능의 장애, 내부기관의 장애 등을 말
           한다.
        2. '정신적 장애'란 발달장애 또는 정신 질환으로 발생하는 장애를 말한다.
제3조(기본이념) 장애인복지의 기본이념은 장애인의 완전한 사회 참여와 평등을
    통하여 사회통합을 이루는 데에 있다.
제4조(장애인의 권리) ① 장애인은 인간으로서 존엄과 가치를 존중받으며, 그에 걸
    맞은 대우를 받는다.
    ② 장애인은 국가·사회의 구성원으로서 정치·경제·사회·문화, 그 밖의
    모든 분야의 활동에 참여할 권리를 가진다.
    ③ 장애인은 장애인 관련 정책결정과정에 우선적으로 참여할 권리가 있다.

제5조(장애인 및 보호자 등에 대한 의견수렴과 참여) 국가 및 지방자치단체는 장애인 정책의 결정과 그 실시에 있어서 장애인 및 장애인의 부모, 배우자, 그 밖에 장애인을 보호하는 자의 의견을 수렴하여야 한다. 이 경우 당사자의 의견수렴을 위한 참여를 보장하여야 한다.

제6조(중증장애인의 보호) 국가와 지방자치단체는 장애 정도가 심하여 자립하기가 매우 곤란한 장애인(이하 '중증장애인'이라 한다.)이 필요한 보호 등을 평생 받을 수 있도록 알맞은 정책을 강구하여야 한다.

제7조(여성장애인의 권익보호 등) 국가와 지방자치단체는 여성장애인의 권익을 보호하고 사회참여를 확대하기 위하여 기초학습과 직업교육 등 필요한 시책을 강구하여야 한다.

제8조(차별금지 등) ① 누구든지 장애를 이유로 정치·경제·사회·문화생활의 모든 영역에서 차별을 받지 아니하고, 누구든지 장애를 이유로 정치·경제·사회·문화생활의 모든 영역에서 장애인을 차별하여서는 아니 된다.

② 누구든지 장애인을 비하·모욕하거나 장애인을 이용하여 부당한 영리행위를 하여서는 아니 되며, 장애인의 장애를 이해하기 위하여 노력하여야 한다.

제9조(국가와 지방자치단체의 책임) ① 국가와 지방자치단체는 장애 발생을 예방하고, 장애의 조기 발견에 대한 국민의 관심을 높이며, 장애인의 자립을 지원하고, 보호가 필요한 장애인을 보호하여 장애인의 복지를 향상시킬 책임을 진다.

② 국가와 지방자치단체는 여성 장애인의 권익을 보호하기 위하여 정책을 강구하여야 한다.

③ 국가와 지방자치단체는 장애인복지정책을 장애인과 그 보호자에게 적극적으로 홍보하여야 하며, 국민이 장애인을 올바르게 이해하도록 하는 데에 필요한 정책을 강구하여야 한다.

제10조(국민의 책임) 모든 국민은 장애 발생의 예방과 장애의 조기 발견을 위하여 노력하여야 하며, 장애인의 인격을 존중하고 사회통합의 이념에 기초하여 장애인의 복지향상에 협력하여야 한다.

제11조(장애인정책조정위원회) ① 장애인 종합정책을 수립하고 관계 부처 간의 의견을 조정하며 그 정책의 이행을 감독·평가하기 위하여 국무총리 소속하에 장애인정책조정위원회(이하 '위원회'라 한다.)를 둔다.

② 위원회는 다음 각 호의 사항을 심의·조정한다.

  1. 장애인복지정책의 기본방향에 관한 사항

  2. 장애인복지 향상을 위한 제도개선과 예산지원에 관한 사항

  3. 중요한 특수교육정책의 조정에 관한 사항

  4. 장애인 고용촉진정책의 중요한 조정에 관한 사항

  5. 장애인 이동보장 정책조정에 관한 사항

  6. 장애인정책 추진과 관련한 재원조달에 관한 사항

  7. 장애인복지에 관한 관련 부처의 협조에 관한 사항

  8. 그 밖에 장애인복지와 관련하여 대통령령으로 정하는 사항

③ 위원회는 필요하다고 인정되면 관계 행정기관에 그 직원의 출석·설명과 자료 제출을 요구할 수 있다.

④ 위원회는 제2항의 사항을 미리 검토하고 관계 기관 사이의 협조 사항을 정리하기 위하여 위원회에 장애인정책조정실무위원회(이하 '실무위원회'라 한다.)를 둔다.

⑤ 위원회와 실무위원회의 구성·운영에 관하여 필요한 사항은 대통령령으로 정한다.

제12조(장애인정책책임관의 지정 등) ① 중앙행정기관의 장은 해당 기관의 장애인정책을 효율적으로 수립·시행하기 위하여 소속 공무원 중에서 장애인정책책임관을 지정할 수 있다.

② 제1항에 따른 장애인정책책임관의 지정 및 임무 등에 관하여 필요한 사항은 대통령령으로 정한다.

제13조(지방장애인복지위원회) ① 장애인복지 관련 사업의 기획·조사·실시 등을 하는 데에 필요한 사항을 심의하기 위하여 지방자치단체에 지방장애인복지위원회를 둔다.

② 제1항의 지방장애인복지위원회를 조직·운영하는 데에 필요한 사항은 대통령령으로 정하는 기준에 따라 지방자치단체의 조례로 정한다.

제14조(장애인의 날) ① 장애인에 대한 국민의 이해를 깊게 하고 장애인의 재활의욕을 높이기 위하여 매년 4월 20일을 장애인의 날로 하며, 장애인의 날부터 1주간을 장애인 주간으로 한다.

② 국가와 지방자치단체는 장애인의 날의 취지에 맞는 행사 등 사업을 하도록 노력하여야 한다.

제15조(다른 법률과의 관계) 제2조에 따른 장애인 중 '정신보건법'과 '국가유공자
　　등 예우 및 지원에 관한 법률' 등 대통령령으로 정하는 다른 법률을 적용받
　　는 장애인에 대해서는 대통령령으로 정하는 바에 따라 이 법의 적용을 제한
　　할 수 있다.

제16조(법제와 관련된 조치 등) 국가와 지방자치단체는 이 법의 목적을 달성하기 위
　　하여 필요한 법제(법제)·재정과 관련된 조치를 강구하여야 한다.

제2장 기본정책의 강구

제17조(장애발생 예방) ① 국가와 지방자치단체는 장애의 발생 원인과 예방에 관
　　한 조사 연구를 촉진하여야 하며, 모자보건사업의 강화, 장애의 원인이 되는
　　질병의 조기 발견과 조기 치료, 그 밖에 필요한 정책을 강구하여야 한다.
　　② 국가와 지방자치단체는 교통사고·산업재해·약물중독 및 환경오염 등에
　　의한 장애발생을 예방하기 위하여 필요한 조치를 강구하여야 한다.

제18조(의료와 재활치료) 국가와 지방자치단체는 장애인이 생활기능을 익히거나 되
　　찾을 수 있도록 필요한 기능치료와 심리치료 등 재활의료를 제공하고 장애
　　인의 장애를 보완할 수 있는 장애인보조기구를 제공하는 등 필요한 정책을
　　강구하여야 한다.

제19조(사회적응 훈련) 국가와 지방자치단체는 장애인이 재활치료를 마치고 일상생
　　활이나 사회생활을 원활히 할 수 있도록 사회적응 훈련을 실시하여야 한다.

제20조(교육) ① 국가와 지방자치단체는 사회통합의 이념에 따라 장애인이 연
　　령·능력·장애의 종류 및 정도에 따라 충분히 교육받을 수 있도록 교육 내
　　용과 방법을 개선하는 등 필요한 정책을 강구하여야 한다.
　　② 국가와 지방자치단체는 장애인의 교육에 관한 조사·연구를 촉진하여야
　　한다.
　　③ 국가와 지방자치단체는 장애인에게 전문 진로교육을 실시하는 제도를 강
　　구하여야 한다.
　　④ 각급 학교의 장은 교육을 필요로 하는 장애인이 그 학교에 입학하려는
　　경우 장애를 이유로 입학 지원을 거부하거나 입학시험 합격자의 입학을 거
　　부하는 등의 불리한 조치를 하여서는 아니 된다.

⑤ 모든 교육기관은 교육 대상인 장애인의 입학과 수학 등에 편리하도록 장애의 종류와 정도에 맞추어 시설을 정비하거나 그 밖에 필요한 조치를 강구하여야 한다.

제21조(직업) ① 국가와 지방자치단체는 장애인이 적성과 능력에 맞는 직업에 종사할 수 있도록 직업 지도, 직업능력 평가, 직업 적응훈련, 직업훈련, 취업알선, 고용 및 취업 후 지도 등 필요한 정책을 강구하여야 한다.

② 국가와 지방자치단체는 장애인 직업재활훈련이 원활히 이루어질 수 있도록 장애인에게 적합한 직종과 재활사업에 관한 조사·연구를 촉진하여야 한다.

제22조(정보에의 접근) ① 국가와 지방자치단체는 장애인이 정보에 원활하게 접근하고 자신의 의사를 표시할 수 있도록 전기통신·방송시설 등을 개선하기 위하여 노력하여야 한다.

② 국가와 지방자치단체는 방송국의 장 등 민간 사업자에게 뉴스와 국가적 주요 사항의 중계 등 대통령령으로 정하는 방송 프로그램에 청각장애인을 위한 수화 또는 폐쇄자막과 시각장애인을 위한 화면해설 또는 자막해설 등을 방영하도록 요청하여야 한다.

③ 국가와 지방자치단체는 국가적인 행사, 그 밖의 교육·집회 등 대통령령으로 정하는 행사를 개최하는 경우에는 청각장애인을 위한 수화통역 및 시각장애인을 위한 점자자료 등을 제공하여야 하며 민간이 주최하는 행사의 경우에는 수화통역 및 점자자료 등을 제공하도록 요청할 수 있다.

④ 제2항과 제3항의 요청을 받은 방송국의 장 등 민간 사업자와 민간 행사 주최자는 정당한 사유가 없으면 그 요청에 따라야 한다.

⑤ 국가와 지방자치단체는 시각장애인이 정보에 쉽게 접근할 수 있도록 점자도서와 음성도서 등을 보급하기 위하여 노력하여야 한다.

⑥ 국가와 지방자치단체는 장애인의 특성을 고려하여 정보통신망 및 정보통신기기의 접근·이용에 필요한 지원 및 도구의 개발·보급 등 필요한 시책을 강구하여야 한다.

제23조(편의시설) ① 국가와 지방자치단체는 장애인이 공공시설과 교통수단 등을 안전하고 편리하게 이용할 수 있도록 편의시설의 설치와 운영에 필요한 정책을 강구하여야 한다.

② 국가와 지방자치단체는 공공시설 등 이용편의를 위하여 수화통역·안내보조 등 인적서비스 제공에 관하여 필요한 시책을 강구하여야 한다.

제24조(안전대책 강구) 국가와 지방자치단체는 추락사고 등 장애로 인하여 일어날 수 있는 안전사고와 비상재해 등에 대비하여 시각·청각 장애인과 이동이 불편한 장애인을 위하여 피난용 통로를 확보하고, 점자·음성·문자 안내판을 설치하며, 긴급 통보체계를 마련하는 등 장애인의 특성을 배려한 안전대책 등 필요한 조치를 강구하여야 한다.

제25조(사회적 인식개선) ① 국가와 지방자치단체는 학생, 공무원, 근로자, 그 밖의 일반국민 등을 대상으로 장애인에 대한 인식개선을 위한 교육 및 공익광고 등 홍보사업을 실시하여야 한다.

② 국가는 '초·중등교육법'에 따른 학교에서 사용하는 교과용 도서에 장애인에 대한 인식개선을 위한 내용이 포함되도록 하여야 한다.

③ 제1항 및 제2항의 사업에 관하여 필요한 사항은 대통령령으로 정한다.

제26조(선거권 행사를 위한 편의 제공) 국가와 지방자치단체는 장애인이 선거권을 행사하는 데에 불편함이 없도록 편의시설·설비를 설치하고, 선거권 행사에 관하여 홍보하며, 선거용 보조기구를 개발·보급하는 등 필요한 조치를 강구하여야 한다.

제27조(주택 보급) ① 국가와 지방자치단체는 공공주택 등 주택을 건설할 경우에는 장애인에게 장애 정도를 고려하여 우선 분양 또는 임대할 수 있도록 노력하여야 한다.

② 국가와 지방자치단체는 주택의 구입자금·임차자금 또는 개·보수비용의 지원 등 장애인의 일상생활에 적합한 주택의 보급·개선에 필요한 시책을 강구하여야 한다.

제28조(문화환경 정비 등) 국가와 지방자치단체는 장애인의 문화생활과 체육활동을 늘리기 위하여 관련 시설 및 설비, 그 밖의 환경을 정비하고 문화생활과 체육활동 등을 지원하도록 노력하여야 한다.

제29조(복지 연구 등의 진흥) ① 국가와 지방자치단체는 장애인복지의 종합적이고 체계적인 조사·연구·평가 및 장애인 체육활동 등 장애인정책개발 등을 위하여 필요한 정책을 강구하여야 한다.

② 제1항에 따른 장애인 관련 조사·연구 수행 및 정책개발·복지진흥·재활체육진흥 등을 위하여 재단법인 한국장애인개발원(이하 '개발원'이라 한다.)을 설립한다.

③ 개발원의 사업과 활동은 정관으로 정한다.

④ 국가와 지방자치단체는 개발원 운영에 필요한 비용을 보조할 수 있으며, '조세특례제한법'에서 정하는 바에 따라 조세를 감면하고 개발원에 기부된 재산에는 소득계산의 특례를 적용한다.

제30조(경제적 부담의 경감) ① 국가와 지방자치단체, '공공기관의 운영에 관한 법률' 제4조에 따른 공공기관, '지방공기업법'에 따른 지방공사 또는 지방공단은 장애인과 장애인을 부양하는 자의 경제적 부담을 줄이고 장애인의 자립을 촉진하기 위하여 세제상의 조치, 공공시설 이용료 감면, 그 밖에 필요한 정책을 강구하여야 한다.

② 국가와 지방자치단체, '공공기관의 운영에 관한 법률' 제4조에 따른 공공기관, '지방공기업법'에 따른 지방공사 또는 지방공단이 운영하는 운송사업자는 장애인과 장애인을 부양하는 자의 경제적 부담을 줄이고 장애인의 자립을 돕기 위하여 장애인과 장애인을 보호하기 위하여 동행하는 자의 운임 등을 감면하는 정책을 강구하여야 한다.

제3장 복지 조치

제31조(조사) ① 보건복지가족부장관은 이 법의 적절한 시행을 위하여 3년마다 장애인의 실태조사를 실시하여야 한다. <개정 2008.2.29>

② 제1항에 따른 조사의 방법과 내용 등에 관하여 필요한 사항은 대통령령으로 정한다.

제32조(장애인 등록) ① 장애인, 그 법정대리인 또는 대통령령이 정하는 보호자는 장애 상태와 그 밖에 보건복지가족부령이 정하는 사항을 시장·군수 또는 구청장(자치구의 구청장을 말한다. 이하 같다.)에게 등록하여야 하며, 시장·군수·구청장은 등록을 신청한 장애인이 제2조에 따른 기준에 맞으면 장애인등록증(이하 '등록증'이라 한다.)을 내주어야 한다. <개정 2008.2.29>

② 제1항에 따라 등록증을 받은 자와 그 법정대리인 또는 대통령령이 정하는 보호자는 해당 장애인이 제2조에 따른 기준에 맞지 아니하게 되거나 사망하면 그 등록증을 반환하여야 한다.

③ 시장·군수·구청장은 장애 상태의 변화에 따른 장애 등급 조정을 위하여 장애 진단을 받게 하는 등 필요한 조치를 할 수 있으며, 장애 진단 명령

등 필요한 조치를 거부하거나 제2항 또는 제5항을 위반한 경우에는 등록증을 반환하게 할 수 있다.

④ 장애인의 장애 인정과 등급 사정에 관한 업무를 담당하게 하기 위하여 보건복지가족부에 장애판정위원회를 둘 수 있다. <개정 2008.2.29>

⑤ 등록증은 양도하거나 대여하지 못하며, 등록증과 비슷한 명칭이나 표시를 사용하여서는 아니 된다.

⑥ 장애인의 등록, 등록증의 교부와 반환, 장애 진단 및 장애판정위원회 등에 관하여 필요한 사항은 보건복지가족부령으로 정한다. <개정 2008.2.29>

제33조(장애인복지상담원) ① 장애인 복지 향상을 위한 상담 및 지원 업무를 맡기기 위하여 시·군·구(자치구를 말한다. 이하 같다.)에 장애인복지상담원을 둔다.

② 장애인복지상담원은 그 업무를 할 때 개인의 인격을 존중하고, 업무상 알게 된 개인의 신상에 관한 비밀을 누설하여서는 아니 된다.

③ 장애인복지상담원의 임용·직무·보수와 그 밖에 필요한 사항은 대통령령으로 정한다.

제34조(재활상담과 입소 등의 조치) ① 보건복지가족부장관, 특별시장·광역시장·도지사·특별자치도지사 또는 시장·군수·구청장(이하 '장애인복지실시기관'이라 한다.)은 장애인에 대한 검진 및 재활상담을 하고, 필요하다고 인정되면 다음 각 호의 조치를 하여야 한다. <개정 2008.2.29>

1. 국·공립병원, 보건소, 보건지소, 그 밖의 의료기관(이하 '의료기관'이라 한다.)에 의뢰하여 의료와 보건지도를 받게 하는 것

2. 국가 또는 지방자치단체가 설치한 장애인복지시설에서 주거편의·상담·치료·훈련 등의 필요한 서비스를 받도록 하는 것

3. 제59조에 따라 설치된 장애인복지시설에 위탁하여 그 시설에서 주거편의·상담·치료·훈련 등의 필요한 서비스를 받도록 하는 것

4. 공공직업능력개발훈련시설이나 사업장 내 직업훈련시설에서 하는 직업훈련 또는 취업알선을 필요로 하는 자를 관련 시설이나 직업안정업무기관에 소개하는 것

② 장애인복지실시기관은 제1항의 재활 상담을 하는 데에 필요하다고 인정되면 제33조에 따른 장애인복지상담원을 해당 장애인의 가정 또는 장애인이 주거편의·상담·치료·훈련 등의 서비스를 받는 시설이나 의료기관을 방문

하여 상담하게 하거나 필요한 지도를 하게 할 수 있다.

제35조(장애 유형·장애 정도별 재활 및 자립지원 서비스 제공 등) 국가와 지방자치단체는 장애인의 일상생활을 편리하게 하고 사회활동 참여를 높이기 위하여 장애 유형·장애 정도별로 재활 및 자립지원 서비스를 제공하는 등 필요한 정책을 강구하여야 하며, 예산의 범위 안에서 지원할 수 있다.

제36조(의료비 지급) ① 장애인복지실시기관은 의료비를 부담하기 어렵다고 인정되는 장애인에게 장애 정도와 경제적 능력 등을 고려하여 장애 정도에 따라 의료에 소요되는 비용을 지급할 수 있다.

② 제1항에 따른 의료비 지급 대상·기준 및 방법 등에 관하여 필요한 사항은 보건복지가족부령으로 정한다. <개정 2008.2.29>

제37조(산후조리도우미 지원 등) ① 국가 및 지방자치단체는 임산부인 여성장애인과 신생아의 건강관리를 위하여 경제적 부담능력 등을 감안하여 여성장애인의 가정을 방문하여 산전·산후 조리를 돕는 도우미(이하 '산후조리도우미'라 한다.)를 지원할 수 있다.

② 국가 및 지방자치단체는 제1항의 규정에 따른 산후조리도우미 지원사업에 대하여 보건복지가족부령이 정하는 바에 따라 정기적으로 모니터링(산후조리도우미 지원사업의 실효성 등을 확보하기 위한 정기적인 점검활동을 말한다.)을 실시하여야 한다. <개정 2008.2.29>

③ 산후조리도우미 지원의 기준 및 방법 등에 관하여 필요한 사항은 대통령령으로 정한다.

제38조(자녀교육비 지급) ① 장애인복지실시기관은 경제적 부담능력 등을 고려하여 장애인이 부양하는 자녀 또는 장애인인 자녀의 교육비를 지급할 수 있다.

② 제1항에 따른 교육비 지급 대상·기준 및 방법 등에 관하여 필요한 사항은 보건복지가족부령으로 정한다. <개정 2008.2.29>

제39조(장애인이 사용하는 자동차 등에 대한 지원 등) ① 국가와 지방자치단체, 그 밖의 공공단체는 장애인이 이동수단인 자동차 등을 편리하게 사용할 수 있도록 하고 경제적 부담을 줄여 주기 위하여 조세감면 등 필요한 지원정책을 강구하여야 한다.

② 시장·군수·구청장은 장애인이 이용하는 자동차 등을 지원하는 데에 편리하도록 장애인이 사용하는 자동차 등임을 알아볼 수 있는 표지(이하 '장애인사용자동차 등 표지'라 한다.)를 발급하여야 한다.

③ 장애인사용자동차 등 표지를 대여하거나 보건복지가족부령이 정하는 자 외의 자에게 양도하는 등 부당한 방법으로 사용하여서는 아니 되며, 이와 비슷한 표지·명칭 등을 사용하여서는 아니 된다. <개정 2008.2.29>

④ 장애인사용자동차 등 표지의 발급 대상과 발급 절차 등에 관하여 필요한 사항은 보건복지가족부령으로 정한다. <개정 2008.2.29>

제40조(장애인 보조견의 훈련·보급 지원 등) ① 국가와 지방자치단체는 장애인의 복지 향상을 위하여 장애인을 보조할 장애인 보조견의 훈련·보급을 지원하는 방안을 강구하여야 한다.

② 보건복지가족부장관은 장애인 보조견에 대하여 장애인 보조견표지(이하 '보조견표지'라 한다.)를 발급할 수 있다. <개정 2008.2.29>

③ 누구든지 보조견표지를 붙인 장애인 보조견을 동반한 장애인이 대중교통수단을 이용하거나 공공장소, 숙박시설 및 식품접객업소 등 여러 사람이 다니거나 모이는 곳에 출입하려는 때에는 정당한 사유 없이 거부하여서는 아니 된다.

④ 보건복지가족부장관은 장애인보조견의 훈련·보급을 위하여 전문훈련기관을 지정할 수 있다. <개정 2008.2.29>

⑤ 보조견표지의 발급대상, 발급절차 및 전문훈련기관의 지정에 관하여 필요한 사항은 보건복지가족부령으로 정한다. <개정 2008.2.29>

제41조(자금 대여 등) 국가와 지방자치단체는 장애인이 사업을 시작하거나 필요한 지식과 기능을 익히는 것 등을 지원하기 위하여 대통령령으로 정하는 바에 따라 자금을 대여할 수 있다.

제42조(생업 지원) ① 국가와 지방자치단체, 그 밖의 공공단체는 소관 공공시설 안에 식료품·사무용품·신문 등 일상생활용품을 판매하는 매점이나 자동판매기의 설치를 허가하거나 위탁할 때에는 장애인이 신청하면 우선적으로 반영하도록 노력하여야 한다.

② 시장·군수 또는 구청장은 장애인이 '담배사업법'에 따라 담배소매인으로 지정받기 위하여 신청하면 그 장애인을 우선적으로 지정하도록 노력하여야 한다.

③ 장애인이 우편법령에 따라 국내 우표류 판매업 계약 신청을 하면 우편관서는 그 장애인이 우선적으로 계약할 수 있도록 노력하여야 한다.

④ 제1항부터 제3항까지의 규정에 따른 허가·위탁 또는 지정 등을 받은 자

는 특별한 사유가 없으면 직접 그 사업을 하여야 한다.

⑤ 제1항에 따른 설치 허가권자는 매점·자동판매기 설치를 허가하기 위하여 설치 장소와 판매할 물건의 종류 등을 조사하고 그 결과를 장애인에게 알리는 조치를 강구하여야 한다.

제43조(자립훈련비 지급) ① 장애인복지실시기관은 제34조 제1항 제2호 또는 제3호에 따라 장애인복지시설에서 주거편의·상담·치료·훈련 등을 받도록 하거나 위탁한 장애인에 대하여 그 시설에서 훈련을 효과적으로 받는 데 필요하다고 인정되면 자립훈련비를 지급할 수 있으며, 특별한 사정이 있으면 훈련비 지급을 대신하여 물건을 지급할 수 있다.

② 제1항에 따른 자립훈련비의 지급과 물건의 지급 등에 관하여 필요한 사항은 보건복지가족부령으로 정한다. <개정 2008.2.29>

제44조(생산품 구매) ① 국가와 지방자치단체, 그 밖의 공공단체는 그 소요물품 중 보건복지가족부장관이 정한 품목과 물량의 범위 안에서 매년 그 품목과 물량을 정하여 장애인복지시설과 장애인복지단체에 생산을 의뢰하여야 하며, 생산한 물품의 구매를 요청받으면 우선적으로 구매하여야 한다. <개정 2008.2.29>

② 국가와 지방자치단체, 그 밖의 공공단체는 장애인복지시설과 장애인복지단체에서 생산한 물품을 수의계약으로 구매할 수 있다.

③ 제1항과 제2항에 따른 품목과 물량을 지정하는 데에 필요한 사항은 대통령령이 정하며, 수의계약의 절차와 방법 등에 관한 사항은 관계 법령의 규정에 따른다.

제45조(생산품 인증) ① 보건복지가족부장관은 장애인복지시설, 장애인복지단체에서 생산한 물품의 판매촉진·품질향상 및 소비자와 구매자 보호를 위하여 인증제도를 실시할 수 있다. <개정 2008.2.29>

② 제1항에 따른 인증의 신청·기준·절차·표시방법 및 대상품목의 선정 등에 관하여 필요한 사항은 보건복지가족부령으로 정한다. <개정 2008.2.29>

제46조(고용 촉진) 국가와 지방자치단체는 직접 경영하는 사업에 능력과 적성이 맞는 장애인을 고용하도록 노력하여야 하며, 장애인에게 적합한 사업을 경영하는 자에게 장애인의 능력과 적성에 따라 장애인을 고용하도록 권유할 수 있다.

제47조(공공시설의 우선 이용) 국가와 지방자치단체, 그 밖의 공공단체는 장애인의 자립을 지원하는 데에 필요하다고 인정되면 그 공공시설의 일부를 장애인이 우선 이용하게 할 수 있다.

제48조(국유·공유 재산의 우선매각이나 유상·무상 대여) ① 국가와 지방자치단체는 이 법에 따른 장애인복지시설을 설치하거나 장애인복지단체가 장애인복지사업과 관련한 시설을 설치하는 데에 필요할 경우 국유·공유 토지와 시설 등을 우선 매각하거나 임대 또는 무상으로 대부할 수 있다.

② 국가와 지방자치단체는 제1항에 따라 국가나 지방자치단체로부터 토지와 시설을 매수·임차하거나 대부받은 자가 그 매수·임차 또는 대부한 날부터 2년 이내에 장애인복지시설을 설치하지 아니하거나 장애인복지단체의 장애인복지사업 관련 시설을 설치하지 아니할 때에는 토지와 시설을 환수하거나 임차계약을 취소할 수 있다.

제49조(장애수당) ① 국가와 지방자치단체는 장애인의 장애 정도와 경제적 수준을 고려하여 장애인의 소득 보전을 위한 장애수당을 지급할 수 있다. 다만, '국민기초생활보장법'에 따른 생계급여를 받는 장애인에게는 장애수당을 반드시 지급하여야 한다.

② 제1항에 따른 장애수당의 지급 대상·기준 및 방법 등에 관하여 필요한 사항은 대통령령으로 정한다.

제50조(장애아동수당과 보호수당) ① 국가와 지방자치단체는 장애아동에게 보호자의 경제적 생활수준 및 장애아동의 장애 정도를 고려하여 장애로 인한 추가적 비용을 보전(補塡)하게 하기 위하여 장애아동수당을 지급할 수 있다.

② 국가와 지방자치단체는 장애인을 보호하는 보호자에게 그의 경제적 수준과 장애인의 장애 정도를 고려하여 장애로 인한 추가적 비용을 보전하게 하기 위하여 보호수당을 지급할 수 있다.

③ 제1항과 제2항에 따른 장애아동수당과 보호수당의 지급 대상·기준 및 방법 등에 관하여 필요한 사항은 대통령령으로 정한다.

제51조(비용의 징수) 거짓 그 밖의 부정한 방법으로 장애수당, 장애아동수당 등을 받거나 타인으로 하여금 받게 한 경우에는 수당을 지급한 기관은 그 수당의 전부를 수당을 받은 자 또는 수당을 받게 한 자(이하 '부정수급자'라 한다.)로부터 징수하여야 한다.

제52조(장애인의 재활 및 자립생활의 연구) ① 국가와 지방자치단체는 장애인 재활

및 자립생활에 대하여 종합적이고 체계적으로 조사·연구·평가하기 위하여 전문 연구기관에 장애예방·의료·교육·직업재활 및 자립생활 등에 관한 연구 과제를 선정하여 의뢰할 수 있다.

② 국가와 지방자치단체는 제1항에 따른 연구 과제를 수행하는 데에 들어가는 비용을 예산의 범위 안에서 보조할 수 있다.

제4장 자립생활의 지원

제53조(자립생활지원) 국가와 지방자치단체는 중증장애인의 자기결정에 의한 자립생활을 위하여 활동보조인의 파견 등 활동보조서비스 또는 장애인보조기구의 제공, 그 밖의 각종 편의 및 정보제공 등 필요한 시책을 강구하여야 한다.

제54조(중증장애인자립생활지원센터) ① 국가와 지방자치단체는 중증장애인의 자립생활을 실현하기 위하여 중증장애인자립생활지원센터를 통하여 필요한 각종 지원서비스를 제공한다.

② 제1항의 규정에 따른 중증장애인자립생활지원센터에 관하여 필요한 사항은 보건복지가족부령으로 정한다. <개정 2008.2.29>

제55조(활동보조인 등 서비스 지원) ① 국가와 지방자치단체는 중증장애인이 일상생활 또는 사회생활을 원활히 할 수 있도록 그 활동에 필요한 활동보조인의 파견 등 활동보조서비스를 지원할 수 있다.

② 국가 및 지방자치단체는 임신 등으로 인하여 이동이 불편한 여성장애인에게 임신 및 출산과 관련한 진료 등을 위하여 경제적 부담능력 등을 감안하여 활동보조인의 파견 등 활동보조서비스를 지원할 수 있다.

③ 제1항 및 제2항의 규정에 따른 활동보조인의 파견 등 서비스 지원의 기준 및 방법 등에 관하여 필요한 사항은 대통령령으로 정한다.

제56조(장애동료 간 상담) ① 국가와 지방자치단체는 장애인이 장애를 극복하는 데 도움이 되도록 장애동료 간 상호 대화나 상담의 기회를 제공하도록 노력하여야 한다.

② 제1항에 따른 장애동료 간의 대화나 상담의 기회를 제공하기 위한 구체적인 사업 등에 관하여 필요한 사항은 보건복지가족부령으로 정한다. <개정 2008.2.29>

제5장 복지시설과 단체

제57조(보호조치 등) 국가와 지방자치단체는 장애인의 성·연령 및 장애의 유형과 정도를 고려하여 제58조에 따른 장애인복지시설에서 보호·의료·생활지도·재활훈련과 자립생활지원 등의 서비스를 제공함으로써 장애인이 기능 회복과 사회성 향상을 도모할 수 있도록 필요한 정책을 강구하여야 한다.

제58조(장애인복지시설) ① 장애인복지시설의 종류는 다음 각 호와 같다.

1. 장애인 생활시설: 장애인이 필요한 기간 생활하면서 재활에 필요한 상담·치료·훈련 등의 서비스를 받아 사회복귀를 준비하거나 장애로 인하여 장기간 요양하는 시설

2. 장애인 지역사회재활시설: 장애인을 전문적으로 상담·치료·훈련하거나 장애인의 여가 활동과 사회참여 활동 등에 편의를 제공하는 장애인복지관·의료재활시설·체육시설·수련시설 및 공동생활가정 등의 시설

3. 장애인 직업재활시설: 일반 작업환경에서는 일하기 어려운 장애인이 특별히 준비된 작업환경에서 직업훈련을 받거나 직업 생활을 할 수 있도록 하는 시설

4. 장애인 유료복지시설: 장애인이 필요한 치료·상담·훈련 등 편의를 제공받고 그에 소요되는 모든 비용을 시설 운영자에게 납부하여 운영하는 시설

5. 그 밖에 대통령령으로 정하는 시설

② 제1항 각 호에 따른 장애인복지시설의 구체적인 종류와 사업 등에 관한 사항은 보건복지가족부령으로 정한다. <개정 2008.2.29>

제59조(장애인복지시설 설치) ① 국가와 지방자치단체는 장애인복지시설을 설치할 수 있다.

② 제1항에 규정된 자 외의 자가 장애인복지시설을 설치·운영하려면 해당 시설 소재지 관할 시장·군수·구청장에게 신고하여야 하며, 신고한 사항 중 보건복지가족부령으로 정하는 중요한 사항을 변경할 때에도 신고하여야 한다. 다만, 제62조에 따른 폐쇄 명령을 받고 1년이 지나지 아니한 자는 시설의 설치·운영 신고를 할 수 없다. <개정 2008.2.29>

③ 제58조 제1항 제2호에 따른 의료재활시설의 설치는 '의료법'에 따른다.

④ 제2항에 따른 장애인복지시설의 시설기준·신고·변경신고 및 입소 등에

관하여 필요한 사항은 보건복지가족부령으로 정한다. <개정 2008.2.29>

제60조(시설 운영의 개시 등) ① 제59조 제2항에 따라 신고한 자는 지체 없이 시설 운영을 시작하여야 한다.

② 시설 운영자는 시설 운영을 중단 또는 재개하거나 시설을 폐지하려는 때에는 보건복지가족부령이 정하는 바에 따라 미리 시장·군수·구청장에게 신고하여야 한다. <개정 2008.2.29>

③ 시설 운영자는 제2항에 따라 시설 운영을 중단 또는 재개하거나 시설을 폐지할 때에는 보건복지가족부령이 정하는 바에 따라 시설 거주자의 권익을 보호하기 위하여 다음 각 호의 조치를 하여야 한다. <개정 2008.2.29>

1. 시설의 장에게 시설 거주자를 다른 시설로 보내게 하고 그 이행을 확인하는 조치

2. 시설 거주자가 이용료·사용료 등의 비용을 부담하는 경우 이를 반환하게 하고 그 이행을 확인하는 조치

3. 보조금·후원금 등의 사용 실태 확인과 이를 재원으로 조성한 재산 중 남은 재산의 회수조치

4. 그 밖에 시설 거주자의 권익 보호를 위하여 필요하다고 인정되는 조치

④ 제1항과 제2항에 따른 시설 운영의 개시·중단·재개 및 시설 폐지의 신고 등에 관하여 필요한 사항은 보건복지가족부령으로 정한다. <개정 2008.2.29>

제61조(감독) ① 장애인복지실시기관은 장애인복지시설을 설치·운영하는 자의 소관 업무 및 시설이용자의 인권실태 등을 지도·감독하며, 필요한 경우 그 시설에 관한 보고 또는 관련 서류 제출을 명하거나 소속 공무원에게 그 시설의 운영상황·장부, 그 밖의 서류를 조사·검사하거나 질문하게 할 수 있다.

② 제1항에 따라 관계 공무원이 그 직무를 할 때에는 권한을 표시하는 증표를 관계인에게 내보여야 한다.

제62조(시설의 개선, 사업의 정지, 폐쇄 등) 장애인복지실시기관은 장애인복지시설이 다음 각 호의 어느 하나에 해당하는 때에는 그 시설의 개선, 사업의 정지, 시설의 장의 교체를 명하거나 해당 시설의 폐쇄를 명할 수 있다.

1. 제59조 제4항에 따른 시설기준에 미치지 못한 때

2. 정당한 사유 없이 제61조에 따른 보고를 하지 아니하거나 거짓으로 보고한 때 또는 조사·검사 및 질문을 거부·방해하거나 기피한 때

3. 사회복지법인이나 비영리법인이 설치·운영하는 시설인 경우 그 사회복

지법인이나 비영리법인의 설립 허가가 취소된 때

4. 시설의 회계 부정이나 시설이용자에 대한 인권침해 등 불법행위, 그 밖의 부당행위 등이 발견된 때

5. 설치 목적을 이루었거나 그 밖의 사유로 계속하여 운영할 필요가 없다고 인정되는 때

6. 이 법 또는 이 법에 따른 명령이나 처분을 위반한 경우

제63조(단체의 보호·육성) ① 국가와 지방자치단체는 장애인의 복지를 향상하고 자립을 돕기 위하여 장애인복지단체를 보호·육성하도록 노력하여야 한다.

② 국가와 지방자치단체는 예산의 범위 안에서 제1항에 따른 단체의 사업 또는 활동이나 그 시설에 필요한 경비의 전부 또는 일부를 보조할 수 있다.

제64조(장애인복지단체협의회) ① 장애인복지단체의 활동을 지원하고 장애인의 복지를 향상하기 위하여 장애인복지단체협의회(이하 '협의회'라 한다.)를 설립할 수 있다.

② 협의회는 '사회복지사업법'에 따른 사회복지법인으로 하되, '사회복지사업법' 제23조 제1항은 적용하지 아니한다.

③ 협의회의 조직과 운영 등에 관하여 필요한 사항은 정관으로 정한다.

제6장 장애인보조기구

제65조(장애인보조기구) ① '장애인보조기구'란 장애인이 장애의 예방·보완과 기능 향상을 위하여 사용하는 의지(義肢)··보조기 및 그 밖에 보건복지가족부장관이 정하는 보장구와 일상생활의 편의 증진을 위하여 사용하는 생활용품을 말한다. <개정 2008.2.29>

② 보건복지가족부장관은 제1항에 따른 장애인보조기구의 품질향상 등을 위하여 장애인보조기구의 품목·기준 및 규격을 정하여 고시할 수 있다. <개정 2008.2.29>

제66조(장애인보조기구의 교부 등) ① 국가와 지방자치단체는 장애인의 신청이 있을 때에는 예산의 범위 안에서 장애인보조기구를 교부·대여 또는 수리하거나 장애인보조기구 구입 또는 수리에 필요한 비용을 지급할 수 있다.

② 제1항에 따른 비용의 지급은 장애인보조기구의 교부 또는 수리가 곤란하

다고 인정되는 경우에만 한다.

③ 제1항에 따른 신청을 할 수 있는 자의 범위, 장애인보조기구의 교부·대여·수리 및 비용 지급의 기준과 방법 등에 관하여 필요한 사항은 보건복지가족부령으로 정한다. <개정 2008.2.29>

제67조(장애인보조기구업체의 육성·연구지원 등) ① 국가와 지방자치단체는 장애인보조기구의 개발·보급을 촉진하기 위하여 장애인보조기구를 생산하는 업체(이하 '장애인보조기구업체'라 한다.)에 대한 생산장려금 지급, 기술지원, 연구개발의 장려 등 필요한 조치를 강구하여야 한다.

② 국가와 지방자치단체는 장애인보조기구업체의 육성을 위하여 장애인보조기구업체 중 우수업체를 지정하여 자금을 융자하거나 보조할 수 있다.

③ 국가와 지방자치단체는 제2항에 따라 지정된 우수업체가 지정의 필요성을 상실하였다고 인정될 경우 그 지정을 취소할 수 있다.

④ 제1항부터 제3항까지의 규정에 따른 생산장려금 지급, 기술지원, 우수업체 지정 및 취소, 자금 융자와 보조 등에 관하여 필요한 사항은 보건복지가족부령으로 정한다. <개정 2008.2.29>

제68조(장애인보조기구 연구개발의 지원 등) ① 보건복지가족부장관은 장애인보조기구의 품질 향상 등을 위하여 장애인보조기구에 관한 연구개발을 장려하고 보호·육성하기 위한 정책을 강구하여야 한다. <개정 2008.2.29>

② 국가와 지방자치단체는 장애인보조기구에 관한 연구개발활동에 대하여 자금의 보조 등 필요한 지원정책을 강구하여야 한다.

제69조(의지·보조기제조업의 개설사실의 통보 등) ① 의지·보조기를 제조·개조·수리하거나 신체에 장착하는 사업(이하 '의지·보조기제조업'이라 한다.)을 하는 자는 그 제조업소를 개설한 후 7일 이내에 보건복지가족부령이 정하는 바에 따라 시장·군수·구청장에게 제조업소의 개설사실을 알려야 한다. 제조업소의 소재지 변경 등 보건복지가족부령이 정하는 중요 사항을 변경한 때에도 또한 같다. <개정 2008.2.29>

② 의지·보조기 제조업자는 제72조에 따른 의지·보조기 기사(補助器 技士)를 1명 이상 두어야 한다. 다만, 의지·보조기 제조업자 자신이 의지·보조기 기사인 경우에는 따로 기사를 두지 아니하여도 된다.

③ 의지·보조기 제조업자가 제70조에 따른 폐쇄 명령을 받은 후 6개월이 지나지 아니하면 같은 장소에서 같은 제조업을 하여서는 아니 된다.

④ 의지·보조기 제조업자는 의사의 처방에 따라 의지·보조기를 제조하거나 개조하여야 한다.

제70조(의지·보조기 제조업소의 폐쇄 등) ① 시장·군수·구청장은 의지·보조기 제조업자가 다음 각 호의 어느 하나에 해당하는 경우에는 그 제조업소의 폐쇄를 명할 수 있다.

　　1. 제69조 제2항을 위반하여 의지·보조기 기사를 두지 아니하고 의지·보조기제조업을 한 경우

　　2. 영업정지처분 기간에 영업을 하거나 3회 이상 영업정지처분을 받은 경우

② 시장·군수·구청장은 의지·보조기 제조업자가 의지·보조기 제조업을 하면서 고의나 중대한 과실로 의지·보조기를 착용하는 사람의 신체에 손상을 입힌 사실이 있는 때에는 6개월의 범위 안에서 보건복지가족부령으로 정하는 바에 따라 영업정지를 명할 수 있다. <개정 2008.2.29>

제7장 장애인복지 전문인력

제71조(장애인복지 전문인력 양성 등) ① 국가와 지방자치단체 그 밖의 공공단체는 수화통역사, 점역(點譯)·교정사 등 장애인복지 전문인력, 그 밖에 장애인복지에 관한 업무에 종사하는 자를 양성·훈련하는 데에 노력해야 한다.

② 제1항에 따른 장애인복지전문인력의 범위 등에 관한 사항은 보건복지가족부령으로 정한다. <개정 2008.2.29>

③ 국가와 지방자치단체는 제1항에 따른 장애인복지전문인력의 양성업무를 관계 전문기관 등에 위탁할 수 있다.

④ 국가와 지방자치단체는 제1항에 따른 장애인복지전문인력의 양성에 소요되는 비용을 예산의 범위 안에서 보조할 수 있다.

제72조(의지·보조기 기사자격증 교부 등) ① 보건복지가족부장관은 다음 각 호의 어느 하나에 해당하는 자로서 제73조에 따른 국가시험에 합격한 자(이하 '의지·보조기 기사'라 한다.)에게 의지·보조기 기사자격증을 내주어야 한다. <개정 2008.2.29>

　　1. '고등교육법'에 따른 전문대학이나 교육인적자원부장관이 이와 같은 수준 이상의 학력이 있다고 인정하는 학교에서 보건복지가족부령으로 정

하는 의지·보조기 관련 교과목을 이수하고 졸업한 자

2. 보건복지가족부장관이 인정하는 외국에서 제1호에 해당하는 학교와 같은 수준 이상의 교육과정을 마치고 외국의 해당 의지·보조기 기사자격증을 받은 자

② 의지·보조기 기사자격증을 분실하거나 훼손한 자에게는 신청에 따라 자격증을 재교부한다.

③ 의지·보조기 기사자격증은 다른 자에게 대여하지 못한다.

④ 제1항과 제2항에 따른 자격증의 교부·재교부 절차와 그 밖에 그 관리에 관하여 필요한 사항은 보건복지가족부령으로 정한다. <개정 2008.2.29>

제73조(의지·보조기 기사 국가시험의 실시 등) ① 의지·보조기 기사 국가시험은 보건복지가족부장관이 실시하되, 실시시기·실시방법·시험과목, 그 밖에 시험 실시에 관하여 필요한 사항은 대통령령으로 정한다. <개정 2008.2.29>

② 보건복지가족부장관은 제1항에 따른 국가시험의 실시에 관한 업무를 대통령령으로 정하는 바에 따라 시험관리 능력이 있다고 인정되는 관계 전문 기관에 위탁할 수 있다. <개정 2008.2.29>

제74조(응시자격 제한 등) ① 다음 각 호의 어느 하나에 해당하는 자는 제73조에 따른 국가시험에 응시할 수 없다. <개정 2007.10.17>

1. '정신보건법' 제3조 제1호에 따른 정신질환자. 다만, 전문의가 의지·보조기 기사로서 적합하다고 인정하는 사람은 그러하지 아니하다.

2. 마약·대마 또는 향정신성 의약품 중독자

3. 금치산자·한정치산자

4. 이 법이나 '형법' 제234조·제317조 제1항, '의료법', '국민건강보험법', 종전의 '국민의료보험법', '의료보험법', '의료보호법', '보건범죄단속에 관한 특별조치법', '마약법', '대마관리법', '향정신성 의약품 관리법' 또는 '후천성면역결핍증 예방법'을 위반하여 금고 이상의 형을 선고받고 그 형의 집행이 끝나지 아니하였거나 집행을 받지 아니하기로 확정되지 아니한 자

② 부정한 방법으로 제73조에 따른 국가시험에 응시한 자나 국가시험에 관하여 부정행위를 한 자는 그 수험을 정지시키거나 합격을 무효로 한다.

③ 제2항에 따라 수험이 정지되거나 합격이 무효가 된 자는 그 후 2회에 한하여 제73조에 따른 국가시험에 응시할 수 없다.

제75조(보수교육) ① 보건복지가족부장관은 의지·보조기 기사에 대하여 자질 향상을 위하여 필요한 보수(補修) 교육을 받도록 명할 수 있다. <개정 2008.2.29>
② 제1항에 따른 보수교육의 실시 시기와 방법 등 필요한 사항은 보건복지가족부령으로 정한다. <개정 2008.2.29>

제76조(자격취소) 보건복지가족부장관은 의지·보조기 기사가 다음 각 호의 어느 하나에 해당한 때에는 그 자격을 취소해야 한다. <개정 2008.2.29>
　　1. 제72조 제3항을 위반해서 타인에게 의지·보조기 기사자격증을 대여한 때
　　2. 제74조 제1항 각 호의 어느 하나에 해당하게 된 때
　　3. 제77조에 따른 자격정지처분 기간에 그 업무를 하거나 자격정지 처분을 3회 받은 때

제77조(자격정지) 보건복지가족부장관은 의지·보조기 기사가 다음 각 호의 어느 하나에 해당하면 6개월 이내의 범위 안에서 보건복지가족부령으로 정하는 바에 따라 자격을 정지시킬 수 있다. <개정 2008.2.29>
　1. 의지·보조기 기사의 업무를 하면서 고의 또는 중대한 과실로 의지·보조기 착용자의 신체에 손상을 입힌 사실이 있는 때
　2. 제75조에 따른 보수교육을 연속하여 2회 이상 받지 아니한 때

제78조(수수료) 의지·보조기 기사 국가시험에 응시하려고 하거나 의지·보조기 기사자격증을 교부 또는 재교부받으려 하는 자는 보건복지가족부령으로 정하는 바에 따라 수수료를 내야 한다. <개정 2008.2.29>

제8장 보칙

제79조(비용 부담) 제36조 제1항, 제38조 제1항, 제43조 제1항, 제49조 제1항, 제50조 제1항·제2항, 제55조 제1항, 제66조 제1항 및 제67조 제1항·제2항에 따른 조치와 제59조 제1항에 따른 장애인복지시설의 설치·운영에 드는 비용은 예산의 범위 안에서 대통령령으로 정하는 바에 따라 장애인복지실시기관이 부담하게 할 수 있다.

제80조(비용 수납) ① 제34조 제1항 제1호에 따른 조치에 필요한 비용을 부담한 장애인복지실시기관은 해당 장애인 또는 그 부양의무자로부터 대통령령으로 정하는 바에 따라 장애인복지실시기관이 부담한 비용의 전부 또는 일부를

받을 수 있다.

② 제58조 제1항 제4호에 따라 장애인 유료복지시설을 설치·운영하는 자는 그 시설에 입소하는 자로부터 필요한 비용을 받으려면 미리 시장·군수·구청장에게 신고하여야 한다.

제81조(비용 보조) 국가와 지방자치단체는 대통령령으로 정하는 바에 따라 장애인복지시설의 설치·운영에 필요한 비용의 전부 또는 일부를 보조할 수 있다.

제82조(압류 금지) 이 법에 따라 장애인에게 지급되는 금품은 압류하지 못한다.

제83조(조세감면) ① 이 법에 따라 지급되는 금품, 제58조에 따른 장애인복지시설 및 제63조에 따른 장애인복지단체에서 장애인이 제작한 물품에는 '조세특례제한법'과 '지방세법', 그 밖의 조세 관계 법령이 정하는 바에 따라 조세를 감면한다.

② 국가 및 지방자치단체는 장애인복지시설에 대하여 '기반시설부담금에 관한 법률'이 정하는 바에 따라 부담금을 부과하지 아니할 수 있다.

제84조(심사청구) ① 장애인, 장애인의 법정대리인 또는 대통령령으로 정하는 보호자는 이 법에 따른 복지조치에 이의가 있으면 해당 장애인복지실시기관에 심사를 청구할 수 있다.

② 장애인복지실시기관은 제1항에 따른 심사청구를 받은 때에는 1개월 이내에 심사·결정하여 청구인에게 통보하여야 한다.

③ 제2항에 따른 심사·결정에 이의가 있는 자는 '행정심판법'에 따라 행정심판을 제기할 수 있다.

제85조(권한위임 등) 이 법에 따른 보건복지가족부장관과 시·도지사의 권한은 그 일부를 대통령령으로 정하는 바에 따라 국립재활원장, 시·도지사 또는 시장·군수·구청장에게 위임하거나 관련 단체 또는 법인에 위탁할 수 있다. <개정 2008.2.29>

제9장 벌칙

제86조(벌칙) 다음 각 호의 어느 하나에 해당하는 자는 1년 이하의 징역이나 500만 원 이하의 벌금에 처한다.

1. 제8조 제2항을 위반하여 장애인을 이용하여 부당한 영리행위를 한 자

2. 제32조 제5항을 위반하여 등록증을 양도 또는 대여하거나 양도 또는 대여를 받은 자 및 유사한 명칭 또는 표시를 사용한 자

3. 제33조 제2항을 위반하여 업무상 알게 된 개인의 신상에 관한 비밀을 누설한 자

4. 제59조 제2항에 따른 신고 또는 변경신고를 하지 아니하고 장애인복지시설을 설치·운영한 자

5. 제60조 제3항에 따른 시설 거주자의 권익 보호조치를 위반한 시설 운영자

6. 정당한 사유 없이 제61조 제1항에 따른 보고를 하지 아니하거나 거짓의 보고를 한 자, 자료를 제출하지 아니하거나 거짓 자료를 제출한 자, 조사·검사·질문을 거부·방해 또는 기피한 자

7. 제62조에 따른 명령 등을 받고 이행하지 아니한 자

8. 제69조 제2항을 위반하여 의지·보조기 기사를 두지 아니하고 의지·보조기 제조업을 한 자

9. 제69조 제3항을 위반하여 폐쇄 명령을 받은 후 6개월이 지나지 아니하였음에도 불구하고 같은 장소에서 같은 제조업을 한 자

10. 제70조 제1항에 따른 제조업소 폐쇄 명령을 받고도 영업을 한 자

제87조(벌칙) 다음 각 호의 어느 하나에 해당하는 자는 300만 원 이하의 벌금에 처한다.

1. 제20조 제4항을 위반하여 장애인의 입학 지원을 거부하거나 입학시험 합격자의 입학을 거부하는 등 불리한 조치를 한 자

2. 제72조 제3항을 위반하여 타인에게 의지·보조기 기사자격증을 대여한 자

3. 제80조 제2항을 위반하여 신고를 하지 아니하고 비용을 받은 자

제88조(양벌규정) ① 법인의 대표자, 대리인, 사용인, 그 밖의 종업원이 그 법인의 업무에 관하여 제86조 또는 제87조의 위반행위를 하면 그 행위자를 벌할 뿐만 아니라 그 법인에도 해당 조문의 벌금형을 과(科)한다.

② 개인의 대리인, 사용인, 그 밖의 종업원이 그 개인의 업무에 관하여 제86조 또는 제87조의 위반행위를 하면 그 행위자를 벌할 뿐만 아니라 그 개인에게도 해당 조문의 벌금형을 과한다.

제89조(과태료) ① 다음 각 호의 어느 하나에 해당하는 자에게는 300만 원 이하의 과태료를 부과한다. <개정 2008.2.29>

1. 제32조 제3항에 따른 등록증 반환 명령을 거부한 자

2. 제39조 제3항을 위반하여 장애인사용자동차 등 표지를 대여하거나 보건복지가족부령으로 정하는 자 외의 자에게 양도한 자 또는 부당하게 사용하거나 이와 비슷한 표지·명칭 등을 사용한 자

3. 제40조 제3항을 위반하여 보조견표지를 붙인 장애인 보조견 등을 동반한 장애인 등의 출입을 정당한 사유 없이 거부한 자

4. 제60조 제1항에 따른 시설 운영 개시 의무를 위반한 자

5. 제60조 제2항에 따른 시설의 운영 중단·재운영·시설폐지 등의 신고 의무를 위반한 자

6. 제69조 제1항을 위반하여 의지·보조기 제조업소의 개설 또는 변경 사실을 통보하지 아니한 자

7. 제69조 제4항을 위반하여 의사의 처방에 의하지 아니하고 의지·보조기를 제조하거나 개조한 의지·보조기 제조업자

② 제1항에 따른 과태료는 대통령령으로 정하는 바에 따라 시장·군수·구청장(이하 '부과권자'라 한다.)이 부과·징수한다.

③ 제2항에 따른 과태료 처분에 불복하는 자는 그 처분을 고지받은 날부터 30일 이내에 부과권자에게 이의를 제기할 수 있다.

④ 제2항에 따른 과태료 처분을 받은 자가 제3항에 따라 이의를 제기하면 부과권자는 지체 없이 관할 법원에 그 사실을 통보하여야 하며, 그 통보를 받은 관할 법원은 '비송사건절차법'에 따른 과태료 재판을 한다.

⑤ 제3항에 따른 기간에 이의를 제기하지 아니하고 과태료를 내지 아니하면 지방세 체납처분의 예에 따라 징수한다.

부칙 〈제8367호, 2007.4.11〉

제1조(시행일) 이 법은 공포 후 6개월이 경과한 날부터 시행한다.

제2조(한국장애인복지진흥회에 관한 경과조치) ① 이 법 시행 당시 종전의 규정에 따른 재단법인 한국장애인복지진흥회는 제29조의 개정규정에 따른 재단법인 한국장애인개발원으로 본다.

② 재단법인 한국장애인복지진흥회는 이 법 시행 후 6개월 이내에 보건복지부장관의 허가를 받아 정관의 변경 등 필요한 조치를 하여야 한다.

제3조(처분 등에 관한 일반적 경과조치) 이 법 시행 당시 종전의 규정에 따른 행정기관의 행위나 행정기관에 대한 행위는 그에 해당하는 이 법에 따른 행정기관

의 행위나 행정기관에 대한 행위로 본다.

제4조(벌칙이나 과태료에 관한 경과조치) 이 법 시행 전의 행위에 대해 벌칙이나 과태료 규정을 적용할 때에는 종전의 규정에 따른다.

제5조(다른 법률의 개정) ① 가정폭력방지 및 피해자보호 등에 관한 법률 일부를 다음과 같이 개정한다.

제18조 제4항 제2호 중 '장애인복지법 제29조'를 '장애인복지법 제32조'로 한다.

② 관세법 일부를 다음과 같이 개정한다.

제91조 제5호 중 '장애인복지법 제48조'를 '장애인복지법 제58조'로 한다.

③ 노인복지법 일부를 다음과 같이 개정한다.

제39조의 6 제1항 제3호 중 '장애인복지법 제48조'를 '장애인복지법 제58조'로 한다.

④ 보호시설에 있는 미성년자의 후견직무에 관한 법률 일부를 다음과 같이 개정한다.

제2조 제1호 나목 중 '장애인복지법 제48조 제1항 제1호'를 '장애인복지법 제58조 제1항 제1호'로 한다.

⑤ 복권 및 복권기금법 일부를 다음과 같이 개정한다.

제30조 제1호 중 '장애인복지법 제29조'를 '장애인복지법 제32조'로 한다.

⑥ 산업집적활성화 및 공장설립에 관한 법률 일부를 다음과 같이 개정한다.

제16조 제6항 제14호 중 '제50조 제1항'을 '제60조 제1항'으로 한다.

⑦ 위치정보의 보호 및 이용 등에 관한 법률 일부를 다음과 같이 개정한다.

제26조 제1항 제3호 중 '장애인복지법 제29조'를 '장애인복지법 제32조'로 하고, 같은 조 제2항 제3호 중 '장애인복지법 제48조 제1항 제1호'를 '장애인복지법 제58조 제1항 제1호'로 한다.

⑧ 의료기기법 일부를 다음과 같이 개정한다.

제2조 제1항 각 호 외의 부분 단서 중 '장애인복지법 제55조의 규정에 의한 재활보조기구'를 '장애인복지법 제65조에 따른 장애인보조기구'로 한다.

⑨ 장애인 고용촉진 및 직업재활법 일부를 다음과 같이 개정한다.

제2조 제8호 중 '장애인복지법 제48조 제1항 제3호'를 '장애인복지법 제58조 제1항 제3호'로 한다.

제8조 제2항 제2호 중 '장애인복지법 제48조 제1항 제2호'를 '장애인복지법 제58조 제1항 제2호'로 하고, 같은 항 제3호 중 '장애인복지법 제48조 제1항

제3호'를 '장애인복지법 제58조 제1항 제3호'로 하며, 같은 항 제4호 중 '장애인복지법 제53조'를 '장애인복지법 제63조'로 한다.

⑩ 장애인기업활동 촉진법 일부를 다음과 같이 개정한다.

제2조 제1호 가목 중 '장애인복지법 제29조'를 '장애인복지법 제32조'로 한다.

⑪ 제주특별자치도 설치 및 국제자유도시 조성을 위한 특별법 일부를 다음과 같이 개정한다.

제332조를 다음과 같이 한다.

제332조(장애인복지에 관한 특례) '장애인복지법' 제36조 제2항, 제38조 제2항, 제43조 제2항, 제49조 제2항, 제50조 제3항, 제58조 제2항, 제59조 제4항 및 제66조 제3항에서 대통령령 또는 보건복지부령으로 정하도록 한 사항은 도조례로 정할 수 있다.

⑫ 조세특례제한법 일부를 다음과 같이 개정한다.

제88조의 2 제1항 제2호 중 '장애인복지법 제29조'를 '장애인복지법 제32조'로 한다.

⑬ 중소기업진흥 및 제품구매촉진에 관한 법률 일부를 다음과 같이 개정한다.

제82조 제3호 중 '제53조'를 '제63조'로 한다.

제6조(다른 법령과의 관계) 이 법 시행 당시 다른 법령에서 종전의 '장애인복지법' 또는 그 규정을 인용한 경우에 이 법 가운데 그에 해당하는 규정이 있으면 종전의 규정을 갈음하여 이 법의 해당 조항을 인용한 것으로 본다.

부칙 〈제8652호, 2007.10.17〉

이 법은 공포 후 6개월이 경과한 날부터 시행한다.

부칙(정부조직법) 〈제8852호, 2008.2.29〉

제1조(시행일) 이 법은 공포한 날부터 시행한다. 다만, ……<생략>……, 부칙 제6조에 따라 개정되는 법률 중 이 법의 시행 전에 공포되었으나 시행일이 도래하지 아니한 법률을 개정한 부분은 각각 해당 법률의 시행일부터 시행한다.

제2조부터 제5조까지 생략

제6조(다른 법률의 개정) ①부터 <488>까지 생략

<489> 장애인복지법 일부를 다음과 같이 개정한다.

제31조 제1항, 제34조 제1항, 제40조 제2항 및 제4항, 제44조 제1항, 제45조 제1항, 제65조 제1항 및 제2항, 제68조 제1항, 제72조 제1항 각 호 외의 부분 및 제2호, 제73조 제1항 및 제2항, 제75조 제1항, 제76조, 제77조, 제85조 중 '보건복지부장관'을 각각 '보건복지가족부장관'으로 한다.

제32조 제1항 및 제6항, 제36조 제2항, 제37조 제2항, 제38조 제2항, 제39조 제3항 및 제4항, 제40조 제5항, 제43조 제2항, 제45조 제2항, 제54조 제2항, 제56조 제2항, 제58조 제2항, 제59조 제2항 및 제4항, 제60조 제2항부터 제4항까지, 제66조 제3항, 제67조 제4항, 제69조 제1항 전단 및 후단, 제70조 제2항, 제71조 제2항, 제72조 제1항 제1호 및 제4항, 제75조 제2항, 제77조, 제78조, 제89조 제1항 제2호 중 '보건복지부령'을 각각 '보건복지가족부령'으로 한다.

제32조 제4항 중 '보건복지부'를 '보건복지가족부'로 한다.

<450>부터 <760>까지 생략

제7조 생략

21. 청소년복지지원법

청소년복지지원법

[시행 2008.2.29][법률 제8852호, 2008.2.29, 타 법 개정]

제1장 총칙

제1조(목적) 이 법은 청소년기본법 제49조 제4항의 규정에 따라 청소년복지증진에 관한 사항을 정함을 목적으로 한다.

제2조(정의) 이 법에서 사용하는 용어의 정의는 다음 각 호와 같다.

　1. '청소년'이라 함은 따로 정한 규정이 없는 경우에는 청소년기본법 제3조

제1호의 규정에 해당하는 자를 말한다.

2. '청소년복지'라 함은 청소년기본법 제3조 제4호에 규정된 청소년복지를 말한다.

3. '특별지원청소년'이라 함은 청소년의 조화로운 성장과 정상적인 생활에 필요한 기초적인 여건이 미비하여 사회적·경제적 지원이 필요한 청소년을 말한다. 다만, 국민기초생활보장법 등 다른 법률의 적용을 받는 청소년을 제외한다.

4. '보호자'라 함은 친권자, 법정대리인 및 사실상 청소년을 보호하는 자를 말한다.

제2장 청소년의 인권보장 및 복지향상

제3조(청소년의 인권보장) ① 청소년은 인종·종교·성·연령·학력·신체조건 등 여타의 조건에 의하여 이 법이 정한 규정을 적용함에 있어서 차별을 받아서는 아니 된다.

② 청소년은 외부적 영향에 구애받지 아니하면서 자기 의사를 자유롭게 표명하고 스스로 결정할 권리를 가진다.

제4조(청소년의 자치권 확대) ① 청소년은 사회의 정당한 구성원으로서 본인과 관련된 의사결정에 참여할 권리를 가진다. 이를 위하여 가정 및 사회는 적절한 노력을 강구하여야 한다.

② 국가 및 지방자치단체는 청소년이 원활하게 정보에 접근하고 그 의사를 표명할 수 있도록 하기 위하여 청소년관련정책의 자문·심의 등의 절차에 청소년의 대표를 참여시키거나 그 의견을 수렴하여야 한다.

③ 국가 및 지방자치단체는 청소년과 관련된 정책수립절차에 청소년의 참여 또는 의견수렴을 보장하는 조치를 시행하여야 한다.

제5조(교육 및 홍보) ① 국가 및 지방자치단체는 이 법 및 아동의 권리에 관한 협약에서 규정한 청소년의 권리와 관련된 내용을 널리 홍보하여야 한다.

② 제1항의 규정에 의하여 청소년 관련 기관·단체에서는 청소년을 대상으로 청소년의 권리에 관한 교육적 조치를 시행하여야 한다.

제6조(청소년의 우대) ① 국가 또는 지방자치단체는 청소년에 대하여 국가 또는 지

방자치단체가 운영하는 수송시설, 궁・능, 박물관, 공원, 공연장 등의 시설의 이용료를 면제 또는 할인할 수 있다.

② 국가 또는 지방자치단체는 다음 각 호의 1에 해당하는 자가 청소년의 일상생활에 관련된 시설을 운영하는 경우 청소년에 대하여 당해 시설의 이용료를 할인하여 주도록 권고할 수 있다.

  1. 국가 또는 지방자치단체의 보조를 받는 자

  2. 관계 법령에 따라 세제상의 혜택을 받는 자

  3. 국가 또는 지방자치단체로부터 위탁을 받아 업무를 수행하는 자

③ 청소년이 제1항 또는 제2항의 규정에 따라 이용료의 면제 또는 할인을 받고자 하는 때에는 이용하고자 하는 시설의 관리자에게 다음 각 호의 1에 해당하는 학생증, 주민등록증, 제7조의 규정에 의한 청소년증 그 밖에 연령을 확인할 수 있는 증빙자료를 제시하여야 한다.

  1. 초・중등교육법 제2조의 규정에 의한 학교의 학생임을 증명하는 서류

  2. 고등교육법 제2조의 규정에 의한 학교의 학생임을 증명하는 서류

④ 제1항 또는 제2항의 규정에 따라 이용료를 면제 또는 할인받을 수 있는 시설의 종류 및 청소년의 연령기준 등은 대통령령으로 정한다.

제7조(청소년증) ① 시장・군수・구청장(자치구의 구청장을 말한다. 이하 같다.)은 9세 이상 18세 이하의 청소년에 대하여 청소년증을 발급할 수 있다.

② 청소년증은 이를 다른 사람에게 양도하거나 대여하여서는 아니 된다.

③ 누구든지 청소년증과 동일한 명칭 또는 표시의 증표를 사용하여서는 아니 된다.

④ 제1항의 규정에 의한 청소년증의 발급 및 재발급신청과 교부에 관하여 필요한 사항은 보건복지가족부령으로 정한다. <개정 2005.3.24, 2008.2.29>

제3장 청소년의 건강보장

제8조(건강한 심신의 보존) ① 국가 및 지방자치단체, 청소년의 보호자 등은 청소년의 건강증진과 체력향상을 위하여 최선의 노력을 하여야 한다.

② 국가 및 지방자치단체는 청소년의 건강증진 및 체력향상을 위한 예방・교육 등의 필요한 시책을 강구하여야 하고, 관련 기관과 협의하여 청소년의

건강・체력기준을 설정하여 보급할 수 있다.

③ 제2항의 규정에 관하여 필요한 사항은 대통령령으로 정한다.

제9조(체력검사와 건강진단) ① 국가 및 지방자치단체는 청소년의 체력검사와 건강진단을 실시할 수 있다. 다만, 다른 법률의 규정에 의하여 체력검사 등을 실시하는 청소년을 제외한다.

② 국가 및 지방자치단체는 제1항의 규정에 의한 체력검사 및 건강진단 결과를 청소년 본인에게 통보하여야 한다.

③ 국가 및 지방자치단체는 제1항 및 제2항의 규정에 의한 체력검사・건강진단의 실시 및 결과통보를 전문기관・단체에 위탁할 수 있다.

④ 제1항 및 제2항의 규정에 의한 체력검사・건강진단의 기준 및 결과통보 등에 관해서는 대통령령으로 정한다.

제10조(진단결과의 분석) ① 국가 및 지방자치단체는 건강진단결과를 분석하여 필요한 대책을 수립・시행하여야 한다.

② 국가 및 지방자치단체는 제1항의 규정에 의한 분석을 전문기관에 의뢰할 수 있다.

제11조(진단결과의 공개금지) 제9조의 규정에 의하여 건강진단을 한 자 또는 건강진단기관에 근무하는 자는 청소년의 건강증진사업의 수행을 위하여 불가피한 경우를 제외하고는 진단결과를 공개하여서는 아니 된다.

제4장 특별지원청소년의 지원

제12조(특별지원청소년에 대한 지원) ① 국가 및 지방자치단체는 특별지원청소년에 대하여 필요한 지원 대책을 강구하여야 한다.

② 제1항의 규정에 의한 지원은 기초적인생활지원・학업지원・의료지원・직업훈련지원・청소년활동지원 등으로 한다. 다만, 다른 법률에 의하여 지원되는 사항을 제외한다.

③ 제2항의 규정에 의한 지원의 내용・범위・절차 등에 관한 사항은 대통령령으로 정한다.

제13조(특별지원청소년의 선정 등) ① 국가 및 지방자치단체는 대통령령이 정하는 기준・절차에 따라 특별지원청소년을 선정하여야 한다.

② 제1항의 규정에 의한 특별지원청소년 선정업무는 청소년기본법 제42조, 제46조 및 제46조의 2의 규정에 따라 각각 설치된 한국청소년상담원·기관 등에 위탁할 수 있다. 이 경우 한국청소년상담원·기관은 지원대상 청소년 선정업무의 수행에 필요한 조사 및 상담을 실시하여야 한다. <개정 2005.12.29>

③ 지원대상 청소년의 선정업무를 위탁받은 단체의 장은 청소년분야의 전문가로 구성된 특별지원청소년 선정심의위원회의 심의를 거쳐 지원대상 청소년을 결정하여야 한다.

④ 제3항의 규정에 의한 특별지원청소년 선정심의위원회의 구성·운영 그 밖에 필요한 사항은 대통령령으로 정한다.

제14조(청소년쉼터의 설치·운영) ① 국가 및 지방자치단체는 가출청소년의 일시적인 생활지원과 선도, 가정·사회로의 복귀를 지원하기 위하여 청소년쉼터를 설치·운영할 수 있다.

② 청소년쉼터의 설치자 또는 운영자는 대통령령이 정하는 바에 따라 청소년쉼터에서 보호를 받고 있는 청소년의 생명·신체에 관한 손해를 배상할 것을 내용으로 하는 보험에 가입하여야 한다.

③ 국가 및 지방자치단체는 예산의 범위에서 제1항의 규정에 의한 청소년쉼터의 설치·운영 및 활동에 소요되는 경비의 전부 또는 일부를 지원할 수 있다.

제5장 교육적 선도(선도)

제15조(교육적 선도의 실시 등) ① 국가 및 지방자치단체는 청소년 본인, 당해 청소년의 보호자 또는 학교의 장의 신청에 의하여 당해 청소년에 대한 교육적 선도(이하 '선도'라 한다.)를 실시할 수 있다. 다만, 당해 청소년의 보호자 또는 학교의 장의 신청에 의하여 선도를 실시하는 경우에는 반드시 청소년 본인의 동의를 얻어야 한다.

② 선도는 청소년상담사 등 전문가를 통한 상담과 교육·자원봉사·수련·체육·단체활동 등으로 하며, 그 기간은 6개월 이내로 한다.

③ 국가 및 지방자치단체는 제2항의 규정에 의한 선도결과를 분석하여 선도

의 종료 또는 연장 여부를 결정하여야 한다. 선도기간을 연장하는 경우에는 6개월의 기간 이내에서 1회에 한하여 그 기간을 연장할 수 있으며, 반드시 청소년 본인의 동의를 얻어야 한다.

④ 선도대상자의 선정기준·선정절차·선도내용·선도기간 등 세부적인 사항은 대통령령으로 정한다.

제16조(시설의 설치·운영 등) 국가 및 지방자치단체는 선도를 위하여 필요한 시설의 설치·운영, 선도프로그램의 개발·보급, 선도활동에 대한 지원 및 지도자교육 등 선도의 실효성을 확보하기 위한 노력을 강구하여야 한다.

제17조(사무의 위탁) 국가 및 지방자치단체는 제15조의 규정에 의한 사무를 대통령령이 정하는 바에 따라 청소년기본법 제42조에 의한 한국청소년상담원, 동법 제46조 및 제46조의 2에 의한 기관, 동법 제3조 제8호에 의한 청소년단체에 위탁할 수 있다. <개정 2005.12.29>

제18조(선도후견인) ① 국가 및 지방자치단체 또는 제17조의 규정에 의하여 사무를 위탁받은 단체는 선도대상청소년 개인별로 선도후견인을 지정하여 운영할 수 있다.

② 제1항의 규정에 의한 선도후견인은 청소년기본법 제3조 제7호의 규정에 의한 청소년지도자 및 동법 제27조의 규정에 의한 청소년지도위원으로 위촉한다.

③ 선도후견인의 임무·위촉기준 등 세부적인 사항은 대통령령으로 정한다.

제6장 벌칙

제19조(벌칙) 제11조의 규정에 의한 건강진단결과 공개금지 의무를 위반한 자는 1년 이하의 징역 또는 1천만 원 이하의 벌금에 처한다.

제20조(양벌규정) 법인의 대표자 또는 법인이나 개인의 대리인, 사용인 그 밖의 종업원이 그 법인 또는 개인의 업무에 관하여 제19조의 위반행위를 한 때에는 그 행위자를 벌하는 외에 그 법인 또는 개인에 대해서도 동조의 벌금형을 과한다.

제21조(과태료) ① 제7조 제2항 또는 제3항의 규정을 위반하여 청소년증을 대여·양도한 자 또는 대여·양도받은 자와 청소년증과 동일한 명칭 또는 표

시의 증표를 사용한 자는 50만 원 이하의 과태료에 처한다.

② 제1항의 규정에 의한 과태료는 대통령령이 정하는 바에 의하여 시장·군수·구청장이 부과·징수한다.

③ 제2항의 규정에 의한 과태료처분에 불복이 있는 자는 그 처분의 고지를 받은 날부터 30일 이내에 당해 시장·군수·구청장에게 이의를 제기할 수 있다.

④ 제2항의 규정에 의한 과태료처분을 받은 자가 제3항의 규정에 의하여 이의를 제기한 때에는 당해 시장·군수·구청장은 지체 없이 관할법원에 그 사실을 통보하여야 하며, 그 통보를 받은 관할법원은 비송사건절차법에 의한 과태료의 재판을 한다.

⑤ 제3항의 규정에 의한 기간 이내에 이의를 제기하지 아니하고 과태료를 납부하지 아니한 때에는 국세 또는 지방세체납처분의 예에 의하여 이를 징수한다.

부칙⟨제7164호, 2004.2.9⟩

① (시행일) 이 법은 공포 후 1년이 경과한 날부터 시행한다.

② (이미 발급한 청소년증에 관한 경과조치) 이 법 시행 당시 시장·군수·구청장이 발급한 청소년증은 제7조 제1항의 규정에 따라 발급된 청소년증으로 본다.

③ (청소년쉼터에 대한 경과조치) 이 법 시행 당시 종전의 청소년기본법 제49조 제2항의 규정에 의하여 설치·운영되고 있는 청소년쉼터는 이 법 제14조의 규정에 따라 설치·운영되는 청소년쉼터로 본다.

부칙(청소년기본법) ⟨제7421호, 2005.3.24⟩

제1조(시행일) 이 법은 공포 후 3개월 이내에 청소년위원회의 조직에 관한 대통령령이 시행되는 날부터 시행한다.

제2조 생략

제3조(다른 법률의 개정) ① 생략

② 청소년복지지원법 일부를 다음과 같이 개정한다.

제7조 제4항 중 '문화관광부령'을 '청소년위원회규칙'으로 한다.

③ 내지 ⑨ 생략

제4조 생략

부칙(청소년기본법) 〈제7799호, 2005.12.29〉

제1조(시행일) 이 법은 공포 후 3개월이 경과한 날부터 시행한다.

제2조 생략

제3조(다른 법률의 개정) ① 내지 ⑩ 생략

⑪ 제13조 제2항 중 '제42조 및 제46조'를 '제42조, 제46조 및 제46조의 2'로 하고, 제17조 중 '제46조'를 '제46조 및 제46조의 2'로 하며, 제13조 제2항 및 제17조 중 '지방청소년종합상담센터 및 지방청소년상담센터'를 각각 '기관'으로 한다.

제4조 생략

부칙(정부조직법) 〈제8852호, 2008.2.29〉

제1조(시행일) 이 법은 공포한 날부터 시행한다. 다만, ……〈생략〉…… 부칙 제6조에 따라 개정되는 법률 중 이 법의 시행 전에 공포되었으나 시행일이 도래하지 아니한 법률을 개정한 부분은 각각 해당 법률의 시행일부터 시행한다.

제2조부터 제5조까지 생략

제6조(다른 법률의 개정) ①부터 〈756〉까지 생략

〈757〉 청소년복지지원법 일부를 다음과 같이 개정한다.

제7조 제4항 중 '청소년위원회규칙'을 '보건복지가족부령'으로 한다.

〈758〉부터 〈760〉까지 생략

제7조 생략

22. 노인복지법

노인복지법

[시행 2008.3.21][법률 제8974호, 2008.3.21, 타 법 개정]

제1장 총칙

제1조(목적) 이 법은 노인의 질환을 사전예방 또는 조기발견하고 질환상태에 따른 적절한 치료·요양으로 심신의 건강을 유지하고, 노후의 생활안정을 위하여 필요한 조치를 강구함으로써 노인의 보건복지증진에 기여함을 목적으로 한다.

제1조의 2(정의) 이 법에서 사용하는 용어의 정의는 다음과 같다. <개정 2007.1.3>

1. '부양의무자'라 함은 배우자(사실상의 혼인관계에 있는 자를 포함한다.)와 직계비속 및 그 배우자(사실상의 혼인관계에 있는 자를 포함한다.)를 말한다.

2. '보호자'라 함은 부양의무자 또는 업무·고용 등의 관계로 사실상 노인을 보호하는 자를 말한다.

3. '치매'라 함은 퇴행성 뇌질환 또는 뇌혈관계 질환 등으로 인하여 기억력, 언어능력, 지남력, 판단력 및 수행능력 등의 기능이 저하됨으로써 일상생활에서 지장을 초래하는 후천적인 다발성 장애를 말한다.

4. '노인학대'라 함은 노인에 대하여 신체적·정신적·정서적·성적 폭력 및 경제적 착취 또는 가혹행위를 하거나 유기 또는 방임을 하는 것을 말한다.

[본 조 신설 2004.1.29]

제2조(기본이념) ① 노인은 후손의 양육과 국가 및 사회의 발전에 기여하여 온 자로서 존경받으며 건전하고 안정된 생활을 보장받는다.

② 노인은 그 능력에 따라 적당한 일에 종사하고 사회적 활동에 참여할 기회를 보장받는다.

③ 노인은 노령에 따르는 심신의 변화를 자각하여 항상 심신의 건강을 유지

하고 그 지식과 경험을 활용하여 사회의 발전에 기여하도록 노력하여야 한다.

제3조(가족제도의 유지·발전) 국가와 국민은 경로효친의 미풍양속에 따른 건전한 가족제도가 유지·발전되도록 노력하여야 한다.

제4조(보건복지증진의 책임) ① 국가와 지방자치단체는 노인의 보건 및 복지증진의 책임이 있으며, 이를 위한 시책을 강구하여 추진하여야 한다.

② 국가와 지방자치단체는 제1항의 규정에 의한 시책을 강구함에 있어 제2조에 규정된 기본이념이 구현되도록 노력하여야 한다.

③ 노인의 일상생활에 관련되는 사업을 경영하는 자는 그 사업을 경영함에 있어 노인의 보건복지가 증진되도록 노력하여야 한다.

제5조(노인실태조사) ① 보건복지가족부장관은 노인의 보건 및 복지에 관한 실태조사를 3년마다 실시하고 그 결과를 공표하여야 한다. <개정 2008.2.29>

② 제1항의 규정에 따른 조사의 방법과 내용 등에 관하여 필요한 사항은 보건복지가족부령으로 정한다. <개정 2008.2.29>

[본 조 신설 2007.1.3]

제6조(노인의 날 등) ① 노인에 대한 사회적 관심과 공경의식을 높이기 위하여 매년 10월 2일을 노인의 날로, 매년 10월을 경로의 달로 한다.

② 부모에 대한 효사상을 앙양하기 위하여 매년 5월 8일을 어버이날로 한다.

③ 치매의 예방과 치료에 관한 사회적 인식을 제고하기 위하여 매년 9월 21일을 치매극복의 날로 한다. <신설 2007.1.3>

제7조(노인복지상담원) ① 노인의 복지를 담당하게 하기 위하여 특별자치도와 시·군·구(자치구를 말한다. 이하 같다.)에 노인복지상담원을 둔다. <개정 2007.8.3>

② 노인복지상담원의 임용 또는 위촉, 직무 및 보수 등에 관하여 필요한 사항은 대통령령으로 정한다. <개정 1999.2.8>

제8조(노인전용주거시설) 국가 또는 지방자치단체는 노인의 주거에 적합한 기능 및 설비를 갖춘 주거용시설의 공급을 조장하여야 하며, 그 주거용시설의 공급자에 대하여 적절한 지원을 할 수 있다.

제2장 삭제 〈2007.4.25〉

제9조 삭제 <2007.4.25>
제10조 삭제 <2007.4.25>
제11조 삭제 <2007.4.25>
제12조 삭제 <2007.4.25>
제13조 삭제 <2007.4.25>
제14조 삭제 <2007.4.25>
제15조 삭제 <2007.4.25>
제16조 삭제 <2007.4.25>
제17조 삭제 <2007.4.25>
제18조 삭제 <2007.4.25>
제19조 삭제 <2007.4.25>
제20조 삭제 <2007.4.25>
제21조 삭제 <2007.4.25>
제22조 삭제 <2007.4.25>

제3장 보건·복지조치

제23조(노인사회참여 지원) ① 국가 또는 지방자치단체는 노인의 사회참여 확대를 위하여 노인의 지역봉사 활동기회를 넓히고 노인에게 적합한 직종의 개발과 그 보급을 위한 시책을 강구하며 근로능력 있는 노인에게 일할 기회를 우선적으로 제공하도록 노력하여야 한다.
② 국가 또는 지방자치단체는 노인의 지역봉사 활동 및 취업의 활성화를 기하기 위하여 노인지역봉사기관, 노인취업알선기관 등 노인복지관계 기관에 대하여 필요한 지원을 할 수 있다.
제23조의 2(노인일자리전담기관의 설치·운영 등) ① 국가 또는 지방자치단체는 노인의 능력과 적성에 맞는 일자리의 개발·보급과 교육훈련 등을 전담할 기관(이하 '노인일자리전담기관'이라 한다.)을 설치·운영하거나 그 운영의 전부 또는 일부를 법인·단체 등에 위탁할 수 있다.

② 노인일자리전담기관의 설치·운영 또는 위탁에 관하여 필요한 사항은 대통령령으로 정한다.

[본 조 신설 2005.7.13]

제24조(지역봉사지도원 위촉 및 업무) ① 국가 또는 지방자치단체는 사회적 신망과 경험이 있는 노인으로서 지역봉사를 희망하는 경우에는 이를 지역봉사지도원으로 위촉할 수 있다.

② 제1항의 규정에 의한 지역봉사지도원의 업무는 다음 각 호와 같다.

1. 국가 또는 지방자치단체가 행하는 업무 중 민원인에 대한 상담 및 조언
2. 도로의 교통정리, 주·정차단속의 보조, 자연보호 및 환경침해 행위단속의 보조와 청소년 선도
3. 충효사상, 전통의례 등 전통문화의 전수교육
4. 문화재의 보호 및 안내
5. 기타 대통령령이 정하는 업무

제25조(생업지원) 국가 또는 지방자치단체 기타 공공단체가 설치·운영하는 공공시설 안에 식료품·사무용품·신문 등 일상생활용품의 판매를 위한 매점이나 자동판매기의 설치를 허가 또는 위탁할 때에는 65세 이상의 자의 신청이 있는 경우 이를 우선적으로 반영하여야 한다.

제26조(경로우대) ① 국가 또는 지방자치단체는 65세 이상의 자에 대하여 대통령령이 정하는 바에 의하여 국가 또는 지방자치단체의 수송시설 및 고궁·능원·박물관·공원 등의 공공시설을 무료로 또는 그 이용요금을 할인하여 이용하게 할 수 있다.

② 국가 또는 지방자치단체는 노인의 일상생활에 관련된 사업을 경영하는 자에게 65세 이상의 자에 대하여 그 이용요금을 할인하여 주도록 권유할 수 있다.

③ 국가 또는 지방자치단체는 제2항의 규정에 의하여 노인에게 이용요금을 할인하여 주는 자에 대하여 적절한 지원을 할 수 있다.

제27조(건강진단 등) ① 국가 또는 지방자치단체는 대통령령이 정하는 바에 의하여 65세 이상의 자에 대하여 건강진단과 보건교육을 실시할 수 있다.

② 국가 또는 지방자치단체는 제1항의 규정에 의한 건강진단 결과 필요하다고 인정한 때에는 그 건강진단을 받은 자에 대하여 필요한 지도를 하여야 한다.

제27조의 2(홀로 사는 노인에 대한 지원) ① 국가 또는 지방자치단체는 홀로 사는 노인에 대하여 방문요양서비스 등의 서비스와 안전 확인 등의 보호조치를 취하여야 한다.

② 제1항의 서비스 및 보호조치의 구체적인 내용 등에 관해서는 보건복지부장관이 정한다.

[본 조 신설 2007.8.3]

제28조(상담·입소 등의 조치) ① 보건복지가족부장관, 특별시장·광역시장·도지사·특별자치도지사(이하 '시·도지사'라 한다.), 시장·군수·구청장(자치구의 구청장을 말한다. 이하 같다.)은 노인에 대한 복지를 도모하기 위하여 필요하다고 인정한 때에는 다음 각 호의 조치를 하여야 한다. <개정 1999.2.8, 2007.8.3, 2008.2.29>

　　1. 65세 이상의 자 또는 그를 보호하고 있는 자를 관계 공무원 또는 노인복지상담원으로 하여금 상담·지도하게 하는 것

　　2. 65세 이상의 자로서 신체적·정신적·경제적 이유 또는 환경상의 이유로 거택에서 보호받기가 곤란한 자를 노인주거복지시설 또는 재가노인복지시설에 입소시키거나 입소를 위탁하는 것

　　3. 65세 이상의 자로서 신체 또는 정신상의 현저한 결함으로 인하여 항상 보호를 필요로 하고 경제적 이유로 거택에서 보호받기가 곤란한 자를 노인의료복지시설에 입소시키거나 입소를 위탁하는 것

② 보건복지가족부장관, 시·도지사 또는 시장·군수·구청장(이하 '복지실시기관'이라 한다.)은 65세 미만의 자에 대해서도 그 노쇠현상이 현저하여 특별히 보호할 필요가 있다고 인정할 때에는 제1항 각 호의 조치를 할 수 있다. <개정 2008.2.29>

③ 복지실시기관은 제1항 또는 제2항의 규정에 의하여 입소조치가 된 자가 사망한 경우에 그 자에 대한 장례를 행할 자가 없을 때에는 그 장례를 행하거나 당해 시설의 장으로 하여금 그 장례를 행하게 할 수 있다.

제29조(치매관리사업) ① 국가 또는 지방자치단체는 치매예방 및 치매퇴치를 위하여 치매연구 및 관리사업을 실시하여야 한다.

② 제1항의 치매연구 및 관리사업의 업무내용 및 기타 필요한 사항은 보건복지가족부령으로 정한다. <개정 2008.2.29>

제29조의 2(치매상담센터의 설치) ① 시·군·구의 관할 보건소에 치매예방 및 치

매환자관리를 위한 치매상담센터를 설치한다.

② 제1항의 치매상담센터의 업무, 인력기준 그 밖의 필요한 사항은 보건복지가족부령으로 정한다. <개정 2008.2.29>

[본 조 신설 2007.1.3]

제30조(노인재활요양사업) ① 국가 또는 지방자치단체는 신체적·정신적으로 재활요양을 필요로 하는 노인을 위한 재활요양사업을 실시할 수 있다.

② 제1항의 노인재활요양사업의 내용 및 기타 필요한 사항은 보건복지가족부령으로 정한다. <개정 2008.2.29>

제4장 노인복지시설의 설치·운영

제31조(노인복지시설의 종류) 노인복지시설의 종류는 다음 각 호와 같다. <개정 2004.1.29>

1. 노인주거복지시설
2. 노인의료복지시설
3. 노인여가복지시설
4. 재가노인복지시설
5. 노인보호전문기관

제31조의 2('사회복지사업법'에 따른 신고와의 관계) 제33조 제2항, 제35조 제2항 본문, 제37조 제2항 및 제39조 제2항에 따라 노인복지시설의 설치신고를 한 경우 '사회복지사업법' 제34조 제2항에 따른 사회복지시설 설치신고를 한 것으로 본다.

[본 조 신설 2007.8.3]

제32조(노인주거복지시설) ① 노인주거복지시설은 다음 각 호의 시설로 한다. <개정 2007.8.3>

1. 양로시설: 노인을 입소시켜 급식과 그 밖에 일상생활에 필요한 편의를 제공함을 목적으로 하는 시설
2. 노인공동생활가정: 노인들에게 가정과 같은 주거여건과 급식, 그 밖에 일상생활에 필요한 편의를 제공함을 목적으로 하는 시설
3. 노인복지주택: 노인에게 주거시설을 분양 또는 임대하여 주거의 편의·

생활지도·상담 및 안전관리 등 일상생활에 필요한 편의를 제공함을 목적으로 하는 시설

② 노인주거복지시설의 입소대상·입소절차·입소비용 및 분양·임대 등에 관하여 필요한 사항은 보건복지가족부령으로 정한다. <개정 2007.8.3, 2008.2.29>

③ 노인복지주택의 설치·관리 및 공급 등에 관하여 이 법에서 규정된 사항을 제외하고는 '주택법'의 관련규정을 준용한다. <신설 1999.2.8, 2003.5.29, 2007.8.3>

제33조(노인주거복지시설의 설치) ① 국가 또는 지방자치단체는 노인주거복지시설을 설치할 수 있다.

② 국가 또는 지방자치단체 외의 자가 노인주거복지시설을 설치하고자 하는 경우에는 특별자치도지사·시장·군수·구청장(이하 '시장·군수·구청장'이라 한다.)에게 신고하여야 한다. <개정 2005.3.31, 2007.8.3>

③ 노인주거복지시설의 시설, 인력 및 운영에 관한 기준과 설치신고, 설치·운영자가 준수하여야 할 사항, 그 밖에 필요한 사항은 보건복지가족부령으로 정한다. <개정 1999.2.8, 2007.8.3, 2008.2.29>

제33조의 2(노인복지주택의 입소자격 등) ① 노인복지주택에 입소할 수 있는 자는 60세 이상의 노인(이하 '입소자격자'라 한다.)으로 한다. 다만, 입소자격자의 배우자는 60세 미만의 자라 하더라도 입소자격자와 함께 입소할 수 있다.

② 노인복지주택을 설치하거나 설치하려는 자가 노인복지주택을 분양 또는 임대하려는 경우 입소자격자에게 분양 또는 임대하여야 한다.

③ 제2항에 따라 노인복지주택을 분양받거나 임차한 자는 해당 노인주거시설을 입소자격자가 아닌 자에게 양도(매매·증여나 그 밖에 소유권변동을 수반하는 일체의 행위를 포함한다. 이하 같다.) 또는 임대할 수 없다.

④ 제3항에도 불구하고 노인복지주택을 상속받은 경우 입소자격자가 아닌 자도 노인복지주택을 취득할 수 있다. 다만, 상속에 의하여 노인복지주택을 취득한 자라도 입소자격자가 아닌 자는 노인복지주택에 입소할 수 없으며 입소자격자가 아닌 자에게 해당 노인복지주택을 양도 또는 임대할 수 없다.

⑤ 시장·군수·구청장은 지역 내 노인 인구, 노인주거복지시설의 수요와 공급실태 및 노인복지주택의 효율적인 이용 등을 고려하여 노인복지주택의 공급가구수와 가구별 건축면적(주거의 용도로만 쓰이는 면적에 한한다.)을 일

정규모 이하로 제한할 수 있다.

⑥ 제33조 제2항에 따라 노인복지주택을 설치한 자는 당해 노인복지주택의 전부 또는 일부 시설을 시장·군수·구청장의 확인을 받아 대통령령으로 정하는 자에게 위탁하여 운영할 수 있다.

[본 조 신설 2007.8.3]

제33조의 3(입소자격이 없는 자에 대한 노인복지주택의 처분명령) 시장·군수·구청장은 입소자격이 없는 자로서 노인복지주택을 소유한 자(상속받은 자를 제외한다.)에 대하여 상당한 기간을 정하여 해당 노인복지주택을 입소자격자에게 처분하도록 명할 수 있다.

[본 조 신설 2007.8.3]

제34조(노인의료복지시설) ① 노인의료복지시설은 다음 각 호의 시설로 한다. <개정 2007.8.3>

　　1. 노인요양시설: 치매·중풍 등 노인성질환 등으로 심신에 상당한 장애가 발생하여 도움을 필요로 하는 노인을 입소시켜 급식·요양과 그 밖에 일상생활에 필요한 편의를 제공함을 목적으로 하는 시설

　　2. 노인요양공동생활가정: 치매·중풍 등 노인성질환 등으로 심신에 상당한 장애가 발생하여 도움을 필요로 하는 노인에게 가정과 같은 주거여건과 급식·요양, 그 밖에 일상생활에 필요한 편의를 제공함을 목적으로 하는 시설

　　3. 노인전문병원: 주로 노인을 대상으로 의료를 행하는 시설

② 노인의료복지시설의 입소대상·입소비용 및 입소절차와 설치·운영자의 준수사항 등에 관하여 필요한 사항은 보건복지가족부령으로 정한다. <개정 2007.8.3, 2008.2.29>

제35조(노인의료복지시설의 설치) ① 국가 또는 지방자치단체는 노인의료복지시설을 설치할 수 있다.

② 국가 또는 지방자치단체 외의 자가 노인의료복지시설을 설치하고자 하는 경우에는 시장·군수·구청장에게 신고하여야 한다. 다만, 노인전문병원은 의료법에 의한 의료기관을 개설할 수 있는 자(치과의사 및 조산사를 제외한다.)에 한하여 시·도지사의 허가를 받아 설치할 수 있다. <개정 2005.3.31>

③ 노인의료복지시설의 시설, 인력 및 운영에 관한 기준과 설치신고 및 설치허가 등에 관하여 필요한 사항은 보건복지가족부령으로 정한다. 다만, 노인

전문병원의 시설 등에 관한 기준은 '의료법' 제36조의 규정에 의한 의료기관의 시설 등의 기준에 관한 규정 중 요양병원에 관한 규정을 준용하되, 보건복지가족부령이 따로 정하는 경우에는 그러하지 아니하다. <개정 1999.2.8, 2007.4.11, 2008.2.29>

④ 노인전문병원에 관하여 이 법에서 규정된 사항을 제외하고는 의료법의 규정을 준용하되, 그 관리 및 운영 등에 있어서는 이를 의료법 제3조 제2항의 규정에 의한 의료기관 중 요양병원으로 본다. <개정 1999.2.8>

제36조(노인여가복지시설) ① 노인여가복지시설은 다음 각 호의 시설로 한다. <개정 2007.8.3>

　　1. 노인복지관: 노인의 교양·취미생활 및 사회참여활동 등에 대한 각종 정보와 서비스를 제공하고, 건강증진 및 질병예방과 소득보장·재가복지, 그 밖에 노인의 복지증진에 필요한 서비스를 제공함을 목적으로 하는 시설

　　2. 경로당: 지역노인들이 자율적으로 친목도모·취미활동·공동작업장 운영 및 각종 정보교환과 기타 여가활동을 할 수 있도록 하는 장소를 제공함을 목적으로 하는 시설

　　3. 노인교실: 노인들에 대하여 사회활동 참여욕구를 충족시키기 위하여 건전한 취미생활·노인건강유지·소득보장 기타 일상생활과 관련한 학습 프로그램을 제공함을 목적으로 하는 시설

　　4. 노인휴양소: 노인들에 대하여 심신의 휴양과 관련한 위생시설·여가시설 기타 편의시설을 단기간 제공함을 목적으로 하는 시설

② 노인여가복지시설의 이용대상 및 이용절차 등에 관하여 필요한 사항은 보건복지가족부령으로 정한다. <개정 2008.2.29>

제37조(노인여가복지시설의 설치) ① 국가 또는 지방자치단체는 노인여가복지시설을 설치할 수 있다.

② 국가 또는 지방자치단체 외의 자가 노인여가복지시설을 설치하고자 하는 경우에는 시장·군수·구청장에게 신고하여야 한다.

③ 노인여가복지시설의 시설, 인력 및 운영에 관한 기준과 설치신고 등에 관하여 필요한 사항은 보건복지가족부령으로 정한다. <개정 1999.2.8, 2008.2.29>

제38조(재가노인복지시설) ① 재가노인복지시설은 다음 각 호의 어느 하나 이상의

서비스를 제공함을 목적으로 하는 시설을 말한다.

1. 방문요양서비스: 가정에서 일상생활을 영위하고 있는 노인(이하 '재가노인'이라 한다.)으로서 신체적·정신적 장애로 어려움을 겪고 있는 노인에게 필요한 각종 편의를 제공하여 지역사회 안에서 건전하고 안정된 노후를 영위하도록 하는 서비스

2. 주·야간보호서비스: 부득이한 사유로 가족의 보호를 받을 수 없는 심신이 허약한 노인과 장애노인을 주간 또는 야간 동안 보호시설에 입소시켜 필요한 각종 편의를 제공하여 이들의 생활안정과 심신기능의 유지·향상을 도모하고, 그 가족의 신체적·정신적 부담을 덜어 주기 위한 서비스

3. 단기보호서비스: 부득이한 사유로 가족의 보호를 받을 수 없어 일시적으로 보호가 필요한 심신이 허약한 노인과 장애노인을 보호시설에 단기간 입소시켜 보호함으로써 노인 및 노인가정의 복지증진을 도모하기 위한 서비스

4. 방문 목욕서비스: 목욕 장비를 갖추고 재가노인을 방문하여 목욕을 제공하는 서비스

5. 그 밖의 서비스: 그 밖에 재가노인에게 제공하는 서비스로서 보건복지부령이 정하는 서비스

② 제1항에 따른 재가노인복지시설의 이용대상·비용 부담 및 이용절차 등에 관하여 필요한 사항은 보건복지부령으로 정한다.

[전문개정 2007.8.3]

제39조(재가노인복지시설의 설치) ① 국가 또는 지방자치단체는 재가노인복지시설을 설치할 수 있다.

② 국가 또는 지방자치단체 외의 자가 재가노인복지시설을 설치하고자 하는 경우에는 시장·군수·구청장에게 신고하여야 한다.

③ 재가노인복지시설의 시설, 인력 및 운영에 관한 기준과 설치신고 등에 관하여 필요한 사항은 보건복지가족부령으로 정한다. <개정 1999.2.8, 2008.2.29>

제39조의 2(요양보호사의 직무·자격증의 교부 등) ① 노인복지시설의 설치·운영자는 보건복지가족부령으로 정하는 바에 따라 노인 등의 신체활동 또는 가사활동 지원 등의 업무를 전문적으로 수행하는 요양보호사를 두어야 한다. <개정

2008.2.29>

② 요양보호사가 되려는 자는 제39조의 3에 따른 요양보호사교육기관에서 교육과정을 마쳐야 한다.

③ 시·도지사는 제2항에 따라 요양보호사 교육과정을 마친 자에게 요양보호사의 자격을 검정하고 자격증을 교부하여야 한다.

④ 요양보호사의 등급, 등급별 교육과정, 자격증 교부 등에 관하여 필요한 사항은 보건복지가족부령으로 정한다. <개정 2008.2.29>

[전문개정 2007.8.3]

제39조의 3(요양보호사교육기관의 설치 등) ① 요양보호사를 교육하는 기관(이하 '요양보호사교육기관'이라 한다.)을 설치하려는 자는 보건복지가족부령으로 정하는 기준을 갖추고 시·도지사에게 신고하여야 한다. <개정 2008.2.29>

② 요양보호사교육기관의 신고절차 등에 관하여 필요한 사항은 보건복지가족부령으로 정한다. <개정 2008.2.29>

[전문개정 2007.8.3]

제39조의 4(긴급전화의 설치 등) ① 국가 및 지방자치단체는 노인학대를 예방하고 수시로 신고를 받을 수 있도록 긴급전화를 설치하여야 한다.

② 제1항의 규정에 의한 긴급전화의 설치·운영에 관하여 필요한 사항은 대통령령으로 정한다.

[본 조 신설 2004.1.29]

제39조의 5(노인보호전문기관의 설치) ① 국가 및 지방자치단체는 노인학대에 관한 다음 각 호의 업무를 담당하는 노인보호전문기관을 설치하여야 한다. 다만, 대통령령이 정하는 범위 안에서 다른 노인복지시설을 노인보호전문기관으로 지정한 경우에는 그러하지 아니하다.

1. 노인학대의 예방 및 방지를 위한 홍보
2. 학대받은 노인의 발견·상담·보호와 의료기관에의 치료 의뢰 및 노인복지시설에의 입소 의뢰
3. 노인학대행위자, 노인학대행위자로 신고된 자 및 그 가정 또는 업무·고용 등의 관계로 사실상 노인을 보호·감독하는 기관이나 시설 등에 대한 조사
4. 노인학대행위자에 대한 상담 및 교육
5. 그 밖에 학대받은 노인의 보호를 위하여 필요한 사항

② 노인보호전문기관에 두는 상담원 등 직원의 자격은 대통령령으로, 그 설치기준 및 운영에 관하여 필요한 사항은 보건복지가족부령으로 정한다. <개정 2008.2.29>

[본 조 신설 2004.1.29]

제39조의 6(노인학대 신고의무와 절차) ① 누구든지 노인학대를 알게 된 때에는 노인보호전문기관 또는 수사기관에 신고할 수 있다. <개정 2007.4.11>

② 다음 각 호의 1에 해당하는 자는 그 직무상 노인학대를 알게 된 때에는 즉시 노인보호전문기관 또는 수사기관에 신고하여야 한다.

1. 의료법 제3조 제1항의 의료기관에서 의료업을 행하는 의료인
2. 노인복지시설의 장 및 그 종사자
3. '장애인복지법' 제58조의 규정에 의한 장애인복지시설에서 장애노인에 대한 상담 · 치료 · 훈련 또는 요양을 행하는 자
4. 가정폭력방지 및 피해자보호 등에 관한 법률 제5조 및 제7조의 규정에 의한 가정폭력 관련 상담소의 상담원 및 가정폭력피해자 보호시설의 종사자
5. 노인복지상담원 및 사회복지사업법 제14조의 규정에 의한 사회복지전담 공무원

③ 신고인의 신분은 보장되어야 하며 그 의사에 반하여 신분이 노출되어서는 아니 된다.

[본 조 신설 2004.1.29]

제39조의 7(응급조치의무 등) ① 제39조의 6의 규정에 의하여 노인학대신고를 접수한 노인보호전문기관의 직원이나 사법경찰관리는 지체 없이 노인학대의 현장에 출동하여야 한다.

② 제1항의 규정에 의하여 현장에 출동한 자는 학대받은 노인을 노인학대행위자로부터 분리하거나 치료가 필요하다고 인정할 때에는 노인보호전문기관 또는 의료기관에 인도하여야 한다.

[본 조 신설 2004.1.29]

제39조의 8(보조인의 선임 등) ① 학대받은 노인의 법정대리인, 직계친족, 형제자매, 노인보호전문기관의 상담원 또는 변호사는 노인학대사건의 심리에 있어서 보조인이 될 수 있다. 다만, 변호사가 아닌 경우에는 법원의 허가를 받아야 한다.

② 법원은 학대받은 노인을 증인으로 신문하는 경우 본인·검사 또는 노인보호전문기관의 신청이 있는 때에는 본인과 신뢰관계에 있는 자의 동석을 허가할 수 있다.

③ 수사기관이 학대받은 노인을 조사하는 경우에도 제1항 및 제2항의 절차를 준용한다.

[본 조 신설 2004.1.29]

제39조의 9(금지행위) 누구든지 다음 각 호의 1에 해당하는 행위를 하여서는 아니된다.

1. 노인의 신체에 폭행을 가하거나 상해를 입히는 행위
2. 노인에게 성적 수치심을 주는 성폭행·성희롱 등의 행위
3. 자신의 보호·감독을 받는 노인을 유기하거나 의식주를 포함한 기본적보호 및 치료를 소홀히 하는 방임행위
4. 노인에게 구걸을 하게 하거나 노인을 이용하여 구걸하는 행위
5. 노인을 위하여 증여 또는 급여된 금품을 그 목적 외의 용도에 사용하는행위

[본 조 신설 2004.1.29]

제39조의 10(실종노인에 관한 신고의무 등) ① 누구든지 정당한 사유 없이 사고 또는 치매 등의 사유로 인하여 보호자로부터 이탈된 노인(이하 '실종노인'이라한다.)을 경찰관서 또는 지방자치단체의 장에게 신고하지 아니하고 보호하여서는 아니 된다.

② 제31조에 따른 노인복지시설('사회복지사업법' 제2조 제3호에 따른 사회복지시설 및 사회복지시설에 준하는 시설로서 인가·신고 등을 하지 아니하고 노인을 보호하는 시설을 포함한다. 이하 '보호시설'이라 한다.)의 장 또는그 종사자는 그 직무를 수행하면서 실종노인임을 알게 된 때에는 지체 없이보건복지부령으로 정하는 신상카드를 작성하여 지방자치단체의 장과 제3항제2호의 업무를 수행하는 기관의 장에게 제출하여야 한다.

③ 보건복지부장관은 실종노인의 발생예방, 조속한 발견과 복귀를 위하여 다음 각 호의 업무를 수행하여야 한다. 이 경우 보건복지부장관은 노인복지 관련 법인이나 단체에 그 업무의 전부 또는 일부를 위탁할 수 있다.

1. 실종노인과 관련된 조사 및 연구
2. 실종노인의 데이터베이스 구축·운영

3. 그 밖에 실종노인의 보호 및 지원에 필요한 사항

[본 조 신설 2007.8.3]

[종전 제39조의 10은 제39조의 11로 이동 <2007.8.3>]

제39조의 11(조사 등) ① 보건복지부장관, 시·도지사 또는 시장·군수·구청장은 필요하다고 인정하는 때에는 관계 공무원 또는 노인복지상담원으로 하여금 노인복지시설과 노인의 주소·거소, 노인의 고용장소 또는 제39조의 9의 금지행위를 위반할 우려가 있는 장소에 출입하여 노인 또는 관계인에 대하여 필요한 조사를 하거나 질문을 하게 할 수 있다.

② 경찰청장, 시·도지사 또는 시장·군수·구청장은 실종노인의 발견을 위하여 필요한 때에는 보호시설의 장 또는 그 종사자에게 필요한 보고 또는 자료제출을 명하거나 소속 공무원으로 하여금 보호시설에 출입하여 관계인 또는 노인에 대하여 필요한 조사 또는 질문을 하게 할 수 있다. <신설 2007.8.3>

③ 제1항 및 제2항의 경우 관계 공무원, 노인복지상담원은 그 권한을 표시하는 증표를 지니고 이를 노인 또는 관계인에게 내보여야 한다. <개정 2007.8.3>

④ 제3항에 따른 증표의 내용·형식 등에 관하여 필요한 사항은 보건복지부령으로 정한다. <개정 2007.8.3>

[본 조 신설 2004.1.29]

[제39조의 10에서 이동, 종전의 제39조의 11은 제39조의 12로 이동 <2007.8.3>]

제39조의 12(비밀누설의 금지) ① 이 법에 의한 학대노인의 보호와 관련된 업무에 종사하였거나 종사하는 자는 그 직무상 알게 된 비밀을 누설하지 못한다.

② 경찰청장, 시·도지사 또는 시장·군수·구청장은 실종노인의 발견을 위하여 필요한 때에는 보호시설의 장 또는 그 종사자에게 필요한 보고 또는 자료제출을 명하거나 소속 공무원으로 하여금 보호시설에 출입하여 관계인 또는 노인에 대하여 필요한 조사 또는 질문을 하게 할 수 있다. <신설 2007.8.3>

[본 조 신설 2004.1.29]

[제39조의 12에서 이동 <2007.8.3>]

제40조(변경·폐지 등 〈개정 1999.2.8〉) ① 제33조 제2항의 규정에 의하여 노인주거

복지시설을 설치한 자 또는 제35조 제2항의 규정에 의하여 노인의료복지시설(노인전문병원을 제외한다.)을 설치한 자가 그 설치신고사항 중 보건복지가족부령이 정하는 사항을 변경하거나 그 시설을 폐지 또는 휴지하고자 할 때에는 대통령령이 정하는 바에 의하여 시장·군수·구청장에게 미리 신고하여야 한다. <개정 1999.2.8, 2005.3.31, 2008.2.29>

② 노인전문병원을 설치한 자가 그 설치허가사항 중 보건복지가족부령이 정하는 사항을 변경하고자 하는 때에는 의료법이 정하는 바에 따라 시·도지사의 변경허가를 받아야 하며, 그 시설을 폐지 또는 휴지하고자 하는 때에는 동법이 정하는 바에 따라 시·도지사에게 미리 신고하여야 한다. <신설 1999.2.8, 2008.2.29>

③ 제37조 제2항에 의하여 노인여가복지시설을 설치한 자 또는 제39조 제2항의 규정에 의하여 재가노인복지시설을 설치한 자가 그 설치신고사항 중 보건복지가족부령이 정하는 사항을 변경하거나 그 시설을 폐지 또는 휴지하고자 할 때에는 대통령령이 정하는 바에 의하여 시장·군수·구청장에게 미리 신고하여야 한다. <개정 1999.2.8, 2008.2.29>

④ 제39조의 3 제1항에 따라 요양보호사교육기관을 설치한 자가 그 설치신고사항 중 보건복지가족부령이 정하는 사항을 변경하거나 그 시설을 폐지 또는 휴지하고자 하는 때에는 대통령령이 정하는 바에 따라 시·도지사에게 미리 신고하여야 한다. <신설 1999.2.8, 2005.3.31, 2007.8.3, 2008.2.29>

제41조(수탁의무) 제32조 제1항의 규정에 의한 양로시설, 노인공동생활가정 및 노인복지주택, 제34조 제1항의 규정에 의한 노인요양시설 및 노인요양공동생활가정 또는 제38조 제1항의 규정에 의한 재가노인복지시설을 설치·운영하는 자가 복지실시기관으로부터 제28조 제1항 제2호 및 제3호, 동 조 제2항 또는 제3항의 규정에 의하여 노인의 입소·장례를 위탁받은 때에는 정당한 이유 없이 이를 거부하여서는 아니 된다. <개정 2007.8.3>

제42조(감독) ① 복지실시기관은 제31조의 규정에 의한 노인복지시설 또는 제39조의 3 제1항에 따른 요양보호사교육기관을 설치·운영하는 자로 하여금 당해 시설 또는 사업에 관하여 필요한 보고를 하게 하거나 관계 공무원으로 하여금 당해 시설 또는 사업의 운영상황을 조사하게 하거나 장부 기타 관계 서류를 검사하게 할 수 있다. <개정 1999.2.8, 2007.8.3>

② 제31조의 규정에 의한 노인복지시설을 설치·운영하는 자는 보건복지가

족부령이 정하는 바에 따라 매년도 입소자 또는 이용자 현황 등에 관한 자료를 복지실시기관에 제출하여야 한다. <신설 1999.2.8, 2008.2.29>

③ 제1항의 규정에 의하여 조사·검사를 행하는 자는 그 권한을 표시하는 증표를 지니고 이를 관계인에게 내보여야 한다.

제43조(사업의 정지 등) ① 시·도지사 또는 시장·군수·구청장은 요양보호사교육기관 또는 노인주거복지시설·노인의료복지시설이 다음 각 호의 어느 하나에 해당하는 때에는 그 사업의 정지 또는 폐지를 명할 수 있다. <개정 1999.2.8, 2005.3.31, 2007.8.3>

1. 제33조 제3항·제35조 제3항 또는 제39조의 3 제2항의 규정에 의한 시설 등에 관한 기준에 미달하게 된 때
2. 제41조의 규정에 위반하여 수탁을 거부한 때
3. 정당한 이유 없이 제42조의 규정에 의한 보고 또는 자료제출을 하지 아니하거나 허위로 한 때 또는 조사·검사를 거부·방해하거나 기피한 때
4. 제46조 제5항의 규정에 위반한 때
5. 삭제 <2007.8.3>

② 시장·군수·구청장은 노인여가복지시설 또는 재가노인복지시설이 다음 각 호의 어느 하나에 해당하는 때에는 그 사업의 정지 또는 폐지를 명할 수 있다. <개정 1999.2.8, 2007.8.3>

1. 제37조 제3항 또는 제39조 제3항의 시설 등에 관한 기준에 미달하게 된 때
2. 제41조의 규정에 위반하여 수탁을 거부한 때(재가노인복지시설의 경우에 한한다.)
3. 정당한 이유 없이 제42조의 규정에 의한 보고 또는 자료제출을 하지 아니하거나 허위로 한 때 또는 조사·검사를 거부·방해하거나 기피한 때
4. 제46조 제7항의 규정에 위반한 때
5. 삭제 <2007.8.3>

③ 제1항 내지 제2항의 규정에 의한 행정처분의 세부적인 기준은 위반의 정도 등을 참작하여 보건복지가족부령으로 정한다. <개정 2008.2.29>

제44조(청문) 시장·군수·구청장은 제43조의 규정에 의한 사업의 폐지를 명하고자 하는 경우에는 청문을 실시하여야 한다. <개정 2005.3.31>

제5장 비용

제45조(비용의 부담) ① 삭제 <2007.4.25>

② 다음 각 호의 어느 하나에 해당하는 비용은 대통령령이 정하는 바에 따라 국가 또는 지방자치단체가 부담한다. <개정 2005.7.13>

1. 제23조의 2 제1항의 규정에 따른 노인일자리전담기관의 설치·운영 또는 위탁에 소요되는 비용

2. 제27조 및 제28조의 규정에 따른 건강진단 등과 상담·입소 등의 조치에 소요되는 비용

3. 제33조 제1항·제35조 제1항·제37조 제1항 및 제39조 제1항의 규정에 따른 노인복지시설의 설치·운영에 소요되는 비용

제46조(비용의 수납 및 청구) ① 제27조 및 제28조의 규정에 의한 복지조치에 필요한 비용을 부담한 복지실시기관은 당해 노인 또는 그 부양의무자로부터 대통령령이 정하는 바에 의하여 그 부담한 비용의 전부 또는 일부를 수납하거나 청구할 수 있다.

② 부양의무가 없는 자가 제28조의 규정에 의한 복지조치에 준하는 보호를 행하는 경우 즉시 그 사실을 부양의무자 및 복지실시기관에 알려야 한다.

③ 제2항의 보호를 행한 자는 부양의무자에게 보호비용의 전부 또는 일부를 청구할 수 있다.

④ 제1항 또는 제3항의 규정에 의한 부담비용의 청구 등에 관하여 필요한 사항은 보건복지가족부령으로 정한다. <개정 2008.2.29>

⑤ 제32조 제1항에 따른 양로시설, 노인공동생활가정 및 노인복지주택, 제34조 제1항에 따른 노인요양시설 및 노인요양공동생활가정을 설치한 자는 그 시설에 입소하거나 그 시설을 이용하는 기초수급권자 외의 자로부터 그에 소요되는 비용을 수납하고자 할 때에는 시장·군수·구청장에게 신고하여야 한다. 다만, 보건복지가족부령이 정한 비용수납 한도액의 범위 안에서 수납할 때에는 그러하지 아니하다. <개정 1999.2.8, 2005.3.31, 2007.8.3, 2008.2.29>

⑥ 삭제 <1999.2.8>

⑦ 제36조 제1항의 규정에 의한 노인여가복지시설 또는 제38조 제1항의 규정에 의하여 재가노인복지시설을 설치한 자 또는 편의를 제공하는 자가 그

시설을 이용하는 자로부터 그에 소요되는 비용을 수납하고자 할 때에는 미리 시장·군수·구청장에게 신고하여야 한다.

제47조(비용의 보조) 국가 또는 지방자치단체는 대통령령이 정하는 바에 의하여 노인복지시설의 설치·운영에 필요한 비용을 보조할 수 있다.

제48조(유류물품의 처분) 복지실시기관 또는 노인복지시설의 장은 제28조 제3항의 규정에 의한 장례를 행함에 있어서 사망자가 유류한 금전 또는 유가증권을 그 장례에 필요한 비용에 충당할 수 있으며, 부족이 있을 때에는 유류물품을 처분하여 그 대금을 이에 충당할 수 있다.

제49조(조세감면) 제31조의 규정에 의한 노인복지시설에서 노인을 위하여 사용하는 건물·토지 등에 대해서는 조세감면규제법 등 관계 법령이 정하는 바에 의하여 조세 기타 공과금을 감면할 수 있다. <개정 2007.4.25>

제6장 보칙

제50조(심사청구 등) ① 노인 또는 그 부양의무자는 이 법에 의한 복지조치에 대하여 이의가 있을 때에는 당해 복지실시기관에 심사를 청구할 수 있다.

② 복지실시기관은 제1항의 심사청구를 받은 때에는 30일 이내에 이를 심사·결정하여 청구인에게 통보하여야 한다.

③ 제2항의 심사·결정에 이의가 있는 자는 그 통보를 받은 날부터 90일 이내에 행정심판을 제기할 수 있다. <개정 1999.2.8>

④ 제46조 제3항의 규정에 의하여 부양의무자가 부담하여야 할 보호비용에 대하여 보호를 행한 자와 부양의무자 사이에 합의가 이루어지지 아니하는 경우로서 시장·군수·구청장은 당사자로부터 조정요청을 받은 경우에는 이를 조정할 수 있다. <개정 2004.1.29>

⑤ 시장·군수·구청장은 제4항의 조정을 위하여 필요하다고 인정하는 경우 부양의무자에게 소득·재산 등에 관한 자료의 제출을 요구할 수 있다.

제51조(노인복지명예지도원) ① 복지실시기관은 양로시설, 노인공동생활가정, 노인복지주택, 노인요양시설 및 노인요양공동생활가정의 입소노인의 보호를 위하여 노인복지명예지도원을 둘 수 있다. <개정 2007.8.3>

② 노인복지명예지도원의 위촉방법·업무범위 등 기타 필요한 사항은 대통

령령으로 정한다.

제52조 삭제 <1999.2.8>

제53조(권한의 위임·위탁) ① 보건복지가족부장관 또는 시·도지사는 이 법에 의한 권한의 일부를 대통령령이 정하는 바에 의하여 각각 시·도지사 또는 시장·군수·구청장에게 위임할 수 있다. <개정 2008.2.29>

② 보건복지가족부장관, 시·도지사 또는 시장·군수·구청장은 이 법에 의한 업무의 일부를 대통령령이 정하는 바에 의하여 법인 또는 단체에 위탁할 수 있다. <개정 2008.2.29>

제54조(국·공유재산의 대부 등) 국가 또는 지방자치단체는 노인보건복지 관련 연구시설이나 사업의 육성을 위하여 필요하다고 인정하는 경우에는 국유재산법 또는 지방재정법의 규정에 불구하고 국·공유재산을 무상으로 대부하거나 사용·수익하게 할 수 있다.

제55조('건축법'에 대한 특례〈개정 2007.8.3〉) ① 이 법에 의한 재가노인복지시설, 노인공동생활가정 및 노인요양공동생활가정은 '건축법' 제19조의 규정에 불구하고 단독주택 또는 공동주택에 설치할 수 있다. <개정 2007.8.3, 2008.3.21>

② 이 법에 의한 노인복지주택의 건축물의 용도는 건축관계 법령에 불구하고 노유자시설로 본다. <신설 1999.2.8, 2007.8.3>

제7장 벌칙

제55조의 2(벌칙) 제39조의 9 제1호(상해에 한한다.)의 행위를 한 자는 7년 이하의 징역 또는 2천만 원 이하의 벌금에 처한다.

[본 조 신설 2004.1.29]

제55조의 3(벌칙) 다음 각 호의 어느 하나에 해당하는 자는 5년 이하의 징역 또는 1천500만 원 이하의 벌금에 처한다.

1. 제39조의 9 제1호(폭행에 한한다.)부터 제4호까지에 해당하는 행위를 한 자
2. 제39조의 10 제1항을 위반하여 정당한 사유 없이 신고하지 아니하고 실종노인을 보호한 자

[전문개정 2007.8.3]

제55조의 4(벌칙) 다음 각 호의 어느 하나에 해당하는 자는 3년 이하의 징역 또는 1천만 원 이하의 벌금에 처한다.

1. 제39조의 9 제5호에 해당하는 행위를 한 자
2. 위계 또는 위력을 행사하여 제39조의 11 제2항에 따른 관계 공무원의 출입 또는 조사를 거부하거나 방해한 자

[전문개정 2007.8.3]

제56조(벌칙) ① 제33조의 2 제2항을 위반하여 입소자격자 아닌 자에게 노인복지주택을 분양 또는 임대한 자는 2년 이하의 징역에 처하거나 위법하게 분양 또는 임대한 세대의 수에 1천만 원을 곱한 금액 이하의 벌금에 처한다.

② 제33조 제2항 및 제35조 제2항에 따른 신고를 하지 아니하고 양로시설, 노인공동생활가정, 노인복지주택, 노인요양시설 또는 노인요양공동생활가정을 설치하거나 운영한 자는 2년 이하의 징역 또는 1천만 원 이하의 벌금에 처한다.

[전문개정 2007.8.3]

제56조의 2(벌칙) 다음 각 호의 어느 하나에 해당하는 자는 1년 이하의 징역 또는 1천만 원 이하의 벌금에 처한다.

1. 제33조의 2 제3항을 위반하여 양도 또는 임대한 자
2. 제33조의 2 제4항을 위반하여 입소·양도 또는 임대한 상속자

[본 조 신설 2007.8.3]

제57조(벌칙) 다음 각 호의 1에 해당하는 자는 1년 이하의 징역 또는 300만 원 이하의 벌금에 처한다. <개정 2007.8.3>

1. 제33조 제2항·제35조 제2항·제37조 제2항·제39조 제2항 또는 제39조의 3 제1항의 규정에 의한 신고를 하지 아니하고 양로시설·노인공동생활가정·노인복지주택·노인요양시설·노인요양공동생활가정·노인여가복지시설·재가노인복지시설 또는 요양보호사교육기관을 설치하거나 운영한 자
2. 제39조의 11의 규정을 위반하여 직무상 알게 된 비밀을 누설한 자

[전문개정 2004.1.29]

제58조 삭제 <2007.4.25>

제59조(벌칙) 제41조를 위반하여 수탁을 거부한 자는 50만 원 이하의 벌금에 처한다. <개정 2007.8.3>

1. 삭제 <2007.8.3>

2. 삭제 <2007.8.3>

제60조(양벌규정) 법인의 대표자나 법인 또는 개인의 대리인·사용인 기타 종업원이 그 법인 또는 개인의 업무에 관하여 제55조의 3·제56조·제57조 또는 제59조의 위반행위를 한 때에는 행위자를 벌하는 외에 그 법인 또는 개인에 대해서도 각 해당 조의 벌금형을 과한다. <개정 2007.8.3>

제61조 삭제 <2007.4.25>

제61조의 2(과태료) ① 제39조의 11 제2항에 따른 명령을 위반하여 보고 또는 자료제출을 하지 아니하거나 거짓으로 보고하거나 거짓 자료를 제출한 자 또는 정당한 사유 없이 관계 공무원의 출입 또는 조사·질문을 거부·기피·방해하거나 거짓의 답변을 한 자에게는 500만 원 이하의 과태료를 부과한다.

② 다음 각 호의 어느 하나에 해당하는 자는 200만 원 이하의 과태료를 부과한다.

　　1. 제39조의 10 제2항을 위반하여 신상카드를 제출하지 아니한 자

　　2. 제40조를 위반하여 신고하지 아니하고 노인복지시설을 폐지 또는 휴지한 자

③ 제1항 및 제2항에 따른 과태료는 대통령령으로 정하는 바에 따라 보건복지부장관, 시·도지사, 시장·군수·구청장이 부과·징수한다.

④ 제3항에 따른 과태료 처분에 불복하는 자는 그 처분을 고지받은 날부터 30일 이내에 보건복지부장관, 시·도지사, 시장·군수·구청장에게 이의를 제기할 수 있다.

⑤ 제3항에 따른 과태료 처분을 받은 자가 제4항에 따라 이의를 제기한 때에는 보건복지부장관, 시·도지사, 시장·군수·구청장은 지체 없이 관할 법원에 그 사실을 통보하여야 하며, 그 통보를 받은 관할 법원은 '비송사건절차법'에 따른 과태료 재판을 한다.

⑥ 제4항에 따른 기간 이내에 이의를 제기하지 아니하고 과태료를 납부하지 아니한 때에는 국세 또는 지방세 체납처분의 예에 따라 징수한다.

[본 조 신설 2007.8.3]

제62조(이행강제금) ① 시장·군수·구청장은 제33조의 3에 따른 명령을 이행하지 아니한 자에 대하여 당해 명령의 이행에 필요한 상당한 이행 기한을 정하여 그 기한까지 명령을 이행하지 아니하는 경우 이행강제금을 부과할 수

있다. 이 경우 이행강제금의 금액은 '지방세법'에 따라 해당 노인복지주택에 적용되는 1제곱미터당 시가표준액의 100분의 10에 상당하는 금액에 위반면적(주거의 용도로만 쓰이는 면적을 말한다.)을 곱한 금액 또는 '부동산 가격 공시 및 감정평가에 관한 법률'에 따라 해당 노인복지주택에 적용되는 주택 가격의 공시금액의 100분의 10에 상당하는 금액으로 한다.

② 시장·군수·구청장은 제1항에 따라 이행강제금을 부과하기 전에 이행강제금을 부과·징수한다는 뜻을 미리 문서로 계고하여야 한다.

③ 시장·군수·구청장은 제1항에 따른 이행강제금을 부과하는 경우 이행강제금의 금액, 부과사유, 납부기한 및 수납기관, 이의제기방법 및 이의제기기관 등을 명시한 문서로 행하여야 한다.

④ 시장·군수·구청장은 최초의 명령이 있은 날을 기준으로 하여 1년에 2회 이내의 범위 안에서 당해 명령이 이행될 때까지 반복하여 제1항에 따른 이행강제금을 부과·징수할 수 있다.

⑤ 시장·군수·구청장은 제33조의 3에 따라 명령을 받은 자가 명령을 이행한 경우 새로운 이행강제금의 부과를 즉시 중지하고, 이미 부과된 이행강제금은 징수하여야 한다.

⑥ 시장·군수·구청장은 제3항에 따라 이행강제금 부과처분을 받은 자가 이행강제금을 기한 이내에 납부하지 아니하는 때에는 지방세 체납처분의 예에 따라 징수한다.

[본 조 신설 2007.8.3]

부칙 〈제5359호, 1997.8.22〉

① (시행일) 이 법은 공포 후 9개월이 경과한 날부터 시행한다. 다만, 제2장(제9조 내지 제22조)의 개정규정은 1998년 7월 1일부터 시행한다.

② (노령수당에 대한 경과조치) 이 법 시행 당시 종전의 노인복지법 제13조의 규정에 의한 노령수당은 1998년 6월 30일까지 지급한다.

③ (노인복지시설 등에 관한 경과조치) 이 법 시행 당시 종전의 규정에 의하여 설치된 노인복지시설은 이 법에 의하여 설치된 것으로 본다.

④ (다른 법령과의 관계) 다른 법령에서 이 법 시행 당시 노인복지법의 규정을 인용하고 있는 경우 이 법 중 그에 관한 규정이 있는 때에는 이 법의 해당 조항을 인용한 것으로 본다.

부칙(행정절차법의 시행에 따른 공인회계사법 등의 정비에 관한 법률) 〈제5453호, 1997.12.13〉

제1조(시행일) 이 법은 1998년 1월 1일부터 시행한다. <단서 생략>
제2조 생략

부칙 〈제5851호, 1999.2.8〉

① (시행일) 이 법은 공포한 날부터 시행한다. 다만, 제39조의 2·제39조의 3·제40조·제42조·제43조·제46조 제5항 단서·제52조 및 제57조의 개정규정은 공포 후 6개월이 경과한 날부터 시행한다.

② (경로연금수급권자 인정에 관한 경과조치) 이 법 시행 당시 종전의 규정에 의하여 수급권자로 결정된 자는 제9조 제1항 제2호의 개정규정에 불구하고 종전의 규정에 의한다.

③ (가정봉사원 교육기관에 관한 경과조치) 이 법 시행 당시 종전의 규정에 의하여 지정된 가정봉사원 교육을 위한 교육기관은 제39조의 3 제1항의 개정규정에 의하여 신고한 가정봉사원 교육기관으로 본다.

④ (노인복지시설비용 수납승인에 관한 경과조치) 이 법 시행 당시 종전의 규정에 의하여 시·도지사로부터 비용수납의 승인을 얻은 것은 제46조 제5항의 개정규정에 의하여 비용수납에 관한 신고를 한 것으로 본다.

부칙(사립학교교직원연금법) 〈제6124호, 2000.1.12〉

제1조(시행일) 이 법은 공포한 날부터 시행한다.
　제2조 내지 제4조 생략
제5조(다른 법령의 개정 등) ① 내지 ⑪ 생략
　⑫ 노인복지법 중 다음과 같이 개정한다.
　제9조 제2항 본문 중 '사립학교교원연금법'을 '사립학교교직원연금법'으로 한다.
　⑬ 생략
제6조 생략

부칙(주택법) 〈제6916호, 2003.5.29〉

제1조(시행일) 이 법은 공포 후 6개월이 경과한 날부터 시행한다. <단서 생략>
　　제2조 내지 제11조 생략
제12조(다른 법률의 개정) ① 내지 ⑧ 생략
　　⑨ 노인복지법 중 다음과 같이 개정한다.
　　제32조 제3항 중 '주택건설촉진법'을 '주택법'으로 한다.
　　⑩ 내지 <47> 생략
제13조 생략

부칙 〈제7152호, 2004.1.29〉

　　이 법은 공포 후 6개월이 경과한 날부터 시행한다.

부칙 〈제7452호, 2005.3.31〉

제1조(시행일) 이 법은 공포 후 3개월이 경과한 날부터 시행한다.
제2조(행정처분 등에 관한 일반적 경과조치) ① 이 법 시행 당시 종전의 제43조 제1
　　항 및 제44조의 규정에 의한 행정기관이 행한 처분은 이 법의 개정규
　　정에 의한 행정기관이 행한 처분으로 본다.
　　② 이 법 시행 당시 종전의 제33조 제2항·제35조 제2항·제39조의 3 제1
　　항·제40조 제1항 및 제4항·제46조 제5항 본문의 규정에 의한 행정기관에
　　대하여 행한 신고는 이 법의 개정규정에 의한 행정기관에 대하여 행한 신고
　　로 본다.

부칙 〈제7585호, 2005.7.13〉

　　이 법은 공포 후 3개월이 경과한 날부터 시행한다.

부칙 〈제8200호, 2007.1.3〉

　　① (시행일) 이 법은 공포 후 6개월이 경과한 날부터 시행한다.
　　② (노인실태조사에 관한 적용례) 제5조의 개정규정에 따른 최초의 실태조사

는 2008년에 실시한다.

부칙(의료법) 〈제8366호, 2007.4.11〉

제1조(시행일) 이 법은 공포한 날부터 시행한다. <단서 생략>

　　제2조 내지 제19조 생략

제20조(다른 법률의 개정) ① 내지 ④ 생략

　　⑤ 노인복지법 일부를 다음과 같이 개정한다.

　　제35조 제3항 단서 중 '의료법 제32조'를 '의료법 제36조'로 한다.

　　⑥ 내지 <17> 생략

제21조 생략

부칙(장애인복지법) 〈제8367호, 2007.4.11〉

제1조(시행일) 이 법은 공포 후 6개월이 경과한 날부터 시행한다.

　　제2조 내지 제4조 생략

제5조(다른 법률의 개정) ① 및 ② 생략

　　③ 노인복지법 일부를 다음과 같이 개정한다.

　　제39조의 6 제1항 제3호 중 '장애인복지법 제48조'를 '장애인복지법 제58조'
로 한다.

　　④ 내지 ⑬ 생략

제6조 생략

부칙(기초노령연금법) 〈제8385호, 2007.4.25〉

제1조(시행일) 이 법은 2008년 1월 1일부터 시행한다.

　　제2조 내지 제4조 생략

제5조(다른 법률의 개정 등) ① 노인복지법 일부를 다음과 같이 개정한다.

　　제2장(제9조부터 제22조까지)을 삭제한다.

　　제45조 제1항을 삭제한다.

　　제49조 중 '제11조의 규정에 의한 수급권자가 받는 연금과 제31조'를 '제31
조'로 한다.

제58조 및 제61조를 각각 삭제한다.

② 생략

부칙(가족관계의 등록 등에 관한 법률) 〈제8435호, 2007.5.17〉

제1조(시행일) 이 법은 2008년 1월 1일부터 시행한다. <단서 생략>

제2조부터 제7조까지 생략

제8조(다른 법률의 개정) ①부터 <30>까지 생략

<31> 노인복지법 일부를 다음과 같이 개정한다.

제21조 중 '호적법 제88조'를 '가족관계의 등록 등에 관한 법률 제85조'로 한다.

<32>부터 <39>까지 생략

제9조 생략

부칙 〈제8608호, 2007.8.3〉

제1조(시행일) 이 법은 공포 후 1년이 경과한 날부터 시행한다. 다만, 제32조, 제34조 및 제38조의 개정규정은 공포 후 8개월이 경과한 날부터 시행하고, 제39조의 2 및 제39조의 3의 개정규정은 공포 후 6개월이 경과한 날부터 시행한다.

제2조(노인복지주택의 공급 등의 제한에 관한 적용례) 제33조의 2 제5항의 개정규정은 이 법 시행 이후 최초로 '주택법' 제16조에 따른 사업계획승인을 신청하는 노인복지주택의 경우부터 적용한다.

제3조(노인복지주택의 처분명령 및 이행강제금에 관한 적용례) 제33조의 3 및 제62조의 개정규정은 이 법 시행 이후 노인복지주택을 분양받거나 양수한 자부터 적용한다.

제4조(양로시설 등에 관한 경과조치) 이 법 시행 당시 종전의 규정에 따라 설치된 양로시설, 실비양로시설 및 유료양로시설은 제32조 제1항 제1호의 개정규정에 따른 양로시설로, 실비노인복지주택 및 유료노인복지주택은 제32조 제1항 제3호의 개정규정에 따른 노인복지주택으로, 노인요양시설, 실비노인요양시설, 유료노인요양시설, 노인전문요양시설 및 유료전문요양시설은 제34조 제1항 제1호의 개정규정에 따른 노인요양시설로, 가정봉사원파견시설, 주간보호시

설 및 단기보호시설은 제38조 제1항의 개정규정에 따른 재가노인복지시설로 각각 본다.

제5조(노인복지관에 관한 경과조치) 이 법 시행 당시 종전의 규정에 따라 설치된 노인복지회관은 제36조 제1항의 개정규정에 따른 노인복지관으로 본다.

제6조(가정봉사원 교육기관에 관한 경과조치) 이 법 시행 당시 종전의 규정에 따라 설치된 가정봉사원의 교육을 위한 기관은 이 법 시행 후 1년까지 요양보호사의 교육을 수행할 수 있다.

제7조(요양보호사에 대한 경과조치) 이 법 시행 당시 종전의 규정에 따라 노인복지시설에서 생활지도원 또는 가정봉사원으로 근무하고 있는 자는 이 법 시행 후 2년까지 제39조의 2 제1항의 개정규정에 따른 요양보호사 업무를 수행할 수 있다.

제8조(벌칙 및 과태료에 관한 경과조치) 이 법 시행 전의 행위에 대한 벌칙 및 과태료의 적용에 있어서는 종전의 규정에 의한다.

부칙(정부조직법) 〈제8852호, 2008.2.29〉

제1조(시행일) 이 법은 공포한 날부터 시행한다. 다만, ……<생략>…… 부칙 제6조에 따라 개정되는 법률 중 이 법의 시행 전에 공포되었으나 시행일이 도래하지 아니한 법률을 개정한 부분은 각각 해당 법률의 시행일부터 시행한다.
제2조부터 제5조까지 생략

제6조(다른 법률의 개정) ①부터 <455>까지 생략
<456> 노인복지법 일부를 다음과 같이 개정한다.
제5조 제1항 및 제39조의 10 제1항 중 '보건복지부장관'을 각각 '보건복지가족부장관'으로 한다.
제5조 제2항, 제29조의 2 제2항, 제39조의 2 제1항 및 제4항, 제39조의 3 제1항 및 제2항 및 제39조의 5 제2항 중 '보건복지부령'을 각각 '보건복지가족부령'으로 한다.
제28조 제1항 각 호 외의 부분 및 제2항, 제32조 제1항 제4호, 제53조 제1항 및 제2항 중 '보건복지부장관'을 각각 '보건복지가족부장관'으로 한다.
제29조 제2항, 제30조 제2항, 제32조 제2항, 제33조 제3항, 제34조 제2항, 제35조 제3항 본문 및 단서, 제36조 제2항, 제37조 제3항, 제39조 제3항, 제40조 제1항부터 제4항까지, 제42조 제2항, 제43조 제3항, 제46조 제4항 및

제5항 단서 중 '보건복지부령'을 각각 '보건복지가족부령'으로 한다.

<457>부터 <760>까지 생략

제7조 생략

부칙(건축법) 〈제8974호, 2008.3.21〉

제1조(시행일) 이 법은 공포한 날부터 시행한다. <단서 생략>

제2조부터 제12조까지 생략

제13조(다른 법률의 개정) ①부터 ⑬까지 생략

⑭ 노인복지법 일부를 다음과 같이 개정한다.

제55조 제1항 중 '건축법 제14조'를 '건축법 제19조'로 한다.

⑮부터 <70>까지 생략

제14조 생략

23. 건강가정기본법

건강가정기본법

[시행 2008.2.29][법률 제8852호, 2008.2.29, 타 법 개정]

제1장 총칙

제1조(목적) 이 법은 건강한 가정생활의 영위와 가족의 유지 및 발전을 위한 국민의 권리·의무와 국가 및 지방자치단체 등의 책임을 명백히 하고, 가정문제의 적절한 해결방안을 강구하며 가족구성원의 복지증진에 이바지할 수 있는 지원정책을 강화함으로써 건강가정 구현에 기여하는 것을 목적으로 한다.

제2조(기본이념) 가정은 개인의 기본적인 욕구를 충족시키고 사회통합을 위하여

기능할 수 있도록 유지·발전되어야 한다.

제3조(정의) 이 법에서 사용하는 용어의 정의는 다음과 같다.

1. '가족'이라 함은 혼인·혈연·입양으로 이루어진 사회의 기본단위를 말한다.

2. '가정'이라 함은 가족구성원이 생계 또는 주거를 함께하는 생활공동체로 서 구성원의 일상적인 부양·양육·보호·교육 등이 이루어지는 생활단 위를 말한다.

3. '건강가정'이라 함은 가족구성원의 욕구가 충족되고 인간다운 삶이 보장 되는 가정을 말한다.

4. '건강가정사업'이라 함은 건강가정을 저해하는 문제(이하 '가정문제'라 한 다.)의 발생을 예방하고 해결하기 위한 여러 가지 조치와 가족의 부양· 양육·보호·교육 등의 가정기능을 강화하기 위한 사업을 말한다.

제4조(국민의 권리와 의무) ① 모든 국민은 가정의 구성원으로서 안정되고 인간다 운 삶을 유지할 수 있는 가정생활을 영위할 권리를 가진다.

② 모든 국민은 가정의 중요성을 인식하고 그 복지의 향상을 위하여 노력하 여야 한다.

제5조(국가 및 지방자치단체의 책임) ① 국가 및 지방자치단체는 건강가정을 위하여 필요한 제도와 여건을 조성하고 이를 위한 시책을 강구하여 추진하여야 한다.

② 국가 및 지방자치단체는 제1항의 시책을 강구함에 있어 가족구성원의 특 성과 가정유형을 고려하여야 한다.

③ 국가 및 지방자치단체는 민주적인 가정형성, 가정친화적 환경조성, 양성평등 한 가족가치 실현 및 가사노동의 정당한 가치평가를 위하여 노력하여야 한다.

제6조(다른 법률과의 관계) 국가는 건강가정사업과 관련되는 다른 법률을 제정 또는 개정하는 경우에는 이 법에 부합되도록 하여야 한다.

제7조(가족가치) 가족구성원은 부양·자녀양육·가사노동 등 가정생활의 운영에 함께 참여하여야 하고 서로 존중하며 신뢰하여야 한다.

제8조(혼인과 출산) ① 모든 국민은 혼인과 출산의 사회적 중요성을 인식하여야 한다.

② 국가 및 지방자치단체는 출산과 육아에 대한 사회적 책임을 인식하고 모 성보호와 태아의 건강보장 등 적절한 출산환경을 조성하기 위하여 적극적으 로 지원하여야 한다.

제9조(가족해체 예방) ① 가족구성원 모두는 가족해체를 예방하기 위하여 노력하여

야 한다.

② 국가 및 지방자치단체는 가족해체를 예방하기 위하여 필요한 제도와 시책을 강구하여야 한다.

제10조(지역사회자원의 개발·활용) 국가 및 지방자치단체는 건강한 가정구현에 기여할 수 있도록 지역사회자원을 최대한 개발하고 활용하여야 한다.

제11조(정보제공) 국가 및 지방자치단체는 가족구성원에게 건강한 가정생활을 영위하는 데 도움이 되는 정보를 최대한 제공하고 가정생활에 관한 정보관리체계를 확립하여야 한다.

제12조(가정의 날) 가정의 중요성을 고취하고 건강가정을 위한 개인·가정·사회의 적극적인 참여분위기를 조성하기 위하여 매년 5월을 가정의 달로 하고, 5월 15일을 가정의 날로 한다.

제2장 건강가정정책

제13조(중앙건강가정정책위원회) ① 건강가정에 관한 주요 시책을 심의하기 위하여 국무총리소속하에 중앙건강가정정책위원회(이하 '중앙위원회'라 한다.)를 둔다.

② 중앙위원회는 다음 각 호의 사항을 심의한다.

　　1. 건강가정기본계획의 수립 및 시행에 관한 사항

　　2. 건강가정을 위한 중·장기 발전방향

　　3. 건강가정제도의 개선에 관한 사항

　　4. 건강가정정책의 평가

　　5. 건강가정 전담인력의 선발·관리에 관한 기본방안

　　6. 국가 및 지방자치단체의 역할 및 비용 분담

　　7. 그 밖에 중앙위원회 위원장이 부의하는 사항

③ 중앙위원회는 제2항의 심의사항을 검토·연구하기 위하여 중앙위원회에 건강가정실무기획단(이하 '실무기획단'이라 한다.)을 둔다.

④ 중앙위원회는 직무수행을 위하여 필요한 때에는 전문적인 지식과 경험이 있는 관계 공무원 또는 관계전문가를 참석하게 하여 의견을 듣거나 관계 기관·단체 등에 대하여 필요한 자료 또는 의견의 제출 등 필요한 협조를 요청할 수 있다.

⑤ 중앙위원회의 구성·조직 그 밖의 운영 및 실무기획단의 운영에 관하여 필요한 사항은 대통령령으로 정한다.

제14조(시·도 건강가정위원회) ① 건강가정에 관한 중요 사항을 심의하기 위하여 특별시·광역시·도(이하 '시·도'라 한다.)에 건강가정위원회(이하 '시·도 위원회'라 한다.)를 둔다.

② 시·도 위원회는 다음 각 호의 사항을 심의한다.

1. 건강가정에 관한 시행계획
2. 건강가정을 위한 재정지원
3. 건강가정과 관련된 사업
4. 그 밖에 시·도 위원회 위원장이 부의하는 사항

③ 시·도 위원회의 구성·조직 그 밖의 운영에 관하여 필요한 사항은 대통령령으로 정한다.

제15조(건강가정기본계획의 수립) ① 보건복지가족부장관은 관계 중앙행정기관의 장과 협의하고 중앙위원회의 심의를 거쳐 건강가정기본계획(이하 '기본계획'이라 한다.)을 5년마다 수립하여야 한다. <개정 2005.3.24, 2008.2.29>

② 기본계획에는 다음 각 호의 사항이 포함되어야 한다.

1. 가족기능의 강화 및 가정의 잠재력개발을 통한 가정의 자립 증진 대책
2. 사회통합과 문화계승을 위한 가족공동체문화의 조성
3. 다양한 가족의 욕구충족을 통한 건강가정 구현
4. 민주적인 가족관계와 양성평등적인 역할분담
5. 가정친화적인 사회환경의 조성
6. 가족의 양육·부양 등의 부담완화와 가족해체예방을 통한 사회비용 절감
7. 위기가족에 대한 긴급 지원책
8. 가족의 건강증진을 통한 건강사회 구현
9. 가족지원정책의 추진과 관련한 재정조달 방안

③ 기본계획은 국무회의의 심의를 거쳐 확정한다.

④ 보건복지가족부장관은 확정된 기본계획을 지체 없이 관계 중앙행정기관의 장 및 특별시장·광역시장·도지사(이하 '시·도지사'라 한다.)에게 통보하여야 한다. <개정 2005.3.24, 2008.2.29>

제16조(연도별 시행계획의 수립·시행 등) ① 보건복지가족부장관, 관계 중앙행정기관의 장 및 시·도지사는 매년 기본계획에 따라 건강가정시행계획(이하 '시행

계획'이라 한다.)을 수립·시행 및 평가하여야 한다. 이 경우 관계 중앙행정기관의 장 및 시·도지사는 그 시행계획 및 추진실적을 매년 보건복지가족부장관에게 제출하여야 한다. <개정 2005.3.24, 2008.2.29>

② 시행계획의 수립·추진 및 평가에 관하여 필요한 사항은 대통령령으로 정한다.

제17조(시·도별 시행계획의 조정 등) ① 보건복지가족부장관은 기본계획에 기초하여 시·도별 시행계획을 조정하고 그 이행상황을 점검하여야 한다. <개정 2005.3.24, 2008.2.29>

② 보건복지가족부장관은 시·도별 시행계획이 기본계획 및 중앙행정기관의 시행계획에 위배되는 경우에는 당해 시·도지사에게 이를 변경하도록 요구할 수 있다. <개정 2005.3.24, 2008.2.29>

제18조(계획수립의 협조) ① 보건복지가족부장관, 관계 중앙행정기관의 장 및 시·도지사는 기본계획 또는 시행계획의 수립·시행을 위하여 필요한 때에는 관계 공공기관·사회단체 그 밖의 민간기업체의 장에게 협조를 요청할 수 있다. <개정 2005.3.24, 2008.2.29>

② 제1항의 규정에 의하여 협조요청을 받은 자는 특별한 사유가 없는 한 이에 응하여야 한다.

제19조(교육·연구의 진흥) ① 국가 및 지방자치단체는 건강가정과 관련된 연구를 진흥하고 전문가를 양성하여야 한다.

② 국가 및 지방자치단체는 건강가정을 위한 교육프로그램을 지속적으로 개발·제공하여야 한다.

제20조(가족실태조사) ① 국가 및 지방자치단체는 개인과 가족의 생활실태를 파악하고, 건강가정 구현 및 가정문제 예방 등을 위한 서비스의 욕구와 수요를 파악하기 위하여 5년마다 가족실태조사를 실시하고 그 결과를 발표하여야 한다.

② 제1항의 규정에 의한 가족실태조사를 위하여 필요한 사항은 보건복지가족부령으로 정한다. <개정 2005.3.24, 2008.2.29>

제3장 건강가정사업

제21조(가정에 대한 지원) ① 국가 및 지방자치단체는 가정이 원활한 기능을 수행

하도록 지원하여야 한다.

② 제1항의 규정에 의하여 지원하여야 할 사항은 다음 각 호와 같다.

1. 가족구성원의 정신적·신체적 건강지원

2. 소득보장 등 경제생활의 안정

3. 안정된 주거생활

4. 태아검진 및 출산·양육의 지원

5. 직장과 가정의 양립

6. 음란물·유흥가·폭력 등 위해환경으로부터의 보호

7. 가정폭력으로부터의 보호

8. 가정친화적 사회분위기의 조성

9. 그 밖에 건강한 가정의 기능을 강화·지원할 수 있는 관련 사항

③ 국가 및 지방자치단체는 취업여성의 임신·출산·수유와 관련된 모성보호 및 부성보호를 위한 유급휴가시책이 확산되도록 노력하여야 한다.

④ 국가 및 지방자치단체는 한부모가족, 노인단독가정, 장애인가정, 미혼모가정, 공동생활가정, 자활공동체 등 사회적 보호를 필요로 하는 가정에 대하여 적극적으로 지원하여야 한다. <개정 2007.10.17>

⑤ 제2항 및 제4항의 규정에 의한 국가 및 지방자치단체의 지원에 관한 세부적 사항은 관계법률이 정하는 바에 의한다.

제22조(자녀양육지원의 강화) ① 국가 및 지방자치단체는 자녀를 양육하는 가정에 대하여 자녀양육으로 인한 부담을 완화하고 아동의 행복추구권을 보장하기 위한 보육 및 방과 후 서비스, 양성평등한 육아휴직제 활용을 적극적으로 확대하여 나아가야 한다.

② 국가 및 지방자치단체는 가사노동의 가치에 대한 사회적 인식을 제고하고 이를 관련 법·제도 및 가족정책에 반영하도록 노력하여야 한다.

제23조(가족단위 복지증진) ① 국가 및 지방자치단체는 사회보험·공공부조 등 사회보장제도의 운용과 관련하여 보험료의 산정·부과, 급여 등을 운용함에 있어서 가족을 지지하는 시책을 개발·추진하여야 한다.

② 국가 및 지방자치단체는 경제·사회, 교육·문화, 체육, 지역사회개발 등 각 분야의 제도·정책 및 사업을 수립·추진함에 있어 가족을 우대하는 방안을 강구하여야 한다.

제24조(가족의 건강증진) 국가 및 지방자치단체는 영·유아, 아동, 청소년, 중·장

년 등 생애주기에 따르는 가족구성원의 종합적인 건강증진대책을 마련하여야 한다.

제25조(가족부양의 지원) ① 국가 및 지방자치단체는 영·유아 혹은 노인 등 부양지원을 요하는 가족구성원이 있는 가정에 대하여 부양부담을 완화하기 위한 시책을 적극적으로 강구하여야 한다.

② 국가 및 지방자치단체는 질환이나 장애로 가족 내 수발을 요하는 가족구성원이 있는 가정을 적극 지원하며, 보호시설을 이용할 수 있도록 전문보호시설을 확대하여야 한다.

③ 국가 및 지방자치단체는 가족구성원 중 장기요양을 필요로 하는 질병이나 사고로 간병을 요할 경우 가족간호를 위한 휴가 등의 시책을 마련하여야 한다.

제26조(민주적이고 양성평등한 가족관계의 증진) ① 국가 및 지방자치단체는 부부 및 세대 간에 가족갈등이 있는 경우 이를 예방·상담하고, 민주적이고 양성평등한 가족관계를 증진시킬 수 있도록 가족지원서비스를 확대하고, 다양한 가족생활교육·부모교육·가족상담·평등가족홍보 등을 추진하여야 한다.

② 국가 및 지방자치단체는 가정폭력이 있는 가정의 경우 가정폭력피해자와 피해자 가족에 대한 개입에 있어 전문가의 체계적인 개입과 서비스가 이루어지도록 노력하여야 한다.

제27조(가족단위의 시민적 역할증진) ① 국가 및 지방자치단체는 가족의 결속력과 가족구성원의 발전을 위하여 가족이 시민으로서의 역할을 증진할 수 있는 기회와 서비스를 제공하여야 한다.

② 국가 및 지방자치단체는 가족단위의 자원봉사참여가 확대되도록 노력하여야 한다.

제28조(가정생활문화의 발전) ① 국가 및 지방자치단체는 건강가정의 생활문화를 고취하고 그에 대한 지원정책을 수립하여야 한다.

② 국가 및 지방자치단체가 지원하여야 하는 건강가정의 생활문화는 다음 각 호의 사항을 포함한다.

　　1. 가족여가문화
　　2. 양성평등한 가족문화
　　3. 가족단위 자원봉사활동
　　4. 건강한 의식주 생활문화

5. 합리적인 소비문화

6. 지역사회 공동체문화

7. 그 밖에 건강가정의 생활문화와 관련된 사항

제29조(가정의례) ① 개인과 가정은 건전한 가정의례를 확립하도록 노력하여야 한다.
② 국가 및 지방자치단체는 건전한 가정의례를 확립하기 위한 지원정책을 수립하여야 한다.

제30조(가정봉사원) ① 국가 및 지방자치단체는 건강한 가정을 유지하기 위하여 필요한 경우에는 가정을 방문하여 가사·육아·산후조리·간병 등을 돕는 가정봉사원(이하 '가정봉사원'이라 한다.)을 지원할 수 있다.
② 가정봉사원은 보건복지가족부령이 정하는 바에 따라 교육을 받아야 한다. <개정 2005.3.24, 2008.2.29>
③ 국가 및 지방자치단체는 가정봉사원에게 예산의 범위 안에서 일정금액을 지급할 수 있다.
④ 가정봉사원의 지원에 관하여 필요한 사항은 보건복지가족부령으로 정한다. <개정 2005.3.24, 2008.2.29>

제31조(이혼예방 및 이혼가정지원) ① 국가 및 지방자치단체는 이혼하고자 하는 부부가 이혼 전 상담을 받을 수 있게 하는 등 이혼조정을 내실화할 수 있도록 필요한 조치를 강구하여야 한다.
② 국가 및 지방자치단체는 이혼의 의사가 정해진 가족에 대하여 이들 가족이 자녀양육·재산·정서 등의 제반문제를 준비할 수 있도록 도움을 주는 지원서비스를 제공하도록 하여야 한다.
③ 국가 및 지방자치단체는 이혼한 가족에 대하여 양육비에 대한 집행력의 실효성을 강화하고 그 적용대상을 확대하도록 하여야 한다.

제32조(건강가정교육) ① 국가 및 지방자치단체는 건강가정교육을 실시하여야 한다.
② 제1항의 규정에 의한 교육내용에는 다음 각 호의 사항이 포함되어야 한다.
1. 결혼준비교육
2. 부모교육
3. 가족윤리교육
4. 가족가치실현 및 가정생활관련 교육 등
③ 제1항의 규정에 의한 건강가정교육에 관하여 필요한 사항은 보건복지가족부령으로 정한다. <개정 2005.3.24, 2008.2.29>

제33조(자원봉사활동의 지원) 국가 및 지방자치단체는 건강가정과 관련되는 자원봉사활동사업을 육성하고 장려하여야 한다.

제4장 건강가정전담조직 등

제34조(건강가정사업의 전담수행) 보건복지가족부, 시·도 및 시·군·구(자치구에 한한다. 이하 같다.)는 건강가정사업에 관한 업무를 전담하여 수행할 수 있도록 하여야 한다. <개정 2005.3.24, 2008.2.29>

제35조(건강가정지원센터의 설치) ① 국가 및 지방자치단체는 가정문제의 예방·상담 및 치료, 건강가정의 유지를 위한 프로그램의 개발, 가족문화운동의 전개, 가정 관련 정보 및 자료제공 등을 위하여 중앙, 시·도 및 시·군·구에 건강가정지원센터(이하 '센터'라 한다.)를 둔다.

② 센터에는 건강가정사업을 수행하기 위하여 관련 분야에 대한 학식과 경험을 가진 전문가(이하 '건강가정사'라 한다.)를 두어야 한다.

③ 건강가정사는 대학 또는 이와 동등 이상의 학교에서 사회복지학·가정학·여성학 등 보건복지가족부령이 정하는 관련 교과목을 이수하고 졸업한 자이어야 한다. <개정 2005.3.24, 2008.2.29>

④ 센터의 조직·운영 및 건강가정사의 자격·직무에 관하여 필요한 사항은 대통령령으로 정한다.

⑤ 센터의 운영은 보건복지가족부령이 정하는 바에 의하여 민간에 위탁할 수 있다. <개정 2005.3.24, 2008.2.29>

제5장 보칙

제36조(민간단체 등의 지원) 국가 및 지방자치단체는 건강가정사업을 수행하는 단체 또는 개인에 대하여 필요한 비용의 전부 또는 일부를 보조하거나 그 업무수행에 필요한 지원을 할 수 있다.

부칙 〈제7166호, 2004.2.9〉

이 법은 2005년 1월 1일부터 시행한다.

부칙(정부조직법) 〈제7413호, 2005.3.24〉

제1조(시행일) 이 법은 공포한 날부터 시행한다. 다만, 다음 각 호의 사항은 각 호의 구분에 의한 날부터 시행한다.

1. 제26조……부칙 제2조 내지 제4조의 규정은 이 법 공포 후 3월 이내에 제42조의 개정규정에 의한 여성가족부의 조직에 관한 대통령령이 시행되는 날

2. 생략

제2조 생략

제3조(다른 법률의 개정) ① 생략

② 건강가정기본법 일부를 다음과 같이 개정한다.

제15조 제1항·제4항, 제16조 제1항 전단·후단, 제17조 제1항·제2항 및 제18조 제1항 중 '보건복지부장관'을 각각 '여성가족부장관'으로 한다.

제20조 제2항, 제30조 제2항·제4항, 제32조 제3항, 제35조 제3항 및 동 조 제5항 중 '보건복지부령'을 각각 '여성가족부령'로 한다.

제34조 중 '보건복지부'를 '여성가족부'로 한다.

③ 내지 ⑭ 생략

제4조 생략

부칙(한부모가족지원법) 〈제8655호, 2007.10.17〉

제1조(시행일) 이 법은 공포 후 3개월이 경과한 날부터 시행한다. <단서 생략>

제2조부터 제5조까지 생략

제6조(다른 법률의 개정) ① 건강가정기본법 일부를 다음과 같이 개정한다.

제21조 제4항 중 '모·부자가정'을 '한부모가족'으로 한다.

②부터 ⑬까지 생략

제7조 생략

부칙(정부조직법) 〈제8852호, 2008.2.29〉

제1조(시행일) 이 법은 공포한 날부터 시행한다. 다만, ……<생략>…… 부칙 제
6조에 따라 개정되는 법률 중 이 법의 시행 전에 공포되었으나 시행일이 도
래하지 아니한 법률을 개정한 부분은 각각 해당 법률의 시행일부터 시행한다.
제2조부터 제5조까지 생략
제6조(다른 법률의 개정) ①부터 <538>까지 생략
<539> 건강가정기본법 일부를 다음과 같이 개정한다.
제15조 제1항·제4항, 제16조 제1항 전단 및 후단, 제17조 제1항·제2항,
제18조 제1항 중 '여성가족부장관'을 각각 '보건복지가족부장관'으로 한다.
제20조 제2항, 제30조 제2항·제4항, 제32조 제3항, 제35조 제3항·제5항
중 '여성가족부령'을 각각 '보건복지가족부령'으로 한다.
제34조 중 '여성가족부'를 '보건복지가족부'로 한다.
<540>부터 <760>까지 생략
제7조 생략

24. 한부모가족지원법

한부모가족지원법
[시행 2008.2.29][법률 제8852호, 2008.2.29, 타 법 개정]

제1장 총칙 〈개정 2007.10.17〉

제1조(목적) 이 법은 한부모가족이 건강하고 문화적인 생활을 영위할 수 있도록
함으로써 한부모가족의 생활안정과 복지증진에 이바지함을 목적으로 한다.
[전문개정 2007.10.17]

제2조(국가 등의 책임) ① 국가와 지방자치단체는 한부모가족의 복지를 증진할 책임을 진다.

② 모든 국민은 한부모가족의 복지증진에 협력하여야 한다.

[전문개정 2007.10.17]

제3조(자립을 위한 노력) 한부모가족의 모(母) 또는 부(夫)와 아동은 그가 가지고 있는 자산과 노동능력 등을 최대한으로 활용하여 자립과 생활 향상을 위하여 노력하여야 한다.

[전문개정 2007.10.17]

제4조(정의) 이 법에서 사용하는 용어의 뜻은 다음과 같다. <개정 2008.2.29>

1. '모' 또는 '부'란 다음 각 목의 어느 하나에 해당하는 자로서 아동인 자녀를 양육하는 자를 말한다.

   가. 배우자와 사별 또는 이혼하거나 배우자로부터 유기(遺棄)된 자

   나. 정신이나 신체의 장애로 장기간 노동능력을 상실한 배우자를 가진 자

   다. 미혼자[사실혼(事實婚) 관계에 있는 자는 제외한다.]

   라. 가목부터 다목까지에 규정된 자에 준하는 자로서 보건복지가족부령으로 정하는 자

2. '한부모가족'이란 모자가족 또는 부자가족을 말한다.

3. '모자가족'이란 모가 세대주[세대주가 아니더라도 세대원(世代員)을 사실상 부양하는 자를 포함한다.]인 가족을 말한다.

4. '부자가족'이란 부가 세대주[세대주가 아니더라도 세대원을 사실상 부양하는 자를 포함한다.]인 가족을 말한다.

5. '아동'이란 18세 미만(취학 중인 경우에는 22세 미만을 말한다.)의 자를 말한다.

6. '보호기관'이란 이 법에 따른 보호를 행하는 국가나 지방자치단체를 말한다.

7. '한부모가족복지단체'란 한부모가족의 복지증진을 목적으로 설립된 기관이나 단체를 말한다.

[전문개정 2007.10.17]

제5조(보호대상자의 범위) 이 법에 따른 보호대상자는 제4조 제1호부터 제5호까지의 규정에 해당하는 자로서 보건복지가족부령으로 정하는 자로 한다. <개정 2008.2.29>

[전문개정 2007.10.17]

제5조의 2(보호대상자의 범위에 대한 특례) ① 출산 후 해당 아동을 양육하지 아니하는 미혼모는 제5조에도 불구하고 제19조 제1항 제9호의 미혼모 공동생활가정을 이용할 때에는 이 법에 따른 보호대상자가 된다.

② 다음 각 호의 어느 하나에 해당하는 아동과 그 아동을 양육하는 조부 또는 조모로서 보건복지가족부령으로 정하는 자는 제5조에도 불구하고 이 법에 따른 보호대상자가 된다. <개정 2008.2.29>

　　1. 부모가 사망하거나 생사가 분명하지 아니한 아동

　　2. 부모가 정신 또는 신체의 장애·질병으로 장기간 노동능력을 상실한 아동

　　3. 부모의 장기복역 등으로 부양을 받을 수 없는 아동

　　4. 제1호부터 제3호까지에 규정된 자에 준하는 자로서 보건복지가족부령으로 정하는 아동

③ 국내에 체류하고 있는 외국인 중 대한민국 국민과 혼인하여 대한민국 국적의 아동을 양육하고 있는 사람으로서 대통령령으로 정하는 사람이 제5조에 해당하면 이 법에 따른 보호대상자가 된다.

[전문개정 2007.10.17]

제5조의 3 삭제 <2007.10.17>

제6조 삭제 <1998.12.30>

제7조(한부모가족복지상담소) ① 한부모가족복지에 관한 사항을 상담하거나 지도하기 위하여 특별시장·광역시장·도지사(이하 '시·도지사'라 한다.)와 시장·군수·구청장(자치구의 구청장을 말한다. 이하 같다.)은 관할 구역에 한부모가족복지상담소를 설치할 수 있다. 이 경우 시장·군수·구청장은 시·도지사의 승인을 받아야 한다.

② 한부모가족복지상담소의 조직과 운영 등에 필요한 사항은 대통령령으로 정한다.

[전문개정 2007.10.17]

제8조(한부모가족복지상담원) ① 특별시·광역시·도와 시·군·구(자치구를 말한다.) 및 제7조에 따른 한부모가족복지상담소에 한부모가족복지상담원을 둔다.

② 한부모가족복지상담원의 자격과 직무에 관하여 필요한 사항은 대통령령으로 정한다.

[전문개정 2007.10.17]

제9조(한부모가족복지단체의 육성) 국가나 지방자치단체는 한부모가족복지단체를

지원·육성할 수 있다.

[전문개정 2007.10.17]

제2장 복지의 내용과 실시 〈개정 2007.10.17〉

제10조(보호대상자의 조사·보고 등) ① 시장·군수·구청장은 매년 1회 이상 관할 구역의 보호대상자를 조사하여야 한다.

② 시장·군수·구청장은 제1항에 따라 보호대상자를 조사한 경우에는 조사 결과를 시·도지사에게 보고하여야 한다.

③ 시·도지사는 제2항에 따른 보고를 받으면 이를 보건복지가족부장관에게 보고하여야 한다. <개정 2008.2.29>

④ 보호기관은 보호대상자와 피보호자의 실태에 관한 대장(臺帳)을 작성·비치하여야 한다.

⑤ 제1항부터 제4항까지의 규정에 따른 조사·보고 및 대장에 필요한 사항은 보건복지가족부령으로 정한다. <개정 2008.2.29>

[전문개정 2007.10.17]

제11조(복지 급여의 신청) ① 보호대상자 또는 그 친족이나 그 밖의 이해관계인은 제12조에 따른 복지 급여를 관할 시장·군수·구청장에게 신청할 수 있다.

② 제1항에 따라 복지 급여를 신청하는 방법·절차 및 이해관계인의 범위 등에 필요한 사항은 보건복지가족부령으로 정한다. <개정 2008.2.29>

[전문개정 2007.10.17]

제12조(복지 급여의 내용) ① 국가나 지방자치단체는 제11조에 따른 복지 급여의 신청이 있으면 다음 각 호의 복지 급여를 실시할 수 있다. 다만, 이 법에 따른 보호대상자가 '국민기초생활보장법' 등 다른 법령에 따라 보호를 받고 있는 경우에는 그 범위에서 이 법에 따른 급여를 하지 아니한다.

　　1. 생계비

　　2. 아동교육지원비

　　3. 직업훈련비 및 훈련기간 중 생계비

　　4. 아동양육비

　　5. 그 밖에 대통령령으로 정하는 비용

② 제1항 제4호의 아동양육비를 지급할 때에 미혼모나 미혼부가 5세 이하의 아동을 양육하면 예산의 범위에서 추가적인 복지 급여를 실시할 수 있다. 이 경우 미혼모나 미혼부가 자녀를 양육하지 아니하고 미혼모나 미혼부의 직계존속이 양육하는 경우에도 추가적인 복지 급여를 실시할 수 있다.

③ 제1항에 따른 복지 급여는 보건복지가족부령으로 정하는 기간을 단위로 하여 실시한다. <개정 2008.2.29>

[전문개정 2007.10.17]

제13조(복지 자금의 대여) ① 국가나 지방자치단체는 한부모가족의 생활안정과 자립을 촉진하기 위하여 다음 각 호의 어느 하나의 자금을 대여할 수 있다.

1. 사업에 필요한 자금

2. 아동교육비

3. 의료비

4. 주택자금

5. 그 밖에 대통령령으로 정하는 한부모가족의 복지를 위하여 필요한 자금

② 제1항에 따른 대여 자금의 한도, 대여 방법 및 절차, 그 밖에 필요한 사항은 대통령령으로 정한다.

[전문개정 2007.10.17]

제14조(고용의 촉진) ① 국가 또는 지방자치단체는 한부모가족의 모 또는 부와 아동의 직업능력을 개발하기 위하여 능력 및 적성 등을 고려한 직업능력개발훈련을 실시하여야 한다.

② 국가 또는 지방자치단체는 한부모가족의 모 또는 부와 아동의 고용을 촉진하기 위하여 적합한 직업을 알선하고 각종 사업장에 모 또는 부와 아동이 우선 고용되도록 노력하여야 한다.

[전문개정 2007.10.17]

제14조의 2(고용지원 연계) ① 국가 및 지방자치단체는 한부모가족의 모 또는 부와 아동의 취업기회를 확대하기 위하여 한부모가족 관련 시설 및 기관과 '직업안정법' 제4조 제1호에 따른 직업안정기관 간 효율적인 연계를 도모하여야 한다.

② 노동부장관은 한부모가족의 모 또는 부와 아동을 위한 취업지원사업 등이 효율적으로 추진될 수 있도록 보건복지가족부장관과 긴밀히 협조하여야 한다. <개정 2008.2.29>

[본 조 신설 2007.10.17]

제15조(공공시설에 매점 및 시설 설치) 국가나 지방자치단체가 운영하는 공공시설의 장은 그 공공시설에 각종 매점 및 시설의 설치를 허가하는 경우 이를 한부모가족 또는 한부모가족복지단체에 우선적으로 허가할 수 있다.

[전문개정 2007.10.17]

제16조(시설 우선 이용) 국가나 지방자치단체는 한부모가족의 아동이 공공의 아동 편의시설과 그 밖의 공공시설을 우선적으로 이용할 수 있도록 노력하여야 한다.

[전문개정 2007.10.17]

제17조(가족지원서비스) 국가나 지방자치단체는 한부모가족에게 다음 각 호의 가족 지원서비스를 제공하도록 노력하여야 한다.

    1. 아동의 양육 및 교육 서비스

    2. 장애인, 노인, 만성질환자 등의 부양 서비스

    3. 취사, 청소, 세탁 등 가사 서비스

    4. 교육·상담 등 가족 관계 증진 서비스

    5. 그 밖에 대통령령으로 정하는 한부모가족에 대한 가족지원서비스

[전문개정 2007.10.17]

제18조(국민주택의 분양 및 임대) 국가나 지방자치단체는 '주택법'에서 정하는 바에 따라 국민주택을 분양하거나 임대할 때에는 한부모가족에게 일정 비율이 우선 분양될 수 있도록 노력하여야 한다.

[전문개정 2007.10.17]

제3장 한부모가족복지시설 〈개정 2007.10.17〉

제19조(한부모가족복지시설) ① 한부모가족복지시설은 다음 각 호의 시설로 한다.

    1. 모자보호시설: 생활이 어려운 모자가족을 일시적으로 또는 일정 기간 보호하여 생계를 지원하고 퇴소(退所) 후 자립 기반을 조성하도록 지원하는 것을 목적으로 하는 시설

    2. 모자자립시설: 자립이 어려운 모자가족에게 일정 기간 주택 편의만을 제공하는 것을 목적으로 하는 시설

3. 부자보호시설: 생활이 어려운 부자가족을 일시적으로 또는 일정 기간 보호하여 생계를 지원하고 퇴소 후 자립 기반을 조성하도록 지원하는 것을 목적으로 하는 시설

4. 부자자립시설: 자립이 어려운 부자가족에게 일정 기간 주택 편의만을 제공하는 것을 목적으로 하는 시설

5. 미혼모자시설: 미혼 여성의 임신·출산 시 안전 분만 및 심신의 건강 회복과 출산 후 아동의 양육 지원을 위하여 일정 기간 보호하는 것을 목적으로 하는 시설

6. 미혼모자 공동생활가정: 출산 후의 미혼모와 해당 아동으로 구성된 미혼모자가족이 일정 기간 공동으로 가정을 이루어 아동을 양육하고 보호할 수 있도록 지원하는 것을 목적으로 하는 시설

7. 모자 공동생활가정: 독립적인 가정생활이 어려운 모자가족이 일정 기간 공동으로 가정을 이루어 생활하면서 자립을 준비할 수 있도록 지원하는 것을 목적으로 하는 시설

8. 부자 공동생활가정: 독립적인 가정생활이 어려운 부자가족이 일정 기간 공동으로 가정을 이루어 생활하면서 자립을 준비할 수 있도록 지원하는 것을 목적으로 하는 시설

9. 미혼모 공동생활가정: 출산 후 해당 아동을 양육하지 아니하는 미혼모들이 일정 기간 공동으로 가정을 이루어 생활하면서 자립을 준비할 수 있도록 지원하는 것을 목적으로 하는 시설

10. 일시보호시설: 배우자(사실혼 관계에 있는 자를 포함한다.)가 있으나 배우자의 물리적·정신적 학대로 아동의 건전한 양육이나 모의 건강에 지장을 초래할 우려가 있을 경우 일시적으로 또는 일정기간 그 모와 아동 또는 모를 보호함을 목적으로 하는 시설

11. 여성복지관: 모자가족과 미혼여성에 대한 각종 상담을 실시하고 생활지도, 생업지도, 탁아 및 직업보도(職業輔導)를 행하는 등 모자가족과 미혼여성의 복지를 위한 편의를 종합적으로 제공하는 것을 목적으로 하는 시설

12. 한부모가족복지상담소: 한부모가족에 대한 조사, 지도, 시설 입소(入所) 등에 관한 상담 업무를 수행할 것을 목적으로 하는 시설

② 제1항 제1호부터 제10호까지의 규정에 따른 한부모가족복지시설에서의

보호 기간과 그 기간의 연장 등에 필요한 사항은 보건복지가족부령으로 정한다. <개정 2008.2.29>

[전문개정 2007.10.17]

제20조(한부모가족복지시설의 설치) ① 국가나 지방자치단체는 한부모가족복지시설을 설치할 수 있다.

② 국가나 지방자치단체 외의 자가 한부모가족복지시설을 설치·운영하려면 시장·군수·구청장에게 신고하여야 한다.

③ 한부모가족복지시설의 시설 기준과 설치 신고에 필요한 사항은 보건복지가족부령으로 정한다. <개정 2008.2.29>

[전문개정 2007.10.17]

제21조(폐지 또는 휴지) 제20조 제2항에 따라 한부모가족복지시설의 설치 신고를 한 자가 그 시설을 폐지하거나 그 시설의 운영을 일시적으로 중단하려면 보건복지가족부령으로 정하는 바에 따라 미리 시장·군수·구청장에게 신고하여야 한다. <개정 2008.2.29>

[전문개정 2007.10.17]

제22조(수탁 의무) 한부모가족복지시설을 설치·운영하는 자는 시·도지사 또는 시장·군수·구청장으로부터 한부모가족복지시설에 한부모가족을 입소 보호하도록 위탁받으면 정당한 사유 없이 이를 거부하지 못한다.

[전문개정 2007.10.17]

제23조(감독) ① 보건복지가족부장관, 시·도지사 또는 시장·군수·구청장은 한부모가족복지시설을 설치·운영하는 자에게 그 시설에 관하여 필요한 보고를 하게 하거나, 관계 공무원에게 시설의 운영 상황을 조사하게 하거나 장부 등 그 밖의 서류를 검사하게 할 수 있다. <개정 2008.2.29>

② 제1항에 따라 그 직무를 수행하는 관계 공무원은 그 권한을 표시하는 증표를 지니고 이를 관계인에게 내보여야 한다.

[전문개정 2007.10.17]

제24조(시설 폐쇄 등) 시장·군수·구청장은 한부모가족복지시설이 다음 각 호의 어느 하나에 해당하면 그 사업의 정지나 폐지를 명하거나 시설을 폐쇄할 수 있다.

1. 제20조 제3항의 시설 기준에 미달하게 된 경우
2. 제22조를 위반한 경우

3. 정당한 이유 없이 제23조 제1항에 따른 보고를 하지 아니하거나 거짓으로 한 경우 또는 조사·검사를 거부하거나 기피한 경우

[전문개정 2007.10.17]

제24조의 2(청문) 시장·군수·구청장은 제24조에 따라 사업의 폐지를 명하거나 시설을 폐쇄하려면 청문을 하여야 한다.

[전문개정 2007.10.17]

제4장 비용 〈개정 2007.10.17〉

제25조(비용의 보조) 국가나 지방자치단체는 대통령령으로 정하는 바에 따라 한부모가족복지사업에 드는 비용을 보조할 수 있다.

[전문개정 2007.10.17]

제25조의 2(부정수급자에 대한 비용의 징수) ① 거짓이나 그 밖의 부정한 방법으로 복지 급여를 받거나 타인으로 하여금 복지 급여를 받게 한 경우 복지 급여를 지급한 보호기관은 그 비용의 전부 또는 일부를 그 복지 급여를 받은 자 또는 복지 급여를 받게 한 자(이하 '부정수급자'라 한다.)로부터 징수할 수 있다.

② 제1항에 따라 징수할 금액은 부정수급자에게 통지하여 징수하고, 부정수급자가 이에 응하지 아니하는 경우 국세 또는 지방세 체납처분의 예에 따라 징수한다.

[본 조 신설 2007.10.17]

제26조(보조금 등의 반환명령) ① 국가나 지방자치단체는 한부모가족복지시설의 장이나 한부모가족복지단체의 장이 다음 각 호의 어느 하나에 해당하면 이미 내준 보조금의 전부 또는 일부의 반환을 명할 수 있다.

1. 보조금의 교부 조건을 위반한 경우
2. 거짓이나 그 밖의 부정한 방법으로 보조금을 받은 경우
3. 한부모가족복지시설을 경영하면서 개인의 영리를 도모하는 행위를 한 경우
4. 이 법 또는 이 법에 따른 명령을 위반한 경우

② 보호기관은 복지 급여의 변경 또는 복지 급여의 정지·중지에 따라 보호

대상자에게 이미 지급한 복지 급여 중 과잉지급분이 발생한 경우에는 즉시 보호대상자에 대하여 그 전부 또는 일부의 반환을 명하여야 한다. 다만, 이를 소비하였거나 그 밖에 보호대상자에게 부득이한 사유가 있는 경우에는 그 반환을 면제할 수 있다.

[전문개정 2007.10.17]

제5장 보칙 〈개정 2007.10.17〉

제27조(압류 금지) 이 법에 따라 지급된 금품과 이를 받을 권리는 압류하지 못한다.

[전문개정 2007.10.17]

제28조(심사 청구) ① 보호대상자 또는 그 친족이나 그 밖의 이해관계인은 이 법에 따른 복지 급여 등에 대하여 이의가 있으면 그 결정을 통지받은 날부터 90일 이내에 서면으로 해당 복지실시기관에 심사를 청구할 수 있다.

② 복지실시기관은 제1항의 심사 청구를 받으면 30일 이내에 이를 심사·결정하여 청구인에게 통보하여야 한다.

[전문개정 2007.10.17]

제29조(벌칙) ① 다음 각 호의 어느 하나에 해당하는 자는 1년 이하의 징역 또는 300만 원 이하의 벌금에 처한다.

　　1. 제20조 제2항에 따른 신고를 하지 아니하고 한부모가족복지시설을 설치한 자

　　2. 제24조에 따라 시설의 폐쇄, 사업의 정지 또는 폐지의 명령을 받고 사업을 계속한 자

② 거짓이나 그 밖의 부정한 방법으로 복지 급여를 받거나 타인으로 하여금 복지 급여를 받게 한 자는 1년 이하의 징역, 500만 원 이하의 벌금, 구류 또는 과료에 처한다.

③ 제22조를 위반한 자는 100만 원 이하의 벌금에 처한다.

[전문개정 2007.10.17]

제30조(양벌규정) ① 법인의 대표자, 대리인, 사용인, 그 밖의 종업원이 그 법인의 업무에 관하여 제29조의 위반행위를 하면 그 행위자를 벌할 뿐만 아니라 그 법인에도 해당 조문의 벌금형을 과(科)한다.

② 개인의 대리인, 사용인, 그 밖의 종업원이 그 개인의 업무에 관하여 제29조의 위반행위를 하면 그 행위자를 벌할 뿐만 아니라 그 개인에게도 해당 조문의 벌금형을 과한다.

[전문개정 2007.10.17]

제31조(권한의 위임) 보건복지가족부장관이나 시·도지사는 대통령령으로 정하는 바에 따라 이 법에 따른 권한의 일부를 시장·군수·구청장에게 위임할 수 있다. <개정 2008.2.29>

[전문개정 2007.10.17]

부칙 〈제4121호, 1989.4.1〉

① (시행일) 이 법은 1989년 7월 1일부터 시행한다.

② (모자보호시설 등에 관한 경과조치) 이 법 시행 당시 아동복지법에 의하여 설치된 모자보호시설은 이 법에 의하여 허가를 받아 설치된 모자복지시설로 본다.

부칙(사회복지사업법) 〈제5358호, 1997.8.22〉

제1조(시행일) 이 법은 1998년 7월 1일부터 시행한다. <단서 생략>

제2조 내지 제8조 생략

제9조(다른 법률의 개정 등) ① 및 ② 생략

③ 모자복지법 중 다음과 같이 개정한다.

제20조 제2항 중 '시·도지사의 허가를 받아'를 '시·도지사에게 신고하고'로 하고, 동 조 제3항 중 '설치허가에'를 '설치신고에'로 한다.

제24조의 제목 '허가의 취소 등'을 '시설폐쇄 등'으로 하고, 동 조 본문 중 '제20조 제2항의 규정에 의한 허가를 취소할 수 있다.'를 '시설을 폐쇄할 수 있다.'로 한다.

제29조 제1항 제1호 중 '허가를 받지'를 '신고를 하지'로 한다.

④ 내지 ⑧ 생략

부칙(행정절차법의 시행에 따른 공인회계사법 등의 정비에 관한 법률) 〈제5453호, 1997.12.13〉

제1조(시행일) 이 법은 1998년 1월 1일부터 시행한다. <단서 생략>
제2조(초지법 등의 개정에 따른 경과조치) ① 및 ② 생략
　　③ 이 법 시행일부터 1998년 6월 30일까지는 모자복지법 제24조의 2의 개정규정 중 '시설을 폐쇄'를 '허가를 취소'로 본다.
　　④ 내지 ⑧ 생략

부칙(정부부처명칭 등의 변경에 따른 건축법 등의 정비에 관한 법률) 〈제5454호, 1997.12.13〉

　　이 법은 1998년 1월 1일부터 시행한다. <단서 생략>

부칙 〈제5612호, 1998.12.30〉

제1조(시행일) 이 법은 공포 후 3개월이 경과한 날부터 시행한다.
제2조(여성복지관 등의 명칭변경에 따른 경과조치) 이 법 시행 당시 종전의 규정에 의하여 설치된 부녀복지관 및 부녀상담소는 제19조의 개정규정에 의한 여성복지관 및 모자가정상담소로 본다.
제3조(벌칙에 관한 경과조치) 이 법 시행 전의 행위에 대한 벌칙의 적용에 있어서는 종전의 규정에 의한다.

부칙(국민기초생활보장법) 〈제6024호, 1999.9.7〉

제1조(시행일) 이 법은 2000년 10월 1일부터 시행한다. <단서 생략>
제2조 생략
제3조(다른 법률의 개정) ① 내지 ③ 생략
　　④ 모자복지법 중 다음과 같이 개정한다.
　　제12조 중 '생활보호법 등'을 '국민기초생활보장법 등'으로 한다.
　　⑤ 내지 ⑩ 생략
　　제4조 내지 제13조 생략

부칙 〈제6801호, 2002.12.18〉

제1조(시행일) 이 법은 공포 후 6개월이 경과한 날부터 시행한다.

제2조(보호대상자의 범위 등에 대한 경과조치) 이 법 시행 당시 종전의 규정에 의한 보호대상인 모자가정 및 사회보장기본법에 의한 지원대상인 부자가정은 이 법에 의한 보호대상인 모·부자가정으로 본다.

제3조(모자복지상담소에 대한 경과조치) 이 법 시행 당시 종전의 규정에 의하여 설치된 모자복지상담소는 제7조의 개정규정에 의하여 설치된 모·부자복지상담소로 본다.

제4조(모자복지상담원에 대한 경과조치) 이 법 시행 당시 종전의 규정에 의한 모자복지상담원은 제8조의 개정규정에 의한 모·부자복지상담원으로 본다.

제5조(모자복지시설에 대한 경과조치) 이 법 시행 당시 종전의 규정에 의한 모자복지시설은 제20조의 개정규정에 의하여 설치된 모·부자복지시설로 본다.

제6조(행정처분 등에 관한 경과조치) 이 법 시행 전에 종전의 규정에 의한 보호기관의 처분 그 밖의 행위 또는 보호기관에 대하여 행한 신청 등의 행위는 이 법에 의한 보호기관의 처분 그 밖의 행위 또는 보호기관에 대한 신청 등의 행위로 본다.

제7조(다른 법률의 개정) ① 보호시설에 있는 미성년자의 후견직무에 관한 법률 중 다음과 같이 개정한다.

제2조 제1호 라목을 다음과 같이 한다.

라. 모·부자복지법 제19조 제1항 제5호의 규정에 의한 미혼모 시설

② 윤락행위 등 방지법 중 다음과 같이 개정한다.

제14조 제3항을 다음과 같이 한다.

③ 모·부자복지법 제7조의 규정에 의하여 설치된 모·부자복지상담소는 상담소의 업무를 수행할 수 있다.

제15조 제2항 제7호를 다음과 같이 한다.

7. 모·부자복지법 제8조의 규정에 의한 모·부자복지상담원의 업무

③ 사회복지사업법 중 다음과 같이 개정한다.

제2조 제1항 제5호를 다음과 같이 한다.

5. 모·부자복지법

④ 아동복지법 중 다음과 같이 개정한다.

제26조 제2항 제7호를 다음과 같이 한다.

7. 모·부자복지법 제8조 및 제19조의 규정에 의한 모·부자복지상담소의 상담원 및 모·부자복지시설의 종사자

⑤ 청소년의 성보호에 관한 법률 중 다음과 같이 개정한다.

제17조 제1항 중 '모자복지법 제7조의 규정에 의한 모자복지상담소'를 '모·부자복지법 제7조의 규정에 의한 모·부자복지상담소'로 한다.

⑥ 여성농어업인육성법 중 다음과 같이 개정한다.

제11조 제1호를 다음과 같이 한다.

1. 모·부자복지법 제4조 제2호의 규정에 의한 모·부자가정 중 농어업을 경영하는 모자가정에 대한 지원

부칙(정부조직법) 〈제7413호, 2005.3.24〉

제1조(시행일) 이 법은 공포한 날부터 시행한다. 다만, 다음 각 호의 사항은 각 호의 구분에 의한 날부터 시행한다.

1. 제26조……부칙 제2조 내지 제4조의 규정은 이 법 공포 후 3월 이내에 제42조의 개정규정에 의한 여성가족부의 조직에 관한 대통령령이 시행되는 날

2. 생략

제2조 생략

제3조(다른 법률의 개정) ① 내지 ④ 생략

⑤ 모·부자복지법 일부를 다음과 같이 개정한다.

제4조 제1호 라목 중 '보건복지부령'을 '여성가족부령'으로 한다.

제5조, 제10조 제5항, 제11조 제2항, 제12조 제2항, 제19조 제2항, 제20조 제3항 및 제21조 중 '보건복지부령'을 각각 '여성가족부령'으로 한다.

제10조 제3항, 제23조 제1항 및 제31조 중 '보건복지부장관'을 각각 '여성가족부장관'으로 한다.

⑥ 내지 ⑭ 생략

제4조 생략

부칙 〈제8119호, 2006.12.28〉

① (시행일) 이 법은 공포 후 3개월이 경과한 날부터 시행한다. 다만, 제5조

의 2의 개정규정은 2007년 1월 1일부터 시행한다.

② (미혼모시설에 관한 경과조치) 이 법 시행 당시 종전의 규정에 따라 설치·운영 중인 미혼모시설은 제19조 제1항 제5호의 개정규정에 따른 미혼모자시설로 본다. 다만, 이 법 시행일부터 1년 이내에 제20조 제3항의 규정에 따른 시설기준을 갖추어야 한다.

③ (미혼모자 공동생활가정의 신고에 관한 경과조치) 이 법 시행 당시 미혼모자 공동생활가정을 설치·운영하고 있는 자는 이 법 시행일부터 3개월 이내에 제20조 제3항의 규정에 따른 시설기준을 갖추어 시장·군수·구청장에게 신고하여야 한다.

④ (다른 법률의 개정) 보호시설에 있는 미성년자의 후견직무에 관한 법률 일부를 다음과 같이 개정한다.

제2조 제1호 라목 중 '19조 제1항 제5호의 규정에 의한 미혼모 시설'을 '제19조 제1항 제5호·제6호 및 제8호의 규정에 따른 미혼모자시설·미혼모자 공동생활가정 및 미혼모 공동생활가정'으로 한다.

부칙 〈제8655호, 2007.10.17〉

제1조(시행일) 이 법은 공포 후 3개월이 경과한 날부터 시행한다. 다만, 부칙 제6조 제12항의 개정규정은 2008년 2월 4일부터 시행한다.

제2조(보호대상자에 대한 경과조치) 이 법 시행 당시 종전의 '모·부자복지법'에 따라 보호대상자가 된 자는 이 법에 따라 보호대상자가 된 자로 본다.

제3조(모·부자복지상담원에 대한 경과조치) 이 법 시행 당시 종전의 '모·부자복지법'에 따라 임용된 모·부자복지상담원은 이 법에 따라 임용된 한부모가족복지상담원으로 본다.

제4조(모·부자복지상담소 및 모·부자복지시설에 관한 경과조치) 이 법 시행 당시 종전의 '모·부자복지법'에 따라 설치된 모·부자복지상담소 및 모·부자복지시설은 각각 이 법에 따라 설치된 한부모가족복지상담소 및 한부모가족복지시설로 본다.

제5조(모·부자복지단체에 관한 경과조치) 이 법 시행 당시 종전의 '모·부자복지법'에 따른 모·부자복지단체는 이 법에 따른 한부모가족복지단체로 본다.

제6조(다른 법률의 개정) ① 건강가정기본법 일부를 다음과 같이 개정한다.

제21조 제4항 중 '모·부자가정'을 '한부모가족'으로 한다.

② 농어촌주민의 보건복지증진을 위한 특별법 일부를 다음과 같이 개정한다.

제26조의 제목 중 '모·부자가정'을 '한부모가족'으로 하고, 같은 조 중 '모·부자가정'을 '한부모가족'으로, '모·부자복지법'을 '한부모가족지원법'으로 한다.

③ 보호시설에 있는 미성년자의 후견직무에 관한 법률 일부를 다음과 같이 개정한다.

제2조 제1호 라목 중 '모·부자복지법'을 '한부모가족지원법'으로, '제8호'를 '제9호'로 한다.

④ 복권 및 복권기금법 일부를 다음과 같이 개정한다.

제30조 제3호 중 '모·부자복지법'을 '한부모가족지원법'으로, '모·부자가정'을 '한부모가족'으로 한다.

⑤ 사회복지사업법 일부를 다음과 같이 개정한다.

제2조 제1호 마목을 다음과 같이 한다.

마. '한부모가족지원법'

⑥ 아동복지법 일부를 다음과 같이 개정한다.

제26조 제2항 제10호 중 '모·부자복지법'을 '한부모가족지원법'으로, '모·부자복지상담소'를 '한부모가족복지상담소'로, '모·부자복지시설'을 '한부모가족복지시설'로 한다.

⑦ 여성농어업인 육성법 일부를 다음과 같이 개정한다.

제11조 제1호를 다음과 같이 한다.

1. '한부모가족지원법' 제4조 제3호에 따른 모자가족 중 농어업을 경영하는 모자가족에 대한 지원

⑧ 여성발전기본법 일부를 다음과 같이 개정한다.

제22조 제2항 중 '모자가정'을 '모자가족'으로 한다.

제24조 제2항 중 '편부모가정'을 '한부모가족'으로 한다.

⑨ 영유아보육법 일부를 다음과 같이 개정한다.

제28조 제1항 제2호 중 '모·부자복지법'을 '한부모가족지원법'으로 한다.

⑩ 제주특별자치도 설치 및 국제자유도시 조성을 위한 특별법 일부를 다음과 같이 개정한다.

제337조의 제목 중 '모·부자복지'를 '한부모가족복지'로 하고, 같은 조 중 '모·부자복지법'을 '한부모가족지원법'으로 한다.

⑪ 청소년의 성보호에 관한 법률 일부를 다음과 같이 개정한다.

제17조 제1항 중 '모·부자복지법'을 '한부모가족지원법'으로, '모·부자복지상담소'를 '한부모가족복지상담소'로 한다.

⑫ 법률 제8634호 청소년의 성보호에 관한 법률 전부개정법률 일부를 다음과 같이 개정한다.

제21조 제2항 제9호 중 '모·부자복지법'을 '한부모가족지원법'으로, '모·부자복지상담소'를 '한부모가족복지상담소'로, '모·부자복지시설'을 '한가족복지시설'로 한다.

제30조 제1항 중 '모·부자복지법'을 '한부모가족지원법'으로, '모·부자복지상담소'를 '한부모가족복지상담소'로 한다.

⑬ 학교급식법 일부를 다음과 같이 개정한다.

제9조 제2항 제1호 중 '모·부자복지법'을 '한부모가족지원법'으로 한다.

제7조(다른 법률과의 관계) 이 법 시행 당시 다른 법률에서 종전의 '모·부자복지법'을 인용하고 있는 경우 이 법 중 그에 해당하는 규정이 있는 때에는 종전의 규정에 갈음하여 이 법의 해당 규정을 인용한 것으로 본다.

부칙(정부조직법) 〈제8852호, 2008.2.29〉

제1조(시행일) 이 법은 공포한 날부터 시행한다. 다만, ……<생략>……, 부칙 제6조에 따라 개정되는 법률 중 이 법의 시행 전에 공포되었으나 시행일이 도래하지 아니한 법률을 개정한 부분은 각각 해당 법률의 시행일부터 시행한다.

제2조부터 제5조까지 생략

제6조(다른 법률의 개정) ①부터 <543>까지 생략

<544> 한부모가족지원법 일부를 다음과 같이 개정한다.

제4조 제1호 라목, 제5조, 제5조의 2 제2항 각 호 외의 부분 및 같은 항 제4호, 제10조 제5항, 제11조 제2항, 제12조 제3항, 제19조 제2항, 제20조 제3항, 제21조 중 '여성가족부령'을 각각 '보건복지가족부령'으로 한다.

제10조 제3항, 제14조의 2 제2항, 제23조 제1항, 제31조 중 '여성가족부장관'을 각각 '보건복지가족부장관'으로 한다.

<545>부터 <760>까지 생략

제7조 생략

25. 다문화가족지원법

다문화가족지원법
[시행 2008.9.22][법률 제8937호, 2008.3.21, 제정]

제1조(목적) 이 법은 다문화가족 구성원이 안정적인 가족생활을 영위할 수 있도록 함으로써 이들의 삶의 질 향상과 사회통합에 이바지함을 목적으로 한다.

제2조(정의) 이 법에서 사용하는 용어의 뜻은 다음과 같다.

1. '다문화가족'이란 다음 각 목의 어느 하나에 해당하는 가족을 말한다.

   가. '재한외국인 처우 기본법' 제2조 제3호의 결혼이민자와 '국적법' 제2조에 따라 출생 시부터 대한민국 국적을 취득한 자로 이루어진 가족

   나. '국적법' 제4조에 따라 귀화허가를 받은 자와 같은 법 제2조에 따라 출생 시부터 대한민국 국적을 취득한 자로 이루어진 가족

2. '결혼이민자 등'이란 다문화가족의 구성원으로서 다음 각 목의 어느 하나에 해당하는 자를 말한다.

   가. '재한외국인 처우 기본법' 제2조 제3호의 결혼이민자

   나. '국적법' 제4조에 따라 귀화허가를 받은 자

제3조(국가와 지방자치단체의 책무) ① 국가와 지방자치단체는 다문화가족 구성원이 안정적인 가족생활을 영위할 수 있도록 필요한 제도와 여건을 조성하고 이를 위한 시책을 수립·시행하여야 한다.

② 국가와 지방자치단체는 이 법에 따른 시책 중 외국인정책 관련 사항에 대해서는 '재한외국인 처우 기본법' 제5조부터 제9조까지의 규정에 따른다.

제4조(실태조사 등) ① 보건복지가족부장관은 다문화가족의 현황 및 실태를 파악하고 다문화가족 지원을 위한 정책수립에 활용하기 위하여 3년마다 다문화가족에 대한 실태조사를 실시하고 그 결과를 공표하여야 한다.

② 보건복지가족부장관은 제1항에 따른 실태조사를 위하여 관계 공공기관 또는 관련 법인·단체에 대하여 필요한 자료의 제출 등 협조를 요청할 수 있다. 이 경우 자료의 제출 등 협조를 요청받은 관계 공공기관 또는 관련 법

인·단체 등은 특별한 사유가 없는 한 이에 협조하여야 한다.

③ 보건복지가족부장관은 제1항에 따른 실태조사를 실시함에 있어서 외국인 정책 관련 사항에 대해서는 법무부장관과의 협의를 거쳐 실시한다.

④ 제1항에 따른 실태조사의 대상 및 방법 등에 필요한 사항은 보건복지가족부령으로 정한다.

제5조(다문화가족에 대한 이해증진) 국가와 지방자치단체는 다문화가족에 대한 사회적 차별 및 편견을 예방하고 사회구성원이 문화적 다양성을 인정하고 존중할 수 있도록 다문화 이해교육과 홍보 등 필요한 조치를 하여야 한다.

제6조(생활정보 제공 및 교육 지원) ① 국가와 지방자치단체는 결혼이민자 등이 대한민국에서 생활하는 데 필요한 기본적 정보를 제공하고, 사회적응교육과 직업교육·훈련 등을 받을 수 있도록 필요한 지원을 할 수 있다.

② 제1항에 따른 정보제공 및 교육에 필요한 사항은 대통령령으로 정한다.

제7조(평등한 가족관계의 유지를 위한 조치) 국가와 지방자치단체는 다문화가족이 민주적이고 양성평등한 가족관계를 누릴 수 있도록 가족상담, 부부교육, 부모교육, 가족생활교육 등을 추진하여야 한다. 이 경우 문화의 차이 등을 고려한 전문적인 서비스가 제공될 수 있도록 노력하여야 한다.

제8조(가정폭력 피해자에 대한 보호·지원) ① 국가와 지방자치단체는 다문화가족 내 가정폭력을 방지하기 위하여 노력하여야 한다.

② 국가와 지방자치단체는 가정폭력의 피해를 입은 결혼이민자 등에 대한 보호 및 지원을 위하여 외국어 통역 서비스를 갖춘 가정폭력 상담소 및 보호시설의 설치를 확대하도록 노력하여야 한다.

③ 국가와 지방자치단체는 결혼이민자 등이 가정폭력으로 혼인관계를 종료하는 경우 의사소통의 어려움과 법률체계 등에 관한 정보의 부족 등으로 불리한 입장에 놓이지 아니하도록 의견진술 및 사실 확인 등에 있어서 언어통역, 법률상담 및 행정지원 등 필요한 서비스를 제공할 수 있다.

제9조(산전·산후 건강관리 지원) 국가와 지방자치단체는 결혼이민자 등이 건강하고 안전하게 임신·출산할 수 있도록 영양·건강에 대한 교육, 산전·산후 도우미 파견, 건강 검진과 그 검진 시 통역 등 필요한 서비스를 지원할 수 있다.

제10조(아동 보육·교육) ① 국가와 지방자치단체는 아동 보육·교육을 실시함에 있어서 다문화가족 구성원인 아동을 차별하여서는 아니 된다.

② 국가와 지방자치단체는 다문화가족 구성원인 아동이 학교생활에 신속히

적응할 수 있도록 교육지원대책을 마련하여야 하고, 특별시·광역시·도·특별자치도의 교육감은 다문화가족 구성원인 아동에 대하여 학과 외 또는 방과 후 교육 프로그램 등을 지원할 수 있다.

③ 국가와 지방자치단체는 다문화가족 구성원인 아동의 초등학교 취학 전 보육 및 교육 지원을 위하여 노력하고, 그 아동의 언어발달을 위하여 한국어 교육을 위한 교재지원 및 학습지원 등 언어능력 제고를 위하여 필요한 지원을 할 수 있다.

제11조(다국어에 의한 서비스 제공) 국가와 지방자치단체는 제5조부터 제10조까지의 규정에 따른 지원정책을 추진함에 있어서 결혼이민자 등의 의사소통의 어려움을 해소하고 서비스 접근성을 제고하기 위하여 다국어에 의한 서비스 제공이 이루어지도록 노력하여야 한다.

제12조(다문화가족지원센터의 지정 등) ① 보건복지가족부장관은 다문화가족 지원 정책의 시행을 위하여 필요한 경우에는 다문화가족 지원에 필요한 전문인력과 시설을 갖춘 법인이나 단체를 다문화가족지원센터(이하 '지원센터'라 한다.)로 지정할 수 있다.

② 지원센터는 다음 각 호의 업무를 수행한다.

  1. 다문화가족을 위한 교육·상담 등 지원사업의 실시
  2. 다문화가족 지원서비스 정보제공 및 홍보
  3. 다문화가족 지원 관련 기관·단체와의 서비스 연계
  4. 그 밖에 다문화가족 지원을 위하여 필요한 사업

③ 지원센터에는 다문화가족에 대한 교육·상담 등의 업무를 수행하기 위하여 관련 분야에 대한 학식과 경험을 가진 전문인력을 두어야 한다.

④ 국가와 지방자치단체는 제1항에 따라 지정한 지원센터에 대하여 예산의 범위에서 제2항 각 호의 업무를 수행하는 데에 필요한 비용의 전부 또는 일부를 보조할 수 있다.

⑤ 지원센터의 지정기준, 지정기간, 지정절차 등에 필요한 사항은 대통령령으로, 제3항에 따른 전문인력의 기준 등에 필요한 사항은 보건복지가족부령으로 각각 정한다.

제13조(다문화가족 지원업무 관련 공무원의 교육) 국가와 지방자치단체는 다문화가족 지원 관련 업무에 종사하는 공무원의 다문화가족에 대한 이해증진과 전문성 향상을 위하여 교육을 실시할 수 있다.

제14조(사실혼 배우자 및 자녀의 처우) 제5조부터 제12조까지의 규정은 대한민국 국민과 사실혼 관계에서 출생한 자녀를 양육하고 있는 다문화가족 구성원에 대하여 준용한다.

제15조(권한의 위임과 위탁) ① 보건복지가족부장관은 이 법에 따른 권한의 일부를 대통령령으로 정하는 바에 따라 특별시장, 광역시장, 도지사, 특별자치도지사(이하 '시·도지사'라 한다.) 또는 시장·군수·구청장(자치구의 구청장을 말한다.)에게 위임할 수 있다.

② 국가와 지방자치단체는 이 법에 따른 업무의 일부를 대통령령으로 정하는 바에 따라 비영리법인이나 단체에 위탁할 수 있다.

제16조(민간단체 등의 지원) ① 국가와 지방자치단체는 다문화가족 지원사업을 수행하는 단체나 개인에 대하여 필요한 비용의 전부 또는 일부를 보조하거나 그 업무수행에 필요한 행정적 지원을 할 수 있다.

② 국가와 지방자치단체는 결혼이민자 등이 상부상조하기 위한 단체의 구성·운영 등을 지원할 수 있다.

부칙 〈제8937호, 2008.3.21〉

① (시행일) 이 법은 공포 후 6개월이 경과한 날부터 시행한다.
② (결혼이민자가족지원센터에 관한 경과조치) 이 법 시행 당시 보건복지가족부장관, 시·도지사 또는 시장·군수·구청장이 지정·운영 중인 결혼이민자가족지원센터는 이 법에 따라 지정된 다문화가족지원센터로 본다.

Ⅲ

사회복지법제의 바람직한 개선방안

사회복지법은 가소성, 즉 합목적성이 있어야 한다. 목적과 수단이 정당화되어야 함은 물론이고, 효과성과 능률성도 존재하여야 하며, 현실 적응적인 실효성이 있어야 한다. 유토피아적이거나 허무맹랑하게 법제가 만들어져서도 안 된다. 이를 시설 면에서 종합해서 다시 말하면 사회복지시설은 아동·노인·장애인 등 스스로 정상적인 사회생활을 하기 어려운 사람들에 대하여 보호·치료·자립지원 등의 서비스를 제공할 것을 목적으로, 이들에게 통원·수용 기타의 방법으로 편의를 제공하기 위해 마련된 장소·설비·건조물 등을 말하는데, 그 설립 및 운영주체에 따라 공립공영시설, 공립민영시설, 사립공영시설, 사립민영시설로 분류되며, 우리나라 부랑인시설은 대부분 공립민영시설이고, 그 밖의 우리나라 대부분의 시설은 사립민영시설에 속한다. 또한 사회복지시설은 시설이용방법에 따라 수용해서 24시간 보호하는 시설인 수용시설과 통원하게 하여 서비스를 제공하는 이용시설로 나누기도 하며, 요금의 징수 여부에 따라서 이용자 또는 그 부양의무자로부터 전적으로 요금을 징수하여 운영하는 시설인 유료시설과 이용자로부터 요금을 전혀 징수하지 않거나 실비만 징수하는 무료시설로 나누기도 한다. 복지를 운영할 때 인구도 중요한 역할을 한다. 1960년대 이후 아동인구는 계속 줄어들어 1980년도 아동인구는 전체 인구의 41%인 1,562만 1천 명이었으나, 1997년도에는 27.7%인 1,276만 1천 명으로 되었고, 2020년에는 21%인 1,098만 명으로 감소될 것으로 전망된다. 지역사회 내에서 발생하는 아동문제에 대해 1차적 상담을 행하는 아동상담소가 더 많아져야 하며, 이를 국가가 체계적으로 관리하여야 할 것이다. 그리고 공원 등 다중이용장소에서 매년 많은 미아가 발생하고 있는데 '어린이 찾아 주기 종합센터'를 1986년부터 사회복지법인

한국복지재단에 설치·운영하고 있는 실정이다. 그리고 국내입양사업은 요보호 아동에 대한 최선의 보호시책이이다. 그리고 국가에서는 아동복지시설의 활용으로 사회복지의 구체적인 실행을 하고 있다. 아동복지시설은 1997년부터는 시설아동에 대해 이·미용비를 지원하고, 종사자의 교통수당 등을 인상하고, 법인에 대해서는 법인자부담을 줄여 주고 있다. 아동복지 이후에 노인복지에서는 65세 이상 노인의 과반수가 열악한 생활을 하고 있고 노후준비가 되어 있지 않은 노인의 비율이 날로 늘어나고 있는 실정이다. 노인들은 대부분 노인성 질환을 가지고 있고 노인병의 특성상 장기간 진료를 필요로 하고 있다. 정부는 1983년도부터 생활보호대상노인을 대상으로 무료노인건강진단을 실시하고 있다. 앞으로 검진수가를 연차적으로 인상하고 검진대상항목도 더욱 확대해야 할 것이다.

부양가족이 없는 노인이 증가하고 있고, 특히 전체 노인의 35%가 제3자의 도움이 없이는 일상생활이 곤란하지만 재가노인복지사업기관 및 전문종사자는 크게 부족하다. 또한 종사자 확보도 어렵고, 자원봉사자도 중증노인은 기피하고 있는 실정이다. 노인에게 식사시중, 목욕·용변 수발, 병원안내 등 생활편의를 제공하는 가정봉사원파견시설이 계속 늘어나야 할 것이다. 그리고 노인의 사회참여를 위해 그 전직경험을 살려 지역봉사지원 등을 위촉하는 제도를 1997년에 도입하였는데, 우리나라는 자원봉사 참여율이 저조한 실정이다. 전반적으로 살기 좋은 사회를 만들기 위해서 의료보험이 중요한 역할을 하기도 한다. 의료보험은 1977년에 도입되어 12년 만인 1989년 전 국민을 대상으로 확대 실시되어 국민의 생활 속에 중요한 사회보장제도로 자리 잡고 있으나, 보험료의 미납계층이 의료혜택의 적용에서 제외되는 문제가 발생하고 있고, 총진료비의 50%를 환자 본인이 부담함으로써 저소득층의 의료접근성 및 의료비 부담의 위험분산에 한계를 노출하고 있는 실정이다.

사회복지법은 끊임없이 변화한다. 그리고 진화한다. 왜냐하면 문명이 발달하고, 인간의 삶이 다양하게 다원화되기 때문이다. 비근한 예로, 예전에는 다문화 가정이라는 것이 존재했어도 복지적인 측면에서 다루어지지 않았었다. 그러나 현재는 복지적인 측면에서 다문화 가정을 바라보고 그들을 위한 복지 프로그램이 운영되고 있다. 이처럼 시대가 변하면서 다양하게 생성되기도 하며, 소멸되기도 하는 것이 복지법제이다. 복지법제는 한마디로 움직이는 것이다. 다만 근본적인 마인드는 인간을 위한 인간존중의 법적 규칙과 규율로 움직이는 것이다. 여러 변화에 있어서 타당성을 그만큼 따지게 되는 것이다. 인간의 보다 나은 삶을 위한 운동이며, 법이라고 할 수 있다. 인간다운 생활보장, 인간다운 생활 영위가 주 테마인 것이다. 사회복지법제에 있어서 바람직한 개선방향은 정치적인 논리로 법제도를 만들어서도 안 되며, 경제적인 목적으로 사회복지법제도를 만들어서도 안 된다는 것이다. 순수하게 인간을 위한 목적으로 국가가 움직여 주고, 법이 움직여 주며, 약자를 보호하는 입장에서 법이 활성화되어야 할 것이다.

형식적이거나, 이율배반적인 법제도는 과감히 삭제 또는 변화를 시켜야 한다. 너와 내가 잘사는 그런 법제도, 상생하며, 공동체적인 더불어 잘사는 사회가 도래하도록 만드는 것이 법제도이어야 한다는 것이다.

참고문헌

강민外, 『국가와 공공정책』, 서울: 법문사, 1993.

김동현 外編, 『행정학사전』, 서울: 고시원, 1993.

김번웅 外, 『현대한국행정론』, 서울: 박영사, 1991.

김영식, 『행정학』, 서울: 대명출판사, 1994.

김영평 編, 『행정개혁의 신화와 논리』, 서울: 나남출판, 1994.

박동서, 『한국정부론』, 서울: 법문사, 1991.

박동서 外, 『발전행정론』, 서울: 법문사, 1992.

서울대학교 행정대학원 編, 『행정조직개혁』, 서울: 장원출판사, 1993.

성균관대학교 사회과학연구소 編, 『행정학개론』, 서울: 대영문화사, 1990.

안병만, 『한국정부론』, 서울: 다산출판사, 1994.

유봉영, 『한국지방자치의 발전정책론』, 서울: 녹원출판사, 1991.

윤재풍 譯, 『관료제와 민주주의』, 서울: 대영문화사, 1991.

21세기위원회, 『2020년의 한국과 세계』, 서울: 동아일보사, 1992.

정세욱, 『지방행정론』, 서울: 법문사, 1993.

최병선, 『정부규제론』, 서울: 법문사, 1994.

한원택, 『도시.지방행정론』, 서울: 법문사, 1993.

한만봉, 『행정복지론』, 서울: 한국학술정보(주), 2007.

한만봉, 『행정정책기획론』, 서울: 한국학술정보(주), 2007.

한만봉, 『인사행정론』, 서울: 한국학술정보(주), 2007.

한만봉, 『교육정책학』, 서울: 한국학술정보(주), 2007.

한만봉, 『사회복지행정론』, 서울: 한국학술정보(주), 2008.

한만봉, 『행정학』, 서울: 한국학술정보(주), 2008.

한만봉, 『멘토』, 서울: 한국학술정보(주), 2008.

한만봉, 『사회복지정책론』, 서울: 한국학술정보(주), 2009.

법제처 법령집 http://www.moleg.go.kr/

▌약력

1994. U. S. A. Midwest University(M. Div)
2002. 고려대학교(교육정책학 석사 – 수석장학생)
2005. 성균관대학교 대학원 박사 Cand(교육행정학 전공)

1991. 한국세무신문사 전문취재부 기자
1995. 한국어린이선교원신학교 캠퍼스 분교장
2002. 고려교육정책학회 상임회장(학진 학회검색 가능)
2002. 몬테소리학회 상임회장(학진 학회검색 가능)
2002. 고구려대학교 설립추진위원회 법인이사
2003. 한주신학 학술원 설립이사(신학원 교수)
2003. U. S. A. Glenford University 교육학과 교수 역임
2004. U. S. A. Cohen University 정책학과 외래교수
2004. 한국복지상담학술재단 이사 겸 홍보처장
2005. U. S. A. Holy People University Campus 유학담당 지도교수
2005. PHILIPPINE PRESBYTERIAN THEOLOGICAL COLLEGE 객원교수
2005. 대통령 직속기관 사법개혁추진위원회 모의재판 배우활동(광주법원, 서울 공연)
2005. 혜전대학 adjunct professor 역임
2006. 고위직 직무교육 콘텐츠 연기자 활동(기아, 현대, 대우 자동차)
2006. 장애인복지시설, 행복한 재단 이사 활동
2008. 혜전대학 초빙교수
2008. 지방분권신문사 사장(대표이사)
2008. 중부권발전연구소 소장

▌주요논문 및 저서

• 주요논문 •

우리나라의 복지행정제도에 관한 고찰 연구(1988)
Kal Barth의 신관 연구(1988)
한국 민중문화와 민중 신학 연구(1992)
Rein hold Niebuhr & Marx에 대한 상관관계 연구(1993)
A CHRONOLOGICAL HARMONY OF THE RESURRECTION
　　APPEARANCES OF JESUS THE MESSIAH(1994)
북한종교의 변화 전망 연구(2002)
교육위원회와 지방의회간의 갈등 현상에 관한 연구(2001)
조선조 과거시험 방식의 정책적 분석(공동, 2005)
조선의 과거제도에 대한 정책적 연구(공동, 2005)
조선왕조 과거제도 인사정책 연구(공동, 2005)
조선왕조 과거시험주기 정책적 주장 분석연구(공동, 2005)
조선왕조 과거제도가 현대 정책에 주는 의미(공동, 2005)
과거제도 시험주기의 정책 분석연구(공동, 2005)
북한 종교지형 변천 정책 분석연구(공동, 2005)

• 주요저서 •

1. 『대학생활영어』(공저)
2. 『행정경제교육』(저술)
3. 『행정정책기획론』(저술)
4. 『의원학』(저술)
5. 『국회의원학』(저술)
6. 『교육정책학 상』(저술)
7. 『교육정책학 하』(저술)
8. 『산학협동교육학』(저술)
9. 『현대교육학실기론』(저술)
10. 『현대환경행정론』(공저)
11. 『행정사무관리론』(공저)
12. 『영재교육심리』(저술)
13. 『인사행정학』(저술)
14. 『행정복지론』(저술)
15. 『조직신학』(공저)
16. 『아다르마 성공비법』(저술)
17. 『동양환경행정』(저술)
18. 『교육학과 비서행정』(저술)
19. 『7만교인 교육론』(저술)
20. 『지방자치발전론』(저술)
21. 『CEO 지도자론』(공저)
22. 『NGO 행정론』(공저)
23. 『경영행정학』(저)
24. 『직업과 경제』(저)
25. 『실기교육방법론』(저)
26. 『전산실무』(저)
27. 『사회복지행정론』(공저)
28. 『대박마케팅』(공저)
29. 『행정학』(저)
30. 『멘토』(저)
31. 『모세오경의 교육론』(공저)
32. 『사회복지정책론』(공저)
33. 『금융재테크성공론』(공저)
34. 『사회복지법제』(저) 외 다수

• 연락처 •

doctor@skku.edu 010 - 4432 - 8561041 - 633 - 8561, 633 - 5741, 631 - 2094

사회복지법제

SOCIAL WELFARE LAW

초판인쇄 | 2009년 3월 31일
초판발행 | 2009년 3월 31일

지은이 | 한만봉
펴낸이 | 채종준
펴낸곳 | 한국학술정보㈜
주 소 | 경기도 파주시 교하읍 문발리 513-5 파주출판문화정보산업단지
전 화 | 031) 908-3181(대표)
팩 스 | 031) 908-3189
홈페이지 | http://www.kstudy.com
E-mail | 출판사업부 publish@kstudy.com

등 록 | 47,000원
가 격 |

ISBN   978-89-534-1456-3 93360 (Paper Book)
        978-89-534-1457-0 98360 (e-Book)

내일을여는지식 은 시대와 시대의 지식을 이어 갑니다.

본 도서는 한국학술정보(주)와 저작자 간에 전송권 및 출판권 계약이 체결된 도서로서, 당사와의 계약에 의해 이 도서를 구매한 도서관은 대학(동일 캠퍼스) 내에서 정당한 이용권자(재적학생 및 교직원)에게 전송할 수 있는 권리를 보유하게 됩니다. 그러나 다른 지역으로의 전송과 정당한 이용권자 이외의 이용은 금지되어 있습니다.